中外百年企业简析

于吉 / 著

企业管理出版社
ENTERPRISE MANAGEMENT PUBLISHING HOUSE

图书在版编目（CIP）数据

中外百年企业简析 / 于吉著. -- 北京：企业管理出版社，2022.1
ISBN 978-7-5164-2545-9

Ⅰ. ①中… Ⅱ. ①于… Ⅲ. ①企业史—世界—近现代 Ⅳ. ①F279.19

中国版本图书馆CIP数据核字（2021）第264793号

书　　名：中外百年企业简析
书　　号：ISBN 978-7-5164-2545-9
作　　者：于　吉
责任编辑：尤　颖　徐金凤　黄　爽　宋可力　田　天
出版发行：企业管理出版社
经　　销：新华书店
地　　址：北京市海淀区紫竹院南路17号　　**邮　　编**：100048
网　　址：http://www.emph.cn　　**电子信箱**：emph001 @163.com
电　　话：编辑部（010）68701638　　发行部（010）68701816
印　　刷：北京博海升彩色印刷有限公司
版　　次：2022年1月第1版
印　　次：2022年1月第1次印刷
开　　本：710mm × 1000mm　1/16
印　　张：41.25印张
字　　数：635千字
定　　价：97.00元

谨以此书献给

为国家经济社会发展做出重大贡献的中国企业

前　言

党的十九大报告提出，培育具有全球竞争力的世界一流企业。企业是国民经济的细胞，是市场经济的微观主体，是推动经济社会高质量发展的重要力量。世界一流企业应当具备行业领先的规模经济、高度的全球化水平及国际影响力、卓越的产品影响力和品牌影响力，在创新研发能力、国际化经营能力、资源配置能力、可持续发展能力等方面达到一流水平。打造具有全球竞争力的世界一流企业，是我国企业的努力方向和奋斗目标。

打造世界一流企业必须坚持新发展理念。建设具有全球竞争力的世界一流企业，必须转变增长方式，坚持创新、协调、绿色、开放、共享的新发展理念，融入新发展阶段，适应新发展格局。

打造世界一流企业必须构建科学的治理结构。成功企业良好的治理结构，能够充分发挥股东会、董事会、管理层等各方面利益相关者的积极性，形成正向激励机制，推动公司沿着正确方向发展。

打造世界一流企业必须做到各项经济指标领先。世界一流企业不仅要体现在资产、营业收入等规模指标，而且要体现在研发、效益、绿色、可持续等发展质量方面的指标。

打造世界一流企业必须具有国际视野。提高企业国际化程度，践行“一带一路”倡议，企业人员要走出去，资产要走出去，产品和服务要走出去，企业管理理念和管理模式也要走出去。

打造世界一流企业必须增强核心竞争力。企业的核心竞争力是能够带来优势资源，具有鲜明特色，在行业中占据优势，构成全球范围内的核心竞争力。

打造世界一流企业必须培育世界知名品牌。企业在品牌上具有驰名效应，打造具有全球知名度、影响力的品牌，为全球广大用户提供有质量的服务。

打造世界一流企业必须加快技术创新和管理创新。创新要素投入快速增加，带动创新产出的量质提升。企业要在技术创新上持续突破，自主掌握核心技术。在管理创新上实现现代化，管理效率达到高水平。

打造具有全球竞争力的世界一流百年企业，是我国企业几代人的梦想和追求。为研究分析中外百年企业的成长史和发展经验，编写了《中外百年企业简析》，供我国有志打造具有全球竞争力的世界一流企业参考借鉴。

盛世修史，继往开来。撰写《中外百年企业简析》是一项光荣而艰巨的工程。在撰写本书的过程中，企业管理出版社的孙庆生、官永久、王仕斌、陈静等社领导和尤颖等有关同志给予很多帮助和支持。我的好友王建军、张锦平、王锋、王健、刘胜、余卫平、赵虎等热心帮助我，提供了很多资料，使我非常感动。从百度中了解了有关企业的历史沿革。在此一并深表衷心感谢！由于本人水平所限，书中不当与疏漏之处在所难免，敬请读者批评指正。

作　者

2021 年 12 月

目 录

第一章　企业简述

企业是市场经济的主体，是市场经济最基础、最活跃的细胞。企业作为一种经济组织，从事经济活动，能够给社会提供产品或服务，以取得收入并盈利为目的。纵观历史、遍观世界，国家与国家之间的竞争实质上是企业之间的竞争。企业强则国家强，企业竞争力强是国家竞争力强的基础。具有全球竞争力的世界一流企业是国家经济安全的稳定器，是国家综合实力和国际竞争力的重要标志。

第一节　企业基本概念

企业是指以营利为目的，运用各种生产要素，向市场提供商品或服务，实行自主经营、自负盈亏、独立核算的法人或其他社会经济组织。企业存在的组织形式包括公司制企业、独资企业、合伙企业等。

一、企业的法律含义

企业是依法设立的经济组织。国家通过法律确认这种经济组织的法律形态，明确其权利，规范其行为，规定其法律责任。

（一）关于我国企业含义的法律界定

企业是从事生产、流通、服务等经济活动，以产品或者劳务满足社会需要，以营利为目的，依法设立，实行自主经营、自负盈亏的经济组织。我国法律分别对公司制企业、合伙企业、国有企业、个人独资企业、中外合作企业、中外合资企业、外资企业等，做出法律规定。

1.《民法典》关于营利法人、非营利法人、特别法人和非法人组织的界定

2020 年 5 月 28 日，第十三届全国人大第三次会议通过的《中华人民

共和国民法典》（简称《民法典》），专门设立了第三章法人。法人是具有民事权利能力和民事行为能力，依法享有民事权利和承担民事义务的组织。法人应当依法成立。法人的民事权利能力和民事行为能力，从法人成立时产生，到法人终止时消灭。法人以其全部财产独立承担民事责任。依照法律或者法人章程的规定，代表法人从事民事活动的负责人，为法人的法定代表人。法定代表人以法人名义从事的民事活动，其法律后果由法人承受。法人分为四类，即营利法人、非营利法人、特别法人和非法人组织。一是营利法人。以取得利润并分配给股东等出资人为目的成立的法人，为营利法人。营利法人包括有限责任公司、股份有限公司和其他企业法人。二是非营利法人。为公益目的或者其他非营利目的创立，不向出资人、设立人或者会员分配所取得利润的法人，为非营利法人。非营利法人包括事业单位、社会团体、基金会、社会服务机构等。三是特别法人。机关法人、农村集体经济组织法人、城镇农村的合作经济组织法人、基层群众性自治组织法人，为特别法人。四是非法人组织。非法人组织是不具有法人资格，但是能够依法以自己的名义从事民事活动的组织。非法人组织包括个人独资企业、合伙企业、不具有法人资格的专业服务机构等。依据《民法典》的规定，营利法人中的有限责任公司、股份有限公司和其他企业法人组织，非法人组织中的个人独资企业和合伙企业等，应当界定为企业。

2.《民法通则》和《民法总则》关于法人及营利法人的界定

1986 年 4 月 12 日第六届全国人大二次会议通过的《中华人民共和国民法通则》（简称《民法通则》）规定，全民所有制企业、集体所有制企业有符合国家规定的资金数额，有组织章程、组织机构和场所，能够独立承担民事责任，经主管机关核准登记，取得法人资格。在中华人民共和国领域内设立的中外合资经营企业、中外合作经营企业和外资企业，具备法人条件的，依法经工商行政管理机关核准登记，取得中国法人资格。2017 年 3 月 15 日第十二届全国人大第五次会议通过的《中华人民共和国民法总则》（简称《民法总则》）规定，法人是具有民事权利能力和民事行为能力，依法独立享有民事权利和承担民事义务的组织。法人应当依法成立。法人应当有自己的名称、组织机构、住所、财产或者经费。法人成立的具体条件和程序，依照法律、行政法规的规定。以取得利润并分配给股东等出资人为目的成立的法人，为营利法人。营利法人包括有限责任公司、股份有限公司和其他企业法人等。

3.《企业法》关于全民所有制工业企业的界定

1988 年 4 月 13 日第七届人大一次会议通过的《中华人民共和国全民所有制工业企业法》（简称《企业法》），总结了中华人民共和国成立以来企业领导体制的经验，确立国有企业实行厂长（经理）负责制。厂长（经理）作为企业的主要负责人和法定代表人，全面领导企业的生产经营管理工作。《企业法》规定，企业的财产属于全民所有，国家依照所有权和经营权分离的原则授予企业经营管理。企业对国家授予其经营管理的财产享有占有、使用和依法处分的权利。企业依法取得法人资格，以国家授予其经营管理的财产承担民事责任。企业必须有效地利用国家授予其经营管理的财产，实现资产增值，依法缴纳税金、费用、利润。《企业法》确立了国有企业的法律地位，即国有企业是依法自主经营、自负盈亏、独立核算的社会主义商品生产和经营单位；强调企业依法取得法人资格，以国家授予其经营管理的财产承担民事责任。

4.《公司法》关于公司的界定

《中华人民共和国公司法》（简称《公司法》）是指规定公司的设立、组织、活动、解散及其他对内外关系的法律规范的总称。1993 年 12 月 29 日第八届全国人大常委会第五次会议通过的《公司法》规定，本法所称公司是指依照本法在中国境内设立的有限责任公司和股份有限公司。有限责任公司和股份有限公司是企业法人。公司享有由股东投资形成的全部法人财产权，依法享有民事权利，承担民事责任。2005 年 10 月 27 日第十届全国人大常委会第十八次会议修订的《公司法》规定，公司是企业法人，有独立的法人财产，享有法人财产权。公司以其全部财产对公司的债务承担责任。有限责任公司的股东以其认缴的出资额为限对公司承担责任；股份有限公司的股东以其认购的股份为限对公司承担责任。《公司法》确立了公司的法律地位，为规范公司的组织和行为，保护公司、股东和债权人的合法权益，维护社会经济秩序，促进社会主义市场经济的发展，提供了法律依据和法律保障。

5.《企业国有资产法》关于国有企业的界定

《中华人民共和国企业国有资产法》（简称《企业国有资产法》）第五条规定："本法所称国家出资企业，是指国家出资的国有独资企业、国有独资公司，以及国有资本控股公司、国有资本参股公司。"一是国有独资企业。国有独资企业是指依据《全民所有制工业企业法》设立，国家单独出资，由国有资产监管机构或者有关机构履行出资人职责的企业。二是国有独资公司。国有独资公司是指依据《公司法》设立，国家单独出资，由国务院或者地方人民政府授权本级人民政府国有资产监管机构履行出资人职责的有限责任公司。国有独资公司章程由国有资产监管机构制定，或者由公司董事会制订报国有资产监管机构批准。国有独资公司不设股东会，由国有资产监管机构行使股东会职权。国有资产监管机构可以授权公司董事会行使股东会的部分职权，决定公司的重大事项，但公司的合并、分立、解散、增加或者减少注册资本和发行公司债券，必须由国有资产监管机构决定；其中，重要的国有独资公司合并、分立、解散、申请破产的，应当由国有资产监管机构审核后，报本级人民政府批准。三是国有资本控股公司。国有资本控股公司是指依据《公司法》设立，国家出资占公司股份总数的多数而使国有出资人成为控股股东的公司。四是国有资本参股公司。国有资本参股公司是指依据《公司法》设立，公司股份中包含国有股，但国有股不占控股地位的有限责任公司或股份有限公司。

6.《合伙企业法》关于合伙企业的界定

《中华人民共和国合伙企业法》（简称《合伙企业法》）规定，本法所称合伙企业，是指自然人、法人和其他组织依照本法在中国境内设立的普通合伙企业和有限合伙企业。普通合伙企业由普通合伙人组成，合伙人对合伙企业债务承担无限连带责任。有限合伙企业由普通合伙人和有限合伙人组成。普通合伙人对合伙企业债务承担无限连带责任，有限合伙人以其认缴的出资额为限对合伙企业债务承担责任。国有独资公司、国有企业、上市公司以及公益性的事业单位、社会团体不得成为普通合伙人。合伙协议依法由全体合伙人协商一致，以书面形式订立。合伙人应当按照合伙协议约定的出资方式、数额和交付期限，履行出资义务。合伙人的出资、以合伙企业名义取得的收益和依法取得的其他财产，均为合伙企业的财产。

合伙企业对其债务，应先以其全部财产进行清偿。合伙企业不能清偿到期债务的，合伙人承担无限连带责任。

7.《个人独资企业法》关于个人独资企业的界定

《中华人民共和国个人独资企业法》（简称《个人独资企业法》）规定，个人独资企业是指依照本法在中国境内设立，由一个自然人投资，财产为投资人个人所有，投资人以其个人财产对企业债务承担无限责任的经营实体。个人独资企业的投资人为一个自然人。个人独资企业的名称应当与其责任形式及从事的营业相符合。个人独资企业投资人对本企业的财产依法享有所有权，其有关权利可以依法进行转让或继承。个人独资企业投资人在申请企业设立登记时明确以其家庭共有财产作为个人出资的，应当依法以家庭共有财产对企业债务承担无限责任。个人独资企业财产不足以清偿债务的，投资人应当以其个人的其他财产予以清偿。个人独资企业投资人可以自行管理企业事务，也可以委托或者聘用其他具有民事行为能力的人负责企业的事务管理。投资人委托或者聘用他人管理个人独资企业事务，应当与受托人或者被聘用的人签书面合同，明确委托的具体内容和授予的权利范围。

8.《中外合作经营企业法》关于中外合作经营企业的界定

中外合作者举办合作企业，应当依照《中华人民共和国中外合作经营企业法》（简称《中外合作经营企业法》）的规定，在合作企业合同中约定投资或者合作条件、收益或者产品的分配、风险和亏损的分担、经营管理的方式和合作企业终止时财产的归属等事项。合作企业符合中国法律关于法人条件的规定，依法取得中国法人资格。不具有法人资格的合作企业及其合作各方，依照中国法律的有关规定，承担民事责任。不具有法人资格的合作企业的合作各方的投资或者提供的合作条件，为合作各方分别所有。经合作各方约定，也可以共有，或者部分分别所有、部分共有。合作企业经营积累的财产，归合作各方所有。中外合作者应当依照法律、法规的规定和合作企业合同的约定，如期履行缴足投资、提供合作条件的义务。中外合作者依照合作企业合同的约定，分配收益或者产品，承担风险和亏损。

9.《中外合资经营企业法》关于中外合资经营企业的界定

中外合资经营企业依照《中华人民共和国中外合资经营企业法》（简

称《中外合资经营企业法》）设立，是中国的法人，受中国法律的管辖和保护。中外合资经营企业为有限责任公司。合营各方对合营企业的责任以各自认缴的出资额为限。国家鼓励、允许、限制或者禁止设立合营企业的行业，按照国家指导外商投资方向的规定及外商投资产业指导目录执行。合资企业引进的技术应当是适用的、先进的，使其产品在国内具有显著的社会经济效益或者在国际市场上具有竞争能力。合营各方在解释或者履行合营企业协议、合同、章程时发生争议的，应当尽量通过友好协商或者调解解决。经过协商或者调解无效的，提请仲裁或者司法解决。合营企业以其全部资产对其债务承担责任。合营企业清偿债务后的剩余财产按照合营各方出资比例进行分配，但合营企业协议、合同、章程另有规定的除外。

10.《外资企业法》关于外资企业的界定

外资企业是指依照中国有关法律在中国境内设立的全部资本由外国投资者投资的企业，不包括外国的企业和其他经济组织在中国境内的分支机构。外资企业受中国法律的管辖和保护。外资企业符合中国法律关于法人条件的规定的，依法取得中国法人资格。外资企业的组织形式为有限责任公司。经批准也可以为其他责任形式。外资企业为有限责任公司的，外国投资者对企业的债务以其认缴的出资额为限。外资企业为其他责任形式的，外国投资者对企业的责任适用中国法律、法规的规定。外资企业的注册资本是指为设立外资企业在登记机关登记的资本总额，即外国投资者认缴的全部出资额。外资企业的注册资本要与经营规模相适应，注册资本与投资总额的比例符合中国有关规定。外资企业依照批准的章程进行经营管理活动，不受干涉。外资企业与其他公司、企业或者经济组织以及个人签订合同，适用我国的《民法典》。

11.《企业所得税法》关于企业的界定

《中华人民共和国企业所得税法》（简称《企业所得税法》）规定，在中华人民共和国境内，企业和其他取得收入的组织（以下统称企业）为企业所得税的纳税人，依照本法的规定缴纳企业所得税。依照此规定，企业是一种社会组织；企业从事经济活动，也就是能够给社会提供产品或服务；企业是以取得收入为目的，即以营利为目的。

（二）关于西方主要国家企业含义的法律界定

企业是社会的基本经济单位，是以法律形式确定的经济组织。西方主要国家通过制定相关法律，对本国企业做出法律规制。

1. 美国关于企业含义的法律界定

美国的法律分别对公司型企业和非公司型企业做出规定。一是公司型企业。美国的《标准公司法》规定，“本州公司”指的是并非外州的，依据本法发起设立的以营利为目的公司。“本州的非公司实体”指的是其内部事务受本州法律调整的非公司实体。“外州的非营利公司”指并非按照本州法律组织起来的公司，如果其是按照本州法律组织起来的，那么就应该是本州的非营利公司。“外州的非公司实体”指的是其内部事务受本州司法管辖权之外的组织法所调整的非公司实体。除非公司章程另有规定，每一个公司都可以永久存在下去，其名称也可以继续下去，并且享有与单个相同的权利去实施对经营公司业务和处理公司事务必要或便利的所有行为。二是非公司型企业。1994 年美国《统一合伙法》规定，合伙是指两个或更多的人根据第 202 节或其前身或者另一个法域的相应的法律规定，以共有者的身份经营商务以谋取利润的社团。合伙是两个或更多的人作为共有人为营利进行营业的团体。美国的合伙企业分为普通合伙和有限合伙。普通合伙人负责业务经营，对合伙债务承担无限责任。有限合伙人不直接参与业务经营，对合伙债务承担有限责任。

2. 英国关于企业含义的法律界定

2006 年 11 月，英国议会通过了历史上最长的一部成文法，即《2006 年公司法》。英国是英美海洋法系的奠基者，所以这部法律不仅对英国的公司法影响深远，而且对英联邦成员的公司法改革和发展起到推动作用。按照《2006 年公司法》的规定，公司是依照该法所规定的程序而成立的法人实体。英国的公司分为三类。一是股份有限公司。公司股东以认缴的出资额为限对公司债务承担责任。二是保证有限公司。公司不设股份，仅以成员提供保证为限对外承担债务。保证有限公司一般用于慈善或非商业目的。三是无限公司。公司股东对公司债务承担无限责任。无限公司不需像其他有限公司那样对外披露信息。《英国合伙法》规定，合伙是从事共同经营的人们之间为了获取利益而存在的一种关系。

3. 德国关于企业含义的法律界定

德国1981年1月1日实施的《有限责任公司法》规定：有限责任公司，可按本法规定，为任何合法目的，由一人或数人设立。有限责任公司自身享有权利，承担义务。有限责任公司可取得所有权及其他不动产上的物权；可起诉和被诉。公司就其债务仅以自身财产向其债权人负责。有限责任公司是商法典上的商业公司。每一股东的股份由其所认购的股本出资额决定。《德国商法典》规定，无限公司是参加者为商人并对公司债务承担无限连带责任。德国的合伙企业分为商事合伙和民事合伙。商事合伙强调经营规模、营利性。民事合伙不强调经营规模和营利性。

4. 日本关于企业含义的法律界定

日本《公司法》规定，公司依据商法或者有限公司法设立。它是以营利为目的的社团法人。公司具有营利性、社团性和法人性的三要素。公司是团体，应当以与个人法不同的团体法来予以规制。公司又是营利团体，所以还要制定与民法有关公益法人所不同的特别规定。也就是说，公司的存在需要特别的法规，就是《公司法》。《日本商法典》就无限公司、两合公司、股份公司等做出规定。

（三）关于各国企业法律意义上界定的特征

综述世界各国关于企业的法律界定，有很多相同的特征。从企业在市场经济中的法律地位看，企业是从事生产、流通、服务等经济活动，以产品或者劳务满足社会需求，并以营利为目的，依法设立，实行自主经营、自负盈亏的经济组织。市场主体是经济社会发展的重要力量。企业是市场经济中依法设立运行的主体，有以下特征。

1. 企业是依法设立的市场主体

市场主体是以营利为目的从事经营活动的公司、非公司企业法人、个人独资企业、合伙企业、农民专业合作社及它们的分支机构，外国公司分支机构，以及法律、行政法规规定的其他市场主体。企业作为市场经济力量的载体，设立即出生必须依法。市场主体设立包括设立登记、变更登记和注销登记。未经登记，不得以市场主体名义从事经营活动。截至2021年10月，我国登记在册的市场主体由2012年的5500万户增长到1.45亿户。一是企业设立的条件要符合法律规定。出资人符合法定人数，出资额达到法定的最低限额。依法制定章程，章程要规定经营范围、出资人和企业承担责任形式、企业的法定代表人、企业组织建设等。企业要有符合法律要求的组织机构、企业名称、企业住所等。二是企业设立的程序要符合法律规定。法律对各类企业的设立程序都做出相应的法律规定。这既包括设立企业有关的外部程序，也包括企业内部的相关程序。企业组织机构的产生、职权、议事规则等都要合法。三是企业的变更、终止要符合法律规定。企业发展过程中，有的可能合并分立，有的可能解散，有的可能关闭撤销，有的可能破产等，都要依法进行。例如，企业因自然灾害、事故灾难、公共卫生事件、社会安全事件等原因造成经营困难的，市场主体可以自主决定在一定时期内歇业，在登记机关办理备案。建立歇业制度，目的是为有较强的经营意愿和能力但客观经营困难的企业提供一个缓冲性的制动选择，降低市场主体维持成本，有利于助企纾困。

2. 企业是依法自主经营自负盈亏的市场主体

企业作为市场经济的重要力量，必须履行相关的法律责任和法律义务。企业的权利责任必须依法保护。企业是以营利为目的，运用各种生产要素（土地、劳动力、资本、技术、数据和企业家才能等）向市场提供商品或服务，实行自主经营、自负盈亏、独立核算的法人。我国《宪法》规定，国有企业在法律规定的范围内有权自主经营。集体经济组织在遵守有关法律的前提下，有独立进行经济活动的自主权。自主经营是企业作为法人实体的基本权利，其含义是企业对法人财产享有占有、使用和依法处分的权利。企业根据市场供求变化，自主做出生产经营决策，合理调配企业人财物、产供销。企业自主经营包括生产经营自主决策，产品、劳务自主定价，产品自主销售，物资自主采购，进出口自主决定，劳动用工自主决定，人事管理自主决定，工资奖金自主分配，内部机构自主设置等。企业依法享有的经营自主权，任何部门、单位和个人都不得干预和侵犯。对于非法干预和侵犯企业经营自主权的，企业有权向政府和政府有关部门申诉、举报，或者依法向人民法院起诉。企业是依法自负盈亏的市场主体。自负盈亏是指企业对其经营后果负责，独立享有相应的权益和承担相应的责任。企业实行独立经营、独立核算，对自己的经营成果好坏及盈亏承担相应的经济责任。自负盈亏是企业作为独立的法人实体的重要标志。企业如果不盈利，持续靠股东投入，这样的企业不仅不能持续存在，而且对社会资源也是一种极大的浪费。

3. 企业是依法参与竞争的市场主体

市场经济是适应社会化大生产的需要产生并逐步发展起来的，是商品生产和商品交换发展到一定阶段的产物。市场经济的特征是，市场主体多元性、市场交易社会性、市场竞争公平性、市场体系开放性、市场运行法治性。企业的竞争环境是企业所在行业及其竞争者的参与、竞争程度。企业作为市场经济的活动主角，各种行为必须依法规制。企业作为市场主体是国民经济的细胞，是创造财富的源泉，是吸收就业的载体，是员工谋生的家园。围绕市场主体关切，需有效实施财政、金融、就业等宏观政策，把宏观与微观紧密联系起来，为市场主体放权赋能，减少不当干预，加强公证监管，促进公平竞争，优化公共服务，让市场主体敢于创新发展，助力市场主体增强活力。市场主体是经济活动的主要参与者，就业机会的主要提供者，技术进步的主要推动者。企业是市场经济体系的“细胞”，是市场竞争的主体，是市场运转的主体。市场主体活力是现代经济体系的重要标志，也是企业基业长青的不懈源泉。企业作为市场的主体，作为经济活动和商品交换行为的参与者，为城乡居民带去稳定的工作和收入，为持续改善民生提供可靠的保障、做出积极的贡献。

二、企业的经济含义

现代经济学理论认为，企业是一种资源配置的机制，其能够实现社会资源的优化配置，降低整个社会的交易成本。改革开放以来，我国逐步建立和不断完善社会主义市场经济体制，市场体系不断发展，各类市场主体蓬勃成长。企业作为市场主体，在经济社会发展中发挥着十分重要的作用。

（一）从企业设立的原因看

企业是指以营利为目的，运用各种生产要素（土地、劳动力、资本、技术和企业家才能等）向市场提供商品或者服务，实行自主经营、自负盈亏、独立核算的法人或者其他社会经济组织。

1. 设立企业为出资人创造利润

企业是出资人设立以营利为目的的社会基本经济组织。企业从事生产、流通、服务等经济活动，为出资人创造利润，实行自主经营、独立核算、自负盈亏。出资人设立企业是为了赚钱，企业要对出资人权益负责。出资人在企业资产中享有经济利益，其金额为资产减去负债后的余额。出资人权益包括实收资本或者股本、资本公积、盈余公积和未分配利润等。按照企业章程或合同、协议的约定，企业向出资人分配相应的收益。为维护出资人的权益，企业应当按照规定，定期向出资人报告财务状况、生产经营状况和资产保值增值状况。出资人以盈利为目的设立企业，其权益得到保护，企业才能持续健康发展。

2. 设立企业为社会创造产品或服务

企业是市场经济的主体，是衡量经济发展水平的重要标志。企业为社会创造产品，是能够提供给市场，被人们使用和消费，并能满足人们某种需求的任何东西，包括有形产品、无形产品，或是它们的组合。企业为社会创造服务，是为客户做事，并使客户从中受益的一种活动，不以实物形式而以提供劳务形式满足他人的需要。企业提供的服务是在购买之前看不见、摸不着的，它只能被消费而不能被占有。企业必须善于宣传其提供服务的价值，以感染、吸引顾客。企业应当拥有把客户的期望转化为产品服务的能力，拥有给客户带来美好生活的能力。企业为社会提供产品或服务必须是高质量的，这样才能保证企业生存和长期发展。

3. 设立企业为员工创造工作岗位

企业是市场经济的细胞。企业为市场提供产品和服务，需要招募员工，创建企业，即为员工创造就业岗位。员工有了工作岗位，按照贡献大小领取相应的报酬，就有了生活来源。因此，员工应当珍惜工作岗位，为企业的发展多做贡献。企业要依法依规按时足额缴纳社会保险费，及时为职工缴纳养老、失业、医疗、工伤、生育等各项社会保险，缴纳住房公积金等。企业必须遵守有关安全生产的法律法规，加强安全生产管理，建立健全安全生产责任制度，完善安全生产条件，确保员工安全生产。企业必须为员工提供符合国家标准或者行业标准的劳动防护用品，进行安全生产培训等，确保员工的身心健康。企业作为市场发展的主体，是就业机会的主要提供者。企业为创业创新创造，提高员工收入，谋取员工福利，扩大社会就业做出重要贡献。

（二）从企业在经济发展中的作用看

企业是社会经济的基本单位，是推动国民经济发展、构造市场经济主体和促进社会稳定的基础力量。社会财富的增长、社会生活水平的提高、物质文明建设的改善、精神文明水平的变化等，必须激发市场主体活力，发挥企业的作用。

1. 企业是高质量发展的主体

企业是产品和服务的提供者，是不断创造价值的主体，也是高质量发展的主体。如果将我国经济比喻成一艘巨轮，企业就是推动这艘巨轮前进的螺旋桨。我国经济实现高质量发展，与每一家企业的努力息息相关。一是企业高质量发展必须适应新时代要求。企业存在的价值在很大程度上就是满足市场的需求。高质量发展是我国长期经济社会发展的主题，关系我国社会主义现代化建设全局。高质量发展不只是一个经济要求，而是对经济社会发展方方面面的总要求；不是只对经济发达地区的要求，而是所有地区发展都必须贯彻的要求；不是一时一事的要求，而是必须长期坚持的新时代要求。把握高质量发展的主题，就是要加强前瞻性思考、全局性谋划、战略性布局、整体性推进，使各方面工作相得益彰，形成合力，夯实发展之基。二是企业高质量发展必须以质取胜。产品质量是企业立身之本。只有产品质量过硬，企业发展的基石才能巩固和可靠。在经济全球化的背景下，高质量成为提升企业全球竞争力的决定性力量。企业作为推动高质量发展的主体，需要优化供给结构，改善供给质量，丰富产品功能，优化服务体验，推动产品和服务从“有没有”向“好不好”转变，更好地满足人民日益增长的美好生活的需要。企业进入新发展阶段，迈上新发展征程，可能面对很多新问题、新情况、新挑战，但必须坚持以质取胜的发展理念，向高质量发展创新要动力。三是企业高质量发展必须掌握核心技术。高质量发展是攻坚战和持久战，不是一朝一夕就能实现的，贵在持之以恒、驰而不息。对企业而言，产业的攻城略地，只有把核心技术掌握在自己手里，才能在全球市场博弈中实现从被动到主动的突围。企业要有恒心、耐心，持续用力，一茬接着一茬干，一张蓝图绘到底。企业大胆去做、勇于去闯，掌握核心技术，高质量发展之路才能走得好、走得稳、走得远。

2. 企业是创业创新创造的主体

创业创新创造相辅相成。创业是创新创造的载体，创新创造是创业的基础，创造创新是创业的手段。企业创业创新创造对社会进步做出重要贡献。第一，企业是创业的主体。创业是忍别人不能忍的痛，吃别人吃不了的苦。企业的创业者兢兢业业、勤勤恳恳，千辛万苦、千方百计地创立企业。第二，企业是创新的主体。企业是推进创新与经济紧密结合的重要力量。创新是企业快速发展的动力，是市场竞争中取胜的手段。第三，企业是创造的主体。企业创造就是将核心技术掌握在自己手中，让企业在市场竞争的博弈中实现从被动到主动的突围。企业是创造的推动者。企业为创造价值而存在，对社会进步发展做出贡献。企业创业创新创造不仅体现在人们生活方式和企业生产方式的变化上，也体现在企业在经济社会发展中的定位和角色转变上。没有一流的创新创造，增强创新力，就不可能造就一流的企业，也不可能使企业基业长青。没有创业，企业就成不了创新创造的推动者，也成就不了百年企业。

3. 企业是改革发展的主体

企业是经济的基本细胞。无论是国有企业还是民营企业，都是中国企业。坚定推动各类所有制企业上下贯通、大中小融合，各类市场主体协同发展、创新发展，共同打造世界一流企业。国有企业是中国特色社会主义的重要物质基础和政治基础。国有企业作为改革的主体，通过深化改革，使企业机制进一步灵活，国有经济布局结构进一步优化，发展动力进一步强劲，以国有企业改革的综合成效更好地服务发展大局。国有企业改革坚持问题导向，有的放矢推出举措。完善中国特色现代企业制度，积极稳妥深化混合所有制改革，加快健全市场化经营机制，优化国有资本布局，推动战略性重组和专业化整合，着力在完善国有资产监管体制等方面发力攻坚。随着国有企业改革的实施，国有企业改革综合效能将进一步提升，一些短板和弱项问题得到有效解决，国有企业治理体系将更加成熟，国有企业更具活力和效率，国有经济竞争力、创新力、控制力、影响力、抗风险能力进一步增强。

（三）从企业对国家做出的贡献看

企业是市场经济的主体，是引领经济发展和技术创新的重要力量。推进改革开放和加快社会主义现代化建设，目的是发展社会生产力，不断提高人民物质文化生活水平。企业不断增强活力和抵御风险能力，促进经济平稳增长，对实现社会主义生产目的发挥着重要作用。

1. 企业是创造社会财富的源泉

企业是经济活动的主要参与者，是市场竞争的主体。市场主体是经济的力量载体。市场主体增长快，经济发展才有支撑。市场主体有活力，经济发展才有生机。企业既是创造物质财富的主体，也是推进社会进步的主体。企业不断创造价值，缴纳税收，为创造社会财富做出贡献。《中华人民共和国企业所得税法》（简称《企业所得税法》）规定，在中华人民共和国境内，企业和其他取得收入的组织（以下统称企业）为企业所得税的纳税人，依照本法的规定缴纳企业所得税。企业为国家缴纳税收，是国家税收的重要来源，是创造社会财富的重要源泉。

2. 企业是提供社会就业机会的支撑

就业是人民群众最关心的问题。就业是民生之本，是经济形势的“晴雨表”，关系着千家万户的民生福祉。就业是最大的民生工程、民心工程、根基工程，是社会稳定的重要举措。就业稳，收入就稳，消费就稳，经济基本面才能稳。稳住就业这个基本，员工就有了收入和消费，经济社会就有了稳定的基石。从国家的角度看，扩大就业的根本是要依靠经济发展，贯彻以人为本的发展理念，加快企业的创业和规模的扩张。企业是经济的源头活水，是稳就业的顶梁柱。企业发展状态对经济社会具有重大影响。有可持续健康发展的企业，就有就业和民生。我国明确提出实施就业优先政策，以创业带动就业，大力推动减税降费、优化融资环境、减免房租成本等多方面举措，做到减负、稳岗、扩就业，核心就是保住企业拓宽就业，保护好经济发展的生命力。截至 2021 年 11 月 1 日，全国市场主体总量已突破 1.5 亿户，其中近 10 年就新增了 1 亿多户。亿万市场主体推动了我国经济总量迈上百万亿元大关，国家财力和社会财富稳定增长，承载了 7 亿多人就业的基本盘。我国就业规模从 1949 年年末的 1.8 亿人，增加到 2020 年的 7.5 亿人。城镇登记失业率长期保持在 4.3% 以内的地位。2020 年，全国累计实现城镇新增就业 1186 万人。2020 年所有就业人员中，第一、第二、第三产业就业人员占比分别为 23.6%、28.7%、47.7%。近些年来，我国第三产业就业人数不断增加，已成为就业最大的容纳器。三次产业的就业结构不断优化，既是我国转变经济发展方式、谋求产业升级的结果，也显示出我国就业结构更加合理、更具有持续性。我国深入实施就业优先战略，鼓励发展新的就业形式，推动传统产业数字化转型升级，多渠道创造就业机会。企业成为拓宽就业渠道的重要支撑。

3. 企业是履行社会责任的主力

企业依法自主从事生产经营活动，涉及整个社会经济活动和人民生活的各个方面，直接关系到全社会成员的切身利益。企业履行社会责任，不仅是本企业的使命和责任，也是全社会对企业的期望和要求。企业履行社会责任就要遵守国家法律法规，遵守社会公德和商业道德，提供优质、安全、健康的产品和服务，诚实守信，足额纳税，忠实履行合同，反对不正当竞争和商业活动中的腐败行为，保证产品和服务的安全性，保护消费者利益，落实节能减排责任，保障安全生产，维护职工合法权益，参与社会公益事业，接受政府和社会公众的监督。

三、企业的类型划分

企业是现代社会最基本的经济组织，是一个整体概念。各类企业同为市场主体，都是推动市场发展的重要力量。根据企业的不同特点，可以从不同的角度，将企业划分为多种类型。

（一）根据企业的所有制形式划分

所有制是指生产资料归谁占有的制度。所有制决定人们在生产中相互关系的性质和产品分配、交换形式。依据所有制划分，企业可以划分为公有制企业和非公有制企业。

1. 公有制企业

公有制企业包括国有企业和集体企业。国有企业是中国特色社会主义的重要物质基础和政治基础，是中国共产党执政兴国的重要依靠力量。改革开放以来，国家发布了一系列深化国有企业改革的法律法规，坚持公有制为主体地位，发挥国有经济在市场经济中的主导力量，不断增强国有经济活力、控制力、影响力、国际竞争力和抗风险能力。国有企业已经成为我国先进生产力、国家综合实力和国际竞争力的代表，在引领经济发展新常态、推进供给侧结构性改革中发挥着重要的带动作用。集体所有制企业是财产属于劳动群众集体所有、实行共同劳动、在分配方式上以按劳分配为主体的社会主义经济组织。集体企业应当遵循的原则是：自愿组合、自筹资金，独立核算、自负盈亏，自主经营、民主管理，集体积累、自主分配，按劳分配、入股分工。集体企业依法取得法人资格，以其全部财产独立承担民事责任。

2. 非公有制企业

非公有制企业包括民营企业、外资企业等。非国有独资或控股的企业均为民营企业。民营企业是推动我国发展不可或缺的力量，成为创业就业的主要领域、技术创新的重要主体、国家税收的重要来源，为我国社会主义市场经济发展、政府职能转变、农村富余劳动力转移、国际市场开拓等发挥了重要作用。坚持和完善社会主义基本经济制度，必须毫不动摇鼓励、支持、引导非公有制经济发展，坚持权利平等、机会平等、规则平等。改革开放以来，国家高度重视非公有制经济发展，出台了一系列鼓励、支持、引导非公有制经济的政策和法律法规举措，认真解决民营企业反映的突出问题，坚决破除各种隐性壁垒。构建亲清新型政商关系，健全企业家参与涉企政策制定，激发非公有制经济活力和创造力，弘扬民营企业家精神。外资企业包括中外合作经营企业、中外合资经营企业和外商独资企业等。外资企业在采用先进技术和设备，从事新产品开发，实现产品升级换代，节约能源和原材料，增加就业，提供税收，改善民生等方面发挥了重要作用。我国非公有制经济快速发展，成为稳定经济的重要基础，国家税收的重要来源，技术创新、管理创新的重要主体，金融发展的重要依托，经济持续健康发展的重要力量，在稳定增长、促进创新、增加就业、改善民生等方面做出了重要贡献。

（二）根据企业的出资主体划分

出资主体是指从事投资活动，具有资金来源，享有出资收益的权责利的统一体，即决策主体、责任主体和利益主体。根据国家统计局 2019 年公布的第四次全国经济普查成果，我国企业法人单位中，内资企业 1834.8 万个，占 98.8%；港、澳、台商投资企业 11.9 万个，占 0.6%；外商投资企业 10.3 万个，占 0.6%。内资企业中，国有企业 7.2 万个，占全部企业法人单位的 0.4%；民营企业 1561.4 万个，占 84.1%。

1. 国有企业

国有企业是指国有资本控股、参股或独资，其投资行为由国有出资人代表决定。从国有企业的地位和作用看，国有企业是中国特色社会主义的重要物质基础和政治基础，是中国共产党执政兴国的重要支柱和依靠力量，是国家可以信赖的治国理政的大国重器，也是壮大国家综合实力、保障人民共同利益的重要力量。从国有企业的制度层面看，中国特色现代国有企业制度，特在把党的领导融入公司治理各环节，把企业党组织内嵌到公司治理结构之中，体现为党的领导有机融入公司治理。国有企业的行为模式体现为坚定不移服务党和国家工作大局。国有企业的发展方式体现为走符合国情的改革发展道路。从国有企业的价值追求看，国有企业重视全面履行政治责任、经济责任和社会责任。从国有企业的分类看，国有企业分为中央企业和地方国有企业。中央企业隶属于国务院国资委或中央部委，直接由中央政府出资，利润上缴中央财政，其投资行为直接布局并服务于国家战略。从国有企业的贡献看，2020 年国有及国有控股企业利润为 14861 亿元。国务院国资委监管企业资产总额为 218.3 万亿元，所有者权益为 71.9 万亿元。其中，国务院国资委监管的中央企业资产总额为 69.1 万亿元，所有者权益为 24.5 万亿元。2020 年中央企业累计实现营业收入 30.3 万亿元，累计实现净利润 1.4 万亿元。新冠肺炎疫情突袭而至以来，国有企业经济运行稳定发展，在带动复工复产、促进供应链产业链稳定方面发挥了重要作用，彰显了国民经济“稳定器”和“压舱石”的责任担当。2021 年度《财富》世界 500 强的 143 家中国企业中，中央企业 49 家、地方国有企业 33 家。从国有企业的使命看，把握新时代国有企业的战略定位和历史使命，坚持国有企业在国家发展中的重要地位不动摇。国有企业加快做强、做优、做大，打造成为推动我国经济社会发展的主力军、高质量发展的排头兵、体现国家实力和竞争力的国家队，在新时代推进国有企业高质量发展，勇于担当作为，努力建成具有全球竞争力的世界一流企业。

2. 民营企业

民营经济是社会主义市场经济的重要组成部分，是国家财政收入的重要来源、增加就业的重要渠道，是推动国家经济社会发展的重要力量。中华人民共和国成立以来，特别是改革开放以来，民营经济从无到有，从少到多，从国民经济有益、必要的补充，再到我国经济制度的重要组成部分。民营经济的地位和作用发生了巨大变化。民营企业是民营经济的载体。民营企业蓬勃发展，企业从小到大、由弱变强，在稳定增长、促进创新、增加就业、改善民生等方面发挥着不可替代的作用，成为推动经济社会发展的重要力量。民营经济贡献了 50% 以上的税收，60% 以上的国内生产总值，70% 以上的技术创新成果，80% 以上的城镇劳动就业，90% 以上的企业数量。就业是最大的民生，民营企业是吸纳就业的蓄水池，提供 80% 以上的就业岗位，吸收了我国 90% 以上的新增就业人口。民营企业在《财富》世界 500 强中由 2010 年的 1 家增加到 2021 年的 48 家。很多民营企业积极履行社会责任，在教育、扶贫和医疗建设等方面积极作为，中国慈善榜上出现越来越多的民营企业。民营企业的优势在于机制灵活和管理的高效，在于对市场机会的把握以及客户的贴近。民营企业作为我国科技创新的主力军，创新能力持续增强，特别是民营企业座谈会后，民营企业创新活力迸发，发展加快。民营高新技术企业户数占全国高新技术企业比重从 2018 年的 92.1%，提升至 2020 年的 92.4%，民营高新技术企业销售收入占全国高新技术企业销售收入的比重从 2018 年的 66.2%，提升至 2020 年的 70%。2020 年，民营企业创造利润 20262 亿元。长期以来，广大民营企业家以敢为人先的创新意识、锲而不舍的奋斗精神，组织带领千百万劳动者奋发努力、艰苦创业、不断创新，为创造中国奇迹贡献了力量。

3. 港、澳、台资企业

港、澳、台地区个人或法人在内地投资设立企业，均为外商投资企业。即便与内地人合资成立的也是外商投资企业，通常称为中外合资企业。港、澳、台法人独资企业是由香港公司、澳门公司、台湾公司单一投资设立的有限公司。很多港、澳、台资企业把目光投向中国大陆，享受中国大陆的改革开放政策，占尽地利和人文优势。港、澳、台资企业遍布各行各业。港、澳、台资企业在中国大陆的投资领域，20 世纪 90 年代限于纺织服装、玩具、箱包、电子、机械等传统产业。随着中国改革开放的扩大，港、澳、台资企业拓展了一些新的行业门类，如生物医药、电动工具、IT 产业、船舶修造等，涌现了超市、国际酒店、现代农业等项目。港、澳、台资企业投资还涉及进出口贸易、批发及零售、金融、电子商贸、供应链管理、物流科技、专业顾问服务等多个行业门类。

4. 外商投资企业

外商投资企业是指依照中国法律在中国境内设立的，由中国投资者与外国投资者共同投资，或者由外商投资者单独投资的企业。外商投资企业是一个总的概念，包括所有含有外资成分的企业。依照外商在企业注册资本中所占股份和份额的比例不同，可将外资企业分为三种类型：一是中外合资经营企业。外商在注册资本中的比例有法律要求，企业采取有限责任公司的组织形式，故此称为股权式合营。二是中外合作经营企业。外商在企业注册资本中的份额无强制性要求，企业采取灵活的组织管理、利润分配、风险负担方式，故此又称为契约式合营。三是外商独资企业。企业全部资本均为外商拥有。

（三）根据企业承担的责任划分

企业以承担的不同责任划分，可以分为有限责任公司、无限公司和两合公司。承担有限责任的一般是公司制企业，承担无限责任的一般是合伙制企业。如果公司的财务和个人的财产没有区别的话，个人独资公司也应当承担无限责任，以保护当事人的利益。

1. 承担有限责任的企业

股东以出资额为限对公司承担责任，公司以全部资产对公司债务承担责任。有限责任公司的每个股东以其认缴的出资额为限对公司承担有限责任。企业承担有限责任就是以企业注册资本为限，对企业的债务承担责任。承担有限责任的公司设立程序比较简单，内部机构设置灵活。

2. 承担无限连带责任的企业

无限责任公司由一个以上股东组成，股东对公司债务负连带无限责任。无限公司的股东对公司债务承担无限连带责任，如果公司不能偿还债务时，由股东承担清偿责任。企业承担无限责任就是除企业的注册资本外，还要以个人的所有财产承担责任。在我国，不允许设立无限责任公司，但允许设立个人独资企业和合伙企业。这两种企业形式承担无限责任。我国《合伙企业法》规定，普通合伙企业由普通合伙人组成，合伙人对合伙企业债务承担无限连带责任。我国《个人独资企业法》规定，个人独资企业财产不足以清偿债务的，投资人应当以其个人的其他财产予以清偿。承担无限责任的企业，多是建立在相互信赖的基础上，股东关系密切。

3. 承担有限责任和无限责任的企业

有限合伙企业由普通合伙人和有限合伙人组成。我国《合伙企业法》规定，普通合伙人对合伙企业债务承担无限连带责任。有限合伙人以其认缴的出资额为限对合伙企业债务承担责任。特殊的普通合伙企业，一个合伙人或数个合伙人在执行业务活动中因故意或者重大过失造成合伙企业债务的，应当承担无限责任或者无限连带责任，其他合伙人以其在合伙企业中的财产额为限承担责任。

（四）根据企业所属的行业划分

企业的行业分类是指从事国民经济中同性质的生产组织结构体系的划分。按照企业的所属行业，可以划分为工业企业、交通运输业企业、建筑业企业、贸易业企业、通信业企业、农业企业。

1. 工业企业

工业是社会分工发展的产物，经过手工业、机器大工业、现代工业几个发展阶段。工业企业是指对自然资源开采和对各种原材料进行加工的生产组织，是满足社会需要并获得盈利、从事工业性质生产经营活动或工业性劳务活动的经济组织。工业企业包括采掘工业、原材料工业、加工工业等门类的企业。2020 年我国全年工业增加值 313071 亿元。中华人民共和国成立 70 多年来，我国成功走出了一条中国特色的新型工业化发展道路，走过了发达国家几百年的工业化历程，创造了人类发展史上的奇迹。我国建成门类齐全、独立完整的现代化工业体系，工业经济规模跃居全球首位，成为全世界唯一拥有联合国产业分类中所列全部工业门类的国家。工业门类齐全，基础设施完善，上、中、下游产业形成聚合优势，加上我国拥有的世界上最大规模的科技和专业技能人才队伍优势，已将我国打造成全球的制造基地。2010 年我国制造业增加值超过美国，成为制造大国，200 多种工业产品产量居世界第一。现在我国制造业增加值约占全球制造业的 30%，位列全球第一。1949 年我国钢产量 15.8 万吨，只占当年世界产钢量的 0.1%。2020 年我国钢产量达到 13.2 亿吨，占世界钢产量的一半。全国发电装机容量 220058 万千瓦。其中，火电装机容量 124517 万千瓦，水电装机容量 37016 万千瓦，核电装机容量 4989 万千瓦，并网风电装机容量 28153 万千瓦，并网太阳能发电装机容量 25343 万千瓦。

2. 交通运输业企业

交通运输业企业是指使用运输工具，承担将货物和旅客送达目的地，使其空间位置得到转移的业务活动的企业。交通运输业企业包括陆路运输企业、水路运输企业、航空运输企业、管道运输企业等。陆路运输企业是指铁路运输、公路运输、缆车运输、索道运输及其他陆路运输企业。水路运输企业是指通过航道运输货物或旅客的运输企业。航空运输企业是指通过空中航线运送货物或旅客运输业务的企业、与航空直接有关的通用航空和航空地面服务业务的企业。管道运输企业是指通过管道设施输送气体、液体、固体物资的运输企业。2020 年全年货物运输总量 463 亿吨，货物运输周转量 196618 亿吨千米。全年港口完成货物吞吐量 145 亿吨。港口集装箱吞吐量 26430 万标准箱。全年旅客运输总量 97 亿人次。旅客运输周转量 19251 亿人千米。

3. 建筑业企业

建筑业企业是指从事房屋、构筑物和设备安全生产活动的独立生产经营单位。全国建筑业增加值 2020 年为 72996 亿元。全国具有资质等级的总承包和专业承包建筑业企业利润 2020 年为 8303 亿元。我国在建造领域已经有多个世界第一，超高层建筑在目前全世界十大最高建筑当中，我国占 40%。桥梁工程中的港珠澳大桥 55 千米，其中 5.5 千米是海底隧道，海底隧道施工采取沉管的方式，沉管 11 米高、38 米宽、180 米长，几万吨重量，成为世界奇迹。我国的高铁运营总里程世界第一，高速公路运营总里程世界第一，地铁工程里程是世界地铁总里程的总和。我国建筑业的辉煌成就花了 40 多年的时间，而发达国家花了 100 多年的时间。

4. 贸易业企业

贸易业企业是指从事商品交换的企业。贸易业企业分为国际贸易企业和国内贸易企业。在国际贸易企业中，货物贸易与服务贸易的占比是 8 ∶ 1。我国服务贸易结构正在发生变化，通信、计算机与信息服务等新兴服务企业增速较快，在服务贸易出口中的占比不断提升，使长期占据半壁江山的运输、旅游等传统服务在服务贸易进出口中的比重低于 50%。从国内贸易企业看，2020 年，全国社会消费品零售总额为 391981 亿元。实物商品网上零售额为 97590 亿元，占社会消费品零售总额的比重为 24.9%。从国际贸易企业看，货物进出口总额为 321557 亿元。其中，出口 54263 亿元，进口 39433 亿元。对“一带一路”沿线国家进出口总额为 93696 亿元。

5. 通信业企业

通信业企业是指通过某种行为或媒介进行信息交流与传递的企业。通信包含电信。电信企业是指利用电子技术在不同的地点之间传递信息，包括不同种类的远距离通信方式的企业。随着数据通信与多媒体业务需求提升，适应移动数据、移动计算及移动多媒体运作需要的第五代移动通信的兴起，我国通信业企业快速发展。华为技术有限公司、中国移动通信集团有限公司、中国电信集团公司、中国联合网络通信集团有限公司、腾讯科技（深圳）有限公司、青岛海尔股份有限公司、TCL 集团股份有限公司、京东方科技集团股份有限公司等通信企业，坚持实施创新驱动发展，强化科技创新引领，成为立国之本、兴国之器、强国之基的典范，从而促进中国制造向中国创造转变，中国速度向中国质量转变，中国产品向中国品牌转变。

6. 农业企业

农业企业是指通过种植、养殖、采集、渔猎等生产经营而取得产品的营利性经济组织。种植企业、农药企业、种子企业等是农业企业的主体。农业企业新业态打破了传统农业发展的单一模式，融入了新的生产、经营、营销要素和技术，与其他产业高度融合。随着订单农业、农产品电商、休闲观光农业等深入发展，新业态逐步成为推动我国农业转型升级和实现农业现代化的重要抓手。例如，农产品冷库企业解决了田头直达餐桌的关键堵点。农业示范基地企业，按照营销数字化带动产业数字化路径，推动精细化、标准化生产，健全农产品溯源体系，探索畅通订单农业、合作农业、远程农业等模式，打造中国数字生产农业高地。我国作为全球最大的农产品生产国、最重要的农产品贸易国，既要培育大而强的领军企业，也要支持发展专而精的特色企业，着眼全球产业链和全要素，促进农业技术集成、创新要素集聚、龙头企业集群、特色产业集中。

（五）根据企业在工业行业中的产品单位体积划分

工业是指采集原料，并把它们加工成为产品的工作和过程。工业企业就产品单位体积大小，可以分为重工业企业和轻工业企业。

1. 重工业企业

重工业企业是指为国民经济各部门提供物质技术基础的主要生产资料的工业企业。重工业企业包括冶金、机械、能源、化学、材料等行业的企业。重工业企业为国民经济各部门提供原材料、动力、技术装备等劳动资料和劳动对象，是实现社会再生产和扩大再生产的物质基础。重工业涉及采掘采伐业、原材料工业和加工制造业等行业的企业。一是钢铁企业。我国钢铁产量已多年位居世界第一。中国宝武集团、河钢集团、鞍钢集团、首钢集团、沙钢集团等钢铁企业，都已进入世界500强企业。二是汽车企业。我国汽车产量和销售量都居世界第一。一汽集团、上汽集团、北汽集团、吉利集团等汽车企业，都已是世界500强企业。三是船舶企业。我国造船产量、规模居世界第一，造船完成量、新接订单和手持订单造船指标先后超过日本、韩国。中国船舶集团已是世界500强企业，国产航母已经下水。四是化工企业。中国中化是化工企业的领军企业，已是世界500强企业。五是航天航空企业。中国航天科技集团和中国航天科工集团已成功实现火星探测和月球探测，试制多种类型的导弹。中国航空工业集团制造的歼-20、运-20、民用大飞机已翱翔天空。六是石油企业。中石油、中石化、中海油都是世界500强企业。七是煤炭企业。我国煤炭产量世界第一，对煤炭企业安全、环保、智能等高度重视。

2. 轻工业企业

轻工业企业是指提供生活消费品和制作手工工具的工业企业。轻工业企业主要包括纺织、家具、家电、造纸和食品等行业的企业。我国轻工业企业持续推动产业结构优化升级，加强轻工业自主品牌建设，加强国际合作，形成具有创新力强、附加值高、安全可靠的产业链供应链，持续提升价值链水平。自行车、缝制机械、皮革、家电行业的企业强科技、迈高端，引领示范发展。造纸、发酵、电池、照明等行业的企业，集中度高，竞争力强，行业优势明显。智能家电、可穿戴智能产品、全屋定制家具、智能型健身器材等产品，增加中高端产品供给，提升消费者生活品质，加快发展老年用品产业，开发适合老年人的家电、家具产业，以及智能家居产品，以满足老年人多样化、多层次的消费需求。2020年轻工业资产总额占全国工业的13%，营业收入占18.3%，利润占20.7%，出口总额占27%。2020年度中国轻工业200强企业营业收入为3.42万亿元。轻工业百强企业不仅经济实力增大，而且创新成绩斐然，已成为满足人民美好生活的主力军。轻工业百强企业中能当“领头雁”的企业，离不开持之以恒的创新投入。2020年轻工科技百强企业，研发投入达508.7亿元，研发投入比重为2.8%。拥有国家级重点实验室及研究中心94个，国际领先或先进的科技成果358项，荣获国内外科技奖励772项，发明专利11万个，为轻工业科技创新发挥了引领示范作用。

（六）根据企业运营对象的不同划分

制造业企业的运营对象是产品，而产品是有形的。服务业企业的运营对象是服务，而服务是无形的。根据企业运行对象的差异，分为制造业企业和服务业企业。近些年来，我国的经济结构出现较大变化，服务业占GDP的比重已超过制造业。

1. 制造业企业

制造业企业是指对物料、能源、设备、工具等，通过制造过程，转化为可供人们使用和利用的大型工具、工业品与生活消费品的企业。制造业是立国之本、兴国之器、强国之基、富国之源，是实体经济的主体和工业的主体。制造业企业是制造业的载体。中华人民共和国成立以来，特别是改革开放以来，我国制造业从“一穷二白”起步，一跃成为“世界工厂”，服装、电子、家电等产品销量猛增。中国制造成为全世界熟知的中国符号。2010年，中国制造业占全球比重达到19.8%，成为全球第一制造大国。2019年我国制造业占GDP的比重为27.2%，高于德国的19.4%、日本的19.5%。我国制造业占全球的比重为28.1%。我国制造业增加值连续11年位居世界第一，成为全球拥有联合国产业分类所列全部工业部门类的国家。中国制造形成了巨大的工业制造能力和工业制成品产量，主要产品产量稳居世界第一。大量中国制造产品走向国际市场，部分产品达到或接近国际先进水平。我国工业品的产品产量连续多年保持世界第一，逐步形成强大、独立、自主的制造业。制造业已经成为我国对外经贸的主力军，也是我国吸引外资的重要领域。2021 年我国有 143 家企业进入世界 500 强行列，其中四分之一企业的主业是制造业。2020 年，我国已连续 11 年成为世界最大的制造业国家。2021 年，工信部等六部门联合发布了《关于加快培育发展制造业优质企业的指导意见》，提出构建优质企业梯度培育格局，发展形成万家“小巨人”企业、千家单项冠军企业和一大批领航企业。培育制造业优质企业是推动我国经济高质量发展的重要抓手。我国加快推进制造业高质量发展，需要制造业加快数字化、智能化转型，坚持国内大循环为主体、国内国际双循环相互促进，更好地利用国内国际两个市场、两种资源，实现更加强劲和可持续的发展。实施制造业数字化转型行动，引导企业开展数字化、网络化、智能化改造，建设工业互联网平台，强化 5G、人工智能在智能制造的典型应用，加快培养制造业新模式新业态。

2. 服务业企业

服务业企业是指以顾客的需求为中心，以产品为载体，为顾客提供服务，从事现行营业税服务业科目规定的经营活动的企业。服务业企业包括代理业企业、旅店业企业、餐饮业企业、仓储业企业、租赁业企业、广告业企业、其他服务业企业。服务业是除农业、工业之外其他产业的总称，种类繁多。2011 年我国服务业超过制造业，成为利用外资的第一大领域。随着新技术的应用和新模式的发展，服务业和制造业的边界逐渐融合。2020 年全国批发和零售增加值为 95686 亿元，交通运输、仓储和邮政增加值为 41562 亿元，住宿和餐饮业增加值为 15971 亿元，金融业增加值为 84070 亿元；房地产业增加值为 74553 亿元；信息传输、软件和信息技术服务增加值为 37951 亿元；租赁和商务服务业增加值为 31616 亿元。我国服务业企业从市场供给、消费升级、消费网络、消费生态、消费能力、消费环境等方面，加强消费扩容提质。从全球情况看，2019 年世界上主要发达国家服务业占 GDP 的比重平均为 75% 左右，我国服务业占 GDP 的比重为 54%。2020 年世界上主要发达国家服务业占 GDP 的比重平均为 70% 左右，我国服务业占 GDP 的比重为 55%。与发达国家有一定差距，需要进一步扩大和深化服务业开放，培育国际竞争合作新优势。按照世贸组织的统计，2019 年全球的服务贸易占全球贸易总额的比重为 24%，我国为 15%。与其他经济体相比，我国的服务贸易业企业有很大的上升潜力和空间。由于交通运输、信息传输及软件和信息技术服务、金融、租赁和商务服务、科技研发等领域开放水平的提升，带动我国高技术服务领域外资快速增长。随着企业的不断发展壮大，市场和企业自身如何规范产品售后服务行为，让产品售后服务可控有序进行，对于企业的发展显得尤为重要。我国经济社会日新月异，服务业企业市场潜力的不断释放，开放合作的旺盛需求，对外资形成巨大磁力。改革开放的实践证明，服务业企业吸收外资增加，带动了我国产业结构优化升级，更好地满足了人民群众消费升级的需求，也为稳外资做出了积极贡献。

（七）根据企业的规模大小划分

按照企业资产总额、营业收入、从业人员数量等指标，企业可以划分为大型企业、中型企业和小微型企业。

1. 大型企业

大企业是国家综合实力和竞争力的重要支撑。根据国家统计局规定，大型工业企业必须同时达到主营业务收入 3 亿元及以上，资产总额 4 亿元及以上，从业人员 2000 人及以上标准。我国规模以上企业数量迅猛增长。规模以上工业企业在 2010 年之前是指年主营业务收入在 500 万元及以上的法人工业企业；2011 年以后是指年主营业务收入在 2000 万元及以上的法人工业企业。规模以上商业企业是指年商品销售额在 2000 万元及以上的批发企业和年商品销售额在 500 万元及以上的零售业企业。到 2012 年，规模以上企业已达到约 34 万家。培育新优势，提高发展质量，发挥示范带头作用，是新发展阶段我国大企业的责任与使命。2020 年，全年规模以上工业企业利润 64516 亿元。中国企业联合会从 2001 年开始，连续 20 年发布中国企业 500 强排行榜，记录了我国大企业发展的历史轨迹，客观评价了我国大企业发展成就。2021 年，中国 500 强企业年营业收入在千亿元以上的企业达到了 222 家，其中有 8 家企业超过了万亿元，入围《财富》世界 500 强的中国大陆（含香港）企业达到 135 家，数量超过了美国。这充分体现了我国大企业和祖国同步，与时代同行，经营实力不断增强，已经成为参与国际竞争的主力军，在我国经济社会发展中具有重要的地位，发挥着不可替代的作用。

2. 中小微型企业

中小微企业（此处将中型企业和小微型企业合并为中小微企业）是世界各国国民经济和社会发展的重要组成部分，是技术创新的重要源泉，是增加就业的重要渠道。中小微企业作为促进世界经济发展中的一支重要力量，各国的标准不尽相同。中小微企业的划分标准，主要有三个指标：企业从业人员、营业收入、资产总额。欧盟国家2000年以前，对中小企业的定义不严格，各成员国均有不同的界定标准。2000年以后，欧盟委员会建议使用以下标准，衡量企业规模。一是雇员人数50人以下为小型企业，50人至250人为中型企业、250人以上为大型企业。二是资产235万欧元以下为小型企业，250万欧元至1000万欧元为中型企业，1000万欧元以上为大型企业。三是营业额500万欧元以下为小型企业，500万欧元至2000万欧元为中型企业，2000万欧元以上为大型企业。日本《新中小企业基本法》规定，所谓中小企业，是指制造业（包括建设业、运输业）资本金或者出资额在3亿日元以下，从业人员100人以下；服务业资本金在5000万日元以下，从业人员100人以下；零售业资本金在5000万日元以下，从业人员50人以下。日本的中小企业定义是法律规定的，并且从业人员和资本金数只是根据量的标准制定。量的标准随着经济社会的发展而不断变化。我国中小微企业是国民经济的重要支柱，有灵气、有活力，善于迎难而上、自强不息，在我国经济体系中具有至关重要的作用。国家已对中小微企业的标准做出具体规定。据国家统计局发布的《第四次全国经济普查系列报告》统计，截至2018年年末，我国共有中小微企业1807万家，占全部规模企业法人单位的99.8%，吸纳就业人员23300.4万人，占全部企业就业人员的79.4%；全年营业收入达到188.2万亿元，占全部企业全年营业收入的68.2%。据海关总署发布的数据，以中小微企业为主的民营企业在出口贸易中占比达50.6%。中小微企业自身规模小、实力弱、抗风险能力低，遭遇的挑战比较多，尤其是中小企业分布在零售批发、交通运输、住宿餐饮、电影娱乐、文化旅游、建筑施工、劳动密集型制造业等行业，经营活动时间长。中小微企业虽然规模较小，但对国民经济的带动作用并不小。中小微企业活，就业就多，社会就稳，国民经济才能活。美国管理大师德鲁克曾说过，决定经济向前发展的并不是财富500强，它们只决定媒体、报纸、电视的头条。真正在 GDP 中占百分比最大的还是那些名不见经传的创新的中小企业。我国已经构建起以《中小企业促进法》为基础，以有关政策法规为骨干，以各地各部门配套政策为支撑的促进中小微企业发展的政策法规体系，尤其是减负纾困政策，在中小微企业发展困难阶段，发挥了雪中送炭的作用。我国中小微企业是重要的市场主体，在吸纳就业、保持产业链供应链安全稳定、深化供给侧结构改革、建设现代化经济体系、推动高质量发展等方面，发挥着重要作用。

（八）根据企业的生产要素比重划分

生产要素是指企业进行物质生产或服务所必需的要素。生产要素包括劳动力、资本、土地、知识、技术、管理、数据等。企业按照生产要素占有的分量，可以划分为劳动密集型企业、资本密集型企业、技术密集型企业、知识密集型企业、资源密集型企业等。

1. 劳动密集型企业

劳动密集型企业又称为劳动集约型企业，是指生产需要大量的劳动力，产品成本中活劳动量消耗占比重较大的企业。劳动密集型产业已经从过去以制造业为主，逐渐向以服务业为主扩散。第三产业中的很多劳动密集型企业都集中在和百姓生活、娱乐休闲等方面相关的服务业领域。在人工智能技术不足以全面取代人类劳动的前提下，劳动密集型产业依然有存在的客观需要。提倡劳动密集型产业，特别是大力发展服务业中的劳动密集型产业，可以有效增加就业岗位，缓解社会压力，并可以提高人民生活水平。劳动密集型企业对于稳就业具有的积极促进作用非常明显。我国是一个拥有 14 亿人口的大国，就业是最大的民生。发展劳动密集型企业对保就业十分重要。有关资料显示，工业企业以每单位固定资本所吸收的劳动力数量测算，劳动密集型轻工企业是资本密集型重工业企业的 2.5 倍，劳动密集型小企业则是大企业的 10 倍以上。我国中小企业实现的工业产值不足全国工业产值的 30%，却容纳了全国工业就业人数的 70% 以上。

2. 资本密集型企业

资本密集型企业是指单位劳动力占有资本量较多的企业。在传统产业中，电力、冶金、航天、石化、电子等企业都属于资本密集型企业。在新兴产业中，芯片制造、新能源开发、无人驾驶等企业，既是资本密集型企业，也是技术密集型企业。例如，在新能源发展方面，美国推出新一代聚光太阳能发电系统。2018 年，美国能源部投入巨资，用于推进第三代高温聚光太阳能发电系统的研发。之后，美国布雷能源公司、国家再生能源实验室以及桑迪亚国家实验室三家研究单位参与研究，将热能系统运行温度大幅提高。这不仅提高了发电效率，还使发电厂的发电成本降低。在无人驾驶技术方面，美国国会通过 2019 国防预算案，投入巨资用于水下无人驾驶的研制。美国交通安全局允许部分无人驾驶汽车在高速公路上测试。在美国成功落地自动驾驶项目的企业已有多家。在电池能源领域，2019 年年底，欧洲电池联盟已协助公共部门和私营部门，将巨资投入欧洲的电池制造业，已有数家企业投入运营。

3. 技术密集型企业

技术密集型企业是以现代科学技术为主要生产要素的企业。技术密集型企业投入较多的高级复杂劳动，由较多的科技人员和管理人员综合运用现代科学技术从事生产活动。技术密集型企业的主要特点是：生产技术先进，展现了现代科技的最新研究成果，生产工艺和装备均采用最先进的技术；技术装备复杂，投资大；智力投入比重高，研发投入较多；产品附加值高，资源、能源和劳动力消耗较少。技术密集型企业大多集中在电子信息、航空航天、生物工程、新能源、新材料、人工智能等企业。高新技术企业主要依靠技术创新提高竞争力。我国高新技术企业达到 18.1 万家，科技型中小企业超过 13 万家。

4. 知识密集型企业

知识密集型企业是指具有专门知识的员工尤其是科技人员在企业占比较高，知识对企业生产经营活动以及业绩影响较大的企业。2020 年 3 月 2 日世界知识产权组织发布报告指出，中国国际专利申请量保持全球第一。伴随着科学技术的进步，知识作为生产要素的作用越来越重要。与其他生产要素不同，知识不会由于使用而损耗，相反能够在反复的应用中不断增长，形成新的知识，不断促进企业的发展，但这也对企业提出了区别于传统生产要素管理的挑战。知识管理将人和知识充分结合，通过知识的获得、创造、分享、整合、记录、存取、更新的过程，最终实现提升创新能力的目标。在知识密集型企业中，科学知识、科研成果、技术开发将转化为现实的生产力。知识密集型企业的发展程度，往往标志着一个国家的科学技术发展水平和经济实力。知识密集型企业多是获得专利技术较多的企业。知识密集型企业依靠技术创新，走出一条技术专利化、专利标准化、标准国际化的创新道路。一是将知识管理与业务活动高度融合。以知识化、智能化为核心，聚焦与科研生产流程的深度融合，推进知识管理工程建设，将其纳入企业经营管理者业绩考核范畴。二是将知识管理贯穿研发全过程。以用户需求为导向，运用工程理论，将管理体系、知识管理方法、研发流程、集成评估方法、研发与试制协同管理创新纳入产品集成研发管理链条。2020 年，华为技术有限公司以 5464 件申请量，连续第四年成为 PCT 体系申请量最大的申请人。三是将隐性知识转化为企业制度规范。变革知识管理模式，将以岗位操作为代表的隐性知识显性化、系统化，固化在科研生产流程中。开展流程体系再造和生产模式优化，推进组织内的共同优化，形成覆盖全部产品层级、过程环节、组织清单和对应的岗位清单，构建与岗位高度耦合的精细化制度规范体系，以提升企业科研生产管理水平。

5. 资源密集型企业

资源密集型企业是以自然资源开采为主的企业。自然资源是人类进行生产活动所必需的物质条件和基础，包括土地、森林、江河湖海和各种矿产资源。资源密集型企业的特点：与资源的储备量密切相关，有些是可以再生的资源，有些是不能再生的资源，矿产资源是不可再生的资源；受科学技术的影响，资源的开发与利用受制于科学技术的限制；资源的开发与利用可能对环境产生一定的危害。资源密集型企业多集中在煤矿企业、石油天然气企业、冶金和有色金属企业、非金属矿企业、水利风力发电企业等。资源密集型企业与土地资源、矿产资源关系最为密切。

第二节　企业发展沿革

企业是人类社会发展到一定阶段的产物。人类社会在以手工劳动为基础的自给自足的自然经济阶段，生产社会化水平很低，氏族与家庭是社会经济的基本单位，自我生产，自我消费，企业组织形式尚未出现。随着生产力的发展和生产规模的扩大，出现以简单分工协作为基础的手工作坊，企业组织雏形逐渐显现。进入社会化大生产阶段，随着商品经济的高度发展和机器的采用，社会分工和协作不断加强，开始出现一种新的经济组织。这种新的经济组织是独立的商品生产者和经营者，即现代意义上的企业。

一、中国企业发展沿革

企业发展沿革是对企业发展过程的记载。中国企业在近 100 多年的发展历程中，经历波澜壮阔的世界变迁，为推进社会进步和产业成长发挥了重要作用。

（一）中国近代民族企业兴起

中国近代是从 1840 年鸦片战争到 1949 年中华人民共和国成立前。中国近代史分为前后两个阶段。从 1840 年鸦片战争到 1919 年“五四运动”前夕，是旧民主主义革命阶段；从 1919 年“五四运动”到 1949 年中华人民共和国成立前夕，是新民主主义革命阶段。中国近代史经历了清朝晚期、中华民国临时政府时期、北洋军阀时期和国民政府时期。中国近代以来，随着民族工业的兴起，就有了实业救国、实业报国的先行者。

1. 清朝末年的中国企业和企业家

1840 年，中英第一次鸦片战争爆发，英国凭借 28 艘军舰、15000 人的军队入侵中国，迫使清王朝签订丧权辱国的第一个不平等条约《南京条约》，割让香港，赔偿 2100 万银圆，中国近代史由此开始。鸦片战争以后，西方国家先进的生产力和自由贸易，使中国传统的自然经济面临解体。中国进入半殖民地半封建社会。洋务派创办中国近代工商业，始于军事工业，继而发展到与民用有关的行业。一是洋务派兴办民族企业。洋务派代表李鸿章在 1872 年提出“官督商办”政策，利用官督商办形势经营的大型企业，主要有轮船招商局、开平矿务局、中国电报局、上海机器织布局和汉阳铁厂等。洋务运动创设企业，引进西方武器装备和科学技术等。张之洞在 1889 年至 1907 年任职湖广总督，担任洋务派首领。这段时间，张之洞大力扶持民族工业，先后开办了铁厂、兵工厂、煤矿、织布局等工业企业，建造了卢汉铁路，为中国的工业发展做出了杰出贡献。但洋务运动并未摆脱中国贫弱，也未找到强国的出路。二是民族商人拓展民族企业。近代著名企业家、教育家张謇兴办实业、教育和社会公益事业，被誉为我国民族企业家的楷模。张謇作为我国棉纺织领域早期的开拓者，创办的大生厂从筹办到开车（1895 年至 1899 年）历时 5 年，其坎坷反映了近代中国民族工业所处的艰涩环境。张謇一生创办了 20 多家企业，注重新工艺、新技术应用，在发展实业中提出了“棉铁主义”等当时符合工业经济规律的理念，并在利用外资、开放发展上有所主张。特别是他在开办纱厂之后，陆续创办垦牧公司以保障原料供应，创办轮船公司以保障物流运输，通过油厂、皂厂、纸厂等系列工厂，发展起了上、下游产业相互衔接的循环经济。张謇立志于为中国民众生产质量过硬，百姓买得起、用得起的纺织产品，打破洋企、洋货对中国纺织日用品市场的垄断。同时，在企业取得盈利、个人获取财富之后，积极兴办各种社会公益事业，反哺社会、服务民生。三是红顶商人创办民族企业。胡雪岩是中国近代著名红顶商人，徽商代表人物。胡雪岩凭借其卓越的商业才能，利用过手的官银在上海筹办私人钱庄，后在全国各地设立了“阜康”钱庄分号，被称为“活财神”。在杭州创立了“胡庆余堂”中药店，制“避瘟丹”“行军散”“八宝丹”供军民之需，药店传承至今，赢得“江南药王”之美誉。四是晋商、徽商等代表兴旺民族企业。山西大院是晋商故事的载体，也是晋商文化的载体。从清朝中后期开始，晋商群体创造出惊人的财富与具有鲜明地域特色的晋商文化，立足本省，影响全国，走向世界。乔致庸是清朝末年山西晋商的代表商人。在家族生意生死存亡的关键时刻，乔致庸弃文从商接手生意。在他的努力下，至清末乔家家族已经在中国各地有票号、钱庄、当铺、粮店 200 多处，资产达到数千万两白银。乔致庸待人随和，讲究诚信为本、以德经商，家业日益兴旺。徽商以经营盐、茶、木等为主，活动范围十分广阔，足迹遍及天涯海角。徽商讲究商业道德，提倡以诚待人，以信接物，义利兼顾。徽商经营的茶业、歙砚、徽墨、澄心堂纸、汪伯立笔等流传至今。清末徽商的代表人物有盐商李宗媚、房地产商程霖生等。

2. 民国时期的中国企业和企业家

民国时期的我国民族资本既要应付各种复杂局面，又要应付官僚资本的打压。民族时期的企业家爱国有多种实现形式，但首先是办好自己的企业。我国民族资本中涌现出一批杰出的企业家，以爱国情怀、创新理念、为民情愫，敢担当、能作为，创业兴业，小心谨慎地经营，为振兴民族工商业做出积极贡献。例如，具有强烈的爱国情、报国心和强国梦的陈嘉庚，搞交通运输的卢作孚，“面粉和纺织大王”荣宗敬和荣德生兄弟，“棉纱大王”穆藕初，中国“化工之父”范旭东，“火柴和煤业大王”刘鸿生等。在革命根据地（解放区），军民创办工厂、商店、银行等公营企业。工业企业主要是为战争服务的军需工厂，如兵工厂、弹药厂、机械修理厂、炼铁厂、被服厂等。也有些民用工厂，如煤矿、纺织厂等。根据地军民发扬艰苦奋斗、自力更生的精神，在战争环境的条件下，为打破敌人的经济封锁，满足根据地需要，做出重要贡献。

（二）中华人民共和国成立奠定了企业发展的坚实基础

1949 年 10 月 1 日，毛泽东主席在天安门城楼上向全世界庄严宣告：中华人民共和国中央人民政府成立了。这一时刻，载入史册；这一时刻，开启征程。中华人民共和国成立后，我国企业不断发展壮大，成为中国经济稳中有进、前景光明的生动体现。国有企业为中华人民共和国成立后的经济社会发展、科技进步、国防建设、民生改善做出重大贡献，为建立独立完整的工业体系打下了坚实基础。发展集体所有制的农业生产合作社，以建立对农业和手工业的社会主义改造为基础，基本上把资本主义工商业分别纳入各种形式的社会主义轨道。我国的生产资料私有制的社会主义改造完成以后，农业、手工业的个体所有制转变为社会主义集体所有制，资本主义所有制转变为社会主义全民所有制，形成了公有制和计划经济体制，保证了社会主义工业化战略的实施。

1. 国营企业

中华人民共和国成立初期在一穷二白的条件下开展大规模的经济建设，实现工业化，必须把有限的人力、物力、财力集中起来，建设一批国民经济急需的重大项目。第一个五年计划以集中力量进行 156 个建设项目为中心，由 694 个大中建设项目组成的工业建设，建立社会主义工业化初步基础。第一个五年计划期间，在苏联的援助下，我国集中力量进行的煤炭、电力、钢铁、化工、有色金属、机械、轻工、医药、军工等项目建设成为国民经济的骨干。东北地区占了 58 项，不仅为国家提供了大量物资装备，还为各地培养输送了大批技术管理人才。东北地区创造了第一艘万吨巨轮，承载者中国大工业梦想的一重、哈尔滨电机厂、一汽、沈飞等坚实地走上了发展舞台。内蒙古有 5 项摆在了包头，即包头钢铁公司、内蒙古第一机械厂、内蒙古第二机械厂、包头第一热电厂、包头第二热电厂。这一部署既改变了我国传统的工业布局，为国家工业化和国防现代化发挥了重要作用，也为少数民族地区改变贫穷落后面貌做出了巨大贡献。作为 156 个重点建设项目之一的洛阳拖拉机厂，经过不懈努力，造出了中国第一台拖拉机，定名为“东方红”。之后，“东方红”拖拉机奔跑在中国的大江南北。部署在西南的四川九洲电器集团有限公司等，也是“一五”期间 156 个重点工程之一，为军工、机械、电子、纺织、电力等行业发展做出重要贡献。第一个五年计划，建成了数千个工厂和矿山，为我国重工业的发展打下了良好基础。在一些关键领域，比如钢铁、煤炭、水泥、发电和机械制造，实现了跨越式的发展，使中国迅速从一个落后的农业国进入了工业国行列。在中国人民革命战争中对以四大家族为代表的国家垄断资本采取没收政策，直接建立起社会主义国有经济。与此同时，没收官僚资本经营的企业，包括矿山、钢铁、机械、商店、银行、仓库、船舶、码头、铁路、邮政、电报、电灯、电话、自来水等企业，发展壮大国营企业。据《中国统计年鉴》显示，国营工业企业 1957 年为 5.8 万户，1978 年为 8.4 万户。国营企业实行严格的计划制度。其中有的指标，如工业企业主要产品生产和调拨、上缴利润、工资总额等，为必须完成的指令性任务。

2. 公私合营企业

全国性的全行业公私合营从北京开始。1956 年 1 月 15 日，北京市各界 20 多万人在天安门广场举行庆祝社会主义改造胜利大会，党和国家领导人接见了工商界代表。接着全国各大城市及 50 多个中等城市相继实现了全行业公私合营。上海申新纺织公司总经理荣毅仁、北京同仁堂经理乐松生响应政府号召，主动带头实行公私合营，受到毛泽东主席等领导人的称赞。到 1956 年年底，全国 99% 的私营工业企业、85% 的私营商业实现了全行业的公司合营，基本完成了对资本主义工商业的社会主义改造。根据公平合理、实事求是的原则，核实的全国公私合营企业私股共 24 亿元，国家按照资本家的股额每年发 5% 的定息，无论企业大小、盈亏都固定不变。从 1956 年 1 月 1 日起，国家每年发给 114 万股东的定息达 1.2 亿元。原定 1962 年发完，后延长到 1966 年。例如，秦皇岛耀华玻璃总厂、西安华峰面粉公司、北京荣宝斋、北京全聚德烤鸭店、北京同仁堂药店、北京瑞蚨祥绸布店、上海大隆机器厂、上海申新纺织等公私合营企业，都成为当时的典型企业。

3. 集体所有制企业

城镇中的手工业、工业、建筑业、运输业、商业、服务业等行业各种形式的合作经济，都是社会主义劳动群众集体所有制经济。经过社会主义改造组成的集体所有制经济，1956 年占国民收入的比重为 53.4%。据《中国统计年鉴》显示，集体所有制工业企业 1957 年为 11.2 万户，1978 年为 26.4 万户。集体所有制企业调动了职工的积极性，劳动生产力稳步提高，为国民经济快速发展做出重要贡献。国家保护城乡集体经济组织的合法权利和利益，鼓励、指导和帮助集体经济的发展。

（三）改革开放以来我国企业进入新的发展快车道

改革开放以来特别是新时代以来，我国企业依靠坚韧不拔、锲而不舍的创业创新创造精神，把企业做大、做强、做优，从中国制造到中国创造，奠定了我国在世界经济中的地位，展示了中国企业在世界的崛起。

1. 坚持和完善基本经济制度，依法推动各类企业健康发展

《宪法》规定，国家在社会主义初级阶段，坚持公有制为主体、多种所有制经济共同发展的基本经济制度，坚持以按劳分配为主体、多种分配方式并存的分配制度。改革开放以来，我国始终坚持“两个毫不动摇”，即必须坚持和完善我国社会主义基本经济制度和分配制度，毫不动摇巩固和发展公有制经济，毫不动摇鼓励、支持、引导非公有制经济发展。以公有制为主体、多种所有制共同发展的基本经济制度，是中国特色社会主义制度的重要支柱，也是社会主义市场经济体制的根基。公有制经济和非公有制经济都是社会主义市场经济的重要组成部分，都是我国经济社会发展的重要基础。

毫不动摇巩固和发展公有制经济，依法发挥国有经济主体作用。1993 年 3 月 29 日第八届全国人大第一次会议通过的《宪法修正案》规定，国有企业在法律规定的范围内有权自主经营。国有企业依照法律规定，通过职工代表大会和其他形式，实行民主管理。城乡中的手工业、工业、建筑业、运输业、商业、服务业等行业的各种形式的合作经济，都是社会主义劳动

群众集体所有制经济。国家保护城乡集体经济组织的合法权利和利益，鼓励、指导和帮助集体经济的发展。集体经济组织在遵守有关法律的前提下，有独立进行经济活动的自主权。《宪法修正案》将沿用多年的“国营企业”，以法律的形式改为“国有企业”。国有企业是中国特色社会主义的重要物质基础和政治基础，是中国共产党执政兴国的重要支柱和依靠力量。改革开放以来，国家发布了一系列深化国有企业改革的法律法规，坚持公有制为主体地位，发挥国有经济在市场经济中的主导力量，不断增强国有经济活力、控制力、影响力、国际竞争力和抗风险能力。国有企业已经成为我国先进生产力、国家综合实力和国际竞争力的代表，在引领经济发展新常态、推进供给侧结构性改革中发挥着重要的带动作用。我国国有企业为我国经济社会发展、科技进步、国防建设、民生改善做出了历史性的贡献。

毫不动摇鼓励、支持、引导非公有制经济发展，依法为民营企业健康发展创造条件。非国有独资或控股的企业均为民营企业。民营经济是我国经济的重要组成部分。民营企业家不仅为社会创造了财富，而且民营企业家本身就是社会不可或缺的财富。坚持和完善社会主义基本经济制度，必须毫不动摇鼓励、支持、引导非公有制经济发展，坚持权利平等、机会平等、规则平等。国家发布了一系列促进民营企业健康发展的法律法规，全面落实支持非公有制经济发展的政策措施，认真解决民营企业反映的突出问题，坚决破除各种隐性壁垒。构建亲清新型政商关系，健全企业家参与涉企政策制定，激发非公有制经济的活力和创造力，弘扬民营企业家精神。

2. 规范市场经济主体，依法确立企业的法律地位

1986 年 4 月 12 日第六届全国人大二次会议通过的《民法通则》规定，全民所有制企业、集体所有制企业符合国家规定的资金数额，有组织章程、组织机构和场所，能够独立承担民事责任，经主管机关核准登记，取得法人资格。1988 年 4 月 13 日第七届全国人大一次会议通过的《全民所有制工业企业法》，总结了 1949 年以来企业领导体制的经验，确立国有企业实行厂长（经理）负责制。厂长（经理）作为企业的主要负责人和法定代表人，全面领导企业的生产经营管理工作。《企业法》确立了国有企业的法律地位，即国有企业是依法自主经营、自负盈亏、独立核算的社会主义商品生产和经营单位；强调企业依法取得法人资格，以国家授予其经营管

理的财产承担民事责任。1993 年 12 月 29 日第八届全国人大常务委员会第五次会议通过的《公司法》，确立了公司制企业的法律地位。公司是企业法人，有独立的法人财产，享有法人财产权。公司以其全部财产对公司的债务承担责任。有限责任公司的股东以其认缴的出资额为限对公司承担责任；股份有限公司的股东以其认购的股份为限对公司承担责任。

从 1979 年开始，为了方便群众生活，解决社会一部分人的就业问题，国家允许一些有正式户口的闲散劳动力从事修理、服务和手工业个体劳动。随着个体经济发展过程中私营经济的出现，不准雇工的规定很快就被突破。1988 年第七届全国人大第一次会议通过了《宪法》修正案，确立了私营经济的合法地位。从此，私营经济的法律地位和经济地位在国家的根本大法中得以确定。1988 年国务院颁布了《中华人民共和国私营企业暂行条例》（简称《私营企业条例》），确定私营企业是私营经济的存在形式。民营企业从无到有，由弱到强，具有机制灵活、经营高效等特点。民营企业在支撑国家经济增长、促进创新、扩大就业、增加税收等方面迅速发挥作用。

3. 深化国有企业改革，依法建立完善现代企业制度

国有企业改革经历了扩大国有企业经营自主权、两步利改税、实行承包经营责任制、转化企业经营机制、改革经营方式、建立现代企业制度等不同阶段，增强了企业活力，为企业进入市场奠定了初步基础。1992 年党的十四大报告明确提出，我国经济体制改革的目标是建立社会主义市场经济体制。1993 年 11 月 14 日党的第十四届三中全会做出了《关于建立社会主义市场经济体制若干问题的决定》，明确提出建立现代企业制度是发展社会化大生产和市场经济的必然要求，是我国国有企业改革的方向。深化国有企业改革以建立现代企业制度为重点，实行规范的公司制改革，转化企业经营机制，探索公有制的多种有效实现形式。

《公司法》对规范公司的组织和行为，保护公司、股东和债权人的合法权益，维护社会经济秩序，促进社会主义市场经济的发展，提供了重要的法律依据和法律保障。建立现代企业制度是国有企业改革的方向，《公司法》对现代企业制度做出法律界定，明确公司制是现代企业制度的主要组织形式，规定了设立公司或国有企业改制为公司的法定条件，创新了企业制度和企业领导体制。2005 年后，《公司法》几经修改，降低了设立公

司的出资门槛，扩大了出资方式，扩大了公司行使自治权的范围，完善了公司治理结构，明确了国有独资公司治理结构中的原则，规定了公司董事、高级管理人员等利用其关联关系损害公司利益的赔偿责任等，为促进并完善现代企业制度建设，提供了法律依据和保障。一是国有企业已经普遍进行了公司制股份制改革。建立起产权清晰、权责明确、政企分开、管理科学的现代企业制度，成为自主经营、自负盈亏、自担风险的市场主体和法人实体。二是中国特色现代企业制度加快完善。全面落实“两个一以贯之”，坚持党对国有企业的领导必须一以贯之，建立现代企业制度必须一以贯之。推动党的领导融入公司治理制度化、规范化、程序化。三是市场化经营机制改革加快步伐。国有企业子企业加快推进选聘职业经理人制度，实施股权激励，开展总部机关专项治理和对标世界一流管理提升行动。四是混合所有制改革稳妥推进。深化混合所有制改革，有效推动经营机制转换，提高国有资本配置和运营效率。五是重组整合、结构调整取得重要进展。多数国有企业完成战略性重组，特困企业处置治理任务基本完成。六是剥离企业办社会职能和解决历史遗留问题取得历史性突破。职工家属区“三供一业”、市政社区分离移交和所办医疗教育机构深化改革基本完成，厂办大集体改革基本完成。七是国有企业活力和效率明显提升。国有企业改革尊重市场经济规律和企业发展规律，围绕激发活力、提高效率，切实深化劳动、人事、分配三项制度改革，提高核心竞争力，不断释放发展活力，创造更大的经济价值。

4. 建立优胜劣汰机制，依法规范企业破产

优胜劣汰是市场法则，也是企业在市场竞争中适者生存的机制。破产是运用市场机制、经济手段和法治办法化解产能过剩，完善企业退出机制，优化市场资源配置的有效手段。全国人大常委会 1986 年发布了《中华人民共和国企业破产法（试行）》（简称《企业破产法（试行）》），2006 年 8 月 27 日，第十届全国人大常委会第二十二次会议审议通过《中华人民共和国企业破产法》（简称《企业破产法》），对规范企业破产程序，公平清理债权债务，保护债权人和债务人的合法权益，维护社会主义市场经济秩序，发挥了重要作用。《企业破产法》增加了企业重整的规定，强化了对债权人和债务人合法权益的保护。《企业破产法》充分运用法律手

段保护国有资产权益，维护国有资产安全，防止国有资产流失，促进国有经济巩固和发展。

《企业破产法》确立了企业有序退出的法律制度，规范了企业破产程序，使优胜劣汰的市场机制得以发挥作用，让丧失经营能力的市场主体及时被淘汰，并有序退出市场；使欺诈破产、恶意逃废债务等行为受到法律制裁，以维护公平竞争，保证市场主体交易安全；使破产财产得到依法妥善处理，减少对社会的消极影响。《企业破产法》新设了重整的法律规定。重整制度在兼顾债权人利益的同时，注重债务人企业的挽救和复苏，以避免因对债务人实施破产清算导致大量职工失业和社会财富的损失。《企业破产法》的实施，对无挽救希望的企业及时清理债权债务，避免造成更大损失；对陷入困境但有挽救希望的企业通过重整、和解程序，尽力挽救，使其恢复生机。

5. 完善产权保护机制，依法保障民营企业和民营企业家的合法权益

产权是所有制的核心。产权制度是社会主义市场经济运行的基石。保护产权是坚持社会主义基本经济制度的必然要求。建设高标准市场体系，健全归属清晰、权责明确、保护严格、流转顺畅的现代产权制度，健全产权司法保护制度，注重完善产权保护机制，健全以公平为核心原则的产权保护制度，推进产权保护法治化。完善落实公有制与非公有制经济一视同仁、平等保护的法律法规和政策，加强对各类企业自主经营权和财产所有权的保护，切实维护企业家人身权、财产权、人格权，让企业家感到安全、安定、安心。我国《宪法》《民法典》等法律对保障国有企业、民营企业、公司制企业、合伙企业等企业的合法权益做出法律规定。《宪法》规定，国家保护社会主义的公共财产。禁止任何组织或个人用任何手段侵占或者破坏国家和集体的财产。国有经济，即社会主义全民所有制经济，是国民经济的主导力量。国家保障国有经济的巩固和发展，国有企业在法律规定的范围内有权自主经营。《民法典》通过确立国家、集体、私人物权受法律平等保护，进一步明确了一视同仁保护的立法态度；规定私人的合法财产受法律保护，禁止任何组织或个人侵占、哄抢、破坏；国家、集体和私人依法可以出资设立有限责任公司、股份有限公司或者其他企业。《民法典》推动形成崇尚创新、鼓励创造、保护产权的社会环境。《企业国有资产法》

规定，国有资产受法律保护，任何单位和个人不得侵害。国家出资企业依法享有的经营自主权和其他合法权益受法律保护。

民营经济是我国经济的重要组成部分，是社会主义市场经济发展的重要成果，是推动社会主义市场经济发展的重要力量，是推动供给侧结构性改革、推动高质量发展、建设现代化经济体系的重要主体，也是中国共产党长期执政、团结带领全国人民实现“两个一百年”奋斗目标和中华民族伟大复兴中国梦的重要力量。《宪法》规定，在法律规定范围内的个体经济、私营经济等非公有制经济，是社会主义市场经济的重要组成部分。国家保护个体经济、私营经济等非公有制经济的合法权利和利益。国家鼓励、支持和引导非公有制经济的发展，并对非公有制经济依法实行监督和管理。公司制企业的合法权益受法律保护。《公司法》规定，公司从事经营活动，必须遵守法律，遵守职业道德，加强社会主义精神文明建设，接受政府和社会公众的监督。公司的合法权益受法律保护，不受侵犯。改革开放以来，尤其是党的十八大以来，高度重视完善产权保护制度，依法保护产权，认真解决产权保护方面的突出问题，及时甄别纠正社会反映强烈的产权纠纷申诉案件，剖析侵害产权案例，引导民营企业参与增量混改，在开展国家企业技术中心认定、家政服务业提质扩容“领跑者”行动中，积极支持民营企业改革发展。聚焦民营企业重点关注，推动形成支持民营企业改革发展的良好氛围和环境。总结宣传依法有效保护产权的好做法、好经验、好案例。在立法、执法、司法、守法等环节，加快建立依法平等保护各种所有制经济产权的长效机制。广大民营企业家坚定信心、坚持理念，主动为国分忧、为国担当，切实把企业发展同国家繁荣、民族兴盛、人民幸福紧密结合起来。越来越多有着强烈爱国情怀、强大社会责任感和广阔国际视野的优秀民营企业家，推动中国经济在高质量发展健康轨道走向更加辉煌的未来。

6. 完善国有资产监督管理体制，依法完善国有资产出资人与国有企业的关系

国有资产属于国家所有即全民所有，是全体人民共同的宝贵财富。国有企业是中国特色社会主义的重要物质基础和政治基础，在推动经济社会发展、保障和改善民生、保护生态环境等方面发挥着重要作用。依据《宪

法》和法律规定，国务院代表国家行使国有资产所有权并负有管理职责。全国人大及其常委会负有国有资产监督职责。深化国有资产管理体制改革的重点是实行政企分开、政资分开、两权分离，建立国有资产出资人制度，为国有企业成长和发展提供法律保障。

《企业国有资产法》对建立和完善国有资产监督管理体制，规范国有资产出资人与国有企业的关系，巩固壮大国有经济，提供了法律依据和法律保障。依据《企业国有资产法》，国资委是本级政府的直属特设机构。按照政资分开原则设立的国资委，无论从性质、职能，还是从机构设置和管理范围上看，都是受本级政府委托、专职行使企业国有资产出资人职能的特殊法定机构。它不是本级政府的组成部门，没有政府部门的行政权力。国资委根据本级政府授权，行使《公司法》等法律赋予的出资人所享有的资产收益、重大决策和选择管理者等权利。国资委作为本级政府的直属特设机构，其特殊性主要表现在两个方面：一方面，国资委是代表国家履行出资人职责的机构，负责监督管理企业国有资产，专门承担监管国有资产的职责；另一方面，国资委不同于政府的行政部门，不承担社会公共管理职能，也不同于一般的企事业单位，具有特殊性质。在国务院，省级、地（市）级人民政府设立专门的国有资产监督管理机构，政府实行社会公共管理职能与国有资产出资人职能分开。

7. 规范市场竞争秩序，依法营造企业健康成长环境

优化营商环境是我国建设现代化经济体系、促进高质量发展的重要基础。良好的经营环境是企业健康发展的土壤，是促进发展企业的保障。为了规范市场竞争秩序，国家发布了《中华人民共和国反不正当竞争法》（简称《反不正当竞争法》）、《中华人民共和国反垄断法》（简称《反垄断法》）、《中华人民共和国广告法》（简称《广告法》）、《中华人民共和国产品质量法》（简称《产品质量法》）、《中华人民共和国价格法》（简称《价格法》）等一系列经济法类的法律法规，规范市场竞争秩序，依法清理废除妨碍统一市场公平竞争的各种规定和做法，完善权利平等、机会平等、规则平等的市场环境，促进各种所有制经济依法依规平等使用生产要素、公开公平公正参与市场竞争、同等受法律保护。

社会主义市场经济依法保护企业的合法权益不受损害，营造公正、透

明、可预期的法治环境。党的十八大以来，我国大力推进简政放权，出台“放管服”改革措施，理顺政府与企业的关系，做到市场主体“法无禁止即可为”，政府部门“法无授权不可为”，简化并降低了企业进入市场的程序和门槛，大幅降低制度性交易成本，提升了企业的发展质量。构建公平竞争的市场环境，充分调动了社会投资创业的热情，各类市场主体快速增长。构建亲清新型政商关系。畅通政企沟通渠道，规范政商交往行为。政府机关坦荡真诚同企业家交往，树立服务意识，了解企业经营情况，帮助解决企业实际困难，同企业家建立真诚互信、清白纯洁、良性互动的工作关系。

8. 鼓励企业做强、做优、做大，我国大企业的国际地位稳步提高

我国世界级企业不断涌现、地位稳步提升、跨国经营持续推进、品牌的国际影响力继续增强、作为国民经济的中流砥柱作用尤为突出。一是我国大企业入围世界 500 强的数量持续增加。2011 年，中国企业入围《财富》世界 500 强企业的数量是 58 家，还不到美国企业的一半。2019 世界 500 强中国企业上榜数量从上年的 120 家增至 129 家，中国企业上榜数量一举超过了美国（121 家）。这也是世界 500 强榜单中首次有其他国家企业数量超过美国。中国 129 家上榜企业中，内地企业为 116 家，中国香港地区 3 家，中国台湾地区 10 家。中国内地和美国的企业已经占世界 500 强将近一半，合计数量为 237 家。日本上榜企业为 52 家，德国有 29 家企业上榜，法国有 31 家企业上榜，英国有 16 家企业上榜。世界 500 强有 25 家企业首次上榜或重新上榜，其中 13 家中国企业再次或首次上榜。中国企业已经连续多年成为世界 500 强新进企业最重要的培育摇篮。2020 世界 500 强中的中国企业数量再创新高，上榜数量连续 14 年增加，从上年的 129 家增至 133 家，中国企业上榜数量连续第 2 年超过了美国（121 家）。2021 中国企业入围世界 500 强企业数量达 143 家，较上年增加 10 家，上榜企业数量再次超过美国（122 家），蝉联榜首，继续领跑。中国大陆（含香港）上榜企业达 135 家，比上年增加 11 家。其背后是中国经济的实力、疫情控制后的复苏能力以及国内广阔的消费市场和中国企业与全球市场的深度交融。二是我国大企业在世界 500 强企业中的地位稳步提升。中国石化、中国石油、国家电网分列 2019《财富》世界 500 强榜单的第二位、第四位、第五位。有 24 家中国企业进入前 100 强（内地企业 23 家），其中

有 11 家进入前 50 强（内地企业 10 家）。部分领域企业地位更为突出。2019 世界企业 500 强中国内地企业涉及 28 个行业。中国企业有 35 家进入行业前三，尤其是在商业银行、工程与建筑、房地产 3 个行业，中国企业囊括了行业前三；炼油、金属产品则占据了行业前两强。此外，民营企业再获新进展。2019 世界企业 500 强中，来自中国内地的民营企业有 28 家，其中 3 家民营企业进入世界 500 强前 100 强。2020 世界 500 强，中国石化、国家电网、中国石油分列榜单的第二位、第三位、第四位。有 24 家中国企业进入前 100 强（内地企业 23 家），其中有 11 家进入前 50 强（内地企业 10 家）。129 家上榜中国企业中，除 13 家新进榜企业外，有 84 家中国企业排名上升，平均上升了 31.9 个名次，其中 75 家内地企业排名平均上升了 34.0 个名次；有 26 家中国企业排名下降，平均下降 23.5 个名次，其中 23 家内地企业排名平均下降 20.0 个名次。上榜中国内地企业中排名上升的企业明显多于排名下降的企业，且平均上升幅度远大于平均下降幅度；排名跃升最快的前 10 家企业中有 6 家都来自中国内地。2021 世界 500 强排行榜中，国家电网为第二位，中国石油、中国石化分列第四位、第五位。中国入围世界 500 强的企业规模逆势而上，效益、效率相对较好，创新实力不断积累，产业结构持续优化。2021 中国企业 500 强实现营业收入 89.83 万亿元，较上年增长 4.43%；实现净利润 4.07 万亿元，较上年增长 4.51%。同期美国 500 强和世界企业 500 强的营业收入分别下滑 3.15% 和 4.81%，净利润分别大幅度下滑 29.8% 和 20.02%。三是我国大企业跨国经营持续推进。2018 年我国企业共对全球 161 个国家和地区的 5735 家境外企业进行了非金融类直接投资，累计实现投资 1205 亿美元。投资主要流向租赁和商务服务业、制造业、批发和零售业、采矿业。同时非理性投资得到有效遏制，房地产业、体育和娱乐业海外投资没有新增项目。2018 年，我国企业共实施完成海外并购项目 405 起，海外并购投资总额 702.6 亿美元。海外并购主要流向电力和公用事业、消费品、TMT 三大行业，共占当年投资总额的近六成。2018 年，我国企业在“一带一路”沿线对 56 个国家非金融类直接投资 156.4 亿美元，占同期总额的 13%，主要投向新加坡、老挝、越南、印度尼西亚、巴基斯坦、马来西亚、俄罗斯、柬埔寨、泰国和阿联酋等国家。2019 中国企业 100 大的平均跨国指数为 15.96%，比 2018 年提高 0.16 个百分点。2020 中国跨国公司 100 大的平均跨国指数为 16.10%，较 2019 年提高 0.14 个百分点，连续 6 年提高；而同期世界跨国公司 100 大的跨国指数为 55.80%，比 2019 年下降 2.27 个百分点，受逆全球化影响连续两年下降。2020 中国跨国公司 100 大的海外资产占比、海外营业收入占比、海外员工占比分别为 16.80%、21.27%、10.23%，海外资产占比、海外员工占比分别下降 0.16 个百分点、0.51 个百分点，海外营业收入占比提高 1.10 个百分点。2020 中国跨国公司 100 大入围门槛为 120.22 亿元，较 2019 年增长 21.95%。2021 中国跨国公司 100 大的平均跨国指数为 15.07%，同比下降 1.03 个百分点。这主要是受全球新冠肺炎疫情影响和全球经济遭遇严重冲击的影响。四是我国大企业品牌的国际影响力持续增强。品牌是企业发展的立足之本，能够聚合各类优质的社会资源，使企业具备差异化优势并在竞争中脱颖而出。英国知名品牌评估机构 Brand Finance（品牌金融）发布的 2019 全球品牌 500 强中，中国品牌所占比例已经从 10 年前的 3% 升至 2019 年的 19%；共有 77 个中国品牌上榜，上榜中国品牌数仅次于美国；其中有 21 个品牌进入了 100 强，9 个品牌进入了前 20 强。中国上榜品牌总价值增至 13074 亿美元，占全球品牌 500 强总价值的 19%。中国的工商银行和建设银行也进入了前十名，分别名列第八和第十位，华为、中国平安分列第十二位、第十四位。世界知识产权组织发布的 2019 年全球创新指数排行榜中，中国连续第四年保持上升态势，位列 14。在 Brand Finance 发布的 2019 全球品牌 500 强中，中国品牌所占比例已经从 10 年前的 3% 升至 2019 年的 19%；共有 77 个中国品牌上榜，比上年增加了 11 个，上榜中国品牌数仅次于美国；其中有 21 个品牌进入了 100 强，9 个品牌进入了前 20 强。中国上榜品牌总价值增至 13074 亿美元，首次突破万亿美元，占全球品牌 500 强总价值的 19%。“2020 年 Brand Z™ 中国全球化品牌 50 强”发布，华为、联想、阿里巴巴、字节跳动、小米、海尔、海信、中国国际航空、青岛啤酒等企业榜上有名。五是我国大企业作为国民经济的中流砥柱作用尤为突出。2020 年年初，新冠肺炎疫情突袭而至，大企业坚决落实国家战略部署，把企业发展同国家繁荣、民族复兴、人民幸福紧密融合在一起，在统筹疫情防控和经济社会发展中承担更大责任，发挥更大作用。涉及煤、电、油、运、粮及通信等大企业全力以赴，做到保障不间断，承担医疗防护设备物资生产任务的企业转产扩产，交通运输、物流等企业千方百计保运输，建筑企业不惜代价抢建专门医院和方舱医院，发挥了国民经济顶梁柱作用，稳住了抗疫物资保障和经济基本盘。六是我国大企业发挥以大助小的带动作用。围绕产供销、上下游疏通，我国大企业提升产业链供应链水平，形成大中小企业融通发展的良性格局，推动全产业链贯通；坚持上下游互惠协作，构建融合共生、互动发展的协同机制，增强产业链韧性，提升产业链延展性。我国很多大企业在抗击新冠肺炎疫情期间，为产业链上下游企业提供供应链金融的精准服务，缓解中小企业现金流困难，确保产业链、供应链不出现断层。七是我国大企业与世界一流企业相比差距依然明显。从世界 500 强企业榜单看，中国上榜企业数量排在第一位，但营业收入总额比美国差了 1.5 万亿美元；美国上榜公司的平均收入利润率为 8.61%。我国上榜公司的平均收入利润为 5.33%。我国上榜企业传统产业占比较高，美国、日本等发达国家高端制造业的优势明显，在全球产业链高端占据核心地位。2021 年我国大企业在全球供应链主导权、关键核心技术、行业话语权、自主知识产权等方面与国际先进水平相比还有较大差距。在做大规模、做优产业、做多利润、做强能力等方面，我国大企业仍需要对标世界一流水平企业，谦虚谨慎学习，持续不懈奋斗。

9. 放开搞活中小微企业，我国中小微企业健康发展

中小微企业是国民经济和社会发展的生力军，活跃程度是经济发展的风向标和晴雨表。我国广大中小微企业的稳健增长和快速发展，源于我国庞大市场蕴藏的巨大潜力，源于创新驱动带来的不竭动力，源于国家各项惠企政策激发的蓬勃活力。一是增加中小微企业活力。让市场主体特别是中小微企业和个体工商户增加活力，增强中小微企业发展的韧性。坚持优化发展环境与健康服务体系相结合，完善优质中小微企业梯度培育与健全服务体系相结合，完善优质中小微企业培育与解决突出问题相结合，不断激发市场主体活力，促进中小微企业高质量发展。坚持政策惠企、服务活企，持续优化中小微企业发展环境。例如，通过国家财政资金引导，促进上下联动，将培育中小微企业与做强做优产业相结合，加快培养一批专注于细分市场、聚焦主业、创新能力强、成长性好的专精特新企业，推动专精特

新企业数量增加和质量提升，助力实体经济特别是制造业做实、做强、做优。中小微企业数量稳步提高，采购成交额快速增长，数字化转型程度大幅提升。二是发挥中小微企业创新主力军作用。创新驱动需要大企业领航，也需要中小微企业千帆竞发。中小微企业创新内在动力强，并具有多样性特征。多样性是创新生态的基本特征。中小微企业在满足人们多样化需求的同时，更易激发创新活力。中小微企业通常处于充分竞争的市场环境中，更趋向于寻求新的变化和新的机遇，对市场需求更为敏感。尊重中小微企业创新主体地位，引导企业开展面向全球的技术创新。加大中小微企业创新投入，加快技术成果产业化应用，推进工业“四基”领域和制造强国战略明确的重点产业领域“补短板”和“锻长板”，与行业龙头企业协同创新，产业链上、下游协作配套，支撑产业链补链、延链、固链，提升产业链、供应链稳定性和竞争力。支持公共服务示范平台为中小微企业提供技术创新、创新成果转化与应用、数字化智能化改造、上云用云等。三是坚持中小微企业各项政策的连续性。继续推进各项扶持政策支持小微企业发展，千方百计维护宏观经济和小微经济稳定复苏的局面，稳健的货币政策灵活精准、合理适度，保持支持中小微企业货币政策的连续性、稳定性、可持续性。继续实施普惠中小微企业贷款延期还本付息政策和普惠小微企业信用贷款政策，延缓中小微企业财务负担，加大对中小微企业的支持力度，尤其是续贷、首贷的服务力度。继续出台有针对性的减税降费措施，视情节调节小微企业税负水平，减轻企业的资金周转和财务成本压力，帮助企业渡过难关。四是要让小微企业有更多获得感。为了减税降费实现直达快享，税务系统建立了“一竿子到底”的政策落实机制，严格按照网络化管理要求，逐个层级、逐项政策明确落实责任单位和责任人，确保纳税人、缴费人全面知晓，充分享受各项税费优惠政策。落实好纾困惠企各项减税降费政策，把该减的税减到位，把该降的费降到位，帮助中小微企业改善融资环境，企业运营风险下降，投资活动稳步扩张，消费复苏带动住宿、餐饮、交通运输、批发零售和服务业的小微企业经营逐步恢复。五是破除限制中小微企业发展的体制机制障碍。近些年来，鼓励中小微企业发展是我国政策法规的重要着力点。国家出台了一系列政策，从创业孵化、财税政策、金融政策、创新服务、资源聚集、国际合作等多个方面给予中小微企业相应的支持，中小微企业经营环境得到明显改善。但由于中小微企业普遍规模较小,盈利能力整体较弱,创新经费投入较少,高端人才普遍短缺。资金和人才是制约中小微企业发展的主要原因。因此，营造中小微企业良好的环境仍然是突出问题。以混合所有制改革和“竞争中性”原则为核心，消除所有制歧视，在要素获取、准入许可、经营运行、政府采购和招投标等方面，对各类企业平等对待，打破制约土地、劳动力、资本、技术、数据等要素自由流动的障碍，提升资源配置效率。六是加快“专精特新”企业快速发展。截至 2021 年 7 月，我国已培育了 4762 家专精特新“小巨人”企业。在“专精特新”的发展过程中，一批中小企业成长为行业的隐形冠军。德国著名管理学者赫尔曼·西蒙教授认为，隐形冠军是指在业内世界市场排名前三，年收入少于 50 亿美元，公众知名度较低，近乎隐形的企业。专注国际化经营和创新，是成就隐形冠军的三大支柱。隐形冠军是一种新类型的企业，企业规模为中小型企业，业务规模稳居世界前列，业务范围辐射全球。我国的中小型企业并非仅专注国内市场的典型小型企业，而是开展全球业务的“专精特新”企业。瞄准“专精特新”，争做单项冠军，是制造业中小企业成长的目标，也是我国打造更具活力科技创新生态系统的重要途径。我国中小企业以百折不挠的开拓者姿态和永不止步的攀登精神，主动到市场经济的汪洋大海中争流，敢于与世界一流企业同台较量，不断创造企业发展的新空间。

二、外国企业发展沿革

人类社会从农业时代到工业时代的转变，是从西欧开始的。企业随着生产力的发展、社会进步，不断发展与完善。

（一）工场手工业时期

工场手工业是指主要依靠手工劳动、使用简单的工具所进行的小规模工业生产。

1. 工场手工业时期促成企业的雏形

16 世纪至 17 世纪，一些西方国家的封建社会制度向资本主义制度转变，资本主义原始积累加快，大规模剥夺农民的土地，使家庭工厂急剧瓦解，开始向资本主义工场制转变。工场手工业时期是从封建社会的家庭手工业到资本主义初期的工场手工业时期。工场手工业成为企业的雏形。

2. 工场手工业时期企业的主要特征

工场手工业是资本雇佣劳动者的生产形式。一是工场手工业以手工劳动为基础，这是与后来机器生产的主要区别。二是工场手工业不同于以前的家庭手工业。它是大生产，并逐渐实行了生产过程的分工，包括手工技术的分工和雇佣工人的分工。分工使工人经常从事某一种生产环节的操作，技巧更加熟练，不仅提高了劳动生产率，也增加了改进技术的机会，为以后发明和使用机器创造了条件。

（二）工厂制时期

第一次工业革命是指 18 世纪 60 年代从英国发起的技术革命，是技术发展史上的一次巨大革命，使工厂制代替了手工工场，用机器代替了手工劳动。

1. 工厂制时期企业的发展

18 世纪末，西方各国相继开展工业革命，大机器的普遍采用为工厂制的建立奠定了基础。1771 年，英国人理查德·阿克赖特在克隆福特建立了第一家棉纱厂。19 世纪三四十年代，工厂制在英国、德国等国家普遍建立。

2. 工厂制时期企业的主要特征

工厂制实行大规模的集中劳动，采用大机器生产代替了人工劳动，生产效率大幅度提高。形成规模化生产，生产、销售实行专业化分工，市场范围迅速扩大。形成较为完整的管理系统，按产品或工艺分成生产车间、工段和班组，出现了智能化组织机构。实行雇佣工人制度，劳动分工深化，生产走向社会化。

（三）现代企业时期

现代企业是 19 世纪末 20 世纪初，随着自由资本主义向垄断资本主义过渡，工厂自身发生了复杂深刻的变化，不断采用新技术，使生产迅速发展，生产规模不断扩大，竞争加剧，产生了大规模的垄断企业。现代企业表现为经营权与所有权分离，形成职业化的管理阶层，普遍建立科学的管理制度，形成一系列科学管理理论，从而使企业走向成熟，成为现代企业。现代企业以投资人的出资方式和责任形式，分为个人独资企业、合伙企业、公司制企业。公司制企业分为有限责任公司和股份有限公司。

1. 现代企业的发展

17 世纪初期，商品经济有了较高程度的发展，资本主义市场经济中出现了大量的海外殖民贸易。这一方面要求有雄厚的资本，保护投资者的利益，另一方面又要求避免分散风险，减少投资某一项目可能带来的损失。与这样的要求相适应，产生了以股份的形式募集资金的公司制企业。投资者按股份分享收益，按股承担风险，这就是公司。1600 年成立的英国东印度公司和 1602 年成立的荷兰东印度公司，就是为了分散海上航运业务可能产生的风险，以发行股票的办法，吸收社会上的投资者。运营的结果，公司和投资者都得到了好处。公司在世界各国迅速发展起来。100 多年前，马克思在《资本论》中分析了股份公司这种新出现的公司制度。马克思在评价那一时期的公司发展情况时指出，假如必须等待积累去使某些单个资本增长到能够修建铁路的程度，恐怕直到今天世界上还没有铁路。马克思对公司制企业给予了充分肯定。

2. 现代企业的主要特征

现代企业的特征体现在五个方面：一是企业拥有投资者投入企业形成的法人财产权，成为独立的享有民事权利、承担民事责任的法人。二是企业以其全部财产对公司债务承担有限责任，依法自主经营、自负盈亏。企业独立核算，照章纳税，对投资者承担资本保值的责任。三是投资者按投资比例，享有所有者的权益，并按照投入企业的财产对公司承担有限责任。四是按市场和社会需求组织生产，保护环境，提高劳动生产率。五是建立科学的企业领导体制和组织管理制度，处理好所有者、经营者、职工的关系，形成激励和约束相结合的经营管理机制。

第三节 企业治理结构

企业治理结构包括公司制企业治理结构和非公司制企业治理结构。公司制企业是指依法设立的有限公司和股份有限公司。非公司制企业是指依法设立的合伙企业、个人独资企业等。企业成为百年企业的基础是有良好的企业治理结构。综观世界各国百年企业，好的企业治理结构能够充分发挥股东、管理层、员工等各方面利益相关者的积极性，形成正向激励机制，推动公司沿着正确方向发展，能有效应对内外部风险，实现可持续发展。企业治理存在的主要问题：有的企业被职业经理人控制，董事会不能有效履责，导致企业只注重短期经营效益，忽视中长期战略发展；有的企业监事会形同虚设，导致企业盲目扩张，企业发展陷于危险的境地；还有的企业为家族控制，任人唯亲，缺乏优秀的职业经理团队。企业治理结构是否优秀，已经成为能否打造百年企业的重要条件。

一、中国企业治理结构

中国企业治理结构在借鉴英、美法和大陆法公司治理结构的基础上，结合中国实际，从改革的实践中总结出企业治理结构。企业治理结构包括公司制企业和非公司制企业。

（一）公司制企业治理结构

公司治理结构是指公司的董事会、监事会和经理层的职责划分及有效履行。依据《公司法》，我国的公司形式为有限责任公司和股份有限公司。规范公司法人治理结构的核心是三句话，一是选人要适当，二是决策要科学，三是监督要到位。董事会成员是一批人，经理人员是一批人，监督人员是另一批人。决策层、执行层和监督层要分开。公司治理结构主要是完善股东会、董事会、监事会、高级管理层，形成权责分明、各司其职、相互协调、有效制衡的公司治理制衡机制；优化权力机构、决策机构、监督机构和执行机构，打造决策科学、监督有效、运行稳健的公司治理运作机制，保障公司持续健康发展，为股东、客户、员工在内的所有利益相关者和社会创造卓越价值。

1. 股东会

股东会是公司的权力机构。依据《公司法》明确股东会的权利。一是投资经营决定权。股东会有权对公司的投资计划和经营方针做出决定。二是人事权。股东有权选任和决定本公司的非由职工代表担任的董事、监事。对于不合格的董事、监事可以予以更换。决定董事、监事的报酬。三是审批权。股东会有权对公司的董事会、监事会或监事向股东会提出的工作报告进行审议、批准，有权对年度财务预算方案、决算方案、利润分配方案和弥补亏损防范等进行审定。四是决议权。股东会有权对公司增加或者减少注册资本，发行公司债券，公司合并、分立，变更公司形式，解散和清算等事项进行决议。五是修改公司章程权。公司章程由公司股东会在设立公司时制定，所以应当由公司股东会修改。六是公司章程规定的其他职权。股东会根据公司章程的规定行使职权。

2. 董事会

董事会是公司的决策机构。依据《公司法》，明确董事会职责定位，确保董事会在战略决策中发挥核心作用。董事会必须在公司章程和股东会授权的范围内，独立承担公司经营决策的职责，并承担相应的法律责任。加强董事履职能力建设，改进董事遴选机制，优化董事会成员结构，强化董事履职评价、考核和问责，提升董事的专业性和独立性。多渠道选聘上市公司独立董事，发挥独立董事作用。建立健全各专门委员会，确保各专门委员会向董事会提供独立、专业的意见。执行严格的职业道德准则，切实履行审慎义务和忠诚义务，公平对待所有股东，特别要关注和尊重小股东的诉求，最大限度地维护公司利益。

3. 监事会

监事会是公司的监督机构。依据《公司法》，优化监事会结构，明确监事会对股东大会负责，确保监事会依法独立行使监督职责。推动监事会履职，深入开展财务、内控和履职尽职监督。对机构经营决策、风险管理进行监督检查并督促整改。借助内外审计力量开展监督检查，建立监事与独立董事沟通机制，强化信息共享，建立健全监督成果核查、移交和整改机制，强化监督成果应用。

4. 经理层

经理层是公司的执行机构。依据《公司法》，加强经理层履职约束，完善高管层向董事会、监事会、各专门委员会的信息报告制度，严格落实岗位交流、履职问责等各项制度。确保高管层在公司章程和董事会授权下开展经营管理活动，严防内部人控制。处理好内部治理机构关系，合理优化董事会对高管层的经营授权，切实缩短经营决策链条，提高经营决策效率。严格限制董事会不当干预高管层的经营活动。推进市场化选聘职业经理人制度建设，持续提升高管人员的专业素养和业务水平。

（二）非公司制企业治理结构

非公司制企业在我国主要是个人独资企业和合伙企业。个人独资企业和合伙企业对企业债务承担责任的形式与公司制企业不同，治理结构也不同。

1. 个人独资企业治理结构

我国《个人独资企业法》规定，个人独资企业是依法在中国境内设立，由一个自然人投资，财产为投资人个人所有，投资人以其个人财产对企业债务承担无限责任的经济实体。个人独资企业投资人可以自行管理企业事务，也可以委托或者聘用其他具有民事行为能力的人负责企业的事务管理。投资人委托或者聘用他人管理个人独资企业事务，应当与受托人或者被聘用的人签订书面合同，明确委托的具体内容和授予的权利范围。受托人或者被聘用的人员应当履行诚信、勤勉义务，按照与投资人签订的合同负责个人独资企业的事务管理。

2. 合伙企业治理结构

我国《合伙企业法》规定，合伙企业是指自然人、法人和其他组织依法在中国境内设立的普通合伙企业和有限合伙企业。普通合伙企业由普通合伙人组成，合伙人对合伙企业债务承担无限连带责任。有限合伙企业由普通合伙人和有限合伙人组成，普通合伙人对合伙企业债务承担无限连带责任，有限合伙人以其认缴的出资额为限对合伙企业债务承担责任。合伙协议依法由全体合伙人协商一致，以书面形式订立。订立合伙协议、设立合伙企业，应当遵循自愿、平等、公平、诚实信用原则。合伙人应当按照合伙协议约定的出资方式、数额和交付期限，履行出资义务。合伙人对执行合伙事务享有同等的权利。按照合伙协议的约定或者经全体合伙人决定，可以委托一个或者数个合伙人对外代表合伙企业，执行合伙事务。作为合伙人的法人、其他组织执行合伙事务的，由其委派的代表执行。委托一个或者数个合伙人执行合伙事务的，其他合伙人不再执行合伙事务。不执行合伙事务的合伙人有权监督执行事务合伙人执行合伙事务的情况。有限合伙企业由普通合伙人执行合伙事务。执行事务合伙人可以要求在合伙协议中确定执行事务的报酬及报酬提取方式。有限合伙人不执行合伙事务，不得对外代表有限合伙企业。

（三）国有控股公司治理结构

国有控股公司将党委（党组）把方向、管大局、保落实，与董事会定战略、作决策、防风险，经理层谋经营、抓落实、强管理有机统一起来，处理好出资人、党组织、董事会、经理层的关系，做到各司其职、各负其责、协调运转、有效制衡。

1. 国资委行使的职权

国资委按照《公司法》《企业国有资产法》等法律法规，对公司履行出资人职责，对企业国有资产进行监督管理，维护所有者权益。国资委支持企业依法自主经营，除履行出资人职责以外，不干预公司的生产经营活动。公司应当接受国资委依法实施的监督管理，不得损害出资人的合法权益。一是批准公司章程和章程修改方案；二是批准公司的主业及调整方案，审核公司的发展战略和规划；三是根据管理权限，委派和更换非由职工代表担任的董事，对董事履职情况进行评价，决定董事报酬；四是依照有关规定代表国务院向公司派出监事会；五是审议批准董事会的年度工作报告；六是批准公司年度财务预算方案、利润分配方案和弥补亏损方案，组织上交国有资本收益；七是批准公司增加或者减少注册资本方案、发行公司债券方案；八是批准公司合并、分立、解散、清算或者变更公司形式方案；九是批准公司重大会计政策和会计估计变更方案；十是根据有关规定，批准公司国有产权转让、国有产权无偿划转、上市公司国有股份转让及公司重大资产处置等事项；十一是对公司年度和任期经营业绩进行测试评价并纳入企业负责人经营业绩考核结果；十二是根据有关规定，对企业年度财务决算、重大事项进行抽查审计，并按照企业负责人管理权限组织开展经济责任审计工作；十三是向社会公布公司年度生产经营及财务决算有关信息；十四是按照国务院和国务院有关部门关于国有资产基础管理、股份制改革和企业重大收入分配等行政法规和部门规章，办理需由国资委批准或者出具审核意见的事项；法律、行政法规规定的其他职权。国资委依照有关规定，授权公司董事会行使出资人的部分职权，决定公司重大事项。

2. 公司党组（党委）行使的职权

公司党组（党委）根据《中国共产党章程》及《中国共产党党组工作条例》等党内法规履行职责。一是保证监督党和国家方针政策在公司的贯彻执行，落实党中央、国务院重大战略决策，国资委及上级党组织有关重要工作的部署。二是坚持党管干部原则与董事会依法选择经营管理者以及经营管理者依法行使用人权相结合。党组（党委）对董事会或总经理提名的人选进行酝酿并提出意见建议，或者向董事会、总经理推荐提名人选；会同董事会对拟任人选进行考察，集体研究提出意见建议。三是研究讨论公司改革发展稳定、重大经营管理事项及涉及职工切身利益的重大问题，并提出意见建议。四是承担全面从严治党主体责任。领导公司思想政治工作，统战工作，精神文明建设，企业文化建设和工会、共青团等群团工作。领导党风廉政建设，支持纪检组切实履行监督责任。五是《中国共产党章程》及《中国共产党党组工作条例》等党内法规规定的其他职责。

3. 公司董事会行使的职权

国有控股公司董事会为公司的决策机构，由国资委负责。董事长为公司的法定代表人。董事会行使的职权：一是制订公司章程及章程修改方案。二是根据国资委的审核意见，决定公司的发展战略和中长期发展规划，并对其实施进行监控；公司发展战略和中长期发展规划应当报国资委备案。三是决定公司的经营计划和投融资计划；公司年度投资计划应当报国资委备案。四是制订公司年度财务预算、决算方案、利润分配方案和弥补亏损方案；公司年度财务预算方案应当报国资委备案。五是制订公司增加或者减少注册资本方案、发行公司债券方案。六是制订公司合并、分立、解散、清算或者变更公司形式方案。七是根据有关规定，决定聘任或者解聘公司总经理；根据总经理提名和有关规定，决定聘任或者解聘公司副总经理、总会计师、总经理助理和总法律顾问；根据董事长提名决定聘任或者解聘董事会秘书。按照国资委有关规定，对有关人员进行考核并决定其报酬。八是决定公司内部管理机构的设置，制定公司的基本管理制度。九是除应由国资委批准的有关方案外，批准一定金额以上的公司投资、融资、担保、资产处置及对外捐赠或者赞助等事项，具体金额由董事会决定。十是依据有关规定，制订公司的重大收入分配方案，包括企业工资总量预算与决算方案、企业年金方案等；涉及公司职工切身利益的有关方案，须按照国家有关规定经职工代表大会或者其他民主形式审议通过后，董事会方可批准或者做出决议。十一是决定公司内部业务重组和改革事项。十二是决定公司风险管理体系，制订公司重大会计政策和会计估计变更方案，审议公司内部审计报告，决定公司内部审计机构的负责人，决定聘用或者解聘负责公司财务会计报告审计业务的会计师事务所及其报酬，决定公司的资产负债率上限，对公司风险管理的实施进行总体监控。十三是听取总经理工作报告，检查高级管理人员对董事会决议的执行情况。十四是决定公司行使所投资企业股东权利所涉及的事项。十五是董事会根据公司具体情况，制订董事会授权管理制度，明确授权范围和数量界限，规定被授权人职权、义务、责任和行使职权的具体程序；被授权人须定期向董事会报告行使授权结果。十六是法律、行政法规、公司章程规定及国资委授予的其他职权。

4. 公司董事会专门委员会履行的职责

董事会专门委员会是董事会下设的专门工作机构，在公司章程规定和董事会授权范围内履行职责，为董事会重大决策提供咨询、建议，对董事会负责。公司董事会下设提名委员会、薪酬与考核委员会、审计委员会等。一是提名委员会。提名委员会外部董事应当占多数。委员会主任由董事长担任。该委员会主要负责研究选择公司高级管理人员的具体标准、程序和方法，向董事会提出建议；按照有关规定，对总经理提出的副总经理、总会计师、总经理助理和总法律顾问人选和董事长提出的董事会秘书人选进行考察，向董事会提出考察意见。二是薪酬与考核委员会。该委员会主要负责拟订公司高级管理人员的薪酬体系和策略、薪酬管理和业绩考核制度、年度薪酬方案和中长期激励方案、职务消费及社会保障、福利等制度；组织实施高级管理人员的业绩考核和评价；组织落实董事会关于高级管理人员薪酬管理的有关决议和日常管理工作；与国资委进行沟通，及时向国资委和公司董事会反映相关信息。三是审计委员会。该委员会主要负责指导企业内部控制机制建设；向董事会提出聘请或者更换会计师事务所等有关中介机构及其报酬的建议；审核公司的财务报告、审议公司的会计政策及其变动，并向董事会提出意见；根据集团有关规定向董事会提出任免公司内部审计机构负责人的建议；督导公司内部审计制度的制定及实施；对企业审计体系的完整性和运行的有效性进行评估和督导；与公司内部、外部审计机构保持良好沟通；对风险管理制度及其执行情况进行定期检查和评估，并向董事会报告结果。

5. 公司董事的权利、义务和责任

公司董事由公司股东会选任。一是董事在公司任职期间享有的权利。了解行使董事权利所需的公司有关信息；出席董事会会议，充分发表意见，对表决事项行使表决权；对提交董事会会议的文件、材料提出补充、完善的要求；提出召开董事会临时会议、缓开董事会会议和暂缓对所议事项进行表决的建议；出席任职的专门委员会的会议并发表意见；根据董事会或者董事长的委托，检查董事会决议执行情况，并要求公司有关部门和人员予以配合；根据履行职责的需要，可以到公司进行工作调研，向公司有关人员了解情况；按照有关规定领取报酬、津贴；按照有关规定在履行董事职务时享有办公、出差等方面的待遇；向国资委反映有关情况和意见；法律、行政法规和公司章程规定的其他权利。二是董事在任职期间应当承担的义务。关注公司业务和事务，投入足够的时间和精力，谨慎、勤勉地履行董事职责；董事一个工作年度内出席董事会定期会议的次数应当不少于总次数的四分之三，外部董事一个工作年度内在本公司履行职责的时间应当达到国资委规定的时间；出席董事会会议和其他董事会活动，及时了解和掌握充分的信息，独立审慎地表决；努力提高履行职务所需的技能；保护公司资产的安全，维护出资人和公司的合法权益；保守公司商业秘密；不得利用职权收受贿赂或者其他非法收入，不得侵占公司的财产；不得利用职务便利，为本人或者他人谋取利益；不得经营、未经国资委同意也不得为他人经营与公司同类或者关联的业务；不得违反国资委有关规定接受受聘公司的报酬、津贴和福利；不得让公司或者与公司业务往来的企业承担应当由个人负担的费用，不得接受与公司有业务往来的企业的馈赠；外部董事不得接受公司的馈赠；遵守国有企业领导人员廉洁从业的规定；法律、行政法规和公司章程规定的其他义务。三是董事的责任。公司董事应当对董事会的决议承担责任。董事会的决议违反法律、行政法规或者公司章程，致使公司遭受严重损失的，参与决议的董事对公司承担赔偿责任。但经证明的在表决时曾表明异议并记载于会议记录的，该董事可免除责任。

6. 公司董事长的职权

公司董事长是董事会的召集人。公司董事长行使的职权：一是组织制订全年董事会定期会议计划，任务必要时可以单独决定召开董事会临时会议。二是确定董事会会议议题。三是召集和主持董事会会议。四是及时掌握董事会各项决议的执行情况，必要时由董事长本人或者委托其他董事对决议执行情况进行督促、检查；对发现的问题，应当及时提出整改要求；对检查的结果及发现的重大问题应当在下次董事会会议上报告；听取总经理关于公司经营管理情况的汇报。五是组织制定完善董事会运作的各项规章制度，经董事会通过后，负责实施和检查。六是签署法律、行政法规规定和董事会授权应当由董事长签署的文件，包括但不限于负责签署公司聘任、解聘公司总经理、副总经理、总会计师、总经理助理、总法律顾问、董事会秘书等公司高级管理人员的文件，代表董事会与高级管理人员签署经营业绩考核合同和高级管理人员薪酬的有关文件。七是提名董事会秘书，提出其薪酬与考核建议，提出各专门委员会的设置方案及人选建议。八是组织起草董事会年度工作报告；召集并主持董事会讨论通过董事会年度工作报告；代表董事会向国资委报告工作，并组织董事会向国资委及时提供信息。九是在发生不可抗力或者重大危机情形，无法及时召开董事会会议的紧急状况下，对公司重大事务做出特别决定，并在事后向董事会报告。十是法律、行政法规规定的和董事会授予的其他职权。

7. 公司总经理的职权

公司总经理是公司经理层的牵头人。总经理行使的职权：一是主持公司的生产经营管理工作，组织实施董事会决议，按规定向董事会报告公司财务状况、生产经营状况和国有资产保值增值情况；二是组织实施公司年度经营计划和投资方案；三是提请聘任或者解聘公司副总经理、总会计师、总经理助理和总法律顾问；四是聘任以及解聘除应由董事会聘任或者解聘以外的管理人员；五是批准董事会授权范围之内的公司投资、融资、担保、资产处置及对外捐赠或者赞助等事项；六是制定公司的具体规章；七是拟订公司内部管理机构的设置方案；八是拟订公司的基本管理制度；九是拟订公司的经营计划和投资、融资计划；十是拟订公司的年度财务预算方案；十一是拟订公司建立风险管理体系的方案；十二是拟订公司的改革、重组方案；十三是拟订公司的收入分配方案；十四是根据董事会决定的公司经营计划和投资方案，批准经常性项目费用和长期投资阶段性费用的支出；十五是建立总经理办公会制度，召集和主持公司总经理办公会议，协调、检查和督促各部门、各分公司、各子企业的生产经营和改革管理工作；十六是董事会授予的其他职权。

二、西方发达国家企业治理结构

企业治理结构是企业依法并结合企业实际，在制度、规则、程序等方面做出的体制安排，影响带动企业的改革发展。企业治理结构规制企业出资人、决策人、执行人、监督人等方面的权利和行为。

（一）公司制企业与非公司制企业治理结构

西方发达国家的企业包括公司制企业和非公司制企业。企业治理结构是处理公司制企业和非公司制企业各种契约关系的制度。

1. 公司制企业治理结构

公司制企业治理结构一词是从英文 CORPORATE GOVERNANCE 直译过来的，国内大多数学者将它译成公司治理结构或法人治理。日本常译为“统治结构”。公司制企业治理结构是一种制度安排，是在法律保障的条件下，处理因两权分离而产生的委托代理关系的一整套制度安排。公司治理在形式上表现为利益相关者之间形成的一种契约关系，以对权责利进行合理配置。公司治理结构是指由所有者、董事会和高级经理人员三者之间形成的一定的制衡关系。所有者将自己的资产交由公司董事会托管；公司董事会是公司的最高决策机构，拥有对高级经理人员的聘用、奖惩及解雇权；高级经理人员受雇于董事会，组成在董事会领导下的执行机构，在董事会授权范围内经营企业。良好的治理结构和健全的企业法律风险防范机制相得益彰，互相促进，共同保障企业健康发展。治理结构作为企业基本制度之一，对企业法律风险防范机制起着决定性的作用。

2. 非公司制企业治理结构

西方发达国家合伙企业由两个或者两个以上的合伙人通过签署合伙协议共同经营而成立的合伙组织。所有者对合伙企业共同承担业务和相关责任。美国等国家的合伙企业分为普通合伙制、有限合伙制和有限责任合伙制。一是普通合伙制。普通合伙制企业每个合伙人要承担合伙企业的无限责任，可以延伸到合伙人的财产。合伙人之间承担连带责任，一个合伙人若承担了合伙企业的全部责任和债务，有权向其他合伙人追索。二是有限合伙制。有限合伙制企业必须至少有一个普通合伙人和一个有限合伙人。普通合伙人负责对企业进行管理，对合伙企业的债务承担无限责任。有限合伙人没有管理权，对企业也没有控制，对债务的承担只限于其出资额。三是有限责任合伙制。有限责任合伙制为普通合伙的一种特殊责任形式。

（二）公司治理结构模式

公司治理结构模式是公司制的核心。在世界范围内，公司治理结构模式有英、美公司模式，德国公司模式和日本公司模式等。

1. 英、美公司治理模式

以英、美为核心所确立的委托代理公司治理模式，是世界范围存在时间最长、最有影响力的公司治理模式，并随着 20 世纪 80 年代全球化影响扩散到其他国家。英、美公司治理模式体现为，股东会将决策权委托给董事会，董事会向股东会承诺履行盈利责任。董事会内部设立专门委员会如报酬委员会、审计委员会、执行委员会等，做辅助决策。公司的董事由内部董事和外部董事构成，外部董事占多数，以此强化董事会对管理者的监督和控制。英、美公司中没有监事会，所以公司一般聘请专门的审计事务所负责审计公司财务状况。英、美公司股权结构具有分散性，个人持股占很大比例。英、美公司模式强调市场主导，投资者的大量持股使股权分散化。很多公司实施员工持股和股票期权激励计划。

2. 德国公司治理模式

德国有限公司是德国最常见的公司模式。德国法律规定，有限责任公司的注册资本不得低于 2.5 万欧元，股东人数没有限制。德国的有限责任公司不设董事会，组织架构分为两种：一是股东会、监事会、董事总经理。二是股东会和董事总经理。股份有限公司注册资本不得低于 5 万欧元。股份有限公司采用董事会和监事会双层管理模式。董事会人数要求至少有一名董事，监事会要求至少由三名监事组成。公司股东任命董事总经理。董事总经理对外代表公司，执行公司事务。监事会监督董事总经理。监事会任命、罢免和监督董事；董事会负责管理和代表公司。德国巴斯夫公司创立于 1865 年，是全球最大的化学品企业。巴斯夫公司治理体系的基本要素，一是董事会和监事会有效地分开负责公司的管理和监督。二是股东和雇员自监事会选举后具有平等的代表权。三是在年度股东大会上，股东拥有共同管理和监督企业的权利。巴斯夫公司执行董事会由 6 人组成，监事会由 12 人组成。执行董事会人员由监事会成员选出。监事会有监督执行董事会的义务，而且可以向执行董事会提出意见。执行董事会需要向监事会定期汇报。

3. 日本公司治理模式

日本公司治理模式是在借鉴英、美公司治理模式和德国公司治理模式的基础上改造而成。日本公司治理结构的基本模式是设董事会和监事会（或监事）。监事会（监事）是公司的监督机关，公司业务由董事会中的代表董事执行，董事会和监事会（监事）都负有监督职能。日本公司治理模式的突出特点是董事会和监事会（监事）均由股东大会产生，地位平行，且董事会和监事会都负有监督职责，形成对代表董事和经理人的双重监督。加强对公司经营者的监督，使其能够忠实、勤勉、尽责履行职务，提高公司经营绩效，是日本《公司法》修改关注的重点。为此，日本《公司法》的核心内容就是强化监事会和监事制度。

第四节　企业技术创新与管理创新

创新是引领发展的第一动力，创新是时代的主题，企业是创新的主体。技术创新和管理创新是企业战胜生产经营困难和提高竞争力的有力手段。形象地说，技术创新和管理创新构成推动企业发展的两个轮子，两者互为作用，缺一不可。如果一个轮子大，一个轮子小，企业肯定不可能走直路，一定是大轮围着小轮转，画圈。管理创新是基础，是企业的永恒主题；技术创新是关键，是推动企业发展的不竭动力。企业注重技术创新和管理创新才能铸成持久的竞争优势。

一、企业技术创新

技术创新是指企业应用新知识、新技术、新工艺，采用新的生产方式和经营管理模式，提高产品质量，开发新的产品，占据市场并实现市场价值。企业生存根本就是靠技术创新进行驱动。技术是企业能否在市场上生存的最重要的因素。技术创新则是企业发展壮大的内生动力。先进的技术就意味着更高的生产效率、更优质的产品，就能在同类产品竞争中凭借更低的价格和更好的质量脱颖而出。技术创新是企业强盛之基，是企业进步之魂，是企业成为百年企业的不竭动力。

（一）技术创新增强百年企业竞争活力

技术创新始于研发而终于市场实现。技术创新获得潜在的超额回报是推进技术创新的根本动力。按照创新的来源，技术创新可以分为自主技术创新和引进技术创新；按照创新的内容，技术创新可以分为产品创新和工艺创新；按照创新的企业主体数量，技术创新可以分为独立创新和合作创新。企业注重利用技术创新和规模效应形成新的竞争优势，已经成为打造百年企业必须采取的战略抉择。

1. 技术创新形成企业发展优势

技术创新是技术不断更迭和积累。企业的成就取决于技术创新，企业的发展依赖于技术创新。创新就是不断突破核心技术。技术创新实力直接关系到世界政治、经济力量的变化，也决定着各国的前途命运。发明不等同于技术创新。经济学家约瑟夫·熊彼特第一个做出了区分，他认为发明是技术上的重大突破，而创新是新技术、新知识的大规模商业应用。发明对人类有很大的影响，但对人类经济影响至深的是技术创新。互联网是美国军方在第二次世界大战时发明的，但直到 1965 年美国政府解密、互联网技术民用，才成为技术创新，才迎来了互联网新时代。中国人智商非常高，几千年的历史上有着诸多发明，比如火药、指南针、造纸术、活字印刷术等。但在实现大规模商业应用的创新方面却比较落后。所以鲁迅在《电的利弊》一文中说过："外国用火药制造子弹御敌，中国却用它做爆竹敬神；外国用罗盘针航海，中国却用它看风水；外国用鸦片医疾，中国却拿来当饭吃。"一个国家是否强大，不仅取决于经济总量、领土面积和人口数量，更取决于它的技术创新能力。近 300 年来，西方国家抓住了蒸汽机革命、电气革命和信息技术革命等重大机遇，一跃成为世界大国和强国。反之，我国却由全球经济规模最大的国家沦为落后挨打的半殖民地半封建国家。其中一个很重要的原因就是忽视了技术创新。当前世界面临新一轮科技革命和产业变革，技术创新已经成为大国竞争的新赛场，谁主导创新，谁就主导赛场规则和比赛进程。从"两弹一星"到载人航天、超级计算机、北斗导航，再到复兴号高铁、特高压电网、5G 通信等，一系列举世瞩目的伟大成就实践告诉我们，关键核心技术要不来、买不来、讨不来，发展还是要依靠自身实力。只有坚持走以我为主的技术创新发展道路，把关键核心技术掌握在自己手中，才能真正掌握竞争和发展的主动权。我国企业走自主创新道路，才能在国际竞争中立于不败之地。

2. 技术创新提升企业竞争实力

技术创新是企业解决发展难题的途径。创新需要担当，创新也有风险。我国企业持续推动技术创新，企业的生命力逐步提升。一是加快经济发展的出路在于技术创新。我国载人的“神舟”飞船，探月的“嫦娥”“玉兔”，做空间实验的“天宫”，是中国企业不断向宇宙进发的足迹。北斗导航、国产大飞机、国产航空母舰，是中国企业冲破技术封锁的新一代国之重器。三峡工程、青藏铁路、西气东输、南水北调，是中国企业建设美好家园的重大工程奇迹。二是打破封锁的出路在于技术创新。西方国家在高科技方面对我国高度封锁，而打破封锁的出路在创新。北斗三号卫星导航系统的芯片完全是国产化，超级计算机芯片完全是国产化，歼-20 等高性能飞机的芯片和系统完全国产化，载人航天飞船、登月的芯片和系统完全是国产化。三是保持企业持久竞争能力的出路在于技术创新。我国高铁从引进消化、整合、创新，一直到最终形成超越西方发达国家的新标准，展示了高铁逆势而上之路。我国企业注重利用技术创新和规模效应，增强企业竞争优势，形成新的竞争优势。

3. 技术创新打造企业合作共赢平台

企业技术创新平台是企业技术创新体系的重要组成部分。技术创新平台是研究技术源头，了解技术和原材料能够解决什么问题，它的瓶颈和局限在哪里，要以市场和客户需求为导向。技术创新不是零和博弈、有你无我的竞争，而是努力共赢、包容发展的合作。技术创新平台使企业与所有的利益相关者之间建立紧密联系，构成创新要素整合和共享。综观技术装备领域发展历史，没有哪一家企业能够只靠自身力量独占市场，也没有哪一个国家或地区能够依靠打压他人实现提升自身技术水平的长远目标。技术封锁、技术讹诈、技术勒索等不是创新的本质。唯有倾听、协作、交流和思想碰撞才是创新的源泉。技术创新没有国界。西方有些国家靠打压和封锁，既不能阻止一个国家新技术、新装备的进步，更不能锁住世界各国科技和经济交流的需求。企业的技术创新既要依靠自己的实力，在创新实践中不断积累，又要借鉴学习其他国家企业的先进经验。

（二）我国企业技术创新

改革开放40多年来，我国企业发生了翻天覆地的变化，规模实力显著增强，创新能力持续提升。技术兴则企业兴，技术强则企业强。抓创新就是抓发展。企业只有加大对科研项目的投入，不断自主研发，升级技术并达到国际领先水平，才能实现由劳动和资源密集型企业向技术密集型企业转变，从而为企业带来更多收益，在新发展格局下更好地发展壮大。

1. 坚持技术引进与消化吸收相结合，着力渐进式技术创新

技术引进（包括技术改造、引进产品和成套装备）是我国企业常用的技术进步方式。多年来，我国引进大量国外先进技术，部分领域做到了消化吸收，促进了传统产业转型升级和新兴产业发展。企业技术创新从跟跑、并跑到领跑。充分整合现有的资源不断改进技术，推动制造工艺、装备与技术不断更新，从而提高生产效率、产品质量和服务能力。对于我国大部分企业来说，技术进步已处于“引进+”时代。企业技术引进工作的技术本质及所要求的技术支撑体系均发生重大变化，不仅表现为技术资源要更多、技术能力要更高、技术组织体系和管理体系更为复杂，而且还要包含技术开发和创新的工作成分。这些都导致企业在技术创新中，在技术引进的基础上，消化、吸收再创新，将引进技术与自主创新有效结合，逐渐走到行业发展前沿。杭州汽轮动力集团坚持创新驱动，在以工业汽轮机为主的高端装备制造业领域深耕60多年，坚持走“引进、消化、吸收、再创新”的发展道路，创造了一系列国产工业汽轮机数量、品种、质量的第一。

2. 坚持企业自主创新，着力解决关键核心技术

自主创新是攀登科技高峰的必由之路。关键核心技术要不来、买不来、讨不来。只有坚持走以我为主、自主创新的发展道路，把关键核心技术掌握在自己手中，才能真正掌握竞争和发展的主动权，才能在国际竞争中立于不败之地。实践证明，跟随模仿没有前途，走别人走过的路，只能永远跟在别人后面。只有坚持自主创新，下好先手棋，打好主动仗，才有机会实现“弯道超车”，取得差异化竞争优势，从而使我国企业在国际竞争中

脱颖而出。2019 年，华为推出了新的手机操作系统鸿蒙。这是苹果的 iOS 和谷歌的安卓两大主流系统之外的新系统。对于这两个系统，之前微软挑战过，三星挑战过，英特尔挑战过，都失败了。鸿蒙并不是为了替代安卓或者 iOS 系统，而是为了破局，为了在未来万物互联的世界，把林林总总的设备连接起来，创造一个新的生态系统。自主创新能力的提升，是一个从量变到质变的累积过程，必须长时间夯实发展基础。历史经验证明，越是在产业发展困难时期、产业洗牌期，就越要坚持自主创新。唯有转换视角，在危机中寻觅机遇，才能实现高质量发展。充分发挥资金、规模优势，通过政企合作、产业联盟、产学研融合等方式，在颠覆性技术创新中发挥引领作用，下大力气解决关键核心技术。在涉及国家安全和重大需求的关键核心技术领域，采取新型举国体制，发挥我国集中力量办大事的制度优势，重点攻克“卡脖子”技术问题。以关键核心技术自主可控为目标，设立重大科技项目，组建产业技术联盟，建立新型研发机构，在关键核心技术攻关方面取得重大突破。

3. 坚持数字经济与传统产业深度融合，着力发展新型技术创新体系

强化企业技术创新主体地位，着力提升企业技术创新能力，实现数字化转型。制造企业加大在物联网、传感器、工业机器人等领域的研发投入，依靠机器及设备间的互联互通和分析软件，实现人、机器和数据的无缝协作。服务企业通过大数据、数据可视化、人工智能等新技术应用，提升传统业务的数字化能力，完善用户体验，占领新的市场。我国实施科技强国战略，优化产业布局，实施创新驱动、数字化转型。制造企业通过互联网技术优化现有的工业制造流程、搭建智能工厂、利用数字化技术和解决方案，实现“快速设计、原型开发、测试和规模化部署”，提升工作效率，降低成本。服务企业通过构建“开放式、可定制”的平台，创建面向供应链的开放式合作运营模式，组建具有高灵活性、高弹性、高效率的员工团队，实现资源的高效配置和利用。

4. 坚持不懈推进创新，着力打造世界一流企业

我国企业持之以恒坚持创新，技术创新成果在多个领域不断涌现。企业通过技术创新，获得产业领域众多创新专利，从而完成关键专利及全产业链专利布局，实现产业基础高级化与产业链水平现代化。我国企业扎实

推进关键核心技术攻关，重大科技创新成果持续涌现，为高质量发展增添强劲动能。2021 年中国企业 500 强研发投入增长 21.5，研发投入总额占当年全国研发投入总额的 53.49%；研发强度 1.77%，创历史新高；持有的全部专利中，发明专利占比继续提高，占到 41.05%，发明专利总量占全国发明专利的 26.66%。神舟飞船胜利归来、天问一号逐梦而行、嫦娥五号奔月取壤标志着我国航天事业已进入世界强国。大型盾构机、桥梁技术、高层建筑等突飞猛进，跨入世界建筑施工技术成熟行列。高铁、核电、特高压、量子计算、移动支付等快速发展，成为我国企业立足世界一流企业的名片。中国空间站、祝融号火星车、玉兔二号月球车、嫦娥五号月球探测器、国产大飞机、运–20、歼–20、5G、华龙一号、海上浮动式风机、新冠肺炎疫苗、“奋斗者号”万米载人潜水器等一批批大国重器，将我国企业的足迹印在海陆空天，抢占战略高技术领域的制高地，加快打造具有全球竞争力的世界一流企业。

（三）发达国家企业的技术创新

从世界角度看，美国、日本都非常重视技术创新。西方发达国家企业在半导体芯片、人工智能、新能源、太空科研、新型电池等方面的技术，居于世界领先地位。

1. 美国企业技术创新

美国是世界上的科技强国。19 世纪末到 20 世纪初的第二次工业革命中，美国通过加强有形资产的投入，发展钢铁、电力、铁路、汽车等产业体系，从而实现对英国制造业的超越。第三次工业革命中，美国企业的发展战略仍然在钢铁、电力等产业投资，新兴产业发展与技术创新速度减缓。这使得美国的汽车、半导体、电子等许多精密制造业在 20 世纪 60 年代开始丧失竞争优势，直到 20 世纪 90 年代信息技术取得突破之后，美国对技术创新模式进行全面调整，出现了新的变化。近些年来，美国在机器人、无人驾驶、新能源汽车等多个领域取得技术突破。通用电气、英特尔、谷歌、苹果、惠普、特斯拉、IBM 等企业，都是所在领域技术创新走在前面的企业。苹果公司的换代升级在中国创下了历史最高纪录。特斯拉在上海工厂的产能不仅满足中国市场需求，产品还出口欧洲国家。特斯拉上海工厂生产成本低于美国工厂，零部件本土化率持续提升。

2. 欧洲企业技术创新

欧洲是世界制造业强国聚集地。18 世纪，英国发起的技术革命即第一次工业革命，开创了以机器代替手工劳动的时代。从工作机的诞生开始，以蒸汽机作为动力机被广泛使用为标志。19 世纪晚期，英国新兴产业发展缓慢，开始落后于美国和德国。德国等欧洲国家在这一时期，冶金技术与炼钢、化学工业等领域的技术突破，依赖资本和规模的技术变革出现。近些年来，在数字技术研发方面，欧盟企业在世界前十大经济体中占数字化制造技术 91% 的专利和 70% 的产品出口。在电池能源领域，2019 年年底，欧洲电池联盟已协助公共部门和私营部门将 1000 亿欧元投入欧洲的电池制造业，逐步建设至少 25 家超级工厂。

3. 日本企业技术创新

第三次工业革命中，日本是以高端制造业为主的工业强国，在一些重要领域、关键技术方面甚至超过美国。从 20 世纪 70 年代起，日本进军半导体产业。政府引导，政企组成联合体。采用“政府资金引导，企业联合出资”模式。日本政府与富士、日立、东芝等大型企业进行资本与技术合作，面向产业核心领域重点攻关。这一期间的技术攻关联合体超过 200 个。经过技术攻关和开发，日本在半导体产业居于世界领先地位。日本为了发展制造业，在 2015 年制定了《制造业基础技术基本法》，之后每年政府都发布《制造基础白皮书》，通告日本政府针对支柱产业的制造业所采取的措施和相关情况。日本具有坚实的工业基础，政府、行业和企业又高度重视技术创新，日本在通信服务、材料等高端细分领域，尤其是机床制造技术方面，达到世界一流水平。在汽车制造、电器设备、精密仪器、半导体原材料、计算机等领域的实力位居世界前列。

二、企业管理创新

创新是企业生存和发展的源泉。管理创新是企业提升经济效益的关键。企业管理创新是利用现代化管理思想及理论，借鉴国内外先进管理经验，从企业实际出发，在管理理念、组织与制度、管理方式、管理方法与手段及建立现代企业制度等方面进行的成功探索。管理创新是百年企业发展的基石。百年企业把管理创新摆在企业发展首位，就抓住了提升企业竞争力、保持企业长期稳定发展的“牛鼻子”。

（一）管理创新筑牢企业发展基础

历史经验表明，没有世界一流的管理水平，就不可能造就世界一流企业。管理创新是大企业保持竞争力和生命力的重要举措，是众多中小企业开展差异化经营、实现生存和发展的取胜之道。企业要想谋求更大的发展、成为百年企业，必须转变经营管理模式，筑牢企业发展的基础。

1. 管理创新具有创造性

管理创新的创造性是指企业在管理实践中率先发现和总结出管理领域的客观规律，并得到公认，借鉴国内外先进管理理论、方法、手段和经验，在实践中进行了创造性应用，并进一步加以改进和发展。管理创新是打破传统的管理原则、过程和实践，或者打破通常的组织形式，显著改善从事管理工作的方式。管理就是设计组织战略和结构、修正组织的管理过程、激励和奖励其成员的新方法。管理创新没有最终的答案，只有永恒的追求。世界企业管理经历了经验管理、科学管理、系统管理和智能互联的平台式管理。出现了四种管理模式，一是以提高效率著称的福特模式；二是以提高质量、提高效率又善于应对市场变化的日本丰田模式；三是以高科技、高风险、高回报为特征的美国硅谷模式；四是以互联网时代为背景的中国海尔人单合一模式。每种模式的成功，都促进了生产力的发展。传统产业的福特模式和丰田模式，在高技术产业领域占优势的硅谷模式，互联网时代的海尔模式，在创新内容和方式上都有所不同。但每一种模式都对提高管理水平，促进企业更好、更快发展发挥了重要作用。信息技术推动了传统企业管理基础的改变，基于新技术构筑了新的生产、管理过程，势必导致传统管理方式得到提升。我国企业发展的环境和条件正在发生深刻变化。以数字化、网络化、智能化为主要特征的新工业革命迅猛发展，移动互联网、云计算、大数据、人工智能等现代化信息技术快速发展。加强企业管理创新，要适应这种形势的新变化

2. 管理创新具有实践性

管理是通过组织、计划、指导、实施、控制等过程，优化配置人、财、物等资源要素，实现企业效益最大化。管理不在于知，而在于行。管理创新的实践性是指企业在管理活动中已进行的成功实践，符合国家法律法规

和改革要求，符合市场在资源配置中起决定作用的规律，反映了行业特点，具有导向性、可操作性和推广应用价值。例如，企业从粗放式管理专向精益化管理，通过开展标准化建设、全面质量管理、卓越绩效管理、精益人力管理等，形成系统化、一体化的精益管理体系，推动企业内部各部门和各项工作之间的协同发展，不断提高企业的全要素生产率。管理的精髓在于管头、管尾，而不是从头管到尾。企业管理创新的奥妙在于执行，执行是企业的纪律，工作安排中必须严肃对待，管理不能心软。

3. 管理创新具有效益性

管理创新的效益性是指企业的管理活动成为企业降本增效、提高发展水平的重要手段，提高了企业的发展质量和经济效益。随着我国企业劳动力成本不断提高，能源、物流、融资成本居高不下，企业低成本比较优势逐渐减弱。面对严峻的经营环境和市场压力，我国企业通过多种形式的管理创新，探索建立适应互联网和数字经济的管理模式，提升管理水平，创新发展空间，有效控制成本，提高企业效率。经过实际的应用和实践的检验，得到企业的普遍认可，取得了显著的经济效益和社会效益。在同样的经营环境下，为什么有的企业经济效益逆势增长，有的企业却大幅下降甚至亏损，关键的差别就在于企业管理创新能力、核心竞争能力和市场突变的应变能力。企业要以高质量发展为目标，以资金和成本管理为重点，在全力对标世界一流企业的基础上，从严、从细、从实加强资金成本管理，开创企业经济效益和经济效率新局面。

（二）管理创新须完善企业组织结构

企业组织结构是管理创新的重要内容，是企业进行流程运转、部门设置及职能规划等最基本的结构依据。合理的企业组织结构能够激发企业最大限度地利用资源、发挥资源优势获得收益，使组织更好发挥协同效应。公司内部管理机构设置方案因企业规模不同，所处的条件不同，组织机构的形态就不同。

1. 中小微型企业的组织结构

中小微企业推进组织精简化，能够简化管理层次，削减中层管理者，使指挥链条缩短，效率提高。一是直线制。各级领导执行全部管理职能，不设职能机构，自上而下执行单一命令原则。适用于人数较少、规模较小、生产过程不太复杂、生产技术比较简单的企业。小微企业多实行直线制管理。二是职能制。为高层领导设置职能部门，管理职能不集中于企业主要领导，而是由各职能部门承担。适用于规模庞大、生产技术复杂、管理分工较细的企业。三是直线、职能制。吸收了直线制和职能制的优点综合而成。命令指挥集中在企业最高层；为各级领导设置职能部门或职能人员，作为主要领导的参谋和助手。职能部门对基层作业部门有指导权、监督权，没有指挥权。指挥权由企业各级主要领导分级行使。

2. 大型企业的组织结构

大企业的组织机构需打破部门壁垒，确保信息流转通畅，提高资源配置与运营效率。一是矩阵管理制。矩阵管理制由纵横两套管理系统组成。矩阵管理的实质是通过横向与纵向交叉管理模式，平衡企业运营中分权化与集中化的问题。横向目标系统按产品工程项目组成专案规划部，设专案规划领导人，全面负责专案的综合工作。各专案规划部的成员是各职能部门的有关人员。纵向系统按销售、生产、技术等专门领域设职能部门，在各专案规划部中发挥职能作用。特征是工作人员属于两个领导部门，从属具有多重性。矩阵结构是固定的，但各专案规划的项目是多变的，项目完成，有关人员撤回。另上新项目，再聚集与该项目有关人员。适用于生产经营复杂多变的企业。壳牌石油公司等百年企业对传统的矩阵结构进行调整。调整的主要内容是按照公司的主要业务范围，建立商业组织，从过去按地区和部门多头管理，转变为按业务范围直接进行管理。从组织行为学的角度看，矩阵管理的优势在于弥补企业单一管理带来的不足，通过业务专业管理、职能横向管理、搭建共享平台，打破僵化的级别界限和控制，加强彼此间的信心沟通，最大限度地发挥人、财、物的效率。二是事业部制。事业部制是总公司下面按产品、地区、业务范围划分事业部或分公司。事业部或分公司自主经营，独立核算。特征：决策权不完全集中于公司最高管理层，而是分权给事业部，有利于他们统一管理、独立核算。公司最高管理层摆脱了日常事务，集中精力进行重大决策的研究。适用于规模大，产品种类多，经营范围广，分地区经营，技术上、生产上可以相互独立进行的企业。美国通用电气集团从 20 世纪 50 年代初就采用了分权的事业部制。整个公司分为 20 个事业部。每个事业部各自独立经营，独立核算。

随着时间的推移和经营发展的需要，1963 年公司的组织机构分为 5 个集团组、25 个分部和 110 个部门。1967 年以后公司业务增长迅速，又把集团组扩充到 10 个，把分部扩充到 50 个，部门扩充到 170 个。1971 年在事业部内部设立战略事业单位，这种战略事业单位是独立的组织部门，可以在事业部内有选择地对某些产品进行单独管理，以便事业部将人力、物力机动有效地集中分配使用。从 1978 年开始，公司实行超事业部制。在各个事业部上再建立一些超事业部，统辖和协调各事业部的活动。日本松下电器株式会社也采用事业部制。各事业部按产品类别划分，在销售额与规模方面彼此间有不小的差别。但从各自拥有的权限与经营形态看，宛如一个个中小企业，直辖于总公司松下电器。然而，它们与一般中小企业不同的是，事业部无权自行筹措资金。事业部的活动必须在总公司的统一指导下开展。三是多维立体制。多维立体制是直线职能制、矩阵管理制、事业部制和地区、时间等方面取得协调，适用于跨国经营的巨型企业。跨国公司需要在全球市场的若干重点地区和国家设立地区总部，统一管理、协调公司各个业务部门在当地的经营业务。公司事业部在当地的业务分部和地区总部实行的是矩阵式管理结构。

3. 企业组织结构的发展趋势

近些年来，随着新一轮科技革命和产业变革，经济社会正在发生新变化，企业组织结构也在发生新变革。一是企业组织内外边界更加模糊。新一代信息技术正在改变原有的竞争格局，改变着人与人、组织与组织、人与组织之间的链接方式，企业组织内外的边界逐渐被打破，从相对封闭的组织变成重构客户价值的产业生态圈。目前，一些企业实行的无边界组织管理，就是打破组织内部的横向和纵向边界及公司与客户、供应商之间的外部边界，形成灵活而非结构化的组织。企业为了应对复杂多变的外部环境，必须超越各种壁垒和局限，建立企业内外的各种联系，通过资源整合和优势互补，实现顾客价值的最大化。二是企业组织决策更加科学。企业组织强调一线决策、平行分布式协同和柔性化管控。从强调分工、分权、分利转向强调沟通与协作，从主要依靠严格的制度、流程管理及纪律约束进行管控，转向主要通过文化价值观实现管理，从主要由权力驱动、权威指令式驱动转向由愿景与大数据驱动。三是企业组织沟通更加便捷。企业组织沟通与氛围从面对面沟通到零距离、网络化的即时沟通，汇报关系多元化，项目任务蜂窝化。以分权和分工为核心的科层式传统组织形式正被替代。组织日趋扁平化和网络化，以自组织、平台化、无边界、去中心化、团队化等为特征的敏捷组织不断涌现。在互联网和信息技术的推动下，企业积极改变以往的粗放式经营管理模式和僵化的组织机构，推动企业的组织变革，建立高效灵活的组织机构，提升组织应对市场变化的竞争力。

（三）我国企业大力推进管理创新

改革开放以来，我国企业在吸收借鉴世界先进管理方法的同时，根据我国国情和企业实际，积极探索适合自身发展要求的管理理论与方法，形成了独具特色的中国式管理，提升了发展的质量效益，增强了市场竞争力。

1. 持续推进我国企业管理创新

中国企业联合会成立于 1979 年，主要任务之一就是推动我国企业管理创新工作。中国企业联合会、中国企业家协会原会长袁宝华曾提出："以我为主，博采众长，融合提炼，自成一家"十六字方针。这对我国持续推进企业管理现代化创新工作起到了重要的指导作用。为了持续推进企业管理创新工作，中国企业联合会在国务院有关部门的领导和支持下，开展了全国企业管理现代化创新成果评审工作。2017 年 9 月 8 日，中共中央国务院印发的《关于营造企业家健康成长环境 弘扬优秀企业家精神 更好发挥企业家作用》提出：持续推进产品创新、技术创新、商业模式创新、管理创新、制度创新，将创新创业作为终身追求，增强创新自信。2018 年 2 月 13 日，中共中央办公厅、国务院办公厅印发了《贯彻落实 < 营造企业家健康成长环境弘扬优秀企业家精神更好发挥企业家作用 > 分工方案》的通知。在通知中有两项规定与企业管理创新工作有关。一是规定中国企业联合会负责开展全国企业管理现代化创新成果审定工作；二是规定工信部、中国企业联合会牵头，贯彻落实关于引导企业创新管理提质增效的指导意见，组织开展成果推广。全国企业管理现代化创新成果审定工作自 1990 年开展以来，已进行 27 届，共评出全国企业管理创新成果 3784 项，其中特等成果 2 项，一等成果 642 项，二等成果 3086 项，三等成果 54 项。近年来的管理创新成果集中反映了进入新时代，我国企业推动高质量发展，实行新旧动能转换，实施"互联网 +"战略，开展智能制造和现代服务业等方面的管理经验，有力促进了我国企业管理现代化创新发展。

2. 认真总结我国企业管理创新经验

管理创新是贯穿企业发展的永恒主题，是实现企业基业长青的关键要素。企业的管理创新能力和水平，不仅关系到企业的兴衰成败，而且体现了企业竞争力。

一是管理创新对国有企业改革脱困、提质增效发挥重要作用。改革开放以来，我国企业管理创新越来越受到重视，管理工作有较大幅度的提升。但总体上看，企业管理水平不高，管理能力很不适应新形势发展的需要，仍存在管理思想落后、管理松弛、基础工作薄弱等问题，以至于造成产品质量不稳定、核心竞争力不强。这导致了我国企业资源消耗高，成本持续提升，安全生产事故频发，竞争力不强，制约了企业的发展质量和效益的提高。以改革脱困和提质增效为目的的管理创新，无疑是解决企业困难的最有效方式。1996 年，邯钢集团创造的“模拟市场核算，实行成本否决”成果，大大提高了企业市场化意识和市场经营能力。近年来，邯钢集团积极探索“直面市场优化供给，对标一流效益否决”经营机制，通过抓市场、抓产品，以客户结构优化和满足高端客户需求，倒逼产品档次提升和品种结构调整；深入实施产线对标，加强“ 标准化”管理，不断提升产品品质，塑造企业特色品牌，推动产品档次大幅度提升，客户结构深度优化，竞争力显著增强。2018 年 12 月 18 日，党中央、国务院授予刘汉章同志改革先锋称号，颁发改革先锋奖章，并获评“国企改革邯钢经验的创造者”。邯钢“模拟市场核算，实行成本否决”为国有企业改革脱困提质增效树立了榜样。

二是管理创新促成网络时代企业管理新模式。海尔集团在互联网时代创造了“人单合一”管理模式。“人单合一”中的“人”是指员工，“单”并不是狭义的订单，而是用户需求。“人单合一”是把人的价值放在第一位，把员工和用户需求联系在一起的管理创新模式，也是一种商业模式。海尔集团董事局主席、首席执行官张瑞敏 2005 年 9 月 20 日提出“人单合一”管理模式。经过多年探索，目前世界主要的商学院，例如哈佛商学院、斯坦福商学院、沃顿商学院等都把它写成教学案例，成为师生最受欢迎的案例之一。中国企业继产品、资本走出去后，海尔集团创造的“人单合一”

管理模式也已走出去。这种管理模式去掉了1万多名中层管理者，使企业变成了一个创业平台。海尔集团不是仅仅给员工提供一个工作岗位，而是提供一个创业机会。2018年12月18日，党中央、国务院授予张瑞敏“改革先锋”称号，颁发改革先锋奖章。海尔集团探索互联工厂模式，由大规模制造向大规模定制转型，驱动产销分离转向产销合一，满足用户无缝化、透明化、可视化的最佳体验。

三是管理创新成为提升企业竞争力的重要手段。管理创新是大企业保持竞争力和生命力的重要举措，是众多中小企业开展差异化经营、实现生存和发展的取胜之道。企业管理创新的能力和水平，不仅关系到企业的兴衰成败，而且体现了企业的竞争力。企业以市场为导向，加强生产经营管理，创新生产经营方式，注重管理创新的科学性和实践性，企业管理水平普遍提高。管理创新中重视内部挖潜，加强成本管理和控制，强化资源能源集约管理，重视资源优化配置与管理。国有企业三年脱困时期，加强成本管理促进了我国企业由弱变强，对提升我国企业管理水平发挥了重要作用。管理创新中重视生产经营模式创新，拓宽效益提升空间，推进信息技术深度融合创新，积极发展服务型制造，创新内部市场或经济机制等，提升了企业应变和市场竞争能力。

四是管理创新成果引领广大企业发展。我国优秀的企业管理创新成果，既体现问题导向，从实际出发，解决历史遗留问题，整治薄弱环节，提高效率、效益；也体现改革创新发展，突破体制束缚，打造科学的治理体系，推进管理理念和管理制度变革，形成有利于企业可持续发展的体制机制和管理模式。邯钢集团创造的“模拟市场核算，实行成本否决”成果在全国得到广泛推广，大大提高了企业市场化意识和市场经营能力。海尔集团创造的“人单合一”创新成果，许继集团创造的“量化动态的人事管理”，亚星集团创造的“比价采购”等，都成为引领广大企业学习借鉴的示范案例。在工信部产业政策与法规司的指导下，中国企业联合会先后在海尔、中车株机、国家电网、吉林化纤、江南造船、中国电子科技十四所、安徽荣事达、杭州汽轮动力集团等企业召开管理创新现场会。这些创新成果在全国广泛推广，对提高企业市场化意识和市场经营能力，推动各类企业深化改革、加强管理、促进创新发展发挥了重要作用。

3. 研究把握企业管理创新发展趋势

时代是思想之母，实践是理论之源。创新是企业生存和发展的源泉，管理创新是企业提升经济效益的关键。管理创新是企业把新的管理方法、新的管理手段、新的管理模式等组合，以更有效地实现企业目标的创新活动。

一是企业管理创新因企而异突出重点。管理创新深刻改变着企业的生产方式。我国企业同国际一流企业进行全方位对标，加强管理，要从企业的实际出发，避免盲目跟风。学习借鉴先进管理理念和方法，结合企业实际，形成适用于本企业的管理体制机制和运营模式，全面提升管理水平。信息化广泛应用，加强基础管理，在研发、采购、生产、销售等价值链的各个环节推动精益管理，大力压缩非生产性成本开支，严防跑、冒、滴、漏，向管理要效益。完善内部决策和风险防控机制，提高决策科学化水平，避免重大决策失误，有效防范经营风险。树立质量强企理念，加强全员、全过程、全寿命周期的质量管理。大力实施品牌战略，努力打造质量过硬、品牌一流的优强企业。增强安全红线意识，全面加强安全生产闭环管理。严格执行各项安全生产制度规定，坚决防止各类安全事故发生。

二是企业管理创新模式与时俱进不断涌现。新一代企业管理是将企业管理与信息化有效结合，利用信息化手段为企业管理提供高效的工具和手段，搭建智能互联平台，拓展企业管理的广度和深度，探索形成企业管理与信息化有效融合的新型管理机制，努力取得更好的成效。中国企业联合会受工信部产业政策司委托，撰写了《新一代企业管理新模式新经验》，将新时代企业管理创新归纳为五个特征：共创共享型企业、用户中心型商业模式、网络型组织、自主管理机制、赋能型领导和活力型企业文化。

三是企业管理创新与技术创新紧密结合。企业技术创新和管理创新是推动企业发展的两个轮子，两者互为作用，缺一不可。技术创新和管理创新技术犹如鸟的两个翅膀。技术创新决定了企业能走多快、飞多高，管理创新关系着企业能走多稳、飞多远。通过技术创新提升企业硬实力，通过管理创新提升企业软实力，技术创新和管理创新两手抓，才能打造具有更强竞争力的世界一流企业。

四是企业管理创新顺应企业数字化转型。数字经济深入快速发展，提升我国企业管理水平再上新台阶。现代企业的一个重要特征是在生产经营管理的过程中，大量应用先进的数字化技术。数字化技术水平的高低是反映企业实力的一个重要标志。企业要想在激烈的市场竞争环境中处于优势地位，就必须不断利用数字化技术实现管理创新。发展数字经济，推进数字产业化和产业数字化，推动数字经济和实体经济深度融合，打造具有国际竞争力的数字产业集群。

五是企业管理创新以企业文化引领和支撑。世界一流企业要有一流的企业文化作支撑。优秀的企业文化是企业核心竞争力的重要组成部分。企业文化是指在一定的社会经济条件下，企业通过生产经营实践所形成的为全体员工遵循的共同意识、价值观念、职业道德、行为规范和准则的总和，是一个企业在发展过程中形成的以价值观为核心的文化管理模式。企业文化建设必须满含爱国情怀。爱国是人世间最深层、最持久的情感，是一个人立德之源、立功之本。我国企业的企业文化建设，增强了企业的凝聚力和向心力，塑造了良好的品牌形象，充分展示了企业文化在增强企业核心竞争力、促进企业可持续发展中的重要作用。

（四）发达国家企业不断加强管理创新

管理创新是贯穿企业发展的永恒主题，是实现企业基业长青的关键要素。没有一流的管理水平，就不可能造就一流的企业，也不可能基业长青、成就百年企业。历史上，每一次大的管理思想突破和变革创新，不仅推动了企业飞跃式发展，也促进了世界范围内生产力发展和人类社会的进步。

1. 欧美国家企业的管理创新

欧美发达国家的竞争力，很大一部分来源于拥有一批技术领先、管理先进的优势企业。20 世纪初，美国经济实力超越英国，泰罗制、福特流水线生产方式等科学管理发挥了重要作用。

第一次工业革命时期，标志着农耕文明向工业文明过渡。蒸汽机的发明，开创了以机器代替劳动的新时代，工厂制管理模式开始萌芽。以亚当·斯密的劳动分工理论为代表的古典管理适应了机器化大生产对生产组织方式和操作人员的新要求，显著提高了工厂生产效率，使英国率先崛起。

第二次工业革命时期，标志是内燃机与电力革命。以科学管理和福特流水线生产方式为标志，经营管理活动以生产为中心，产能和效率提升是企业追求的目标。面对经济萧条、激烈竞争的压力，美国工商界把注意力转移到管理创新上，兴起了长达40多年的“管理运动”。20世纪初，美国超越英国。美国的福特制，即泰罗的科学管理、福特流水线生产方式等科学管理起到重要作用。福特所建立的汽车流水线，现在仍然是非常高效和重要的生产方式。通用汽车在福特汽车单一产品流水线的基础上，增加了少数几个品种，实行混线生产。这种改变，不仅实现了高效率和低成本，而且实现了企业经营的根本目标，持续性满足顾客需求和盈利。另外，美国企业的科学管理、行为科学、公司制、系统工程、运筹学、流水线生产方式、事业部制等现代管理的诞生，极大地提高了企业管理效率，涌现了一批改变世界的大企业，大大加快了美国超越英国成为世界第一强国的进程。

第三次工业革命是以电子计算机的发明、信息网络为标志，表现为电子技术、计算机半导体、自动化乃至信息网络的产生，人类社会推进到信息时代。互联网从一种通信方式转变为一种商业模式，西方国家企业从电子邮件、新闻传播渠道扩大到门户网站，以及B2B、B2C电子商务等新兴商业模式或产业、网络化、平台化等新的管理模式。

第四次工业革命是以人工智能、新材料技术、分子工程、石墨烯、虚拟现实、量子信息技术、可控核聚变、清洁能源及生物技术为技术突破口的工业革命。第四次工业革命对全世界都是一个巨大的挑战。在这个挑战当中，要么自我进化，与时代共生存；要么僵化迟钝，被时代所淘汰。第四次工业革命的核心特征就是互联。互联网技术降低了产销之间的信息不对称，加速了两者之间的相互联系和反馈。工业4.0代表了“互联网+制造业”的智能生产，孕育大量的新型商业模式，典型的就是德国企业4.0和美国通用电气公司等推动的工业互联网，关注产品本身的智能化。工业互联网就是以解决客户问题为主，制造企业不仅进行硬件的销售，还要通过提供售后服务和其他后续服务，获取更多的附加价值。这就是软性制造。带着信息功能的系统成为硬件产品新的核心，这意味着个性化需求、小批量定制将成为潮流。制造业企业在制造过程中尽可能多地增加附加值，拓展更多、更丰富的服务，提出更好、更完善的解决方案，满足消费者的个性化需求。

2. 日本企业的管理创新

日本经济在20世纪的崛起，与日本企业创造的全面质量管理和精益管理等一系列重大管理创新成果并普遍推广密不可分。

第二次世界大战后，日本的生产效率只有美国的1/8，因而被认为至少要50年才能重建。在这样的危机感和急迫感中，日本采取了引进技术与引进管理并重的方针，创造了丰田精益生产方式和日本式管理，到20世纪70年代末期便成为排名世界第二的发达国家。丰田精益制造方式即丰田生产方式，被誉为世界制造业的标杆，是减少浪费、降低成本、提高品质和利润的流程化生产能力的代名词。精益生产的核心是价值创造。

丰田生产方式的主要创始人大野耐一曾说过，丰田生产方式就是注意从接到顾客订单到向客户收账期间的作业时间，通过消除不能创造价值的浪费，缩短作业时间。原材料应当在生产线需要的时间点送达，原材料不仅能从码头运送到仓库，而且能从码头直接准时运送到车间，这是精益生产或丰田生产方式的精髓。

第二章　百年企业荟萃

百年企业奋斗史，辉映企业新征程。百年老字号是指历史悠久、百年以上，拥有世代传承的产品、技艺或服务，具有鲜明的传统文化背景和深厚的文化底蕴，取得社会广泛认同，形成良好信誉的品牌。百年企业是指企业成立超过百年，历经百年沧桑，企业的名号及所提供的产品或服务仍受到消费者或客户的信赖和欢迎。在岁月的大浪淘沙中，中外众多百年老店依然屹立不倒，同时还能大放光彩实属不易。对于走过百年历程的企业来说，有种勇气叫作不畏艰难险阻；有种气魄叫作挺立时代潮流迎风浪；有种担当叫作站在攻坚克难最前沿。中外百年企业经过数代艰苦卓绝的努力，踏准时代步伐，取得来之不易的成就。

第一节　中国百年企业新貌

《中共中央关于坚持和完善中国特色社会主义制度、推进国家治理体系和治理能力现代化若干重大问题的决定》提出：“新中国成立七十年来，我们党领导人民创造了世所罕见的经济快速发展奇迹和社会长期稳定奇迹。”这两大奇迹是中国共产党执政成就和国家治理成效的重大标志。我国企业在中国共产党的领导下，为两大奇迹做出了重要贡献。我国企业走的是一条解放思想、深化改革之路，是一条面向世界、扩大开放之路，是一条打破常规、创新突破之路。我国百年企业和百年老字号的发展步伐不会停滞，昨天的奋斗成为今天的勋章，今天的拼搏将成就明天的辉煌。我国已延续百年的老字号、持续百年的企业，在历史的长河中，踏平坎坷成大道，斗罢艰险又出发，在新时代焕发出新的活力。

一、百年装备制造企业焕发新活力

装备制造行业是国民经济的支柱。装备制造企业是工业的心脏，肩负着为经济发展和国防建设提供技术装备的重任。我国装备制造企业通过不懈努力，在数量、规模、品种、技术等方面发生了巨大变化，满足了日益增长的国民经济发展的需要和人民生活水平提高的需要，已经成为我国的支柱型产业。我国装备制造企业集中优势力量进行科技攻关，在关键装备国产化上不断努力，在一些产业基础薄弱领域和产业链关键环节不断突破，为国民经济发展做出重要贡献。

（一）江南造船（集团）有限责任公司

江南造船（集团）有限责任公司（简称江南造船）的前身是创建于1865年的江南机器制造总局，又称作上海机器局，已有150多年的历史。江南造船隶属于中国船舶工业集团公司（简称中国船舶集团），是国家特大型重点军工企业，是建造修理各种船舶、加工大型钢结构的专业性企业，也是建造各类工程船舶的专业性船厂，总部位于上海市崇明区长兴岛。

1. 发展历程

江南机器制造总局成立于1865年9月20日，由曾国藩规划，后由李鸿章实际创办。江南机器制造总局虽是晚清洋务派创办的规模最大的兵工厂，但是在技术上仍由外国技师主管。1867年，江南机器制造总局搬迁至上海城南高昌庙。1868年7月，江南机器制造总局的第一艘轮船造成下水。1868年8月13日，曾国藩在彭玉麟的陪同下验看这艘轮船，发现它的性能超过安庆内军械所试制的小轮船。1905年，江南机器制造总局实行局坞分家，船坞部分改名为江南船坞，采用商务化运营，专注造船。1905年至1911年的6年间造船136艘。1912年北洋政府把江南船坞划归海军部直接管辖，改称江南造船所。1920年，江南造船工人李中首批加入社会主义青年团，次年转为中国共产党党员，是中国共产党第一位产业工人党员。他于同年发表《一个工人的宣言》，并发起筹建中国第一个工会组织——上海机器工会。后来，江南造船所被日军侵占，改名为“三菱重工业株式会社江南造船所”。连年战乱的践踏使江南造船所满目疮痍，破败不堪。1949年5月28日，陈毅同志签署上海市军事管制委员会第一号令，正式接管海军江南造船所。从此，江南造船所回到中国人民的手中，开始了辉煌的新生。自强不息的江南人，冲破重重困难，以自身的实力与自信，以迎难而上的大无畏气概，迅速恢复生产，持续创造了多个中国第一。1953年，江南造船所改名为江南造船厂，划归第一机械工业部船舶工业管理局。改革开放以来，江南造船厂进入了快速发展的新时期。1982年，中国船舶工业总公司成立，江南造船厂成为其成员企业。1994年在全行业率先成为全国100家大中型企业建立现代企业制度试点单位之一。1996年，江南造船厂改制为江南造船（集团）有限责任公司。1997年6月3日，江南重工A股在上海证交所上市。2005年，江南造船总结提炼企业文化，提出“爱国奉献、求实创新、自强不息、打造一流”的江南精神。2008年，江南造船整体迁至长兴岛，迎来更多的发展机遇。江南造船形成军民结合的现代化总装建造生产线，能建造和修理各类军民用船舶。2009年，江南造船提出成为“中国第一军工造船企业”的愿景。2019年年底，由“南船北船”重组的中国船舶集团正式成立。江南造船在中国船舶集团的领导下，奋力开启建设世界一流船舶企业新征程。

2. 主要成果

中国船舶集团是特大型国有重要骨干企业，拥有我国最大的造修船基地和最完整的船舶及配套产品研发能力，是全球最大的造船集团。江南造船作为中国船舶集团的子企业，是我国军工历史悠久、研制军品型号最多、承建数量最大和战略性产品竞争力最强的军工造船企业。100多年来，江南造船创造了数百个“中国第一”，例如，中国第一炉钢、第一台万吨水压机、第一艘潜艇、第一艘护卫舰、“中华神盾”驱逐舰、“远望”系列航天测量船、“雪龙2号”极地科学考察船等。江南造船拥有完整的船舶产品研发建造能力，能够建造符合国际通用技术标准和安全公约要求及国家战略要求的各类船舶装备，产品涵盖各类民用产品、公务船、科考船、大小舰艇等。多年来，其向海军输送了一大批性能先进、质量可靠的高技术舰船装备，为我国海军走向深海及海洋强国战略做出了重要贡献。近些年，江南造船为落实中央战略部署和集团公司统一要求，瞄准客户需求和世界一流标准，以“全面建成世界领先的海洋防务集团”为愿景，以经济规模和盈利水平持续翻番为目标，全面打造产品、技术、管理优势，不断提高盈利能力，全面提升价值创造力，做实智慧营销、做精先进生产，做优配套供应，做强投资管理，做活文化品牌，打造适应发展趋势的核心竞争力。江南造船以重大工程应用为主线，建立船舶数字化研制体系和基础资源库，涵盖国标、行标、企标等。其所形成的数字化基础库可广泛用于船舶行业，避免行业内重复劳动。为促进企业高质量发展，江南造船鼓励全体员工在管理提升和管理创新方面积极探索和实践。“十三五”时期，江南造船累计获得上海市企业管理创新成果一等奖 6 项、二等奖 8 项、三等奖 6 项。2019 年，江南造船创造的“老牌军工企业基于模型的数字造船体系构建与实践”荣获“全国企业管理现代化创新成果一等奖”。2020 年，江南造船创造的“军工央企基于型号研制流程驱动的大监督体系构建与实施”，分别荣获“国防科技工业企业管理创新成果一等奖”和“全国企业管理现代化创新成果一等奖”。江南造船以一百多项中华首创延绵民族工业的辉煌；以变革求发展，以质量树口碑，以追求国内最强、世界一流的进取之心努力拼搏、锐意进取！

3. 突出特点

江南造船是中国近代工业的起点、民族工业的发源地、中国工人阶级的摇篮。自成立以来，江南人自强不息、艰苦奋斗、不断创新，创造了 100 多个中国第一，被誉为中国第一厂。江南造船立足国内大循环、融入国内国际双循环，形成企业的全新视角和布局调整，以全球视野参与价值链重构，深度融入国家重大工程建设，拓展国内外市场，延伸产业链，稳定供应链，形成创新链，畅通物流链，为实现高质量发展做出贡献。一是通过数字化应用加快技术创新。江南造船构建基于模型的数字造船体系是服务国家战略、支持国防建设、引领行业发展的战略需求，以造船业务为核心、以先进技术为支撑，以“三轴四面”（三轴：研发轴、设计轴、管理轴；四面：理念方法、业务流程、工程实践、技术体系）为总体实施策略，形成了军民结合的现代化总装建造生产线，开启了打造国之重器新篇章。江南造船肩负着为国家安全提供海军装备的重任，具有建造数量大、交付周期短、技术含量高、质量要求严、系统复杂和使用频率高等特点，对提升快速供给能力，高质、高效、安全、绿色研制能力和管理能力提出了更高要求。江南造船以船舶业务流程为主线，以数字模型作为连接设计和制造的桥梁，告别了传统的以“三维建模、二维图纸”的传递方式，设计人员、生产人员和管理人员以数字模型作为统一交流的语言，从而实现了以二维图纸为中心的研制模式向以三维模型为核心的方式转变，逐步建立适应于船舶建造的数字化技术体系。江南造船围绕数字化转型，所形成的基于模型的数字造船模式为船舶智能制造奠定了重要基础。数字化不仅是一项技术手段的进步，而且催生了一场制造业的技术革命。数字化深入船舶研制过程，推动了船舶设计、制造模式变革，从源头上提升了设计质量、增强了用户体验，为促进我国由造船大国向造船强国的发展做出了贡献。二是通过构建大监督体系为船舶型号工程项目提供保障。江南造船坚持问题导向，以加强对权力运行的制约与监督为重点，以内外合规建设为基础，以信息化管控为支撑，基于型号工程项目研制流程，打破各专业部门独立监督、离散监督的局限，系统整合党建、内控、风控、合规、纪检监察、巡视巡查、审计等全方位的监督力量。以党内监督为主导、以业务部门行权主管为第一层防线开展内控监督；以归口管理部门行权总管，形成第二层防线开展职能监督；以审计监察等部门行权监管，为第三层防线开展专责监督，构建三层防线四位一体大监督体系，明确融入责任、体系、制度、业务、系统、共建，制定可遵循、可复制、可推广的监督管理制度，为公司生产经营任务目标的完成和高质量发展提供坚强保障。三是通过创新组织结构整合优势资源。江南造船在中船集团的战略指导下，构建公司重大专项组。第一层为核心领导层，由董事长挂帅，主要负责顶层总体规划，进行工程总体决策及重大资源协调。第二层为项目管理层，负责总体组织和全面部署，制订和控制总体阶段的工作目标、路线、计划，组织业务流程、方法论研究和实践，制订总体技术解决方案，制订实施激励和市场化方案。第三层为核心业务层，主要参与业务流程、方法论的研究、讨论、定稿和完善，负责业务流程和方法论在本专业的实船应用。第四层为技术支撑层，从专业、软件开发、设计应用、生产管理四个方面，参与各专业业务流程、方法论的研究，制订本专业技术解决方案。江南造船通过创新组织结构，把设计、制造、管理等有关人员有序、有力地组织起来，发挥整体作用。四是通过开展技术交流与合作掌握先进技术发展方向。为进一步推进造船新模式的发展，吸取更为广泛的资源及先进理念知识，江南造船联合各大高校、船级社、研究所等国内外资源开展技术交流与合作，探索建立“牵线搭桥、项目合作、共建平台、人才交流”的产学研合作模式，通过产学研合作创新促进科技进步、提高创新能力。江南造船与国外知名企业构建战略合作伙伴关系，与软件服务商、船级社、设计院开展战略合作，以“有重点、分阶段、循序渐进地推进”为主要方针，开展技术攻关，注重客户需求，进行个性化定制，从源头提升设计质量，有效保证设计质量控制及实施。五是通过创新企业文化激活发展动能。江南造船在长期的发展过程中造船育人、育文化，强化文化创新，形成了“爱国奉献、求实创新、自强不息、打造一流”的江南精神和江南文化，成为企业发展的不竭动力。几代江南人弘扬“江南精神”，“讲百年信誉，造一流舰船”，践行军工报国，舍小家、顾大家，齐心协力、团结奋斗，实现了生产组织和管理模式的科学转变，方才使一艘艘中国战舰在深蓝领域扬帆远航。

（二）大连船舶重工集团有限公司

大连船舶重工集团有限公司（简称大船集团）隶属于中国船舶集团有限公司，始建于 1898 年，总部位于辽宁省大连市。

1. 发展历程

大船集团始创于清末 1898 年 6 月 10 日，经历了俄国统治、日本侵占、中苏合资经营等不同时期。1955 年 1 月 1 日起，由我国独立经营，定名为“国营大连造船公司”。1957 年 6 月 1 日，更名为大连造船厂。1990 年 8 月 18 日，大连造船厂新老区进行分建。2000 年 8 月 18 日，大连造船新厂改制为大连新船重工有限责任公司（简称新船金工）。2002 年 4 月 29 日，大连造船厂改制为大连造船重工有限责任公司（简称大船重工）。2005 年 12 月 9 日，原大船重工和原新船重工按照“优势互补、资源共享、降本增效、做强做大”的方针进行整合重组，成立大连船舶重工集团有限公司，成为最具国际竞争力的现代化船舶总装企业，也是拥有军工、造船、海洋工程、修船和重工的综合企业集团。

2. 主要成果

大船集团从沙俄统治到日本侵占，从苏军接管到中华人民共和国成立后回归祖国，在祖国的怀抱中不断发展壮大。大船集团经营各种船舶、海洋工程及其配套设备的开发、设计、建造、修理等。大船集团是国内最早建造 10 万吨级以上船舶和出口船舶的企业，被誉为中国“海军舰艇的摇篮”。中国第一艘炮艇、第一艘导弹潜艇、第一艘导弹驱逐舰、第一艘油水补给船、第一艘航空母舰等都是由大船集团建造的。2016 年 12 月 11 日，大船集团的航母工程荣获“第四届中国工业大奖”。2020 年 12 月 17 日，大连造船厂修船南坞入选“第四批国家工业遗产”名单。2021 年 7 月，大连船舶重工集团有限公司船坞总装二部综合党支部被中共辽宁省委授予“辽宁省先进基层党组织”称号。

3. 突出特点

大船集团立足新时代，创造新水平，谋划新发展，抓住机遇，乘势而上，实现企业又好又快发展。一是创新驱动。大船集团拥有国内研发能力强的国家级企业技术中心，创造了一大批国家级新产品及省部级优秀产品和名牌产品。二是走向世界。大船集团所服务的船东遍布丹麦、挪威、伊朗、比利时、希腊、瑞典、美国、德国、智利、日本、新加坡、巴基斯坦等国家，被誉为“中国造船业的旗舰”。三是绿色发展。大船集团在服务全球航运，为船东业主提供精良产品的同时，始终坚持“关爱生命，绿色造船”的理念。其作业区环境优美、施工作业场区安全，员工在创造财富的同时，也在享受安全、健康的生产和生活环境，尽情分享企业快速发展的成果。

（三）中车唐山公司

中车唐山机车车辆有限公司（简称中车唐山公司）是中国中车股份有限公司的子企业，始建立于 1881 年，是中国铁路机车工业企业第一家，总部位于河北省唐山市。

1. 发展历程

中车唐山公司的前身是开平矿务局的胥各庄修车厂，始建于 1881 年，是晚清洋务运动中伴随中国第一条铁路（简称唐胥铁路）的修筑而诞生的，是中国轨道交通装备制造业的发祥地。建厂当年，根据英籍工程师的图纸，其装配出中国第一台蒸汽机车——“中国火箭”号；其后又设计制造了中国第一辆客车——“銮舆”客车。1889 年以后，其制造的双水柜机车沿用“中国火箭”的名称，在水柜两侧各镶一条龙，俗称“龙号”机车。此后，仿照欧洲机车的图纸，于 1900 年开始小批量制造蒸汽机车，至 1932 年制造百余台多型机车。中车唐山公司是中国北方早期工人运动的策源地之一。在跨越世纪的历程中，中车唐山公司培养了中国共产党著名的工人运动领袖邓培，组建了唐山第一个党支部，成立了唐山地区第一个工会组织，在各个历史时期，高举旗帜，不忘初心、牢记使命，践行“永远走在时代最前列”的庄严承诺，其斗争辐射力溢出了铁路工业，具有厚重的红色底蕴和优良的革命传统，引领和推动企业的发展，实现了社会价值。中华人民共和国成立后，获得新生的唐车人以极大的劳动热情投入社会主义建设之中，先后选派能工巧匠支援武汉长江大桥、人民大会堂、坦赞铁路等国内外重大工程项目。以“天轴落地”为代表的技术改造，大幅度提高了工厂的机械化水平和生产效率；先后设计制造出国内首辆轨道检查车、“上游”型蒸汽机车等产品，开启了中国铁路技术发展的新纪元。中车唐山公司 1990 年生产的国内第一批 25 型车——“168”国际招标客车竣工，从此中国铁路客车由 22 型客车开始全面更新换代为 25 型客车；1998 年研制了第一列双层内燃动车组；2003 年研发了国内第一列摆式列车；2005 年，引进德国西门子公司的先进技术，进入高速动车组市场。2008 年 4 月 11 日，首列 CRH3 型动车组在公司成功下线，同年 6 月 24 日，在京津线创出时速为 394.3 千米的当时中国铁路第一速度；2010 年 9 月 20 日，公司自主创新研制的时速为 350 千米的 CRH380BL 型高速动车组成功下线并投入批量生产，2011 年 1 月在京沪高速铁路运行试验中成功创造了每小时 487.3 千米的世界铁路运营试验最高速；2011 年，公司自主研发的 CIT-400 高速综合检测车在京沪高速铁路成功运营，承担着中国高铁线路接触网、通信、信号、轨道及动力学测试等诸多检测任务；2014 年，公司自主研制的时速为 120~160 千米 CJ 系列市域动车组，为实现各城市间的互联互通提供了产品支撑；2016 年 1 月由唐山轨道客车有限责任公司更名为中车唐山机车车辆有限公司，主要从事轨道交通装备的研发、制造、服务和检修及工程总包、污水处理等多元化产业。公司总部位于河北省唐山市，地处华北平原京、津、冀环渤海经济区，距首都北京、直辖市天津和海滨城市秦皇岛分别只有 150 千米左右，具有便利的铁路、公路和海运优势。2016 年，中车唐山公司开启世界首列商用氢燃料超级电容 100% 低地板现代有轨电车在唐山工业旅游线路安全稳定运行；2017 年，中车唐山公司 CRH3A 动车组顺利完成西成线首发任务，丰富公司时速 250 千米动车组产品谱系。

2017 年年底，10 列北京 S1 线中低速磁浮正式载客运行；2018 年，拥有完全的自主知识产权的第五代时速 160 千米磁浮工程样车运行试验成功。

2. 主要成果

中车唐山公司是中国轨道交通装备制造业的发祥地。100 多年前，唐胥铁路建设之时，工厂已开始制造煤车，并造出了中国第一台蒸汽机车。1900 年开始正式制造“莫古式”蒸汽机车，研制的中国第一辆货车、第一辆轨道检查车、第一辆特种车和第一辆高级公务车，创新开发出中国第一列双层内燃动车组、第一列摆式列车、第一列 70% 低地板轻轨车、第一辆常导中低磁悬浮列车，在中国机械工业史上留下制造机车车辆的光辉篇章。历经近 100 年的发展，已经形成“一总部、三基地、全系列产品”的发展格局。其研制的轨道车辆系列产品，以 40 千米 / 小时的速度等级为档，涵盖 80 至 400 千米 / 小时；实现从地面到地下的包括干线及长交路 / 城际 / 市域等多样化产品全覆盖。其生产的“全系列产品”包括高速动车组、城际动车组、内燃动车组、动力集中动车组、城轨车、磁悬浮、双层不锈钢客车、高档公务车、普通客车等轨道交通产品。中车唐山公司制造的高速动车组产品大批量投入京津、京广、京沪、沪昆、沪宁、广深、西成、郑西、成渝等高铁线路运营，安全运营约 16.8 亿多千米。在动车组及普通客车方面，其产品遍及国内 18 个铁路局集团公司及金温、黑河、威海等地方铁路公司。在国际市场方面，公司产品先后出口到美国、加拿大、葡萄牙、土耳其、阿根廷、安哥拉、埃及等 20 个国家和地区。在城轨车方面，中车唐山公司为北京、天津、福州、石家庄、厦门等省会级城市提供了先进、高档、安全、舒适的城轨系列产品。中车唐山公司依托全系列产品技术平台，以质量领先为指引，以 ISO/TS22163 标准为核心，将质量体系、环安体系、能源体系、两化融合体系等整合并建立了一体化的经营管理体系。以质量管理模式的可复制、可移植为主线，构建在 ISO9000 标准族群基础上，运用七大管理原则实施具有中车鲜明特点的“中车 Q”质量体系标准。中车唐山公司先后通过了国家级企业技术中心、国家级工业设计中心、国家地方联合工程研究中心、河北省工程技术研究中心、河北省重点实验室认定，拥有博士后科研工作站、院士工作站，是国际科技合作基地、国家首批创新型企业、高新技术企业、国家技术创新示范企业、轨道车辆绿色智能与安全国家地方联合工程研究中心、河北省轨道车辆转向架技术创新中心。近年来，中车唐山公司在时速400千米跨国互联互通高速动车组、时速250千米以上货运动车组、无接触网供电城轨车辆、中速磁浮列车等新产品开发和高速列车本构安全技术、城轨列车本构安全技术、基于噪声主动控制的综合舒适度控制技术、多目标均衡综合节能技术、智能制造等方面承担及参与国家课题40余项。从最初坐等国内订单，到主动闯荡国际市场，如今，中车唐山公司的产品已遍布20多个国家。从中国制造走向中国创造，京沪高速铁路工程获得“国家科技进步奖特等奖”，京津城际铁路工程获得“国家科技进步奖一等奖”，共获得省部级科技成果奖励34项；自主研制出CJ2时速250千米城际动车组，并荣获中国设计奖最高奖——“红星奖至尊金奖”，新研制的可变编组动车组（3X）荣获“中国优秀工业设计奖金奖”。新型高速卧铺动车组荣获“红星奖金奖”；获得CR400BF（复兴号）动车组资质许可，CRH3C动车组五级修资质许可，CJ2（非重联运行）型城际动车组、CJ3型城际动车组型号合格证与制造许可证，CR300BF型时速250千米动车组制造许可证。货运动车组、新一代B型地铁等项目填补多项国内技术空白，实现业内技术领先。中车唐山公司两次荣获《全国企业管理现代化创新成果》一等奖，荣获“全国‘五一’劳动奖状”“中央企业先进集体”“工人先锋号”等称号。

3. 突出特点

中车唐山公司传承百年制造的深厚底蕴，不断创新发展，成功搭建起引领市场的轨道装备研发设计平台和一流的产品制造平台，形成了批量制造高速动车组、城际动车组、城市轨道车辆、普通铁路客车等轨道交通安全系列产品的生产能力，正在向全球化世界一流跨国企业迈进。一是以创新为引领，向国际化一流跨国企业迈进。2005年，中车唐山公司与德国西门子公司签署了CRH3动车组合作协议，派出580多名员工，赴德国学习先进技术。此后，通过引进、消化、吸收、再创新，企业形成了具有完全自主知识产权的研发和制造技术体系，研制了一代又一代领先于国内外同时代的机车车辆，填补了中国轨道交通工业诸多空白。在国内，已经形成“一总部、三基地、全系列产品”的发展格局，总占地面积约6000余亩。

拥有国家级企业技术中心、国家级检测校准试验室，以及国内领先的数值模拟和仿真试验平台。在海外，控股意大利 BLUE 设计公司，参股美国春田公司。目前，公司总部主要负责公司的整体管控、全系列产品平台的搭建、新产品的研发和新业务的拓展；同时，作为造修基地之一，还负责公司全系列产品的造修工作。天津基地主要承担京津冀区域轨道交通车辆的修造，是公司出口车、不锈钢车的主力生产基地。泉州基地为海西地区唯一一家轨道交通装备制造商，主要承担铝合金材质各系列产品的造修工作。中车唐山公司创新激励机制，搭建员工成长平台，为公司快速发展提供强劲动力。二是以绿色发展为目标，顺应未来城市公共交通一体化发展趋势。中车唐山公司按照国家可持续发展的需求，提出了绿色智能人文一体化交通解决方案提供商的战略构想。中车唐山公司将坚定不移地走创新发展之路，通过科技创新、模式创新、自主创新，实现价值链的延伸，创造体现绿色智能人文理念的轨道交通装备、创新运营维护服务新模式，形成独特的管理、技术和具有公司底蕴的品牌文化优势，向国际一流创新型企业不断迈进。三是以数字化转型推进高质量发展。中车唐山公司坚持客户导向、产业数字化转型，助推公司高质量发展。企业数字化转型就是要在标准化的基础上，充分运用信息化工具，实现企业有序运行。同时，也是涉及业务范围最广、最深入的一次创新和变革。推进的过程要聚焦短板，不求高求全，逐步推进。基于产品制造的特点和企业的实际水平，中车唐山公司推进数字化、智能化转型的主要工作从管理提升入手，优化提升产品设计、生产、采购及质量等管理流程，重点是通过各业务系统的互联互通、信息融合，以及生产线改造升级，全面提升制造过程的标准化、数字化程度，基于实际，逐步提升。业务为基，标准化先行。从标准化建设入手，推动业务流程的优化和管理模式的变革，追求生命周期价值链优化；系统整合，数字化贯通。围绕价值链，以用户为核心开展信息系统的集成，实现各业务流程的前后集成和业务数据的上下贯通；数字改造，智能化升级。从质量提升、生产稳定、效率提高的角度，自薄弱环节入手，打造柔性化、数字化生产线提升能力。四是以独具特色的工匠文化弘扬高铁人精神。“为国家争光，为民族争气”的产业报国精神一直是激励着一代又一代中车人立志“打造中国品牌”的原动力。中车唐山公司坚持以人为本、创新为魂，构建激情激励体系，致力于培育和打造“中国第一代高铁工人”优秀团队，全面推进高技能人才队伍建设，员工全面掌握了世界领先的高端轨道装备产品制造技术，以“中华技能大奖”获得者张雪松为代表，知识型、技能型、创新型的“中国高铁工人”队伍已经形成。

（四）中车四方股份公司

中车四方股份公司（简称中车四方公司）是中国中车股份公司的全资子公司。中车四方公司的前身为四方机车车辆厂，成立于1990年，已有100多年的历史，总部位于山东省青岛市。

1. 发展历程

四方机车车辆厂始建于1990年10月，是一家装配和修理胶济铁路的机车车辆工厂。由德国人创建，后来被日本人占领，中华人民共和国成立以后，四方机车车辆厂直属铁道部，后分别隶属第一机械工业部、铁道部机车车辆工业管理总局、交通部工业局、铁道部工业局、中国铁路机车车辆工业总公司。2003年，四方机车车辆厂进行股份制改革，企业一分为二，即南车四方股份有限公司和四方机车车辆有限责任公司。中车四方股份公司坚持多重创新，坚持以人为本的创新理念，汇聚了一支创新能力强的科技研发队伍，在国内国际市场赢得了竞争优势。企业走过的历程证明，创新是不变的发展规律，是打开高铁大门的金钥匙。中车四方公司现隶属于中车集团。

2. 主要成果

中车四方公司是以创新驱动做强企业。我国高铁起步较晚，但从规划起就目标明确，不能采取拿来主义，也没有走捷径，而是坚持引进、消化、吸收、再创新的路子。中车四方公司从机车到系统，一点点研究，一步步突破，从跟跑到并跑再到领跑，逐步搭建起自有技术平台，打造出拥有世界领先的“复兴号”。中车四方公司大力实施创新驱动战略，通过以客户为导向、产业数字化转型，助推公司高质量发展。企业专利数量和质量水平快速提升。公司累计专利申请量突破5000件，累计拥有有效专利2600余件。在第十六届中国（无锡）国际设计博览会期间举行的第二十一届中国专利奖（外观设计）颁奖大会上，中车四方“复兴号”CR400AF动车组“飞龙”车头专利——“轨道车辆车头（2014—3）”获中国专利奖最高奖“中国外观设计金奖”。获得中国外观设计金奖的“飞龙”外观设计，为时速350千米“复兴号”CR400AF动车组车头。这是目前世界商业运行速度最快的高速列车，也是中国高铁新一代主力车型。“飞龙”车头造型采用外观与技术交互式设计方法。通过反复评估后，才得到外形与性能兼具的最优方案。为实现技术性能的特点，中车四方公司设计了46个概念车头型。中车四方公司创造了中国高铁多个第一。我国首列时速200千米至250千米、首列时速300千米、首列设计时速380千米的高速动车组，以及首列“复兴号”动车组都诞生在此。2020年6月21日，由中车四方公司承担研制的时速600千米高速磁悬浮试验样车在上海同济大学磁悬浮试验线上成功试跑，标志着我国高速磁悬浮研发取得重要新突破。2021年7月20日，由中车四方公司研制、具有完全自主知识产权的时速600千米高速磁悬浮交通系统在青岛成功下线。这是世界首套设计时速达600千米的高速磁悬浮交通系统。中车四方公司始终坚持科技立企，从引进、消化、吸收到自主创新，走出一条富有中国特色的创新驱动发展之路。从2013年启动研发到2017年批量生产投入运营，中车四方历经5年的创新攻关，打造出“复兴号”这一具有完全自主知识产权、发到世界先进水平的新一代高速动车组。中车四方公司最初设计了46个概念车头型，通过技术创新优选出23个进入工业设计，又从中遴选出7个，经过仿真计算、动模型试验、线路试验，才最终敲定“飞龙”设计方案。相比既有动车组，“飞龙”的运行阻力降低12%。中车四方公司两种编组的新型“复兴号”智能动车组投入运营，服务京沪、成渝、徐兰等多条高铁线路。新型“复兴号”智能动车组融合了互联网、云计算、大数据、5G等新技术，服务功能进一步优化。

3. 突出特点

中车四方公司以高速安全、环保、舒适的轨道交通装备制造事业为己任，通过原始创新、集成创新和引进、消化、吸收、再创新，极大地提升了企业的自主创新能力，建立起国际一流的轨道交通装备研发制造基地。一是以数字化转型提升企业。高速动车组是大国重器，尤其是“复兴号”以时速350千米的运营速度领跑全球，堪称中国制造的一张亮丽的名片。在“复兴号”动车组制造的背后，数字技术扮演着重要角色。在中国高铁核心研制基地中车四方公司，数字技术已在动车组各制造环节及运用维护中得到广泛应用。中车四方公司基于大数据技术，建成了动车组智能运维平台。中车四方公司利用动车组运行实时数据、运营数据、维修数据、自然环境数据等，应用大数据挖掘技术与人工智能算法，开发出动车组关键部件故障预测模型，能在发生故障前对故障进行预测、预警，从而保证动车安全运行。中车四方公司以产品寿命周期管理为核心，持续提升数字技术水平，为企业高质量发展增添新的动能。二是以整合资源助推企业。中车四方公司在海外建立了研发中心，成立了中德轨道交通技术联合研发中心、中泰高铁联合研究中心、中英轨道交通技术联合研发中心，打造全球框架下的创新体系，整合创新资源。中车四方公司坚持“以人为本”的创新理念，打造高铁“人才硅谷”，汇聚了一支创新能力强的科技研发队伍。目前，企业科技人才达 2135 人，占员工比例的 20%，形成包括集团级著名科学家、首席技术专家、资深技术专家、技术专家和公司级技术专家 5 个层级 300 多人的核心技术人才队伍，搭建起科技人才职业发展通道。中车四方公司将高速动车组技术进行创新延伸，成功研制了国内首列城际动车组，填补了我国城际铁路客运装备领域的空白。至今，中车四方公司已成功打造了高速动车组、城际动车组、高档客车、内燃动车组、地铁车辆等 7 大类产品技术平台，实现了营运时速 50 千米至 350 千米轨道交通车辆速度等级全覆盖，可为用户提供一体化解决方案。三是以走出国门做响企业。我国高铁装备制造企业是“中国制造”“走出去”的代表，而中车四方公司是其中的佼佼者。近年来，中车四方公司践行“一带一路”倡议，大力推进国际化经营，积极拓展海外市场。中车四方公司的高端装备已登陆 25 个国家和地区，出口产品实现了从“价值链低端”到“价值链高端”、从“低端市场”到“高端市场”的升级。2016 年 3 月，中车四方公司中标芝加哥 846 辆地铁车辆项目，创下中国企业向发达国家出口地铁车辆单笔数量最多的纪录。2017 年 4 月，中国与印度尼西亚企业合作建设的雅加达至万隆高铁总承包合同在雅加达签署。近年来，中车四方公司在阿根廷赢得总计 709 辆城际动车组供货合同，成为迄今为止我国最大的城际动车组出口订单。在斯里兰卡，中车四方公司先后累计获得 390 辆内燃动车组订单。2018 年，中车四方公司不仅赢得阿根廷市场“回头客”增购订单，产品更进入智利、埃及、哥斯达黎加市场。四是以优秀文化引领企业。中车四方公司倡导的企业精神是追求卓越、诚信四方。追求卓越，发扬尽职尽责的敬业精神、永不自满的创新精神和创造一流的争先精神。追求卓越，超越自我，为市场提供更优的产品，为社会贡献更高的价值。诚信四方，秉承诚信，践行诚信准则，诚实做人，守信做事，精心打造至诚至信的中车四方品牌。中车四方公司致力于高速、安全、环保、舒适的轨道交通装备制造事业，肩负国家铁路客运装备和城市轨道交通装备现代化历史使命，为员工创造成功，为客户创造价值，为股东创造财富，为社会创造文明。其经营理念是适应变革、持续创新、优化资源、精益制造；制造理念是重视细节、关注过程、规范作业、精益制造；愿景目标是掌握世界一流技术，制造世界一流产品，建成世界一流基地，将中车四方公司打造成为世界轨道交通客运装备制造的最强企业和国际轨道交通装备知名的品牌。

（五）中车大连机车车辆有限公司

中车大连机车车辆有限公司（简称中车大连公司）始建于 1899 年，是中国中车股份有限公司全资子公司，是我国唯一能同时研制内燃机车、电力机车、城市轨道车辆及大功率中速柴油机的国家重点大型企业，总部位于辽宁省大连市。

1. 发展历程

中车大连机车车辆有限公司的前身是大连机车车辆厂，成立于 1899 年。1907 年 4 月 1 日，日本南满洲铁道株式会社接管工厂，1908 年 7 月 8 日决定将工厂从原址迁至大连郊外北沙河口地区。1945 年 9 月，苏联红军进驻南满铁道株式会社沙河口铁道工厂，工厂改名为中长铁路大连工厂。1949 年后，该企业为铁道部直属全民所有制大型企业，改名为大连机车车辆制造工厂。1953 年 8 月 22 日，工厂改名为铁道部大连机车车辆工厂。1970 年 8 月，铁道部与交通部合并，工厂隶属于交通部工业局。1994 年 3 月 23 日，工厂改名为大连机车车辆厂。2000 年 9 月，工厂隶属于中国北车集团，2003 年 12 月 29 日，中国北车集团大连机车车辆有限公司改制成立。2008 年 6 月 26 日，公司成为中国北车股份有限公司全资子公司，现为中车集团的子公司。

2. 主要成果

中车大连公司被誉为“机车摇篮”，机车产品覆盖全国所有铁路局。

大连机车多次进行大规模技术改造。1954 年自行设计制造成功和平型中国第一台干线蒸汽机车。1958 年自行设计制造成功巨龙型中国第一台内燃机车。1964 年研制成功东风型中等功率内燃机车。1969 年研制成功东风 4 型大功率内燃机车。1996 年 12 月研制成功东风 4D 型客运机车，成为 1997 年 4 月 1 日以来，中国铁路四次大提速的主型机车。2000 年 12 月研制成功韶山 4 改进型电力机车，2002 年 9 月又成功试制具有先进技术性能的韶山 7E 型电力机车。该车被定为中国铁路第五次大提速主型机车。中车大连公司完成了时速 200 千米八轴交流传动客运电力机车、时速 160 千米交流传动客运内燃机车等铁路总公司需要的主型机车产品，制造了时速 160 千米城际电动车组，以及大连等城市地铁最新研发设计的城轨车辆。大连机车的产品先后向缅甸、马来西亚、尼日利亚、新西兰、安哥拉、阿根廷、乌兹别克斯坦等国家出口产品。向北京、天津、西安、沈阳、大连等城市批量交付城市轨道产量产品，受到用户普遍赞誉。2011 年，中车大连公司通过了 I-RIS（国际铁路行业标准）体系认证。大连机车先后荣获“全国先进企业”“全国十佳企业”“中国企业百花奖”“国家科学技术进步一等奖”“国家质量管理奖”等先进荣誉称号。

3. 突出特点

中车大连公司多年来持续进行大规模技术改造，由一个只能修理蒸汽机车的老厂，发展成为能够设计制造具有世界先进水平的轨道交通运输装备大型企业。一是加强信息化建设。中车大连公司通过立足现状顶层设计，确定研发信息平台建设的目标和工作思路，统筹规划和构筑企业编码体系，打通研发信息平台建设运行通道；建立适应企业发展的数据标准平台，打好研发信息化建设的基础；统一资源，建立高效协同的研发信息化平台；依托研发信息化平台，提升公司三维设计水平，缩短产品的研发周期，提高产品质量，加速研发对市场的影响速度，提高企业综合管理水平，进而大幅提升企业核心竞争力。二是提高新产品的开发效率。中车大连公司适应市场多元化、个性化需要，在开发新产品中注重缩短产品研发周期。装备制造产品客户需求复杂、工作原理复杂、技术基础复杂、结构组成复杂，往往需要综合多个学科的专业知识，依据多年实践总结的业务流程，运用专业研发工具，遵循专业研发规范，参考计算试验历史数据，进行总体方案设计、系统原理设计、详细设计和虚拟样机分析等一系列跨越多个专业的复杂工作。中车大连公司基于跨专业、跨部门、跨区域的一体化管理，全面应用三维自顶向下设计方法，全面提升公司的产品设计水平。在设计数据、设计过程及工艺数据、工艺过程等方面进行一站式管理，实现了设计工艺并行化工作，提高了产品研发效率，缩短了产品研发周期。三是推进企业变革创新。变革创新是引领中车大连公司前进的旗帜，是推动其持续发展的不竭动力。中车大连公司致力于打造具有行业顶尖水平的专家队伍，培养一批行业顶尖水平的专业领军人物，带领团队成为国际一流的技术人才队伍，带动大连机车跨越式发展。

（六）晨光集团

中国航天科工集团晨光集团公司（简称晨光集团）始创于 1865 年，是中国近代航天航空工业发源地之一，总部位于江苏省南京市。

1. 发展历程

晨光集团的前身系清朝洋务运动时期李鸿章于 1865 年创办的金陵机器制造局，距今已经有 150 多年的历史。中华人民共和国成立以来，晨光集团的发展始终伴随着不断创新、不断进取的历程。晨光集团经历了从军械修理到常规武器研制、航天地面设备研制、航天型号研制的重大转型。每一次重大转型都为晨光集团的发展打开了更广阔的空间，为晨光集团的进步构筑更高的台阶。改革开放以后，晨光集团进入了一个创新推动企业进步、企业进步又促进创新的良性发展阶段。20 世纪 80 年代，晨光集团在军工企业中率先实行“军转民”战略变革，在全国建立营销网络，实现以市场为导向的企业战略转型。20 世纪 90 年代中期，晨光集团作为全国百家现代企业制度改革试点单位之一，推进企业制度创新。1996 年，作为全国企业管理现代化制度试点企业之一，晨光集团由南京晨光机器厂改制为南京晨光集团有限公司。1999 年 9 月 30 日，南京晨光航天应用技术股份有限公司成立。20 世纪 90 年代末期，晨光集团抓住时机，发起组建航天晨光股份公司，实现了股票上市，民用产业得到了快速发展。2000 年，晨光集团实现由传统服务业向现代服务业的转型，拓展了产业发展空间。2001 年，以民品车类和管类产品优质资产组建的航天晨光股份有限公司在上海证交所成功上市。2003 年 6 月 24 日，更名为南京航天晨光股份有限公司。2004 年 12 月 21 日，更名为航天晨光股份有限公司。

2. 主要成果

晨光集团站在新的历史起点上，聚精会神抓产品，一心一意谋发展。1997 年和 1999 年分别承制了中央人民政府赠送给中国香港、澳门特别行政区的礼品“永远盛开的紫荆花”“盛世莲花”，使晨光集团名扬海内外。晨光集团是国家高新技术企业，获得国防科技工业企业首批技术中心认定，是国防科工难加工材料技术研究应用中心。晨光集团的专有技术源于航天领域的开发技术。通过多年不断的研制和开发创新，晨光集团取得了 20 多项产品和制造技术专利，其综合技术实力和主导产品经营规模均在同行业中处于领先地位。晨光集团的产品使用“三力”牌注册商标，是江苏省市场监管局认定的“江苏省著名商标”，在国内外具有较高的知名度。2020 年 7 月，晨光集团入选“2019 江苏百强创新企业榜单”，其“大型金属贮箱膜盒制造技术”获得“科技进步二等奖”。

3. 突出特点

晨光集团以航天尖端科技和严谨的作风为保证，与世界科技发展同步，焕发出新的活力。一是坚持航天精神。晨光集团秉承国家利益高于一切的核心价值观，大力弘扬航天精神、两弹一星精神和载人航天精神，牢记科技强军、航天报国的历史使命，以铸造航天一流企业，创建国际知名公司为目标，全面实施军品立业、民品兴业、军民融合、整体发展战略，打造一体双翼的产业发展格局。二是坚持技术创新。晨光集团大力培育企业的核心技术，以国际先进水平为参照点，形成了具有航天晨光特色的技术创新思路，经过技术引进、消化、吸收、再创新，开发出拥有完全知识产权的航天晨光产品，其中多项技术不仅填补了国内空白，而且达到世界先进水平。三是坚持文化引领。晨光集团坚持社会主义核心价值观，以航天尖端科技和严细谨实的作为为保障，与世界科技发展同步，如喷薄而出的太阳，展现出公司无限的能力、实力和活力。

（七）凤凰自行车

上海凤凰自行车有限公司（简称凤凰自行车），创建于 1897 年，是拥有百年历史的老牌企业，总部位于上海市。

1. 发展历程

凤凰自行车源于1897年中国第一家自行车车行——同昌车行。1930年10月13日，中国第一家自行车制造工厂——“同昌车行制造厂”开工。1958年，以同昌车行为核心组建上海自行车三厂。在发展过程中，凤凰自行车以自主研发为主，追求技术创新。自1959年1月1日“凤凰”商标注册起，其已成为享誉全球的著名商标。1983年，凤凰自行车获得由对外经济贸易部颁发的“出口产品荣誉证书”。1991年，凤凰牌商标被评为首届“中国驰名商标”称号。

2. 主要成果

凤凰自行车成为国际新时尚。凤凰自行车过去做外贸的主要方式是参加各种展会，只能接触到渠道商，接触消费者的机会较少，花的精力大，效果不尽人意。于是，凤凰自行车加快转型发展步伐，把业务重心搬到阿里巴巴国际站上，贸易渠道大规模向线上迁移。凤凰自行车在阿里巴巴B2B跨境贸易平台旗下阿里巴巴国际站加大投入，构建以国内大循环为主体、国内国际双循环相互促进的新发展格局。随着支付、物流等海外电商基础设施的不断完善，线上出口迎来飞速发展的新机遇。自2003年以来，凤凰自行车获得专利18项，每年开发上百款新品。2006年，凤凰自行车被商务部认定为“中华老字号”和“最具市场竞争力品牌”。凤凰自行车被国家海关总署列为知识产权海关保护企业。2014年10月，凤凰自行车被评为“上海名牌辉煌之星”。

3. 突出特点

凤凰自行车是中国第一家自行车企业，有100多年历史。一是创新发展。多年来，凤凰自行车不断完善技术创新体系，以自主开发为主，同时与科研院所进行技术合作，研究开发新技术、新材料及新产品。例如，与上海理工大学一起研发“轻质高性能镁合金材料自行车”，与上海船舶研究所开发上海科技馆的“高空杂技自行车”等。二是合作发展。2017年5月6日，共享单车ofo小黄车宣布与中国“百年功勋企业”、国际知名自行车品牌凤凰达成战略合作。双方在共享单车研发制造、产能及供应链、品牌战略合作、海外市场布局等多个领域展开深入合作。三是共享发展。2012年以来，凤凰自行车通过与阿里巴巴、京东等电商公司的合作，开设凤凰自行车、童车等网络旗舰店、专卖店，让消费者足不出户就能购买到自己喜爱的凤凰产品。

（八）双星集团

青岛双星集团有限公司（简称双星集团）始建于1921年，现为青岛市国资委监管的国有企业，总部位于山东省青岛市西海岸新区。

1. 发展历程

1921年双星集团的前身维新制带厂诞生了，其是中国最早的民族制鞋企业。1955年更名为国营第九橡胶厂。1983年7月5日，双星商标注册成功，标志着双星集团正式成立。由此汪海总裁带领双星人拉开了企业改革发展的序幕。1992年集团公司成立，发起设立青岛双星鞋业股份有限公司，于1996年4月10日上市。2008年以前，双星的主业为鞋和服装。2008年鞋服产业全面改制后从双星集团分离，双星集团全面转行到轮胎产业。2014年1月16日，双星集团开启了二次创业、创轮胎世界名牌的新征程。

2. 主要成果

双星集团是一家具有百年历史的国有橡胶企业，曾创出中国鞋业历史上著名品牌，又创造出轮胎业的知名品牌。一是双星集团成为企业管理创新的引领者。开展国有重点企业管理标杆创建行动，是国资委深入贯彻落实国有企业三年行动部署，进一步发挥优秀企业示范带动作用，引领中央企业和地方国有重点企业对标世界一流管理提升行动走深走实的重要举措。2021年国务院国资委组织开展国有重点企业管理标杆创建行动，公布了管理标杆企业、标杆项目和标杆模式名单。双星集团凭借近年来搭建的系统完备、科学规范、运行高效的现代企业管理体系，入选国务院国资委国有重点企业管理标杆创建行动"标杆企业名单"，成为橡胶行业的标杆。二是双星集团成为企业改革的先行者。1992年成立青岛双星集团公司，汪海被评为全国优秀企业家。2014年1月，双星集团开启了"二次创业"之路。在汪海的领导下，双星的制造能力、营销能力、竞争能力和服务能力都得到了提升。双星集团淘汰落后产能，创新产品模式，让模式极简，让产品极致。三是双星集团成为中国轮胎智能制造的创新者。双星集团在轮胎行业首创市场细分化、组织流程化、经营单元化"三化管理模式"，开发了高端、高差异、高附加值产品，满足了集群用户需求。双星集团提出要建立世界最领先的轮胎智能化工厂的目标，为此组建全球优秀的团队，聘请全球优秀的专家顾问，走访全球顶尖的智能制造企业。2016 年 6 月，全球轮胎行业“工业 4.0”工厂顺利投产。这条生产线应用了 11 种 300 余台智能机器人，80% 以上的装备是由双星集团自主设计和开发制造的，集成了全球领先的信息通信技术、数字控制技术和智能装备技术，实现了产品定制化、企业互联化、制造智能化。全球独创的 MEP 平台和电子标签技术，使全流程物、人、工装、设备、位置的信息智能匹配，实现了全流程的质量跟踪和追溯。双星轮胎已出口 140 多个国家和地区，成为中国同行业获准进入国际市场范围最大的企业之一。2020 年 1 月 16 日，双星集团开启了“三次创业、创世界一流企业”新征程，围绕橡胶轮胎、人工智能及高端装备、废旧橡塑循环利用三大产业，实施智慧生态、智慧轮胎、智能设备、环保新材料的“三智一新”战略，力争把双星集团打造成科技、时代、智慧型的世界一流企业。双星集团连续多年荣登“亚洲品牌 500 强”，连续荣获“中国 500 强最具价值品牌”。2018 年 8 月，被列入国有企业改革“双百行动”计划。2021 年，双星集团列入商务部等部门发布的全国供应链创新与应用名单。

3. 突出特点

双星集团是一家具有百年历史的橡胶企业，曾创出中国鞋业历史上著名的品牌，2008 年转行到轮胎产业，已形成集轮胎、智能装备、工业智能物流、废旧橡胶绿色生态循环利用四大产业体系。一是坚持党的领导。双星集团充分发挥党委的领导核心和政治核心作用，牢牢把握企业发展方向，肩负起抢先转型、做好引领、当好带头的重任。双星集团坚定不移坚持党管方向，坚决响应中央供给侧结构性改革，提出了“二次创业、创双星世界名牌”的新目标，顶住压力，把不盈利、质量差、能耗高、美誉度低的产能和产品定为落后产能，坚决予以淘汰。双星集团认真落实青岛市委市政府关于环保搬迁的部署，推动企业“腾笼换鸟”，在搬迁改造中实现了技术的换代升级。双星集团建立了全球领先的智能工厂，创出智能装备、智能物流和废旧橡胶循环利用的新产业。二是提高产品质量。双星集团以“创双星世界名牌”为目标，开启二次创业，加快新旧动能转换，推动企业转型发展。双星集团开展声势浩大的铡胎行动。双星员工目睹自己生产出来的残次品被毫不留情地铡掉，都感到愧疚和心痛。通过铡胎，员工接受了残次品就是废品的产品质量观，以及废品就要铡掉的理念。“宁可销毁，也决不让不合格的产品流入市场”成为双星人的承诺。三是推进智慧转型。双星集团推进智慧转型，明确企业的愿景和使命。双星集团的愿景是以轮胎为核心，发展成为集轮胎、智能装备、废旧轮胎绿色生态循环利用、汽车后市场服务为一体的独具特色的世界一流企业。双星集团通过做精实现做强，通过颠覆实现引领，通过并购实现做大，以深化智慧生态圈，强化智慧产业链，以智慧产业链促进主业快速发展，实现由模仿到创新，再到颠覆引领。2014 年以来，双星集团通过智慧转型，关闭了老工厂，淘汰了落后产能，建成全球轮胎行业全流程“工业 4.0”智能化工厂。四是构建生态平台。双星集团在物流企业建立的标准化服务站是其向汽车后市场领域进发的标志。从轮胎生产到汽车后市场维保，工业互联网对制造企业的赋能不仅是生产及商业模式的改变，更夯实了企业延伸产业链、建立产业生态的能力。新生态建成后，双星将 30 个配送中心、2000 个核心前置仓、30 万家安装和服务门店，实现由“卖轮胎”到“卖公里数”，再到卖汽车后市场所有产品。双星由“卖产品”到“卖服务”的模式进一步升级，迎来发展新机遇。

（九）张小泉

张小泉集团有限公司（简称张小泉）成名于 1628 年，是中华老字号，也是剪刀行业的中国驰名老字号，总部位于浙江省杭州市。

1. 发展历程

张小泉是安徽省黄山市人，300 多年前其采用浙江龙泉的好钢做原料，经过精心制作，打出来的剪子锋快耐用，取名“张小泉”剪刀。张小泉去世后，其子张近高继承父业，为保护切身利益，在“张小泉”名字下加上“近记”，视为正宗。中华人民共和国成立前夕，张小泉剪刀店濒临停业。1950 年以后，社会日趋安宁，各作坊商号纷纷复业。为了让张小泉这个传统的民族品牌保存下来，并发扬光大，从 1953 年开始，在政府部门的组织下，相继成立了 5 个张小泉制剪生产合作社。1955 年，5 个合作社合并为杭州张小泉制剪合作社。张小泉这个传统品牌的重新崛起初见端倪。1956 年，张小泉等32家剪刀店实行公司合营，成立“张小泉近记”剪刀总厂，并将现代科学技术应用于传统产品上，使之成为同行业中规模最大、产量最高、品种最全的企业。1958年6月，改名为“张小泉近记剪刀厂”。2000年，杭州张小泉集团有限公司成立，向现代企业制度迈出了决定性一步。2007年，富春控股集团将“张小泉”收归旗下。2008年9月10日，张小泉股份有限公司成立。2018年5月，张小泉股份有限公司创立大会召开。张小泉承载着多方面的支持和爱护。随着时代的发展，张小泉既肩负着传承历史的责任，也面临着后浪赶超的危机。在激烈的市场竞争中，张小泉不安于现状，而是冲破束缚、大胆进取、放手一搏，实现“二次创业”的成功。

2. 主要成果

张小泉承载的历史文化、品牌底蕴是中华的文化珍宝。张小泉主要从事现代生活五金用品的生产、销售及服务，主要产品包括张小泉品牌的剪具、刀具及其他五金杂件等。张小泉剪刀以选料精美、经久耐用而著称。张小泉的经营范围包括刀具、陶瓷刀具、美甲工具、日用五金制品、筷子等，产品包括家庭用剪系列、园林剪系列、服装剪系列、旅游礼品剪系列、刀具系列等共计100多个品种，400多个规格，其产品远销东南亚、欧美等地。乾隆年间“张小泉近记”剪刀已列为贡品。1915年，其产品在巴拿马万国博览会上获二等奖。1926年以来，其产品在费城世界博览会、巴拿马博览会、首届西湖博览会上均获得大奖。张小泉通过了ISO9001质量管理体系认证。1997年，张小泉被评定为中国驰名商标。2002年，获得原产地注册保护。张小泉是拥有400年历史的杭州老字号企业。2006年被商务部认定为中国第一批中华老字号。

3. 突出特点

张小泉在国内外享有很高的知名度和美誉度，深受消费者信赖。一是保证产品品质。历代张小泉的继承者一直恪守“良钢精作”的祖训，工善其事，保证质量。二是发挥品牌效应。张小泉在剪刀行业的技术优势比较明显，如剪刀里口缝道技术、刀剪热处理技术、刀剪续冲压技术、刀剪清洁防锈一体化技术、剪刀多片开刃技术等。张小泉凭着这些绝活，让品牌深入人心，并使品牌不断发扬光大。三是坚持企业创新。老字号在现代社会中得以生存的源头是创新，尤其是产品创新、技术创新。张小泉没有淹没在时光的海洋中，就是因为其不断创新。张小泉的产品类型已经多达2000多种，成为一家拥有家居厨房用品、个人护理用品、园林农艺用品、酒店厨具用品等日用生活五金企业。

二、百年煤炭石油企业焕发新活力

煤炭石油行业是指以开采加工煤炭石油资源为主的行业。我国是“富煤、贫油、少气”的国家。这决定了我国在一次能源生产消费中占据主导地位，我国企业要注重提高效率、节能、绿色低碳和低碳排放。我国经济已由高速增长阶段转向高质量发展阶段，煤炭石油企业要不断转变发展观念，追求绿色低碳发展。

（一）开滦集团

开滦（集团）有限责任公司（简称开滦集团）是河北省国资委监管的特大型煤炭企业。其前身为开滦矿务局，始建于1878年，享有“中国煤炭工业源头”“北方民族工业摇篮”等盛誉，总部位于河北省唐山市。

1. 发展历程

1878年，清直隶总督李鸿章委派轮船招商局总办唐廷枢创建官督商办开平矿务局，资本金为120万两白银。1900年，被八国联军占领，矿务局改隶英国商会，最高年产量达到135万吨。1906年，直隶总督札饬通过天津官银号筹办开滦煤矿公司，资本金为500万两白银。1912年，开平矿务公司和滦州煤矿公司商定联合营业签订合同，设立开滦矿务总局。1934年，两公司合并，英商独占开滦矿务局。抗日战争期间，开滦矿务局被日本掠夺，年产量达到665万吨。1949年中华人民共和国成立后，开滦煤矿收归国有，对旧有煤矿进行恢复和改造，并建设吕家坨、范各庄、荆各庄等新矿。1975年原煤年产量达到2563万吨。1976年遇到强烈地震，矿井破坏严重。经过开滦人的艰苦奋斗，原煤产量很快恢复到震前水平。开滦矿区机械采煤程度较高，水力采煤技术达到世界先进水平。开滦矿区生产烟煤，质地优良。向国外出口洗精煤，并供应上海、南京、天津等主要城市的工业用煤。1999年，开滦矿务局改制为开滦集团有限公司。开滦集团直接设立的分公司有38家，下辖全资和控股子公司有145家。开滦集团已发展成为综合性的大型能源集团。1922年，开滦煤矿成立党组织，是我国成立党组织最早的企业之一。

2. 主要成果

开滦集团已有100多年历史，被誉为“中国煤炭工业的源头”和“北方民族工业的摇篮”，创造了多个中国第一。其最早使用机器开采的大型煤矿，铺就了中国最早的准轨铁路——唐胥铁路，产出了中国第一桶水泥——麒麟牌水泥，建造了中国企业第一座煤炭码头——秦皇岛港。经过一个多世纪的发展，开滦集团已成为煤炭生产、洗选加工、煤化工、现代物流、矿业工程服务、金融服务、文化旅游、装备制造、热电、建筑施工等多产业并举的大型企业集团。开滦集团已形成五大区域、七大战略基地，主要分布在河北唐山、河北张家口蔚州、河北承德、河北石家庄、河北大成、内蒙古鄂尔多斯、新疆伊犁和准东、山西介休等地。北京“中华世纪坛”青铜甬道镌刻着1881年开滦创造的三个第一：“开平煤矿建成出煤”“开平煤矿至胥各庄铁路投入使用”“中国制造‘火箭号’蒸汽机车开始运行”。开滦煤矿在中国民族工业发展史上留下了浓墨重彩。开滦煤矿是中国最早的近代大型机械化采煤煤矿。2018年1月27日，由中国科协调宣部等部门发布的中国工业遗产保护名录，包括开滦煤矿。开滦集团呈现强劲增长韧性和发展潜力。开滦集团各项经济指标稳定增长，2020年年底集团总资产达到877.76亿元。2020中国500强企业排名第251位。开滦国家矿山公园位于河北省唐山市市中心区域，坐落在有着136年开采历史、被誉为“中国第一佳矿”的开滦唐山矿业公司，是一座集工业遗迹保护、煤炭文化、近代工业文明展示于一体的近代工业主题的国家级矿山公园。开滦集团以提高发展质量和效益为中心，以改革创新、转型升级为主线，在利润总额、资产负债率、净资产收益率、投资总额、研发费用等指标持续创出新水平，奋力开创百年开滦高质量发展新局面。开滦先后荣获“全国先进基层党组织”“全国企业文化示范基地”“影响世界的中国力量品牌500强”“全国煤炭系统思想政治工作先进单位”等。

3. 突出特点

开滦集团作为煤炭行业的百年企业，堪称中国煤炭工业的“活化石”，在结构调整、经济转型和改革创新的驱动下，激发企业内生动力，走上一条集约发展、内涵发展、高质量发展的道路。一是传承企业红色基因。

1922年，唐山矿党支部成立，成为全国产业工人最早的党组织之一。开滦集团的发展既是一部爱国史，也是一部爱党史。开滦集团不断加强和改进党建工作，始终坚持把党的政治建设摆在首位，用党的政治理论武装头脑，从强化战略思维、把握经济规律、提高治理能力、狠抓工作落实等维度，全面提升把方向、管大局、报落实的能力，为百年老企业平稳、健康发展提供了坚强政治保障。二是加快企业转型升级。煤炭、煤化工、现代服务业和战略性新兴产业构成了开滦集团的产业新格局，转型升级持续推进，产业发展质量和水平不断迈上新台阶。面对传统煤炭产业新旧动能转换的趋势，开滦集团有序淘汰落后产能，推进智能化开采工作全面展开。煤化工产业发展态势良好。生产服务业瞄准内外两个市场，依托矿业工程和电力检修两大平台，加大市场开发和创收力度。金融产业持续拓展业务板块和领域，企业资金管理和风险防控能力不断增强。战略性新兴产业重点培育新材料、清洁能源、新一代电子信息技术、物联网等产业。开滦煤矿作为传统的煤炭开采企业，资源枯竭是难逃的宿命。2016—2020年，开滦集团累计压减产能达2016万吨。三是加快企业改革创新。开滦集团持续推进改革、优化管理体制机制，大力解决企业办社会等方面的历史遗留问题，实现轻装上阵。混合所有制改革稳步推进，体制机制改革以优化健全、理顺提效为主线，不断加大改革力度，实现瘦身健体。遵循贴近实践、适用实用的原则，坚持自主创新，以两化深度融合为基础，推进生产矿井智能化建设。到2025年，全集团大中型矿井将基本完成智能化建设，形成完整配套的智能化生产、管理体系，助力百年开滦高质量发展再上新台阶。四是加大企业风险防范力度。开滦集团以转型发展战略为核心，转变思想观念，升华管理理念，紧紧围绕转型发展战略，构建科学、有效的全面风险管理体系，防范企业各项风险。全面风险管理体系包括风险类别划分体系、风险级别甄别体系、风险指标体系、风险管理运行体系、风险管理责任体系、风险管理措施体系、风险管理考核体系等。全面风险管理是开滦集团调结构、转方式、实现战略发展的一项重要工作，既关系到集团的科学决策与稳步发展，也关系到日常工作的规范运作与有序管控，范围广、难度大。开滦集团加强党的全面领导，纪检审计等部门全面跟进，监督和保障全面风险管理工作有效实施。五是加强企业安全文化建设。开滦集团在140多年的历史中未被淘汰，得益于脚踏实地的文化基因。开滦集团针对新时代安全工作的新特点，结合企业安全管理状况，不断推进安全文化建设，着力在提升全员文化素质这一基础性、战略性工作上下功夫，在解决让员工听得进去、说得出来、做得到位上下功夫，全面推行轮值班组长管理模式，切实筑牢安全生产根基，为百年开滦高质量发展提供了安全、稳定的良好环境。

（二）淄博集团

山东能源淄矿集团（简称淄博集团）的前身是淄博矿区，始于唐代，盛于明清，是我国古代煤炭生产的发祥地之一，总部位于山东省淄博市淄川区。

1. 发展历程

19世纪末20世纪初，德国、日本先后侵入淄博，在这里开矿、建工厂、筑铁路，大肆掠夺矿产资源。随着民族资本的产生和发展，淄博矿区成为全国三大矿区之一，有矿工万余人。淄博煤矿是我党早期开展工人运动的重要地区之一，与江西安源、河北开滦、河南焦作并称中国的四大红色煤矿区。1945年8月25日，在淄博矿区党组织的配合下，山东解放军野战兵团的鲁中部队攻克鲁大公司淄川炭矿。淄博矿区获得解放。在解放战争期间，淄博煤矿工人响应党的号召，组成矿区支前队伍，奔赴前线。中华人民共和国成立以后，淄博煤矿焕发出勃勃生机。当家做主的煤矿工人伴随着共和国前进的脚步，于1953年成立淄博矿务局，之后煤炭产量连续多年稳定增长，为山东乃至国家经济社会发展做出了重要贡献。2002年，淄博矿务局改制为淄博矿业集团有限责任公司，实现了管理体制的重大变革。2011年，其与另外五家省属矿业集团整合，成为山东能源集团的子企业。2020年7月，兖矿集团与山东能源联合重组后，淄博矿业集团加入新的山东能源集团。

2. 主要成果

淄博集团经过几代人的不懈努力，已发展成为一家以煤为主、多业并举的跨地区、跨行业、跨所有制的现代企业集团，拥有全资、控股子公司20家、参股公司8家，在册职工1.6万人。产业涉及煤炭、医疗健康、水泥建材及新材料、煤化工、建筑安装、现代服务等领域。重要生产经营单位分布在淄博、济南、青岛、济宁、咸阳、鄂尔多斯、平凉七市。淄博集团先后荣获“全国‘五一’劳动奖状”“全国煤炭行业优秀企业”“全国质量信誉AAA级企业”“全国最佳诚信企业”“山东省文明单位”“山东省‘厚道鲁商’品牌企业”等殊荣，涌现出11个全国先进集体、15名全国劳动模范、170名省部级劳动模范和6名“全国‘五一’劳动奖章”获得者，诞生煤炭系统十面旗帜之一“五四”采煤队，以及被誉为“救护铁军”的淄博矿救护大队等一批闻名全国的先进典型。2020年12月，被评为“山东省省级文明单位”。

3. 突出特点

淄博集团有着不平凡的革命史、奋斗史和发展史。一是传承红色基因。中共一大代表王尽美、邓恩铭等老一辈革命家多次在淄博矿区开展活动。1920年，王尽美、邓恩铭等人在济南秘密组织了“康米尼斯特学会”。这是山东有组织地宣传马克思主义的开端。1921年12月，王尽美跟中共北京区执委会书记、中国劳动组合部北京分部主任罗章龙一起到淄博矿区考察，物色工人骨干，播撒革命火种。王尽美、邓恩铭曾多次到矿区深入矿井、工区，做社会调查，了解工人疾苦，进行革命宣传，启发工人觉悟。邓恩铭用一把筷子不易折断的道理，教育工人们团结起来，向帝国主义和资本家进行斗争。1922年6月，淄博煤矿诞生了山东省第一个煤矿工会。1924年7月，中共中央在淄川区洪山镇建立了中共淄博支部，也称中共淄博矿区支部。这是淄博地区成立的第一个党的基层支部，也是继济南之后山东建立的第二个直属中央的支部。淄博党组织在艰难中成立，在风雨中成长，在斗争中不断发展壮大。二是勇于攻坚克难。20世纪90年代，煤炭产量曾占据山东总产量一半的淄博矿务局面临困境。淄博集团的干部职工不等、不靠、不要，攻坚克难，百折不挠，开启了在逆境中自谋生路的艰难突围。淄博矿务局3万多名员工集资支援煤矿建设，使老矿区实现凤凰涅槃，重新焕发生机和活力。2020年年底，山能淄博矿务局实现营业收入550亿元，完成商品煤产销量2430万吨。三是坚持科学发展。淄博集团坚持以科学发展观为指导，大力实施“第三次创业”，确立了“优而特、富而强”的发展愿景和“三步走、翻三番”的战略目标，着力在理思路、调结构、抓改革、强安全、重民生、树形象上下功夫，逐步形成科学的产业格局。

（三）枣庄集团

山东能源枣庄矿业（集团）有限公司（简称枣庄集团）的前身是1878年创办的“中兴矿局”，是中国官督商办的民族股份制企业，总部位于山东省枣庄市薛城区。

1. 发展历程

枣庄煤矿开发历史悠久。1878年成立中兴矿局。1899年中兴矿局改制为中兴公司，是中国第一家官督商办的民族股份制企业。1938年3月24日，日军侵占中兴公司后实行掠夺式开采。1948年11月，人民政府接管中兴煤矿公司。1952年7月1日起实行公私合营，后转为国营企业。1956年2月5日，经煤炭工业部济南管理局批准，成立枣庄矿务局。1965年1月，华东媒体工业公司成立，枣庄矿务局改为华东煤炭工业公司枣庄分公司。1998年改制为枣庄矿业集团有限公司，由煤炭部管理企业划归山东省管理，成为省属国有企业。2011年整合为山东能源集团的子企业。2020年7月，原兖矿集团与山东能源集团联合重组，枣庄集团成为新山东能源集团的子企业。

2. 主要成果

枣庄集团是跨国界、跨区域、跨行业、跨所有制的大型企业集团。枣庄集团年产煤炭2000多万吨、焦煤300多万吨、发电15亿千瓦时、轮胎1300万个，年营业收入超过1000亿元。国内开发涉及山西、陕西等省份，国外涉足泰国、加拿大、新加坡等国家，是一个集煤炭生产加工、煤焦化工、橡胶化工、热点联产、物贸金融于一体的跨国界、跨地区、跨行业、跨所有制的大型企业集团。枣庄集团以推动百年枣矿振兴、复兴和中兴为己任，坚持“发展是硬道理、挣钱是真本事、安全是大保障、党建是大动力”的工作格局，规划在“十四五”时期，打造山东、山西、陕西、新疆四大基地，构建以做精做优煤炭产业，培育和发展橡胶、煤焦化工、电力、物流、矿业技术服务“五大非煤产业”为核心的新体系，通过实施“十年三步走”发展战略，形成主业聚焦、主责明确、链式发展的产业布局，将枣庄集团打造成为淮海经济区、长三角经济区和华东地区最大的清洁能源供应商，把“瘦身强体、集约发展”作为各项工作的主线。枣庄集团先后荣获“全国煤炭工业100强企业”“全国典范企业”“全国企业管理现代化创新成果二等奖”“全国企业文化优秀单位”等称号。

3. 突出特点

枣庄集团已有100多年历史，现呈现风清气正、管理科学、产业结构持续优化、发展质量稳健提升的良好局面。一是加强党的领导。枣庄集团发挥党组织领导核心和政治核心作用，致力于将党建政治优势转化为发展优势，以一个支部一座堡垒、一个党员一面旗帜、一个干部一个标杆为目标，以系统化、标准化、项目化、标杆化、有形化、信息化为路径强力推进企业党建工作。二是提高创新能力。枣庄集团充分发挥科技创新在煤炭生产建设中的作用，形成了一批具有自主知识产权的核心技术。枣庄集团大规模进行矿井改建，提高安全系数；加快设备更新，提高装备技术水平；开发具有自主知识产权的核心技术，加快科技成果向现实生产力转化。三是确立愿景目标。枣庄集团以山东能源集团发展战略为指引，科学制订企业未来5年规划和10年三步走发展战略，确立“实现百年枣矿振兴、复兴和中兴”的发展愿景，提出“建设智慧枣矿、平安枣矿、优质枣矿、活力枣矿、人文枣矿、富美枣矿”的战略目标，坚持“发展是硬道理、挣钱是真本事、安全是大保障、党建是大动力”的工作格局。以“瘦身强体、集约发展”为主题主线，优化产业布局，加快动能转换。四是向智能化发展。安全生产是矿工最大的福利。枣庄集团将智能化建设与保障企业安全生产、实现矿工体面劳动作为重要目标，率先实施取消井下夜班生产等措施，改变煤矿工人一天三班倒、24小时不停工的传统循环作用模式，实现了无人值守、远程控制、在线监控、故障诊断，在国内实现完全自主智能开采的常态化运行。

（四）大同煤矿

大同煤矿集团有限责任公司（简称大同煤矿）隶属于晋能控股集团，1907年创建，是中国最大的动力用煤生产基地，总部位于山西省大同市。

1. 发展历程

大同煤矿开采历史悠久。在几百万年前，大同地区是一片浩瀚无际的湖泊，史称“大同湖”。这里气候温暖，雨量充沛，森林茂密。经过地壳运动，广袤的原始森林变成了丰富的地下宝藏煤炭。1840年鸦片战争后，一些官僚、地主投资矿业，兴办煤窑。1907年，为保全山西矿权，山西商办全省保晋矿务有限公司在太原成立。1909 年，保晋公司在大同成立大同分公司。1924 年，山西省政府在大同开办军人煤厂。1929 年，阎锡山为了开辟财源，着手在军人煤厂的基础上开办晋北矿务局。1932 年，晋北矿务局联合其他公司，成立大同煤业公司，控制了运输煤炭的铁路干线，垄断了大同地区的煤炭销售业务。1945 年 8 月，抗日战争胜利，阎锡山下令晋北矿务局接收大同煤矿。1949 年 2 月，察哈尔省大同市军事管制委员会接管大同煤矿，5 月成立大同煤矿筹备处。1949 年 8 月 30 日，大同煤矿筹备处改称大同矿务局，撤销军事管制。1950 年，大同矿务局由燃料工业部国家煤炭管理总局领导。1958 年，大同矿务局隶属于山西省煤矿管理局。1985 年，大同矿务局划归煤炭工业部领导。2000 年 7 月 29 日，大同矿务局改制为大同煤矿集团有限公司。2006 年 6 月，大同煤业 A 股在沪市成功上市，标志着大同煤矿集团成功挺进资本运营市场。

2. 主要成果

大同煤矿的发展凝聚着党和国家领导人的关怀，很多领导人视察过大同煤矿，给广大矿工带来极大的温暖和鼓舞。大同煤矿为国家的能源发展和全国的经济建设做出了突出贡献。改革开放以来，大同煤矿在技术装备、管理水平、效率效益、安全生产等方面，均居全国同行业领先水平。在媒体营销中创立了享誉世界的“大友”煤炭品牌，行销全国各地，并远销日本、韩国等国家，以低灰、低硫、高发热量的优质动力煤被海内外用户誉为“工业精粉”。大同煤矿多次受到国家、省部级的表彰和奖励，先后荣获“全国五一劳动奖状”“企业管理最高奖金马奖”“全国百家知名企业第一名”“中国煤炭采选大王”等多项荣誉，连续多年被评为“全国思想政治工作优秀企业”。2005 年入选“对中国经济社会发展贡献突出企业”。2018 年 1 月入选第一批中国工业遗产保护名录。

3. 突出特点

大同煤矿是一家具有国际竞争力的大型综合能源集团。一是持续推进技术创新。大同煤矿积极推进科技进步，鼓励自主创新，使企业成为技术密集型企业，成为中国煤炭开采业中科技含量高、创新活力强的企业。二是持续推进信息化建设。大同煤矿推进信息化建设，生产指挥调度、瓦斯监测监控和企业物流、财务、计划管理等多个系统实行了信息化管理。三是持续推进安全生产管理。“安全为天”是煤炭企业的一句警语，更是大同煤矿的治企之本。大同煤矿总结归纳出安全思想教育模式，形成一整套特色鲜明的监管机制，实现了安全工作由管理结果向管理源头和全过程的转变。

（五）淮南矿业

淮南矿业（集团）有限责任公司（简称淮南矿业）可以追溯到1897年建矿，矿区横跨淮南、阜阳两市，总部位于淮南市田家庵区。

1. 发展历程

淮南矿业经历了开埠创立、艰难创业、改革创新等坎坷漫长而激越奋进的过程。1897年，怀远县大通煤矿正式开矿，淮南煤矿由此发端。1909年，成立安徽怀远县大通煤矿有限公司。1930年，淮南煤矿局成立，成为华东地区重要煤炭企业。1938年6月4日至1945年8月15日，日本侵略军对淮南煤矿展开强盗式的掠夺开采，严重破坏了淮南煤田的整体性。1949年，淮南煤矿和平解放。1950年，燃料工业部淮南矿务局成立。1998年5月，由原淮南矿务局改制为国有独资公司，更名为淮南矿业（集团）有限责任公司。2019年11月16日，淮河能源控股集团有限公司成立，淮南矿业由此迈进淮河能源时代。

2. 主要成果

淮南矿业是我国著名煤炭企业，位于华东经济发达区腹地，交通运输便捷，铁路、公路、水路四通八达，在我国煤炭工业发展进程中具有重要的地位。淮南矿业在二十世纪五六十年代成为全国五大煤矿之一，七八十年代被列为国家重点煤炭生产建设基地，九十年代进入中国煤炭行业10强企业行列。2012年以来，淮南矿业集团抢抓机遇，顺势而为，坚定不移地去产能、精主业、还欠账、降负债、推上市、抓改革，推动企业高质量发展，逐步走出一条符合发展规律、契合企业实际的转型发展之路。淮南矿业连续多年为“中国500强企业”“工商银行AAA级信用企业”。

3. 突出特点

淮南矿业是一家拥有120多年历史的百年企业，改革开放以来尤其是近些年来，焕发出新的活力。淮南矿业认真贯彻国家关于资源综合利用、保护生态环境的规定。一是坚持以绿色生产为统领。减少废弃物排放，保护环境，提升资源利用率。二是坚持以技术进步和科技创新为动力。煤矿实现装备现代化、系统自动化、管理信息化，达到世界领先水平。矿井建设和配套项目同步进行，做到精采、细采，实现经济效益、社会效益和生态效益有机统一。三是坚持以保障体系为支撑。淮南矿业坚持传统产业转型发展，坚持发展必须对职工负责、对企业负责、对社会负责、对子孙后代负责，树立积极全面的环境治理观，将煤矿废弃物变废为宝。四是坚持以地质设计为先导，实现煤矿生产集约高效；以煤炭开采为源头，实现黑色煤炭绿色开采；以煤炭洗选为关键，实现高碳产业低碳发展。五是坚持以综合利用为支撑，实现各类资源充分利用；以生态保护为己任，实现区域环境碧水蓝天；以统筹协调为抓手，实现地方企业和谐共赢。

（六）峰峰集团

冀中能源峰峰集团有限公司（简称峰峰集团）所辖矿区是我国最早开发利用的矿区之一，1890 年前后开采，至今已有 130 多年开采史。峰峰集团是冀中能源集团有限责任公司下属的最大子公司，总部位于河北省邯郸市经济开发区。

1. 发展历程

清朝末年，峰峰集团所辖矿区就在河北邯郸开采煤矿。1949 年 9 月 18 日，成立峰峰矿务局。1998 年 8 月，原煤炭部部属企业划拨到河北省管理。2003 年 7 月，改制为峰峰集团有限公司。2008 年 6 月，与河北金能集团联合，组建了冀中能源集团有限责任公司。峰峰集团下设 50 多个分（子）公司，资产总额达到 458 亿元。峰峰集团矿区主要分布在峰峰矿区、磁县、武安市、邯山区、马头生态工业城和内蒙古自治区、山西省、青海省等地。峰峰集团在打造绿色、和谐、富强矿区的进程中绘出美好的画卷。

2. 主要成果

峰峰集团是我国焦煤和动力煤重要生产基地，赋存着焦煤、肥煤、瘦煤、无烟煤等品种，尤其是冶炼用焦煤属我国保护性稀缺煤种，被誉为“工业味精”，具有低灰、低硫的优点，为冶炼特级钢不可缺少的原料。峰峰集团已发展成为集煤炭采选、煤化工、电力、装备制造、建筑施工、现代物流等多产业综合发展的国有大型企业。2010 年，原煤产量达到 2000 万吨，改写了维持 30 多年年产千万吨的历史。2017 年，原煤产量达到 2251 万吨，精煤产量达到917万吨。2018年，原煤产量达到2752万吨，精煤产量达到1500万吨。峰峰集团坚定信心，提振精神，开启企业高质量发展的新征程。其坚持安全、高效的理念，树立“紧、严、细、实、全”的安全观，重视质量效益，推行“四效”管理，加大扭亏增盈，创新营销采购模式，确保资金链安全和经营持续、稳健。峰峰集团加快项目建设，通过打造峰峰现代化工新材料园区、开鲁精细化工及医药系列项目产业园区、华北重装公司先进装备制造产业园区等产业园区，促进企业转型升级。推进改革创新，健全现代企业制度，深化“三项制度”改革和科技创新力度，使企业的内在活力得到有效激发。突出问题导向，扎实推进专项攻坚行动，攻克影响和制约企业高质量发展的关键性难题。生产自动化程度和综合管理水平显著提高，树立了煤炭企业新形象，涌现出一大批国家及省部级科研成果。2019年7月，峰峰集团荣获“全国模范劳动关系和谐企业”的荣誉称号。

3. 突出特点

峰峰集团是主业突出、结构合理、多元经营、极具持续发展能力的现代化能源化工集团。一是在采煤生产中坚持绿色开采。峰峰集团经过不断研究实践，绿色开采、清洁生产等技术日渐成熟，拥有的充填开采、保水开采、保土开采等绿色开采技术达到国际领先水平。绿色开采技术既提高了矿井资源回收率，又实现了对土地资源、地表建筑物和水资源的有效保护。峰峰集团开发利用矿井生产水净化、生活污水净化、井下筛选、电厂废气脱尘脱硫处理等清洁生产技术，大力推广应用矿山资源综合利用技术，实现了矿井水、瓦斯、固废、余热等矿山资源的再利用，大大减少了矿山废弃物的排放量，节能减排工作成效显著。二是在管理创新中推进精细化管理。峰峰集团实施全面预算管理、绩效考核、成本市场化管理、对标管理、军事化管理等新的管理方法，形成了具有自身特色的以人为本的精细化管理模式，企业步入精细化、科学化、规范化管理轨道。三是在财务管理中充分发挥管理会计职能。为适应企业内外环境的变化，解决财务管理中存在的管控不到位、信息不及时、责任不明确等问题，峰峰集团充分发挥财务的职能作用，以精准的预算管控、精细的资金管理、严密的风险控制为核心，借助自行开发的信息管理平台，完善管理会计报告，建立新型的财务报告体系，引入 EVA（经济增加值）考核指标和平衡计分卡管理理念，完善分专业考评机制，实施以价值管理为核心的财务考评，推动各项工作有机融合、相互促进提升，实现财务管理转型。通过强化管理会计的职能作用，改进预算、成本、考评和管理会计报告，充分发挥了财务管理的预测、分析、调控、考核等职能，积极引领各级管理人员从完成目标向提升企业价值转变，财务工作由数据统计分析管理向促进提质增效等价值创造目标转变，促进企业挖潜增效，从“增量、提价、扩产能”以生产为主的外延发展方式，向“提质、增效、挖内潜”以市场为导向的内涵发展方式转变，并取得明显成效。

（七）陕西延长石油（集团）有限责任公司

陕西延长石油（集团）有限责任公司（简称延长石油）勘探始于1905年，1907年钻成中国陆上第一口油井——延一井，总部位于陕西省西安市。

1. 发展历程

1905年，清政府外务部批准陕西省自办延长石油。延长石油创立的初期，由于时局动荡、战乱频繁，生产经营长期在低位徘徊，发展步履维艰。直到1935年，中共中央到达陕北，延长石油才迎来稳定的发展环境，逐步成为陕甘宁边区的工业顶梁柱。1935年12月至1936年2月，延长石油除供给红军与机关需用外，还大批运输出口。1935年，中国石油工业史上第一个党组织在延长县诞生。数十年风云漫卷，当年在延长县七村点燃的星星之火已成为中国西部重要的能源化工基地。其埋头苦干的企业精神，激励着一代一代延长石油人勇担时代重任。抗日战争爆发后，在党中央的领导下，延长石油扩大生产。1939—1946年，共生产原油3155吨，不仅满足了边区军民的用油需求，还换回大量电讯器材、医药、布匹等物质，被誉为“功臣油矿”。中华人民共和国成立后，国家需要石油。延长石油秉持自力更生、艰苦奋斗的精神，克服了资金、设备、技术匮乏等诸多困难，千方百计维持生产。同时，1400多名延长石油员工响应党的号召，义无反顾地奔赴大江南北，支援各大油田开发建设。改革开放以来，国家为支持陕北老区发展，为当地石油工业制定了扶持政策。延长石油进行体制机制改革，充分释放发展活力，油田产量逐年攀升。1999年2月4日，陕西省延长石油工业集团公司在延安挂牌成立。经过两次重组整合，延长石油成为综合能源化工集团，迈入规模化、集团化发展快车道。2006年6月，陕西省石油化工建设公司的国有资产划入陕西延长石油（集团）有限公司。同年6月30日，新组建的陕西延长石油（集团）有限公司揭牌。延长石油开辟了油气综合发展的产业模式，为我国石油工业发展做出重要贡献。

2. 主要成果

100多年来，延长石油从无到有、从小到大，业务发展为石油和天然气勘探、开采、加工管道运输、产品销售，石油和天然气化工、煤化工、装备制造、工程建设、技术研发等，已经成长为原油年产量上千万吨、天然气年交气量50多亿立方米、煤炭年产量1000万吨、化工品年产量600多万吨的综合能源化工企业，跻身世界500强企业。由陕西延长石油集团承担的国家重点研发计划“煤与重油共加氢及产品加工关键技术”顺利通过现场72小时考核，液体油收率、装置关键设备国产化等各项指标均达到或超过项目任务书的要求。这为我国煤炭清洁高效转化与重劣质油轻质化探索出一条新的技术途径。从陕北榆神到关中泾渭，延长石油已建成聚烯烃、甲醇、醋酸、乙醇等多个大宗化学品生产基地，非油产业比重从10年前不足7%增加到30%以上，企业高质量发展之路越走越宽，为陕北能源化工基地建设和陕西经济发展做出重要贡献。延长石油在2013年进入《财富》世界500强企业榜，排名464位，实现了中国西部地区在世界500强企业中零的突破。2021排名升至第234位。

3. 突出特点

延长石油是中国陆上石油工业的开拓者，是中国西部重要的综合能源化工产品生产基地。一是传承红色基因。延长石油诞生于延安，拥有深厚的红色基因和红色血脉，油气生产区内有吴起胜利山、南泥湾、红军会师地等多处红色教育资源，让红色基因融入时代奋斗，红色血脉赓续延长，践行埋头苦干企业精神，奋力谱写高质量发展新篇章。二是推进企业文化建设。延长石油的企业使命是汇聚能源、延长价值。企业愿景是成为令人尊敬的创新型国际能源化工公司。核心价值观是求实、诚信、奉献、责任。企业精神是埋头苦干、开拓创新。三是主动履行社会责任。在脱贫攻坚中，延长石油充分发挥延安合力团团长单位作用，与延安市联合搭建扶贫平台，牵头合力团成为单位实施14个产业扶贫项目。集团下属企业对延安市延川县文安驿镇7个贫困村实施“一对一”精准帮扶，帮助贫困户发展大棚蔬菜、家禽养殖等，彰显了国有企业的民生担当。

三、百年发电电网企业焕发新活力

电力行业是发电、输电、配电和供电的行业。电力是经济发展的血液，是促进人民安居乐业和社会和谐的重要力量。电力行业作为我国国民经济的基础性支柱行业，与国民经济发展息息相关。电力企业是关系国计民生的公用事业型企业。我国电力企业坚持高质量发展，保障电力安全可靠供应，加快清洁低碳转型，努力实现碳减排目标。电能无味、无形、无影，却为人类提供了源源不断的动力。我国百年电力企业对支持国家建设和保证人民生活做出了重要贡献。

（一）南京发电厂

大唐南京发电厂（简称南京发电厂）始建于1910年，是中国大唐集团公司旗下历史最悠久的火力发电企业，从事火力发电、蒸汽供热、发电设备维修及发电设备配件销售等，总部位于江苏省南京市栖霞区马渡村。

1. 发展历程

南京发电厂的建厂历史，可以追溯到20世纪初。1910年南京西华门外建成发电的金陵电灯官厂，1912年更名为江苏省立南京电灯厂，1919年在南京下关建立分厂，定名为江苏省立南京电灯厂下关发点所。1928年电灯厂的本厂与分厂合并，更名为建设委员会首都电厂。南京发电厂经历了抗日战争、解放战争炮火的洗礼。1949年4月中旬，国民党政府军政机关开始撤退。中共下关地下组织发动工人成立纠察队，组织进行保护电厂的斗争。此时电厂资金被冻结，电煤供应中断。为保卫电厂，迎接解放，电厂工人每人捐款两块银圆，购买煤炭，为全市供电。中华人民共和国成立以后，下关发电厂收归国有，进入飞速发展期。为满足苏南地区用电，电厂自1957年起扩建新厂。三期工程至1961年全部竣工投产，此时装机容量达11.5万千瓦。在20世纪60年代，下关电厂承担着江苏省三分之一的发电任务，是当时省内最大的火力发电企业，被誉为培育电业人才的基地。1993年12月，江苏省电力公司投资对下关发电厂进行技术改造，拆除旧机组，新装两台12.5万千瓦机组。1997年，该厂实施“以大代小”技术改造，引进了国内第一套炉内喷钙炉后加湿活化脱硫工艺，两台12.5万千瓦机组分别于1998年12月、1999年7月竣工投产，是我国当时容量最大、投产最早、运行最稳的干法脱硫城市环保示范电厂。2002年12月，电力体制改革。2003年下关电厂划归中国大唐集团。该厂对两台机组进行现代化改造，两台机组增容为27.5万千瓦。进入21世纪，为加速发展步伐，南京发电厂整体搬迁扩建至南京市栖霞区龙潭街道马渡村。2009年3月13日，大唐南京电厂新建两台60万千瓦级超临界燃煤发电机组，机组于2010年6月28日、8月28日投产，续写大唐南京发电厂百年新华章。2021年，中国大唐集团在南京发电厂举办红色大唐主题发布会暨第15届企业开放日，让百年大唐南京发电厂的红色血脉得以赓续传承。

2. 主要成果

历经风雨百年的南京发电厂从20世纪60年代承担江苏省三分之一的发电任务，到20世纪90年代建成当时国内容量最大、投产最早、运行最稳定的城市环保示范电厂，再到21世纪搬迁扩建，一期工程投产发电并获得大唐集团首个火电“示范电厂工程”称号，在每个时期都展示出其旺盛的生命力和战斗力，凸显了一代代南电干部职工艰苦奋斗、奋发图强、创新发展的精神品质和卓越贡献。2011年2月南京发电厂先后荣获中国建设工程“鲁班奖”、中国大唐集团公司“先进单位”“一流企业”，江苏省、南京市“文明单位”等称号。通过电力企业AAAA级“标准化良好行为企业”确认。2020年11月2日，南京发电厂入选“第六届全国文明单位”名单。

3. 突出特点

南京发电厂具有百年历史、深厚的文化底蕴和革命传统，见证了近代中国电力的发展史。一是艰苦奋斗做实企业。百年的磨砺，铸就了南京发电厂人百折不挠、艰苦奋斗的脊梁。南京发电厂在员工中大力开展厂史教育，专门建立了厂史陈列室，以展示企业百年发展的脉络和事迹。职工自己动手打造象征企业光荣革命传统的“京电轮”模型。邀请老职工开展“传统与传承”厂史讲座。用翔实的图文影像资料记录下企业百年发展的艰辛历程和辉煌成果，教育青年职工传承历史、珍惜今天、展望明天。2009年启动“上大压小”异地搬迁重建工程，拆除原有位于南京市区中山码头的两台 125MW 燃煤机组，整体搬迁至远郊龙潭道马渡村，2010 年相继投运。在机组搬迁扩建之初，全体职工发扬优良传统，“5+2”“白加黑”，保证了两台机组的顺利投产，成为中国大唐集团公司首个火电“示范电厂工程”。二是文化传承企业做久企业。文化是一个国家、一个民族的灵魂。文化兴国运兴，文化强民族强。企业文化是企业发展的历史积淀，也是企业生存、发展的灵魂和动力。南京发电厂之所以能够取得优异的成绩，其中一个很重要的原因，就是始终高度重视企业文化对企业发展的引领带动作用，持续深入开展企业文化建设，培育特色文化，使企业文化在企业发展的各个时期都发挥了不可替代的重要作用。南京发电厂建厂历史悠久，文化内涵丰富，既有革命战争时期不怕牺牲、坚持斗争的革命精神，又有中华人民共和国成立初期自力更生、艰苦创业的奋斗精神，更有改革开放以来顽强拼搏、创新发展的创新精神。南京发电厂始终坚持文化传承与创新相结合，在发扬百年老“电”优良传统的同时，融会贯通中国大唐集团公司“务实、奉献、创新、奋进”的企业精神，进行了一系列积极的文化探索与实践，构建起与行业特点、发展战略、企业实际相契合、具有鲜明特色的企业文化体系，塑造了南京发电厂文化之魂。他们坚守打造强企、奉献社会的初心和使命，把“让南京发电厂永远年轻”作为南京发电厂人的目标愿景和文化追求，无论经历怎样的形势变化、改革变迁，南京发电厂人始终保持锐意创新、积极进取的精神和昂扬向上、朝气蓬勃的士气，使企业不断焕发新活力、创造新价值、取得新发展。三是严格管理做优企业。先进的企业文化理念只有与企业经营管理相融合，成为广大员工的行为准则，才能有效地转化为企业的凝聚力和战斗力，真正为企业发展提供精神支撑和内在驱动。在长期的企业文化建设实践中，南京发电厂结合企业实际大力实施企业文化落地行动，在目标体系、运行机制、保障激励等方面进行统筹规划，不断丰富促进文化落地的载体、方法和途径，通过文化“软约束”和制度“硬要求”两方面来引导、矫正、规范员工行为，把南京发电厂的企业文化理念转变成员工的自觉行动，营造出浓厚的文化氛围。例如，南京发电厂通过“精益求精，决胜细节”的工匠文化建设，鼓励员工在“做专、做精、做细、做实”上下功夫，营造人人注重细节、追求完美、持之以恒的企业氛围，企业涌现出一批具有爱岗敬业、勤奋勤勉、执着专注等工匠精神的员工，保证了电厂高质量、高效率的建设、运营和维护。再比如，在党风廉政建设中，南京发电厂加强党建引领，积极培育以“清风”为主题的特色廉洁文化，从思想理念上加以引导，在规章制度上进行约束，教育干部职工“坦坦荡荡做人，兢兢业业做事”，以廉洁文化构建清风正气的文化氛围，打造具有南京发电厂特色的“清风”家园，有力地保障了企业的健康发展。四是创新驱动做强企业。创新是时代的主题，是企业持续发展的推动力。近年来，以人工智能、工业互联网、大数据、区块链为代表的新一代信息技术加速突破应用，为我们进一步提高企业管理水平、降低污染排放、实现高质量发展提供了有利条件。在当前国家加快推进电力体制改革的大背景下，作为一家传统火力发电企业，如何通过科技创新、管理创新提高管理效率、增加价值创造、更好保护环境，成为火电企业面临的重大课题。南京发电厂注重创新驱动，全员上下紧跟时代步伐，科学研判形势，以提高电厂安全生产和经济运行水平为目标，利用互联网、大数据、虚拟现实等前沿技术，开发、设计、运行了三维镜像电厂、锅炉CT等“智慧电厂”的六大核心模块，实时监测电厂运行数据，自主判断最优操作，并与企业经营业务数据相衔接，形成了控制、生产、经营一体化平台，向着把南京发电厂建设成为智慧电厂、智能电厂迈出了坚实步伐，为企业提高竞争能力、保持健康发展奠定了基础。南京发电厂历届领导班子带领员工，团结奋斗，锐意进取，取得辉煌业绩，创造特色文化，百年企业焕发新的生机和活力，展现了百年老店的不老传奇。五是文化传承做久企业。南京发电厂自觉承担起“举旗帜、聚民心、育新人、兴文化、展形象”的使命任务。兴文化就是要坚持中国特色社会主义文化发展道路，推动中华优秀传统文化创造性转化、创新性发展，继承革命文化，发展社会主义先进文化，激发全民族文化创新创造活力，建设社会主义文化强国。南京发电厂的经验证明，优秀的企业文化是激励企业发奋图强的根和魂。中国特色社会主义进入新时代。新时代是奋斗者的时代。新时代赋予企业家新使命，激发企业家新担当，呼唤企业家树立高远志向，历练敢于担当、不懈奋斗的精神，具有勇于奋斗的精神状态，乐观向上的人生态度，以行求知，以知促行，真正做到知行合一，做到刚健有为、自强不息。南京发电厂的企业领导继续发扬“敢为天下先，爱拼才会赢”的闯劲，为推动企业高质量发展做出新的更大贡献。南京发电厂不忘初心，牢记使命，大力弘扬新时代企业家精神，以企业创新发展的更大成绩，为实现经济社会持续健康发展、决胜全面建成小康社会、实现中华民族伟大复兴的中国梦做出新的贡献。

（二）南网中山供电局

南方电网中山供电局（简称中山供电局）创办于 1912 年，现为南方电网集团广东电网有限公司下属大型企业，总部位于广东省中山市。

1. 发展历程

1912 年，中山南朗籍旅美华侨严迪光响应孙中山“实业救国”的号召，创办了香山第一家火力发电厂——迪光电厂，开启了中山电力史。1949 年 10 月 30 日，中山市获得解放，刚刚被军管会接管的迪光电厂职工，为了保障供电，多方筹措燃料，以保证进程当日能通上电，为中山即将开始的新时代带来新的光明。1951 年 5 月，军管会派军代表肖德伦、厂长谢恒办理接管手续，迪光电厂正式属中山县人民政府管辖，成为人民的电厂，由此开启了人民的电力时代。1954 年隶属广东省工业厅领导，由中山县政府接管。1962 年，中山县建立了中山县电业公司，统一规划电网建设工作，全面开展电网建设，逐步把省电力系统电源引入中山，使中山电力发展进入新阶段。1963 年，中山县电业公司与石岐发电厂合并，成立广东珠江电业局中山供电公司。1970 年中山供电公司归佛山地区供电局领导，改为中山县供电公司。电网的建设不仅推动了农业生产条件的改善，而且为工业发展提供了支撑，奠定了中山电网的基础。1978 年改革开放后，中山电力发展迎来黄金时期。1981 年 4 月，中山县供电公司改名为中山县供电局。1983 年 12 月，中山撤县立市，次年中山县供电局改名中山市供电局。1988 年中山市升格为地级市，中山供电局升格为地级供电局，隶属广东省电力工业局领导，更名为广东省中山供电局。2002 年 12 月 29 日，中国南方电网公司成立，由国务院国资委履行出资人职责。隶属于中国南方电网的广东省广电集团有限公司中山供电分公司成立。2014 年 9 月 4 日，原广东电网公司中山供电局更名为广电电网有限责任公司中山供电局。中山供电局抓紧机遇，勇立潮头，将“博爱、创新、包容、和谐”的精神继续发扬。中山由于用电增长迅速，电网在调整巩固过程中，必须同步进入拓展阶段，除了把原35千伏变电站升压为110千伏电压等级外，中山新建了4座110千伏变电站。要使电网发展满足经济发展需求，必须向更高一级的电压等级布局网架。1987年，第一座220千伏中山变电站建成投运，标志着中山电网建设和发展踏上新台阶、迈入新纪元，中山电力发展更是搭上高速列车，先后于2004年、2009年和2018年建成三座500千伏变电站。

2. 主要成果

从1912年严迪在中山创办迪光电厂，到中山供电局的跨越式发展，中山电力走过了不平凡的百年历程，经历了不同的发展阶段，见证了中山经济社会的发展变化，形成了富有地方特色和个性特征的供电文化，改变了中山供电企业的社会形象和中山供电人的精神面貌，加速了中山社会全面现代化的历史进程。一是规模不断壮大。中山供电局是广东电网公司下属大一型企业，资产总额约164.30亿元，设有10个职能部门、10个直属机构，管辖24个镇区供电分局。辖下变电站有118座，其中500千伏3座，220千伏20座，110千伏95座，客户总数为160.43万户，共有在岗员工3184人。2019年中山局共完成供电量302.37亿千瓦时，同比增长6.05%。中山电网负荷5次创新高，达到601.12万千瓦，比2018年最高负荷增长10.4%，目前正致力于打造“可靠性全国领先”“南方电网服务标杆”“智能电网示范区”这三张名片。二是获得荣誉众多。近年来，中山局先后获得了“全国文明单位”“全国‘五一’劳动奖状”“南方电网公司先进基层党组织”“全国供电可靠性A级金牌企业”“全国安全文化建设示范单位”“国家健康促进企业示范单位”“中国电力创新奖企业文化建设示范单位”“全国企业文化建设典范企业”等荣誉，并成为南方电网唯一一个荣获国务院国资委“中央企业企业文化建设示范单位”的供电局。2019年，由于企业文化建设成效显著，成为广东电网唯一一个广东省培育和践行社会主义核心价值观示范点，获评2019年中国电力行业企业“责任沟通创新卓越企业奖”，并在中央广播电视总台梅地亚电视中心做经验分享，为公司创建世界一流电网企业凝聚共识、汇聚力量。

3. 突出特点

中山古称“香山”，是历史文化名城。中山供电局在这片文化沃土上不断成长、发展、壮大。一是加强企业文化建设。文化根脉是文化发展的力量根源。中国南方电网公司成立后，中山供电局全面对接南网企业文化理念，逐步形成以南网文化为核心，传承广东电网历史，富有香山文化特色的中山供电企业文化体系。中山供电局把企业价值体系《南网总纲》作为行动指南，构建价值观培育践行体系，创建社会主义核心价值观示范基地，着力打造中山供电品牌。以社会主义核心价值观为主线，为企业文化建设"铸魂"。发布"十三五"企业文化行动计划，深入落实价值观管理实施规划，大力弘扬社会公德、职业道德、家庭美德。抓好企业、专业和班组"三个层面"，为企业文化建设工作保驾护航。推动核心价值观进管理、进业务、进班组，促进文化与企业经营管理相融合，让企业文化建设在一线生根落地。强化培育和践行核心价值观的传扬、创新、展示"三大载体"，推动企业文化广泛传播、深植落地，全面营造彰显社会主义核心价值观的文化氛围，文化理念逐渐深植人心，为企业发展注入了精神支柱。二是强化责任与担当。有效保障人民群众用电需求，这是供电局的初心，也是中山电力人心中的灯塔。一直以来，中山供电局主动承担政治、经济、社会责任，积极做好抗灾救灾、公益服务和脱贫攻坚工作，服务社会，服务人民，把人民电业为人民作为一切工作的出发点和落脚点。聚人心，暖人心，展形象，彰风貌，凸显中山电力局的责任与担当。2008 年年初，我国南方遭遇了一场罕见的雨雪冰冻自然灾害。灾情就是命令，中山供电局迅速行动，成立抗灾抢修复电力指挥部和突击队，兵分多路赴广东韶关、清远和贵州省。在刺骨的寒风中信守着"村村通"的承诺，把光明和温暖送到了灾区的家家户户。2009 年起，中山供电局主动承担扶贫任务，点对点帮扶贫困地区，提升了一大批贫困户生活水平。三是增强企业凝聚力。中山供电局的发展，得益于广大干部员工积极投身企业改革发展和转型升级过程中的点点滴滴，无论是在实施一体化管理、精益化管理及各业务领域专项管理提升工作中，还是在抗击自然灾害、抢修复电、重大事件保供电等急、难、险、重的工作中，中山供电局这支队伍都充分展现出非常好担当精神和进取意识。注重员工的思想和心声，寻求员工的认同，将沟通企业愿景、传递文化价值、灌输组织战略与倾听员工心声、关注员工感受、尊重员工表达紧密结合，使文化理念更好地得到员工的理解、认同和支持。注重"和而不同"，关注统一的同时，也考虑个性，使文化真正地落地，彰显百花齐放、百家争鸣的特点，保持文化氛围的生机与活力。注重实现内化于心，外化于行，达到知行合一。文化转化是文化建设的核心，也是文化建设的重点、难点，文化建设不能与中心工作相分离，务必坚持融入管理、切入业务、植入行为。

（三）国网北京市电力公司

国网北京市电力公司（简称北京电力）是国家电网有限公司所属省级电力公司，其前身是 1905 年创建的京师华商电灯股份有限公司，总部位于北京市西城区。

1. 发展历程

京师华商电灯股份有限公司（简称京师华商电灯公司）是北京首家民族资本的电业公司，创立于 1905 年。京师华商电灯公司从成立到壮大，历经曲折，折射出北京电业发展的不平凡历史。民国时改称为北平华商电灯公司。北平解放前夕，全市仅有公用发电厂 1 座，发电机组 4 台，总容量 5.5 万千瓦。中华人民共和国成立后，北京电力工业发生了翻天覆地的变化。特别是改革开放以来，首都电网建设迅猛发展，供用电事业蒸蒸日上。2008 年起作为独立法人企业运营，是华北电网有限公司授权经营的特大型供电企业，负责北京地区的电网规划建设运营管理和客户服务，担负电力供应、销售和输电、变电、配电设施的建设运营，肩负着为在京的党和国家领导机关安全供电，保证首都政治活动安全供电任务。2008 年年末，北京电力同业对标全部指标达到国家电网平均值以上，成为国家电网有限公司同业对标人力资源、资产经营等主要专业评价的标杆。2010 年，北京电力成为国家电网有限公司同业对标各项专业评价的标杆，实现“国内一流”目标。经过几代北京电力人的励精图治、不懈努力，北京电力已经发展成为一家特大型现代电力企业，负责北京电网的建设和运营。公司的主营业务是为北京地区的所有用电客户提供建立供应和销售，承担着首都各类重大活动安全可靠供电的重要使命。2013 年更名为国网北京市电力公司，并沿用至今。2020 年，北京电力主要经济技术指标达到或超过国际知名城市电力企业，实现“国际水准”目标。

2. 主要成果

北京电力基于首都功能定位，紧紧围绕“以人为本，忠诚企业，奉献社会”理念，通过引入先进的技术和管理手段，建立电网建设与管理运营同城市发展和谐友好关系，切实履行社会职能，树立了企业的良好形象。一是对首都环境治理美化做出突出贡献。北京电力始终致力于电网建设运营环境优化工作，在“煤改电”配套电网建设、架空线入地工程等方面积极开展工作。首都核心区高效完成电力架空线入地，清理了核心区主次干路、支线胡同老旧电线杆。新建电力设施与周边环境和谐共融。首都市容市貌更加整洁美观。二是对提升电网建设管理水平做出贡献。北京电力通过首都功能定位的电网建设与运营管理实践，实现了建设各方工程建设安全、质量、进度、造价、技术、人员的集约化、扁平化管理，极大地提高了建设效率和管理水平。公司建设管理通过信息技术手段，远程实时掌握所有电网建设工程进度、安全、质量状况，全方位感知施工现场作业环境，第一时间发现、处理、解决问题，全面实现了电网建设绿色、节能、高效，管理效率和效益大幅提升。三是对保障首都安全供电做出贡献。北京电力主动适应北京市政治中心、文化中心、国际交往中心、科技创新中心的定位要求，服务于“煤改电”、副中心、新机场、冬奥运、架空线入地、充换电设施建设等重点工程，全面促进电网建设与城市环境的友好协调，充分满足了北京地区全社会用电负荷需求，高标准、高质量完成了全国“两会”、重大节日、“一带一路”国际合作高峰论坛等供电保障任务，圆满完成了第 29 届奥运会、APEC 供电保障、抗战胜利 70 周年纪念、中华人民共和国成立 70 周年庆典等重大活动保电任务，安全平稳应对迎峰度夏（冬）和汛期考验，为企业平稳发展、电网安全、百姓安居、社会安定提供了有力支持，切实做到了安全建网、友好供电、坚强保障。四是获得多种荣誉。北京电力先后荣获“全国‘五一’劳动奖状”“全国文明单位”等称号，连续 12 年保持首都文明单位标兵，被评为“全国电力行业 AAA 级信用企业”。

3. 突出特点

北京电力积极探索将电网建设与管理运营工作同服务北京区域发展、满足首都功能定位有机融合，不断改进和提升北京地区电网建设管理运营水平。一是坚决贯彻党中央关于首都功能定位。党中央提出北京要成为“四个中心”，即全国政治中心、文化中心、国际交往中心、科技创新中心，要求努力把北京建设成为国际一流的和谐宜居之都，要求京津冀协同发展。北京电力坚决贯彻落实党中央关于首都功能定位，履行保障可靠供电的政治责任，从严、从实、从细抓好各项建设任务，确保安全、可靠供电。二是保证首都经济社会发展。北京作为特大型城市，其经济社会发展需要产业支撑。产业发展、人民生活用电需求不断提升。北京电力主动承担责任，坚持“首善标准”，深刻把握好“都”与“城”，“舍”与“得”，疏解与提升的关系，进一步提升“资源节约、环境友好”电网工程建设与管理运营水平。三是满足首都电力特殊用户需求。北京电力肩负着为社会提供清洁可靠能源和政治保电的重要使命，始终坚持高起点、高标准、高水平，努力把首都电网建设与管理运营成为安全、可靠、优质的国际一流城市电网。四是推动城市能源消费革命。北京电力持续推进“以电代煤、以电代油、以电代气”等电能替代工作，积极服务电动汽车、轨道交通、分布式电源和新能源接入，引导电网和用户终端间资源友好互动，积极促进清洁能源发展和电能替代，实现城市能源的清洁转型。五是创新电网安全生产管控模式。北京电力突破过去传统的安全生产管理模式，率先在国网公司内部实现风险评估由定性向定量的转变，运用安全生产管理风险指数，将各专业相关风险因素进行量化计算，形成风险指数等级并发布，采取针对性管控措施，将安全生产隐患消灭在萌芽状态，实现关口前移，实现安全生产管理模式的重大变化。六是增强企业核心业务和市场竞争力。北京电力着眼于有效治理、科学管理、创新发展、主业优强，妥善处理业务集约与行政区划、标准化与差异化、集约提效与现实困难、专业延伸与业务融合的关系，将各属地供电公司的110千伏调控和运维检修业务进行了整体集约，最大限度地发挥集约化的效率优势、精益化的管理优势、专业化的技术优势、标准化的质量优势和信息化的协同优势，从而提升电网运维、企业运营和服务质量，增强企业竞争力，实现企业健康持续发展的目标。

（四）国网上海市电力公司

国网上海市电力公司（简称上海电力）是国家电网有限公司所属省级电力公司，创立于1882年，总部位于上海市。

1. 发展历程

1882年，上海第一家电厂创办，并沿外滩到虹口招商局码头立杆架线，串联 15 盏灯。中国第一盏电灯在上海南京路点亮。为了纪念这段历史，百年后在原址建立起 1882 广场。1898 年，上海南市电灯厂建成。1911 年，闸北水电公司建成发电。上海电力工业经过起步创业，初具规模。1913 年，上海江边电站建成发电，设备容量 4000 千瓦。之后，闸北、华商、浦东等电气公司纷纷扩大规模，7 年内，上海发电总量增长了 3 倍。1919 年 1 月，由嘉定人童世亨发起集资，创办浦东电气股份有限公司，并开设张家滨发电所，安装两台 120 千瓦、2.3 千伏三相交流煤气发电机组，于翌年 12 月首台机组发电，使浦东南起塘桥北至陆家嘴，东到其昌栈一带电灯发光。到 1936 年年底，上海人口已逾 100 万，成为国际大都市。上海电力工业经过发展，发电设备容量已达 26.62 万千瓦。1945 年，抗日战争胜利，上海电力工业一度有所恢复，至 1949 年，上海共有发电设备容量 25.96 万千瓦。1953 年，上海电力进入全面恢复阶段。1965 年，上海建成国内第一条 220 千伏过江电缆。改革开放以来，上海电力工业加快发展。1985 年，上海电力组建成立，后改为上海电力工业局。2009 年，上海超高压城市环网全面建成。2016 年，上海特高压“两交一直”供电格局形成，主网基本建成，全市电力建设重点转向配电网。2017 年，上海在世界银行营商环境评价中，供电可靠性指标获得满分，标志着配电网建设管理取得新成果。

2. 主要成果

上海电力是国家电网有限公司的全资子公司，服务地方经济社会发展，负责上海地区电力输、配、售、服务业，统一调度上海电网。公司管辖的上海电网位于长江三角洲的东南端前缘、北靠长江、东临东海，供电业务营业区覆盖整个上海市行政区。上海电力贯彻新发展理念，全力落实国家和国家电网战略部署，致力于推进共建共享、高效持续、绿色生态的一体化发展。一是传承红色基因。根植“党的诞生地”的红色血脉，以加强党建推动发展，继承工人阶级主要发源地的光荣传统，以奋斗幸福观和职业价值观培育打造新时代产业工人队伍。二是打造智慧电网。在浦东自贸区构建互助服务的“能源大脑”智慧样板，在浦西长三角示范区构建清洁供给的“全电平台”绿色样板。在城市中心区构建安全供应的“世界会客厅”级样板。三是追求世界一流。当好国际营商环境“国家队员”，实现“获得电力”指标领先。打造“不停电”的配电网，实现供电可靠率领先。助力清洁低碳发展，实现电气化水平领先。攻坚“卡脖子”技术，实现重大首创领先。打造“垮不掉”的主干网，实现大电网安全与控制技术领先。支撑企业综合竞争力提升，实现全要素生产率领先。抢占标准制高点，实现国际标准领先。彰显国家电网品牌，实现品牌影响领先。上海电力近些年获得的荣誉：“上海市管理创新二等奖”“节能服务机构综合能力评价五星级”“2019 最具影响力绿色发展企业品牌”、500 千伏虹杨变电站工程荣获“鲁班奖”“上海市科技奖励组织管理工作先进单位”等称号。

3. 突出特点

上海电力以政治站位高全面承载国家战略和服务上海城市发展，争当国家电网“具有中国特色国际领先的能源互联网企业”战略目标的开路先锋、攻坚尖兵和竞争前哨，致力于打造城市能源互联网建设的智慧、绿色、韧性样板，为推动经济社会发展和满足人民对美好生活的向往提供强大能源动力。一是安全筑牢优质供电之根基。能源是国民经济和社会发展的重要基础。安全稳定是优质电网的基本品质之一。上海电力坚定贯彻落实能源安全战略，构建坚强可靠、有韧性的世界一流城市能源网络，全力保障上海主网安全运行，提升优质电网供电品质和全社会的供电服务。上海电力坚持对标国际最高标准，不断提高电网安全性、稳定性，建立具有卓越竞争力的世界一流城市能源互联网，为人民美好生活和城市高质量发展做出贡献。二是创新筑牢供电卓越发展之灵魂。创新决定了企业的发展速度、效能和可持续性。上海电力依托上海“科创”和国家电网双创平台，完善创新体系和平台建设，培育创新文化氛围，激励员工自主创新，打造创新型企业品牌。围绕科技强企，参与行业技术研发、标准研制和前瞻性课题研究，助力营造创新行业生态，引领行业创新发展。三是能源引擎助力经济之繁荣。上海电力发挥能源引擎的专业优势，为上海特大型城市优质供电和高质量发展奠定能源基础，助力提升城市核心竞争力。特斯拉上海工厂是中国首个外商独资整车制造项目。上海电力选择主动对接、超前服务，以实际行动诠释了国网速度，用高效的工作圆满完成了电力先行、保障发展的使命任务。四是绿色筑牢优质供电生态之空间。上海电力在不断提升自身绿色运营管理水平的同时，积极倡导爱护环境、绿色低碳的生产和生活方式，发挥电力专业优势的特色环保公益活动，营造环境保护人人有责、人人尽责的良好氛围。五是责任筑牢绿色供电改善民生之本能。上海电力致力于成为公共服务行业的标杆，全面打造以客户需求为中心，实现为中心的能源服务产品，构建以客户为中心的现代化服务体系，聚焦客户多元化能源诉求，提升客户体验感、获得感，打响电力服务品牌。六是开放筑牢供电共赢之目标。上海电力积极参与“一带一路”建设，参与国际合作与交流，承建巴西、科特迪瓦、巴基斯坦等国家的项目，推动了当地经济社会发展。

（五）国网唐山供电公司

国家电网唐山供电公司（简称唐山供电公司）前身华记电厂，建于1914年，是隶属于国家电网冀北电力有限公司的国有大型供电企业，承担着唐山地区经济发展、人民生活用电的任务，总部位于河北省唐山市路北区。

1. 发展历程

1914年，周学熙等人集资兴建了华记电厂。20世纪30年代，华记改组为启新电力厂，向唐山市供应民用电力和华新、机车车辆厂的工业用电。1949年，唐山地区年销售量5283万千瓦时。1976年7月28日，唐山大地震后，唐山供电公司员工发扬抗震精神，自强不息，艰苦创业，在废墟中建起以500千伏、220千伏为主网架党的现代化电网。2014年10月，唐山供电公司走过百年，已拥有变电站351座，其中500千伏变电站6座，220千伏变电站42座，110千伏变电站100座，35千伏变电站203座，变电总容量45090.2万千伏安，35千伏及以上输电线路9588.359千米。

2. 主要成果

唐山供电公司距今已有100多年历史。百年风雨历程，唐山电网经历了地震、重建、振兴，如今进入新发展阶段，创造着新的梦想和奇迹。唐山供电公司供电服务品质全面提高，获得众多荣誉。唐山供电公司连续多年荣获“全国‘安康杯’竞赛优胜单位”，连续多年被评为“河北省文明单位”，荣获“全国‘五一’奖状”“全国模范职工之家”“全国电力行业质量管理优秀企业”等称号。被中国质量协会全国用户委员会评为用户满意标杆企业。唐山供电公司一手抓文明创建，一手抓疫情防控，在巩固连续34年获评河北省文明单位、连续36年获评唐山市文明单位的基础上，2020年11月20日，唐山供电公司被中央文明委授予“第六届全国文明单位”荣誉称号。

3. 突出特点

唐山供电公司对重新崛起的唐山，肩负着经济接轨、加快建设更加可靠、绿色环保的智能电网，为生产方式转变提供坚强支撑的重任。一是落实电能替代发展战略。唐山供电公司积极响应国家电网集团提出的“以电代煤、以电代油、电从远方来、来的是清洁电”的电能替代发展战略，坚持“摸清底数、科学规划、技术引领、政策激励、全力推进”的工作思路，以当前经济性好、应用便捷、社会易接受的替代技术为切入点，全面谋划电能替代工作。二是形成节能减排体系。唐山供电公司在电能替代推广工作中坚持协同管理，建立一整套电能替代推广协同工作体系，形成统筹协调、全程管控的工作格局。在内部建立起一体化协同联动工作机制。在外部搭建起政府、电网、厂商三方协同推广平台，全面保障电能替代推广项目顺利落地，替代电量节节攀升。培训中心、新闻中心协同跟进，形成企业内外高度关注电能替代的浓厚氛围，电能替代的社会影响力不断扩大。三是转变电力企业发展方式。唐山供电公司贯彻新发展理念，转变传统观念，主动加强服务；转变经营意识，提升市场竞争力；转变发展模式，促进绿色能源消费；转变管理方法，强化市场目标导向。主动运用服务、促销等营销策略，创建以客户为中心、以市场为导向的商品化营销模式，促进企业健康持续发展。特别是伴随着产业结构调整、大气污染治理、化解过剩产能、节能减排政策等因素的综合影响，社会经济步入转型期。唐山供电公司转变经营理念，适应新常态发展，转变发展方式，深入挖掘终端能源市场潜力需求，在经营区域全面推广电能替代工作，拓展售电市场发展空间。

（六）国网青岛供电公司

国网青岛供电公司（简称青岛供电公司）是国网山东电力集团公司的直属企业，前身是青岛供电局，建于 1898 年，总部位于山东省青岛市。

1. 发展历程

1898 年，德国企业主朴尔斯曼在青岛架设了两部 50 马力、75 千瓦的柴油引擎发电机，揭开了山东电力从无到有的序幕。从 1903 年的青岛电灯厂，到 1915 年的青岛发电所；从 1923 年的胶澳电气股份有限公司，到

1945年的青岛电厂，青岛电厂在时局动荡中坚守蜕变。1949年，青岛电厂更名为青岛电业局。青岛供电局开展了如火如荼的建设，发电容量逐步上升，电压等级不断提高。改革开放以来，青岛供电局成为国网青岛供电公司，满怀自我革新的勇气，大刀阔斧改革实践，脚踏实地创新发展，解难题、破难点、闯难关，扩源增容，强网先行，加强基础设施建设，提升供电能力，强化电网健康运行水平，极大地促进了青岛电网发展。

2. 主要成果

青岛供电公司是国网山东电网大型供电企业，也是青岛市为社会和民生服务的重要窗口。2002年，青岛供电公司成为全国首批“国际一流供电企业”，先后获得“全国‘五一’劳动奖状”“全国电力行业质量奖”“全国电力行业优秀企业”“全国职工职业道德建设十佳单位”“全国劳动关系和谐企业”“全国创建文明行业工作先进单位”“国家电网文明单位”“青岛市廉洁经营先进单位”“党风廉政建设先进单位”等荣誉称号，获得中央精神文明建设指导委员会授予的“第二批全国文明单位”荣誉称号。

3. 突出特点

青岛供电公司已有112年的供电历史。经过几代电业人的不懈努力，青岛电力工业从无到有，由弱而强。一是以新服务模式助力新基建。青岛供电公司联合中国铁塔青岛分公司、青岛移动，完成青岛市首批5G基站“供电＋能效”服务项目实施，为基站提供高质量电能供应，进一步节约客户运维管理成本。二是以智能化创新隐患防范措施。加大在线监测在输电线路中的应用，通过可视化监控体系中的AI职能识别功能，提高树障、违章建筑、违章施工等隐患发现处置效率。新标准化管理加大隐患排查整改力度。三是以常态化压紧压实各级责任。明确重点督导整改隐患，确定整改标准和时限，实地查看问题隐患整改落实情况，推动整改工作落实见效。

四、百年冶金企业焕发新活力

冶金行业是国民经济的基础产业，是衡量一个国家综合国力和工业化程度的重要标志，为我国经济快速发展提供了重要支撑。冶金企业提供基础原材料产品，是我国国民经济的重要基础，是国之基石。我国建立了世界上最完备的现代化生产体系，22大类钢铁产品中有19类自给率达到

100%，其他3类近99%，是我国最具全球竞争的产业之一。2020年，我国粗钢产量10.53亿吨，占全球粗钢产量的56%左右。我国冶金企业推动供给侧结构性改革，加快提升行业竞争力，推动制造强国和钢铁强国建设，坚定创新驱动，坚持绿色发展，推动智能制造，提高钢铁工业发展质量和效益。与此同时，百年冶金企业焕发出新的生机和活力。

（一）鞍钢集团有限公司

鞍钢集团有限公司（简称鞍钢集团）所属的鞍山钢铁集团有限公司是该集团最大的区域子公司，始建于1916年，前身是鞍山制铁所和昭和制钢所，是中国第一个恢复建设的大型钢铁联合企业和最早建成的钢铁生产基地，为中国钢铁工业的发展壮大做出了卓越贡献。鞍钢集团现为国务院国资委监管的中央企业，总部设在辽宁省鞍山市。

1. 发展历程

鞍钢集团的前身始建于1916年。其100多年的发展过程，可以分为五个时期。一是日本占据东北时期。1916年7月22日，由满铁全额出资、以中日合办名义成立振兴铁矿无限公司。该公司在千山设立采矿总局，先后攫取鞍山周边11个矿区的开采权。1916年10月4日，日本内阁总理大臣向满铁颁发经营钢铁业许可。翌年3月，满铁在立山附近的沙河工厂设立“鞍山工厂筹备处”，于1918年5月15日正式成立鞍山制铁所。1933年4月10日，经日本政府批准，昭和制钢所成立。满铁将鞍山制钢所转归昭和制钢所，并将振兴铁矿无限公司划入昭和制钢所。从1918年到1945年，日本侵略者从鞍山地区掠夺我国钢铁超过1000多万吨。二是苏联接管时期。1945年8月15日抗战胜利。1945年8月23日，苏联红军进驻鞍山。1945年9月25日，苏联红军开始拆除昭和制钢所设备，作为“战利品”运回苏联。总计有25个工厂的重达16万吨设备被拆运。三是国民党占领鞍钢时期。1946年4月，国民党资源委员会在鞍山成立办公处，接收昭和制钢所。同年10月1日，成立鞍山钢铁有限公司。1948年2月19日鞍山解放，鞍山钢铁有限公司仅存22个月。四是中华人民共和国成立前夕。1948年11月2日，东北全境解放。1948年12月23日，东北工业部向东北行政委员会呈报成立鞍山钢铁公司的报告。1948年12月26日东北行政委员会批复同意成立。鞍钢从一片废墟上奇迹崛起。1949年4月

25日，鞍钢炼出了第一炉钢水。五是中华人民共和国成立以来。1952年5月4日，党中央提出，要集中全国力量首先恢复和改建鞍山钢铁公司。全国共有19775名各级领导干部、技术业务人员和大中专毕业生奔赴鞍钢。改革开放以来，鞍钢集团作为我国第一个大型钢铁工业基地，肩负起钢铁强国使命，已经形成从烧结、球团、炼铁、炼钢到轧钢综合配套，以及焦化、耐火、动力、运输、技术研发等单位组成的大型钢铁企业集团，具有热轧板、冷轧板、镀锌板、彩涂板、冷轧硅钢、重轨、无缝钢管、型材、建材等完整产品系列。拥有鞍山、本溪、攀枝花、鲅鱼圈、朝阳等生产基地，鞍钢集团成为我国大国重器的钢铁脊梁，为我国钢铁工业发展和社会主义经济建设做出了巨大贡献。

2. 主要成果

鞍钢集团主体技术装备和生产工艺达到国际先进水平，综合竞争力进入国际先进行列，国际影响力显著增强。一是创造了鞍钢宪法。毛泽东主席将鞍钢的管理模式命名为“鞍钢宪法”，并向全国推广。“鞍钢宪法”被概括为：坚持政治挂帅，加强党的领导，大搞群众运动，实行“两参一改三结合”，大搞技术革新和技术革命。进入新时期，鞍钢采取多种方式弘扬“鞍钢宪法”精神，并赋予其新的时代内容，就是把“两参一改三结合”体现在加强干部的作风建设和强化企业民主管理上；体现在全面深化企业改革上；体现在把管理者的决策能力、专家的科学知识、职工群众的智慧创造融为一体，充分发扬团队协作精神、发挥团队作用上。几十年来，鞍钢集团不断创新载体、不断探索“鞍钢宪法”新的时代内涵，赓续红色基因，创新奋进图强，续写着钢铁强国的新故事。二是生产钢铁精品。鞍钢可以生产全部22大类、700个细类、3000个牌号、60000多个规格的钢材产品，是中国生产钢铁类别最多最全的企业。以国防用钢、桥梁用钢、建筑用钢、工程机械和模具用钢、油气管道用钢、锅炉和压力容器用钢、电站用钢、造船和海洋工程用钢、铁路用钢、汽车用钢、家电用钢、电工钢、金属制品用钢、不锈钢和特殊用钢等为主导的精品钢铁钒钛产品，广泛应用于国民经济的各个领域。三是向全国各地输送人才。鞍钢是新中国第一个恢复建设的大型钢铁联合企业，也是最早建成的钢铁生产基地，被誉为“共和国钢铁工业的摇篮”。从20世纪50年代起，鞍钢向全国各地钢铁企业及冶金工业领导机关、科研设计单位、基本建设单位，先后输送各级领导干部、工程技术人员、业务管理人员28878名，技术熟练工人96501名，共计125379人。鞍钢人的足迹遍布祖国各地。2008年7月28日，鞍钢被命名为国家首批“创新型企业”。鞍钢在国家建设和发展中的作用特殊、贡献巨大，备受党和国家领导重视。四是创造了很多中国第一。中华人民共和国成立以来，鞍钢创造了第一炉铁水、第一炉钢水、第一炉焦炭、第一根钢轨、第一座自动化高炉、第一根无缝钢管、第一座自动化薄板厂、第一根冷拔管、第一块宽厚板、第一根螺纹钢筋、第一卷彩色涂层钢板、第一卷带钢卷等。五是鞍钢享誉世界。鞍钢集团是中华人民共和国第一个大型钢铁联合企业。伴随着中华人民共和国前进的脚步，鞍钢集团发展成为世界级钢铁企业。鞍钢集团的产品销售覆盖全球70多个国家和地区，广泛应用于国内外重大工程项目。鞍钢获得很多荣誉称号，成为享誉世界、备受信赖的企业品牌。《财富》世界500强企业，鞍钢集团2018年排名第428位，2019年排名第385位，2020年排名第401位，2021年排名第400位。

3. 突出特点

鞍钢集团深入贯彻国家“制造强国”发展战略，落实钢铁行业高质量发展要求，围绕鞍钢新时期发展战略，结合钢铁企业工业流程长、产品种类多、质量控制难、能耗物耗高的情况，进行多方面的积极探索。一是秉承企业使命。鞍钢集团秉承“制造更优材料，创造更美生活”的企业使命，为人类发展的社会进步提供科技含量更高、产品质量更优、环境更友好的钢铁、钒钛及其他新材料，不断满足和引领人类对美好生活的追求。鞍钢集团作为世界级精品钢铁钒钛和装备技术输出企业，持续引领行业发展，勇担社会责任，做服务全球、备受信赖的合作伙伴。鞍钢践行“中国制造向中国创造转变；中国速度向中国质量转变；中国产品向中国品牌转变”的发展理念，打造最具价值的世界品牌，建设最具国际影响力的钢铁企业集团。二是创新驱动发展。鞍钢集团重视用先进技术和管理方法改造企业。1978年9月18日，在具有划时代意义的党的十一届三中全会召开前夕，邓小平视察鞍钢集团，指出鞍钢集团要引进先进技术和设备，按照经济规律进行管理。这为处在历史转折关头的鞍钢指明了未来发展方向。鞍钢集团大力推进自主创新、集成创新和群众性技术革新，是中国首批“创新型企业”，是我国唯一拥有两个国家重点实验室的钢铁企业。鞍钢集团从改造东区、兴建西区到建设鲅鱼圈钢铁新区，逐步探索出一条具有自身特色的技术改造之路。鞍钢集团正在建设智慧矿山，通过实施以战略为导向的系统创新，形成以贫矿高效利用为核心的技术系列，牵头编制我国首个矿业中长期发展规划，制定铁矿行业的国家和行业标准，获得“全国践行生态文明优秀企业和全国智能制造标杆企业”等荣誉称号。昔日岩石裸露、沙土满天的矿山山体，已经披上绿装，成为多功能生态休闲观光园。三是推进改革重组整合。2010 年 5 月，鞍山钢铁集团公司和攀钢集团有限公司联合重组成为鞍钢集团。2014 年 10 月 11 日，中国首个铁矿石采选能力亿吨级铁矿山企业，鞍钢矿业集团揭牌成立，标志鞍钢集团在实施产业结构调整、推进转型升级方面迈出了新的步伐，也标志着作为鞍钢集团三大产业之一的资源产业进入了更高的发展层次。2021 年 8 月 20 日，鞍钢重组本钢大会在辽宁省鞍山市召开，两家各有着百年历史的大型钢铁企业合二为一。重组后的鞍钢集团，产能规模位列全国第二，成为我国北方钢铁“航母”。四是深化内部改革。鞍钢集团是中华人民共和国成立后第一个恢复建设的大型钢铁企业。21 世纪，随着云计算、大数据、物联网、人工智能等新一代信息技术的飞速发展，鞍钢集团不断加快推进钢铁制造信息化、数字化与制造技术融合发展，始终把智能制造作为两化深度融合的主攻方向，打造智能制造新模式、培育发展新业态、释放新动能，推进企业数字化转型、智慧化转型，实现高质量发展。鞍钢集团智慧化转型遵循“看得见、管得住、放得出、进得来”的基本要求，坚持“统一规划、统一标准、分级投资、分级管理”的原则，打造行业级钢铁 AI、矿业 AI、矿钢 AI 工业互联网平台。建成智能装备、智能单元、智能产线、智能工厂、智慧运营、智慧管控的智慧鞍钢模板，在助推钢铁行业高质量发展、支撑制造强国战略目标的实现上发挥了重要作用。五是构建物流标准化体系。鞍钢集团以为用户提供最佳服务体验和助推钢铁物流高质量发展为目标，从物流全供应链各环节上建立系统、完善、规范、统一的标准，建设钢铁物流供应链标准化体系，通过规范化、科学化、系统化、智慧化、绿色化标准的制定和应用，优化业务流程、统一服务行为、提高企业生产和管理效率，规避运营风险、规范行业秩序、推进绿色物流、参与国际竞争，从而提升企业竞争力。六是对标世界一流企业。鞍钢集团开展对标管理，紧密关注世界一流企业的发展方向，开阔视野、找准定位，找出企业改革发展过程中的优势与劣势、成绩与不足，进一步明确方向，坚定信心，优化调整产业结构，打造鞍钢集团经济升级版，建设最具国际竞争力的跨国钢铁集团。七是鞍钢英雄模范辈出。1949年以来，鞍钢集团共涌现出各级劳动模范6579人次，其中全国劳动模范124人次。以孟泰、王崇伦、雷锋、郭明义、李超为代表的先进典型群体，引领和激励一代代鞍钢人，为国家的发展、振兴、富强做出了卓越贡献。耀眼功劳簿，眼光向未来。鞍钢锚定先进生产力的方向，在新时代、新征程中继续前行。

（二）中国宝武钢铁集团有限公司

1890年江南制造局炼钢厂和汉阳铁厂诞生，开启近代中国钢铁工业，也是百年中国宝武的源头。中国宝武钢铁集团有限公司（简称中国宝武）是由原宝钢集团有限公司和武汉钢铁集团公司联合重组而成，延续了中国冶金企业的百年辉煌。中国宝武现为国务院国资委监管的中央企业，总部设在上海市。

1. 发展历程

中国宝武是中国近现代钢铁工业的历史传承者、中国今日钢铁工业之集大成者，也是努力做中国乃至全球钢铁业的未来引领者。1890年秋，清政府决定在上海江南制造局设立炼钢厂，中国第一家炼钢厂诞生。1890年12月23日，中国第一家现代化钢铁企业在武汉汉阳铁厂奠基。江南制造局炼钢厂和汉阳铁厂的相继诞生，是中国近代钢铁企业起步的标志，也是中国宝武的历史起点。1890年江南制造局总办刘麒祥向清政府提出，枪炮原料全部依赖进口，容易贻误军需。他建议设炼钢炉以实现原料进口替代。这个建议得到南洋通商大臣曾国荃和北洋通商大臣李鸿章的批准。随后，清政府从英国购进炼钢平炉，在江南制造局建设炼钢厂。1891年11月9日，江南制造局炼钢厂炼出第一炉钢。1894年至1895年，江南制造局在上海市制造局路建设新炼钢厂，又向英国购进15吨酸性炼钢平炉，先后生产出钢板、方钢、圆钢、角钢、扁钢及制造枪支专用的异性钢材。1911年，江南制造局更名为上海制造局，炼钢厂随之更名为上海制造局炼钢厂。1917年，上海制造局炼钢厂更名为上海兵工厂炼钢厂。1929年6月，南京国民政府军政部为实现兵器材料自给，将上海兵工厂炼钢厂改组，组建上海炼钢厂，制造军用及民用钢材。在时局动荡的民国时期，上海炼钢厂同国外钢铁企业一起参与国内市场竞争。1938年，汉阳铁厂和上海炼钢厂内迁到重庆，成为重庆钢铁的前身。从上海到汉阳再到重庆，中国近代最早的两家钢铁厂融为一体。中华人民共和国成立后，1951年，新疆军区后勤部钢铁厂（八钢的前身）创建；1953年，马鞍山铁厂（马钢的前身）兴建；1955年，武钢开工建设；1958年，湖北钢厂(鄂钢的前身)破土；1966年韶关钢铁建成投产；1969年，梅钢开工建设；1978年12月23日，宝钢工程打下第一根桩，中国冶金工业史上规模最大、投资最多、技术最先进的宝钢工程在上海宝山区海边诞生。1998年，上海地区钢铁企业实施联合重组，宝钢集团成立。2004年，武钢与鄂钢联合重组。2007年，宝钢集团相继重组八钢、德钢、韶钢。进入新时代，2016年宝钢集团与武钢集团实施联合重组，成立中国宝武钢铁集团有限公司。2019年，中国宝武对马钢集团实施联合重组，并对重庆钢铁实施管理。2020年，中国宝武又开始与太钢集团联合重组，成功托管中钢集团。中国宝武吸纳了宝钢、武钢、马钢、八钢、韶钢、重钢、鄂钢、太钢等企业，形成了中国“钢铁航母编队”。2020年12月23日，中国宝武集团迎来了历史性的时刻，钢铁年产量突破1亿吨，实现了亿吨宝武的梦想。钢铁是工业的粮食。从1890年江南制造局炼钢厂、汉阳铁厂的诞生到2020年，中国宝武的历史已经绵延赓续130年。这是中国近现代中国钢铁工业从无到有、由弱到强，直至世界前列的130年。中国宝武集团矢志以钢铁报国的使命担当，加快实现高质量发展，谱写钢铁强国的崭新华章。

2. 主要成果

钢铁工业是反映一个国家工业水平和社会进步程度的重要标志。中华人民共和国成立后，特别是改革开放以来，中国钢铁工业加速发展、做优做强，实现了从量变到质变的提升，从引进到引领的飞跃。近些年来，中国宝武自主研发的系列高端产品已处于国际先进水平，解决了一批“卡脖子”材料难题，有力支撑了我国高端制造业和国家重大工程。中国宝武构建以绿色精品智慧的钢铁制造业为基础，新材料产业、智慧服务业、资源环境业、金融业等相关产业协同发展的产业格局，优化行业秩序、引领行业发展，积极推进联合重组、整合融合，加速创新驱动、转型升级，初步构建了具有宝武特色的现代公司治理体系。中国宝武生产的一些高端产品在国内外市场已经占据主导地位，在核电用钢、航空航天材料、国家重大工程需求等领域完成一系列关键材料开发与制造，研发拥有了 1000 多个新产品牌号，其中 30 多个牌号实现全球首发，替代进口量 1500 多万吨。中国宝武宝山钢铁股份有限公司的汽车板品种全球覆盖度最全，国内市场份额保持在 50% 以上。借助中国宝武大平台，马钢建立研发协同策划机制，不断提升协同创新能力，自主研发的 635MPa 级高强抗震钢筋，填补国内空白。大型转炉洁净钢高效绿色冶炼关键技术成果，获冶金科学特等奖。中国宝武是全球首个能同时批量生产第一、二、三代先进超高强钢的钢铁企业，也是世界上产量最高、品种最全、最具竞争力的硅钢生产企业。中国宝武 2020 年粗钢产量实现亿吨，问鼎全球钢企粗钢产量之冠。《财富》世界 500 强企业，宝武集团 2018 年排名第 162 位，2019 年排名第 149 位，2020 年排名第 111 位，2021 年排名第 72 位。

3. 突出特点

中国宝武从初建到今天，已有 130 多年的历史。回顾中国宝武百年的发展历程，改革开放以来中国宝武实现了跨越式发展，粗钢产量全球领先，昭示了中国宝武打造“国之重器”的担当。一是以联合重组为契机推进集团提升国际竞争力。中国宝武钢铁集团有限公司是宝钢集团和武钢集团联合重组的深度整合。新公司制订做强做优做大战略规划，提升国际竞争力，确定成为全球钢铁业引领者的公司愿景。在技术方面引领。通过技术创新实现在精品、绿色、智慧、成本等方面的领先。在效益方面引领。保持盈利水平世界领先，确保资产效率不断提升，实现高质量发展。在规模方面引领。以全球引领为目标增加产能规模、提高市场份额，优化区域布局和产品结构，实现总销售收入的全球领先。二是以同一文化为目标推进集团企业文化融合。文化和价值观的统一是实现融合的基本特征。宝武整合后，以同一语言、同一标准、同一平台、同一文化为目标，按照根植历史、崇尚先进、由表及里、循序渐进的原则，策划推进企业文化融合。集团在全体员工中开展中国宝武价值观征集活动，丰富了原宝钢集团“诚信、协同”

价值观，确立了中国宝武“诚信、创新、协同、共享”的价值观。通过设立长期坚持、循序渐进的工作目标，以率先垂范、以行释意和创新方式、深度互动为工作方法，搭建起了文化传播的载体和完善推进文化建设的机制。三是以完善公司管理体制推进集团现代企业制度建设。中国宝武集团作为国有资本投资公司试点企业，以钢铁报国为使命责任，服务国家战略、优化国有资本布局、提升产业竞争力，提出在集团范围内全力建设国有资本投资公司三层管理架构。以管资本为导向，按照职责清晰、精简高效、运行专业的要求，构建强总部、大产业、市场化、专业化的集团管理架构，形成资本运作层、资产经营层、生产运营层的三层管理架构。根据业务组合和产业地域分布特征，在较完善的法人治理结构、较完备的信息化基础条件下，实行战略财务管控模式。四是以打造多基地管理模式为核心推进集团钢铁主业深度整合。宝钢股份在完成吸收式合并武钢股份后，迅速行动，全面推进与武钢的整合工作，实行运营管控，将武钢改造为高效生产基地，打造具有宝钢特色的一公司多基地管理模式。这种模式的核心是建立强大的、集中的总部管理运行体系，最大限度地发挥整体的组织、运营能力。在统一营销方面。稳妥有序推行营销体系整合，巩固和提升市场份额，优化提高用户服务水平，探索实现与多制造基地相适应的营销管理模式，打造具有竞争力的营销供应链。在统一采购方面。结合原材料采购物流管控系统、采购供应链系统，对武钢大宗原材料采购和设备资材采购业务实施总部集中管理 + 属地化服务的管理模式进行调整，坚持资源、资金、商务、系统统一的原则，形成明确的整合路径图充分发挥总部集中采购优势。在统一研发方面。按照科技集中管理、协同效应最大化原则，有序推进研发体系整合，完善以总部研究院为核心的研发创新体系，构建一院多中心的协同研发架构，建立统一科技管理、集中资源配置、高效服务于钢铁多基地技术创新管理模式。五是以提前实现碳减排为目标加大企业行动力度。宝武以成为全球钢铁业引领者为愿景，站在开启全面建设社会主义现代化国家新征程、向第二个百年奋斗目标进军的起点上，提出力争提前实现“碳达峰”“碳中和”目标，践行绿色发展理念、建设生态文明的责任与担当。以科技创新打通钢铁行业低碳发展路径。创立全球低碳冶金创新联盟，打造面向全球的低碳冶金创新技术交流平台。以智慧化、精品化实现极致的碳利用效率。用数字化系统打破时空边界、跨越管理边界、推动工序互联共享，实现资源能源高效利用。把降碳作为源头的“牛鼻子”，优化能源结构、加大节能环保技术投入。

（三）首钢集团有限公司

首钢集团有限公司（简称首钢集团）始建于1919年，经过百年发展，成为一家跨行业、跨地区、跨所有制、跨国经营的综合性大型企业集团。首钢集团现为北京市国资委监管的国有企业，总部位于北京市石景山区。

1. 发展历程

首钢集团的前身是石景山钢铁厂，于1919年创建，历经沧桑，饱受磨难，至1949年累计产铁28.6万吨。1949年后，首钢获得了新生。1958年建起了中国第一座侧吹转炉，结束了首钢有铁无钢的历史。1964年建成了中国第一座30吨氧气顶吹转炉，在中国最早采用高炉喷吹煤技术。改革开放以来，首钢获得巨大发展。从1979年开始，国家对国有企业进行了一系列放权让利的改革。首钢被列为改革试点单位，引进国内外顶尖技术，产量迅速提升，1994年以年产824万吨钢位居全国第一。从1981年到1995年实行上缴利润递增包干，在当时的历史条件下，承包制扩大了企业经营自主权，有力地促进了首钢的发展。1996年，首钢集团成立。为举办2008年奥运会，2005年2月，首钢集团启动搬迁调整。首钢集团走上了一条“创新、创优、创业”又好又快的发展道路。迁钢、首钢京唐钢铁厂等企业相继建成投产，新钢厂总体技术装备达到世界一流水平，标志着首钢集团搬迁调整的新钢厂、新布局、新优势基本形成。2010年首钢集团搬迁完成。首钢集团留下林立的高炉和随处可见的重工业遗存。而今，8.63万平方千米的首钢园是世界在建规模最大的城市复兴项目之一。随着国内外知名餐饮品牌的入驻，首钢园将成为时尚潮流中心，为北京及全国游客提供观光旅游、文化、娱乐、运动等一站式度假体验。产业办公楼将吸引来自高科技、互联网、体育、金融、教育、文化等领域企业进驻。首钢遗址成硬核公园。

2. 主要成果

首钢集团地处北京，面临环保压力、市场竞争力压力和实施战略性结构调整的艰巨任务。首钢集团是以生产钢铁业为主，兼营采矿、机械、电子、建筑、房地产、服务业、海外贸易等多种行业，跨地区、跨所有制、跨国经营的特大型企业集团，下属股份、新钢、京唐、迁钢、首秦、长治、通钢、高新技术、机电等企业。首钢集团根据国内外形势变化，调整和完善首钢的发展战略和发展措施，集中力量抓好钢铁主业的结构调整，同时发展有优势的非钢产业，兼顾国家、北京市和企业及广大职工等各方面的利益。部分钢铁生产能力向北京以外地区转移，为首钢集团开辟新的发展空间。钢铁业按照“质量、品种、效益、环境”的发展方针，深入开展增收节支，消化外部减利因素。依靠技术进步，在现有基础上大力开发高技术含量、高附加值钢铁产品。2020中国品牌500强，首钢集团排名第89位。《财富》世界500强，首钢集团2018年排名第431位，2019年排名第402位，2020年排名第429位，2021年排名第411位。

3. 突出特点

首钢集团已有100多年的发展史。首钢集团坚持通过发展解决企业面临的各种困难和问题，进行结构调整，维护广大职工的利益，保持企业和社会稳定。一是科学确定集团发展战略。首钢围绕两大主导产业，探索构建“2+6”业务板块。在钢铁领域，提高产业集中度，增强核心竞争力，构建钢铁、矿业资源两大业务板块。在城市综合服务业领域，适应首都城市性质和功能定位要求，探索构建城市基础设施、节能环保、健康医疗、文化体育、金融服务和房地产六大业务板块。根据内外部环境变化和产业经营情况，适时进行评估，对发展规划进行调整，确定为“钢铁业＋城市服务业＋金融服务业”。钢铁业核心业务包括钢铁制造和战略性矿产资源。城市服务业核心业务是园区开发和运营管理及新产业培育，培育高端物业、环境、静态交通、房地产业务。二是建设循环经济运营体系。首钢京唐钢铁联合有限公司（简称首钢京唐公司）地处河北省唐山市曹妃甸区，是首钢集团搬迁调整、转型发展的重要载体 。首钢京唐公司在建设生产过程中，按照绿色循环的理念，树立循环经济的生产观，通过管理架构、管理制度、管理过程的不断改善，构建扁平化多职能的特色管理体系，形成企业内部循环、区域产业协作、深度融合的发展模式，把上游废物变成下游原料，为余热、废水的综合利用提供途径和空间，打造循环经济产业链，构建高效、节约、环保、循环的现代产业体系。首钢京唐公司把废物当作放错位置的资源看待，改变高耗低产的传统模式，管理向前延伸，实现“源头减量、过程控制、末端循环”全系统管理。在生产过程中尽可能地节约自然资源，不断提高自然资源的利用效率，循环使用资源，各工序内部减少物料的使用，达到少排放甚至“零排放”的目标。建立生态工业网络，把不同的生产单元联系起来，形成资源共享和互换副产品的产业共生组合。三是完善全方位投资管理体系。首钢作为国有资本投资公司，以管资本的方式履行责任，管回报、管配置、管股权，坚持目标导向、战略导向、问题导向，推进投资向质量效益型转变，规范投资行为，防范投资风险，提升投资效益和效率，实现投资价值，推动集团健康可持续发展。首钢将与集团战略发展密切相关的固定资产投资、股权投资、无形资产投资纳入管理方位，确定了发展战略、投资规划、投资项目、项目全生命周期的管理的业务主线。构建权力清单、管理制度、风险手册“三位一体”的板块化分级授权体系，实施全方位投资管控。通过产权管理与组织管理解决投资企业动态管理问题，开展全范围项目后评估，实现项目全生命周期闭环管理，并以系统数据有效分析支撑战略决策与战略目标的实现。四是建立数字化安全管理系统。首钢矿业公司以“安全健康、无人则安”的数字化矿山发展理念为引领，以规范人的行为为基础，以机械化生产替代人工作业、以自动化控制减少人为操作为安全生产科技提供支撑和保障。通过构建与机械化、自动化应用相适应的安全管理体系，大力实施安全操作标准化、采矿工艺机械化、流程生产自动化、固定场所无人化。建立本质化安全管理指标体系，规范标准、管理制度，实现员工上标准岗、干标准活，设备设施操作零隐患，遏制冶金地下矿山各类安全事故，实现无人值守规范化矿山安全管理。

五、百年纺织服装企业焕发新活力

纺织服装行业是我国具有国际竞争力的产业，其产业的垂直供应链特点十分突出。纺织企业是涉及棉纺、丝绸加工、麻纺、毛纺、化纤相关作业的企业。服装企业是把纺织成品加工成衣物的企业。新中国成立以来，我国纺织服装行业从小到大、从弱到强，汇聚澎湃力量，书写了一幅恢宏画卷。近些年来，我国纺织服装企业产品品质明显提升，打造出很多具有文化价值和时代属性的设计风格，与国际优质品牌的差距在逐步缩小。随着我国综合国力的增强，民族自豪感不断增强，百年纺织服装企业的产品越来越受到消费者欢迎。我国百年纺织服装企业融入“双循环”新发展格局，增强产业链供应链的稳定性，实现产业按需生产的柔性供应链目标，提高整个链条抵御风险的能力，不断满足人民日益增长的美好生活需要。

我国百年纺织企业在产业升级与技术进步的带动下，纺织企业自主研发能力加速提升，自主设计能力与品牌培育工作明显进步。增强了产业链供应链的自给自足能力与稳定性。纺织服装行业已经从产品走出去、产能走出去向品牌走出去和资本走出去迈进。产业在全球配置资源的能力不断提升，在 100 多个国家和地区设立了纺织服装生产、贸易和产品设计企业，有效降低了企业风险。在新时代新征程中，纺织服装企业锻长板、补短板，夯实根基，保持优势地位，为满足人民美好生活需要做出积极的贡献。

（一）江苏大生集团

江苏大生集团有限公司（简称大生集团）的前身为大生纱厂，由清末状元、中国近代实业家张謇于 1895 年创办，总部位于江苏省南通市海门区。

1. 发展历程

为实现“实业救国”的理想，清末状元张謇筹银 50 万两，在南通市唐闸镇创立了大生纱厂，之后又以大生纱厂为中心，创办了榨油磨面、冶铁等民族工业实体。大生纱厂创建于 1895 年 10 月。中国近代实业家张謇在列强横行、国势衰微之际，为实现实业救国的理念，放弃仕途，转为开辟实业之路。张謇是主张“实业救国”的企业家，办厂经历了“千磨百折、忍侮蒙讥”。在创业之初，张謇以顽强的毅力在旧传统的罗网中拼搏、开拓。这动人的爱国主义热情，至今激励着青年人去追求、去奋斗。主张“实业救国”的张謇创办的南通大生纱厂，第一次世界大战期间是大生纱厂发展最快的时期。1926 年 4 月，中国共产党南通党支部在大生纱厂建立。张謇以大生纱厂为母体，展开了企业扩张，对于南通地方工业的发展，乃至中国民族工业的发展起了推动作用。但在半殖民地半封建的旧中国，战争烽火不断，自然灾害频发，洋货竞争激烈，企业只能挣扎求生存。中华人民共和国成立后，大生集团相继对三大纺织工场进行了脱胎换骨的技术改造，产量大幅增加，质量稳定提高。改革开放以来，大生集团进入全新发展时期，勇立潮头，持续技改研发。1995 年 12 月，江苏大生集团组建，标志着百年大生已经逐步发展成为产权多元化、工贸一体化、技术高新化、效益规模化的新型现代纺织企业集团。2004 年 8 月，大生集团新一轮改革改制，大生集团创新活力不断激发，通过做精做优纺织主业，适度多元化发展，大生集团打造的经济升级版，实现了企业新飞跃。21 世纪以来，大生工业园一期、二期先后建成，打造“中国纤维素纤维纺织精品基地”和“国家火炬计划重点高新技术企业”。

2. 主要成果

大生集团的前身是大生纱厂，是中国最早的棉纺织企业。大生集团从 1895 年创办到 1899 年 5 月 23 日投产之日起，一直持续经营到今天，是我国民族纺织工业的“活标本”，也是中国纺织智能制造的新典范。大生集团装备了紧密纺长车纺纱生产线，拥有自主知识产权的新型、高档混纺生产线，配置新一代高速喷气织造生产线。主要生产纤维素纤维、纯棉涤纶、丝麻，各种功能性系列混纺纱线布和漂、色、花布，以及针织内衣、毛毯、呢绒针织服装等多门类产品。产品结构涵盖服装、家纺、工业、军用等多个领域。产品远销日本、俄罗斯中东、欧美等多个国家和地区。“高支高密纯棉胚布”和“纯棉精梳纱线”获得中国名牌称号。荣获“省 AAA 重合同守信用单位”“全国先进基层党组织”“全国纺织质量效益型先进企业”等荣誉称号。2006 年，大生纱厂被国务院核定为第六批全国重点文物保护单位。2017 年 12 月，南通大生纱厂入选第二批中国 20 世纪建筑遗产名录，进一步弘扬“百年大生”的匠心精神，体现了纺织业在民族经济发展长河中的重要地位。

3. 突出特点

大生集团是我国最早的棉纺织骨干企业。它走过 110 年历程仍坚守纺织工业，是我国纺织史上的一面旗帜。一是重视文化传承。大生集团一直十分重视大生厂文物的保护和利用，先后重建大生码头牌楼，对钟楼、办事厅、专家楼等建筑进行了修缮，恢复了其历史原貌，并把公事厅辟为大生厂史陈列室。二是秉持实业救国。大生集团是我国近代民族工业发展史上具有代表性的企业，是近代爱国者艰难探索“实业救国”道路的一个历史缩影。三是坚持创新发展。大生集团继承敢为人先的创新精神，持续创新成为企业发展的动力源泉，百年前的手工机械纺纱已经升级为数字化智能操作，利用5G、物联网技术和设备监控技术实现全流程信息管理与服务，建设成一座高效节能、绿色环保、环境舒适的人性化工厂。

（二）无锡一棉

无锡一棉纺织集团（简称无锡一棉）创建于1919年，原名“无锡申新第三纺织厂”，由中国近代著名民族工业实业家荣宗敬、荣德生先生所创办，总部位于江苏省无锡市。

1. 发展历程

无锡一棉在中国纺织工业的发展史上占有重要分量，现在是中国棉纺织行业的排头兵企业。1914年第一次世界大战爆发后，棉纱价格猛涨。荣宗敬、荣德生兄弟与人合股在上海创办了申新一厂。申新一厂投产后，效益很好，荣德生意欲扩展。1917年春节后，上海恒昌源纱厂有意出售，荣氏兄弟购之，更名为申新二厂。1919年春，荣德生决意在无锡创办申新三厂，并付诸实施。申新三厂在产品质量、成本控制、营销策略等方面均有独到之处。申新三厂依靠选用优秀人才革新管理，使工厂发展成为民族纺织的典范。抗日战争期间，日军烧坏了申新三厂的机器，抢占了工厂。1946年，荣德生先生又遭绑架。但是历经磨难的荣氏先辈们，壮志不减。在1947年新建了纺纱新工厂，实现了工厂战后复兴。中华人民共和国成立后，申新三厂积极稳定生产，对旧的管理体制进行了一系列改革。1954年工厂实行公私合营，走上社会主义的轨道。原国家副主席荣毅仁先生曾担任过企业公私合营后的首任董事长。1966年7月，申新三厂更名为无锡市第一棉纺织厂。2016年1月，无锡一棉纺织集团有限公司成立，整合无锡一、二、三棉，逐步确立“传承 + 创新，打造经典”的理念，走可持续发展之路，创建“生产智能化、管理精细化、产品特色化、贸易全球化”的世界一流纺织企业。无锡一棉纺织集团有限公司在中国纺织工业的发展史上地位显著，它一次次开创纺织工业的技术先河。直到今天，它仍然是纺织工业的排头兵。无锡一棉成就了一个百年民族工业企业的范本，一路走来，砥砺奋进，为中国纺织工业挺起脊梁。

2. 主要成果

无锡一棉努力打造高端精品优质生产线，从原料、设备、管理等各方面，进行定位和规范。无锡一棉率先在同行业中形成标准产品和客户定制产品专业化生产格局。无锡一棉在国内最早开发生产出300S棉纱。在此基础上研发的特高支精梳纯棉紧密纱填补了国内空白，工艺技术达到国际领先水平。紧密赛络粘胶针织纱为生产针织高端产品提供了新的纱线品种。无锡一棉实施品牌标准化战略，TALAK纱线品牌成为紧密纺纱线的行业标杆，其品质标准成为许多同类企业的交易标准。2007年无锡一棉的TALAK品牌，获得“中国品牌”称号。自国际市场，无锡一棉的TALAK品牌商标在欧美等55个国家注册。ALAK本色纱布，获得2013至2016年度中国纺织行业最具影响力品牌产品、江苏省重点和发展的国际知名品牌。无锡一棉的高支纱线成为“神州五号”及之后中国宇航员的指定用纱。在2005年无锡一棉精梳棉纱向欧盟出口位居全国第一，纱布产品配套国际高档服装面料和家纺产品，成为世界顶级的色织、针织面料用户的配套供应商，被欧洲客户誉为“全球最优秀的棉纺织工厂之一”。2019年无锡一棉重点打造环保绿色纱布、环保浆料、天然纤维染色产品；高支特高支纱线纯棉产品；天然素纤维莱赛尔、A100、G100、环保粘胶、再生涤纶等系列高质量、高性能、高附加值的特色产品。无锡一棉率先打破纺织行业几十年沿用的周期性平、揩车模式，创新实施“包机到人，动态维修”为特征小包机设备维修方式，以设备动态检查和维修为重点，实行24小时动态维修。通过优选器材和机物料、重组作业流程、调整维修工作重心等，使设备维修更科学、更高效。无锡一棉率先打破纺织行业传统的运转管理和作业方式，通过全流程革新操作法，使巡回路线和作业顺序更合理。通过革新清洁工作，使清洁周期更合理、清洁方式和使用工具更科学。通过改良运输工具，使产品运输更便利、无损。实施一“集换”为核心的无瑕疵作业，更成为纺织运转创新的一大亮点。运转作业的全面改革，使值车工的看台由4台扩大到30多台，功效提高了7倍多，创出了中国棉纺织行业最好的用工水平。无锡一棉率先达到世界领先水平。2019年投入1.3亿元完成生产流程改造，达到了万锭用工13人以内的先进水平，产量同比提升20%以上。创建ERP+MES+物联网+大数据管控一体的新型管理模式，成为我国纺织智能制造标杆基地推进质量强企示范。无锡一棉创造的“特高支精梳纯棉单纺紧密纺纱线研发及产业化关键技术”项目，获得中国纺织工业联合会颁发的“2014年度科技进步一等奖”。无锡一棉的劳动生产率在全行业领先，功效达到国际一流水平。

3. 突出特点

无锡一棉传承实业强国志，创新企业转型之路。一是走高质量发展之路。优质是无锡一棉的追求，也是企业的立企之本。无锡一棉积极实施质量强企的纺织精品战略，目标是把企业打造成高档纱布的生产基地，做全球高支纱的领跑者，使产品具有更高的技术含量和更高的附加值。无锡一棉在全国纺织企业中率先引进国外先进技术，第一个在国产细纱机上嫁接成功。通过消化移植、自主创新改进，无锡一棉发展成为全球最大的50万纱锭的紧密纺生产基地，成为为数不多的能够批量生产300支棉纱的棉纺企业。无锡一棉为提升纺织产业科技自主创新能力，组建产学研技术研发体系，与江南大学合作，建立无锡一棉纺织研究院。研究院紧密围绕无锡一棉的纺织服装制造领域开展产学研合作，在新产品开发、纤维新材料应用、纺织新技术、纺织智能制造、纺织绿色生产、等方面开展创新技术研究。二是走培育人才之路。无锡一棉开拓性地创建企业大学与纺织研究院，自主编制设备操作片、维修片，邀请专家授课。对有能力、有学历的人才进行政策倾斜，鼓励员工不断提升综合素质。打造以知识传播、创新赋能、人才驱动为特征的学习型企业。这既是百年民族工商基因的传承，也是企业人才梯队建设、人才战略实施尤为重要的一环。无锡一棉被教育部授予国家级工程实践中心，在研发平台、纺织科技创新、纺织人才培养等方面取得丰硕成果。三是走创建现代化管理平台之路。2000年起步，无锡一棉通过20多年的建设，创建了由传感网、ERP和电子商务组成的完整的信息化系统，创建了“感知生产”的实时管理体系。运用ERP创新管理模式，创建了“感知管理”的有序高效体系。通过互联网、网站、电子商务平台等与客户增进互动，创建了“感知客户”的经营管理模式。企业实现了信息化与生产、管理、经营的良性融合，为构建支撑高效棉纺织企业的建设奠定了现代化的基础平台。四是走落实“一带一路”倡议之路。2017年，无锡一棉响应“一带一路”倡议，在埃塞俄比亚德雷达瓦国家工业园投资2.2亿美元，建设30万锭纺纱工厂项目。围绕与埃塞俄比亚进行产业产能合作，发展国际化布局，通过输出管理、技术、文化，促进企业由内向型向外向型转换。2018年，无锡一棉在结合“一带一路”埃塞俄比亚项目规划的产能转移，实现了全流程的智能化技术改造。2019 年 10 月 16 日首期 10 万锭项目正式投产，成为企业转型发展的新支点。随着埃塞俄比亚 1 期项目竣工投产，智能改造、技术改造，无锡一棉加快迈向高度专业、高端立足，打造高档纱布生产基地。无锡一棉以发展企业，振兴纺织为己任，坚定创建世界一流纺织工厂的奋斗目标，持续提升企业的竞争能力，努力把前辈创建的事业办得更为兴旺，努力使历经百年的无锡一棉永续辉煌。

（三）东方国际（集团）有限公司

上海纺织控股（集团）有限公司（简称上海纺织集团）的前身是上海机器织布局，创立于 1878 年。2017 年上海纺织集团与东方国际集团联合重组，组建新的东方国际（集团）有限公司（简称东方国际），总部位于上海市。

1. *发展历程*

1878 年李鸿章主持筹建上海机器织布局。1889 年上海机器织布局成立，开创了上海近代纺织工业的新纪元。这是中国棉纺织史上，第一家由官督商办、规模颇大的棉纺织企业，在一定程度上抵制了外国资本主义的侵略。1893 年失火，当年重建，改称“华盛纺织总厂”。1901 年华盛纺织总厂改为集成纱厂。1913 年又改名为三新沙厂。1931 年，荣宗敬出资购进三新纱厂，成立了申新纺织第九厂。中华人民共和国成立后，上海纺织工业不断发展，1966 年，申新纺织第九厂更名为上海第二十二棉纺织厂。20 世纪 90 年代，上海纺织资产重组，结构调整，压锭减员，上海第二十二棉纺织厂进行调整，后在旧址建为上海纺织博物馆，继续述说几代人的纺织记忆。1994 年 6 月 8 日，上海市纺织国有资产经营管理公司成立。1995 年 5 月 24 日，更名为上海市纺织控股（集团）公司，同时撤销市纺织局建制。上海纺织控股集团公司以资本为纽带，以投资者的身份，对所属行业性公司按照《公司法》进行改组。2017 年，具有 100 多年历史的上海纺织集团与具有近 70 年外贸历史的原东方国际集团联合重组，形成了新的东方国际集团。集团总资产达到 637 亿元。东方集团凭借“强强联手、强优互补”的新优势，打造成拥有先进制造业与现代服务业，以时尚产业、健康产业和供应链服务为核心主业，以科技实业、产业地产、金融投资为支撑的大型综合性企业集团，成为中国最大的纺织服装集团和最大的纺织品服装出口企业。

2. 主要成果

东方集团的前身上海纺织集团是一家集服装与服饰品科研、设计、生产、销售、商贸和服务于一体的信息化、现代化企业集团。上海纺织集团荣获“国家科技进步奖”“中国纺织工业协会科技进步一等奖”“上海市科技进步奖”。在我国神舟五号、神舟六号飞船的航天工程中，上海纺织生产的返回舱引导伞面料、返回舱主降落伞面料、飞船用点火绳等高科技产品获得国家嘉奖。东方集团荣获“上海纺织服装企业突出贡献奖”“2020全国纺织行业抗击新冠肺炎疫情先进集体”“2020上海企业100强第21名”“2020上海服务企业100强第11名”等荣誉。东方集团在中国企业500强2020年排名第210位，2021年排名第240位。

3. 突出特征

东方集团是一家以科技为先导，以品牌营销和进出口贸易为支撑，以实业为依托的大型企业集团。一是坚持新发展理念。东方集团紧紧围绕“科技与时尚”的发展理念，走高端纺织之路，重点发展科技纺织、绿色纺织、品牌纺织、时尚纺织，打造与上海国际大都市相匹配的现代纺织服务业。二是坚持科技创新。东方集团重点发展以高科技、差别化、环保型为特征的新型功能性化纤及材料制品，拥有代表中国化纤行业最高水平的合成纤维研究机构，具有自主知识产权的耐高温纤维芳砜纶产业化项目等。三是坚持品牌经营。东方集团拥有一批著名服装服饰、家用纺织品品牌，三枪产品屡获上海市科技进步奖。三枪、飞马等针织服装及针织面料被商务部列为重点培育和发展的出口品牌。三枪、海螺等被评为中国驰名商标。四是坚持转型发展。东方集团围绕“致力于成为全球综合贸易服务商和时尚生活引领者”的愿景，以此为推动集团转型升级的引擎，抓住三届进博会举办机遇，打造虹桥品汇为进博会常年展示交易平台主平台，以此推进外贸、机制、业务改革。抓住国企改革“双百行动”机遇，推进旗下东方创业核心资产上市、重组与转型升级。

（四）瑞蚨祥绸布店

北京瑞蚨祥绸布店有限公司（简称瑞蚨祥）创建于1862年的济南，

经营绸布零售，加工服装等业务。北京旗舰店在前门外大栅栏。

1. 发展历程

瑞蚨祥的创始人是孟传珊，以经营土布开始。1862 年，孟传珊对经营的“万福祥”进行转型，在济南开设了“瑞蚨祥”绸缎庄，经营绸缎、刺绣和布匹业务。1876 年，25 岁的瑞蚨祥掌门人孟雒川把目光投向了北京繁华的商业区大栅栏，由孟觐侯在前门外鲜鱼口内抄手胡同租房设庄，批发大捻布。随着洋布大量涌入中国，孟觐侯向孟雒川建议，可设布店。1893 年，孟雒川出资 8 万银两在北京前门外廊坊 4 条设立其在京城的首个绸布店。1900 年，瑞蚨祥毁于义和团的洗劫。恢复重建后，瑞蚨祥仍以货品纯正、花样新颖而著称。瑞蚨祥优良的布匹、绸缎为海内外顾客所称道。1949 年后，历经沧桑的瑞蚨祥迎来曙光，从国民党统治的每况愈下中获得新生。天安门广场上升起的第一面五星红旗面料，就是瑞蚨祥提供的。1954 年，瑞蚨祥率先实行了公私合营。1958 年，人民政府调整商业网点，瑞蚨祥作为国营纺织品零售骨干企业之一，成为首都劳动人民和中外游人喜爱的国营绸布商店。20 世纪 90 年代末，市场竞争进一步激化。瑞蚨祥的“中华老字号”并不能直接转化成效益。为此，瑞蚨祥进行股份制改革，调动了员工的积极性，丰富了产品种类及样式。瑞蚨祥发扬了销售面料和帮助顾客加工服装相结合的好传统，在研制中国传统服饰方面付出了很多心血，尤其在加工展示东方女性和中国丝绸特有风韵美的旗袍上成绩斐然。

2. 主要成果

瑞蚨祥经营的主要品种有：绸缎、呢绒、棉布、皮货、化纤、民族服装服饰等。除了布匹、成衣外，瑞蚨祥还提供旗袍定制和现场制作蚕丝被。瑞蚨祥新中式服装致力于在传统与时尚之间找平衡，从传统文化中捕捉设计灵感，并充分考虑休闲舒适感。2007 年纳入“北京市非物质文化遗产名录”的“瑞蚨祥中式服装手工制作技艺”就包含了中式裁剪、京绣、花式盘扣等多个技艺环节。瑞蚨祥获得“中华老字号”“中国丝绸第一品牌”“非物质文化遗产”“中国消费者信赖的著名品牌”等多项殊荣。

3. 突出特点

瑞蚨祥以经营绸缎、呢绒、面布、化纤、民族服装服饰等产品为主要业务，将百年沉淀的中国传统文化与勇于突破创新精神结合，续写崭新的历史篇章。一是坚守客户至上。瑞蚨祥坚持“至诚至上、货真价实、言不二价、童叟无欺”经营理念。店员热情待客，全面介绍，服务周到。注重店容卫生、职业着装，讲究语言文明，为顾客创造舒适温馨的购物环境。二是传承品牌特色。瑞蚨祥在传承品牌特色和传统制作技艺的基础上，融入时尚元素，不断创新产品设计理念与制作工艺。通过品牌延伸，拓展产品和服务品类。三是丰富文化体验。2017 年以来，瑞蚨祥注重通过打造非物质文化遗产体验区和高端定制区，加强与顾客的互动，丰富品牌体验。在前门旗舰店的非遗文化体验区，瑞蚨祥重点从盘扣制作技法上进行讲授和演示，让顾客在工匠大师的指导下，现场体验盘扣的制作过程。四是开辟线上服务。瑞蚨祥积极对接京东商城、天猫旗舰店、快手等电商平台，通过非遗传人与主播组合，探索新营销模式。瑞蚨祥建立微信公众号、微博等平台，讲述品牌故事、发布新款产品、推送最新活动信息，提示顾客到线上线下门店关注相关产品和服务。

（四）内联升

北京内联升鞋业有限公司（简称内联升）由河北武清县赵廷与丁姓人士于 1853 年创办。总店在北京市大栅栏。

1. 发展历程

赵廷青年时期曾在北京一家制鞋作坊学徒，1853 年出师后，与一位姓丁的财东共同出资，在当时较繁华的东江米巷（后来的东交民巷）开设内联升，采取前店、后厂，自产、自销的经营方式。当时内联升服务对象是达官贵人，经营的品种主要是朝靴。民国后，朝靴无人穿用，内联升的服务对象和经营品种开始转向便鞋，并迁到前门外廊坊头条营业。1949 年后内联升打破专营男鞋的传统，增添女鞋、“解放鞋”等，并实行公私合营，门店迁至大栅栏内。1958 年内联升由公私合营变成国有企业，内联升千层底布鞋成了北京名牌产品，并且走向全国。1970 年，内联升建立了生产车间，结束前店后厂的历史。由于业务发展需要，20 世纪 80 年代扩建了营业楼，打破了只经营布鞋的老框框，它成为全国老字号最大一家齐全鞋店。2001 年，内联升改制为有限责任公司。内联升与时俱进，不断创新，续写辉煌。

2. 主要成果

内联升千层底布鞋制作工艺历史悠久，凝聚着民族手工技艺的精华。

内联升是目前国内规模最大的手工制作布鞋的生产企业，以生产制作千层底布鞋而闻名中外。鞋底、鞋帮的制作离不开“纳、躺、缉、缝”，特别是鞋底做法与众不同。内联升的“千层底”具有舒适、透气、吸汗、养脚等优点，深为用户称誉。为冬季老年人御寒，制作了缎面盘云头的“老头乐”，使老人穿着舒适暖和，美观大方，深得顾客喜爱。为搬运工和建筑工设计制作了“纳帮鞋”，硬中有软，弹性好，穿着舒适，特别结实。内联升这个字号，文雅而响亮。郭沫若、张爱萍等名人为内联升题写店名。1987 年获全国鞋帽联合会颁发的“产品二等奖”，1992 年起“内联升”商标被北京市工商行政管理局认定为“著名商标”，1994 年被原国内贸易部命名为“中华老字号”，2001 年被北京市旅游局认定为旅游定点商店，2002 年内联升牌布鞋被中国商业联合会评为“中国品牌”，2006 年被中国商业联合会授予“中国布鞋第一家”称号，2007 年被列入“北京市非物质文化遗产名录”，2007 年被国家工商行政管理总局认定为“中国驰名商标”，2008 年为第 29 届北京奥林匹克运动会提供奥运赛事颁奖礼仪用鞋，2011 年内提升成为第一批国家级非物质文化遗产生产性保护示范基地。

3. 突出特点

内联升以生产制作千层底布鞋而闻名中外，以市场为导向和“以诚相待、童叟无欺”的经营理念保持至今。一是提升内联升竞争力。内联升精心研究市场，满足消费需求，以市场为导向，立足北京市辐射外埠走向世界。近年来，品牌间的竞争从线下转向了线上，利用互联网获取资源，对于缺乏专业人才和互联网运营经验的老字号来说，是一个极大的挑战。内联升深入洞察用户需求，用新技术手段和信息化工具进行产品研发和市场拓展，用新颖有趣的方式主动拉近与用户间的距离，保持内联升时尚的品牌形象。二是增强内联升品质影响力。主打舒适、制作朝靴起家的内联升有着严格的工艺标准。手工制作、非物质文化遗产的优势让品牌有浓厚的文化味道。内联升手工布鞋、手工皮鞋、冷粘布鞋与冷粘皮鞋等产品销售旺盛。内联升在门店开辟出现场演示区。通过技师的现场演示制作，把内联升非遗技艺展示在社会公众面前，让消费者近距离接触到传统手工技艺。三是扩大内联升感召力。对于内联升来说，质量是第一准则。一双千层底布鞋，总工序要上百道，最快需要 3 天时间能做好。鞋底制作需要 30 多道工序，鞋底每平方寸需要81针，整双鞋至少2100针。这样严格的工艺，吸引了消费者。内联升立足自身文化特色，提供符合现代消费场景的产品和服务，宣传老字号品牌，用新颖的方式拉近与用户的距离，拥抱新消费。为了吸引年轻人走近内联升，了解老字号，企业在产品创新上做出努力，将一个鞋盒造型的快闪店开进三里屯太古里，成为京城老字号试水快闪店的第一家。

六、百年交通运输及运输施工企业焕发新活力

交通运输及运输施工制造行业涉及陆路运输、水路运输、航空运输等方面的企业。交通运输是经济的脉络和文明的纽带。目前，我国的高速铁路、高速公路及港口万吨级泊位数量等均位居世界第一。与此同时，我国百年交通运输企业及运输施工企业也焕发出新的生机和活力。

（一）招商局集团有限公司

招商局集团有限公司（简称招商局）创立于1872年12月26日，是中国近代史上第一家轮船运输企业。招商局现为国务院国资委监管的中央企业，总部设在中国香港。

1. 发展历程

招商局是我们民族工商业的先驱，被誉为中国民族企业百年历程缩影。其前身为李鸿章于1872年12月创立的轮船招商局，是中国近代第一家民营企业。1872年12月26日，清廷批准了直隶总督李鸿章呈上的《试办招商轮船折》的奏折，同意“设局招商，试办轮船”，创设轮船招商局，执行“分运漕粮，兼揽客货”的经营方针，依照官督商办的管理体制，开展轮运业务活动。招商局创立时在上海报纸上刊登启事，说明设局宗旨，并提出“潮流如斯，势难阻遏，中国惟有急起直追”。自创立以来，招商局与祖国共命运，同时代共发展，饱经沧桑，几度挫折，几度辉煌，生生息息，以它与中国近代化进程和中国近代化社会经济生活的紧密联系，从一个侧面折射了中国社会百年来的发展历程。它在自身经营发展中的重大事件印证了中国社会发展的跌宕起伏、荣辱兴衰，成为中国近代史上的重要坐标。1872年12月26日，中国近代史上第一家轮船运输企业——轮船招商局诞生。1873年，招商局轮船“伊敦”号由上海首航香港，开辟了中国第一条

近海商业航线。同年，招商局开辟了至日本的中国第一条远洋商业航线。1875 年 11 月，组建保险招商局，为中国人自办保险业之始。1876 年 3 月，招商局收购美资旗昌轮船公司。这是中国民族企业第一次收购外商资产。1882 年，招商局投资中国近代最早的大型煤矿开采企业开平矿务局。1887 年，招商局在上海开始试办中国近代保税仓栈。1896 年 11 月，招商局投资设立中国近代第一家银行中国通商银行。1929 年 6 月，招商局由民国政府接管。1949 年 10 月 1 日下午 2 点 57 分，就在开国大典前 3 分钟，一面五星红旗在招商局“海辽”轮的桅杆上升起。它由此成为中华人民共和国第一艘升起五星红旗的海轮。1950 年招商局成为中华人民共和国政府在港全资国有企业。1951 年 2 月，招商局改组为中国人民轮船总公司。香港招商局归中国人民轮船总公司领导。1978 年以来，乘着改革开放的春风，招商局跨入了崭新的历史发展阶段。1979 年，招商局在深圳蛇口创办了中国第一个对外开放的工业园区，昔日的荒滩野岭已经变成了一座美丽的海滨之城。1987 年 4 月，中国人民银行总行批准招商局发起创立招商银行。这是中华人民共和国成立后第一家企业投资创办的股份制商业银行。招商局创立百年之后，在广东省的深圳蛇口创造了第二次辉煌。从洋务运动到改革开放，招商局始终肩负富强自立、民族复兴的重任，既谋“商情”，又筹“国计”，为中国经济的现代化发展矢志前行。

2. 主要成果

招商局是一家综合性的大型企业集团，其核心产业为交通运输及相关基础设施建设、经营与服务（港口、公路、能源运输及物流、修船及海洋工程）、金融投资与管理、房地产开发与经营。改革开放以来，招商局创办了第一个改革开放的试验田——蛇口工业区，在分配制度、人事制度、住房制度等方面率先改革。招商局从一个单一的航运企业发展成为综合性企业集团。招商局集团的港口、航运、物流等主业遍布全球，在 27 个国家和地区拥有 68 个港口。招商局是中国最大的综合物流运营商。1987 年 4 月 8 日，招商银行在深圳蛇口招商路北十栋诞生。这是中国境内第一家完全由企业法人持股的股份制商业银行。招商局创办了保险公司——平安保险；创办了律师事务所——蛇口律师事务所；创办了会计师事务所——蛇口中华会计师事务所。招商局集团国际有限公司于 1992 年在香港联交所上市，是首家在香港上市的红筹公司。招商局集团国际有限公司于 2011 年推动基于“商务智能”等技术手段的“精细化管控平台”建设，从数据分析入手，使整个战略分解落地的过程可视化、规范化、信息化，进而加强管控，向管理要效益，实现集团整体战略协同一致。招商局集团财务有限公司于 2011 年 4 月 19 日经中国银行保险监督管理委员会批准成立，成为集团资金集中管理和提高资金使用效率和效益、为集团成员单位提供资金管理及多元化金融服务的非银行金融机构，为公司高效完成重组整合、稳步提升服务质量和持续健康发展提供了坚实保障。招商局连续 16 年被评为中央企业负责人经营业绩考核 A 级企业。在《财富》世界 500 强企业中，招商局 2018 年排名第 280 位，2019 年排名第 244 位，2020 年排名第 235 位，2021 年排名第 163 位。招商局连续多年位列全球 100 大最有价值品牌前列。

3. 突出特点

招商局坚持可持续高质量发展的思路，推动数字化转型，为业务赋能，将提质增效作为重点工作来抓，增强企业核心竞争力。一是加快数字化转型。招商局是中央企业层面较早布局数字化转型的企业之一。招商局基于数字化、市场化双核驱动，加快转型，打造成为具有全球竞争力的世界一流企业，近些年来努力加快实施数字化战略，统筹建设招商云、数据潮、数据治理体系“两平台一体系”及一站式企业沟通与协作平台“招商随行”、商业智能平台等。作为招商局集团下物流业务统一运营平台及统一品牌，中国外运以核心数字化平台“运易通”等为立足点，提升客户服务水平。二是坚持管理变革。招商局紧紧围绕“立足长远、把握当下、科技引领、拥抱变化”的战略原则，在一些事关长远竞争格局的战略性部署上努力做到“有谋划、有行动、有突破”。招商局注重顶层设计，强化组织保障，自上而下建立集团、二级公司、三级公司提质增效工作三级管理体系，培育敢变革、有激情、强执行的管理团队。坚持“用数字说话、有时间节点、明确责任人”的工作理念，打造集团科学管理体系，自主研发可视化项目管理系统，实现线上管理有迹可循。三是坚守居安思危。招商局多年来居安思危，用最大的努力，争取最好结果；既稳字当头，确保企业平稳、健康运行，又积极进取，筑牢高质量发展基础，建设世界一流企业。招商局着力推动稳增长、增质效、提能力、促改革、强创新、防风险、聚人才等各项工作，确保各项工作落地。招商局坚持问题导向，用创新思维应对挑战，打破困局、创造机遇、取得突破、防范风险。

（二）中国铁路工程集团有限公司

中国铁路工程集团有限公司（简称中国中铁）以 1894 年山海关桥梁厂成立为标志，中国中铁成为中国民族工业的先行者和铁路建设的开拓者。中国中铁现为国务院国资委监管的中央企业，总部设在北京。

1. 发展历程

1894 年中国第一座桥梁制造厂山海关造桥厂成立。这是中国建厂最早、规模最大的桥梁钢结构和铁路道岔生产制造企业。1909 年中国中铁的前身山海关造桥厂参与建成了京张铁路，1912 年建成了京奉铁路，开启了中国铁路建设事业的先河。1922 年 9 月，中央一大代表王尽美在山海关造桥厂建立了秦皇岛地区第一个党组织。因此，作为我国第一家制造钢桥和铁路配件的企业，中铁山海关造桥厂被誉为“红桥”。中华人民共和国成立初期，铁路的修复和新建尤为紧迫。1950 年 3 月，国家成立铁道部工程总局和设计总局，1958 年合并为铁道部基本建设总局，1989 年 7 月 1 日，铁道部撤销基建总局，改制成立了中国铁路工程总公司，成为自主经营、独立核算、自负盈亏、具有法人资格的国有大型企业。其下属铁道部第一、二、三、四、五、大桥、隧道、建厂、电气化工程局，铁道部第一、二、三、四勘测设计院和专业设计院，铁道部山海关、沈阳、宝鸡桥梁厂，宝鸡、武汉工程机械厂，武汉工程机械研究所，铁道部咸阳基建管理干部学院、石家庄党校等 22 家单位，由中国铁路工程总公司实行统一管理。2003 年 5 月起隶属国务院国资委管理，为中央特大型骨干企业。2003 年 9 月至 12 月，铁道部沈阳、北京、呼和浩特、郑州、济南、成都、昆明 7 个铁路局直属的 8 家设计院、12 家施工企业，以及国资委直接管理的中国海外工程总公司相继并入中国铁路工程总公司。在此基础上，重组成立了中铁六、七、八、九、十局集团公司。其后又整合设计资源，于 2014 年 7 月成立了中铁工程设计咨询集团公司。2007 年 9 月，整体重组创立中国中铁股份有限公司，于当年 12 月 3 日和 7 日，分别在上海、香港两地上市。100 多年来，中国中铁始终以担当中国基础设施建设脊梁为己任，艰难探索、砥砺前行，推动和见证了中国铁路建设事业从无到有、从小到大、从弱到强，为改善中国乃至全球的交通基础环境、促进人类社会发展做出了应有的贡献。

2. 主要成果

中国中铁是一家百年企业，已经发展成为国际领先的综合性建筑企业集团。公司经营范围涵盖到基础设施建设的各个领域，工程项目遍及中国除台湾省以外的各省、区、市及全球 90 多个国家和地区，科技水平在诸多领域达到世界先进水平。一是中国中铁持续发展壮大。2006 年，中国中铁首次入选世界企业 500 强排行榜，已经连续 15 年进入世界 500 强企业。中国中铁在中国 500 强企业排名，2019 年在第 12 位，2020 年在第 10 位。在《财富》世界 500 强中，中国中铁 2018 年排名第 56 位，2019 年排名第 55 位，2020 年排名第 50 位，2021 年排名第 35 位。二是中国中铁是中国铁路建设的主力军。中华人民共和国成立后，先后建成中国第一条铁路成渝铁路、中国第一条电气化铁路宝成铁路、中国第一条沙漠铁路包兰铁路、中国第一条双线电气化铁路石太铁路、世界第一条高原天路青藏铁路、中国第一条时速 200 千米的电气化铁路。三是中国中铁是中国高铁建设的领航者。建成的高速铁路占中国高速铁路总里程的 55%，带领中国铁路产业铸就中国高铁的金色品牌。2009 年 12 月 26 日，世界第一条时速 350 千米的客运专线武广高铁建成通车。四是中国中铁是城市轨道工程建设的排头兵。建成中国第一条地铁北京地铁一期工程、中国第二条地铁天津地铁、华东第一条地铁上海一号线、华南第一条地铁广州地铁一号线、西部第一条城市地铁成都地铁一号线、世界第一条商业运营高速磁悬浮交通系统上海磁悬浮示范线等。五是中国中铁是桥梁建造的国家队。设计建造了中国万里长江第一桥武汉长江大桥、中国第一座公铁两用南京长江大桥、中国第一座跨海大桥东海大桥、世界上最长跨海大桥青岛胶州湾跨海大桥、世界第三座跨海大桥杭州湾跨海大桥等。中铁山海关桥梁厂已建造钢桥 3200 余座，道岔数十万组，足迹踏遍世界。六是中国中铁是长大隧道建设的领军企业。设计建造了中国第一条长大铁路隧道 18.4 千米的西康铁路隧道、中国最长铁路隧道 32.645 千米的新关角隧道、世界上最高冻土隧道青藏铁路昆仑山隧道、亚洲最长公路隧道 18.02 千米的秦岭中南山公路隧道等。七是科技创新和经济指标丰硕。中国中铁牢固树立“精心设计、科学施工、构筑精品”的理念，全面开展管理试验室活动，从基础管理创新入手，严把质量关，逐步形成了覆盖各层级和各业务板块的质量管理体系，不断提升建筑品质。累计荣获国家质量领域最高奖：中国质量奖及提名 3 项，中国建设工程鲁班奖 184 项，国家科技进步奖和发明奖 115 项，詹天佑奖 114 项。中国中铁连续 7 年在国资委业绩考核为 A 级，国有资产保值增值率排在中央企业前列。

3. 突出特点

中国中铁拥有 100 多年的历史渊源。中国中铁取得一批装备制造业的创新成果，在国家基础设施建设中当先锋、打头阵，全力开展建筑业前沿技术攻关，着力深化企业治理体系建设，全面丰富企业品牌内涵，取得一批独具特色的精神文化成果，为企业高质量发展提供了有力支撑。中国中铁始终坚守百折不挠、自强不息的奋斗精神，坚持高质量发展，传承弘扬艰苦奋斗的精神和勇于跨越、追求卓越的企业精神，以创新发展推动中国制造向中国创造转变，以提质增效推动中国速度向质量转变，以品牌建设推动中国产品向中国品牌转变，深化国有企业改革，着力完善中国特色现代企业制度，有序发展混合所有制经济，健全市场化经营机制，加快打造中国智造品牌，为推进制造强国做出贡献。一是传承红色基因。1922 年 9 月，中共一大代表王尽美把革命火种带到中国中铁的前身山海关造桥厂，创建秦皇岛地区第一个党组织。从此，中国中铁就有了融进血脉、薪火相传的“红色基因”。红色信念在中国中铁人心中深深扎根，跟党走成为中国中铁人永不动摇的信念，他们踏上了筑路报国的豪迈征程。二是坚持创新发展。中国中铁不断推进科技创新、管理创新、产品创新、市场创新、品牌创新，以供给侧结构性改革为主线，以价值创造为目标，以管理实验室活动为抓手，认真做好开源增收的“加法”，削冗减支的“减法”，深化改革的“乘法”，兴利除弊的“除法”，充分激发创新创造的热情，为企业高质量发展注入了强劲动力。三是秉承质量第一。中国中铁始终坚持“百年大计，质量第一”的方针，不断加强质量精准化管理，分层次、分行业实施全面质量管理。积极引入卓越绩效管理等先进管理方式，开展标准化技术工艺改造，建立工艺参数及质量在线监控系统，努力把每一项工程都建设成为国家一流建筑和百年精品工程。中国中铁坚持“精益求精，持续改进”的原则，致力以用户为中心的产品和服务质量全面提升，充分发挥建筑业上中下游一体化的全产业链优势和不同领域的专业化服务能力，不断改善用户体验，满足不同客户绿色环保、可持续发展、消费友好的需求。四是铸就知名品牌。中国中铁是老京张铁路的建设者和新京张铁路设计建设的主力军。如果说京张铁路是一个起点，京张高铁则代表了中国高铁发展过程中重要的里程碑。中国中铁坚守初心使命，传承京张精神，探索形成以提升质量、科技创新、全球合作、精神传承和责任担当为核心内涵的品牌建设模式，向世界展示了中国速度、中国智慧和中国方案。五是科学掌控成本。中国中铁创新成本管理理念，提出了“微观成本管理很重要，宏观成本管理更重要”的理念，在深入分析企业成本数据的基础上，识别和确定影响工程项目成本的关键因素，明确集团公司、股份公司、工程公司和项目部四个层级的成本管理职能定位和管理责任，建立四级责任矩阵。系统推进工程项目以“企业组织全层级、项目管理全过程、内外因素全方位”为主要特点的全要素成本管理，优化了全过程管理流程，全面提高了企业工程项目成本管理水平。六是勇担社会责任。中国中铁坚持节约资源和保护环境并重，努力建设“环境友好型、资源节约型”工程。为更好地开展扶贫工作，中国中铁坚持从当地老百姓的实际需要出发，以教育扶贫、产业扶贫为先导，以重点援建项目为抓手，通过实施贫困户劳动力培训输出、捐资助学及实施产业帮扶等措施，出色完成定点扶贫工作。中国中铁在长期的施工生产和项目管理过程中，形成了一整套完善的安全管理体系，保持警钟长鸣。不断加大在改善作业环境、关爱员工身心健康方面的工作力度，从源头控制职业危害的发生，保障员工的身体健康。中国中铁每年通过接收大中专毕业生、转业军人，以及通过人才市场引进人才等形式，为社会提供上万个就业岗位，并为200多万名农民工提供就业岗位。中国中铁高度重视员工权益保护，规范员工工资正常增长机制和收入保障机制，员工收入水平稳步提高。

（三）大连港

大连港集团有限公司（简称大连港）始建于1899年，总部位于辽宁省大连市。

1. 发展历程

大连港距今已有百余年的历史。1899年沙俄发布设立自由港大连赦令，对外开埠，始建大连港。1902 年设立市长属下的大连港务局。1904 年日俄战争爆发，日军占领大连港。1907 年，满铁经营大连港。1929 年，大连码头工人工会成立。这是中国共产党在大连建立的第一个工会组织。1945 年苏军接管大连港，设立大连中苏自由港。1951 年，苏联政府将大连港移交中国政府。1960 年经国务院批准，大连港对外开港。1972 年，大连港至上海集装箱航线开通。这是中国内地最早的水路集装箱航线。1982 年，大连港务管理局改制为大连港口管理局、大连港装卸联合公司。1994 年 2 月 21 日，大连至韩国集装箱班轮航线开通。1994 年 10 月 1 日，大连至日韩集装箱班轮开通。1997 年 5 月 13 日，大连至东南亚集装箱班轮开通。8 月 24 日，大连至美国西海岸集装箱干线班轮开通。2003 年 4 月，以大连港务局为主体成立大连港集团有限公司。2005 年 11 月，成立大连港股份有限公司。2006 年 4 月，大连港股份有限公司 H 股股票成功在香港上市，大连港在建立股权多元化的现代企业制度方面实现了历史性突破。现在，大连港基本建成多功能、全方位、现代化国际大港。

2. 主要成果

大连港几代人励精图治、奋发图强，取得令世人瞩目的成就。大连港位于西北太平洋的中枢，是东北亚经济圈的中心，是转运远东、南亚、北美、欧洲货物最便捷的港口。大连港口港阔水深，不淤不冻，自然条件非常优越。大连港口自由水域为 246 平方千米，陆地面积约 15 平方千米。港内铁路专用线 160 多千米、仓库 30 多万平方米、货物堆场 180 万平方米、各类装卸机械千余台。拥有集装箱、原油、成品油、散矿、粮食、煤炭、滚装等现代化专业泊位 100 多个，万吨级以上泊位 70 多个。大连港拥有 30 万吨级原油码头和 30 万吨级矿石码头。目前，大连港集团已与世界 160 多个国家和地区、300 多个港口建立了海上经贸航运往来，开辟了集装箱国际航线 75 条，已成为全国主要集装箱海铁联运和海上中转港口之一。大连港曾荣获“国家质量管理奖”“全国企业管理优秀奖（金马奖）”“中国土木工程詹天佑大奖”“东北亚最具影响力港口奖”“全国交通运输系统先进集体”“全国职业道德建设十佳单位”“全国精神文明创建工作先进单位”等称号。

3. 突出特点

百年风雨洗礼，世纪沧桑巨变。大连港已建成集疏运条件优良、设备设施配套齐全、服务功能完善的现代化综合性港口，成为全国主要集装箱海铁联运和海上中转港口之一。一是战略定位明确。为建设全方位、多功能、现代化国际大港的梦想和追求，大连港“以经营国际化、服务物流化、管理数字化”的发展战略，打造胸怀大海、港容天下的企业精神，坚持与时代同进步，与客户共发展，秉承“客户需求是我们的责任、客户满意是我们的标准”的经营服务理念，为中外客户提供优质高效的服务。二是企业文化引领。大连港将以港兴市、产业报国作为使命，坚持“人为本、客为上、责为先”的价值观和发展始于承继、卓越源于创新的发展理念，秉持港通四海、诚纳天下的企业精神和万事人为重、成业才为先的人才理念，坚守为客户增值的服务理念和诚信增值、安全环保的经营理念。三是码头顺应市场。大连港是位于西北太平洋中枢，是正在兴起的东北亚经济圈的中心，是该区域进入太平洋、面向世界的海上门户。大连港已拥有集装箱、原油、成品油、散矿、粮食、煤炭、滚装等现代化专业泊位 80 多个，万吨级以上泊位 50 多个。

七、百年制药企业焕发新活力

医药行业是国民经济的重要组成部分，与人民群众的生命健康和生活质量等切身利益密切相关。中药企业是中国医药行业的重要组成部分，受到全社会的关注和产学研各界的广泛认同。方向决定前途，道路决定命运。我国百年中药制药企业把命运掌握在自己手中，方向有志不改，道路坚定不变。

（一）同仁堂

中国北京同仁堂（集团）有限责任公司（简称同仁堂）创建于 1669 年，创始人乐显扬，至今已有 300 多年历史，总部位于北京市。

1. 发展历程

同仁堂属于中医药行业的老字号，是中华传统医药文化的象征。乐显扬祖籍浙江宁波，后移居北京。乐家祖辈三代行医。乐显扬自幼耳濡目染。创业者乐显扬在收集整理大量宫廷秘方、古方、民间验方及自家祖传秘方的基础上，于1669年开办京城同仁堂药室，尊崇“可以养生，可以济世者，惟医药为最”。他制作的丸药，患者用后疗效显著，因此逐渐名扬京城，创办同仁堂。其子乐凤鸣继承祖业，提出“炮制虽繁，必不敢省人工；品味虽贵，必不敢减物力”。著名的乌鸡白凤丸由乐凤鸣的曾孙发明，需用产自江西泰和的乌骨鸡、数十味药材，放入可盛数百斤药料的大铜锅里熬两天两夜，经多道工序，方能制成药丸。同仁堂自1723年开始供奉御药，历经八代皇帝，历史悠久。中华人民共和国成立后，同仁堂经历了从家族式作坊到公私合营企业，再到国有企业的转变。改革开放以来，同仁堂的事业发展迅速。1992年，中国北京同仁堂（集团）有限责任公司组建成立。1997年，集团成立了北京同仁堂股份有限公司，主要负责传统中医药项目，同年6月，股票在上海证券交易所上市。2000年10月30日，同仁堂控股的北京同仁堂科技发展股份有限公司在香港创业板挂牌交易，成功开创了大陆上市公司进行海外分拆上市的先例。

2. 主要成果

同仁堂是国内最负盛名的百年老店，获得“中国国家级非物质文化遗产”的荣誉。同仁堂控股的北京同仁堂科技发展股份有限公司有三大板块业务：传统中药的现代化改造、高科技生物制品的开发、中药电子商务。同仁堂科技发展股份有限公司募集的资金投向主要为抗病毒感冒新药、心血管疾病药、治疗更年期疾病新药研制及建立销售网络等项目。这些项目成为同仁堂新的利润增长点。同仁堂大栅栏门市部经过翻建，已改造成宽敞明亮的三层大楼。药店旧貌换新颜，珍贵药品琳琅满目，中外顾客络绎不绝。同仁堂先后荣获“高质量发展百强企业”“科技创新企业”等荣誉称号。同仁堂感冒清热颗粒、同仁堂六味地黄丸、同仁堂牛黄解毒片等药品被评为北京名牌产品。2020“健康中国·品牌榜”发布，同仁堂安宫牛黄丸获“脑血管用药金奖”，同仁堂获“滋补药金奖”。因在抗击新冠肺炎疫情中的突出表现，中国北京同仁堂（集团）有限责任公司获“心怀大爱战疫担当奖”。

3. 突出特点

同仁堂秉承弘扬中华医药文化，引领绿色医药潮流，提高人类生命与生活质量的理念。一是坚守诚信经营。同仁堂在300多年的历程中，历代同仁堂人始终恪守“炮制虽繁，必不敢省人工；品味虽贵，必不敢减物力”的古训，树立“修合无人见，存心有天知”的自律意识，造就了制药过程中兢兢小心、精益求精的严细精神，其产品以“配方独特、选料上乘、工艺精湛、疗效显著”而享誉海内外。二是持续创新发展。老字号商品承载着历史积淀，经受了市场洗礼，得到了普遍认可。同仁堂卖了300多年中药，近年开起了咖啡店，推出同仁堂化妆品等，开启跨界经营模式。三是开拓海外市场。同仁堂利用国际资本市场推进中药现代化，使优秀的传统中药产品打入国际医药主流市场。

（二）陈李济

广州白云山陈李济药厂有限责任公司（简称陈李济）隶属于广州医药集团有限公司，创建于1600年，总部位于广东省广州市。

1. 发展历程

陈李济是全国医药行业著名的老字号，始创于1600年，迄今已有400余年。这是我国中药行业中国家认定的“中华老字号”，英国吉尼斯世界纪录“全球最长寿药厂”。陈李济传统中药文化入选“国家级非物质文化遗产名录”。创立之时，陈李济采取陈李两姓合股经营、两族轮流管理的家族经营方式。在清代，同治皇帝因服其“追风苏合丸”，药到病除，称其神效，获“杏和堂”商标。1922年在香港开设支店和制造厂，为发展对外贸易奠定了基础。1935年在上海开设支店。抗日战争后，将上海支店移至新加坡。1942年在澳门新马路开设支店。1954年公司合营时期，以陈李济为主厂，先后并入神农、万春园、伟氏、冯致昌、何鸿仁、燮和堂、橘香斋七家药厂，并与甘泉药社、大生合记蜡店等组成广州陈李济联合制药厂。“文革”期间，改为广州中药二厂。1980年，陈李济恢复广州陈李济药厂，2010年完成公司制改革，成为有限责任公司。

2. 主要成果

创立400多年的陈李济，被吉尼斯世界纪录认证为“全球最长寿药厂”，陈列室具有沁人心扉的中药闻香。店内陈列着药臼、搓丸板、药包等多种中药制作器具，吸引不少游客拍照打卡。陈李济产品形成心脑血管类、风湿骨痛类、妇科类、滋养类、呼吸类、消化类六大系列，主要有壮腰健肾丸、补脾益肠丸、乌鸡白凤丸、后疾灵胶囊、咳喘顺丸、养心宁神丸、舒筋健腰丸、昆仙胶囊，以及植物饮料、药妆品等大健康系列产品。陈李济一直以陈皮闻名。陈李济又推出“陈皮 + 茶叶”“陈皮 + 山楂”“陈皮 + 黑糖”等一系列养生茶饮健康零食产品，新鲜的组合迈出了跨界融合的探索。无论陈皮加什么，陈李济都坚持用最好的原料、最优的工艺。陈李济传承精华、守正创新，从时尚、科技、文化多维度发力，让老字号发扬光大。2016 年，陈李济被国家中医药管理局命名为“陈李济传统中医药文化宣传教育基地”。2019 年 11 月，“国家级非物质文化遗产代表性项目保护单位名单”公布，广州白云山陈李济药厂有限公司荣获“传统中医药文化（陈李济传统中药文化）”项目保护单位资格。

3. 突出特点

百年陈李济坚持传统，在传统中谋求创新，传承中药工艺，创新中药产品，推广企业品牌，实现稳步发展。一是以诚信立足企业。陈李济因诚信立业，依诚信发展。陈李济人传承“工艺虽繁必不减其工，品味虽多必不减其物”的制药宗旨，悉心研制炮制技术，形成陈李济的特色工艺。二是以创新发展企业。陈李济紧紧依靠科技创新带动企业发展，产品不断推陈出新，让陈李济在中药行业稳步前行，其工艺不断创新，蜡壳药丸包装工艺等被广泛采用。三是以文化传承企业。2004 年，陈李济建立了岭南地区中药行业博物馆，以中药传统制作工艺为主要内容，以场景为表现形式，配合多种演示手段，展现中药历史、中药工艺，让源远流长的中医药文化和岭南特色文化得以更广泛的普及和弘扬。陈李济承继传统中药工艺，宣传推广企业品牌，逐渐打造了具有特色的企业文化，包括合作济世的创业文化、首创蜡丸的兴业文化、古方正药的守业文化、百年陈皮的精业文化、红色血脉的敬业文化。四是以慈善弘扬企业。陈李济热心公益慈善事业。2014 年，陈李济在广州举办了一场公益慈善拍卖会，献出 50 克珍藏了 30 年的秘制陈皮作为本次拍卖会拍品。此次拍卖会所拍得的善款全部作为公益基金，用于医疗事业。

（三）白云山中一药业

广州白云山中一药业有限公司（简称白云山中一药业）的前身创立于 1662 年，是一家拥有 300 多年历史的现代大型中成药生产企业，隶属于广州医药集团有限公司，总部位于广东省广州市。

1. 发展历程

白云山中一药业起源于岭南。康熙年间，岭南医药文化在中原医药文化的影响下趋于繁盛，中成药制作工艺已经较为成熟，众多名医名店纷纷涌现，呈现百花齐放的发展之势。追溯白云山中一药业的起源，黄中璜药店创建于1662年，保滋堂创建于1669年，贵宁堂马伯良药店始创于1820年，广芝馆、集兰馆、梁财信、刘贻斋等也有300多年历史。中华人民共和国成立后，党和政府对医药行业采取扶持政策，使饱受摧残的中成药业开始复苏。1956年6月1日，保滋堂、崇佛氏等8家私营厂合并组成公私合营保滋联合药厂。1956年马伯良等10个厂组成公私合营马伯良联合制药厂，1966年改名为广州中药四厂。1961年9月，公司合营保滋联合制药厂、公私合营迁善堂联合制药厂及地方国营为群磨粉厂合并成为保滋堂联合制药厂。1965年10月，广州医药行业进行调整，保滋堂联合制药厂改名为广州中药一厂。1977年7月，广州中药一厂和广州中药四厂合并，延用广州中药一厂的名字。1999年，广州中药一厂吸收合并了广州众胜药厂，并从工厂制改为公司制。2020年1月，广州中药一厂改制为“广州中一药业有限公司”，再到2012年5月18日更名为“广州白云山中一药业有限公司”。白云山中一药业坚定中医药文化保健的信仰，精心研制出一批享誉九州的古方良药。历经300多年的 变迁，先后合并46家老字号，从前店后作坊式、公私合营、国有药厂再到股份制改革，一路变迁面对太多的诱惑，白云山中一药业始终坚定中医药文化的信仰，坚持发展中医药事业的理念，一直坚持中成药主业不变，从未涉足其他行业，不追求经济利益最大化、不改初衷。

2. 主要成果

白云山中一药业历史悠久，在发展过程中，逐渐形成以治疗糖尿病及消化道、妇科、外科、五官科用药5大产品线为主导，以“保婴丹”“安宫牛黄丸”“消渴丸”“滋肾育胎丸”等为代表的6大剂型130多个品种的产品系列，以及具有深厚中医药文化底蕴和鲜明岭南特征的名优中成药泽惠于民，成为岭南中成药制造企业的杰出代表之一。白云山中一药业践行“嘘寒问暖，始终如一”的企业宗旨，坚定中医药文化信仰，不断完善制度体系，持续完善员工激励机制，激发员工创造性，让每一位员工都成为品质的守护者。2002 年，白云山中一药业的拳头产品“消渴丸”在国家中药保护品种续保成功。依据法律规定，中药保护品种保护期为 7 年，且只能续保一次。2009 年，“消渴丸”保护到期后已不是独家品种，而“消渴丸”的销售收入占白云山中一药业收入的 70% 以上。白云山中一药业通过实施“传承品质文化创新驱动发展”品牌战略，克服因经济下行而带来的企业经营难题，持续改善企业生产经营质量，有效提升企业整体业绩水平，使主要经济指标稳步提高。白云山中一药业拥有“中一”和“白云山”两大中国驰名商标。“中一”商标连续多年获得广州市著名商标，连续获得广东省著名商标。2011 年，“中一”品牌被认定为中华老字号。2012 年，“中一”品牌被认定为中国驰名商标。“白云山”品牌是目前已经公布过的药品行业价值最高的中国驰名商标之一。白云山中一药业既做中医药文化的传承者，又做中医药文化的弘扬者，通过打造中医药文化科普基地、中医药保健知识养生文化基地、品质保障示范基地、创新文化基地，利用“白云山中一健康之旅”、省工业旅游示范基地等对外窗口，向公众传播中医药文化、养生文化、精益品质文化、创新文化，为企业品牌发展搭建广阔的平台。近年来，白云山中一药业获得“全国模范劳动关系和谐企业”“广州市基层科普工作突出贡献单位”“中国医药企业党建和思想文化建设先进单位”“新中国成立 70 周年党建 + 企业文化实践创新 70 强”“全国用户最满意企业”“市场责任影响力企业”“广东省食品药品审评认证技术协会工作突出贡献奖”“新时代文明实践点”“广东省守合同重信用企业”“2020 年度企业文化建设示范单位”“中国中西医结合学会科学技术奖”等荣誉。消渴丸、滋肾育胎丸、安宫牛黄丸荣获“2019 年年度广东省医药行业名牌产品”称号。

3. 突出特点

白云山中一药业大力弘扬传统中医药文化，致力于人类健康事业的发展，推进以品质为核心的老字号品牌管理。一是持续保持高品质、低价格。白云山中一药业从创业之初就本着良药济世为民的宗旨，坚持平民路线，生产高品质、低价格的产品，服务普通大众，不走高端，将惠泽于民、造福社会视为己任，让每一个人都能平等地享受到优质中成药产品。多年来，对于白云山中一药业的药品，国家、省、市的监督抽查合格率均为 100%，重大质量事故发生率为零。二是持续推进生产工艺技术创新。白云山中一药业创新中成药现代化生产模式。中药的制丸工序原为手工制丸，技术落后，工人劳动强度大、粉尘大。白云山中一药业率先在国内中药企业中开始机制丸生产线的研究，并将其实际应用到“消渴丸”的制丸生产过程。传统中药丸剂的包衣一直采用较为落后的手工包衣法。白云山中一药业用新的包衣方法替代原有的手工包衣，创新开发出独特的“类薄膜包衣”技术。白云山中一药业通过加快技术设备升级改造，持续提升工艺技术水平，不断提高产品品质保障能力，发展成为一家现代化大型中成药制造企业。三是持续保持严控产品质量。白云山中一药业使用的黄芪是自己基地所种植的品种。这些黄芪是从当地野生的蒙古黄芪中选出优秀品种，通过家种培育出来品种，建立规范的黄芪种子田和育苗田，建立标准化的田间栽培管理操作规程，建立以指纹图谱为代表的黄芪药材综合评价质量标准等，从源头保证黄芪药材的质量稳定、可控。白云山中一药业针对制药生产运行、管理很大程度上依赖于经验，信息传递不及时，管理与生产脱节等问题，实施以优化整个生产过程为核心的制造执行系统，发挥其在整个生产过程中的控制作用，实现生产过程的最优化计划与调动、产品质量跟踪、操作条件优化、突发事件处理等功能，达到建立全程质量追溯体系，生产过程信息可视化、透明化，生产排程与执行跟踪，从而保证产品的优良品质。

（四）胡庆余堂

杭州胡庆余堂药业有限公司（简称胡庆余堂）创立于 1874 年，总部位于浙江省杭州市。

1. 发展历程

晚清“红顶商人”胡雪岩为“济世于民”于 1874 年筹建，1878 年成立胡庆余堂，将救死扶伤扩大到普通百姓。1914 年胡庆余堂在上海的北京东路开设了分号，取名上海胡庆余堂雪记国药号。1949 年后，胡庆余堂继承和发扬祖国的医药文化遗产，进行了大量的发掘、整理和研究工作。1999 年胡庆余堂顺利完成了国企改革。新的机制、新的观念、新的爆发力，实现新的跨越发展。胡庆余堂在 1874 年至 1958 年是前店后厂作坊企业，1958 年至 2003 年是主要以制胃复春等中成药为主的生产型企业。2003 年

3月26日，杭州胡庆余堂集团有限公司成立，迎来了快速发展时期。在胡庆余堂集团公司的旗下，拥有投资公司、药业公司、国药号、天然药物公司、参茸公司、医技公司、中医门诊、中药博物馆、旅行社、药物种植基地及中药现代化研究中心和天然药用植物研究中心等。胡庆余堂实现了从药材种植、饮片加工、成药生产、商业零售、医疗科研、工业旅游等为主导的中药产业。

2. 主要成果

胡庆余堂位于美丽的西子湖畔。胡庆余堂是一家中药加工生产商，服务涉及药材种植、饮片加工、成药生产、商业零售等，产品覆盖传统膏品、参茸名补、营养保健，以宋代药典为本，选用历朝历代的验方，以研制成药著称于世。胡庆余堂的制药技艺非常独特，身怀绝技、熟练掌握重要手工技艺的老药工成为社会的巨大财富。胡庆余堂在百舸争流中，扬中药瑰宝精髓，承载数千年中医药历史沉淀，在新时代焕发新活力，谱写新篇章。1988年，胡庆余堂古建筑纳入全国重点文保单位。2006年，胡庆余堂中药文化列入我国“第一批国家级非物质文化遗产名录”。2018年，胡庆余堂荣获“杭州五一劳动奖状”。

3. 突出特点

中药是我国民族瑰宝，有着悠久的历史。胡庆余堂在悠久的发展历史中，自强不息，锐意改革，崇尚科学，不断创新。一是货真价实。胡庆余堂一直秉承货真价实的制药理念，制药遵守祖训：“采办务真，修制务清”。所生产药品质量上乘，制造的药品货真价实。“真不二价”横匾悬挂在胡庆余堂国药大厅，体现了胡庆余堂的职业道德和对质量的执着追求。二是诚实守信。胡庆余堂门楼上保留着创始人胡雪岩所写的“是乃仁术”四个大字。胡雪岩坚持“戒欺”“是乃仁术”和“真不二价”等宗旨，沉淀了胡庆余堂丰富独特的文化，表达了创办药业是为了济世、广济于人，体现了难能可贵的诚实守信和治病救人的仁义。三是传承价值。胡庆余堂的制药技艺独特，保存了一批民间古方、秘方。由于现代技术发展、气候变化、环境污染等因素，胡庆余堂的传统中药受到冲击。为此，胡庆余堂投入一定的人力、物力、财力，制订切实可行的保护计划，传承胡庆余堂百年老店的价值。

（五）云南白药

云南白药集团股份有限公司（简称云南白药）始于1902年，总部位于云南省昆明市。

1. 发展历程

19世纪末，云南民间民医曲焕章根据明清以来流传于云南民间的中草药物，苦心专研试验，反复改进配方，于1902年创制出一种伤科药，取名“曲焕章百宝丹”，俗称“云南白药”，并演化为三丹一子（普通百宝丹、重升百宝丹、三升百宝丹、保险子）。而后，百宝丹的声誉从国内走向新加坡、日本、仰光、曼谷、雅加达等国家和地区。1955年，曲焕章的家人将此秘方献给政府，由昆明制药厂生产，改名为“云南白药”。1971年，云南白药厂成立。云南白药紧跟市场步伐，做出一系列改革。1993年改制为云南白药实业股份有限公司，并登陆深交所，成为中国医药行业首家上市公司。1995年，云南白药被列为“国家一级保护品种”。直到今天，云南白药的配方仍然秘而不宣。2016年，云南白药在控股层面以增资扩股方式实施混合所有制改革，吸收了新华都和江苏鱼跃民营资本，至2019年完成改革并实现整体上市。

2. 主要成果

云南白药是著名的国产成药。自1902年问世以来，云南白药驰名中外，名扬四海。云南白药具有止血镇痛、消炎散肿、活血化瘀、瘀伤调经、排脓去毒、防腐生肌等功能。云南白药经营范围涉及化学原料药、化学药制剂、中成药、中药材、生物制品、保健食品、化妆品及饮料的研制、生产、销售等。20世纪90年代，云南白药以创可贴为代表的新型产品快速抢占白药最核心的小伤口护理市场份额，使用不便且品牌老化的白药散剂年销售量从鼎盛时的1亿瓶骤降至几百万瓶。为从根本上扭转这种状况，1999年，云南白药开始企业再造。通过设立内部创业机制、建立首席科学家制等，推出云南白药创可贴，重新夺回中国小伤口护理市场份额第一名。为进一步延伸白药的品牌竞争力，2006年，云南白药提出“稳中央、突两翼”的战略转型方向，将以创可贴为代表的材料科学和以牙膏为代表的个人护理产品作为发展的两翼，实现企业发展新的突破。2010年，云南白药提出“新白药、大健康”战略，稳步推进将传统中药融入现代生活，推出牙膏、豹七三七粉、洗发水、面膜、蒸汽眼罩等新型大健康产品，打造大健康产品和服务生态体系，成功实现企业形象和产品形象从伤科护理向为消费者创造现代健康新生活方式转变。在战略指引和不断创新的支撑下，从2006年起，云南白药各项经营指标稳居行业前列，品牌价值稳居行业前列，运营能力、管理效率、品牌形象和品牌价值均取得跨越式发展。云南白药创造的“低纬高原地区天然药物资源野外调查与研究开发”项目，获得国家科技进步一等奖。云南白药入选中国装备制造业100强名单。

3. 突出特点

云南白药经历120年的发展，不断改革创新，逐步发展成为我国大健康产业领军企业之一。一是验证疗效显著。云南白药作为一种誉满中外的伤科中成药，经过100年来的临床验证，确有其独特、卓著的疗效，故为医学专家和病人所习用。二是传承品牌信誉。云南白药传承“顾客至上、信誉第一”的服务宗旨，遵循“高效、安全、快捷、满意”的服务准则，立足云南，覆盖西南地区，通过不断提升服务能力，建立医药及健康产品物流服务供应商的品牌地位。三是加强党的领导。云南白药身处竞争激烈的药品行业，始终加强党的领导，结合云南白药实际，把党的领导与现代企业制度紧密结合，使党建工作有效融入生产经营管理并发挥重要作用。

八、百年酿酒企业焕发新活力

酿酒行业包括白酒制造、啤酒制造、黄酒制造、葡萄酒制造和其他酒制造。我国百年酒类品牌有很多，但由于诸多原因，品牌与企业既有联系，又不能等同。因此出现了中国酿酒企业的特有现象，品牌超过百年，但注册的企业比较年轻。百舸争流，大浪淘沙。我国百年酿酒企业历尽苦难，每一步都不是轻而易举，每一步都镌刻着消费者的信赖、创新者的激情和奋斗的艰辛。

（一）茅台集团

中国贵州茅台酒厂（集团）有限公司（简称茅台集团）始创于1704年的茅台镇，总部位于贵州省遵义仁怀市。

1. 发展历程

“偈盛酒号”是茅台镇最早的烧酒作坊之一。1704年，偈盛酒号将自家酿造的酒定位为“茅台酒”。后来，茅台酒远近闻名，茅台镇的其他烧酒作坊也纷纷使用茅台酒这个名字。而1704年也被认定为茅台酒可溯的历史源头。1862年，茅台酒坊主要有3家：成义烧坊、荣和烧坊和恒兴烧坊。1935年1月，中央红军到达茅台镇。为避免敌军的围剿，正准备从茅台镇第三次渡过赤水河的红军，以茅台酒消除疲劳和疗伤。中华人民共和国成立后，1951年，仁怀县政府把成义、荣和、恒兴三家烧坊整合为国营茅台酒厂。1953年更名为贵州省茅台酒厂，从此酒厂不断发展壮大。1986年，茅台酒厂推出“珍品茅台酒”，商标设计时使用了“1704”印章，象征着茅台酒的悠久历史和高端品质。1997年1月成立茅台（集团）有限责任公司，逐步建立起现代企业制度。1999年集团公司实现股份化，成立了贵州茅台股份有限公司，朝着建设规模效益型和多元化生产的现代企业道路上前进。

2. 主要成果

茅台酒有悠久的酿造历史、独特的酿造工艺、上乘的内在质量、深厚的酿造文化，以及历史上在中国政治、外交、经济生活中发挥的无可比拟的作用。茅台酒因产于遵义赤水河畔的茅台镇而得名。茅台酒的酿制技术被称作“千古一绝”。茅台酒生产周期为7个月。蒸出的酒入库贮存4年以上，再与贮存不同年份的陈酿酒勾兑，最后经过化验、品尝，再装瓶销售。1915年在巴拿马世博会获得金奖。中华人民共和国成立后，茅台酒多次获奖，远销世界各地，被誉为“世界名酒”“祖国之光”。贵州茅台酒的风格特点是“酱香突出、幽雅细腻、酒体醇厚、回味悠长、空杯留香”等。其特殊的风格来自历经岁月积淀而形成的独特传统酿造技艺。1953年、1963年、1979年、1984年、1989年，茅台酒获全国第一、二、三、四、五届评酒会“国家名酒金奖”。1986年，茅台酒获“法国巴黎第十二届国际食品博览会金奖”。1989年和1991年，茅台酒两次获得“北京国际博览会金奖”。1992年，茅台酒荣获“日本东京第四届国际名酒博览会金奖”。在2020中国品牌500强排行榜中，贵州茅台排名第24位。2020年10月16日，茅台酒荣获“2020年全国脱贫攻坚组织创新奖”称号。

3. 突出特点

茅台古镇历史悠久，源远流长。茅台酒是中国的传统特色产品，生产工艺古老独特。茅台集团承继古代酿造工艺的精华，闪烁着现代化科技的光彩。一是坚持高质量发展，赓续企业发展新篇章。茅台集团立足新起点，着力新要求，锚定新目标，全力推动茅台集团高质量发展。茅台集团把质量视为生命，坚守“崇本守道、坚守工艺、贮足陈酿、不卖新酒”的质量理念，大力弘扬工匠精神和绣花精神，为消费者提供一流产品。二是承继传统工艺，提升茅台酒质量。茅台作为传统酿造企业，工艺的传统尤为重要。正是工匠精神撑起茅台今天的发展。茅台的工匠精神将茅台的酿造工艺一代代地传承下去，让茅台更加兴旺发达。三是履行社会责任，展现企业经营新境界。茅台集团奉行“大品牌大担当”的社会责任观，积极践行社会责任，持续为广大股东带来丰厚回报。严控市场价格，把老百姓喝得起、承受得了作为价格高低的重要检验标准。大力实施精准扶贫，在捐资助学、扶贫济困、义赈救灾、环境保护、扶农兴农，以及支持地方政府改善交通环境等方面做出重要贡献。四是对标世界一流，提升企业管理新水平。茅台集团以对标世界一流为切入点，以加强管理体系和管理能力建设为主线，充分结合茅台发展实际，全面开展对标世界一流管理提升行动，企业呈现出经济运行良好、管理基础不断夯实、创新成果不断涌现、信息化水平不断提升的良好局面。进一步健全完善符合茅台实际、具有茅台特色的对标提升任务指标体系，主动作为，砥砺奋进。在对标中找差距，在对标中创新，在对标中提升，在对标中赶超，全力推动茅台集团高质量发展。

（二）汾酒集团

山西杏花村汾酒集团有限责任公司（简称汾酒集团）是中国古老历史名酒杏花村、汾酒的承继企业，始创于 1915 年以前。汾酒集团为国有独资公司，由山西省国资委监管，总部位于山西省汾阳市。

1. 发展历程

汾酒产于山西省汾阳市杏花村，属于大曲清香型酒，以清澈干净、幽雅纯正、绵甜味长即色香味著称于世。汾酒有着 4000 年左右的悠久历史，1500 年前的南北朝时期，汾酒作为宫廷御酒受到北齐武成帝的极力推崇，被载入二十四史，使汾酒一举成名。100 多年前，山西高粱汾酒的老掌柜杨得龄先生以报国热情，喊出了“振兴国酒、质优价廉，决不以劣货欺世盗名”的豪迈誓言。1915 年，汾酒在巴拿马万国博览会上荣获一等优胜金奖后，名声大噪。于是，阎锡山责令其副官集资设立晋裕汾酒有限公司，吞并了杏花村的大小酒家。1948 年汾阳解放后，汾酒获得了新生。1949 年国营杏花村汾酒厂成立，继承了先代留下的宝贵文化遗产，在承袭传统的基础上不断创新，拓展出“以我为主、博采众长、继承精华、自成一体”的质量管理体系。改革开放以来，汾酒人继续坚持高质量立厂、严管理治厂、科技进步兴厂、艰苦奋斗建厂的方针，内抓管理，外拓销售，企业规模和综合实力不断壮大。1993 年 8 月，国营山西杏花村汾酒厂改组为山西杏花村汾酒（集团）公司。同年，进行了企业股份制改造，山西杏花村汾酒（集团）公司拿出生产主体部分成立了山西首家上市公司——山西杏花村酒厂股份有限公司。2002 年 3 月 2 日，经山西省政府授权，在原山西杏花村汾酒（集团）公司基础上，改组成立了山西杏花村汾酒集团有限责任公司，企业由此走上了现代化、市场化的创新发展之路。

2. 主要成果

汾酒集团以生产经营中国名酒汾酒、竹叶青酒为主营业务，是全国最大的名优白酒生产基地之一。汾酒从 1915 年巴拿马万国博览会一举夺魁，到第一枚白酒商标的注册，再到国内白酒第一股上市，汾酒连续创造了中国白酒行业的诸多第一。1952 年，汾酒在全国第一届评酒会上被评为“国家名酒”，成为我国“老四大名酒”之一。自 1953 年以来，连续被评为全国“八大名酒”，1980 年荣获国务院颁发的金质奖章。20 世纪 80 年代，汾酒获得全国轻工业最佳经济效益“六连冠”，成为中国酒届的“汾老大”。汾酒在 2019 年全年销售额达到 118 亿元，跻身白酒行业百亿俱乐部，品牌价值大幅提升。山西汾酒重点打造的是“青花瓷 30”，定位次高端。汾酒集团的文化建设是从杏花村 4000 多年的酿酒发展中总结和提炼出来的，以“中国酒魂”为旗帜，用“中国酒魂定位”和“中国酒魂信仰”，形成以汾酒历史文化体系、汾酒诗文书画体系、汾酒酒器酒具体系、汾酒传说典故体系、汾酒产品文化体系为主的酒文化；以“诚信、专注、创新、开放”为汾酒精神的企业文化；让汾酒成为世界第一文化名酒，让竹叶青品牌成为世界第一养生酒品牌，让杏花村酒成为最受大众喜欢的第一“民酒”品牌的文化体系。

3. 突出特点

汾酒集团把握中国白酒业市场走势，审时度势，科学论证，努力将企业发展成为品牌国际化、机制市场化、组织高效化、管理现代化的大型名酒集团。一是以改革促进企业发展。随着长期积淀的体制性、结构性矛盾在汾酒发展过程中日益显现，汾酒业绩增长充满变数，在压力增大的背景下，汾酒集团下定决心主动深化改革，让员工意识到改革只有靠自己，鼓励大家在改革中经受考验，让员工形成团队向心力。汾酒集团与下属11家酒类营销单位签订目标考核责任书，下放人事调配考核激励等12项权利。随着人事调配权的下放，契约化的人事制度改革迅速启动。汾酒销售公司率先推行科级以上干部集体解聘职务，采用聘任新机制，推翻“铁交椅”，有效解决了“干部能上不能下、收入能高不能低”的问题。这种强激励、硬约束的机制创新理念充分激发了营销队伍的活力。二是通过战略调整企业。在主业资产注入方面，汾酒集团通过股权、资产、业务整合等多种方式，将10项酒类及相关业务资产注入上市公司，资产证券化率达到92%，实现了整体上市目标。在剥离非主业资产方面，按照专业化经营要求，汾酒集团将与酒业无关的资产，按照不同类别采取无偿划转、市场化转让、清算注销等方式进行剥离处置。三是做强做优企业。汾酒集团分别与华致酒行、永辉超市、泰山名饮及重庆鲁威酒类销售公司等经销商签约。从北京、成都、深圳到重庆，从名酒连锁到精品超市，以青花汾酒30复兴版为引领，提速全国化市场建设。2020年以来，汾酒集团实施双轮驱动战略，国际国内市场齐头并进。面对国内国际新形势，汾酒集团以国内大循环为主体，以国内国际双循环相互促进，以世界标准为理念，不断提升汾酒竞争优势。四是以文化引领企业。汾酒的核心竞争力是文化。汾酒集团抓住文化就找到了汾酒差异化竞争的途径。把文化力转化为营销力就是汾酒加速崛起的最佳道路。汾酒集团总结出来的“诚信、专注、创新、开放”的企业文化范畴，确立的“用心酿造，诚信天下”的价值观，构成汾酒集团的中国酒魂理念识别系统，构建起党建文化、制度文化、管理文化、用人文化、责任文化、视觉文化、产品文化等，从而形成汾酒独特的企业文化格局。

（三）衡水老白干

河北衡水老白干酿酒（集团）有限公司（简称衡水老白干）的历史可以追溯到汉代，始建于 1915 年以前，总部位于河北省衡水市桃城区。

1. 发展历程

衡水老白干历史悠久，源远流长。早在汉代时，衡水白酒就有质佳的文字记载。明朝嘉靖年间，衡水白酒取名“老白干”。“老”是指其生产悠久，“白”是指其酒体无色透明，“干”是指其用火燃烧后不出杂质，即纯。这三个字，准确概括了衡水老白干的特点。1946 年，衡水解放后，政府把当时的 18 家个体酿酒作坊收归国有，成立了冀南行署国营制酒厂，后改为河北衡水老白干酒厂。1952 年，衡水老白干作为抗美援朝慰问品，随祖国慰问团赴朝慰问中国人民志愿军。1996 年 12 月 12 日，河北衡水老白干酒厂改制为河北衡水老白干酿酒（集团）有限公司。经过发展，衡水老白干规模不断扩大，1999 年 12 月 30 日，河北衡水老白干酒业股份有限公司成立。

2. 主要成果

衡水老白干具有芳香秀雅、醇厚丰柔、甘洌爽净、回味悠长的特点，享有“隔壁千家醉，开坛十里香”的美誉。衡水老白干是享誉世界的驰名品牌，在 1915 年巴拿马万国博览会上获得金奖；2006 年衡水老白干被商务部评为“中华老字号”；2008 年衡水老白干酒的酿造技艺被文化部认定为“非物质文化遗产”；2010 年，衡水老白干荣获上海世博会“千年金奖”；2018 年，荣获“拉斯维加斯世界烈性酒大赛最高奖双金奖”；2019 年 7 月，荣获“全国模范劳动关系和谐企业”；2019 年 8 月 12 日，被中国质量协会评为“全国质量奖”。曾被授予“五一劳动奖状”“中国食品优秀企业”“产品质量信得过企业”等称号。

3. 突出特点

衡水老白干以“传承千年匠心、酿造美好生活”为使命，把现代化管理和传统工艺结合起来，使产品质量不断提高，产品品种不断增加，企业影响力不断扩大。一是弘扬品牌。衡水老白干大力实施品牌发展战略，深度挖掘衡水老白干酒文化，丰富衡水老白干的历史内涵，精心打造企业形象和品牌形象，强化品牌运作，加大品牌宣传力度，使衡水老白干酒焕发出新的光彩和活力。二是坚持创新。衡水老白干坚持走技术创新和产品创新的道路，通过加强技术创新，不断研发中高档产品，优化产品质量，提高产品内涵。三是拓展市场。以衡水老白干酒为主业，拓展产业链条，做大、做名、做强酿酒产业，积极开辟全国各地市场，实现企业持续、健康、快速发展。

（四）青岛啤酒

青岛啤酒股份有限公司（简称青岛啤酒）始创于1903年，迄今已有119年历史，总部位于山东省青岛市。

1. 发展历程

青岛啤酒厂由英国和德国商人于1903年创办，时名“日耳曼啤酒股份公司青岛公司”，生产设备、原材料从德国进口。1914年11月11日，第一次世界大战爆发以后，日本侵占青岛。1916年日本东京都的“大日本麦酒株式会社”以50万银圆买下日耳曼啤酒股份公司青岛公司，更名为“大日本麦酒株式会社青岛工场”，仍生产黄啤酒和黑啤酒。1939年，大日本麦酒株式会社青岛工场建立制麦车间试用山东大麦酿制啤酒，效果良好。1942年，青岛工场大规模扩建，增建了储酒罐，安装了一整套装酒设备，使啤酒产量增加到4663吨。1945年日本投降后，青岛市政府派员接管了大日本麦酒株式会社青岛工场，厂名改为青岛啤酒公司。1946年，青岛啤酒公司定名为青岛啤酒厂。1948年，青岛啤酒开始大批量出口新加坡。1949年6月2日，青岛解放，青岛啤酒厂更名为国营青岛啤酒厂。1972年，青岛啤酒进入美国市场。1977年后改为青岛啤酒制药厂。1988年青岛啤酒在美国的销售量达到124万箱。青岛啤酒远销美国、日本、德国、法国、英国、意大利、加拿大、巴西、墨西哥等71个国家和地区。20世纪90年代初，青岛啤酒与另外3家企业联合，成立青岛啤酒股份公司。国营青岛啤酒厂更名为青岛啤酒股份有限公司。1993年7月15日，青岛啤酒股票在香港证券交易所上市。同年8月27日，青岛啤酒在上海证券交易所上市，成为中国首家在两地同时上市的公司。青岛啤酒经过百年之旅，从规模大起来、竞争力强起来，到迈向体验充满艺术性、文化感，将卓越功能、非凡体验、文化符号三种价值融为一身。

2. 主要成果

青岛啤酒历史悠久，深受国内外消费者青睐，企业和品牌的影响很大，成为享誉全球的酿酒企业和全球啤酒饮料行业的“灯塔工厂”。“灯塔工厂”是由达沃斯世界经济论坛和麦肯锡咨询公司共同遴选的“数字化制造”和全球化 4.0 示范者。一是并购重组做大青啤。对于啤酒行业来说，大型酿造厂能够获得规模经济效益，降低单位产品成本，提高边际收益率。20 世纪 90 年代后期，青岛啤酒运用兼并重组、破产收购、合资建厂等多种资本运作方式，在国内 19 个省、区、市拥有 50 多家啤酒生产基地，完成了全国性的战略布局。2020 年 8 月，青岛啤酒集团收购了瑞士雀巢中国水业务，这为新业务板块发展增加了一个助推器。团队带来了，市场带来了，水工厂也带来了。二是个性化生产服务做精青啤。通过个性化、定制化生产，打造智能工厂，青啤产量快速增长。从规模化到个性化，对效率是一个挑战。青岛啤酒通过内外部的流程优化与再造，通过设备、管理等提升，青岛啤酒从最少要生产 3000 箱到最少可以定制 15 箱，让总有一瓶适合你变成现实。通过内部外部流程化，私人订制啤酒的周期从最初的 40 天缩短到 7 天。三是打造知名品牌做强青啤。1906 年，青岛啤酒在慕尼黑国际博览会上获得金奖。20 世纪 80 年代，青岛啤酒三次在美国国际啤酒大赛上荣登榜首。1981 年、1985 年、1987 年，青岛啤酒在美国华盛顿、密西西比州举行的三次品酒会上三次荣登榜首，成为美国市场上销量最多的亚洲啤酒。1991 年、1993 年、1997 年，青岛啤酒分别在比利时、新加坡和西班牙国际评比中荣获金奖。1991 年，青岛啤酒创办“青岛国际啤酒节”，其后每年举办一次，成为享誉国内外的盛会。1998 年青岛啤酒制定了大品牌发展战略，以成为拥有全球影响力品牌的国际化大公司为愿景，从“做大做强”转为“做强做大”，酿造全球消费者喜好的啤酒，为生活创造快乐。2008 年青岛啤酒为北京奥运会赞助商，跻身世界品牌 500 强。2010 年，荣获“中国 500 强最具价值品牌”。2019 年 12 月 18 日，青岛啤酒在《人民日报》“中国品牌发展指数”100 榜单中排名第 91 位。2020 年 5 月 10 日，中国亚洲经济发展协会品牌管理专业委员会和亚洲品牌网联合主办的“2020 中国品牌 500 强”发布，青岛啤酒排名第 92 位。青岛啤酒的品牌价值连续多年位居世界啤酒行业前列。

3. 突出特点

青岛啤酒在过去的119年，意气风发，敢于争力，在啤酒这个赛道上连续奔跑，秉承质量优先、战略驱动、创新引领、改革推进，跑成了世界名牌。一是坚持企业发展质量优先。青岛啤酒选用优质大麦、大米、上等啤酒花和软硬适度、洁净甘美的崂山矿泉水为原料酿成。青岛啤酒自1903年诞生就是中国啤酒的领航者，品牌深入人心。青岛啤酒秉承“好人酿好酒”的百年世训，坚持“慢、专、精”，恪守用最长低温发酵工艺，通过长时间实践，逐渐积累形成了质量文化，以工匠精神建立更科学的技术标准、更严格的管理标准和更精细的操作标准。从田野到餐桌，每瓶青岛啤酒都要接受1800多项质量考验，保证青岛啤酒产品的安全、天然和新鲜。比如，作为原料之一的水要经过7道工序处理，每次检验包含50多个指标，且工作人员每两小时就要品尝一次，辨别可能出现的口感差异；大米采用3天之内脱壳的，一旦超过规定时间就不能再用于酿酒了。二是坚持以消费者为中心的战略升级。创新动力来源于消费者需求。百年青啤之所以生生不息，唯一的途径就是创新。所有创新都要围绕消费者这个中心，力争为消费者带来新的体验与价值增值。青岛啤酒长期依靠经典绿瓶和纯生系列打天下，而消费者的需求越来越细分化、差异化、个性化。青岛啤酒转变战略思维，紧紧围绕消费者，推出奥古特、白啤、鸿运当头、皮尔森、黑啤等细分产品，从有一瓶青啤变成有一套青啤，从中低端扩张变成高端引领、多元创新。青岛啤酒已具备智能制造、供应链管理、大数据、物联网的应用基础，围绕打造啤酒产业平台互联网的命题，正在从战略的高度给予工业互联网建设更多重视。三是坚持探索行业发展定制化、智能化新模式。青岛啤酒将更多的产业链企业联合起来，从产智融合、资源共享、数据打通、技术赋能等方面构成互利共生的产业生态圈。工厂从网络上获取订单，按照订单要求选择大批量生产或者定制化生产，从酿造、灌装、个性化包装设计、生产、物流等全供应链环节，实现全过程一条龙。向智能制造要效率，引进世界一流智能化生产线、行业领先的智能包装线、集中控制系统和生产线监控系统，实现物料供应、生产、发运和产品追溯全供应链智能化，自动化流水线生产。青岛啤酒对全国多个工厂实施智能化改造，从而大幅提升生产效率。四是坚持拥抱现代科技。数字化时代是科技创新的时代。青岛啤酒以打造啤酒行业互联网工厂为切入点，建设全国啤酒饮料行业互联网示范基地，提升企业供应链效率，实现从大规模生产到大规模定制的数字化转型。青岛啤酒与时代共振，满足消费者不断变化的需求，以需求为中心，抓住多品种小批量特色，提高柔性生产水平。青岛啤酒高速发展的技术使消费者对品牌和产品的决策链路逐渐缩减。企业通过采集和分析用户信息，形成企业订单系统，进行智能排产、智能制造、智慧物流、精准营销，再回到服务消费者，完成一个端到端闭环的数字化联络。互联网化、数字化浪潮迅速从消费端传递到生产端，并成为影响企业生存发展的重要因素。青岛啤酒拥有现代化科技，降低企业成本，提高企业效率，为消费者提供数字化便捷的服务。数字化让青岛啤酒的新产品研发更加精准。通过数字化实现了消费者需求解码、产品解码、工艺解码。每一步都有数据支撑。例如，消费者的感官评价指数，有醇脂比、果香等系列数字标准；产品典型风味物质，有醇类、脂类、有机酸等多个数字标准；工艺技术方面，有酵母菌种、原料标准、发酵工艺等标准。数字化让青岛啤酒研发更精准。青岛啤酒已把400种啤酒风味物质形成数字标准。青岛啤酒将数字化指标转化为青岛啤酒独特配方和酿酒技术，满足消费者多元化、个性化需求。五是坚持全流程数据驱动。定制是青岛啤酒根据市场变化的创新打法。推出线上定制平台，由消费者根据需要自己设计包装。定制虽受到消费者欢迎，但面临的问题也不少。45天的交货周期就是一大考验。灯塔工厂的建成，将交货周期缩短至15天到20天，保证了用户的体验。定制平台、供应商制罐平台及青岛啤酒的制造平台、分拣平台都是打通的，上下游供应商用高清数码印刷设备把图案、二维码印刷在罐体上并发到啤酒厂验收库，随后经过灌装、智能分拣后打印物流码交给物流公司，最后送到消费者手中。以二维码为载体的数据包，贯穿整个生产过程和物流过程，形成了数据驱动闭环。六是坚持推进企业文化建设。青岛啤酒博物馆作为百年青岛啤酒文化的一个重要组成部分，收集青岛啤酒的历史发展历程、深厚的文化底蕴、先进的工艺流程，以品酒娱乐、购物为一体，为国内首家啤酒博物馆。七是坚持人才培养。随着经济全球化和高度整合、高度竞争时代的到来，人才成为企业管理的重中之重，成为组织成功的首要动力。在“内培外引”人才配置策略下，企业人才内生与供应机制成为支撑企业发展前行的动力。为此，青岛啤酒将供应链管理方法应用于人才管理的新策略，通过建立人才“内生机制”和“内部人才池”，为企业的快速发展提供持续的人才支持。在多年人才管理的基础上，青岛啤酒提出了“双条线、三维度”矩阵式人才培养模式。该模式围绕“领导力发展”，以“双条线、三维度”为重心，整合人才管理各个环节，调动各主线、各维度的互动，推动人才管理进一步升级。

（五）张裕集团

烟台张裕集团有限公司（简称张裕集团）的前身为烟台张裕酿酒公司。它是由中国近代爱国侨领张弼士先生于1892年创办的中国第一个工业化生产葡萄酒的厂家，总部位于山东省烟台市。

1. 发展历程

1892年，爱国侨领张弼士拿出300万两白银在烟台创办中国历史上第一个葡萄酿酒企业烟台张裕酿酒公司。公司名称取“张裕”二字，冠以张姓，取昌欲兴隆之义。从此，中国葡萄酒工业化生产的序幕揭开。1912年，孙中山先生到张裕参观，题赠“品重醴泉”四字。1915年，巴拿马万国博览会上，张裕产品一举夺得四枚金质奖章。这是中国葡萄酒首次在国际大展上获得大奖。在出席庆祝宴会时，张弼士激动地发表演说：“只要发奋图强，后来居上，祖国的产品都要成为世界名牌。”1916年，张弼士病逝于雅加达，享年76岁。抗日战争时期，张裕被日本侵略者强行接管。1949年烟台解放，濒临破产的张裕得以重生。1982年，恢复张裕名号，定名为烟台张裕葡萄酿酒公司。1994年，烟台张裕集团有限公司成立。经过100多年的发展，张裕发展成为中国最大的葡萄酒生产经营企业。1997年募集成立了烟台张裕葡萄酿酒股份有限公司。1997年和2000年，张裕B股和A股先后成功发行并上市，成为国内同行业中较早同时发行A、B两种股票的上市公司。

2. 主要成果

张裕集团是一家以葡萄酿酒为主，集保健酒与中成药研制开发、粮食白酒与酒精加工、进出口贸易、包装装潢、机械加工、交通运输、玻璃制瓶、矿泉水生产等产业的大型综合性企业集团。张裕葡萄酒以优质葡萄为原料，加以肉桂、豆蔻、苦艾、藏红花等10余种名贵药材，精酿而成加香葡萄酒。酒质呈棕红色且清亮、透明，酒香与植物药香相映协调，酸甜适度，微苦爽口，含多种维生素，营养丰富，具有健脾、开胃、舒筋、滋阴、补血、益气之功效。1915 年，张裕的可雅白兰地、红玫瑰葡萄酒、琼瑶浆、雷司令白葡萄酒一举荣获巴拿马太平洋万国博览会四枚金质奖章和最优等奖项。1987 年，在第 25 届布鲁塞尔世界优质产品评选会上，张裕“解百纳”干红荣获金奖。1999 年，北京中华世纪坛把张裕公司创立记载为中国 1892 年所发生的四件大事之一。同年，张裕“解百纳干红”在法国巴黎“中国文化周”上被誉为“经典的东方美酒”。先后被授予“全国轻工业优秀企业”“山东省一轻工业明星企业”“山东省一轻工业排头兵企业”等称号。2008 年，张裕解百纳入选全球葡萄酒 30 个顶级品牌。2020 年 5 月 10 日，“2020 中国品牌 500 强”排行榜发布，张裕排名第 329 位。

3. 突出特点

张裕集团一直见证着中国葡萄酒业的发展，推动着世界葡萄酒文化的进步。一是持续推进创新。张裕集团以市场为导向，以效益为中心，以发展创新为主线，大力推进技术创新和管理创新，全面提高企业素质，使公司保持了健康稳步的发展势头。二是持续提升质量。张裕制定出一套完备的以产品质量为核心的葡萄酒综合质量分级体系。这种分级体系针对葡萄园、葡萄原料、酿造工艺、橡木桶陈酿、调配和瓶贮等，对葡萄酒质量形成关键影响的环节分别展开细致的评估，保证葡萄酒质量。三是持续传承品牌。20 世纪 30 年代，公司决定秉承张裕创始人张弼士倡导的“中西融合”理念，取“携海纳百川”之意，将高档葡萄酒命名为“解百纳干红”。从那时开始，解百纳干红就成了张裕的核心品牌。百年来，张裕解百纳干红一直见证中国葡萄酒业的发展，推动着世界葡萄酒文化的进步。

九、百年餐饮食品企业焕发新活力

餐饮行业主要是从事餐厅、酒店、食品加工厂等，对食品进行处理，满足食客饮食需要的行业。中华百年老字号有很多是餐饮企业。老字号是时代的品牌，其屹立于时代的潮流，引领时代发展。我国百年餐饮企业不驰于空想，不骛于虚声，升级求变，做脚踏实地的实干家。创新让餐饮业老字号焕发青春。老字号餐饮企业在不断推陈出新的过程中，传承老字号的底蕴和技艺，焕发出新的活力。

（一）王致和

北京二商王致和食品集团有限公司（简称王致和）的前身为北京市金狮食品酿造公司。王致和创立于1669年，总部位于北京市海淀区，旗舰店坐落在北京市前门大街。

1. 发展历程

王致和历史悠久。1669年，原直隶省（现天津市）武清县人王致和第四次进京赶考又一次失败。王致和家境贫寒，以卖豆腐为生。此次落榜让他无颜回家，于是留在京城卖豆腐。一天，王致和正要挑担外出卖豆腐，一位亲戚来访，说要娶媳妇，请他去帮几天忙，然后拉着王致和就走。离家数日后回家，王致和推开屋门，闻到冲天奇臭。王致和打开蒙豆腐的包布一看，雪白的豆腐生了一层毛。他不甘心地抓起一把豆腐送到嘴里，一吃竟然有股香味。从此，王致和白豆腐、臭豆腐兼营，买卖越做越大。王致和尽心经营，不断制作出质量好的臭豆腐。1678年，王致和在北京延寿街开办了一家臭豆腐铺，立招牌：王致和南酱园。其大门对联是：可与松花相媲美，敢同虾酱做竞争。横批为：臭名远扬。后来这道小食传进了宫廷，连慈禧太后也喜欢吃。1956年，王致和与致中和、王艺和、王政和三家私人作坊进行公私合营，更名为田村化学酿造厂。1972年，更名为北京市腐乳厂。1991年，北京市腐乳厂更名为北京市王致和腐乳厂。2000年3月公司改制，北京市王致和腐乳厂更名为北京王致和食品集团有限公司王致和食品厂。2009年，改制更名为北京二商局王致和食品有限公司。

2. 主要成果

王致和已有300多年历史。王致和作为地道的中华老字号，以其产品的细、腻、松、软、香五大特点，备受消费者钟爱。企业先后获得“中华老字号”“中国名牌”“中国驰名商标”等称号。王致和系列产品多次被评为“消费者信得过产品”。“王致和腐乳酿造技艺”被列入“国家级非物质文化遗产名录”。

3. 突出特点

王致和是以生产酿造调味品为主的科工贸一体化、跨行业经营的集团公司。一是品质立身。食品安全质量是餐饮业立命之本。调味品行业对技艺要求不高，但对原材料、清洗消毒等环节始终不松懈。王致和忠诚地为客户生产高质量的产品，绝不偷工减料，粗制滥造。二是服务创新。餐饮行业是典型的服务行业。服务行业质量的好坏直接关系着回购率。王致和作为老字号品牌不是倚老卖老，而是在服务质量上坚持用户至上下功夫，不断挖掘和创造消费者需求，吸引消费者。三是数字化布局。王致和现在的消费群体不仅限于线下消费的多元化、个性化需求，而且满足网上消费需求，不断完善线上消费市场，更好地满足消费者需求。

（二）六必居

北京六必居食品有限公司（简称六必居）为首农食品集团旗下的企业，始于明朝中叶 1530 年，是京城历史悠久、负有盛名的老字号之一，总部位于北京市朝阳区，六必居老酱园坐落在北京市前门外粮食店街路西。

1. 发展历程

六必居原是山西临汾西杜村人赵存任、赵存义、赵存礼兄弟于 1530 年创办的小店铺，专卖柴米油盐。俗话说，开门七件事：柴、米、油、盐、酱、醋、茶。这七件是人们日常生活必不可少的。赵氏兄弟的小店铺因为不卖茶，就起名六必居。六必居店堂里悬挂的“六必居”金字匾额，传说出自明朝名人严嵩之手。此匾虽数遭劫难，仍保存完好。六必居酱园坐落在前门粮食店街 3 号，其门面房子是中国古式的木结构建筑，为 1994 年重新翻建，仍保持着古色古香的建筑风格。为适应国内外市场需求，六必居在北京近郊建成拥有现代化技术的生产线。六必居充分发挥老字号品牌优势，谨守“六必”精神，加快向集团化、规范化现代食品企业发展的步伐，为弘扬中华老字号的食品文化做出贡献。2000 年 12 月，六必居完成了公司制改革，把单一的国有企业改制为股份有限公司。

2. 主要成果

六必居是我国古代积累的酿造工艺水平的代表，是经营酱腌菜及调味的专业公司。它是全国闻名的老字号，咸甜适口、美味的小菜众口称赞。六必居最出名的是酱菜，是北京酱园中历史最久、声誉最显著的一家企业。六必居酱腌菜品种的产量达 2 万余吨。六必居的含义是黍稻必齐，曲蘖必实，湛之必洁，陶瓷必良，火候必得，水泉必香。六必居最出名的酱菜有十二种传统产品，它们是稀黄酱、铺淋酱油、甜酱萝卜、甜酱黄瓜、甜酱甘露、甜酱黑菜、甜酱仓瓜、甜酱姜芽、甜酱八宝荣、甜酱什香菜、甜酱瓜、白糖蒜。这些产品色泽鲜亮、酱味浓郁、脆嫩清香、咸甜适度。不少传统名牌酱菜还制成罐头，远销海外。2019 年 11 月，“国家级非物质文化遗产代表性项目保护单位名单”公布，北京六必居食品有限公司获得“酱菜制作技艺（六必居酱菜制作技艺）项目”保护单位资格。

3. 突出特点

六必居酱菜是一种加工工艺精湛、酱味浓郁、咸甜适度的北京传统名菜，具有较高的历史文化价值和营养保健价值。一是传承精神，厚德务实。六必居作为古老工艺的代表，所凭借的不仅是它的制作工艺，更多的是传承中国的诚信精神。六必居的“六必”在生产操作工艺上可以解释为：用料必须上等，下料必须如实，制作过程必须清洁，火候必须掌握适当，设备必须优良，泉水必须纯香。传承“六必”让六必居的酱菜成为全国腌菜行业规模和影响力最大的企业。二是选料精细，制作严格。六必居酱菜出名，与它选料精细、制作严格分不开。六必居选用北京大兴产的鲜嫩黄瓜，须顶花带刺，还得条顺，再用自制的面酱，先腌制后酱制。冬季要 10 天左右的时间方制成一罐六必居甜酱黄瓜。三是管理有方，用人有度。六必居延续几百年的经营管理经验，任何人不准超支或长支店内资金，对外经营不许欠债。六必居规定，店内不用三爷，即少爷、姑爷、舅爷。时至今日，六必居仍坚持严管理、善用人，延续企业的辉煌。

（三）全聚德

中国全聚德（集团）股份有限公司（简称全聚德）创办于 1864 年，创办人是河北人杨全仁。全聚德历经几代创业拼搏，获得了长足发展，总部位于北京。

1. 发展历程

北京烤鸭起源于魏晋南北朝时期，一直延续到现在。清朝末年，河北衡水县郭家捻河泛滥成灾，殃及杨家寨。杨家寨有一户贫苦农家，二老双双过世，留下四个兄弟。因生活无着，哥几个只好卖掉几亩薄地，银钱均分，各谋生路。其中最小的弟弟杨全仁，当年只有 12 岁。他揣着自己的几串钱，加上三个哥哥的一点资助，独自北上。杨全仁初到北京时，举目无亲，来到京郊护城河畔，受雇于人，专管放鸭子。后在前门外肉市街做生鸡鸭买卖。

在杨全仁鸡鸭摊旁边，有一家山西人开的干果店，字号“德聚全”。1864年，“德聚全”干果店经营不善，濒临倒闭。杨全仁盘下了“德聚全”干果店，起名“全聚德”。“全聚德”金匾挂起后，发现“德”字少了一横。“全聚德”的杨掌柜加伙计共有14人。14人同心、黄土变金。这德字少一横，暗含一条心做生意。全聚德烤鸭以肉质细腻、味道醇厚为特点，老少皆宜，赢得中外客人的喜爱。1952年，全聚德实行公司合营，设立分号，扩建老店，为百年老字号的发展奠定了基础。1993年5月20日，以北京和平门全聚德烤鸭店、前门全聚德烤鸭店、王府井全聚德烤鸭店为核心，中国北京全聚德集团成立。全聚德集团的成立标志着百年老字号跨入历史新纪元。1994年6月，由全聚德集团等6家企业发起设立了北京全聚德烤鸭股份有限公司。2005年1月，北京全聚德烤鸭股份有限公司更名为中国全聚德（集团）股份有限公司。2007年4月，北京著名老字号餐饮企业仿膳饭庄、丰泽园饭店、四川饭店也进入全聚德股份公司。至此，中国全聚德（集团）股份有限公司已发展成为涵盖烧、烤、涮，以及川鲁、宫廷、京味等多种口味，汇聚京城多个餐饮老字号品牌的餐饮联合舰队。

2. 主要成果

全聚德历经150多年沧桑巨变，现名满天下。烤鸭一般分为两种，即闷炉烤鸭和挂炉烤鸭。闷炉烤鸭以北京著名的中华老字号“便宜坊”为代表，挂炉烤鸭以全聚德为代表。挂炉烤鸭是依靠热力的反射作用来烤制的，即火苗发出的热力由炉门上壁传递到炉顶，将顶壁烤热后，再反射到鸭身，不能以火苗直接燎烤。这样烤出的鸭子外观饱满，颜色呈枣红色，外脆里嫩，肉质肥而不腻，还带有一股果木的清香。全聚德烤鸭技艺是中华美食领域的非物质化遗产，享誉世界。全聚德发挥龙头企业作用，搞好烤鸭精深加工，做到企业有发展、职工有收入、对社会有贡献。全聚德着力打造百年老店，提高产品质量，打造食品行业知名品牌。改革开放以来，世界各国元首纷纷来访，全聚德接待的海外贵宾日益增多。这个窗口充分体现了“我们的朋友遍天下”的美景。在我国北京市申请承办国际奥林匹克运动会的几年中，全聚德几乎成为接待世界单项体育组织考察人员的指定饭店。全聚德烤鸭店以其美食美德营造了中国人民和世界人民亲密无间的友好气氛。全聚德坚持以人为本，体现在以科学文化知识教育员工，以高尚的思想品德培育员工。集团各级党团组织和工会组织开展“润物细无声”的思想工作，受到显著的育人效果。全聚德涌现出一批“优秀共产党员”“先进工作者”“劳动模范”“青年文明号”等。正是这些耀眼的荣誉不断为“全聚德”百年老匾增光添彩。全聚德荣获“五一劳动奖状”“全国质量管理先进企业奖”“全国饮食业科技进步奖”“2021 北京人喜爱的年夜饭菜品”等称号。全聚德烤鸭炉研制已更新三代，标准化砖炉、内胆式烤鸭、快装式鸭炉均获国家专利。

3. 突出特点

全聚德是中华老字号、中国驰名商标，又是国际餐饮名店，正在向世界一流美食奋进。一是加强创新发展。按照周恩来总理当年对全聚德“全而无缺、聚而不散、仁德至上”的诠释，全聚德发扬艰苦创业、开拓创新、争创一流的精神，扎实进行体制创新、机制创新、管理创新、营销创新、科技创新、文化创新、精神文明建设创新。经过不断创新发展，形成了以独具特色的全聚德烤鸭为龙头，集全鸭席和 400 多道特色菜为一体的全聚德菜系。二是加强标准化经营。为保证全聚德菜品质量和风味的统一，达到实质性的连锁，探索中餐标准化和规模化的实现模式，集团组成专门的技术攻关小组，由具有丰富实践经验的老技师和具有现代科技知识的技术人员相结合，进行全聚德传统特色菜品的量化定标工作。全聚德按标准积极发展连锁店，保证集团内各企业菜品质量和风味统一，达到实质性连锁的目的。在完善 50 种传统特色菜和 7 种全聚德调味品标准的基础上，进一步开发“关爱健康特别菜”等新品。三是加强质量管理。全聚德以质量管理为切入点，规范标准，提高管理层次。为了提高整体管理质量，全聚德采用科学的经营管理模式，建立起较为系统的质量管理体系。和平门、前门、王府井等烤鸭店分别赢得“国家特级酒店”的称号。

（四）东来顺

北京东来顺集团有限责任公司（简称东来顺）创立于 1903 年，总部位于北京市。

1. 发展历程

河北沧州人丁德山兄弟于1903年在东安市场摆摊叫卖清真小吃豆汁、扒糕，迈出艰苦创业的第一步。几年后，丁氏兄弟搭立木棚，取名“东来顺粥铺”，意思是“来自京东，一切顺利”。1912 年，东安市场失火，木棚被焚。市场重建后，丁德山在原处建起三间瓦房，改招牌为“东来顺羊肉馆”，开始经营涮羊肉。20 世纪 20 年代，东来顺改良了涮羊肉的火锅等器具，并以选料精、加工细、佐料全、火力旺的独到之处成为京城涮羊肉之冠。1955 年东来顺实行公私合营。1988 年以东来顺品牌为核心的北京东安饮食公司成立。公司发挥老字号品牌优势，涉足连锁产业开发、品牌半成品、成品研发等领域。1996 年，东来顺连锁总部成立，老字号东来顺走上了特许加盟的连锁发展道路，逐步建立起一套适应现代企业生产规模化与消费者需求多元化相结合的连锁机制。2003 年，东来顺集团有限责任公司成立。2004 年 7 月，东来顺集团与北京首都旅游集团实施战略重组，由此成为首旅集团旗下企业，成为首旅集团十大领军性品牌之一。

2. 主要成果

东来顺饭庄是北京餐饮业老字号中享有盛誉的一个历史名店。东来顺成为广大群众品尝清真风味佳肴的就餐场所，也是社会名流荟萃的风雅之地。著名作家老舍先生、国画大师齐白石、京剧大师马连良、张君秋等前辈名人，生前经常来东来顺宴请宾朋，并为东来顺留下墨宝。很多国家的政府要员都曾对东来顺的美味佳肴给予极高的赞赏和评价。东来顺集团以“中国服务”为统领，以快速发展为总基调，以产品 + 餐饮双轮驱动发展为支撑，大力提升集团核心竞争力和聚合引领社会资本的能力，创造品牌更大价值，成为在行业市场中名列前茅的清真餐饮、食品供应商。东来顺涮羊肉的制作技艺收录于“国家级非物质文化遗产名录”。东来顺“涮羊肉、糖蒜、核桃酪”被北京老字号协会列入第一批“原汁原味北京老字号最具代表性产品”，体现的就是东来顺精湛的手艺，是几代东来顺人的潜心钻研、细心整理的成果，源远流长。

3. 突出特点

东来顺自创立以来，就注重传承创新，注重品质，无论是原材料把控，还是选人育人，都体现着东来顺对品质的严格要求。一是弘扬传统饮食文化。传统饮食文化是我国灿烂历史文化的组成部分。它凝聚着中华民族传统饮食文化的精髓，向世界展示中华民族饮食文化的独特风采。东来顺的清真菜肴作为京华菜系的一个重要分支，传承传统餐饮文化，对弘扬中华民族餐饮文化做出重要贡献。二是承继优良服务风格。东来顺老堂训为：能来咱铺子里站一站的人，那是缘分；能来咱铺子里坐一坐的人，那是瞧得起咱的人；能来咱铺子里吃饭的人，那是照顾咱的人。几句朴实的话语道出了东来顺的待客之道。东来顺诚信为本、顾客至上、料好工细、人能嘴甜，受到广大顾客的青睐。三是传承研发创新菜品。东来顺坚持与时俱进的经营理念，坚持勤俭创业、顺时应变，坚持不断改良、谋求恒远，坚持开发新菜肴，做好每一道菜，让消费者品味到地道的清真佳肴。

（五）苏州稻香村

苏州稻香村食品工业有限公司（简称苏州稻香村）始创于 1773 年，起初名称为苏州稻香村茶食店，总部位于江苏省苏州市。

1. 发展历程

苏州稻香村的品牌创建年代可以追溯到 1773 年，是国内食品行业历史悠久的知名品牌。自创立以来，一直持续经营到现在，连续经营 200 多年。中华人民共和国成立后，苏州稻香村与国家经济社会发展同步，在新时代续写着发展新篇章。1978 年 3 月，苏州糕点厂更名为苏州稻香村食品厂。20 世纪末，苏州稻香村由国有独资企业改制为股份合作制企业。2003 年，苏州稻香村生产的产品占到当时苏州市市场份额的 40% 以上，企业进入快速发展期。苏州稻香村食品工业有限公司于 2004 年 3 月 24 日成立。

2. 主要成果

苏州稻香村以其深厚的文化底蕴、精湛的制作技艺、卓越的品牌信誉，以中式糕点、青盐蜜饯、糖果炒货为主要经营产品，至今已经持续经营两个世纪。苏州稻香村 2003 年启动“稻香村出海”战略，2009 年实施“互联网 +”战略。苏州稻香村是商务部认定的中华老字号，也是江苏省非物质文化遗产保护单位。苏州稻香村糕点制作技艺有着清晰的传承谱系，目前已经传承至第六代，苏式月饼制作技艺已被列入“江苏省非物质文化遗产名录”。苏式糕点因为其选料高质、制作工艺细致、糕点成品精致的特点，成为我国中式传统糕点的代表。新冠肺炎疫情期间，苏州稻香村向湖北、北京、上海、河南、山东、山西、青海等地捐赠物资，为一线工作者带来暖心关爱。2021 年，在“3 · 15 国际消费者权益日”主题活动中，苏州稻香村荣获“全国产品和服务质量诚信示范企业”称号。苏州稻香村集团被中国质量检验协会授予“全国食品行业质量领先企业”“全国质量诚信先进企业”荣誉称号。

3. 突出特点

苏州稻香村历经时代变迁和变革，在每个时期都深刻洞察消费者的需求，引领着行业的发展潮流。一是坚持以消费者为中心。苏州稻香村始终围绕着消费者，传承中国传统工艺精粹，融汇各地特色，不断创新发展，丰富产品品类。通过优质的产品和服务，持续为人们的幸福美好生活助力。二是坚持以创新促进发展。苏州稻香村无论是产品研发、技术革新，还是电商运营、营销创新，都引领时代潮流。苏州稻香村以实际行动表明了“应时而变、应需求而变”的决心，在道德、标准、科技三个维度保障食品安全。三是坚持以优秀企业文化为引领。苏州稻香村不只是卖产品，更是传统文化的共融。苏州稻香村将传统美食与传统文化融合，让中国传统佳节在新时代展现出崭新的面貌。

（六）北京稻香村

北京稻香村食品有限公司（简称北京稻香村）始建于 1895 年，起初名称为稻香村南货店，总部位于北京市昌平区。

1. 发展历程

1895 年，江苏金陵人郭玉生带着几个伙计来到北京，在前门观音寺打出了“稻香村南货店”的字号。自此，稻香村落户北京。1911 年，稻香村门人汪荣清和朱有清另立门户，在观音寺街稻香村的对面开起了口味品种一模一样的“桂香村”。1916 年，在稻香村派系学到南味食品制作手艺的张森林也从稻香村独立出来，在东安市场打出了“稻香村”字号。由于战乱，1926 年稻香村南店被迫关闭，但稻香村开创的北京南味派系代代相传，延绵不断。1984 年 1 月 22 日再次开业经营，稻香村南味食品派系的第五代传人刘振英恢复了这个享有盛名的老字号食品企业，第一家门市部东四北大街营业店正式开业。恢复后的北京稻香村以独具特色、品质优良的产品赢得消费者赞誉，以前店后厂的经营方式和优良的服务争取了市场。1994 年 9 月，北京稻香村食品集团公司组建。2005 年，改制为北京稻香村食品有限公司。以前店后厂的经营方式和优良的服务争取了市场，生产经营发展迅速。随着时代的发展，北京稻香村注册了自己的“三禾”商标。

稻香村的企业管理方式逐渐从传统经验管理向制度化、现代化迈进，位于昌平区北七家高科技工业园区的新加工厂已经从传统生产模式得到转变，食品生产的机械化、自动化、工业化程度得到极大提升。

2. 主要成果

北京稻香村门店承载着品牌越来越多的期待。在消费市场的不断变化中，北京稻香村老字号跟上时代发展，在继承传统的基础上创新，获得更大的发展空间。辉煌至今的北京稻香村已拥有近百家连锁店，一个物流中心，300 多个销售网点，开创特色社区专卖店，建成全国传统食品行业先进的生产基地，生产糕点、肉食、速冻食品、月饼、元宵粽子等各种节令食品 600 多种。北京稻香村是中国知名品牌，曾获得“中国商业名牌企业”“中华老字号”“北京市著名商标”，连续多年保持中国月饼龙头企业称号。

3. 突出特点

北京稻香村以制作绝技、品质优良、真诚守信而驰名海内外。进入新时代，稻香村老字号不断升级求变。一是门店装修升级求变。北京稻香村品牌门店进行“一店一策”升级，即根据门店位置、区域内消费特点，对门店进行升级。位于簋街的北京稻香村东城时尚店，采用中式雕花纹饰的灯箱、吊眉造型和藻井的天花装饰，塑造成有文化感的空间，符合区域整体风格。升级后的门店将商品进行了归类摆放，视觉上更加清晰。二是在传承中创新升级求变。老北京人喜欢吃自来红、自来白月饼，怎么减少油、减少糖？降了油、皮易干，降了糖、容易坏。稻香村将青红丝点缀在里面，虽然不贵，但把油降下来了。这就是在传承中创新。稻香村门店分为糕点、熟食、南味食品等售卖专区，增加了主食柜台，功能分区更醒目。除了售卖馒头、花卷等主食外，迎合年轻人的生活方式，还同步上架了小饭盒，加热柜内已有冬笋肉丝等多种口味的盒饭。2020 年 2 月，线上，北京稻香村北京门店入驻饿了么平台。线下，北京稻香村推出“稻香小饭盒”。无论是传统的口味还是复古的外观，都勾起很多人的回忆。三是服务质量升级求变。北京稻香村尝试让购物体现更加便利化、具有体验感。在销售窗口外，增设了置物架。消费者在挑选商品时，可以将手中物品暂时放在置物架上。门店在保留北京稻香村传统售卖方式的同时，增设象棋棋局、传统石磨、人力黄包车等摆件，通过增加体验功能展现京城美食文化。

（七）吴裕泰茶庄

北京吴裕泰茶业股份有限公司（简称吴裕泰）始建于 1887 年，总部位于北京市东城区。

1. 发展历程

吴裕泰由吴裕泰茶栈、吴裕泰茶庄演变、发展而来。1887 年徽商吴锡卿立足北京北新桥，挂牌创建了吴裕泰茶栈。1955 年 12 月 10 日公司合营，更名为吴裕泰茶庄。吴裕泰厚重的历史文化底蕴使茶庄具有独具一格的魅力。1966 年，吴裕泰茶庄被红日茶店代替。1985 年恢复吴裕泰茶庄字号。1994 年 9 月 28 日，吴裕泰翻建后重新开张。2005 年 8 月 26 日，北京吴裕泰茶业股份有限公司成立。2008 年，吴裕泰作为茶行业代表，为北京奥运会提供袋泡茶，并在奥运村媒体村建立“中国茶室”，为来宾奉上优质的茶业及服务。2010 年，吴裕泰凭借品牌形象和产品品质成为上海世博会特许商品生产商和零售商。吴裕泰已经拥有 260 多家连锁店、一个茶叶加工配送中心、一个茶文化陈列馆、一个茶艺表演队和三个茶馆。

2. 主要成果

吴裕泰是主要销售茶业、茶制品及茶具等茶衍生产品的专业公司，也是北京名牌产品和著名商标，多次获得国内、国际大奖。1995 年国内贸易部授予吴裕泰“中华老字号”称号。吴裕泰先后荣获“中国商业名牌企业”“全国百城万店无假货示范企业”“消费者满意单位”“全国食品工业优秀龙头食品企业”“中国连锁特许优秀企业管理奖”“北京优秀特许品牌”“北京市模范集体”“北京质量信得过品牌”等多项荣誉称号。2017 年 11 月，吴裕泰获得“第五届全国文明单位”荣誉。2019 年 11 月，“国家级非物质文化遗产代表性项目保护单位名单”公布，北京吴裕泰茶业股份有限公司获得“花茶制作技艺项目”保护单位资格。2020 年 9 月 18 日，“2020 中国品牌 500 强”排行榜发布，吴裕泰排名第 271 位。凭借着“专业、健康、时尚、亲情”，吴裕泰茶庄经久不衰，成为京城老字号之一。

3. 突出特点

吴裕泰品牌能够屹立百年而不倒并不断发展壮大，正是得益于稳定、忠诚的客户群体。一是以品牌作为吴裕泰发展的基石。100 多年来，吴裕泰品牌多次获得国内外大奖。许多客户一家几代都喝吴裕泰的茶。他们认为，吴裕泰的茶叶味儿地道，就爱喝这口儿。二是以管理升级作为焕发吴裕泰新形象的手段。吴裕泰部分门店进行经营管理升级，店内全面应用PC秤和自助购一体机。这改变了以往先开票再交钱后取茶的结账方式，节约了顾客的排队时间。经过装修重新开张的吴裕泰北新桥总店内设置了文化展示区、散茶档口区、中庭礼盒区、有机茶展示区、精品茶具展示区、茶饮休闲区六大区域，让门店的空间定位更加清晰。三是以质量作为吴裕泰赢得顾客的保证。吴裕泰秉承前辈“制之惟恐不精，采之惟恐不尽”的质量信条，坚持以质量为本，在茶业产地建立了自己的茶业基地，聘请茶业专家，从茶业源头保证茶业质量。吴裕泰对产品质量一丝不苟，企业监测标准高于国标，使茶叶质量处于领先水平。

（八）张一元茶庄

北京张一元茶叶有限公司（简称张一元）的前身张一元茶庄始建于1900年，总店位于北京市西城区大栅栏。

1. 发展历程

1884年，17岁的张文卿离开老家安徽歙县定潭村来到北京，在崇文门外瓷器口的荣泰行茶叶店当学徒。1896年，张文卿离开了荣泰行，开始独自创业。他在花市大街路南开了自己的买卖张记茶摊。因茶好汤清、经营有方，因而一举扬名。1900年，张文卿开了他的第一个铺面张玉元。但因八国联军攻陷北京，铺面皆被抢掠和火烧。1908年，张文卿在前门外观音寺路南购房开设了一间门脸店铺，取名为“张一元”茶庄。取“一元复始、万象更新”之意。1912年，张文卿又在大栅栏开设“张一元文记茶庄”。以“文”字表示为张文卿所开。茶庄开业后，由于店址优越、经营得法、质量上乘而声名远扬。1952年，观音寺张一元茶庄和大栅栏的张一元文记茶庄合并。1956年国家实行公司合营。1982年张一元茶庄的名称（被）恢复。1992年张文卿注册成立北京市张一元茶叶公司。1995年张文卿在福建建立了自己的生产基地——闽东张一元茶叶有限公司。此基地被福建省定位为绿色产品基地。1999年公司按照现代企业制度的要求，转制为北京张一元茶叶有限责任公司。张一元在京城内外开设了多家分号，使老字号的传统得到发扬，规模和影响也得到新的发展。

2. 主要成果

张一元供应的茶叶不仅有龙井、碧螺春等绿茶，还有深受北京及北方人喜爱的各个档次的红茶、黄茶等。张一元品牌的袋装系列茶叶，品种达200余种，集全国优质名茶于一店。张一元茶庄“不怕没人买，就怕人买缺”的经营理念，“货真价实，讲究信誉，服务周到”的经营思想，赢得京城内外广大顾客的欢迎。1990年在北京召开第十一届亚运会期间，亚奥理事会官员和各国运动员慕名来买茶叶的人络绎不绝。张一元茶庄被商务部授予“中华老字号”。2001年张一元被授予“百城万店无假货示范店”荣誉称号。老字号谱写新的传奇，焕发新的活力。

3. 突出特点

百年张一元以诚信、质量和品牌，获得广大消费者的欢迎。一是坚守诚信为本。张一元一直秉承“诚信为本”的古训，以“金般品质、百年承诺”为经营理念，以“打造中国茶叶第一品牌、弘扬国饮”为目标。二是严格质量把关。为保证茶叶质量，张一元所有生产的茶叶产品，须一律经国家质检部门的严格检验。张一元设立了质量监督评审办公室，对公司的茶叶质量严格把关。三是精心打造品牌。壮大和发展老字号民族品牌，注册张一元商标。通过张一元品牌，运用现代流通手段，积极发展连锁经营。

（九）烤肉季饭庄

烤肉季饭庄（简称烤肉季）创建于1848年。饭庄位于北京市西城区什刹海前海东沿。

1. 发展历程

1848年，北京通州的回民季德彩在什刹海边的荷花市场摆摊卖烤羊肉，打出“烤肉季”的布幌。店主季德彩去世后，由其子季宗斌继业，再后由其孙季增元接班。1927年，季增元病逝，由胞弟季阁负责烤肉生意。季家在此经营烤羊肉多年，有了积蓄后，1945年在银锭桥畔买下了一座坐北朝南、古朴小巧的楼房，由摆摊变为坐商，继续经营烤肉。1949年以来，烤肉季曾多次接待国内外重要宾客，举办各种喜庆宴席等。近些年来，烤肉季进行了多次装修，殿堂古朴典雅，环境舒适宜人。

2. 主要成果

烤肉季历史悠久，发展至今，已形成自己独特的风格，成为京城著名风味之一。经过100多年的历史发展，烤肉季将烤肉口味、品种不断完善、改良，适应人们变化的饮食需求，在品种上从单一的烤羊肉，研制出烤鱼肉、烤鸡肉、烤虾肉、菜蔬烤肉等。烤肉季已成为中外游客领略中华传统美食的选择地，以及什刹海风光中独特的一景。烤肉季被授予“中华老字号”“非物质文化遗产”等荣誉称号。

3. 突出特点

烤肉季作为中华老字号，100多年生意不衰，其奥妙之处在于独特。一是羊肉独特。烤肉季以烤羊肉而著名。烤肉季的羊肉专门选用张家口以西的绵羊。这种羊肉嫩味香。二是观景独特。烤肉季所处位置正是“燕京八景”之一的“银锭观山”处。面对一波碧水，远望西山夕阳，品味烤肉，实在是一个好去处。三是赏荷独特。烤肉季坐落在池水边，可见后海满池荷花。一边品尝烤肉，一边赏荷，可谓人生一大趣事。

（十）都一处烧麦馆

北京前门都一处餐饮有限公司（简称都一处烧麦馆）始建于1738年，总部位于北京市东城区。

1. 发展历程

都一处烧麦馆开业于1738年，创业人王瑞福，原籍山西。起初都一处烧麦馆为一小酒店，即王记酒铺。赚钱后，1742年王瑞福盖了一间门面小楼，经营品种有煮小花生、玫瑰枣、马连肉、晾肉等小菜，又增添了烧麦。相传1752年大年三十，乾隆皇帝微服来店用餐，对服务满意，又因其他酒店都已关门，因此书写匾名“都一处”。从此，“王记酒铺”改名为“都一处”。抗战时期，都一处虽幸免没倒闭，但生意一直不振，直到北京解放，才获得新生。1981年，都一处恢复老字号。1996年，都一处进行了改建和装修。1977年6月28日，北京前门都一处餐饮有限公司成立。1998年8月18日重新开业。都一处烧麦用料精细、做工精湛，具有鲜香爽口、醇而不腻等特点。

2. 主要成果

都一处烧麦馆距今已有280多年历史，是北京有名的百年老店之一。都一处烧麦馆的经营范围包括餐饮服务、餐饮管理、会议服务、产品设计等。都一处烧麦馆主营各种烧麦、炸三角、马莲肉和山东风味炒菜。招牌美食都一处烧麦，不仅皮薄馅满，而且色泽光亮、味道极好。1990 年，在上海举行的全国烹饪大赛上，都一处烧麦获得第一名。1992 年，都一处烧麦在北京市百家餐饮、千种风味小吃大联展上获最佳品种奖。都一处烧麦馆被商务部授予“中华老字号”。都一处烧麦曾获得商务部颁发的餐饮业企业最高奖项“金鼎奖”和“中华名小吃”。

3. 突出特点

都一处烧麦馆是北京一家有名的老字号，如今继续延续老字号的魅力。一是制作精湛。都一处烧麦从汤面、和面、走锤到蒸好上桌，需要经过六七位师傅的手，共 14 道工序。其中，除了和面和压面会用到机器外，其余步骤都是纯手工。烧麦上的褶至少有 24 个，代表 24 个节气。这些复杂的传统工艺，现代科学技术是无法替代的。二是产品创新。都一处烧麦馆在恢复和坚持老工艺的同时不断创新。烧麦过去油重、肥肉多，现在改为精瘦肉，口味清淡。过去老年顾客偏多，近年来年轻顾客增多。针对年轻人的喜好，都一处烧麦馆改进服务和口味。三是恢复老菜。都一处烧麦馆对恢复老菜式、老工艺投入极大的人力、物力和财力，如前几年恢复了失传多年的经典菜式，如马连肉、糟肉和炸三角等。

（十一）南翔馒头店

豫园文化饮食集团旗下的南翔馒头店（简称南翔馒头店）创建于 1900 年，店址位于上海豫园九曲桥畔。

1. 发展历程

南翔馒头享有“天下第一笼，上海味道”的美誉。1900 年，上海嘉定南翔镇人吴翔升来到豫园城隍庙，见到此地人流如织，遂在长兴楼开设了一间点心店，专门制售小笼馒头，并在老城厢地区一炮打响。因其从大蒸笼改为小蒸笼制作，外观小巧玲珑，故而被上海人亲切地称为“南翔小笼馒头”。长兴楼也由此改名为“南翔小笼馒头”，并流传至今。民间流传，没吃过城隍庙的南翔小笼馒头，就等于没有到过上海。

2. 主要成果

南翔馒头店已有 120 多年的历史。在位于上海豫园的南翔馒头店前，每天都有买小笼馒头的长队。这一传承百年的传统美食正在演绎着传统经典融入时代生活的新传奇。南翔小笼馒头不仅线下堂食吸引了无数食客前来品尝，线上外卖也节节攀升。美食作家沈嘉禄在其《上海老味道续集》一书中写道：“我对城隍庙里的南翔馒头是又爱又恨，每次白相城隍庙，就想吃一笼南翔馒头，但每次都被店门口长长的队伍吓退。”《2021 上海米其林指南》发布，南翔馒头店第四次登榜。南翔馒头店和南翔小笼馒头荣获中华老字号、中国名点、中华小吃、上海名店点心、中国商业名牌企业、中华餐饮名店、上海市著名商标等称号。

3. 突出特点

南翔馒头店既有精湛的美食制作技艺，又能勇于破圈跨界，让小笼馒头保持鲜活的生命力。一是开展连锁经济。南翔馒头店积极稳妥开展连锁化扩张，明确了连锁化发展的战略定位，在不断重塑老字号新印象的同时，也为老字号的出圈连锁奠定扎实基础。百联世纪新店是南翔馒头店这家中华老字号走出豫园商圈、开启连锁发展的第一站。新店从装修风格到产品结构乃至制作工艺，都对标豫园总店。二是采用标准化制作工艺。南翔小笼馒头的制作工艺已经有了标准化要求，必须严格按照 9 克馅料、21 克皮、至少 16 个褶子的标准制作，每一项要求都不能打破。采用不定期、不定次抽查考核等方式，确保消费者吃到与豫园总店品质相同的南翔小笼馒头。三是顺应时代潮流。老字号美食要想焕发青春，就必须适应时代需求，拥抱时尚，不断创新。老字号要传承，就必须融入年轻圈层，老字号新味道，以创新的手法满足当下年轻人的口味。只有被年轻人记住，才能在新时代留下记忆。南翔馒头店探索传承老字号担当新方式。为适应顾客的消费习惯，南翔馒头店在原有的午市、晚市基础上，增加了早市。早市产品有鲜肉小笼馒头、三鲜小馄饨、葱油拌面、安心油条等，品类超过 20 种，可以满足大部分消费者的需求。

（十二）光明乳业

光明食品（集团）有限公司旗下的上海益民食品一厂（集团）有限公司（简称光明乳业），始建于 1913 年，总部位于上海市华山路。

1. 发展历程

光明乳业的前身是美商海宁洋行在上海沙泾港路 250 号开办的蛋品加工厂。这是中国蛋品出口美国的第一家公司。1932 年，海宁洋行成了中国第一家大规模生产冷饮的工厂，其冰激凌商标为“美女牌”，在当时非常有名。1949 年 5 月 27 日，上海解放，上海市人民政府接管该厂，并将其定名为国营新华蛋品厂。1950 年 2 月，华东工业部成立，国营新华蛋品厂改名为华东工业部上海益民工业公司食品第一厂。1950 年 5 月，“光明牌”冰棒问世。厂领导带领职工走上街头，向市民宣传国货“光明牌”。在改装的一辆吉普汽车上，安装了一台柴油发电机，装上喇叭，沿途宣传“光明牌”冷饮，免费为市民送上一支“光明牌”冰棒，一直送到上海闹市中心“大世界”。1951 年 6 月 1 日，“光明牌”商标正式注册成功。1953 年 6 月，益民食品一厂改名为上海益民食品一厂。益民食品的“光明牌”不仅开创了中国冷饮民族品牌的先河，而且开创了光明食品工业的新时期。益民食品在国内拥有 2000 多家销售网点。在国际商场上同 160 多个国家和地区建有稳定的贸易关系。与可口可乐、达能、英联、皇冠等跨国公司开展了良好的合资合作。2004 年 11 月，上海益民食品一厂（集团）有限公司成立。2006 年 8 月 8 日，上海益民食品一厂（集团）有限公司与上海农工商（集团）有限公司、上海糖业烟酒（集团）有限公司、锦江国际（集团）有限公司的相关资产集中组建光明食品（集团）有限公司。2013 年，上海蔬菜集团整建制并入。2015 年、2017 年，上海夏友集团和上海水产集团分别并入光明食品（集团）有限公司。上海益民食品一厂（集团）有限公司所在的光明食品（集团）有限公司成为集现代农业、食品加工制造及食品分销为一体，具有从田头到餐桌完整食品产业链的综合食品产业集团。2018 年，光明食品（集团）有限公司整合内部资源，光明乳业收购上海益民食品一厂 100% 股权，通过品牌和产品升级，实现“老牌新貌”再创造。

2. 主要成果

光明乳业是光明食品集团下一家综合性大型食品集团。光明食品集团公司已形成了三大板块，即食品加工和制造、食品服务和贸易、非食品投资；六大主业，即冷饮冷食、罐头菜肴、饮用水饮料、糖果蜜蜂、黄酒药酒、肉类加工；七大品牌，即光明牌、梅林、正广和、冠生园、大白兔、一只鼎、96858 等驰名保护和上海市著名商标。光明乳业主要生产冷饮、巧克力威化、速冻食品、罐头、休闲食品五大类产品。光明乳业技术力量雄厚，具有较大的生产规模，能生产各种花式冰激凌、冰霜、雪糕和棒冰等冷饮品种 100 多种，是全国最大的冰激凌食品制造企业之一。“光明牌”是上海市著名商标，也是商务部认定的中华老字号。“光明牌”冷饮作为光明乳业的核心品牌之一，根据集团战略，凭借新观念、新机制，不断加强新产品开发，拓宽市场渠道，为做大做强“光明牌”并使之发展成为领先市场的著名冷饮冷食品牌而拼搏。2021 年，上海市质量工作会议颁发了 2020 年度上海市政府质量奖，光明乳业股份有限公司荣获上海市最高质量荣誉——2020 年度上海市市长质量奖（组织），成为该项奖项自 2008 年设立以来首家获奖的食品企业。这是城市和市民给予光明乳业品牌和产品的荣誉和褒奖，也是行业和市场给予光明乳业品牌定位、产品品质的赞誉和认可。

3. 突出特点

光明乳业作为具有优秀历史传承的国有企业，致力于打造安全、优质的健康食品标杆和具有世界影响力的食品产业集团。一是传承民族精神。光明乳业是中国现代食品工业的发源地之一，也是“光明牌”的诞生地。光明乳业继承和发扬了以爱国主义为核心的民族精神。光明乳业细微处见匠心，打磨产品创新，传承品牌百年发展的初衷理念。二是不断创新产品。光明乳业以莫斯利安的全新星厨甜品系列带顾客巡遍世界美味。“光明牌”从冷饮开始，逐步扩展到罐头、代乳粉、糖果、巧克力、饮料、啤酒，乃至酱油等。在大市场驱动下，光明乳业在保持传统的基础上不断升级换代，创造出多款独具特色的新产品。三是拓展销售渠道。光明乳业加快全国市场拓展，全新布局线上线下渠道，开发多款新品，满足不同消费群体的消费需求。光明冷饮的渠道策略是渠道拓展 + 网点掌控。传统渠道横向网点开发，特殊渠道纵向网点体量，电商渠道信息共享新品首发。光明乳业在深耕全国市场的同时，持续布局海外市场。

（十三）老边饺子馆

老边饺子馆始创于 1829 年，总部位于辽宁省沈阳市。

1. 发展历程

老边饺子馆的创始人叫边福。他于 1829 年从河北迁居沈阳，创立一家饺子小店。1870 年，边福的儿子边得贵子承父业，将老边饺子馆进行了升级，将普通的煸馅改为汤煸馅，使之松散易嚼、味道鲜美，形成了独具一格的特有风味。从此，老边饺子成为众人皆知的美食。老边饺子馆因战争等原因几次停业，几经迁徙。1940 年，老边饺子馆第三代传人边霖，将老边饺子馆迁到沈阳最热闹的北市场。到北市场开店，一下子就让老边饺子馆扬名东北。1956 年，老边饺子馆实行公私合营，由边霖任老边饺子馆总经理，被列为沈阳市特殊风味馆之一。改革开放以来，老边饺子馆重新挂起了牌匾，边家第三代传人边霖开始收徒，培育数百名学员。老字号老边饺子馆从此进入加速发展时期。老边饺子用水产、肉类蔬菜创新调制到 26 种馅，发展了圆笼上桌，增添了高档的菜品，使传统风味更添新彩。老边饺子馆已经有了很大发展，除沈阳总店外，还在伊春、佳木斯、长春、枣庄、石家庄、西安、大连等地开设分店。老边饺子馆在日本的东京新宿、北海道札幌市也开了分店。老边饺子馆从过去的一间店铺发展到在全国拥有 120 家连锁店，并把直营店开到了海外。

2. 主要成果

饺子是中华民族的传统美食，有着数千年的历史。古往今来，饺子的各种流派无数，唯有老边饺子以其独特的煸馅、浓郁的风味特色，加之不断创新、适应时代需求，成为融精美造型与醇厚口味于一体的饺子精品。老边饺子至今已有 180 多年的历史。1981 年夏天，我国著名艺术大师侯宝林莅临品尝老边饺子，吃得兴致勃勃，称赞不已，挥毫写了八个大字“边家饺子，天下第一”。1984 年，老边饺子被沈阳市政府命名为名牌食品。1997 年，荣获“中华名小吃”。1998 年，老边饺子宴在美国加州国际博览会荣获金奖。2006 年，老边饺子被国家认定为“中华老字号”。老边饺子是辽宁沈阳市的传统特色名牌产品。2000 年，老边饺子馆被吉尼斯世界纪录认定为世界上历史最长的饺子馆。2001 年 12 月 19 日，老边饺子馆被中国烹饪协会评为“中国餐饮名店”。

3. 突出特点

有着深厚饮食文化底蕴的老边饺子如今已是枝繁叶茂，香飘海内外。一是创新。老边饺子口味、造型丰富。创新是老边饺子“不老”的秘籍。老边饺子根据二十四节气特点，选择对应的食材入馅，讲究自然养生之道，研究出独特的时令饺子。二是传承。饺子是中华饮食文化的代表。作为中国饺子文化的起源地之一，老边饺子文化传承久远，且品牌很多，各有千秋。

老边饺子的“大清花”是传统满族特色饺子馆，拥有著名的满汉全席菜单中的三鲜饺子、满族蒸饺等。老边饺子不仅要做长远，还要做好、做稳，在产品和制作工艺上不断创新，并传播饺子文化。三是精湛。老边饺子之所以久负盛名，主要是选料讲究、制作精细、造型别致、口味鲜醇。它的独到之处是调馅和制皮。

（十四）七一酱园

新疆七一酱园酿造有限责任公司（简称七一酱园）始于1876年，总部在新疆维吾尔自治区乌鲁木齐市。

1. 发展历程

七一酱园坐落于新疆乌鲁木齐市经济开发区，是西北地区历史悠久、规模较大的酿造企业。七一酱园起源于1876年，左宗棠率军入疆，创立“吉美丰”“泰义荣”手工作坊，开启“百年七一”的发展征程。新疆和平解放以后，新疆军区后勤部赎买私营企业“吉美丰”“泰义荣”酱园，分别更名为五一酱园和七一酱园。其中，“泰义荣”酱园由王震将军亲笔提名，命名为“七一酱园”。1953年，两园合并，统称七一酱园。1957年，新厂房大楼建成投产后更名为七一酱油厂。1975年4月，由新疆军区生产建设兵团移交给乌鲁木齐市蔬菜公司。1993年，七一酱园为新疆规模最大的醋酱生产厂家。2000年，七一酱园改制为新疆七一酿造有限公司，成为民营百年老字号企业。2002年，新疆七一酿造有限公司将生产厂房搬迁至新民东街58号，更名为新疆七一酱园酿造有限公司。2008年，新疆七一酿造有限公司从新民东街58号搬迁至经济技术开发区二期工业园。2010年，新疆七一酿造有限公司更名为新疆七一酱园酿造食品有限责任公司。2019年4月，新疆七一酱园生态酿造产业园项目正式实施，2021年年底完成建设。

2. 主要成果

七一酱园的产品坚持纯粮酿造，秉承以人为本的理念，让消费者放心的精神，在继承传统酿造工艺的基础上，引进先进的生产工艺，进一步丰富产品种类，优化、改良产品口感与品质。在20世纪90年代被商务部认定的“中华老字号”酿造企业七一酱园，至今已有100多年的历史，是西北地区历史悠久、规模较大的酱醋酿造企业。以生产销售调味品为主的百年传承酿造企业，已经形成酱油、食醋、番茄酱、风味辣酱、鸡精、腐乳、功能性调味等八大系列产品，并陆续开发了蘑菇酱油、海鲜酱油、散装食品、乳制品、卤制品等。七一酱园经历百年沉淀、传承百年经典，铸就世界品牌，先后荣获“新疆名牌产品”“全国重合同、守信用优秀企业”“全国消费者放心产品”等荣誉称号。

3. 突出特点

七一酱园作为百年老字号企业，不仅拥有独特的企业文化，而且拥有企业特有的产品及独特的生产工艺。七一酱园无论在产品质量方面，还是在技术创新能力方面，在本行业中都具有相当的竞争力，特别是在新疆同行业中名列前茅。一是传承老字号品味。七一酱园作为百年企业，围绕“七星美味、一生之选”的战略理念，依托新的生态园区，积极研发创新工艺，拓展产品线。二是提升顾客体验。七一酱园抓住消费升级的大趋势，专注持续不断提升顾客体验。三是延续老字号配方。传承100多年的地道酱醋配方，以新疆天然无污染谷物为原料让高端新疆调味品走向全国，让中华老字号享誉世界，让七一酱园成为值得尊重的民族品牌企业。

（十五）郫县豆瓣

四川省郫县豆瓣股份有限公司（简称郫县豆瓣）始于1688年，总部位于四川省郫县。

1. 发展历程

郫县豆瓣可以追溯到1688年清朝康熙年间，至今已有300多年的历史。郫县豆瓣位于中国川菜之城，豆瓣之乡——郫县。咸丰年间，陈氏后人陈守信，号“益谦”，设立“益丰和”号酱园。陈守信悉心数年，独创秘方，改盐渍辣椒为豆瓣辣椒，郫县豆瓣由此诞生。“益丰和”号酱园被人奉为郫县豆瓣的鼻祖。1955年，“益丰和”响应政府号召，实行公私合营，更名为郫县豆瓣厂。1999年4月，经四川体改委批准，由郫县豆瓣厂等三家企业组建郫县豆瓣股份有限公司。

2. 主要成果

郫县豆瓣是历史悠久的规模化豆瓣酱生产企业。2020年中国品牌价值评价信息显示，郫县豆瓣品牌价值高达661.09亿元，连续5年跻身区域品牌地理标志产品百强榜全国排名前8名，蝉联四川省地理标志产品第一。

郫县豆瓣主要经营“鹃诚牌”“益丰和”郫县豆瓣即食复合调料等系列产品，产品远销日本、韩国、美国、加拿大、澳大利亚、荷兰、英国、德国、法国、巴西、智利、俄罗斯等80多个国家和地区。为满足广大消费者的需求，郫县豆瓣推行倡导“健康、绿色、味美、营养”的产品理念，遵循“匠心做好酱”的价值观，践行“创新创业、系统细心”的企业精神，通过管理提升、技改提升、品牌提升、信息化提升、产品提升、资本化提升的战略，不断加强郫县豆瓣产业集约化整合，成为郫县豆瓣行业的推动者和领先者。2019年9月，郫县豆瓣入选工信部绿色工厂名单。2019年12月16日，郫县豆瓣入选农业产业化国家重点龙头企业名单。

3. 突出特点

郫县豆瓣作为中国非物质文化遗产，是郫县豆瓣行业龙头企业及行业标准化生产示范企业。一是加强企业技术改造。郫县豆瓣围绕物料运输方式、灭菌方式、晒场的棚、产品包装形态的问题开展研究论证，形成瓣子及椒醅负压输送、发酵池自动循环补水、大棚自动开启控制等研究成果，实现企业形象、食品安全保障能力、生产产能及效率、车间信息化、生产工艺技术与自动化等的提升。二是推行产品多样发展。郫县豆瓣从产品多样化、消费场景多元化、引领时代潮流化等多方面，建立强势的市场竞争力。以郫县豆瓣为基料，郫县豆瓣推出豆瓣香菇菜、豆瓣蘸粉和豆瓣牛肉酱等多款面向年轻群体的即食产品。三是扩大产品营销范围。郫县豆瓣与成都航空公司联合打造全球首架“鹃城豆瓣号”主题飞机。机舱内外都有郫县豆瓣元素，让乘客在高空与地面都能体悟郫县豆瓣文化、感受川菜魅力。

（十六）李锦记

李锦记酱料集团（简称李锦记）创立于1888年，总部位于中国香港。

1. 发展历程

1888年，李锦裳首创蚝油，在中国广东珠海设立李锦记蚝油庄。1902年李锦记前往澳门，建立横跨广东及香港等地的分销网络。随后，本着“先建生产基地、同时培育市场”的理念，先后在广州、福建建厂。1932年，李锦记第二代领导人李兆南将总部迁往香港。1972年，李锦记第三代领导人李文达制定了业务方针及拓展策略，使集团业务日益扩大。20世纪90年代，随着国家经济的发展，李锦记业务大有突破，集团进一步扩大在内地的投资，让李锦记实现了产品在内地的本土化生产，大幅降低了产品价格，扩大了产品的用户群体。

2. 主要成果

李锦记已经走过130多年。经过几代人的努力，李锦记从原来只有蚝油和虾酱两种产品的小茶寮发展成为拥有蚝油、酱油、酱料等200多款产品、远销100多个国家和地区的跨国酱料企业。进入21世纪，新的消费趋势出现，行业竞争愈发激烈。随着市场占有率和品牌影响力的不断提升和各生产基地的启用，李锦记的发展日新月异，各种酱料产品的总产量连年递增。2006年，李锦记被国家商标局认定为“中国驰名商标”。2008年，李锦记荣膺北京奥运会餐饮供应企业。2009年，李锦记集团主席李文达荣获“香港杰出工业奖”嘉奖。2012年，李锦记产品成为“神州九号”航天员使用酱料。2016年，李锦记荣膺G20杭州峰会调味品供应商。2018年5月，李锦记获中国烹饪协会颁发“改革开放40年中国餐饮业互助合作突出贡献企业”。2019年12月，李锦记获“年度数字化转型与创新奖”。2020年12月，李锦记的“原酿本味鲜酱油”“零添加醇味鲜特级酿造酱油”荣获由中国食品工业协会颁发的《原酿本味酱油证明商标》，李锦记由此成为我国酱油业受国家法律保护的产品证明商标。

3. 突出特点

李锦记秉承“思利及人、造福社会、共享成果”的理念，助力传承中华优秀饮食文化。一是坚持创新发展。要想发展与进步，必须有创新。作为一家有着百年历史的民族品牌，李锦记时刻保持与时俱进，发挥永远创业精神，不断创新、研发更多符合消费者口味和需求的产品。二是严控产品质量。李锦记始终恪守百年企业对质量的追求，坚守“100-1=0”的质量管理理念，即做100件事情，只要有一件做错了，就等于白做。秉承品质百分之百坚持理念，为消费者提供选料上乘、味道醇正、安全健康的高品质中式酱料。三是履行社会责任。李锦记积极履行社会责任，多年来坚持“务实、诚信、思利及人”，在确保食品安全的同时，造福社会，赈灾济困，兴医兴教，为广大消费者提供优质、营养、美味的调味品，为人民群众的美好生活保驾护航。李锦记特别重视教育事业，在内地资助及捐建多所学校。为培养中餐烹饪人才，李锦记在内地颁发企业奖学金，创办“希望厨师”慈善项目，资助家庭经济困难的有志青年入读国家重点职业学校，接受专业的中餐烹饪训练。李锦记成立了“李锦记希望厨师慈善基金”，促进中餐业的可持续发展，助力传承中华优秀饮食文化。新冠肺炎疫情期间，李锦记还进行多轮捐资捐物，全力驰援各地抗击疫情。

十、百年金融珠宝企业焕发新活力

金融业是指经营金融商品的行业。金融业连接着各部门、各单位、各企业的生产经营，联系着千家万户，成为国家管理监督和调控国民经济运行的重要杠杆和手段。金融企业是执行业务需要取得金融监管部门授予的金融业务许可的企业，是经济交往、贸易流通、引进外资、加强国内外合作的纽带。珠宝企业是从事黄金首饰、黄金装饰、钻石首饰、翡翠、宝石及其他配饰业务的企业。我国金融企业和珠宝首饰企业奋进新时代，开启新征程，坚持新理念，构建新格局，大有可为、大有作为，在历史的洪流中昂然屹立，勇创辉煌。

（一）中国银行股份有限公司

中国银行股份有限公司（简称中国银行）成立于 1912 年，总行位于北京复兴门内大街 1 号，是中央管理的大型国有银行。

1. 发展历程

中国银行的前身是 1905 年清政府成立的户部银行。在 1908 年的时候改为大清银行，负责整理币制、造币、发行纸币、整理国库，行使中央银行权利。1912 年 2 月，经孙中山先生批准，大清银行改组成立中国银行后，继续担负中央银行的职责。到了 1928 年，国民政府另立央行，特许中国银行为国际汇兑银行。中国银行开始走国际化道路，先后在伦敦、大阪、新加坡、纽约等地设立分支机构。1949 年中国人民解放军军事管制委员会接管了中国银行。1953 年 10 月，中央人民政府政务院颁布《中国银行条例》，明确中国银行作为特许的外汇专业银行。改革开放以来，中国银行的各项业务得到了长足发展。2004 年 8 月 26 日，中国银行股份有限公司成立。中国银行通过促进中国国际贸易和外商直接投资的发展，为国家经济建设和发展做出了重大贡献。中国银行是中国唯一持续经营超过百年的银行，也是中国国际化和多元化程度较高的银行。机构遍及中国内地及 61 个国家和地区。旗下有中国国际、中银投资、中银基金、中银保险、中银航空租赁、中银消费金融、中银金融商务、中银香港等控股金融机构。

2. 主要成果

中国银行的主营业务是商业银行业务，主要包括公司业务、零售业务和金融机构业务等。中国银行多年来入选全球系统重要性银行，成为新兴市场经济体中连续多年入选的金融机构。2019 年 7 月，《银行家》公布 2019 年全球银行 1000 强，中国银行排名第 4 位。2017 年 6 月，“2017Brands 最具价值全球品牌 100 强”，中国银行排名第 94 位。2018 年 2 月，Brand Finance 发布 2018 年度全球 500 强品牌榜单，中国银行排名第 18 位。2018 年 12 月，世界品牌实验室编制的 2018 年度世界品牌 500 强排行榜，中国银行排名第 198 位。2019 年 12 月，中国银行入选“2019 中国品牌强国盛典榜样 100 品牌”。2019 年 12 月 18 日，《人民日报》发布中国发展指数 100 榜单，中国银行排名第 21 位。2020 年 3 月，中国银行入选全球品牌价值 500 强第 20 位。2020 年 1 月 11 日，2019 中国企业社会责任 500 优榜单发布，中国银行位列第 32 位。在《财富》世界 500 强排行榜中，中国银行 2019 年排名第 44 位，2020 年排名第 43 位，2021 年排名第 39 位。

3. 突出特点

中国银行是持续经营超过百年的银行，是国际化和多元化程度较高的银行，也是高质量服务实体经济的银行。一是立足中国、服务全球。中国银行在中国建设更高水平开放型经济新体制、促进国内国际双循环的大背景下，充分利用自贸区建设、人民币国际化、进博会等契机，深挖走出去、引进来客户全球化发展需求。优化金融业务服务模式，提升服务质效。二是助力“一带一路”高质量发展。我国与“一带一路”沿线国家的双边经济金融合作和双向贸易投资不断扩大，中国银行在其中发挥重要的资金融通作用。“一带一路”共同发展和深化合作向公共卫生、数字经济、绿色发展、科技教育合作等领域延伸，中国银行给予丰富多样的金融支持。三是推进中国银行企业文化建设。中国银行的战略目标是坚持科技引领、创新驱动、转型求实、变革图强，把中国银行建设成为新时代全球一流银行。中国银行的核心价值观是担当、诚信、专业、创新、稳健、绩效。

（二）交通银行股份有限公司

交通银行股份有限公司（简称交通银行）始建于1908年，是中国近代以来历史最悠久的银行之一，总部设在上海。

1. 发展历程

交通银行的建立源自晚清京汉铁路的修建。关于京汉铁路的修筑，创议者是张之洞，实施者为盛宣怀。1908年，梁士诒创办交通银行，通过售股票、募内债、外借款等方式筹集资金。1919年，第一次世界大战结束后，交通银行将总部从北京迁到上海。1928年，国民政府将交通银行定位于扶助农矿工商的专责银行。1937年交通银行总行迁移到重庆。1949年后，交通银行成为服务于人民建设事业的银行。1951年，交通银行总行迁回上海。1958年，除中国香港分行仍继续营业外，交通银行国内业务并入中国人民银行和在交通银行基础上组建起来的中国人民建设银行。1986年7月，国务院批准重新组建交通银行。1987年4月1日，重新组建后的交通银行对外营业，成为我国第一家全国性国有股份制商业银行。2008年，交通银行迎来百年华诞。交通银行肩负着百年民族金融品牌的继承者和中国金融体制改革的先行者的双重任务。2005年6月，交通银行在香港联合交易所挂牌上市，2007年5月，交通银行在上海证券交易所挂牌上市。

2. 主要成果

交通银行是中国主要的金融服务供应商之一，业务范围覆盖商业银行、证券、信托、金融租赁、基金管理、保险、离岸金融服务等。2020年，交通银行经济发展保持稳中有进、稳中提质的良好势头，实现了量的合理增长和质的稳步提升。2021年，交通银行恪守价值创造理念，坚持高质量发展模式；守牢风险底线，资产质量保持稳定；强化战略执行，深入推进转型发展；财富管理保持快速增长势头。在《财富》世界500强排行榜中，交通银行2019年排名第150位，2020年排名第162位，2021年排名第137位。

3. 突出特点

交通银行既是百年民族品牌的继承者，也是中国金融体制改革的先行者。一是勇于创新发展。交通银行在改革发展中实现了新突破，是第一家资本来源和产权形式实行股份制；第一家按市场原则和成本效益原则设置的机构；第一家打破金融行业业务范围垄断，将竞争机制引入金融领域；第一家引进资产负债比例管理，并以此规范业务运作；第一家可以从事银行、保险、证券业务的综合性商业银行。二是明确战略目标。交通银行作为一家历史悠久的银行企业，战略清晰明确。交通银行治理规范、经营稳健、服务优质，紧紧围绕落实国家战略和服务实体经济，不断深化改革，转型发展，努力为广大客户提供更好的服务，为股东创造更多的价值，为社会做出更大贡献。立足本土市场，走向国际市场。三是坚持文化引领。交通银行的发展理念是“发展是硬道理，是第一要务；质量是硬约束，是第一责任；效益是硬任务，是第一目标”的经营理念。交通银行的使命是“创造共同价值”。交通银行的愿景是“建设中国最佳财富管理银行”。交通银行的精神是“拼搏进取、责任立业、创新超越”。交通银行的理念是“一个交行，一个客户”。交通银行的战略是“走国际化、综合化道路，建设以财富管理为特色的一流公众持股银行集团”。

（三）老凤祥

上海老凤祥有限公司（简称老凤祥）创始于1848年，是中国珠宝首饰业百年品牌，总部位于上海市黄浦区。

1. 发展历程

1848年，郑熙在上海小东门方浜路创办“凤祥银楼”，前店后厂。1855年，迁至豫园开业，改称“老凤祥银楼”。1908年迁至南京东路。这一旧址是现今老凤祥的总店。上海解放前夕，银楼业动荡不定，市场大萧条，老凤祥关门歇业。1951年，国家出资购买了南京东路原“老凤祥银楼”的全部固定资产，委托中国人民银行华东区分行金融受理处筹办“国营上海金银饰品店”，吸收原“老凤祥”员工，于1952年6月16日正式挂牌营业。1985年1月，“老凤祥银楼”在原址旧店重新揭牌，恢复了“老凤祥”商标。1992年11月11日，老凤祥成立。目前，老凤祥已发展为集科工贸于一体、产供销于一身，拥有完整的产业链、多元化的产品线，是中国珠宝首饰业民族工业的一面旗帜。

2. 主要成果

老凤祥主要从事黄金珠宝首饰、工艺美术品、笔类文具制品的生产经营及销售。老凤祥作为我国珠宝首饰业的民族品牌，经过一代又一代人悉心浇灌、勤奋耕耘，已经形成了丰富的文化底蕴和人才资源。老凤祥创造了我国第一台自动项链连接机，第一台光亮性电镀设备，第一台失蜡浇铸机，在历年来的国内外各大珠宝设计制作大赛中荣获 170 多个大奖。进入 21 世纪，老凤祥瞄准打造中国民族首饰业的第一品牌的目标，以 2010 年上海世博会为契机，通过大力发展礼品和旅游纪念品，成为上海旅游纪念品产业的主力军。2006 年，商务部认定老凤祥为“中华老字号”。2007 年，国家质检总局给老凤祥颁发“中国名牌产品证书”。2018 年 5 月 9 日，“2018 中国品牌价值百强榜”发布，老凤祥位列第 52 位。2020 年 5 月 10 日，“2020 中国品牌 500 强”排行榜发布，老凤祥排名第 245 位。

3. 突出特点

老凤祥是经过 170 多年相传至今的百年老店，将悠久的历史、深厚的文化底蕴，通过传承与创新，成为中国珠宝首饰业的佼佼者。一是承继品牌发展。老凤祥坚持品牌发展战略和品牌营销的市场策略，以品牌为先导，拓展全国市场，完善营销网络布局。二是弘扬企业文化。老凤祥经过探索，逐步形成了企业文化，继承创新民族经典、国际时尚的首饰产品与文化。老凤祥采取形式多样的品牌推广活动宣传企业文化，展现老凤祥的良好形象。三是创新经营理念。消费者对老凤祥的评价是：牌子老，款式新，工艺精，信誉好。这一切来源于老凤祥不断创新的经营理念。老凤祥的经营理念是，为股东创造价值共同发展，与顾客共拓市场实现双赢，与员工共享成果回报社会。老凤祥有严格的质量管理体系、完善的银楼管理标准和齐全的特色服务。四是拓展商业模式。老凤祥采用自营与加盟结合的商业模式。自营模式有利于品牌对门店进行统一管理，维护品牌形象。加盟模式有利于品牌加速下沉市场，扩张市场份额。截至 2020 年年底，老凤祥加盟店数量占比高达 96%，自营门店为 4%。老凤祥以加速发展加盟店的商业模式快速拓宽了市场。

第二节　美欧百年企业新貌

岁月不居，时光如梭。改革开放 40 多年来，美欧的百年企业大量对华投资。大规模的外资流入带动了我国企业参与经济全球化的分工体系，促进了我国企业参与经济全球化竞争，分享了全球化的红利，促进了我国经济社会快速发展。与此同时，在华投资的美欧百年企业也获得了丰富的利润回报。中国已经成为许多美欧百年企业利润和国际竞争力的重要支撑。以史为鉴，博采众长。美欧百年企业的发展既有坎坷，也有成就；既有挑战，也有机遇；既有值得借鉴的经验，也有应当总结的教训。

一、美国的百年企业

美国远离欧亚大陆，本土没有经历过大规模的战争，著名的百年企业比较多。据有关资料显示，美国的百年企业约有 11733 家。美国的百年企业大都成立于第二次工业革命时期。这些企业经过百年历练，依然是世界级企业，堪称企业经营管理和技术创新的典范。

（一）美国通用电气公司（GENERAL ELECTRIC，GE）

美国通用电气公司（简称通用电气）是世界上最大的电器和电子设备制造公司及提供技术和服务业务的跨国公司，创始人是托马斯·爱迪生，摩根财团控制，成立于 1878 年，总部设在美国康涅狄格州的费尔菲尔德。

1. 发展历程

1878 年，伟大的发明家托马斯·爱迪生创立了爱迪生电灯公司。1892 年，老摩根出资把爱迪生通用电气公司、汤姆逊—豪斯登国际电气公司合并组成美国通用电气公司。1900 年，托马斯·爱迪生成立了通用电气公司工业实验室，推动企业研究工作的开展。从事了超过 2000 项发明活动和拥有 1093 项专利发明家兼企业家的托马斯·爱迪生，既是对世界产生极大影响的留声机、电影摄影机、钨丝灯泡等产品的创新者，也是人类历史上第一个利用大量生产资料和电气工程研究的“企业实验室”创立者。第一次世界大战后，该公司在新兴的电工技术部门无线电方面居于统治地位，1919 年成立了一个子公司，即美国无线电公司，几乎独占了美国的无线电工业。第二次世界大战又使通用电气的产量和利润急剧增长。通用电气以多种方式并购了国内外多家企业，规模扩张，资产雄厚，成为一家庞大的跨国公司。2008 年金融危机以来，通用电气一直深陷困境，业务规模一直在收缩。通用电气已出售包括金融子公司 GE Capital 在内的大部分业务。近期，通用电气宣布重大重组计划，公司将一分为三，重组为三个上市公司，分别专注于航空、医疗健康和能源。通用电气早在 1906 年就开始发展同中国的贸易。1908 年在沈阳建立了第一家灯泡厂。1934 年买下慎昌洋行，开始在中国提供进口电气设备的安装和维修服务。1991 年第一家合资企业通用电气公司航卫医疗系统有限公司在北京成立。2017 年在天津空港经济区启用美国以外、服务于多个业务部门的智能制造技术中心。迄今为止，通用电气的各工业产品集团已在中国开展业务。通用电气在医疗系统、工业系统和飞机发动机等领域拥有一系列核心技术和产品，均源自托马斯·爱迪生始终执着技术创新所产生的企业文化基因。通用电气在上海、北京、天津、武汉、无锡等城市设立了实验室和研发团队，聚焦智能医疗、风力发电、燃气轮机本土化，以及航空发动机的节能减排技术，同时覆盖智能制造、机器人和数字科技等。

2. 主要成果

通用电气是世界著名电工设备制造企业，在多元化发展中逐步成长为出色的跨国公司，业务遍及世界上 100 多个国家。通用电气主要业务领域涉及电力设备、电器设备、家用电器、喷气发动机、医疗电器、航空航天设备等十大类 25 万种产品。其中，大型火电厂和核电站成套设备、医疗电器、喷气发动机、工业材料（主要是工程塑料、硅材料、绝缘材料、工业用钻石、石油和天然气）等类产品居世界领先地位。从爱迪生时代开始，通用电气公司就提出要在企业内部建立自己的研发机构。通用电气的创始人认为，只有在技术上保持领先，才能在市场中立于不败之地。这也是通用电气能成为道琼斯指数自 1896 年设立以来，唯一一家仍在指数榜上的公司的重要原因之一。从第一盏灯泡，第一台商用冰箱、收音机，从美国第一架喷气发动机到 3.6MV 风力发电机，从火星探测器到第一台全数字 CT，通用电气 100 多年的历史就是一段近代科技发展史。现在通用电气已经在全球建立了四大研发中心：美国纽约州全球研发中心、印度班加罗尔的技术中心、中国上海的中国技术中心和德国慕尼黑的全球研发中心。通用电气研发中心曾诞生过两位诺贝尔奖得主。通用电气连续多年在世界 500 强中处于前列。在《财富》世界 500 强中，通用电气 2018 年排名第 41 位，2019 年排名第 48 位，2020 年排名第 77 位，2021 年排名第 104 位。连续多年在全球 100 大最有价值品牌前列。通用电气成立 100 多年，获得 5 万多项技术专利。

3. 突出特点

通用电气是世界上最大的多元化服务性国内公司，从飞机发动机、发电设备到金融服务，从医疗造影、电视节目到塑料等，致力于通过多项技术和服务，创造更美好的生活。一是以市场为导向发展企业。通用电气在激烈的市场竞争中，抓住了各个时期新产业、新产品的发展机会，以灵活的战略决策调整企业发展。通用电气确立的战略是所经营的产品或业务须在其所处行业中居世界领先地位，否则，立即退出该领域。通用电气经营多样化，品种规格繁杂，均在市场竞争中处于优势。二是以职业经理人管理企业。通用电气的出资人不直接插手公司事务。通用电气在 100 多年的历史中，出资人尽可能支持董事长或总裁做出的决策，没有出现董事长或总裁遭受董事会指手画脚乃至逼宫的情况。三是以技术创新推动企业。通用电气重视技术研究与开发，致力于不断创新、发明和再创新，将创意转化为领先的产品和服务。1900 年创立了美国第一家从事基础研究的工业实验室，1968 年又发展成为公司的研究开发中心。通用电气的全球研发中心以强大的技术力量支撑和推动着企业在全球的业务增长。四是以数字化转型提升企业。通用电气通过一系列收购强化软件能力，进行全面的数字化布局，将数字技术与其在航空、能源、医疗、交通等领域的专业优势结合，向全球领先的工业互联网公司转型。Predix 平台是通用电气在 2013 年推出的工业互联网平台产品，其主要功能是将各类数据按照统一的标准进行规范化的梳理，并具备随时调取和分析的能力。通用电气在 2015 年对外推出 Predix 2.0，目前已在全球建成 4 个云计算中心。五是重新聚焦企业主业。通用电气进入数字、医疗、航空、发电、可再生能源、石油天然气、能源互联网、运输和金融等多个领域，迷失了主航道，导致业绩低迷，以致后来决定剥离非核心业务。

（二）埃克森美孚公司（EXXON MOBIL）

埃克森美孚公司（简称埃克森美孚）的创始人是约翰·戴维斯·洛克菲勒，创建于 1882 年，是全球知名的国际石油天然气公司，总部位于美国得克萨斯州爱文市。

1. 发展历程

1882 年，约翰 · 戴维斯 · 洛克菲勒创立标准石油公司。1892 年，美国最高法院裁定标准石油公司为非法垄断企业，下令解散。约翰·戴维斯·洛克菲勒被迫将财产转到各分公司下，但仍由原董事会集中经营。1899 年，约翰·戴维斯·洛克菲勒又将分公司联合成立新泽西美孚石油公司。1960 年，美孚化工公司成立。1965 年，埃克森化工公司成为全球性企业。1999 年，美孚石油和埃克森石油合并为埃克森美孚公司，成为世界性的大石油公司。埃克森美孚在中国的历史可以追溯到 19 世纪 90 年代。当时埃克森美孚的前身标准石油公司开始在中国销售煤油。随着煤油销售获得成功，标准石油公司在中国的业务扩大到汽油、沥青及航空燃料的供应。自 20 世纪 70 年代末，随着中国的改革开放，埃克森美孚逐渐参与中国能源工业诸多领域的业务，包括石油勘探、天然气及燃料销售、润滑油销售和服务、化工及发电等。埃克森美孚作为润滑技术的领先企业，积极响应中国“打造系统完备、高效实用、智能绿色、安全可靠的现代化企业基础设施体系”的引领者，助力新型基础设施建设，创造升级产品，提升服务品质，满足终端用户不断提升的市场需求。2020 年 4 月，埃克森美孚投资约 100 亿美元的广东惠州乙烯项目开工。埃克森美孚以其产品、技术等与中国企业的合作，为帮助中国的能源需求发挥了重要作用。

2. 主要成果

埃克森美孚是全球主要的燃料、润滑油制造商和销售商之一，以及世界领先的石油和石化公司。埃克森美孚在全球共有 21 家炼油厂，2020 年炼油能力达到 2.39 亿吨，其中 68% 分布在美国、欧洲等市场。销售炼油产品约 2.45 亿吨。埃克森美孚整合了润滑油产业链，拥有 6 家润滑油基础炼油厂和 21 家润滑油调和厂。埃克森美孚是全球主要的化工生产商之一，有 15 个化工生产基地，分布在全球 10 个国家，其中约 80% 的化学品产能分布在北美和亚洲。拥有乙烯产能 1080 万吨 / 年、聚乙烯产能 1060 万吨 / 年、聚丙烯 270 万吨 / 年、对二甲苯产能 410 万吨 / 年。2000 年以来，埃克森美孚通过开发应用热电联产装置、全球能源管理系统、优化装置设计和工艺流程等措施，不断提高能源利用效率，成功减少约 3.2 亿吨温室气体排放量。在全球持续推动能源转型、降低碳排放的背景下，埃克森美孚在 2020 年 12 月发布的《能源和碳排放摘要》中确定了 2025 年的碳减排目标，将公司定位为最小化环境影响的前提下，实现可负担的、稳健的能源供应。在《财富》世界 500 强中，埃克森美孚 2018 年排名第 9 位，2019 年排名第 8 位，2020 年排名第 11 位，2021 年排名第 23 位。

3. 突出特点

埃克森美孚已经跨越了 100 多年的历程，在全球位居行业领先地位。约翰・戴维斯・洛克菲勒的思维是时时求主动，处处占先机。这种经营理念一直影响着埃克森美孚的发展。一是优化炼化业务结构。埃克森美孚预测全球商业运输燃料、高档润滑油基础油和成品润滑油需求会持续增长，而全球汽油需求可能在碳达峰后开始下降。于是从 2000 年开始，埃克森美孚资产重组剥离了 43 个炼厂中的 22 个，将 80% 的炼油能力与化工生产装置进行整合，淘汰落后产能，增强综合竞争力。二是扩大合作。埃克森美孚在全球范围内与 80 多所大学、5 个能源中心，以及美国国家实验室合作，促进新兴能源技术发展。与大学、环保组织和其他行业伙伴合作，开发创新传感器网络，可持续大范围检测甲烷排放情况，实现快速、高效的泄漏检测与修复。三是加强精细化管理。埃克森美孚重视生产过程中的精细化管理，并将其作为提高能效和减少温室气体排放的有效手段。以甲烷减排为例，该公司严格实施五种措施：加强泄漏检测和维修盘查，逐步淘汰高排放的气动设备，加强监控液体卸载以避免意外排放，优化装置设计，加强在操作人员和负责检查泄漏人员的培训。四是鼓励员工爱岗敬业。约翰・戴维斯・洛克菲勒创办的美国标准石油公司是当时世界上最大的石油生产、经销商，那时每桶石油的售价是 4 美元。公司的宣传口号就是：每桶 4 美元的标准石油。一位名叫阿基勃特的基层推销员，无论外出、购物、吃饭、付账，甚至给朋友写信，只要有签名的机会，他都不忘写上“每桶 4 美元的标准石油”。有时只写这句话代替自己的签名。时间久了，同事们都开玩笑地称他为“每桶 4 美元”。四年后的一天，约翰・戴维斯・洛克菲勒无意中听说了此事，非常赞赏，于是邀请阿基勃特共进晚餐，并问他为什么这么做。阿基勃特说，这不是公司的宣传口号吗？约翰・戴维斯・洛克菲勒说，你觉得在工作之外的时间里还有义务为公司宣传吗？阿基勃特反问道，为什么不呢？在工作之外的时间里，我也是这个公司的一员，我多写一次，就可能多一个人知道咱们公司。约翰·戴维斯·洛克菲勒对阿基勃特的举动大为赞赏，开始着意培养他。又过了五年，约翰·戴维斯·洛克菲勒卸职，阿基勃特成了美孚石油公司的第二任董事长。埃克森美孚关爱员工的传统流传至今。

（三）国际商业机器公司（INTERNATIONAL BUSINESS MACHINES Corporation，IBM）

国际商业机器公司（简称 IBM）是全球最大的信息技术和业务解决方案公司，成立于 1911 年，总公司位于美国纽约州阿蒙克市。

1. 发展历程

1911 年 6 月 15 日，CTR 在美国纽约恩迪科特注册。CTR 是由三个独立公司合并建立。它们是列表机公司（1896 年创立于华盛顿）、计算表公司（1901 年创建于俄亥俄州代顿）和国际时代唱片公司（1900 年创办于纽约州恩迪科特）。三个公司合并的关键人物是金融家 Charles Flint 。他召集三家公司的创始人提出兼并，并在 CTR 中任职直到 1930 年退休。托马斯·沃森是 IBM 的创始人，1914 年担任 CTR 总经理，1915 年担任总裁。1917 年，CTR 以国际商用机器有限公司进入加拿大市场，1924 年改名为国际商业机器公司（IBM）。这一时期在美国本土研发、生产产品，然后出口到世界各地。第二次世界大战以后，IBM 复制美国公司到世界其他地方。各国的分公司有各自的供应链、人力资源、IT 等。进入 21 世纪，在经济全球化的背景下，IBM 把技术研发机构放到技术人才丰富的国家，把生产和制造放到制造业发达，并离原材料产地距离较近的国家。IBM 的全球支付中心设在中国上海，全球财务中心设在马来西亚吉隆坡，全球人力资源中心设在菲律宾马尼拉，全球援助中心和客户服务中心设在澳大利亚布里斯班。这样 IBM 能够更好地利用和配置全球资源，更高效地在全球范围内减少成本。IBM 与中国的缘分源远流长。1934 年，IBM 为北京协和医院安装了第一台商用处理机。1936 年，IBM 在远东地区的第一个办公室设立在上海，为其在中国乃至东亚地区的发展奠定了基础。1937 年，中国第一个越洋电话从 IBM 上海办公室拨出，从此开辟了中国与世界连接的新途径。伴随着中国的改革开放，IBM 再次来到中国。1979 年，IBM 在沈阳鼓风机厂安装了中华人民共和国成立后的第一台 IBM 中型计算机。20 世纪

80年代中后期，IBM先后在北京、上海设立了办事处。1992年在北京成立IBM中国有限公司。1993年在广州、上海建立了分公司。IBM在中国的办事机构扩展到33个城市，业务涉及300多个城市。IBM先后获得“中国最受尊敬企业”“中国最具价值的品牌”“中国最佳雇主”“中国优秀企业公民”等荣誉称号。

2. 主要成果

IBM创立时的主要业务为商业打字机之后转为文字处理机。第二次世界大战期间，盟军广泛使用IBM的设备做军事计算、后勤和其他军需之用。20世纪50年代，IBM采用晶体管线路、磁心存储器等，使计算机主机体积大大减小。1981年8月12日，IBM推出世界上第一台个人电脑。IBM为计算机产业长期的领先者，在大型机、小型机和便携机方面最为瞩目。其创立的个人计算机（PC）标准至今仍被不断沿用和发展。IBM在超级计算机方面领先业界。1993年3月起，IBM的经营战略和管理结构实行大幅度调整和改革。IBM把经营重点从制造向服务、从硬件产品向附加值更高的软件和系统产品转移，成为全球最大的软件公司之一。在世界品牌500强排行榜中，2018年IBM位列28位。在Interbrand全球品牌百强中，2019年IBM排名第12位。在《财富》世界500强中，IBM 2018年排名第92位，2019年排名第114位，2020年排名第118位，2021年排名第121位。

3. 突出特点

IBM在一百多年的发展历程中，高度重视技术创新、重组整合、组织管理、企业文化建设等，成为备受世人瞩目的公司。一是重视技术创新。IBM在产业革命尤其是IT行业中，制定多项标准。铜布线技术、原子时刻技术等都是IBM研究发明的。IBM在全美专利注册排行榜中多年保持领先地位。IBM的研究部门是世界上拥有最先进技术和最完善设备的研究机构之一，其在6个国家设立8个实验室，分别位于以色列海法、瑞士苏黎世、日本东京、中国北京、印度新德里及美国的奥斯丁、华生和阿莫顿。二是重视重组整合。IBM为推动持续增长，对不能很好地为公司创造价值的业务及时进行整合。1990年剥离网络业务；2000年剥离PC业务；2005年将个人电脑业务出售给中国的联想集团；2015年剥离半导体业务。IBM每一次重大转型变革都离不开自我剥离。三是重视组织管理。为解决层级结构过多、管理效率低下等问题，IBM 推行扁平化组织管理模式，将过去集权的金字塔结构变成扁平化的组织结构，有效地节约了管理费用，并使公司的管理和执行效率显著提升。IBM 在内部建立全套的社交化 IT 平台系统，充分运用社交手段，促进公司内部的信息交流和开放协作。四是重视企业文化建设。托马斯·沃森在创办 IBM 公司时，为公司制定了行为准则，即必须尊重个人，必须尽可能给予顾客最好的服务，必须追求优异的工作表现。这些准则一直牢记在公司每位员工的心中，影响着员工的行动。IBM 将企业文化融入各个方面，把全球最领先的技术延伸到业务涉及的各个区域，同时将发展战略与本土需求相结合，更好地服务客户。

（四）福特汽车公司（FORD MOTOR COMPANY）

福特汽车公司（简称福特汽车）是世界上最大的跨国汽车制造商之一，创始人为亨利·福特，成立于 1903 年，总部设在美国密歇根州。

1. 发展历程

福特汽车由亨利·福特创立于 1903 年 6 月 16 日。福特汽车的商标来自创办人亨利·福特常用的签名字体。1908 年，福特汽车生产出世界上第一辆属于普通百姓的汽车——T 型车，世界汽车工业革命就此开启。1913 年，福特汽车开发出汽车行业中的第一条流水线，缔造了世界纪录。福特汽车在中国的历史可以追溯到 1913 年，当时第一批 T 型车销售到中国。1978 年 11 月，福特汽车设立中国事务办公室，以探求在中国成立一家生产重型卡车合资企业的可能性。1995 年 10 月 25 日，福特汽车（中国）有限公司成立。2001 年 4 月 25 日，福特汽车公司与长安汽车集团共同出资，成立了长安福特汽车有限公司，双方各拥有 50% 的股份。福特汽车在中国发展的比较迅速，车型有福克斯、新福克斯、嘉年华、翼虎、翼搏等，并不断推出新车型。

2. 主要成果

福特汽车是美国百年车企之一。福特汽车除了生产汽车，还涉及信贷服务。福特汽车的产品种类繁多。轿车方面有以经济多用著称的嘉年华、雅士，有林肯·城市宽敞舒适的大型轿车，也有美洲豹等华贵汽车。大众化的中级轿车有猎鹰、黑貂、蒙迪欧、康拓、水星环宇等世界级汽车。卡车方面，福特汽车可提供皮卡、彩虹、助手、全顺、雅克、信使等小货车，银河、稳达水星村民微型货车，以及伊普拉等多用途运动车、货车和贸易型卡车。福特汽车提出，好的企业与伟大的企业之间是有差别的。一家好的企业可以提供优质的产品和服务，一家伟大的企业也可以提供优秀的产品和服务，但它还要努力地让这个世界变得更美好。福特汽车注重思考与客户、员工、股东、合作伙伴、社会经济环境、自然环境之间的关系，履行社会责任，力图让世界变得更美好。福特汽车在电动汽车生物燃料、氢燃料等方面加大投资，在许多关键技术上保持领军地位。在《财富》世界500强中，福特汽车2018年排名第22位，2019年排名第114位，2020年排名第118位，2021年排名第47位。

3. 突出特点

百年企业在发展的过程中，有的企业选择优先改变产品，有的企业选择优先寻找合作伙伴，有的企业选择优先改变生产方式。福特汽车选择了改变生产方式。一是构建大规模流水线生产。福特汽车生产方式的最大特征就是可以像河水一样流动，因此称为流水线。福特汽车所建立的汽车流水线，以大批量生产方式满足了那一时期的人们对廉价汽车的需求。二是缩短产品生产周期。亨利·福特很早就认识到缩短生产周期对解决存货资金和提高盈利能力的贡献。1914年，福特汽车每台T型车的生产时间已经从12.5小时下降到93分钟。1914年，福特汽车的1.3万名工人生产了26.7万辆汽车，而同期美国其他299家工厂的66万名工人仅生产了28.6万辆汽车。福特汽车的人均效率是其他公司的47倍。三是重视各种管理细节。世界上的难事都是从容易开始做起，天下的大事都是从细枝末节逐步形成。小事成就大事，细节成就完美。一个人想要成就一番大事业，要从不起眼的小事做起，从细微之处入手。亨利·福特大学毕业后到一家汽车公司应聘。当他敲门走进面试办公室时，发现门口地上有一张纸。出于习惯，他很自然地弯腰把它捡起来，看了看，是一张废纸，就顺手把它扔到了垃圾桶。面试官把这个过程看在眼里，就是这一不起眼的细节，让亨利·福特打败了众多应聘者。亨利·福特对待每一件小事、每一个细节都有不疏忽的认真精神，他用自己的实际行动使福特汽车闻名世界。四是吸收懂得感恩的人才。20世纪90年代初，福特汽车正处于高速发展时期，客户订单非常多。突然，福特汽车的一台汽车电机出了毛病。公司请来了著名专家，其中一名物理学家斯坦门茨在电机的部位用粉笔划了一道线，写下了“这里的线圈多绕了 16 圈”。福特汽车总裁福特先生对斯坦门茨非常欣赏，先是给予 1 万美元的酬金，然后邀请斯坦门茨加盟福特公司。斯坦门茨说，他不能离开那家就职的小公司，因为那家小公司的老板在他最困难的时候帮助了他。他一旦离开了，那家小公司可能要倒闭。不久，福特先生做出了收购斯坦门茨所在的那家小公司的决定。福特先生意味深长地说，因为福特汽车需要斯坦门茨那样懂得感恩和有责任感的人。

（五）通用汽车公司（GENERAL MOTORS COMPANY，GM）

通用汽车公司（简称通用汽车）是世界上最大的跨国汽车制造商之一，成立于 1908 年，总部设在美国底特律。

1. 发展历程

通用汽车的前身是 1907 年由戴维·别克创办的别克汽车公司。1908 年 9 月 16 日，美国最大的马车制造商杜兰特买下了别克汽车公司，成立通用汽车公司并成为该公司的总经理，同时推出 C 型车。为了推销这种汽车，杜兰特迅速建立了一个经销网并吸引了大笔订单。1909 年，通用汽车合并了奥克兰汽车公司和凯迪拉克汽车公司。1912 年，通用汽车将新发明的电子启动器应用于凯迪拉克，这件事被公认为是 20 世纪最具影响力的汽车革新。几年后，通用汽车开创了称之为零售金融的业务模式。第一次世界大战期间，通用汽车为军队生产了大量卡车、救护车、飞机发动机等军用物资。战争结束后，通用汽车又通过建立通用汽车承兑公司加强产品批销，获得成功。通用汽车于 1918 年、1925 年、1929 年分别收购了雪佛兰、沃克斯豪和欧宝品牌。在 10 年期间，通用汽车已在 10 多个国家开设了新装配厂。第二次世界大战期间，通用汽车为盟军生产供应大量军用物资。1971 年，通用汽车凭借催化式排气净化系统，在降低排放方面迈出重要一步。这项技术由通用汽车分享，在整个汽车行业普遍应用。1982 年，通用汽车西班牙萨拉戈萨新工厂开业，标志着通用汽车在北美市场以外开始生产扩张。1983 年，通用汽车与日本丰田汽车公司合资成立新联合汽车制造公司，在加利福尼亚运用日本公司的制造技术生产小型车。2008 年受全球金融危机的影响，通用汽车陷入困境。2009 年 6 月 1 日，依据美国《破产法》第 11 章，通用汽车向纽约破产法院递交破产申请。2010 年 11 月 18

日，通用汽车申请破产保护一年半之后完成了重整，新公司上市。经历破产重整后的通用汽车焕发出新的活力。2012 年，通用汽车全球汽车销售量仅次于丰田汽车公司，排名第二。1997 年通用汽车进入中国市场以来，已建立了 7 家合资企业和两家全资子公司。通用汽车在中国生产销售别克、凯迪拉克、雪佛兰、欧宝、萨博、五菱等品牌的系列产品。通用汽车在中国实施引入全球资源、坚持本土合作的战略，取得了卓越成效。通用汽车与中国上海汽车工业集团共同组建中国第一家中外合资汽车设计开发中心——泛亚汽车技术中心有限公司。中国迅速成长为通用汽车的全球第二大市场，规模仅次于美国本土市场。

2. 主要成果

通用汽车是全球汽车行业的领先者，旗下品牌包括别克、凯迪拉克、雪佛兰、GMC、通用大宇、霍顿、悍马、欧宝、庞蒂亚克、萨博、土星、沃豪等。通用汽车旗下的 OnStar 还是汽车安全、信息服务方面的业界领先者。在世界品牌实验室编制的《2018 世界品牌 500 强》中，通用汽车排名第 59 位。通用汽车经历了 100 多年的创新发展。从不被看好的开始，到实施著名的“不同的钱包、不同的目标、不同的车型”战略；从全球第一款量产跑车到第一款燃油效率达到每百千米 3.53 升燃油的汽车；从收购雪佛兰、欧宝、沃克斯世界著名汽车品牌到重点发展新型绿色动力推进技术，通用汽车不断发展壮大。20 世纪 80 年代以后，通用汽车公司开始了全球化历程。通用汽车在欧洲建立了 5 个工厂。通用汽车进入巴西和俄罗斯廉价车辆市场，拓宽海外消费者市场，建立客户基地并确立品牌效应。通用汽车从快速成长到全球化进程，已在全球 30 多个国家建立生产基地，产品销及 200 多个国家和地区，销售额的一半以上都在美国本土之外。在《财富》世界 500 强中，通用汽车 2018 年排名第 21 位，2019 年排名第 32 位，2020 年排名第 18 位，2021 年排名第 49 位。

3. 突出特点

通用汽车作为全球最大的汽车制造商之一和汽车安全技术的领先者，在拓展汽车行业发展方面做出了积极的贡献。一是采取多品牌的差异化竞争。汽车产业的竞争是品牌、人才和产业链各环节的全面竞争。适应汽车市场需求的多样化、个性化，不同细分市场呈现出不同的增长态势，通用汽车采取多品牌的差异化竞争战略，为消费者提供多种产品选择，以谋求更大的市场占有率。例如，开发的品牌具有鲜明的客户群。凯迪拉克专门为成功人士设计。别克的目标客户是商界领导。雪弗兰面向家庭和个人用途的 20 岁至 40 岁的消费群。欧宝针对具有现代生活意识的都市白领。萨博针对受过良好教育的高素质专业人士。五菱面向二、三级城市的商用车和农用车使用者。二是实施可持续发展战略。通用汽车启动一系列应对能源环境挑战的措施，助力环境友好型可持续交通产业的发展。致力于研发更加清洁、环保的汽车品牌，为社会提供最佳的交通解决方案；推出新的动力系统产品，大量应用可替代能源技术，逐步降低对石油产品的依赖；不断推动内燃机技术进步的同时，发展生物燃料来替代石油燃料，发展混合动力轿车和卡车产品。通用汽车在电气化技术研发上一直保持着全球领先地位，始终将氢燃料电池车作为汽车能源的发展方向，并且开展了大量的研发工作。三是积极履行企业社会责任。通用汽车认为，企业的责任和义务不仅是生产和销售优质的产品，还应当回馈公司发展业务的所在地，承担企业的社会责任。通用汽车将自己视为本地社会的一名企业公民，积极履行社会责任，提出了促进社会福利提高，改善生活质量，共建安全、清洁、健康的家园的目标。为实现这一目标，通用汽车积极开展和参与环保、安全及公共健康等方面的社会公益活动。通过促进社会福利提高，支持地区经济发展及改善生活和工作环境，提高民众的生活质量，推动环境保护和生态建设，促进社会进步。

（六）霍尼韦尔国际公司（HONEYWELL INTERNATIONAL）

霍尼韦尔国际公司（简称霍尼韦尔）成立于 1885 年，是一家从事自控产品开发及生产的国际性公司，总部位于美国新泽西州莫里斯镇。

1. 发展历程

霍尼韦尔成立于 1885 年。那时一位名为 Albert butz（阿尔伯特欧布兹）的发明家取得了熔炉标准和报警器的专利，并成立了公司。1893 年，联合热控制公司更名为电子热控制公司（EHR）。1904 年，一名年轻的工程师 Mark Honeywel （霍尼韦尔）努力完善热发电机性能，并于两年后创立了霍尼韦尔热技术公司，专门研制热水加热的发电机。1912 年 HER 公司扩展业务范围，更名为明尼阿波利斯热调节供暖公司（MHR）。1927 年霍尼韦尔热技术公司与MHR公司合并，形成明尼阿波利斯霍尼韦尔控制公司。1963年，公司名称更改为霍尼韦尔国际公司。1968年，霍尼韦尔收购了Sperry航空航天公司，霍尼韦尔国际公司迅速成为具有世界影响力的航空电子设备综合制造商。到1998年，霍尼韦尔已在95个国家设立83个全资子公司和13家合资经营公司。作为多元化高科技和制造企业，在全球其业务涉及航空产品和服务、楼宇、家庭和工业控制技术、汽车产品、涡轮增压器及特殊材料。1999年霍尼韦尔（Honeywell）与联信（Alledsignal）合并，合并后整个公司仍然以霍尼韦尔冠名。新的霍尼韦尔公司仍然保持多个领域领先地位的全球高科技公司特点，使霍尼韦尔更加强大，尤其在自动控制领域和航空航天技术方面令人瞩目。1935年，霍尼韦尔在中国上海开设了第一个经销机构。改革开放以来，霍尼韦尔融入中国的经济发展，在北京设立代表处，把所辖业务的亚太总部和中国总部设在中国上海，并在中国20多个城市设有50多家全资子公司和合资企业。中国是霍尼韦尔在美国以外最大的单一市场，也是公司最大的增长型市场。在数字化领域，霍尼韦尔正通过一系列创新的数字化解决方案回应客户需求，助力城市智慧运行、飞机高效飞行、工厂卓越运营、工人安全作业。在低碳发展领域，霍尼韦尔通过不断满足中国客户能源和环境需求的产品与技术，与中国合作企业共同塑造可持续发展的未来。

2. 主要成果

霍尼韦尔是一家多元化高科技制造企业。霍尼韦尔旗下的四大业务板块为安全与生产力解决方案集团、航空航天集团、智能建筑科技集团及特性材料和技术集团。其在全球业务包括航空产品和服务、楼宇、家庭和工业控制技术、汽车产品、涡轮增压器及特殊材料。每一架波音飞机里，有30%产品出自霍尼韦尔。这些是航空电子和飞行安全产品，以及与自动控制优势相组合制造的为各种飞机使用的一体化系统。霍尼韦尔传感与控制部提供超过5万种产品，包括快动、限位、轻触和压力开关，以及位置、速度、压力、温湿度、电流和气流传感器，是传感与开关产品涵盖范围最广的厂商之一。1996年，霍尼韦尔被美国财富杂志评为“最受推崇的20家高科技企业”之一。霍尼韦尔荣获“2019年中国典范雇主”称号，2020年1月，全球最具价值500大品牌榜发布，霍尼韦尔排名第270位。2020

年，霍尼韦尔被评为“全球最具商业道德企业”。霍尼韦尔连续 14 年入选《财富》杂志“最受赞赏公司”榜单。在《财富》世界 500 强中，霍尼韦尔 2018 排名第 275 位，2019 年排名第 290 位，2020 年排名第 347 位，2021 年排名第 374 位。

3. 突出特点

霍尼韦尔是一家全球高科技公司，也是拥有多元化制造技术的领先者，服务世界各地的客户。一是坚持运用大数据提升效率和效益。霍尼韦尔应用大数据和智能制造，为客户大幅度提升产能并降低生产成本，成为工业互联网应用的领先者。二是坚持为客户服务的宗旨。霍尼韦尔的宗旨是以增强舒适感、提高生产力、节省能源、保护环境、保障使用者生命及财产为目标，为全球的楼宇、工业、航天及航空市场的客户服务。霍尼韦尔以满足客户、力争成为世界自控先驱，从而实现互利增长为目标。三是坚持安全作业、安全生产。霍尼韦尔安全意识强，不断增强作业的安全性和提高事故应对能力。

（七）美国电话电报公司（AT&T）

美国电话电报公司（简称 AT&T）是一家美国电信公司，创始人为贝尔，成立于 1877 年，总部在美国得克萨斯州圣安东尼奥。

1. 发展历程

电话发明人贝尔于 1877 年创建美国贝尔电话公司。1895 年，贝尔公司将其正在开发的美国长途业务项目分割，建立了一家独立的公司，称为美国电话电报公司（AT&T）。1899 年，AT&T 整合了美国贝尔的业务和资产，成为贝尔系统的母公司。1984 年，美国司法部依据《反托拉斯》拆分 AT&T。分拆出一个继承母公司名称的新 AT&T（专营长途电话业务）和 7 个本地电话公司（贝尔七兄弟）。美国电信业从此进入竞争时代。2005 年，西南贝尔被 AT&T 兼并，合并后的企业继承了 AT&T 的名称。1985 年 7 月，AT&T 在北京设立第一家办事处，接着在上海和广州设立办事处。1995 年，AT&T 在中国成立独资企业，标志着 AT&T 与中国合作进入一个新阶段，也把 AT&T 在中国投资和其他业务推向一个新起点。AT&T 与中国邮电部门合作，为客户提供中美长途电话服务。

2. 主要成果

AT&T 是一家跨国电信公司，业务主要包括为国内国际提供电话服务；利用海底电缆、海底光缆、通信卫星，联系其他国家和地区；提供商业机器、数据类产品和消费类产品；提供电信网络系统；为政府提供产品和服务。2019 年世界品牌 500 强发布，AT&T 排名第 5 位。2020 年 1 月，全球最具价值 500 大品牌发布，AT&T 排名第 14 位。在《财富》世界 500 强中，AT&T 2018 年排名第 20 位，2019 年排名第 25 位，2020 年排名第 22 位，2021 年排名第 26 位。

3. 突出特点

AT&T 是全球电信、媒体和技术服务提供商。一是服务全球。AT&T 作为全球性公司，致力于世界各地人们的通信联络，向人们提供所需的信息服务，在缩短人与人之间、人与信息之间的距离方面，保持世界通信领域的领先地位。二是科技领先。AT&T 是美国信息高速公路计划的主要参与者。AT&T 贝尔实验室是世界领先的科研机构，从事范围广泛的基础研究，致力于尖端技术和普及产品的开发，为 AT&T 的各个业务集团设计开发新工艺、新系统和新业务。有 7 位科学家先后荣获诺贝尔奖。三是逆势而上。AT&T 曾多次被分拆和重组，但每次都增加新的动力和活力，现在仍是美国最大的本地和长途电话公司。

（八）杜邦公司（DUPONT）

杜邦公司成立于 1802 年，创始人为 E.I. 杜邦。杜邦公司的业务涉及农业及食品、楼宇与建筑、通信和交通、能源与生物应用科技等众多领域，总部设在美国特拉华州威尔明顿。

1. 发展历程

1788 年，16 岁的 E.I. 杜邦在法国埃松省的化学家安东尼・拉瓦锡实验室当学徒。年轻的杜邦很快掌握了火药生产技术。1802 年 7 月 19 日，E.I. 杜邦从法国移民到美国特拉华州后，在白兰地酒河边买了一块地，创建了杜邦火药厂。1804 年 5 月 1 日，杜邦开始生产并销售火药。1805 年，第一批火药出口到西班牙。1902 年，公司总裁尤金・杜邦去世后，公司创始人的三个曾孙子买下了杜邦公司并制订了公司新的发展计划。杜邦公司于 1984 年在北京设立办事处，于 1988 年在深圳注册成立杜邦中国集团有限公司，成为最早开展对华投资的跨国企业之一。2005 年 3 月，杜邦公司在上海张江高新技术园区建立了杜邦中国研究中心，并于 2013 年完成二期扩建。2015 年，杜邦公司和陶氏化学合并，成为全球第二大化工企业。杜邦中国研究中心致力于为中国本地、亚太地区和全球市场提供技术创新支持与合作。杜邦公司契合中国的长期发展方向，助力中国企业创新发展。

2. 主要成果

杜邦公司历史悠久，成立已有 200 多年。1857 年，杜邦公司发明了用硝酸钠生产火药，取得了黑色火药 600 年生产史上的重大突破。1866 年，杜邦公司又发明了硝化甘油炸药，它的爆破威力是黑色火药的 3 倍。美国南北战争和第一次世界大战，又为杜邦公司提供了难得的市场机遇。随着 1912 年在弗吉尼亚州的詹姆士河畔新建的霍普韦尔工厂投产，杜邦公司一举成为世界上最大的无烟火药厂。杜邦公司于 1904 年成立了公司实验站，合成橡胶和尼龙的发明，是杜邦公司 20 世纪引以为自豪的两项技术和产品创新。1938 年，杜邦公司在纽约的世界博览会上宣布用尼龙试产新式长袜。杜邦公司将 1940 年 5 月 15 日定为“尼龙日”。1968 年，杜邦公司推出的万灵杀真菌剂，促进了世界农业革命的持续。杜邦公司成功开发了一种液体结晶聚合物，为凯夫拉防弹纤维提供原料。凭借这项发明，杜邦公司获得了 1996 年美国国家技术奖章。在《财富》世界 500 强中，杜邦公司 2018 年排名第 147 位，2019 年排名第 100 位，2020 年排名第 152 位。

3. 突出特点

杜邦公司是一家以科研为基础的全球性公司。一是不断创新引领发展。杜邦公司是一家用创新走过了 200 多年历史，并一直领先于世界发展的一个典型。杜邦公司成立实验站，标志着企业的科学研究不再是个人爱好和创造，而是形成了一个新的机制。科研创新引领杜邦公司开发了一系列具有划时代意义的新技术、新产品，推动世界化学工业快速发展。目前，杜邦公司在全球拥有 150 个研发机构、9500 多名科学家和工程师。二是不断提出新的愿景目标。杜邦公司 1802 年成立后第一个 100 年的发展目标是，围绕着黑色炸药、无烟火药和高性能炸药三种品种，走出一条艰难曲折的创业历程，同时也创造了炸药生产的辉煌历史。1904 后的第二个 100 年的发展目标是，杜邦为美国消费者服务。2000 年后开始的第三个 100 年的发展目标是，杜邦是一家面向市场的科学公司。杜邦公司的愿景是成为世界上最具活力的科学公司，致力于创造可持续的解决方案，让全球各地的人们生活得更美好、更安全、更健康。三是不断加强安全生产管理。杜邦公司有一套严格的安全理念、制度和管理措施。1815 年，杜邦公司发生了第一次爆炸，炸死 9 位工人。为了挽救声誉，稳定工人情绪，杜邦公司采取了两条措施。即为工人的遗孤和遗孀建立了养老金；杜邦公司将高管的家人全部搬到厂区，同雇员一起承担风险。当时杜邦和他的妻子及 7 个孩子全部住进了厂区。1818 年 3 月 19 日，杜邦公司又发生了一场爆炸，炸死了 40 人，杜邦的妻子也被炸伤。工厂的修复工作进行了一个多月。杜邦本人亲自开动机器。同时工厂实行了更加严格的安全管理制度，建立了极具人情的安全管理体系。杜邦公司的责任关怀造就员工对企业的忠诚。

（九）波音公司（BOEING）

波音公司是世界上规模最大的飞机制造公司之一，创始人是威廉·爱德华·波音，成立于 1916 年，总部位于美国芝加哥。

1. 发展历程

波音公司由威廉·爱德华·波音于 1916 年 7 月 15 创立，原名为太平洋航空产品公司。初创时期只制造木制飞机。1932 年制造了波音 247 型飞机。这是一架全部用金属制造的双发动机客机。1934 年开始生产民用客机。1961 年改名波音公司，由第一花旗银行集团控股。第二次世界大战期间，波音公司生产 B17 型和 B29 型大型轰炸机，从而获得了迅速发展。自 1965 年开始生产波音 707 型客机，接着生产波音 727、737、747、757、767、777 等飞机机型。

2. 主要成果

波音公司是著名跨国公司、世界上最大的民用和军用飞机制造商之一，主要业务是开发、生产、销售空中运输装备，提供相关的支持服务，研究生产各种战略战术导弹和空间开发产品。波音公司设计并制造旋翼飞机、电子和防御系统、导弹、卫星、发射装置，以及先进的信息和通信系统。波音公司作为美国航空航天局的主要服务提供商，运营着航天飞机和国际空间站。波音公司提供众多军用和民用航线支持服务，其客户分布在全球 90 多个国家。在《财富》世界 500 强中，波音公司 2018 年排名第 64 位，

2019 年排名第 68 位，2020 年排名第 121 位，2021 年排名第 173 位。

3. 突出特点

波音公司是世界上最大的航空航天公司。一是实施高效创新与卓越运营双轮驱动。波音公司实行高效创新与卓越运营并重，将供应商分为三级，即零部件供应商、子系统供应商及模块供应商。在模块供应商基础上，波音公司进行总装集成，使一个新的飞机机型从策划立项到第一架飞机交付平均只需 5.5 年。二是构建网络化全球研发体系。网络化协同设计制造是智能制造模式之一。波音公司建立了强大的网络化协同平台，在 787 飞机的设计和制造上，与其全球合作伙伴达成了全球网络化研发体系，缩短了飞机的设计制造时间，降低了生产成本。三是打造从制造商到集成商的新商业模式。航空制造业的商业模式都是由飞机制造商制定总体的设计图，再由全球各地的合作伙伴提供相关的材料部件。波音公司摒弃了原有的商业模式。在新的模式下，先通过一个由波音公司维护的电子计算机模型进行模拟装配，再通过收集不同部件的生产数据，部件的组装和校验工作得以实时进行，最后将组装完成的各机体部分运送至波音公司在华盛顿西北部的埃弗雷特工厂组装。

（十）高盛集团（GOLDMAN SACHS GROUP）

高盛集团由马库斯·戈德曼于 1869 年创立，是世界上历史最悠久及规模最大的投资银行之一，总部位于美国纽约。

1. 发展历程

高盛集团成立于 1869 年，由德国移民马库斯·戈德曼创立。高盛集团在初创阶段主要从事商业票据交易。1885 年，公司取名高盛，成为从事商业票据交易的先锋，并于 1896 年加入纽约证券交易所。20 世纪初，股票包销、公开募股业务使高盛成为投资银行。高盛集团一直保持着保守、稳健的经营作风。20 世纪 60 年代，增加大宗股票交易带来了新的增长点。反恶意收购业务使高盛集团成为投资银行的佼佼者。20 世纪 90 年代，高盛集团意识到，只靠做代理人和咨询顾问，公司不会持久繁荣，于是开设资本投资业务。1999 年 5 月，高盛集团在纽约证券交易所挂牌上市。1984 年，高盛集团在中国香港设亚太地区总部，1994 年，高盛集团分别在北京和上海设代表处，正式进入中国内地市场。之后，高盛集团在中国逐步建立国际投资银行业务分支机构，向中国提供全方位的金融服务。高盛集团是第一家获得上海证券交易所B股交易许可的外资投资银行。2004年12月，经中国证监会批准，成立高盛高华证券有限公司。合资公司的成立是高盛集团在中国发展的重要里程碑。高盛集团担任中国移动等多家上市的中国大企业主承销商。

2. 主要成果

高盛集团是一家银行控股公司，集投资银行、证券交易和资产管理等业务为一体的国际著名的投资银行。它为成千上万的客户，包括企业、金融机构、个人等，提供高质量的金融服务。2019年，在Interbrand发布的全球品牌百强中，高盛集团排名第53位。2020年1月22日，名列2020年《财富》全球最受赞赏公司榜单第27位。2020年7月，福布斯2020全球品牌价值100强发布，高盛集团排名第85位。在《财富》世界500强中，高盛集团2018年排名第259位，2019年排名第204位，2020年位排名第202位，2021年排名第193位。

3. 突出特点

高盛集团是美国华尔街最著名的投资银行。一是保护受害者。高盛集团绝不为恶意收购者提供服务。保护受害者给高盛集团带来难以估量的好处。高盛集团帮助那些遭受恶意收购的公司请来友好竞价者参与竞价、抬高收购价格或采取反托拉斯诉讼，用以狙击恶意收购者。高盛集团成为遭受恶意收购者的天使。二是开展投资业务。投资银行是一项创新并具有风险的业务。高盛集团把先行一步与率先模仿作为自己的重要发展战略，拓展投资业务。三是珍视企业文化。高盛集团没有自己的工厂，不生产什么产品。高盛集团从事的业务面临激烈的市场竞争。高盛集团与众不同的是企业文化。高盛集团的企业文化是坚固的团队合作精神与对公司声誉的珍视。高盛集团将员工个人的私欲转化成了真正的团队精神。高盛集团悠久的企业文化使其在众多出色的公司中脱颖而出，成为吸引世界一流人才的磁石。

（十一）梅西百货（MACY’S）

梅西百货公司（简称梅西百货）的创始人是罗兰·哈斯·梅西，成立于1858年，总部设在美国俄亥俄州辛辛那提。

1. 发展历程

1858 年，罗兰·哈斯·梅西在纽约曼哈顿第 14 街和第 6 大道的交叉口上，以自己的名字命名开设了一家商店（R.H.Macy&Co.）。1893 年，梅西百货被 Isidor Straus 和 Nathan Straus 兄弟收购。1902 年，梅西百货旗舰店迁移到纽约曼哈顿中城第 34 街与百老汇街、第 7 大道的交接处并保持至今。梅西百货已成为纽约人与观光客的汇集之地。当年遇到海难的泰坦尼克号上有美国梅西百货创始人之一伊西·斯特劳斯和其妻子。发生海难至今，梅西百货仍是世界上最大的百货公司之一。1992 年，梅西百货面临破产，联合百货对其进行了反收购，统一了梅西百货这一品牌。2013 年 3 月，梅西百货在中国的商品网点成为梅西百货在华销售渠道。2015 年 6 月，梅西百货在中国的第一家授权实体店由中国代理商负责运营。2015 年 8 月，梅西百货与香港冯氏集团合作成立梅西百货中国公司，进入中国市场，于 2017 年上线的梅西百货中国官网，于 2018 年 6 月 9 日停止运营。梅西百货关闭了其天猫官方旗舰店。

2. 主要成果

梅西百货主要经营高档百货，是美国高档百货商店，主要经营服装、鞋帽和家庭装饰品，以优质的服务赢得美誉。在长达 100 多年的历史中，梅西百货荣耀加身，是第一家拥有纽约市酒类销售许可证的商店，在 1862 年率先在圣诞季推出圣诞老人，1864 年开创了“橱窗购物”概念的先河，1924 年在第 7 大道开了当年世界最大实体店。2020 年 1 月，全球最具价值 500 大品牌榜发布，梅西百货排名第 436 位。在《财富》世界 500 强中，梅西百货 2018 年排名第 473 位，2019 年排名第 487 位。

3. 突出特点

梅西百货是美国的著名连锁百货公司。一是注重客户利益。梅西百货的经营理念是，顾客是企业的利润源泉，员工是打开这一源泉的钥匙。梅西百货的推销员站在客户的立场，为客户的利益着想，介绍购买某一种商品所带来的利益，引起顾客的购买兴趣。二是注重企业形象。在顾客中树立梅西百货商品质量是一流的形象，经营的各种商品都打上梅西百货的商标。如顾客买后不满意，可以退换或改换。三是重视危机管理。美国新冠肺炎疫情暴发以来，零售板块受到沉重打击。梅西百货筹集纾困资金，帮助其渡过疫情危机。梅西百货已在全美部分州重新开业。

（十二）宝洁公司（PROCTER & GAMBLE， P&G）

宝洁公司是世界上规模大、历史悠久的日用消费品公司，诞生于 1837 年，总部位于美国俄亥俄州辛辛那提市。

1. 发展历程

180 多年前，美国蜡烛零售商威廉·波克特与肥皂商詹姆斯·甘保娶了一对姐妹为妻。1837 年，在岳父的建议下，威廉·波克特和詹姆斯·甘保选取了各自姓氏中的第一个字母，在辛辛那提组建了宝洁公司（P&G）。1879 年，宝洁公司成功开发出一种质优价廉的白色香皂——象牙香皂。宝洁公司大胆投入 11000 美元为象牙香皂做全国性广告，成为全美最大的广告商之一。1890 年，宝洁合伙人决定在新泽西州将宝洁公司化。隔年，宝洁公司的股票在纽约证券交易所上市。宝洁公司在国内经营规模不断扩张的同时，开始拓展海外市场。1915 年，宝洁公司在加拿大投资建厂，生产象牙肥皂和烘焙油。1930 年，宝洁公司通过并购在英国建立了北美市场之外的第一家分支机构。1935 年，宝洁公司在菲律宾通过并购建立了亚洲第一家制造厂。这一系列成功的海外扩张，为宝洁公司成长为全球公司奠定了基础。第二次世界大战后，宝洁公司新产品、新业务急剧扩张。恰逢电视开始在美国家庭中普及。宝洁公司及时意识到电视广告的潜力，花巨资赞助广受欢迎的电视节目，成功运用电视广告为产品造势，把公司的产品推销给大多数美国家庭。1980 年以来，宝洁公司持续拓展国际业务，扩大国际市场，成为一家著名跨国公司。1988 年，宝洁公司与中国香港和记黄埔（中国）有限公司及广州肥皂厂、广州经济技术开发建设进出口贸易总公司合作，创建了合资公司——广州宝洁有限公司。公司成立后仅用一年时间，先后生产出海飞丝、玉兰油、飘柔等国际知名品牌。宝洁公司先后在广州、北京、上海、成都、天津等地设立合资、独资企业。宝洁公司进行管理整合，该公司在中国市场的运营活动由广州总部进行管理，在中国建立生产体系和研发中心。

2. 主要成果

宝洁公司是美国一家消费日用品生产商，也是全球最大的日用品公司之一。宝洁公司的产品横跨多种行业，品牌 300 多个，包括清洁用品，如香皂、牙膏、漱口水、洗发精、护发素、柔软剂、洗涤剂等；食品，如咖啡、橙汁、烘焙油、蛋糕粉、土豆片等；纸制品，如卫生纸、化妆纸、卫生棉等；药品，如感冒药、胃药等。宝洁公司高度重视研发工作，逐步形成研发全球化。1890 年，宝洁公司建立了技术分析实验室，用以研究和改进肥皂制造技术。这是美国工业界最早的企业研究开发实验室之一。1924 年，宝洁公司设立了市场调查部门，研究消费者的购买习惯。这是美国工业史上最早的市场研究机构。1952 年，宝洁公司在辛辛那提市成立了一个全新研究中心，专门从事未来技术开发研究。2000 年以来，宝洁公司加强了海外研发基地建设，已在中国、美国、日本及欧洲、拉丁美洲等地设立了 28 家研发中心，并重视研究与市场的结合。2018 年，在世界品牌实验室编制的 2018 世界品牌 500 强榜单中，宝洁公司排名第 18 位。宝洁公司位列 2020 福布斯全球企业 2000 强榜单第 71 位。在《财富》世界 500 强中，宝洁公司 2018 年排名第 135 位，2019 年排名第 146 位，2020 年排名第 156 位，2021 年排名第 128 位。

3. 突出特点

宝洁公司是一家著名的跨国公司，多年来着力推动品牌全球化，拓展市场全球化，并购重组全球化。一是确定品牌战略，推动品牌全球化。宝洁公司是一家多品牌公司。自 20 世纪 60 年代以来，宝洁公司在世界范围建立了 300 多种消费品牌。2000 年以来，宝洁公司确立大品牌战略。宝洁公司通过业务调整、重组等方式，削减部分不适应全球市场需求的品牌，集中资源运作少数有前景、有竞争力的核心品牌。为了保证这一战略调整能适应瞬息万变的市场形势，宝洁公司通过纵向品牌系统运营，加强总部对品牌运营的领导；通过全球各国横向运作体系，充分发挥当地运营团队的积极性。宝洁公司形成了以优质、领先品牌为主导的新格局。二是建立服务体系，拓展市场全球化。宝洁公司坚持大市场战略，其产品在全球 160 多个国家和地区销售，但仍在不断扩大市场。宝洁公司区别不同国别市场的容量和成长性，有选择地投放公司的营销资源。宝洁公司建立了全球业务服务部，把会计、人力资源、订货管理和信息等职能放在一个组织体系中，以最好的质量、成本和速度向公司设在全球一线业务单位提供服务支持。三是整合内外资源，并购重组全球化。宝洁公司的成长史实际上是一部并购整合史。20 世纪 90 年代初，宝洁公司通过并购整合，进一步强化了宝洁在化妆品和香料行业的市场地位，逐步拥有了帮宝适、护舒宝、潘婷、汰渍、碧浪、佳洁士、玉兰油等全球知名品牌。2001 年， 宝洁公司从施贵宝公司收购了全球染发、护发领导品牌伊卡露系列。2003 年，宝洁公司收购了德国威娜公司。2005 年 7 月，宝洁公司收购吉利公司，加强其在欧洲市场的主导地位。2006 年 1 月，宝洁公司收购高露洁棕榄公司在新加坡、泰国、老挝、柬埔寨及中国香港地区销售的四个洗涤品牌，扩大在亚洲地区的影响力，提升全球竞争力。四是实行全员培训，提升员工素质全球化。宝洁公司注重员工和经理层的本土化。针对每一位员工的长处和待改善的地方，配合业务需求组织员工培训，主要包括入职培训、管理技能和商业知识培训、海外培训及委任、语言培训、电脑培训、专业技术的在职培训等。为了提高受训员工的学习效果，宝洁公司对培训教师的要求非常严格。培训教师必须对相关专业领域的知识非常精通，以提高受训员工的素质和技能。

（十三）可口可乐（Coca-Cola）

可口可乐公司成立于 1886 年，总部设在美国佐治亚州亚特兰大市。

1. 发展历程

1886 年 5 月 8 日，在美国亚特兰大的一间试验室里，药剂师彭伯顿试制出一种糖浆。他和助手给这种糖浆起名可口可乐（Coca-Cola）。一个偶然的机会，彭伯顿将可口可乐糖浆放进了小苏打和水中，一品尝，味道不错。这样，可口可乐成为彭伯顿发明的治疗头痛药水原浆及其饮料的名称。1888 年 8 月 30 日，阿萨 · 坎德勒购买了可口可乐的全部股权，成为可口可乐的拥有者。1890 年，阿萨 · 坎德勒把别的生意都停止了，专心经营可口可乐。1891 年秋，阿萨 · 坎德勒把可口可乐公司搬到亚特兰大的迪凯特街 42 号。可口可乐在 200 多个国家和地区拥有 500 多个饮料品牌。1927 年可口可乐在上海、天津、青岛、广州等地设厂生产。1933 年可口可乐在上海的可口可乐生产厂是美国以外最大的可口可乐厂。1978 年，可口可乐重返中国，经过多年的发展，可口可乐已形成辐射中国的生产基地和销售网络，市场占有率在同类产品中高居榜首。1984 年，一名中国普通老百姓与可口可乐登上《时代周刊》的封面。2008 年，可口可乐作为北京奥运全球合作伙伴，开展深度推广活动。2010年，可口可乐成为上海世博会全球合作伙伴。2021年上半年，可口可乐在中国市场首次推出含酒精饮料托帕客硬苏打气泡酒，吸引中国众多年轻消费者的关注。

2. 主要成果

可口可乐为人们带来了怡神畅快的美妙感受。可口可乐系列产品有可口可乐、健怡可口可乐、芬达、雪碧、阳光、醒目等。可口可乐商标成为世界上熟知的商标，并在全世界近200个国家和地区销售。可口可乐十分关注社会效益，积极支持和帮助教育、体育事业的发展，回馈本地社区及做出贡献。2018年12月18日，世界品牌实验室编制的《2018世界品牌500强》榜单揭晓，可口可乐排名第7位。2020年7月28日，可口可乐名列福布斯2020全球品牌价值100强第6位。在《财富》世界500强中，可口可乐公司2018年排名第328位，2019年排名第395位，2020年排名第335位，2021年排名第370位。

3. 突出特点

可口可乐公司是全球最大的饮料公司。一是延续和提升成功经验。可口可乐的成功经验主要包括产品配方秘而不宣、广告宣传攻势强劲、消费者导向的理念、在可乐大战中成长、积极开拓国际市场、经营方针本土化等。二是培育个性品牌。品牌是活生生的、有个性的。可口可乐创造与众不同的个性品牌，创造积极健康的生活。可口可乐为人们创造品种丰富的饮料产品，提供产品营养信息，追求质量第一，对消费者进行健康宣传，支持体育活动，帮助人们享受积极健康生活。三是做好每一笔生意。阿萨·坎德勒作为可口可乐公司的创始人，他的座右铭是做好每一笔生意。今天损失的可口可乐，明天再也补不回来。从细微处着手，认认真真做好每一笔生意，使顾客得到足够的自尊。

二、欧洲的百年企业

欧洲有比较稳定的商业环境和保护私有财产的政策。尽管在欧洲发生过很多战争，但这些国家的家族企业还是在历史的巨变中幸存下来。欧洲百年企业和老牌家族企业较多。据有关资料显示，欧洲没有百年企业的总数统计，只是列举了有关国家，如德国有837家，荷兰有222家，法国有

196 家。欧洲百年企业都具有渡过危机的韧性，勇于推动生产组织创新、技术创新和市场创新，努力把企业打造成为强大的创新主体。随着中国经济转型升级，欧洲百年企业在中国制造业、服务业等领域投资了越来越多的高新技术项目。这与中国经济高质量发展的趋势和在全球产业链中不断向上攀升的态势相吻合。

（一）西门子股份公司（SIEMENS）

西门子股份公司（简称西门子）是德国最大的电气电子公司，创始人是维尔纳·冯·西门子，创立于 1847 年，总部位于德国慕尼黑。

1. 发展历程

西门子的前身为 1847 前成立的西门子—哈尔斯克电报机公司。1847 年，维尔纳·冯·西门子发明了世界第一台指针式电报机，由此开启了人类通信的新纪元。1897 年改为股份公司，1903 年与舒克特公司合并，组成西门子—舒克特公司。西门子发明了第一台实用型发电机，引领电器设备工业。1966 年改名为西门子股份公司。西门子自 1872 年进入中国后，以创新的技术、卓越的产品、出众的品质，确立了在中国市场的地位。2014 年 9 月，西门子和博世集团达成协议，博世集团收购西门子所持有的合资企业博世和西门子家用电器集团 50% 的股份。出售家电业务是西门子专注于电气化、自动化和数字化战略的体现。中国改革开放以来，西门子竭诚与中国企业携手合作，共同致力于实现可持续发展。2020 年 4 月 20 日，西门子新一代过程控制系统的全球首个应用落地中国。西门子为成都新建的三道堰第三污水处理厂数字化处理示范项目提供软硬件解决方案。该项目对当地污水治理、水质保护和生态平衡起到至关重要的作用。西门子智能基础设施集团的业务与中国的可持续发展需求非常契合。中国实现碳中和目标，在中低压配电、楼宇系统等市场领域，给西门子提供了巨大的市场潜力和发展机遇。西门子有意以数字化创新和跨领域知识与经验为切入点，在中国携手各方伙伴共创绿色生态，打造端对端的零碳产业，在提高能源效率、现场发热和供电、购买绿色电力、实施节能流程、优化物流、减少商务出行，以及应用再生和可回收材料等领域帮助重点供应商推进绿色转型。

2. 主要成果

西门子专注于电气化、自动化和数字化领域，成为全球领先的技术企业。1887 年 8 月，英国议会通过的标准法条款规定，所有从德国进口的商品必须标注德国制造的字样。130 多年后的今天，经过历史锤炼的德国制造，西门子的标签已成为重要品牌，成为享誉全球的高品质产品的代名词。西门子率先发明制造 X 光设备、陆地及水底电缆、灯泡钨丝等。第二次世界大战后，西门子进入电子工业和核能领域。19 世纪 90 年代以后，其在电子元件、电力工程、电气设备、通信设备、安全保险装置、数据处理设备、应用软件、医疗设备等领域进行了深耕。西门子作为工业通信领域的领军企业和 5G—ACIA 成员，从一开始就投身于工业 5G 这一全新通信标准的研究，不仅在生产运营环境中设立了研究项目和试验平台，而且专注于研究包含工业 5G 在内的工业通信产品组合，帮助工业企业提升效率、灵活性和生产力。2020 年 7 月，西门子开发了一种硬件和软件结合的系统，可以监控人员和物品在工厂中的位置，从而提高生产率。在 2018 年世界品牌 500 强排行榜中，西门子排名第 134 位。2019 年在 Interbrand 发布的全球品牌百强榜中，西门子排名 58 位。在《财富》世界 500 强中，西门子 2018 年排名第 66 位，2019 年排名第 70 位，2020 年排名第 74 位，2021 年排名第 150 位。

3. 突出特点

西门子是全球电子电气领域的领先企业。一是合规经营。合规经营是西门子公司可持续发展的关键，是一切业务决策和活动的基础。西门子的合规管理体系以管理层为核心，打造诚信与透明的企业文化。西门子已经建立了全球性的合规组织，由首席合规官进行领导，在各个业务集团和区域公司，任命各自集团合规官或区域合规官。这些人员将负责各自责任区域内的合规体系执行事宜，并向首席合规官汇报工作。西门子的合规工作主要体现在反腐败、反垄断、数据保护和反洗钱等方面。合规成为西门子可持续发展的关键。西门子的合规管理主要集中在以下领域：反腐败，防止权钱交易行为；反垄断，防止违反公平竞争原则；数据保护，注重保护相关的隐私数据；反洗钱，注重防止西门子被用作洗钱和为恐怖主义融资的工具。二是诚信为本。西门子以诚信经营的方式行事，倡导在任何情况下开展业务，都要按照西门子的诚信为本、勇担责任、追求卓越和矢志创新行事。诚信即遵守法律法规，是西门子一切业务决策和活动的基础也是开展业务过程中倡导诚信的关键。这一原则意味着西门子致力于诚信经营的行为，不仅在西门子内部实行，还必须是商业合作伙伴、供应商和其他利益相关者共同遵循的道德准则。三是创新发展。西门子的成功在于自身的创新能力。西门子拥有专精于各自领域的员工。他们的积极性和创造力在创新成果转化为企业成功的过程中扮演了关键角色。西门子的研发部门主要包括各事业部研发机构和总部研究院。事业部重点关注下一代产品和解决方案开发。总部研究院则作为事业部强大的创新伙伴，确保西门子未来的技术和创新优势。西门子总部研究院主要的职能是科技与创新管理、标准化与规范、研究与开发、新技术领域、工艺与生产咨询、研究与开发、风险技术、知识产权、区域管理、质量管理等。西门子总部研究院的使命是保护公司长期积累的科技与创新财富，创造公司未来科技与创新长期优势，技术协同、维护公司技术统一。四是智能制造。智能工厂和工业物联网代表了工业未来的发展方向，需要与时俱进的通信架构和全面的互联互通，打造更为灵活、高效、安全的生产和物流体系。不同于商用5G，工业5G与云技术、边缘计算和人工智能等先进制造技术的融合共振，为智能制造和工业生态的发展创造无限空间。作为工业无线通信的两大核心技术，工业5G和工业无线局域网相辅相成，共同赋能工业物联网。西门子率先拥有这一全新通信技术，通过开发相应的产品组合来支持其标准化和工业实施。随着工业5G的发展，西门子携手各方伙伴，共同挖掘工业5G的巨大潜力。

（二）巴斯夫股份公司（BASF SE）

巴斯夫股份公司又译为巴登苯胺苏打公司（简称巴斯夫），是一家德国的化工企业，也是全球最大的化工公司之一，成立于1865年，总部位于德国莱茵河畔的路德维希港。

1. 发展历程

巴斯夫成长的历史见证了世界化学发展的历史。德国人是开发染料的先驱者。1834年，德国一名化学家发现，若在提炼煤油时加上漂白剂，苯胺会放出鲜蓝色彩。这就奠定了日后发展苯胺染料的基础。巴斯夫的前身为1861年建立的巴登苯胺苏打厂，1865年改为股份公司，主要生产染料和颜料。1913年，巴斯夫开始运营全球首家氨合成工厂，并生产矿物肥料。此举使巴斯夫从以前的染料时代进入到化学时代。第一次世界大战后，巴斯夫与其他五家公司合并，成立了法本工业联合公司。1929年，巴斯夫成功合成了苯乙烯，标志着塑料时代的开始。第二次世界大战期间，主要进行合成橡胶和纤维的军工生产。第二次世界大战后，法本工业联合公司被拆解，其中之一的继承公司改用现名巴斯夫。1949年，巴斯夫研制的一种新型杀虫剂出现，开启了保护农作物的新业务领域。20世纪50年代末，巴斯夫在海外建立了第一批生产工厂。随后巴斯夫在欧洲、亚洲、南美洲和北美洲的41个国家拥有超过160多家全资子公司或者合资公司，是世界上最大的化学产品生产企业之一。中国清末时期是纺织业蓬勃发展的年代，巴斯夫于1885年派遣了一名代表梅耶尔前往上海推销染料。巴斯夫由此踏足中国市场，并成为中国的畅销产品。1982年，巴斯夫在中国香港成立公司，负责在中国销售、推广及分销进口或本地生产的产品。巴斯夫于1996年在北京成立巴斯夫（中国）有限公司，统一负责在中国的所有业务，作为各合资企业的销售代理、经销商及企业服务供应者，并在上海、广州成立分公司。2004年，巴斯夫大中华区总部从香港搬迁到上海。中国成为巴斯夫在亚洲最重要的战略区域。从2006年开始，巴斯夫在中国的运营过程中，将发展目标与中国市场机遇协调一致，将欧洲的环保、节能技术引入中国，促进能源节约和再次利用。2020年5月30日，巴斯夫广东新型一体化基础项目的首批装置在湛江开建，项目总投资100亿美元。目前，巴斯夫作为中国化工领域的重要外商投资企业，主要投资项目位于上海、广东、南京和重庆，生产基地遍布全国，成为中国化工行业最有影响力的外商投资企业。

2. 主要成果

巴斯夫经过长达160多年的发展，成长为全球最大的化工公司。巴斯夫的业务范围十分广泛，涉及领域包括石油、天然气、煤及石化产品、基本化学品、染料、颜料、合成橡胶和化纤、农用化学品、药品和其他化工消费品等。巴斯夫致力于创造化学新用，将经济上的成功、社会责任和环境保护相结合，通过科学和创新，满足社会的发展需求，以产品和工艺应对全球挑战提供可持续的解决方案。巴斯夫的显著特点是跨国经营。该公司在欧洲、亚洲、南美洲的41个国家拥有超过160家全资子公司或者合资公司。巴斯夫总公司在路德维希港，在各大洲都有大量投资，子公司分布在20多个国家。1982年，其国外销售额占销售总额的一半以上，产品涵盖化学品、塑料、特性产品、作物保护产品及原油和天然气。巴斯夫被美国商业杂志《财富》评为“全球最受赞赏化工公司”。在世界品牌实验室编制的世界品牌500强榜单中，2018年巴斯夫排名第231位。在《财富》世界500强中，巴斯夫2018年排名第112位，2019年排名第115位，2020年排名第143位，2021年排名第134位。

3. 突出特点

巴斯夫在全球化工行业一直处于领先地位，某些领域占据主导地位。一是超前的发展战略。巴斯夫为了保持企业全球领先地位，不断制定完善、超前的发展战略，并提出四大战略指导方针，即获取高于资本成本的利润，帮助企业的客户更成功，建立行业最佳团队，确保可持续发展。2018年11月20日，巴斯夫发布了公司全新的战略。巴斯夫在全面分析了全球化工行业转型发展的新形势后，决定以提高企业核心竞争力为战略目标。这个战略不仅雄心勃勃、充满活力，而且内容相当广泛，措施十分具体。二是明确的市场定位。巴斯夫将产品结构集中在六大业务领域，找准每个业务的市场定位，明确竞争优势，优化产品组合，建立适应不同竞争环境的高绩效组织。巴斯夫通过投资和适当的并购，使资金分配更集中于增长型业务，淘汰那些不能达到市场目标地位的业务。三是持续的全球并购。自20世纪90年代以来，巴斯夫的全球并购活动为公司利润高效增长提供了强大动力。巴斯夫从生产再投资的模式，跳跃到全球并购带动公司发展的模式。巴斯夫成为全球化工业并购活动中的主角。巴斯夫在化工领域的巨大优势来自一体化运营体系。巴斯夫对并购的企业实行统一的运营管理，使生产一体化、技术一体化、员工一体化。四是不断的科技创新。科技创新是巴斯夫的动力源泉。巴斯夫认为化学本身就是一种科学创新。它不仅是工业背后的动力，更能持续改进人类生活的品质，不断地为人类创造财富。巴斯夫在染料和其他复杂的化工产品的市场竞争中取得长期的成功，依靠的是科研发明的强力支撑。巴斯夫任用的化学家们的一系列重要发明，使巴斯夫不断赢得商机，在全球染料、农业化学、石油石化等行业成为先驱。巴斯夫的产品和工艺为应对全球挑战提供可持续的解决方案。

（三）戴姆勒股份公司（DAIMLER）

戴姆勒股份公司（简称戴姆勒）于1886年成立，总部在德国斯图加特。

1. 发展历程

戴姆勒的创始人是德国工程师和发明家戈特利布·戴姆勒。1872年，戴姆勒设计出四冲程发动机。1883年，卡尔·本茨建立奔驰汽车公司。1886年，戴姆勒把研制成功的汽油发动机安装在为妻子生日而购买的马车上，创造了第一辆戴姆勒汽车，形成戴姆勒公司。1890年，戴姆勒和迈巴赫成立了发动机公司——戴姆勒发动机研究院。1896年5月，戴姆勒制造成功世界上第一辆货车。1901年，由威廉·迈巴赫设计的“Simplex”牌首次采用戴姆勒·梅赛德斯作为商标。1909年，戴姆勒公司将一颗三叉星置于圆环之中。从此，这颗吉祥的三叉星迎风傲立，煞是夺目。1926年6月29日，戴姆勒公司和奔驰公司合并，形成了戴姆勒－奔驰公司。从此，他们生产的汽车命名为“梅赛德斯－奔驰”。1960年，捷豹购入戴姆勒品牌，推出多款捷豹－戴姆勒车型。1998年5月，戴姆勒－奔驰并购美国克莱斯勒汽车公司，后改名为戴姆勒股份公司。改革开放以来，戴姆勒扩大在华投资，精耕中国市场。20世纪80年代，戴姆勒和中国北方工业公司合作，向中国转让奔驰重型汽车的生产技术。戴姆勒卡车在中国的合资业务快速发展。2005年8月，戴姆勒与北京汽车工业控股有限公司成立合资企业北京奔驰－戴姆勒·克莱斯勒汽车有限公司，生产梅赛德斯－奔驰E级和C级轿车。2007年6月，戴姆勒与福建省汽车工业集团有限公司组建合资企业，生产梅赛德斯－奔驰轻型商用车。2010年7月30日，深圳比亚迪戴姆勒新技术有限公司成立。2012年7月，北京福田戴姆勒生产的首辆卡车下线。2019年3月28日，浙江吉利控股集团和戴姆勒股份公司宣布成立合资公司，在全球范围内联合运营和推动Smart品牌转型，致力于将Smart打造成为全球领先的高端电动智能汽车品牌。

2. 主要成果

戴姆勒是全球高档汽车制造商之一，其先进的技术、过硬的质量标准、推陈出新的创新能力、经典领先的车型款式，令世人称道。戴姆勒的经营范围包括汽车、航天航空、电气和服务等。戴姆勒是全球最大的商用车制造商，全球第一大豪华车生产商、第二大卡车生产商。戴姆勒旗下包括梅赛德斯－奔驰汽车、梅赛德斯－奔驰轻型商用车、戴姆勒载重车和戴姆勒金融服务四大业务单元。在《财富》世界500强中，戴姆勒2018年排名第16位，2019年位排名第18位，2020年排名第20位，2021年排名第24位。2021年5月，戴姆勒位列2021福布斯全球企业2000强第41位。

3. 突出特点

戴姆勒是世界上最老的汽车企业之一，也是经营风格始终如一的汽车企业。自戴姆勒1886年造出第一辆单缸发动机三轮汽车以来，有着百年历史的汽车工业来到了转型的十字路口。随着全球新一轮科技革命和产业变革深入推进，减排要求不断提高，人们对出行体验的更高追求，给汽车工业带来前所未有的转型压力，“智能化和电动化”已经成为汽车产业转型发展的趋势。一是确定全球企业发展战略。戴姆勒的战略是全球布局，强势品牌，丰富产品，领先技术。戴姆勒凭借“全球领先”计划，作为世界上最大的卡车制造商在传统和新兴市场全速前进，在全球的业务范围持续扩大。二是提出新的减排目标。2020年年底欧盟各国决定，2030年温室气体排放量将减少至1990年排放量的55%。戴姆勒作为汽车工业的领头羊，已经感受到转型的紧迫感。戴姆勒曾在2019年提出，致力于在2039年彻底淘汰燃油车型。2021年又提出，提前实现彻底淘汰燃油车型计划。为了实现转型目标，戴姆勒新聘用了3000多名软件工程师，参与新车型的研发。三是加快新能源汽车布局。奔驰在保证从产品和体验层面服务好现有客户群体的同时，全力提速向新的出行领域转型和发展。从燃油车向新能源车转型，将经济、社会、环境效益纳入企业发展愿景，从生产制造、电动阵容、动力电池、基础设施等多个维度，全方位推动可持续的生产运营。

（四）宝马集团（BMW GROUP）

宝马集团是巴伐利亚发动机制造厂股份有限公司的缩写（简称宝马），成立于1916年，总部位于德国慕尼黑。

1. 发展历程

宝马是由一家制造飞机引擎的公司于1916年3月注册成立，创始人是吉斯坦·奥托。这个公司第一个成功的产品是由费兹设计的直列六缸发动机，在第一次世界大战时装配在德国飞机上。第一次世界大战结束后，德国成为战败国，它的飞机被《凡尔赛条约》列为“战争武器”，禁止生产。于是，宝马进行了一系列重组。1922 年，宝马研制了第一台摩托车发动机，接着宝马摩托车定下了样本。1924 年宝马摩托马投入市场，并获得了成功。第二次世界大战期间，德国的福克沃尔夫 190 战斗机的引擎是由宝马生产的。第二次世界大战结束后，1945—1947 年，宝马为一家美国公司做了 3 年飞机发动机的研究和开发工作。1952 年 10 月，宝马再投产汽车，制造了 6 气缸 2 升发动机、501 系列四门房车。1955 年，宝马又推出两款新车，使宝马恢复到第一次世界大战前的地位。为了拓展市场以顺应集团的发展，宝马于 1994 年收购了英国的罗孚集团。宝马蓝白标志象征着旋转的螺旋桨。这正是宝马早期历史的写照，也代表了德国最精湛的发动机技术。1994 年 4 月，宝马在北京朝阳区设立代表处。2003 年 3 月 27 日，宝马与华晨中国汽车控股有限公司签订合资经营协议。宝马和华晨汽车共同组建一个生产和销售宝马汽车的合资公司，其生产厂设在辽宁省沈阳市。2020 年 3 月 4 日，宝马全新纯电动 BMWi4 概念车发布。2018 年 7 月 10 日，百度与宝马签署备忘录，双方将一起致力为中国消费者带来安全、便捷和智能的出行体验。2018 年 10 月，宝马集团和华晨汽车集团宣布，双方合资协议至 2040 年。根据宝马的规划，到 2025 年，宝马将在中国推出 12 款纯电动宝马和微型车型，覆盖所有主流细分市场。宝马将在电动化、数字化和可持续道路上加速前进，不断拓展中国市场。

2. 主要成果

宝马作为国际汽车市场上重要的生产商，业务遍及世界 120 多个国家和地区。宝马公司在 20 世纪 30 年代造出了世界上最好的跑车和豪华轿车。1935 年，宝马第一辆跑车 315-1 问世。它的典雅设计，突出了宝马对性能的严格要求，还以耗油量低、安全好、容易操作控制而闻名于世。20 世纪 70 年代早期，它成为世界高性能和豪华轿车市场的主角之一，一直延伸至今。2020 年 5 月 13 日，宝马集团名列 2020 福布斯全球企业 2000 强排行榜第 75 位。2021 年 5 月，宝马集团位列 2021 福布斯全球企业 2000 强排行榜第 61 位。在《财富》世界 500 强中，宝马 2018 年排在第 51 位，

2019 年排在第 53 位，2020 年排在第 56 位，2021 年排在第 54 位。

3. 突出特点

宝马是世界上成功和效益好的豪华汽车制造企业。一是致力于高质量发展。宝马是世界上资格最老的厂家之一，其不追求产量的扩大，而是追求生产出高质量、高性能的高级别汽车。二是致力于节能减排。宝马将从 2025 年开始，将新能源汽车作为其产品线的重点，在 2030 年实现电动车产量占总产量的一半，计划至 2023 年推出共 12 款纯电动车型，并实现 90% 的细分市场中每一个产品线至少提供一款电动车型。三是致力于高端品牌。宝马以汽车高质量、高性能和高技术为追求目标。宝马的品牌拥有清晰的品牌形象，其产品在设计美学、动感和动态性能、技术含量和整体品质等方面具有丰富的产品内涵。宝马品牌给客户提供了切实的附加值，在世界汽车界和用户中享有高端品牌的声誉。

（五）拜耳集团（BAYER）

拜耳集团于 1963 年由富黎德里希·拜耳在德国创立，总部位于德国勒沃库森。

1. 发展历程

拜耳集团起源于德国。1863 年 8 月 1 日，商人富黎德里希·拜耳和颜料大师约翰·富黎德里希·维斯考特创建了一家颜料企业——富黎德里希·拜耳公司。1899 年，拜耳获得了阿司匹林的注册商标，该商标后来成为全世界使用最广泛、知名度较高的药品品牌。1951 年，拜耳颜料厂股份公司重新成立。1972 年公司更名为拜耳德国股份有限公司，并迅速向国际化学和医药集团发展。拜耳在六大洲的 200 个地点建有 750 家生产厂及 350 家分之机构，拥有 120000 名员工。1982 年，拜耳集团开始与中国进行业务往来。2014 年 2 月 27 日，拜耳集团收购云南滇虹药业集团。拜耳集团高度重视促进公共健康、积极参与抵抗艾滋病的活动等。如今，中国已经成为拜耳集团重要的生产基地和市场。

2. 主要成果

拜耳集团是化学及制药工业领域中的国际性企业，经营范围涉及高分子、医药保健、化工和农业四大支柱产业，公司产品种类超过 10000 种。1937 年，拜耳集团发明了聚氨酯，使其应用领域不断扩大。拜耳集团是全球领先的化工和医药保健企业，在生命科学、高分子材料和精细化工等众多领域位居业界前列。在《财富》世界500强中，拜耳集团2018年排名第193位，2019年排名第140位，2020年排名第214位，2021年排名第227位。

3. 突出特点

拜耳集团秉承可持续发展理念，百年企业仍保持旺盛的生机。一是创新驱动成长。为了保持创新能力，拜耳集团每年都投入大量的研发经费。二是追求高质量发展。拜耳的发展史就是对更高生活质量的不断追求。三是履行社会责任。拜耳集团是“全球契约”的创始人之一，并秉承“全球契约”目标，鼎力支持一系列项目。

（六）博世集团（BOSCH GROUP）

罗伯特·博世有限公司（简称博世集团）成立于1886年，总部设在德国斯图加特市。

1. 发展历程

博世集团的创始人罗伯特·博世是著名的德国企业家。1886年，罗伯特·博世在创办公司时，将公司定位为精密机械及电气工程的工厂。位于上海的博世（中国）投资有限公司成立于1999年，负责管理、发展及协调博世集团在中国的所有投资和生产业务。该公司在北京、武汉、重庆等城市设立分公司与办事处。同时，博世汽车部件（苏州）有限公司成立于1999年，位于江苏省无锡市的博世汽车柴油系统股份有限公司成立于2004年，博世汽车部件（长沙）有限公司成立于2004年12月，博世汽车部件（南京）有限公司成立于1996年。

2. 主要成果

博世集团是汽车与智能交通技术、工业技术、消费品和能源及建筑技术等产业的佼佼者。博世集团的业务范围涵盖了汽油系统、柴油系统、汽车底盘控制系统、汽车电子驱动、起动机与发电机、电动工具、家用电器、传动与控制技术、热力技术和安防系统等。2018年1月，博世集团获得“世界市场领导者冠军（世界隐形冠军）”称号。2020年1月，2020年全球最具价值500大品牌榜发布，博世集团排名第87位。2020年7月，其在2020年全球汽车零部件企业百强中排名第一。在《财富》世界500强中，博世集团2018年排名第75位，2019年排名第77位，2020年排名第95位，2021年排名第98位。

3. 突出特点

博世集团是全球第一大汽车技术供应商。一是弘扬创新精神。博世集团成功的奥秘在于创新。通过发明、改进和完善电子和机械产品，以现代科技创造美好生活。矢志不渝的创新精神、精细深厚的工艺技术让博世集团在汽车技术领域享受智慧与专业的荣光。二是坚持以人为本。博世集团非常重视员工之间的交流，加强集团内部的合作。“继续培训计划”帮助员工在实践工作的各个方面均有所提高。三是追求卓越品质。可靠的品质是博世成功的关键，也是博世引以为豪的传统。博世集团的创始人罗伯特·博世曾经说过：“我最不能忍受的是在我的产品中发现任何瑕疵。所以我总是努力制造出在各方面都经得起最严格检验的最出色的博世产品。”

（七）莱茵集团（RWE GROUP）

莱茵集团成立于1898年，总部位于德国北莱茵－维斯特法伦州的埃森。

1. 发展历程

莱茵集团于1898年创立，1900年开始在埃森运行电站。2001年收购英国泰晤士水务公司。如今，莱茵集团已拥有能源、采矿及原材料、石油化工、环境服务、机械、电信和土木工程7个分部，各自独立运作。但是他们的业务情况和财务结果须向莱茵集团汇报。为扩展中国市场，莱茵集团于2016年在北京设立代表处。2018年，莱茵集团（上海）有限公司在上海保税区注册成立外商独资企业。2019年，莱茵集团亚太能源有限公司在中国四川成都天府新区成立。

2. 主要成果

莱茵集团是欧洲三大能源公司之一，是德国第一大能源国内公司、第一大发电公司、第一大可再生能源公司，旗下四大板块分别是莱茵集团发电欧洲股份公司、莱茵集团能源股份公司、莱茵集团交易有限公司和莱茵集团可再生能源有限公司。业务覆盖能源全产业链，包括采矿发电、能源规划、环境服务、工程设计、环保服务、可再生能源、能源交易等。在《财富》世界500强排名中，莱茵集团2018年排名第214位，2019年排名第183位。莱茵集团在2020年和2021年年未进入世界500强企业榜单。2021年5月，莱茵集团位列 2021 福布斯全球企业 2000 强第 359 位。

3. 突出特点

莱茵集团经过 123 年的发展，已成为德国最大的能源集团和国际先进的能源规划服务商。一是实施多元化发展战略。莱茵集团的业务涉及七个板块。每一个板块都力争做到行业领先。莱茵集团构想的是追求多元化公用事业，提出欧洲能源市场的全新服务概念。二是拓展亚太市场。莱茵集团面向亚太市场，提供全面能源规划、环境咨询、工程设计、资产优化、环保服务，以及大型能源设备进出口服务等。三是践行绿色低碳发展。莱茵集团宣布终止新煤电项目投资。在 2040 年前达成“二氧化碳排放中和”使命的同时，完成从传统欧洲能源巨擘向世界新能源引领者的转型。

（八）安联保险集团（ALLIANZ）

安联保险集团（简称安联保险）创立于 1890 年，总部设在德国巴伐利亚州首府慕尼黑市。

1. 发展历程

1890 年，Wilhelm Finck 和 Carl Thieme 两位德国人在柏林共同创立了安联保险。1893 年，安联保险在英国伦敦开设了第一家海外分支机构。1895 年，安联保险在柏林证券交易所上市。1922 年，安联人寿保险公司成立，并成为欧洲第一大寿险公司。1927 年，通过新业务部门设立和并购，安联保险成为一家综合性的保险服务商。在第二次世界大战期间，安联保险的业务受到沉重打击。1949 年，安联保险将总部由柏林迁至慕尼黑，重新建起了总部大楼。从 1950 年起，开始恢复国际业务，先后在法国、意大利等国开设分公司。2007 年以来，安联保险已在欧美地区的成熟市场当中形成了德国、意大利、法国、美国四大主体市场。在亚太地区，安联保险几乎在所有的重要国家和地区设有分支机构。经中国人民银行批准，1993 年 12 月，安联保险在北京开设了第一家代表处，1994 年又在上海和广州分别成立代表处。安联保险在中国的公司包括中德安联人寿保险公司、安联财产保险（中国）有限公司、安宜信用保险有限公司、国联安基金管理有限公司等。2018 年 11 月，中国银保监会批准德国安联保险集团筹建安联（中国）保险控股有限公司。2019 年 11 月 16 日，安联保险成为首家外资保险控股公司在中国开业。

2. 主要成果

安联保险作为一家历史悠久的全球性保险公司，拥有丰富的保险业务经验，曾在许多著名的历史事件中发挥了重要作用。安联保险为世界 500 强企业中的上百家企业提供保险服务。2019 年 10 月，其在 Interbrand 发布的全球品牌百强榜排名第 43 位。2020 年 1 月，2020 年全球最具价值 500 大品牌榜发布，安联保险排名第 60 位。在《财富》世界 500 强中，安联保险 2018 年排名第 38 位，2019 年排名第 45 位，2020 年排名第 46 位，2021 年排名第 38 位。2021 年 5 月，安联保险位列 2021 福布斯全球企业 2000 强第 24 位。

3. 突出特点

安联保险是德国最大的金融集团，也是欧洲最大的保险公司之一。一是履约诚实守信。安联保险成立不久，就成功赔付了 1906 年美国旧金山大地震对一些客户造成的经济损失。1912 年，泰坦尼克号大型油轮不幸沉没，安联保险旗下的专业海运保险公司为油轮的主承保人，公司通过出售和抵押资产、发动股东拿出自有资产等方式筹措保险金，完成了保险合同规定的给付责任。二是承担社会责任。安联保险把承担社会责任作为企业经营的核心内容。从扶贫帮困、援助灾区，到关注弱势群体，为民工子弟儿童提供安全教育，以及从节约能源保护地球，到支持绿色农业，改善食品安全和保护自然，安联保险向需要帮助扶持的人群伸出援助之手。三是保障重点工程建设。安联保险以其雄厚的资金和技术力量，保障重点项目的建设。例如，中国的大亚湾核电站、二滩水电站、小浪底水利枢纽工程等，均由安联保险承保。

（九）标致（PEUGEOT）

标致汽车公司（简称标致）于 1890 年由法国人阿尔芒·标致创立，总部设在法国巴黎。

1. 发展历程

标致家族 1725 年开始经营磨坊，后来又发展到染坊和榨油坊。1810 年，标致兄弟和雅克·马亚尔－萨兰公司成立，原来的磨坊改为铸造厂，标致家族开始进入工业时代。1819 年标致公司更名为标致兄弟及合伙人公司。1832 年标致公司又改组，将公司改为标致兄长公司。标致汽车公司于

1890年制造出第一辆标致汽车，1896年标致推出了自己的发动机。1929年，标致201推出。这是标致第一次使用中间为“0”的三个数字，并对产品进行命名。这也成为以后标致命名的方法。1976年，标致并购了法国历史悠久的雪铁龙公司，从而成为一家以生产汽车为主，兼营机械加工、运输、金融和服务业的跨国集团。2019年10月，菲亚特克莱斯勒和标致雪铁龙宣布合并，合并后将分别持有合并后公司50%的股权。2002年10月25日，东风汽车公司与法国标致雪铁龙集团签署合资合同。

2. 主要成果

标致是法国标致雪铁龙集团子公司标致公司旗下的汽车品牌。标致汽车集卓越、魅力和情感于一身，行驶在世界各地。标致作为法系车浪漫和设计前卫的代表，发展至今拥有多款经典车型，并且每一次设计都引领时代潮流。标致是第一家在汽油动力汽车上采用橡胶轮胎的制造商。标致摩托车是欧洲四大摩托生产商之一。在《财富》世界500强中，标致2018年排名第134位，2019年排名第143位，2020年排名第102位。

3. 突出特点

标致是延续百年的企业，是以生产汽车为主，并涉及机械加工、运输、金融等业务。一是保持品牌特色。狮子是标致品牌的象征。从铸铁匠最初的设计到今天，经历了无数的变化，现已成为无限追求高质量的企业象征。二是持续推进创新。标致汽车技术不断进步，发动机从汽车下面被移到了前面机盖下面。标致依靠创新和对高新技术的研发，不断推出装备和技术领先的新产品。三是稳定客户关系。标致重视与消费者建立信任和稳定关系，以产品及服务作为纽带，给消费者提供可靠的、物有所值的标致汽车。

（十）法国雷诺（RENAULT）

雷诺汽车公司（简称雷诺）创立于1898年，总部位于法国布洛涅－比扬古。

1. 发展历程

1898年，路易·雷诺和他的兄弟马赛尔·雷诺、费尔南·雷诺在布洛涅－比扬古创建雷诺汽车公司。1899年制造了第一辆轻型四轮车。1902年雷诺自己制造发动机。20世纪30年代，巴黎所用的大部分出租车、公共汽车均系雷诺所生产。第二次世界大战后，政府接管雷诺，雷诺成为国有公司。1996年开始，雷诺开始民营化，由国有汽车公司转变为民营汽车公司。1999年，雷诺买下日产汽车的部分股份，其与日产合作产生的雷诺日产联盟是汽车合作团体。1999年以来，雷诺先后在北京、上海、广州、深圳、昆明、兰州等地设立地区代理商。2019年7月17日，雷诺和江铃集团成立合资公司，以促进双方在中国新能源汽车市场的战略布局。2004年6月，雷诺和东风汽车公司合作设立合资公司。2020年4月14日，雷诺宣布，已与东风汽车集团股份有限公司达成初步协议，将雷诺集团在东风雷诺企业有限公司中所持有的股份转让给东风汽车集团股份有限公司。2021年8月9日，雷诺与吉利控股集团共同宣布，双方已建立创新型合作伙伴关系，联合为中国和韩国市场开发油电混合动力汽车。

2. 主要成果

雷诺是一家法国车辆制造商，以创始人雷诺的姓氏命名。雷诺生产的车辆种类有赛车、小型车、中型车、休旅车、大型车等。雷诺商标是四个菱形拼成的图案，象征雷诺三兄弟与汽车融为一体，表示雷诺能在四维空间中竞争、生存、发展。2018年12月，雷诺入围2018世界品牌500强，位列第79位。2020年全球最具价值500大品牌榜发布，雷诺排名第169位。2020年5月13日，雷诺名列2020福布斯全球企业2000强榜第797位。在《财富》世界500强中，雷诺2018年排名第134位，2019年排名第143位，2020年排名第175位，2021年排名第219位。

3. 突出特点

雷诺是一家跨国公司，在跌宕起伏中稳步前行。一是着力提升品牌。雷诺提前打造售后品牌，推进渠道建设，尽力提升品牌形象，向客户提供最新、最具个性的产品，并凭借赛车比赛提升企业品牌的知名度。二是持续改进技术。1889年，雷诺量产的第一台四门房车取得涡轮增压的发明专利。第二次世界大战后，雷诺生产4CV后置发动机轿车。1961年推出前置发动机、前轮驱动的轿车，替代4CV轿车。三是拓展销售市场。雷诺深化服务理念，坚持以客户为本的宗旨，不追求高利润，定价合理，能更好地进入市场。

（十一）道达尔能源公司（TOTAL ENERGIES）

道达尔能源公司（简称道达尔）是一家大型跨国能源企业，创立于

1920 年，总部设在法国巴黎。

1. 发展历程

1920 年，道达尔成立比利时石油财务公司。1923 年 9 月 23 日，比利时石油财务公司转化为法国控制下从事石油生产的公司。1924 年，道达尔成立法国石油公司。1991 年 6 月 17 日，法国石油公司更名为道达尔。2021 年 5 月 28 日，道达尔更名为道达尔能源，并启用新的品牌标识，表达道达尔能源向多元化能源公司进行战略转型的决心。1979 年道达尔进入中国市场，参与中国渤海湾油气勘探项目。道达尔已在中国的海上及陆上盆地参与开展油气勘探。道达尔是全球第二大天然气运营商，每年向中国这个全球最大的能源消费国和全球增长最快的经济体之一提供超过 400 万吨的液化天然气。道达尔以中国推动能源结构转型为契机，加快中国市场开拓力度，携手中国伙伴共同深耕国际市场。道达尔就太阳能产业与中国企业成立了合资公司，还与愿景集团合作，进军中国分布式光伏市场。在储能方面，道达尔子公司帅福得（珠海）能源有限公司于 2019 年 11 月 8 日成立，开设了新的储能解决方案制造中心。

2. 主要成果

道达尔是全世界著名的石油及天然气企业，业务遍及全球 130 多个国家，涵盖石油天然气产业链，包括上游业务石油和天然气勘探、开发与生产、液化天然气和下游业务炼油与销售、原油及成品油的贸易与运输等。在《财富》世界 500 强中，道达尔 2018 年排名第 28 位，2019 年排名第 20 位，2020 年排名第 25 位，2021 年排名第 52 位。2021 年 5 月，道达尔位列 2021 福布斯全球企业 2000 强第 344 位。

3. 突出特点

道达尔作为一家负责任的大型能源企业，一直与社会各界携手，致力于实现更好的能源未来。一是提高能源效率。道达尔为所有工业设施设定了每年降低 1% 能源强度的目标。为评估绩效，自 2011 年起，道达尔引入能源效率指数，衡量相对于集团活动水平的一次能源消费。近 10 年来，道达尔设施的能效提高了 10% 以上。二是消除伴生气燃烧。道达尔作为能源与化工行业的全球领先企业，清楚自己的社会责任。道达尔从 2000 年以来，逐步消除运营设施的伴生气燃烧。2017 年，道达尔成功实现在

2010—2020年间减少80%伴生气燃烧的中期目标。三是发展可再生能源。道达尔着重在天然气、可再生能源电力和储能等方面进行战略部署。在太阳能领域，道达尔直接参与了光伏产业链的各个环节。在风电方面，道达尔收购爱尔兰浮式风电项目。储能业务日益得到集团的重视和投资。

（十二）安盛公司（AXA）

安盛公司（简称安盛）是全球最大的保险公司之一，创立于1816年，总部设在法国巴黎第8区。

1. *发展历程*

安盛于1816年在法国创立，起初是众多互助型保险公司的联合企业，逐渐发展成为世界最大的保险公司之一，并成为资产管理的巨头。安盛分别在巴黎和纽约证券交易市场上市。其旗下的数家公司也在其经营地上市，包括纽约、法兰克福、伦敦、布鲁塞尔、都柏林等地。安盛在中国发展20多年，陆续在中国开展寿险、财险、基金和资产管理等业务。1997年，安盛获批准在上海筹建中外合资寿险公司。1999年，安盛与中国五矿集团合资组建中法合资保险公司金盛人寿。2006年，安盛投资管理公司与上海浦东发展银行股份公司、上海国盛集团资产管理有限公司合资成立浦银安盛基金管理有限公司。2012年，中国工商银行、安盛、中国五矿合资组建工银安盛人寿。2013年，安盛子公司与天平汽车保险股份公司合并成立安盛天平财产保险股份公司。

2. *主要成果*

安盛是一家法国跨国投资金融公司，从事全球投资银行、证券、投资管理、保险和其他金融业务，其主要业务为保险及资产管理。安盛的子企业经营寿险、个人财产和意外伤害险、企业财产和意外伤害险、再保险、金融服务和房地产投资等业务。2018年12月，在世界品牌实验室编制的2018世界品牌500强中，安盛排名第136位。2019年10月，在Interbrand发布的全球品牌百强榜中，安盛排名第46位。2021年1月，2020年全球最具价值500大品牌榜发布，安盛排名第111位。2020年8月，安盛保险荣获“中国年度最佳国际财险公司奖”。在《财富》世界500强中，安盛2018年排名第27位，2019年排名第46位，2020年排名第34位，2021年排名第46位。

3. 突出特点

安盛致力于守护生命为本，践行人类进步的理念，为广大客户提供优质服务保障，为美好生活赋能。一是战略定位清晰。安盛的战略是永远清楚你要做什么，做自己熟悉的事，协助客户做好财务保障规划。二是信守兑现承诺。安盛强调长期利益和短期利益的平衡，并依靠产品创新、业务技术销售通路、服务品质等方面的不断投入，实现对客户服务的承诺。三是分散经营风险。安盛有三大主力事业，即寿险与储蓄险、资产管理、产险与意外险，这三者涵盖了客户财务保险的全部内容。安盛在很多国家都有分支机构，其聚焦核心业务的成长，避免企业规模快速扩大带来的风险，避免单一事业或单一地区可能出现的风险。

（十三）意大利忠利保险有限公司（ASSICURAZIONI　GENERALI）

意大利忠利保险有限公司（简称忠利保险）成立于1831年，总部位于意大利特里埃斯特。

1. 发展历程

忠利保险于1831年12月在特里埃斯特成立，原名为奥地利－意大利皇家特许专营忠保险公司。1848年，改名为忠利保险公司。1882年，成立为忠利保险集团。忠利保险通过直接或间接的方式，对下属公司进行控股。进入20世纪90年代，忠利保险开始进入亚洲，相继在日本、菲律宾、泰国等地成立子公司或合资公司。忠利保险早在1910年就已进入中国。当时在上海成立了一家专门从事承保火险和水险的代理机构。接着在1924年，忠利保险将承保业务逐渐扩展到上海以外的地区，在天津、广东和河北等地成立了分公司。改革开放以来，随着中国逐渐向国际投资者开放，忠利保险在北京设立了代表处。1997年，忠利保险在上海成立了第二家代表处。中意人寿保险有限公司成立于2002年，由意大利忠利保险有限公司和中国石油天然气集团合资组建。在过去的20多年里，忠利保险以再保险的形式为中国境内的一些保险提供成本业务，连续多年为中国“长征”系列火箭提供再保险服务。

2. 主要成果

忠利保险是一家拥有国际化网络的跨国集团，在世界五大洲的40多个国家开展业务，在欧洲位于第三大保险集团，寿险业务排名第一。忠利保险的商业运作分为销售服务、市场服务、忠利经营管理机构、公共关系及网络建设服务、预算和报告等。2018 年 12 月，世界品牌实验室编制的 2018 世界品牌 500 强发布，忠利保险排名第 221 名。在《财富》世界 500 强中，忠利保险 2018 年排名第 59 位，2019 年排名第 92 位，2020 年排名第 66 位，2021 年排名第 73 位。

3. 突出特点

忠利保险是世界知名的保险和资产管理服务商。一是坚持国际化经营。忠利保险从创建初期就以国际化经营为使命，到现在以经济全球化增长为契机，扩大企业在全球的市场份额。二是坚持以客户为中心。忠利保险的目标是成为客户的终身合作伙伴，凭借强大的分销网络提供创新的个性化的解决方案。三是坚持灵活的销售渠道。忠利保险在德国和意大利有非常强大的直销系统，如在法国与互联销售保险公司合作，在其他国家因地而异，采取相应的销售方式。

（十四）西班牙国家银行（BANCO SANTANDER）

西班牙国家银行有限公司（简称西班牙国家银行）于 1857 年创立，总部位于西班牙桑坦得。

1. 发展历程

西班牙国家银行也叫桑坦德银行，于 1857 年由查尔斯三世在马德里成立。西班牙国家银行在欧洲的业务范围包括挪威、葡萄牙、西班牙和英国等国。拉丁美洲业务范围包括阿根廷、巴西、智利、墨西哥、乌拉圭、委内瑞拉等国家。西班牙银行通过代表处的平台，为中国的基础设施建设提供了一系列的金融服务，包括出口信贷、贸易融资等。西班牙国家银行北京代表处成立于 1993 年。2008 年 9 月 10 日，西班牙国家银行上海分公司成立。西班牙国家银行驻华代表处同中国企业建立良好的关系，在业务上保持良好的合作关系。在符合中国金融法规的前提下，西班牙国家银行通过代表处的平台为中国的基础设施建设提供了一系列的金融服务。这些服务包括出口信贷、贸易融资等。

2. 主要成果

西班牙国家银行是全球的多功能银行，经营范围包括吸收公众存款；发放短期和中长期贷款；办理票据承兑与贴现；买卖政府债券、金融债券，买卖股票以外的其他外币有价证券；提供信用证服务及担保；办理国内外结算；买卖、代理买卖外汇；代理保险；从事同业拆借；提供保管箱服务；提供资信调查和咨询服务等，以及经中国银行业监管委员会批准的其他业务。2019 年 10 月，在 Interbrand 发布的全球品牌百强榜中，西班牙国家银行排名第 67 位。2020 年全球最具价值 500 大品牌榜发布，西班牙国家银行排名第 101 位。2020 年 2 月，全球银行品牌价值 500 强排行榜发布，西班牙国家银行排名第 12 位。2020 年 7 月 28 日，西班牙国家银行名列福布斯 2020 全球品牌价值 100 强第 78 位。在《财富》世界 500 强中，西班牙国家银行 2018 年排名第 77 位，2019 年排名第 85 位，2020 年排名第 93 位，2021 年排名第 120 位。

3. 突出特点

西班牙国家银行是西班牙最大的银行和全球知名的多功能银行。一是投资在熟悉的领域。专业银行是专门经营金融业务和提供专门性金融服务的银行。西班牙国家银行专注于熟悉的投资领域，服务对象是特定的地区、部门或专业领域。二是并购不伤害用户。西班牙国家银行推出了一套大规模的重组计划。西班牙国家银行并购重组，非常重视客户的利益。例如，西班牙国家银行与墨西哥、荷兰、意大利、英国等国家银行的合并，致力于对私人客户和公司业务利益的保护。三是加强风险防控。西班牙国家银行帮助投资者在最短的时间了解市场动态，以便更好把握行情，防范投资风险。

（十五）荷兰皇家壳牌石油公司（ROYAL DUTCH SHELL）

荷兰皇家壳牌石油公司（简称荷兰皇家石油）创立于 1890 年，总部分别设在荷兰海牙和英国伦敦。

1. 发展历程

荷兰皇家石油于 1890 年创立，获得荷兰女王特别授权，因此被命名为荷兰皇家石油公司，其由控股公司、服务公司和营业公司组成。为与当时世界上最大的石油公司——美国标准石油竞争，1907 年荷兰皇家石油公司与英国壳牌运输贸易公司（简称壳牌）合并，成立荷兰皇家壳牌石油公司，实行两总部控股制，其中荷兰资本占 60%，英国占 40%，并设有荷兰海牙和英国伦敦两个总部。1915 年，荷兰皇家石油在美国投资建立第一座炼油厂。1925年，荷兰皇家石油在加拿大组建加拿大壳牌公司。1954年，荷兰皇家石油在美国纽约股票交易所上市。1996年年初，荷兰皇家石油对其运营机构进行了重组，以便更好地满足客户的需要。各业务公司以当地客户为重，每家公司的管理层都对本公司的业绩及长远发展负责。2000年，荷兰皇家石油与中国海洋石油总公司合资成立中海壳牌石油化工有限公司，并签署合资合同，总投资达41亿美元。该项目于2006年1月正式投产。同时，荷兰皇家石油在中国的北京、天津、广东、成都、哈尔滨、唐山等地建有加油站。

2. 主要成果

荷兰皇家石油致力于可持续发展，以对社会负责任的态度提供清洁能源。荷兰皇家石油拥有五大核心业务，包括勘探和生产、油品、天然气及电力、化工及可再生能源。荷兰皇家石油下属各公司都是独立运作，但是遵循相同的经营宗旨，这保证了公司在经济、环境和社会方面的较高水平。荷兰皇家石油在全球140多个国家和地区拥有分公司或业务，其重视履行社会责任，在运营地区和国家层面进行社会投资，致力于成为一个优秀的企业。荷兰皇家石油提出：环境——和更多的人分享我们的环保承诺；安全——遵守、干预、尊重我们的邻居；教育——培养社会的未来；员工培养——用真心和知识回馈社会。2018年12月，世界品牌实验室编制的2018世界品牌500强揭晓，荷兰皇家石油排名第24位。在《财富》世界500强中，荷兰皇家石油2018年排名第5位，2019年排名第3位，2020年排名第5位，2021年排名第19位。2020年全球最具价值500大品牌榜发布，荷兰皇家石油排名第23位。2021年5月，荷兰皇家石油位列2021福布斯全球企业2000强第324位。

3. 突出特点

荷兰皇家石油是一家国际能源和化工集团，由荷兰皇家石油和英国的壳牌两家公司合并组成。一是加强集团管控。荷兰皇家石油设在世界各地的分公司，由总部设在荷兰的荷兰皇家石油和总部设在英国的壳牌共同管理。为保证同一地区内各种业务间的协调，壳牌成立常务董事会。常务董事会的六位董事处于公司管理的最高阶层，管理公司总体业务的拓展。二是全球配置资源。针对全球石油供应关系不太稳定的情况，荷兰皇家石油采取向世界各地扩展，实现资源和市场的全球化开发和优化配置的策略。在全球范围大力勘探开发油气资源，保持并提高其油气探明储量和产量及其分布地区的广泛性。在全球 33 个国家建立了炼油厂和一批石化生产基地，建立了规模很大的全球生产、销售市场体系。三是调整市场结构。荷兰皇家石油针对欧洲炼油业过度饱和的情况，及时采取措施，压缩公司在该地区的炼油能力，并在亚非拉地区新建和扩建了一批炼油装置和石化装置。针对化工业获利能力持续下降的情况，荷兰皇家石油陆续出售了一些精细化工部门。四是突出核心主业。荷兰皇家石油的经营范围集中在与石油勘探开发、石油炼制、化工紧密相关或协同的煤炭、有色金属等行业，很少跨范围经营自己不熟悉的行业。荷兰皇家石油上游石油勘探、开发与下游炼油、销售及相关化工产品和相关的海运、煤炭等行业间取得了良好的平衡。为避免不必要的经营风险，荷兰皇家石油将多元化经营范围集中在与石油勘探开发、石油炼制、化工紧密相关或协同的煤炭、有色金属等行业，很少跨范围去经营自己不熟悉的行业。五是加大科技投入。不断开发新技术和新产品是壳牌石油取得成功的一个重要原因。近些年来，荷兰皇家石油的油气勘探越来越多在深海和极低等水深、高寒条件下进行，投资和环境风险大大提升。荷兰皇家石油依靠自己开发的新技术减少了风险。

（十六）百威英博（ANHEUSER BUSCH INBEV）

百威英博啤酒有限公司（简称百威英博）诞生于 1876 年，由阿道弗斯·布希创办，总部设在比利时鲁汶。

1. 发展历程

2008 年，百威被比利时英博公司收购，百威正式改名为百威英博。1997 年，百威通过收购南京金陵啤酒厂，正式进入中国市场，并以其卓越的品质在超高端啤酒市场占据了绝对的主导地位。百威英博投资（中国）有限公司于 2003 年 7 月 2 日在上海成立。百威啤酒在中国市场的份额仅次于华润雪花和青岛啤酒。百威啤酒旗下的众多本土啤酒品牌有哈尔滨、雪津啤酒双鹿、金龙泉、红石梁、百沙、金陵、三泰、松花江、佳凤、吾得万、国光、唐山、冰川普陀山等。2020 年，百威啤酒温州工厂在浙江温州经济技术开发区开业。作为在中国成立的以“绿色智能”为主题的新型啤酒工厂，百威啤酒将其定位为全球标杆工厂，致力于在安全、质量、效率和数字化等方面打造全球领先地位。

2. 主要成果

百威英博是全球领先的酿酒制造商。百威英博旗下经营着300多个品牌，其中包括百威、时代、贝克啤酒等全球旗舰品牌。百威啤酒采用质量最佳的纯天然材料，以严谨的工艺控制，通过天然发酵，低温储藏而酿成。整个生产流程中不使用任何人造成分、添加剂或防腐剂。在发酵过程中，使用数百年传统的山毛榉木发酵工艺，使啤酒格外清爽。百威啤酒在100多年的发展中，一直以其纯正的口感、过硬的质量赢得了全世界消费者的青睐。百威英博是全球领先的啤酒酿造商。百威英博的梦想是“携手你我，酿造更美好世界”。在《财富》世界500强中，百威英博2018年排名第170位，2019年排名第192位，2020年排名第205位，2021年排名第236位。2021年5月，百威英博位列2021福布斯全球企业2000强第377位。

3. 突出特点

百威英博是一家啤酒生产销售商，是以消费者为中心，以销售为推动力的大型公司。一是培育品牌文化。百威英博的制造商安海斯·布希公司一直奉行环境、健康与安全的核心理念和始终如一的品质理念。百威英博利用社交网络不断增强品牌黏性。二是运用数字化管理。啤酒设备自动化运行和数据决策是百威英博数字化战略的基石。为保证销量的持续增长，百威啤酒通过投资建厂，提高服务市场的能力与效率。其中，数字化转型是百威英博布局市场的第一步。在百威啤酒的生产车间内，全集成控制系统可在24小时内不间断实施检测和控制生产过程中的体积、温度、电导率、糖度等参数，智能控制系统严格把控每一道工艺。啤酒生产过程分析系统可实时记录生产工序中的信息，从原料、麦汁到成品，这期间每一次阀门的开关，数据都将被精细记录和归档，确保每一瓶啤酒质量和口味的一致性。百威啤酒利用全球250家酿造厂网络，每个月用30多个关键绩效指标对比检测公司在各地酿造厂的生产率、啤酒质量、口味等，每天安排品酒师鉴定酒的味道，并把结果输入系统，为后续优化产品提供数据支撑。三是严把产品质量关。百威啤酒的产品质量离不开技术支撑，其产品质量控制实验室负责物料入厂和生产中、产品出厂前的取样分析工作。从理化、感观、微生物、外包装质量四个维度对产品进行检测，确保每一批原料、包材及200多道生产工艺都达标。四是履行社会责任。为实现酿造更美好世界的梦想，百威英博积极履行企业社会责任，在环境保护、关爱社区等方面开展诸多改善人们生活的公益项目。

（十七）英国石油公司（BP）

英国石油公司（简称BP）是世界上最大的石油和石化集团公司之一，创立于1909年，总部在英国伦敦。

1. 发展历程

英国石油公司由威廉·诺克斯·达西于1909年创立，最初的名字为Anglo Persian石油公司，1935年改为英国伊朗石油公司，1954年更名为英国石油公司。BP由前英国石油、阿莫科、阿科和嘉实多等公司整合重组形成。在经历了20世纪80年代公司私有化改革后，BP快速发展。1998年BP兼并了阿莫科公司，1999年兼并了阿科公司。2000年，BP又将世界知名润滑油嘉实多公司收归旗下。至此，BP在业绩 、资产和股东回报等方面跻身世界三大石油公司的行列。BP参与中国经济建设开始于20世纪70年代初期，主要从事化工技术转让和营销。20世纪80年代，开始涉足海上的油气勘探和生产。20世纪90年代起，BP在华业务不断发展，通过与中国的大型石油化工企业开展长期双赢合作，BP在中国建立了包括天然气的生产和进口、航空燃油供应、液化石油气的进口及营销、加油站零售、润滑油生产和销售、太阳能发电装置的本地生产及化工合资建厂等业务。中国不仅是一个能源生产大国，也是个能源消费大国。2004年5月，BP与中方合作伙伴签署合作协议，涉及成品油、零售、石油化工及可再生能源等领域，从而使BP在中国日益增长的能源市场的投资继续深化。BP致力于建立环境友好的经营模式，响应中国政府节能减排的号召，积极开发并利用新技术、新工艺，既为中国的经济发展提供更多的能源产品，又减少废物、废气、废水的排放，有效利用能源，从而减轻其生产经营活动对环境及人身造成的影响。

2. 主要成果

BP的太阳花标志是根据古希腊的太阳神命名的，其是一家全球性的能源企业，业务范围覆盖全球能源体系，在欧洲、北美洲、南美洲、亚洲和非洲均设有经营机构，主要业务包括油气勘探与生产、炼油、营销与化工等业务板块。BP在石油和天然气勘探开发领域涵盖英国北海、阿拉斯加、中东，以及拉丁美洲和北美洲等地区。BP在俄罗斯，以及阿塞拜疆、阿尔及利亚、安哥拉等国家和地区建成新的产能。BP大力投资新能源和替代能源，积极探索传统化石燃料的清洁、低碳、无碳利用，积极投资石油和天然气的勘探开发，增加全球能源供给，满足世界经济的发展需求，为国际市场不断提供新的油气资源。BP作为一家领先的全球能源企业，坚持可持续发展，基本宗旨是以照明、取暖、电力及移动交通等形式，为更多的人提供更好的产品和服务。基于这一使命，BP设定了四条基本价值观：业绩为本、勇于创新、锐意进取、绿色环保。为实现可持续发展的目标，获得股东、客户、当地社区及政府的信任和支持，BP专门制定了行为准则，在诚信、员工、安全、环保、社区等方面制定相应的标准，以适应公司在世界任何地方的活动。在《财富》世界500强中，BP 2018年排名第8位，2019年排名第7位，2020年排名第8位，2021年排名第18位。

3. 突出特点

BP在能源行业保持领军地位。BP走全球化发展之路，通过并购，做强、做大、做优企业。一是做强企业。石化成品的专有技术是衡量石化企业竞争实力的重要标准。BP与阿莫科的联合增加了双方专有技术的拥有量，实现技术优势互补，从而在化工领域的竞争中占据一席之地。BP跃升为世界第三大化工企业。二是做大企业。BP与阿莫科合并，迅速进入世界超级石油企业之列。BP进军俄罗斯，成立秋明BP合资公司，从而创造了BP在全球能源市场新的业务增长点。BP大举投资委内瑞拉东北的特立尼达岛和非洲南部安哥拉地区的油气勘探开发项目，使BP抢先于竞争对手而拥有了新的上游业务增长点。三是做优市场。美国长期以来是世界最大的油品消费市场。BP与阿莫科合并，利用阿莫科在美国的油品零售渠道，扩大BP的油品销售量，从而使其下游业务实现更高速度的增长，加强在美国油品零售市场上的地位。

（十八）施耐德电气有限公司（SCHNEIDER ELECTRIC）

施耐德电气有限公司（简称施耐德电气）创建于1836年，总部位于法国吕埃。

1. 发展历程

1836年，施耐德兄弟接管当时处于困难的Creusot铸造厂。1891年，施耐德开始进军新兴的电力市场，对自身进行了改革。19世纪，施耐德电气从事钢铁工业、重型机械工业、轮船建造业。20世纪，施耐德电气从事电力与自动化管理业。1987年，施耐德在中国天津成立第一家合资企业——天津梅兰日兰有限公司。1995年，施耐德电气将原设于中国香港的东北亚总部迁至北京。

2. 主要成果

施耐德电气是法国工业的先锋之一，是拥有本土化优势的全球顶级电工企业，致力于推动开放的技术及合作伙伴生态圈，推进数字化转型，服务于家居、楼宇、数据中心、基础设施和工业市场发展。通过集成世界领先的工艺和能源管理技术，从终端到云的互联互通产品、控制、软件和服务，贯穿业务全生命周期，实现资源整合，为100多个国家的能源及基础设施、工业、数据中心及网络、楼宇和住宅市场提供整体解决方案。施耐德电气通过数字化转型不断提高自身效率，已在中国打造了15家智慧工厂和2家智慧物流中心，实现了高效和可持续的同步发展。在《财富》世界500强中，施耐德电气2018年排名第424位，2019年排名第411位，2020年排名第413位，2021年排名第424位。

3. 突出特点

施耐德电气是全球电气化企业，以钢铁制造起家，发展至今已成为全球能效管理领域的先行者。一是恪守变革创新发展。施耐德创建之初以电力、钢铁、石化、制造业起家，发展至今成为全球能效管理领域的领导者。施耐德电气恪守创新、国际化和尽责的发展理念，在时代发展的各个阶段为行业的变革和转型做出了重要贡献。二是恪守数字化转型升级。数字化是促进可持续发展的有效工具，这使施耐德加速产业升级进程，也给在这条道路上深耕已久的施耐德电气带来更多合作业务和发展机会。施耐德电气凭借与供应链伙伴共同成长的开放共享态度，加快企业数字化转型。施耐德电气使用数字化工具实现节能减排并给企业带来很多合作业务和发展机会。三是恪守持续绿色低碳。施耐德电气已经把可持续和碳排放纳入对上游关键供应商的考核条件，运用数字化协助供应商建立互联互通的网络体系。施耐德电气通过数据分析提升系统效率，从而实现整个生态的节能减排。施耐德电气的绿色理念开创新的历史，不仅是经济发展的动力，更是改变工作方式、思维方式和生活方式的新力量。在碳中和压力下，施耐德电气使用数字化工具实现节能减排逐渐成为企业的首选，而端到端的全供应链是企业减碳的发力重点。施耐德电气力推全供应链数字化脱碳，其已将可持续绿色低碳供应链纳入自身碳中和目标范围，承诺实现端到端供应链的碳中和目标。

（十九）力拓集团（RIO TINTO GROUP）

力拓集团于1873年在西班牙成立，集团总部在英国伦敦，澳洲总部在墨尔本。

1. 发展历程

1954年，力拓集团出售大部分西班牙业务。1962—1997年，兼并了全球数家有影响力的矿业公司。2000年收购了澳大利亚北方矿业公司，成为在勘探、开采和加工矿产品资源方面的全球领先企业。2011年4月20日，力拓集团成功控股澳大利亚焦煤企业。中国是力拓集团最大、最重要的市场。2010年3月19日，中国铝业公司宣布与力拓集团成立合资公司，联合开发力拓集团持有的位于西非几内亚的世界级铁矿西芒杜项目。2013年3月26日，力拓集团精炼矿亚洲技术中心在中国苏州园区举行开业典礼。中国在碳排放方面的政策方向，对力拓集团及客户的业务都产生重大影响。中国的碳中和进程是实现全球碳排放目标的重要推动力，使大宗商品需求发生变化，推动新技术的开发和应用。2019年，力拓集团与中国宝武集团及清华大学达成合作，通过研发和试验新工艺，减少钢铁产业链的碳排放，合力改善钢铁行业全产业链的碳减排和环境效益。

2. 主要成果

力拓集团是一家集矿产资源勘探、开采及加工于一体的跨国集团，其生产经营活动遍布全球，主要资产分布在澳大利亚和北美洲，同时在南美洲、亚洲、欧洲，以及南非也有大量业务。力拓集团作为全球最大的资源开采和矿产品供应商之一，世界第二大铁矿石生产商，在勘探、开采和加工方面业绩突出。力拓集团主要经营煤、铁矿石、铜、黄金、钻石、铝、工业矿物（如硼砂、二氧化钛、盐和化石）等矿产资源。2018年12月，世界品牌实验室发布2018世界品牌500强榜单，力拓集团排名第429位。2019年10月22日，2019全球新能源企业500强榜单发布，力拓集团位列第345位。力拓集团名列2020福布斯全球企业2000强第114位，名列2021福布斯全球企业2000强第86位。在《财富》世界500强中，力拓集团2018年排名第278位，2019年排名第303位，2020年排名第280位，2021年排名第256位。

3. 突出特点

力拓集团是跨国性矿产及资源集团，在100多年的发展过程中，不断开拓性探索、扩展和创新。一是回馈股东。为给股东带来长期丰厚的回报，力拓集团对其业务采取从长计议和负责的态度。力拓集团的战略目标是在整个经济周期内为股东创造丰厚回报，关注资产组合、绩效、人员和合作伙伴。力拓集团执行严格的资本管理，确保每一美元能产生最大的价值，这包括保持资产负债表强劲、投资有竞争力的增长目标，以实现优厚的股东回报。力拓集团明确高效的战略，帮助企业在面临各种市场状况时依然表现强劲。二是创新发展。从1990年与澳大利亚原住民签订开创性土地协议，到成为全球首个获得负责任生产铝认证的公司，再到运营世界上最大的机器人——自动火车系统，力拓集团以开拓创新的精神一路前行。2019年，力拓集团入选波士顿咨询公司评选的最具创新力公司。三是防控风险。力拓集团坚持客户货物无论是以离岸价格方式，还是抵岸价格方式装运，都须以安全、富有竞争力、可靠及可持续的方式交货，防范各类风险。力拓集团大约有1/3的产品在交货基础上出售，其货运风险由力拓海运集团进行控制。

（二十）英杰华集团（AVIVA）

英杰华集团是世界上最大的保险公司之一，成立于1696年，总部设在英国伦敦海伦塔。

1. 发展历程

2002年2月，两家英国保险公司Norwich Union和CGU pic合并，改名为CGNU，这便是英杰华集团的前身。2002年4月，该公司的股东投票决定将公司名称更改为AVIVA。1994年，英杰华集团在北京开办了第一家办事处。此外，英杰华集团还与中粮集团合资组建中英人寿保险有限公司（简称中英人寿）。中英人寿以高效的多元化营销体系，适合不同客户需求的优质保险产品及服务支援系统，立足中国市场，致力于为广大客户提供优质的寿险服务和全面的财务保障。

2. 主要成果

英杰华集团是欧洲提供寿险和养老险产品的领先者之一，其主要业务包括长期储蓄、基金管理和其他普通保险。英杰华集团在欧洲拥有 5 个市场，在亚洲专注于中国，以及东南亚地区的增长市场。2021 年 1 月，2020 年全球最具价值 500 大品牌榜发布，英杰华集团排名第 272 位。2020 年 5 月 13 日，英杰华集团名列 2020 福布斯全球企业 2000 强第 213 位。2021 年 5 月，英杰华集团位列 2021 福布斯全球企业 2000 强第 165 位。在《财富》世界 500 强中，英杰华集团 2018 年排名第 143 位，2019 年排名第 123 位，2020 年排名第 88 位，2021 年排名第 157 位。

3. 突出特点

英杰华集团经过 300 多年的发展，已成为英国最大的跨国保险集团。一是实施渠道分销管理模式。这是一个全新的市场战略模式。通过渠道分销，能够有效地抢占市场占有率，以最快的速度布局市场，覆盖全行业领域。二是致力于有前途的市场。英杰华集团专注于那些有规模、有能力、客户业务表现出色，以及能够为股东带来高回报的市场。这些市场是英杰华集团大力进行投资和发展的地方。三是实现股东长期价值。英杰华集团为应对全球新冠肺炎疫情的影响，精简业务，出售有些国家市场的股份，以为股东实现价值。

（二十一）乐购（TESCO）

乐购集团成立于 1919 年，总部设在英国赫特福德。

1. 发展历程

乐购集团于 1919 年成立，最初的形式是 Jack Cohen 在市场里设立的一个小货摊。乐购这个名称最早出现于 1924 年，第一家店于 1929 年在伦敦开业。1932 年，乐购集团成为英国最大的零售公司。1947 年，乐购集团在伦敦证券交易所上市。1948 年，第一家自助式商店开业。乐购集团逐渐发展成为英国领先的零售商，并跻身于全球三大零售企业之一。2004 年，乐购集团进入中国市场。2013 年 8 月 27 日，乐购集团与华润集团下属的华润创业有限公司组建合资企业。华润创业有限公司占 80% 股权，乐购集团占 20%。2020 年 2 月 25 日，乐购集团宣布将向中国的华润集团出售与华润成立的合资公司的 20% 股权，这意味着乐购集团完成了从中国的退出。

2. 主要成果

乐购集团的业务不仅包括零售，还涉及金融、加油站、电信和医药等领域。此外，乐购集团还积极拓展网上零售业务。2018 年 12 月，在世界品牌实验室编制的 2018 世界品牌 500 强中，乐购集团排名第 116 位。2020 年 5 月 13 日，乐购集团名列“2020 福布斯全球企业 2000 强”榜第 254 位。2021 年 5 月，乐购集团位列“2021 福布斯全球企业 2000 强”榜第 271 位。在《财富》世界 500 强中，乐购集团 2018 年排名第 102 位，2019 年排名第 103 位，2020 年排名第 103 位，2021 年排名第 99 位。

3. 突出特点

乐购集团作为一家跨国公司，在投资领域的税收、就业、提升商业水平及经济发展方面做出积极贡献。一是遵循客户至上的理念。乐购集团在全球确立了“为顾客创造价值，从而赢得他们终身信任”，以及“我们比任何人更为顾客尽心尽力”的价值观，秉承“顾客至上，锐意进取”的经营理念，坚持“客户第一”的原则，为广大客户提供优质的服务。二是坚持跨国采购的经营模式。乐购集团在许多国家设有采购中心，这使乐购集团能够以较低的成本为全球各地的顾客提供价廉物美的商品。乐购集团通过与当地供应商的合作，与他们共同分享乐购集团的相关行业经验和技术。三是实行物流配送的生产方式。乐购集团积极优化供应链，选择集中配送，而不是由各个供应商送达各个门店。乐购集团集中所有供应商的货品，然后根据门店所需派卡车将货品送至门店。

（二十二）雀巢公司（NESTLE）

雀巢食品公司（简称雀巢公司）于 1866 年创立，总部位于瑞士日内瓦湖畔的韦威。

1. 发展历程

雀巢公司起源于瑞士。1866 年亨利·内斯特莱创立育儿奶粉公司，最初以生产婴儿食品起家，以生产巧克力棒和速溶咖啡闻名遐迩。1905 年，雀巢育儿奶粉公司与美国人办的另一家食品公司合并，取名雀巢英瑞炼乳公司。1949 年，与另一家瑞士公司合并，改为现名雀巢食品公司。雀巢公司的分支机构开设在美国、日本、德国等国家。1908 年，雀巢公司在上海开设了中国第一家销售办事处。1990 年，雀巢公司在中国设立第一家合资企业，随后又建了多家工厂。2020 年 5 月，雀巢公司扩大在天津的投资，增设其在亚洲的首条植物基产品生产线，增加天津现有宠物食品工厂的产能，引进新的高附加值产品，并对糖果业务增加投资，进一步提高天津雀巢质量保证中心的能力。2021 年雀巢公司与青岛莱西共同建立雀巢在亚洲、非洲、大洋洲范围的具有嘉宝品牌湿产品产能工厂。新的产品线符合有机标准，全面优化婴幼儿辅食项目生产线，满足了中国消费者需求。

2. 主要成果

雀巢公司名称与“雀巢”图形紧密结合。雀巢的品牌标语（Good Food，Good Life，好食品，好生活），点出了雀巢食品带来的美好情感。雀巢公司主要产品为速溶咖啡、炼乳、奶糖、婴儿食品、奶酪、巧克力制品、糖果、速饮茶等品种。其中，雀巢咖啡销量最大。2018 年 12 月，世界品牌实验室编制的 2018 世界品牌 500 强揭晓，雀巢公司排名第 22 位。2020 年 7 月，福布斯全球品牌价值 100 强发布，雀巢公司排名第 54 位。2020 年 5 月 13 日，雀巢公司名列“2020 福布斯全球企业 2000 强”第 41 位。2021 年 5 月，雀巢公司位列“2021 福布斯全球企业 2000 强”第 39 位。在《财富》世界 500 强中，雀巢公司 2018 年排名第 69 位，2019 年排名第 76 位，2020 年排名第 82 位，2021 年排名第 79 位。

3. 突出特点

雀巢公司是世界上最大的食品制造商，已有 100 多年历史。一是品牌亮眼。雀巢的品牌定位充分体现了产品的功能和情感定位。雀巢作为品牌名称显著性很强，使消费者在饮用时体会到舒适感，往往联想到生活，享受到味道极好了的食品，从而贴近消费者。二是质量过硬。雀巢公司的产品销量大，主要是因为产品质量过硬。产品一经推出，公司便长期不懈地致力于改进、提高产品质量。雀巢咖啡有 100 多个品种，质量上乘，口味根据各国消费者的嗜好而改变。三是管控严格。雀巢公司总部对生产工艺、品牌、质量控制及主要原材料做出严格的规定，各下属公司严格执行。

（二十三）瑞士罗氏公司（ROCHE GROUP）

瑞士罗氏公司（简称罗氏公司）是一家跨国制药公司，成立于1896年，总部设在瑞士巴塞尔。

1. 发展历程

罗氏公司由F. 霍夫曼·拉奇于1896年创立。当时主要业务是制药。20世纪初，罗氏公司开始向国外扩展业务。1929年，罗氏公司在美国新纳西州的纳特利开始建立制造和研究设施。20世纪30年代，罗氏公司的化学家们合成了维生素C，随后又合成了多种维生素，对人类的健康产生了重点影响。第二次世界大战后，罗氏公司开发的抗传染药成为广泛使用的处方药之一。罗氏公司的业务遍及100多个国家。罗氏公司1926年来到中国。1994年，上海罗氏制药有限公司成立，成为进驻张江高科技园区的首家外资企业。2016年11月4日，罗氏制药创新中心项目在上海张江高科技园区动工。该创新中心聚焦于研究与早期开发免疫、炎症及抗感染疾病领域的创新型药物。2020年，罗氏公司进一步加大投资位于苏州工业园区的罗氏诊断亚太生产基地和研发中心，深化罗氏诊断在中国的战略布局。

2. 主要成果

罗氏公司在制药和诊断领域世界领先，业务范围主要涉及药品、医疗诊断、维生素和精细化工、香精香料等领域。罗氏公司的药品生产部门历史悠久，主要生产治疗中枢神经系统疾病、传染病、炎症、心血管疾病、肿瘤、病毒感染、皮肤病、肥胖症等药物。罗氏公司以研发为基础，致力于探索疾病预防、诊断和治疗方案，持续为社会做出贡献。通过个体化医疗，为每一位患者提供具有针对性的治疗方案。2020年5月13日，罗氏公司名列“2020福布斯全球企业2000强”榜第74位。在《财富》世界500强中，罗氏公司2018年排名第169位，2019年排名第163位，2020年排名第171位，2021年排名第147位。

3. 突出特点

罗氏公司是一家著名的跨国公司，已经走过100多年。一是坚守患者至上。罗氏公司始终以患者为中心，结合制药和诊断两大业务优势，为每一位患者提供最具针对性的治疗方案，致力于帮助患者延长生命和改善生活质量。二是探索合作模式。罗氏公司与政府、医疗机构及非政府组织等社会各界多方携手,共同探索创新合作模式,通过多种举措,惠及更多患者。三是热衷社会公益。上海罗氏制药与中国预防性病艾滋病基金会合力发起“儿童义走”公益项目，救助贵州和四川等地艾滋病致孤的儿童，为他们提供医疗、生活学习补助及心理辅导服务。瑞士罗氏中国积极参与各类人道主义灾害救助和支持，通过捐助现金及药品的方式，帮助弱势群体。

（二十四）苏黎世保险集团（ZURICH INSURANCE GROUP）

苏黎世保险集团（简称苏黎世保险）是以保险为核心业务的金融服务机构，创立于 1872 年，总部设在瑞士苏黎世。

1. 发展历程

苏黎世保险成立于 1872 年。苏黎世保险的分支机构和办事处遍布北美、欧洲、亚太、拉丁美洲等市场。苏黎世保险经过多次收购变更后成为一家控股公司，即苏黎世金融服务公司。1993 年，苏黎世保险成立了北京代表处。这是第一家在中国设立代表处的欧洲大陆保险公司。2000 年，苏黎世保险通过战略投资，入股新华人寿保险股份有限公司。2005 年 10 月，苏黎世保险获得中国保监会的批准，在北京筹备财产保险公司。2006 年 5 月，苏黎世保险得到保监会批准，在北京成立财产保险分公司。苏黎世保险北京分公司借助该企业在全球的金融实力及风险管理经验，为在中国发展的企业提供有价值的风险管理及创新的产品和服务。苏黎世财产保险（中国）有限公司由苏黎世保险公司北京分公司于 2013 年 4 月经中国保监会批准改建，致力于为企业客户提供全面的保险解决方案和风险管理服务。

2. 主要成果

苏黎世保险是一家跨国性保险公司，拥有三大核心业务部门，即普通保险、全球生活和农民。苏黎世保险是以保险为核心业务的金融服务机构，服务范围遍及多个国家和地区。苏黎世保险北京分公司当选“2008 至 2009 最具影响力保险公司”。“2020 年全球最具价值 500 大品牌”榜发布，苏黎世保险排名第 231 位。2020 年 5 月 13 日，苏黎世保险名列“2020 福布斯全球企业 2000 强”榜第 76 位。2021 年 5 月，苏黎世保险位列“2021 福布斯全球企业 2000 强”第 75 位。在《财富》世界 500 强中，苏黎世保险 2018 年排名第 142 位，2019 年排名第 238 位，2020 年排名第 139 位，

2021 年排名第 168 位。

3. 突出特点

苏黎世保险是一家全球领先的多险种保险公司。一是注重客户服务。苏黎世保险为客户提供最好的理赔服务承诺，挑选顶尖公估人，建立覆盖主要城市和港口的公估网。依托苏黎世保险百年历史与金融实力，客户无须担心赔款被拖延支付，为客户提供高质量服务。二是加强风险防控。苏黎世保险从自然风险、经营风险、业务风险及金融风险等方面进行全面分析，帮助客户揭示防范可能造成的关键性风险。三是坚守依法合规。苏黎世保险有丰富的产品，如财产险、车险、货运险等，均依据当地法律法规承保，符合当地监管要求。

（二十五）诺基亚公司（NOKIA）

诺基亚公司（简称诺基亚）是全球领先的移动通信产品制造商，成立于 1865 年，总部位于芬兰埃斯波。

1. 发展历程

诺基亚成立于 1865 年，以伐木、造纸为主业，后成为一家手机制造商，以通信基础业务和先进技术研究及授权为主业。1865 年，采矿工程师弗雷德里克·艾德斯坦在芬兰坦佩雷镇的一条河边建立了一家木浆工厂。1868 年，弗雷德里克·艾德斯坦又在诺尼亚河边建立了橡胶加工厂。1871 年，弗雷德里克·艾德斯坦在朋友利奥·米其林的帮助下，将两家工厂合并为一家工厂，并将其转变为股份有限公司。随后，两人将公司的名字命名为“诺基亚”， 并保留至今。1967 年，诺基亚成了一家芬兰国内跨产业的大型公司，其产业涉及造纸、化工、橡胶电缆、制药、天然气、石油等多个领域。诺基亚在赫尔辛基证券交易所和纽约证券交易所上市。1982 年，诺基亚生产了第一台北欧移动电话。1985 年，诺基亚在北京开设办事处，开启在中国的初期发展阶段。2014 年 4 月 25 日，诺基亚完成与微软手机业务交易，将设备与服务业务出售给微软公司。微软系统成为诺基亚的主要手机操作系统，并且参与该系统的研发。2018 年诺基亚 5G 技术的全球专利申请数量显著，电信网络设备供应商中申请量稳居前列。2018 年 7 月，诺基亚与中国移动签署协议，双方在 AI 和 5G 方面深入合作。诺基亚依托中国市场及人才等资源开展研发工作，快速满足中国市场 5G 建设需求。

目前，诺基亚拥有 6 大研发中心，分布在上海、杭州、北京、南京、成都、青岛，实验室（中国）设在上海。诺基亚组建了专门的 5G 研发团队，在中国有 7000 多名研发人员，参与中国“双千兆”、数字经济、AI 和大数据、数据中心等。

2. 主要成果

诺基亚是一家从事生产移动通信设备和相关服务的跨国公司。2019 年，福布斯全球数字经济 100 强排行榜发布，诺基亚位列 94 位。2020 年 1 月，“2020 全球最具价值 500 大”排行榜发布，诺基亚排名第 182 位。2020 年 5 月 13 日，诺基亚名列“2020 福布斯全球企业 2000 强”榜第 625 位。《财富》世界 500 强，诺基亚 2018 年排名第 457 位，2019 年排名第 466 位，2020 年排名第 488 位，2021 年排名第 485 位。

3. 突出特点

诺基亚是一家有 100 多年历史、历经坎坷的跨国公司。一是持续投入研发。过去的 20 年，诺基亚持续的技术投入与创新，研发投入近 1300 亿欧元，拥有两万多个横跨各代移动通信技术的专利。诺基亚在全球签署 165 个 5G 方面的商业交易，其中 65 个 5G 运营商网络已经正式上线。在 6G 方面，诺基亚牵头推进欧盟项目，还与中国移动联合推进 6G 研究。诺基亚贝尔试验室作为一家研发公司，为诺基亚的发展做出重要贡献。二是实施转型发展。诺基亚最初是一家制浆厂，长期以来与橡胶和电缆相关。20 世纪 90 年代以来，诺基亚专注于大型电信基础设施的技术开发，现在成为全球第三大网络设备制造商。三是寻求合作共赢。诺基亚与多家合作伙伴和分包商合作，均合作成功，促进了诺基亚的发展。

第三节　日本和其他亚太国家的百年企业新貌

日本是世界上第三大经济大国。日本主要的贸易伙伴有美国、欧盟、东亚、东南亚、中东地区等，与中国大陆和亚洲地区的贸易额连年增长。日本的百年企业位于世界前列。亚洲其他国家如印度、马来西亚、泰国等，百年企业焕发新的活力。澳大利亚有“骑在羊背上”“坐在矿车上”的国家之称，依靠牧业、采矿业等，为国家获得丰厚的收益，百年企业也显示新的生机。

一、日本的百年企业

日本的百年企业数量在世界排名第一。据有关资料显示，日本有25321家百年企业。日本是一个岛国，国内战争较少，为培育百年企业奠定了基础。支撑日本企业跨越百年的，是企业认认真真的工匠精神和兢兢业业的敬业精神。工匠精神和敬业精神是日本企业家和员工形成的共同理念。日本的百年企业传承工匠精神和敬业精神，并将其作为企业长期发展的共同价值观。日本的百年企业非常重视名号，不随波逐流，不盲目扩大投资，注重长远投资和利益回报，研判投资以后的市场定位和变化，并较好地解决了继承人问题。

（一）三菱商事株式会社（MITSUBISHI）

三菱商事株式会社（以下简称三菱）成立于1870年，总部设在日本爱知县名古屋市。

1. 发展历程

1870年10月，岩崎弥太郎接受日本官方经营的长崎造船厂，开始经营海上运输业务。1873年3月，造船厂更名为三菱商会，逐渐涉足矿业、造船、银行、保险、仓储和贸易等，奠定了三菱日后发展的基础。1875年邮便汽船三菱会社成立，与长崎熔铁所衍生的长崎造船所合并。1917年三菱的第一辆小客车，35马力七座量产成功。1932年首部大型巴士，100马力30座问市。1934年完成首部四轮驱动的日本汽车。1937年起至1945年第二次世界大战期间，三菱为日本军方生产制造炸弹、大炮、航空母舰和大型战列军舰。第二次世界大战后，三菱商事会社把业务分散给100多个独立企业，后来在1954年，成立了三菱商事综合商社。1978年11月，三菱作为日本企业首次承建中国大型火电厂宝钢自备电厂1、2号机组。1980年4月开始与上海汽轮机厂、上海锅炉厂和上海电机厂进行技术交流。三菱商事（中国）有限公司的总部在上海，在北京投资成立了三菱（中国）商业有限公司，先后在大连、天津、青岛、上海、广州等地成立了保税区公司，并在诸多领域有投资项目。

2. 主要成果

三菱在日本工业现代化的过程中扮演着举足轻重的角色。三菱最初涉足采矿、造船、银行、保险、仓储和贸易，随后又经营纸、钢铁、玻璃、电气设备、飞机、石油和房地产。2020 年 1 月，“2020 年全球最具价值 500 大品牌”榜发布，三菱排名第 35 位。2020 年 5 月 13 日，三菱名列“2020 福布斯全球企业 2000 强”榜第 104 位。2021 年 5 月，三菱位列“2021 福布斯全球企业 2000 强”第 112 位。在《财富》世界 500 强中，三菱 2018 年排名第 129 位，2019 年排名第 33 位，2020 年排名第 42 位，2021 年排名第 51 位。

3. 突出特点

三菱与世界各地的客户在很多领域有广泛的合作。一是服务客户力量强。三菱的业务涵盖贸易、制造、投资等多方面，呈多元化形式。三菱着眼于客户的需求，向客户提供具有高附加值的服务。二是资金融通能力强。三菱拥有三菱银行、三菱信托银行、明治生命、东方海上火灾等金融机构，具有长期稳定的资金融通能力，对推动三菱各企业发展起到重要作用。三是寻求自身完善意识强。三菱通过自身不断地改革，完善企业经营机制，健全财务结构，提升风险管控能力。

（二）日本伊藤忠商事株式会社（ITOCHU）

伊藤忠商事株式会社（简称伊藤忠）成立于 1858 年，总部设在日本东京都港区。

1. 发展历程

1858 年，伊藤忠兵卫先生经日本大阪到中国泉州销售麻布，开始创业。1918 年，伊藤忠商事株式会社成立。1941 年，伊藤忠商事与丸红商店、岸本商店合并，成立三兴株式会社。第二次世界大战后，分为四个公司，包括伊藤忠。历经一个半世纪，伊藤忠在全球 80 多个国家和地区设有子公司。1972 年中日邦交正常化后，伊藤忠率先进入中国市场。1979 年，在北京设立驻中国办事处。1993 年，伊藤忠（中国）集团有限公司作为伊藤忠在华的管理中枢在北京设立。伊藤忠将中国作为重要的市场，积极拓展业务，在质和量方面居日本综合商社对华商务活动首位。2015 年，中国中信股份有限公司引入日本伊藤忠和泰国正大集团作为战略投资者。两大集团持有中信股份 20.61% 股权。这是日本综合商社在国内外实施的出资额最高纪录。

2. 主要成果

伊藤忠是全球综合性贸易公司，从做麻布生意创业开始，现已涉及纺织、机械、信息、金属、生活材料用品、化工品、食品、石油等各种商品的进出口及国外贸易，还涉及损害保险代理、金融业务、建设业务、房地产买卖、仓库业务，以及与此相关的各种附带业务，进行多方位投资的企业。2020 年 5 月 13 日，伊藤忠名列“2020 福布斯全球企业 2000 强”榜第 135 位。2021 年 5 月，伊藤忠位列“2021 福布斯全球企业 2000 强”榜第 117 位。在《财富》世界 500 强中，伊藤忠 2018 年排名第 204 位，2019 年排名第 65 位，2020 年排名第 72 位，2021 年排名第 71 位。

3. 突出特点

伊藤忠经过 164 年的发展，已成为世界著名的综合贸易公司。一是传承企业文化。伊藤忠以“远见、诚信、多样、热情、挑战”进行自我检测，并成为集团的行动基准。二是完善经营体制。伊藤忠改进子公司制度，实行 CEO 制度，确立了能更快应对市场变化，满足客户需求的经营体制。三是改革人事制度。伊藤忠取消了年功序列。这对打破“铁饭碗”、调动员工的积极性，尤其是年轻人的积极性，起到很大的作用。

（三）松下电器（PANASONIC）

松下电器产业株式会社（简称松下电器）是日本的一家跨国公司，1918 年松下幸之助创立，总部位于日本大阪。

1. 发展历程

1918 年，松下幸之助在大阪市福岛区创办了松下电气器具制作所，开始生产灯泡插座及双灯泡用的旋转式插座。1922 年，松下在大阪市福岛区大关町兴建第一个总部工厂。1929 年将公司名称改为松下电器制作所。1935 年，制作所改名为松下电器产业公司。第二次世界大战后，松下与荷兰飞利浦公司、中川机械株式会社进行技术合作，成立了松下电子株式会社。1946 年，以通过繁荣带来和平与幸福为理念，创办研究所。1952 年，松下电器与飞利浦合资设立松下电子工业公司。1959 年，松下电器在海外设立第一家销售公司——美国松下电器公司。1961 年在泰国成立了第一家国外生产工厂。1988 年松下电器产业株式会社与松下电器贸易株式会社合并。1995 年松下电器产业株式会社和松下住设机器株式会社合并。2009 年 12 月 21 日，松下取得 50.27% 三洋股权，三洋成为松下电器子公司。2017 年以后，松下电器的液晶面板业务、半导体业务等相继出售。1978 年改革开放以来，松下电器开始在中国投资，从电子材料到零部件，从部品到整机，从家用电器到工业机器，日本松下集团在中国布局了 100 多家企业。1994 年 9 月 2 日，创立松下电器（中国）有限公司。2002 年 12 月 17 日，松下电器（中国）有限公司转变为日本独资公司。2019 年松下电器开发出智能焊接云管理系统，让每台焊接设备都像手机一样，加入一张工业级的 SIM 卡，从生产焊机到提供智能焊接解决方案。这样的设备已经销往中国各地。近年来，松下电器在北京、大连、苏州、嘉兴、广州、佛山、珠海、江门等地扩建和新建投资项目，其中电动汽车用的电池、车用零部件等产品是发展重点。松下电器在中国企业生产的电子零部件分别向中国企业和在中国的日资、美资、德资工厂供货。2020 年以来，松下电器大规模调整组织结构，中国区业务成为调整重点。在松下电器向多元化业务市场迈进的过程中，中国市场成为松下电器业务和管理模式的“试验田”。松下电器从 1988 年开始是国际奥运的顶级赞助商。松下电器参与 2022 年北京冬奥会的赞助，该公司的高清晰摄像机与中国联通的 5G 网络合作，对比赛实况转播。松下电器大连工厂的制冰设备服务于北京 4 个场馆的冰面制作。松下电器制定了“环境愿景 2050”，将通过更加环保、绿色的方式，在中国开展各项业务活动。松下电器在中国推进二氧化碳零排放工厂，并将示范工厂的技术在全国范围内推广，为中国的“双碳”目标贡献力量。

2. 主要成果

松下电器从创立之初的小作坊，发展成为综合性电器及电子技术的跨国公司。松下电器始终将“贯彻产业人应之尽责，力图社会生活之改善和提高，为世界文化之发展做出贡献”作为社会使命和企业纲领。为促进社会的发展，松下电器积极地从事基础技术、商品技术与新生产技术等领域的研究开发、生产制造与经营活动，经营范围涉及家电、数码视听电子、办公产品、航空等诸多领域。20 世纪 60 年代，为应对以亚洲为中心的高关税进口壁垒，以及满足出口国市场的需求，松下电器进行了一些小规模多品种的产品生产。在泰国建立工厂，自此拉开了松下电器出口替代型的生产据点海外转移序幕。两次石油危机的发生给松下电器的经营环境带来重大影响。为了摆脱困境，松下电器以亚洲为中心设立海外制造公司，从整机到零部件生产据点的海外转移全面展开。20 世纪 90 年代以后，随着经营环境的不断变化及中国的快速发展，为松下电器海外事业发展提供了机遇。松下电器的全球战略是，力争在全球最适合的地区生产，将分散在美国、英国等国家的企业逐步转移到中国或东南亚地区内。成本差异是促使松下电器实施该战略的主要原因。进入新时代，松下电器在新能源汽车中的动力电池制造方面实力超群。在 2018 世界品牌 500 强排行榜中，松下电器排名第 123 位。2020 年 1 月，2020 年全球最具价值 500 大品牌榜发布，松下电器排名第 159 位。2020 年 5 月 13 日，松下电器名列“2020 福布斯全球企业 2000 强”榜第 256 位。2021 年 5 月，松下电器位列“2021 福布斯全球企业 2000 强”榜第 239 位。在《财富》世界 500 强中，松下电器 2018 年排名第 114 位，2019 年排名第 131 位，2020 年排名第 153 位，2021 年排名第 154 位。

3. 突出特点

松下电器经历过百年风霜，面向新的世界，继续茁壮成长。一是坚定全球化品牌战略。松下电器坚持打造全球氛围内备受消费者信赖的品牌、社会公认的品牌。松下电器以前在国内外使用 National 和 Panasonic 两个品牌。1927 年用于自行车的品牌 National 已作为白色家电的著名品牌，广泛用于日本及亚洲和中近东地区。1955 年松下电器出口的扬声器启用 Panasonic，业已成为影像音响、信息通信和电子产品的品牌。经过调查，National 在松下电器海外市场的占有率为 9%，其余 91% 都是 Panasonic。两大品牌处于分散状态，导致公司的营销效率较低。在此背景下，2003 年 5 月 1 日，松下电器将其海外市场的两大品牌统一为 Panasonic，并称之为公司的全球品牌。这样的全球化品牌战略，避免公司在全球进行产品宣传、营销时投资的分散，使松下电器作为制造商，实现通过商品为全世界的消费者服务的目标。二是坚持可持续发展。松下电器坚持以最先进的技术“为人类与地球共存”作贡献，为在全球实现“作为企业公民奉献于社会”的企业使命而努力。松下电器自觉地承担企业的社会责任，把“保护环境与地球环境共存”作为松下电器的重点事业之一。1991年松下电器制定了环境管理基本方针，发表了环境宣言，公布了绿色目标计划。松下电器在温室化效应、资源和化学物质等方面设定标准，将提高环保性能的产品和服务认定为绿色产品。节能减排是各国的重点，也是企业转换发展方式的重要领域。松下电器非常重视节能减排，将所有工厂建设成清洁工厂，开发氢能源电池等环境友好型产品。松下电器以“创造新的生活价值”为目标，追求提高客户的生活质量和减轻产品对环境的影响。三是坚守诚实守信经营。创建松下电器的松下幸之助，由于幼年时父亲投机米市失败并破产，不得不在上小学时就辍学当了学徒，从孩提时代开始就吃尽苦头。在这样的命运面前，他毫不气馁，一心一意，拼命工作。松下幸之助这种忠诚老实、乐观开朗的心灵，就是构筑日后松下繁荣事业的基础。松下电器对外交往的经营方针是：开展各国欢迎的事业，遵守各国的法律政策，努力推广松下电器的经营理念；在全球积极进行技术转让和开展技术交流；加强产品质量、性能和成本的竞争力，提高客户满意度；在自主经营的实践基础上，自我积累资金；和当地员工一起努力经营，培养和采用当地人才。四是坚定文化引领企业发展。松下幸之助认为，没有文化底蕴的管理者不可能得到年轻人的尊敬，不努力提高道德修养水平，端正品行，注意言谈举止，是不可能被年轻人认可的。所以，松下电器专注发展兴趣爱好和提高自身修养，使企业和员工成为令人尊敬的对象。松下电器重视员工培训制度，驱动其内在动力，提升员工的协作能力。五是重视人、财、物的协调发展。松下电器的创始人松下幸之助提出，人尽其才、物尽其用、货畅气流。松下电器的治企理念对我国企业的治理和经营起到很大的影响。企业必须重视人才，做到人尽其才；盘活资产，做到物尽其用；做好产销一体化，达到货畅其流。

（四）日立（HITACHI）

株式会社日立制作所（简称日立）成立于1910年，总部位于日本东京都千代田区。

1. 发展历程

日立为日本大型的综合性电机生产跨国公司，前身是小平浪平1910年建立的久源矿业日立矿山的电机修理厂。1920年从久源矿业公司分出来，成立日立制作所，并一直沿用至今。日立海外子公司从1959年在美国设立第一家子公司发展到40多家，分布于世界各地。日立于20世纪60年代来到中国，成为早期进入中国市场的外资企业之一。20世纪70年代，日立在北京设立办事处。进入20世纪80年代，日立通过在变压器、电动机、电视机、洗衣机等家用电器方面的合作，在中国取得较快发展。进入20世纪90年代，日立积极开展在华投资项目，竭诚为中国社会提供高品质的产品和服务。经过多年的努力，日立和中国建立了稳定的合作关系。日立积极开拓中国市场，将大量先进的技术和产品带入中国，在中国各地的投资事业得到了长足的发展。

2. 主要成果

日立致力于发展技术，重视科学研究和产品开发，致力于家用电器、电器、电脑产品、半导体、产业机械等产品。为适应社会发展的需要，日立不断调整产业结构，实现产品多样化，从最初以生产重型电机为主发展到现在拥有多个门类，主要包括动力系统及设备，家用电器，信息、通信系统及电子元器件，产业机械及成套设备，电线电缆、金属、化工及其他产品。助力企业加速数字化升级。日立提供的自动化解决方案是一项可以在标准化事务性工作中替代人力的技术。其核心功能是使用一系列自动化软件工具，完成如读取邮件、计算、生成文件及报告、检查文件等重复、低决策需求的标准化日常工作。其应用范围包括财务、分析、管理等各部门的事务性工作。通过嵌入具有学习功能的AI机器人，该解决方案可以理解并模仿企业现有规则，按照标准化流程处理多项事务，从而有效提升工作效率，减少人工失误，确保数据安全，大幅降低运营成本。该解决方案已在日本大规模应用，并在中国企业推广运用。2018年12月，世界品牌实验室编制的2018世界品牌500强揭晓，日立排名第259位。2020年1月，“2020年全球最具价值500大品牌”发布，日立排名第129位。2020年5月13日，日立名列“2020福布斯全球企业2000强”第198位。2021年5月，日立位列“2021福布斯全球企业2000强”第133位。在《财富》世界500强中，日立2018年排名第79位，2019年排名第102位，2020年排名第106位，2021年排名第95位。

3. 突出特点

日立是日本大型的综合性电机跨国公司。日立的百年历史是用技术和信用支撑，创造安全舒适的美好生活的历史。一是坚持开拓创新。日立的愿景是以创新开启解决之道，以优秀的团队和丰富的全球市场经验，为世界注入新的活力。日立勇于向未知的事物挑战，不断提高开发新产品、新技术的积极性，通过创新为企业和社会解决很多问题。二是弘扬诚信精神。日立的创业精神是“和、诚、开拓创新”。日立把社会诚信放在第一位，以诚实的态度开展企业活动。三是开展多元化经营。日立为适应社会发展需要，不断调整产业结构，实现产品多元化。从最初以生产重型电机为主发展到动力系统及设备、家用电器、信息、通信系统及电子元器件、机械和成套设备、电线、金属、化工及其他产品。

（五）日本山崎马扎克株式会社（MAZAK）

日本山崎马扎克株式会社（简称山崎马扎克）是一家全球知名的机床生产制造商，成立于 1919 年，总部位于日本爱知县。

1. 发展历程

山崎马扎克成立于 1919 年，是个家族企业，现处于全球机床行业领先地位。1998 年，山崎马扎克在中国设立了山崎马扎克科技（上海）有限公司，负责山崎马扎克在中国的销售和服务工作。2000 年，在宁夏回族自治区银川市，成立了小巨人机床有限公司。2006 年 7 月，山崎马扎克成立山崎马扎克集团旗下山崎马扎克机床（上海）有限公司。2013 年 1 月，山崎马扎克机床（辽宁）有限公司开业投产。

2. 主要成果

山崎马扎克拥有先进的研发和制造技术，产品远销全球各地。山崎马扎克致力于为客户提供复合车铣加工中心、五轴加工中心、立卧加工中心、FMS 柔性生产系统、CNC 装置、激光切割机和生产支持软件等优质高效的产品、服务和管理。山崎马扎克主要生产 CNC 车床、复合车铣加工中心、立式加工中心、卧式加工中心、CNC 激光系统、FMS 柔性生产系统、CAD/CAM 系统、CNC 装置和生产支持软件等。产品素以高速度、高精度而在行业内著称，产品遍及机械工业的各个行业。赛迪顾问发布 2020 年全球十大最顶尖机床品牌，按企业营收规模划分，山崎马扎克排名第一。

3. 突出特点

山崎马扎克是国际著名的机床生产制造商，是世界机床产业技术革新的先驱。一是引领智能制造。日本山崎马扎克公司作为百年机床巨头，走在了智能制造的前沿。该公司极为先进的生产布局方式、机加工实现 720 小时无人值守。全球 11 个工厂每台机床的运行状态都可以时时监控。二是提供解决方案。山崎马扎克在百余年间，依托自身先进的技术，为客户提供包括复合加工、五轴加工、铣削、车削、数控系统及自动化的全面解决方案。三是善于学习借鉴。山崎马扎克不断学习和吸收各国的经验且引进成果，加快在机床业的发展速度。山崎马扎克瞄准世界机床生产的最新技术，认真学习，深化研发，不断推出新产品。

（六）日本制铁集团公司（NIPPON STEEL CORPORATION）

日本制铁集团公司（简称新日铁公司）是日本最大的钢铁公司，也是世界大型钢铁公司之一，成立于 1897 年，公司总部设在日本东京都千代田区。

1. 发展历程

新日铁公司的前身是于 1897 年建成的官营八幡制铁所。它不仅是新日铁公司的发祥地，也是日本钢铁工业的发祥地。1934 年 2 月由官营的八幡制铁所和民间的轮西制铁、釜石矿山、富士制铁、东洋制铁、三菱制铁、九州制铁六家合并组成。1950 年，分成八幡制铁、富士制铁两家钢铁公司和日铁轮船公司及播磨耐火砖公司。1970 年，3 月，八幡、富士两家合并，诞生了新日铁钢铁公司，至此该公司成为世界上最大的钢铁公司之一。2012 年 10 月 1 日，新日本制铁株式会社与住友技术工业株式会社合并，成立新日本铁住金株式会社。新日铁公司参与了中国宝山钢铁总厂的建设。新日铁公司在中国设立中国宝钢新日铁汽车板有限公司、中国广州太平洋马口铁有限公司等企业。

2. 主要成果

新日铁公司是世界上最大的钢铁公司之一，主要产品包括圆钢、合金钢、不锈钢、各种钢管、冷热轧钢板、化学制品、炼铁用成套设备、各种产业机械等。在钢铁生产业务方面，新日铁公司创建了先进的加工程序，大幅度提高生产率和降低能源消耗。新日铁公司以多层次、综合的业务和广泛的知识为基础，致力于为客户提供高质量的产品，促进日本工业和经济发展。在《财富》世界 500 强中，新日铁公司 2018 年排名第 198 位，2019 年排名第 186 位，2020 年排名第 198 位，2021 年排名第 249 位。

3. 突出特点

新日铁公司是国际竞争力最强的钢铁企业之一。无论从企业的研发能力、管理水平，还是从产品的质量和技术含量等，都是钢铁企业的一面旗帜。一是突出主业。新日铁公司以钢铁事业为核心，通过创造和提供丰富的产品，为产业的发展和人类的生活做出贡献。二是持续创新。新日铁公司坚持不懈挑战技术的创造和革新，以技术引领世界，以更进步为目标，致力于自身变革。通过采用先进技术，大幅度提高生产效率，降低能源消耗。三是重视人才。新日铁公司培育人才、活用人才，以形成充满活力的团队目标。

（七）日本生命保险公司（NIPPON LIFE INSURANCE）

日本生命保险公司（简称日本生命）即日本生命保险相互会社，是日本最大的人寿保险公司，成立于 1889 年，总部设在日本大阪中央区。

1. 发展历程

日本生命成立于 1889 年。1891 年，日本生命首次实施投保人分红。1991 年成立日本生命美国公司。1995 年成立日本生命投资信托公司。1996 年，成立日本生命损害保险公司。日本生命是日本进入中国保险市场的第一家寿险公司。为了发展中国业务，日本生命于 1987 年在北京、1994 年在上海、1998 年在广州等地开办了代表处。2001 年 12 月，中国保险监督管理委员会批准日本生命建立合资寿险公司。2003 年成立广电日生人寿保险有限公司。2009 年广电日生人寿保险有限公司更名为长生人寿保险有限公司。

2. 主要成果

日本生命实施最佳综合保险服务战略，实现了“共存共荣、相互扶持”的奋斗目标。为了满足顾客需求日益多元化等需求，日本生命推出奉献最优质综合保险服务的经营方针。为了实现这一方针，日本生命建立了集团一体化的经营体制，提高经营和服务能力。2018 年 12 月，在世界品牌实验室编制的 2018 世界品牌 500 强中，日本生命排名第 285 位。2020 年 1 月，

“2020年全球最具价值500大品牌”榜发布，日本生命排名第293位。在《财富》世界500强中，2018年日本生命排名第126位，2019年排名第125位，2020年排名第130位，2021年排名第111位。

3. 突出特点

日本生命迄今已有100多年的历史，是全球超大型金融机构。一是坚持顾客至上。日本生命作为人寿保险公司，奉行向顾客奉献长期稳定的安全感，消除人们生活中的后顾之忧，努力实现公司的稳定经营。二是加强风险防范。日本生命强化经营基础和抵御风险能力，不断充实自有资本，使偿付能力比率保持在较高水平。三是推进业务创新。日本生命公司推出了世界首创的“日本生命保险账户”服务。“保险账户”服务制度成为日本生命保险各子公司的共同经营基础。它将寿险、产险、医疗、护理等各种保障集中于客户的同一账户内，根据客户的投保金额等设定点数，为顾客提供保费的价格折扣和增加分红等服务。

（八）麒麟控股株式会社（KIRIN HOLDINGS COMPANY， LIMITED）

麒麟控股株式会社（简称麒麟啤酒）是日本三大啤酒企业之一，是享有百年声誉的世界性品牌，创立于1907年，总部位于日本东京都中央区。

1. 发展历程

麒麟啤酒在1907年建立，但麒麟啤酒的前身是在1870年，由挪威裔美国人威廉·科普兰创建的春谷啤酒厂。1888年开始酿造麒麟啤酒。麒麟啤酒继承了日本啤酒厂的传统，保留从德国进口的麦芽和啤酒花，并聘请德国酿造酒厂监督生产。1907年，春谷啤酒厂更名为麒麟啤酒厂。由于麒麟啤酒非常重视质量，因而深受消费者欢迎。麒麟品牌以中国传统文化中昌盛吉祥的象征麒麟来命名，成为享有百年声誉的世界性品牌啤酒。2007年7月1日，麒麟啤酒实行控股公司制，将原名称“麒麟麦酒株式会社”改名为“麒麟控股株式会社”。麒麟啤酒在中国以麒麟（中国）投资公司为中心，加强与清凉饮料事业的合作，充分发挥麒麟啤酒在市场开发和技术实力方面的优势。麒麟啤酒（珠海）有限公司成立于1996年，这是由日本麒麟啤酒集团独家投资经营的外资企业。麒麟啤酒在中国的啤酒行业有大连、珠海、保定、广州、顺德、上海等生产基地。

2. 主要成果

麒麟啤酒以综合性的酒类产品阵容，为消费者提供新鲜美味和品饮方式，满足消费者的多样需求，开发魅力商品。麒麟啤酒在产品制造中关注自然与人文，开拓饮食与健康的愉悦新天地，精准把握客户需求，大力开发市场，为客户带来全新享受，为每一个消费者提供健康、愉悦和惬意。麒麟品牌遍布全球。麒麟啤酒为适应不同国家消费者的需要，在坚持不改变自己本色的同时，对啤酒口味进行改进，让消费者品尝到真正的麒麟啤酒。2020 年 5 月 13 日，麒麟控股名列“2020 福布斯全球企业 2000 强”榜第 706 位。

3. 突出特点

麒麟啤酒是日本著名的啤酒公司，是享有百年盛誉的世界性品牌啤酒。一是质量视为生命。麒麟啤酒追求“顾客为本”“品质至上”。麒麟啤酒为了确保啤酒品质，秉承“一番榨”酿造工艺，保留着日本啤酒的原汁原味，不惜提高成本，只提取第一道麦汁酿造，不掺第二道麦汁。第一道麦汁中，麦芽壳渗出的涩味成分较少，所以只提取第一道麦汁酿造的“一番榨”，没有一般啤酒的涩味，口感更纯。二是管理追求精益。麒麟啤酒自动化水平高，发酵及罐装设备硬件都是世界一流，精益化管理突出。麒麟啤酒从选料选购标准到厂房设计及安全防护，都做到精益求精。整个生产过程体现了一流的产品质量来自一流的管理。三是品牌享誉全球。麒麟啤酒珍视品牌，融合百年制造工艺，通过提供优质产品和服务，赢得消费者的信任，得到业界的认可，成为享有百年盛誉的世界性品牌。

（九）株式会社小松制作所（KOMATSU）

株式会社小松制作所（简称小松）于 1921 年在日本石川县小松市成立，总部位于日本东京。

1. 发展历程

小松作为一家国际化经营的企业，创立于 1921 年，在中国、北美及欧洲设有 3 个地区总部。1956 年，小松参展北京、上海两地举行的第一届日本工业品博览会，由此拉开小松中国事业的序幕。1979 年至 1994 年，小松积极响应中国政府号召，协助中国国有企业开展技术革新，向中国企业传授全面质量管理的理论和方法，并开展与中国工程机械行业的技术合作。1995 年起，小松开始在中国直接投资建厂。小松（中国）投资有限公司株式会社小松制造所在中国的全资海外子公司成立于 2001 年 2 月，公司总部位于上海市。小松（中国）秉承日本总公司面向全球的发展战略思想，把“质量和信赖”作为公司最重要的经营理念，以满足用户需求为宗旨，提供优质产品和服务为己任。公司成立以来，先后在全国范围内设立了 7 个地区办事处，分别协助遍布各地的小松产品代理商进行整机销售、服务及零配件供应等相关业务的工作，服务于广大的小松用户。小松致力于扎根中国社会，不忘回报中国社会。

2. 主要成果

小松业务遍及世界各地区的大型工程机械、矿山机械和产业机械等的制造企业。小松产品品类齐全，注重可靠性、技术先进性及安全性，并以完善的服务赢得全球用户的喜爱。小松主要产品有挖掘机、推土机、装载机、自卸卡车、采矿机械、矿山机械，以及各种大型压力机、钣金机械、加工中心等。小松致力于扎根中国社会，不忘回报中国社会。2007 年小松设立小松集团中国社会贡献基金。该基金款项一部分来自公司的利润，一部分来自集团员工的善意捐赠，主要用于支援中国地区教育事业的发展，先后在中国各地捐建 15 所希望小学。2020 年 5 月 13 日，小松名列“2020 福布斯全球企业 2000 强”第 405 位。2021 年 5 月，小松位列“2021 福布斯全球企业 2000 强”第 471 位。

3. 突出特点

小松经过百年来的发展，已经成为一家全球化企业。一是追求质量与诚信。质量与诚信是小松的经营之本。质量与诚信贯穿于小松集团内组织、事业及整个经营过程中所有行动的根本出发点，并为用户提供满意的产品和服务。小松提出五项原则作为企业的经营方针和每一位员工必须遵循的行动指南。即始终从用户的立场出发，努力为用户提供环保、安全且富有创造性的产品与服务；始终不懈地追求技术与经营上的自我革新；以全球化视角推进集团的经营管理；做优秀企业公民，为当地社会做出贡献；为员工提供富有创造性与挑战性的舞台。二是重视治理与管理。小松各公司充分发挥公司董事会的作用，完善公司内部治理体系，提高经营透明度，切实加强公司治理。小松在董事会领导下追求的产品制造，就是坚持小松特色产品制造体系，提供用户满意的产品和服务，不断开发出更环保、更具创造性的产品。三是实施绩效与考核。小松已建立了一整套成熟的、精益求精的现代化战略管控体系。公司愿景、关键竞争目标、战略规划方案等都在充分调研世界经济和行业发展趋势的基础上，与全球知名专业咨询公司共同制订的。其战略绩效考核的实施分为明确愿景1至3年、明确当年战略重点企业竞争力、拟订行动计划业绩指标指引、岗位业绩考核评价表绩效合约书四个主要环节。

（十）株式会社金刚组（KONGO GUMI）

株式会社金刚组（简称金刚组）是世界最悠久的企业，是一家做木结构的建筑公司，成立于公元578年，总部位于日本东京。

1. 发展历程

金刚组是现存世界上最古老的家族企业，历史可追溯至公元578年，大致相当于我国的南北朝时期，迄今有上千年历史。自成立以来，金刚组专注木结构的寺院建筑。金刚组兴建了大量佛寺，有些寺庙被誉为日本木结构建筑的颠覆之作。第二次世界大战期间，由于寺院建设陷入停滞，金刚组一度面临危机。基于这种危机，金刚组踏上了现代化建筑的历程，规模迅速扩大，但其在日本房地产泡沫破裂的时候遭遇重创。1955年金刚组转以有限公司方式经营，除建造寺庙、庭园外，开始承办一般建筑。因为过度扩张引发庞大债务。20世纪90年代开始，金刚组负债累累。2006年，金刚组被高松建设创建的同名子公司“金刚组”接管。金刚组重回老本行，专做寺庙建筑。金刚组家族经营模式一去不复“用”，但品牌仍得以保存。金刚组的核心技术来自中国。金刚组的特色技术是榫卯技术，这是中国古代最常见的建筑技术。古代没有钉子，没有胶水，在这样的历史条件下就诞生了榫卯技术。这项技术是中国古代匠人的技艺。

2. 主要成果

金刚组这家现存最古老的家族企业代代相传，至今已经历40多代。金刚组的兴衰与佛教在日本的兴衰成正相关。佛教兴，金刚组兴，反之亦然。公元607年，金刚组建造法隆寺，达到日本木造建筑的高峰。法隆寺代表着日本历史遗产。它的构筑施工方法相传至今。金刚组坚守“匠的精神、职人技”，坚持用传统建造技术，一根根大梁、立柱、雕花、楔子等，都用古法认真手工打磨。在责任与荣耀的驱动下，金刚组坚持了可贵的匠人精神。正是这种坚持让金刚组历尽千年而不倒。

3. 突出特点

金刚组是世界上最长寿的企业。一是追求专业发展。专业意味着更专业、更具竞争力。多元化相当于广撒网，专业化相当于偏好某一领域。金刚组专注自己的主业，专注于木建构建筑领域，积累了大量的工艺技巧。二是掌握核心技术。无论是多元化企业，还是单一经营企业，都必须注重技术。没有核心技术，代表着企业竞争力不强，就不可能对某一领域进行深耕，企业可替代性强。利用公司的强项去发展事业。三是保持风险警戒。没有风险管理，企业肯定不能长久。有了风险管理，只是成全其长寿的诸多要素之一。金刚组是长寿企业，但随时也可能会倒闭，不能掉以轻心。四是注重企业传承。金刚组有强烈的传承意识。这也是日本长寿企业多的重要因素之一。

（十一）资生堂（SHISEIDO COMPANY LIMITED）

株式会社资生堂（简称资生堂）创立于 1872 年，总部位于日本东京都中央区。

1. 发展历程

资生堂的创始人福原有信曾担任日本海军药剂师，于 1872 年在日本银座创办资生堂药房。1897 年资生堂开发了以西药处方为基础，名为红色蜜的化妆水。从此，资生堂便一直致力于美化肌肤和秀发的研究，开发出许多革新的商品和美容方法。2010 年 1 月 16 日，资生堂收购美国天然矿物化妆品公司。资生堂不仅在日本，在世界范围内都受到众多消费者的喜爱，成为亚洲第一、享誉全球的化妆品集团。资生堂 1981 年进入中国，在北京友谊商店、北京饭店等大型商场饭店销售资生堂化妆品、香皂、牙刷等产品，深受中国消费者的青睐。资生堂（中国）投资有限公司从 2004 年开始，负责在中国的资生堂化妆品专卖店渠道的签约和销售业务。资生堂已在中国大陆地区的数百家高档百货店开设了形象专柜。全球暴发新冠肺炎疫情以来，资生堂的旅游零售业务受全球游客减少等因素的影响较大，但是由于中国海南的游客数量持续增加，资生堂增加了柜台数量并加强了数字化传播，其亚洲销售额实现增长。

2. 主要成果

资生堂是世界著名化妆品牌。日本国内经营资生堂化妆品的商店有几千家。这些商店都和资生堂签订了合同，即由资生堂提供费用，各家商店负责为资生堂收集有关市场情报。这些市场情报及时转到资生堂总公司。这种做法可以让资生堂做到对每一种商品都心中有数。资生堂化妆品专卖店不仅销售商品，而且为女性介绍正确的化妆品使用方法，展示新型美容方法，成为传播新潮服饰、发型的时尚文化场所。2018 年 12 月，在世界品牌实验室编制的 2018 世界品牌 500 强中，资生堂排名第 281 位。2019 年 12 月 25 日，资生堂获得“2019 年度人民匠心品牌奖”。2020 年 1 月，“2020 年全球最具价值 500 大品牌”榜发布，资生堂排名第 367 位。2020 年 5 月 13 日，资生堂名列“2020 福布斯全球企业 2000 强”第 888 位。

3. 突出特点

资生堂为实现全球战略，有效控制未来发展的终端网络，避免连锁体系出现失控，采取了很多措施。这些措施效果明显。一是品牌影响深远。资生堂是株式会社资生堂旗下的品牌。资生堂品牌秉承了“百年匠心，让美滋生”的理念。含义是为孕育新生命，创造新价值。资生堂将东方的美学理念与西方的技术商业实践结合起来。二是销售渠道畅通。资生堂在全球范围销售，包括护肤、彩妆、美体、香氛等不同种类的综合产品。资生堂认为，那些重视品质，愿意为品质付费的消费者，都是资生堂的目标客户。三是企业文化引领。资生堂旨在寻求新的、更为丰富的价值源泉，利用它们给服务对象的生活与文化增添更多的美。资生堂的行为准则是努力为客户带来欢乐，追求结果，而不注重形式；坦诚相待，勇于挑战传统观念，满怀感激，勤奋工作。

二、其他亚太国家的百年企业

中国和日本之外亚太其他国家的百年企业为数不多，但都各有精彩的经历和鲜明的特色。印度、马来西亚、泰国、澳大利亚等国的百年企业多是世界著名的公司。

（一）塔塔集团（TATA GROUP）

塔塔集团是印度最大的商业集团，创建于1868年，总部位于印度孟买。

1. 发展历程

1868 年，塔塔集团的创始人贾姆谢特吉·塔塔成立了一家贸易公司，1869 年在孟买办起了纺织厂，开始了塔塔集团的百年历程。20 世纪初，谢特吉·塔塔的后人先后建立了钢铁厂、塔塔水力发电公司、塔塔电力公司、印度科学院等。1991 年，塔塔集团第四代掌门人通过增持家族子公司的股权保证必要的影响力，退出纺织和水泥等竞争比较激烈且不规范的业务领域，从而将主要精力放在打造精品业务上。1998 年，印度第一家自主设计制造国产汽车，由塔塔集团汽车公司生产。2007 年，塔塔集团收购了英荷钢铁集团康力斯，成为世界著名的钢铁制造商。1996 年，塔塔集团在上海设立办事处，开展钢铁及其他产品的外贸业务。2006 年，塔塔集团 8 月在北京设立了办事机构。塔塔集团在中国有两家轧钢厂，在南京生产汽车零配件等。

2. 主要成果

塔塔集团是世界著名的集团公司，业务涉及通信和信息技术、工程、材料、服务、能源、消费产品和化工产品。塔塔集团已成为印度的第一大财团。塔塔集团历经 150 多年，旗下拥有 31 多个上市公司，每个塔塔子公司都是独立运作，具有自己的董事会和股东。塔塔集团的主要公司包括塔塔钢铁国内公司、塔塔汽车公司、塔塔咨询服务公司、塔塔电力公司、塔塔化工公司、塔塔饮料公司、印度酒店集团、塔塔通信公司等。塔塔咨询是印度市值最高的科技公司之一。2018 年 12 月，世界品牌实验室编制的 2018 世界品牌 500 强揭晓，塔塔集团排名第 151 位。2020 年 1 月，“2020 年全球最具价值 500 大品牌”发布，塔塔集团排名第 85 位。

3. 突出特点

塔塔集团作为一个家族企业，创建于印度摆脱英国殖民统治寻求独立的年代，是一家具有印度特色的企业。一是实施并购重组做大企业。塔塔集团下面各大子公司为扩张而进行频繁的并购重组。塔塔钢铁公司就是通过并购重组而走出印度的企业。塔塔集团在卡车、电信等领域成功进行了跨国并购，为走向世界奠定了坚实的基础。二是坚持任人唯贤延续企业。塔塔集团选拔人才的制度是任人唯贤，而不是任人唯亲。这样的制度对于等级观念浓厚的印度是非常大的进步，任人唯贤制度也成为保证塔塔集团经久不衰的秘籍之一。三是履行社会责任做善企业。塔塔集团在过去的100多年间，作为众多大型知名企业家族，没有列入印度富豪榜，原因是塔塔集团家族形成一种传统，将个人财富的很大部分都捐献给多个基金组织，为很多印度人谋取福祉做出贡献。

（二）联合马六甲有限公司（MALACCA）

联合马六甲有限公司（简称联合马六甲）成立于1910年，总部位于马来西亚科隆坡。

1. 发展历程

联合马六甲是马华公会创始人陈祯禄在1910年创办的。陈祯禄毕业于新加坡莱佛士学院，曾做过6年校长。1908年回到马来西亚，投身于橡胶工业。在其岳父的支持下，拓展商业，快速发展。第二次世界大战期间，陈祯禄避难流寓印度。联合马六甲资产被日军占有。马来西亚独立后，所有资产归还陈祯禄。如今由他的孙女打理公司的相关事务。

2. 主要成果

联合马六甲是马来西亚最老牌的种植公司之一。联合马六甲设立联营公司，拓展印度尼西亚油棕业务。目前，联合马六甲在马来西亚和印度尼西亚拥有49000公顷的油棕园。联合马六甲在时局动荡的年代，面临的不仅是商业经济和市场竞争的影响，还有战乱和殖民者的影响。联合马六甲走过百年的岁月，如今传承油棕榈，成为享誉世界的百年企业。

3. 突出特点

联合马六甲早年以经营橡胶园的生意为主，如今旗下的资产主要是油棕园。一是联合马六甲的企业文化体现“和合”中华文化思想，并形成优秀的思想品格。二是联合马六甲经商、维护企业利益等，都以“和合”思想为指导，运用正确的策略和方法，以和平、和解、和同等方式解决企业内外各种复杂的问题。

（三）正大集团（CHAROEN POKPHAND）

正大集团于1921年创办，集团总部位于泰国曼谷。

1. 发展历程

泰籍华裔实业家谢易初、谢少飞兄弟于1921年创建正大集团。公司从农作物种子的销售开始，逐步发展壮大，形成了由种子改良、种植业、饲料业、养殖业、农牧产品加工、食品销售、进出口贸易等组成完整的现代农牧产业链。正大集团在家族第二代管理者的领导下，不断革新农牧业的经营理念，在壮大优势产业和主导产业的同时，积极涉足其他行业，如电信、石化、房地产、医药、零售、金融、机械和传媒等领域，跻身东南亚规模最大和最具影响力的企业集团。中国改革开放以来，正大集团推进在中国投资战略，建立多种类型的企业，提供产品和服务，满足广大消费者对美好生活的追求，努力促进中泰友好和经济贸易交流。

2. 主要成果

100 多年来，正大集团从一家经营种子的小企业，发展成为跨国大型企业集团，业务遍及 20 多个国家和地区，下属 400 多家公司。正大集团以百年来的实践经验，全力打造了种子、种植、饲料、畜禽养殖、水产养殖、屠宰和食品加工、物流配送、商业零售、餐饮等全产业链生产经营体系。正大集团创立了正大饲料、双大肉鸡、大阳摩托、正大综艺等知名品牌，建立了易初摩托车、易初莲花超市、正大康地、正大广场、正大制药、正大国际和德富泰泰国银行等知名企业。2009 年正大集团荣获“亚洲品牌 500 强大奖”。2015 年正大集团荣获“东盟走进中国成功企业奖”。

3. 突出特点

正大集团着眼企业的长远发展，打造多元化跨国发展企业。一是重视科技创新。正大集团引进最先进的生产工艺和种植、养殖品种，并加以改良生根，保证企业品质的稳定及领先地位。二是坚持合作共享。正大集团始终把公司的发展与合作伙伴的利益结合在一起，不仅提供优质产品，还负责回收成品，提供饲养技术、指导与管理能力培训，共享收益。三是参与公益事业。正大集团无偿捐助国内外教育事业，多次捐助国内各大学和教育研究机构，积极扶贫救灾，取得良好的社会效益。在中国“非典”期间和支持社会公益事业等方面，正大集团都捐助大量资金。四是发挥人才作用。正大集团尊重人才，坚持“人才第一、以人为本”的理念，认为人才是最珍贵的企业资源，强调人才经营高于企业经营，实行“三高”策略（高素质、高待遇、高绩效）。

（四）澳大利亚迈高公司（MURRAY GOULBURN）

澳大利亚迈高公司（简称迈高公司）创建于 1889 年，总部位于澳大利亚维多利亚州。

1. 发展历程

1889 年，迈高的创始者来到澳大利亚，组建了迈高的第一家牧场和工厂。1950 年，迈高联合当时为数众多的农场主，组建了迈高乳业联合有限公司。经过 100 多年的发展，迈高公司在澳大利亚拥有 4000 多个牧场，还有里昂戈萨、迈高营养中心、雷彻维欧等 9 大生产加工厂，全部车间均按国际标准规范生产。迈高公司乳业（青岛）有限公司是澳大利亚迈高乳业在华投资的全资子公司，依托总部强势资源，奶源全部来自澳大利亚绿色草原，其是世界公认的优质牛奶采集地，纯净安全，为中国消费者带来高品质的婴幼儿配方奶粉和功能性营养乳品。

2. 主要成果

迈高公司是澳大利亚最大的乳品生产商，世界乳制品市场第二大供应商，位于澳大利亚最大的产奶区，选用优质牧场、绿色天然，奶牛天然放牧，乳品加工技术世界领先。迈高公司的产品从牧场、工厂、研发、质检、冷链系统，到配送中心及配送过程，都通过电子方式追溯。高效的物流是迈高公司的乳制品走向世界的关节环节。凭借现代化的物流，迈高公司的集装箱使用量超过 25000 多个，产品出口全球 100 多个国家。迈高公司已成为全球第二大专业乳制品制造企业。迈高公司的乳业于 2012 年荣膺“创意互动营销品牌”。

3. 突出特点

迈高公司作为澳大利亚乳业的领先品牌，建立高规格的质量和食品安全体系。一是企业让顾客信赖。迈高公司的全部奶源来自澳大利亚墨里河畔的优质农场，资源丰富，绿色纯净。迈高乳业凭借着良好自然资源及雄厚的实力与责任心，使奶源的健康、安全、技术等赢得了消费者的信赖，赢得孩子母亲的信任和喜爱。二是品质让市场认可。严格质量管理是迈高公司在澳大利亚乃至世界赢得信誉的保证。孩子健康成长是全社会和家庭关注的焦点。奶粉安全是备受关注的一个问题。迈高公司不断进行技术工艺革新，从养牛、挤奶到加工过程，严格质量管控，以尖端工艺组织生产，保持牛奶中活性物质的生物活性，有力保证牛奶的质量。三是爱心让社会尊敬。迈高公司成立迈高慈善基金，传达企业的社会责任和彰显企业的公益价值。迈高公司先后向青岛孤儿院、贵州失学儿童、汶川地震等捐献大额善款。

（五）必和必拓公司（BHP GROUP）

必和必拓公司（简称必和必拓）是世界著名的大型跨国矿业企业，成立于 1885 年，总部位于澳大利亚墨尔本。

1. 发展历程

必和必拓是以经营石油和矿产为主的著名跨国公司。必和（BHP）于 1885 年在墨尔本成立。必拓（Billiton）于 1860 年成立。2001 年 6 月，两公司合并为必和必拓公司，成为全球最大的矿业集团公司之一，在澳大利亚、伦敦和纽约的股票交易所上市。必和必拓与中国关系源远流长，早在 1891 年就开始向中国出口铅矿。该公司 1984 年在北京设有办事处，后又在上海等地设有工厂。必和必拓是中国最大的矿产品供应商之一。

2. 主要成果

澳大利亚是一个后起的工业化国家，有“骑在羊背上的国家”和“坐在矿车上的国家”之称，农牧业和采矿业为澳大利亚传统产业。在采矿业方面，必和必拓作为澳大利亚企业，有很多亮点。必和必拓是世界上最大的综合资源公司，是以经营石油和矿产品为主的全球著名跨国公司。必和必拓主要生产基地位于澳大利亚、英国、墨西哥湾、阿尔及利亚、巴基斯坦等国。该公司在全球开展业务，主要产品有铁矿石、煤、铜、铝、镍、石油、液化天然气、镁、钻石等。必和必拓石油和天然气业务等为企业发展提供了多样性的产品，使企业具有强大的发展动力。在《财富》世界 500 强中，2018 年必和必拓排名第 296 位，2019 年排名第 246 位，2020 年排名第 261 位，2021 年排名第 273 位。2021 年 5 月，必和必拓位列“2021 福布斯全球企业 2000 强”第 79 位。

3. 突出特点

必和必拓是澳大利亚历史最悠久、规模最大的公司之一。一是以客户服务为中心。必和必拓采取由市场客户为导向的运营模式，建立了客户行业分管部门。二是以股东盈利为目标。必和必拓作为自然资源相关产品和服务的供应商，目标是为股东获得高额的投资回报。三是以优质资产组合为模式。必和必拓经营模式的原则是提供优质多样的资产组合，确保比传统资源循环更平稳的现金流转和更高的生产能力增长。

第三章　成功企业的共有特征

百年企业是指企业经营时间超过 100 年，且诚信经营，产品或服务独有特色，传承优秀企业文化，虽然历经百年沧桑，但企业的名号及所提供的产品或服务等仍受到消费者和客户的信赖和欢迎。百年企业成功的法则极为简单，但简单不代表容易。托尔斯泰在《安娜·卡列尼娜》的开篇语中说：幸福的家庭都是相似的，不幸的家庭各有各的不幸。百年企业成功的原因有很多相似之处，失败企业的原因却各不相同。企业善于总结经验，修正错误，把握规律，才能走向更远的未来。

第一节　坚持诚实守信经营

诚信是成功企业生存发展之道。诚就是要诚实可靠。信就是要恪守信用。诚信就是对一个人没有疑心，对一件事没有顾虑，对一颗心没有防备。守信者一路畅通，失信者寸步难行。俗话说，人不孝不可交，人不诚不可处。人不懂尊重别人，不讲信用，心胸狭窄，不可能有合作伙伴。

一、诚信经营促百年企业名誉长存

人无信不立，商无信不盛。诚信是企业繁荣、人生丰盈的道德基石。路遥知马力，日久见人心。每个成功企业的背后都有一段取信于人的情节。中国有句老话——无商不奸，但不能代表百年企业。在百年企业的传奇中，信用是成功的关键。诚信让客户放心，取巧只能赚取短暂的小利，拥有信任才能持赢守成。诚信超越任何语言。

（一）诚信是企业立足之根本

以诚信正身，以诚信立业。诚信是打造百年老店的根本。真诚和善良是装不了的，哪怕装得了一时，也装不了一世。发自内心对别人的诚信，自然会获得更多的机会。世界上无价的东西是真诚和善良。企业立足生存的根基是诚信。

1. 以诚信立业

诚信是企业建立良好商业信誉的前提。诚信赢得客户，留住客户。在人生道路上，善良是心灵的指南针，让企业永远不迷失方向。世界就是一面巨大的回音壁，你怎么样对待世界，世界就怎么回馈你。企业付出善良的诚信，回报企业的是光明的前程。150 多年前，孟洛川创立了世界上第一个连锁经营模式瑞蚨祥。美国沃尔玛集团的创始人山姆·沃尔顿曾经说过，创建沃尔玛最早的灵感就是中国一家古老的商号瑞蚨祥。1900 年，一把大火烧毁了北京瑞蚨祥分店的所有财务和账目，瑞蚨祥老板孟洛川贴出告示，凡本店所欠客户的款项一律奉还，凡客户所欠本店的款项一律勾销。本店永不歇业。这种精诚经商之道让瑞蚨祥的诚信之名传遍大江南北。企业品质优赢得信赖，服务好感动客户，重信用留住客户。瑞蚨祥始终坚持“至诚至上、货真价实、言不二价、童叟无欺”的诚信经营理念，使百年企业备受尊重、经久不衰。

2. 以诚信交友

诚信是企业赢得合作伙伴的基础。传说古时候有这样一个故事。一个年轻人被判死刑，临死前想再见母亲一面，于是他的好友替他坐牢，让他回家看母亲。众人都认为他傻。如果那个年轻人跑掉，那么死的人必然是他。在行刑之日，当众人以为那个年轻人溜之大吉时，出乎意料，他回来了。此事传到皇帝的耳朵里，皇帝被他们之间的情感感动，最后赦免了这个年轻人。相互信任的人，是以生命相交的。它不是凭空而来，而是关乎人品。诚信才能密切合作伙伴关系。企业持久健康发展，不仅需要技术和资本的支撑，而且需要诚实守信经营，把诚信作为生存之本，努力成为消费者、合作伙伴和社会信得过的企业，以良好的信誉赢得市场，赢得竞争。企业把诚信作为选择商业伙伴的基本标准，与关联方共同营造良好的商业生态。对商业伙伴而言不可失信。言必忠信，行必笃敬。说出的话，一定要有忠有信，不欺骗他人。承诺是件很容易的事，但做起来可就难了。失信是件很可怕的事，久而久之，便会把自己丢掉。只有将心比心，方能交付真心。人和人之间，诚信才能相处，珍惜才能长久。情若不真，就是欺骗。心若不诚，迟早陌路。企业只有行得正，诚信交友，诚信经营，才能走得更远。

3. 以诚信服众

诚信让企业拥有市场，吸引客户，创造价值。第二次世界大战前夕，德国有一家很不起眼的信托公司叫巴比纳信托行，专为顾客保管贵重财物。战争爆发后，该公司老板和其他雇员都逃难去了。只有雇员西亚还在清点账目，发现一位叫莱格的顾客没有把东西取走。那是一颗价格昂贵的红宝石。西亚将红宝石、托管文件及信托行账目放到一个小盒子里，然后带在身上离开了信托行，开始逃避战乱。几天后战火将巴比纳信托行一带夷为平地。战后西亚带着三个孩子回到柏林，可是巴比纳信托行的老板已经在战乱中死去，信托行已不复存在。当初委托信托行保管红宝石的莱格也在战乱中死去了。那颗红宝石早已无人认领。西亚没有把它变卖掉。她认为那是顾客的财务，她只能保管。1978 年，当地政府成立战争博物馆，面向社会搜寻第二次世界大战的遗物。西亚便把她保管的信托行账目和那颗宝石拿了出来。当地政府多方努力，找到了莱格的孙子道尔。道尔拿到宝石后，答应将宝石卖掉后分一半钱款给西亚。西亚婉言谢绝，说只收取这些年的保管费用。西亚的事上了报纸，人们被她的诚信所感动。几家信托公司找到她，请她出任荣誉总裁。她谢绝了。不久，西亚去世了。几家公司找到她的儿子克里斯，要求买断西亚的名字命名信托公司。经过竞标，一家叫柏拉图的信托公司以天价获取了西亚的冠名权。许多人不理解，说一个名字能值那么多钱吗？柏拉图公司总裁说，“西亚”已经不仅仅是一个人的名字，它代表的是一种企业精神，一种价比宝石的诚信。不久，柏拉图信托公司更名为西亚信托公司，交易量果然一路攀升。诚信之所以能够创造价值，就因为诚信本身是无价的。当企业把诚信当成信仰和责任，企业就赢得了人们的支持和信赖，财富也会因此而产生。

（二）诚信是企业发展之根本

诚信为兴业之基，诚信为长青之道。诚信为本是企业恪守的成功之道。诚信赢得人心，是人类的传统美德。诚信是商业文明中永不褪色的基本法则，是百年企业成功的金科玉律。

1. 坚守诚信经营

坚守诚信经营是百年企业应当恪守的底线。每个百年企业的背后都有一段取信于人的情节。诚信经营是企业成功的关键。欺诈只能赚取短暂的小利，诚信才能赢得长远发展。同仁堂属于中医药行业的老字号，是中华传统医药文化的象征。同仁堂在生产经营中始终坚持讲诚信、药德为本的精神，生产出让广大消费者放心的精品良药，确保同仁堂的金字招牌熠熠生辉。

2. 传承诚信经营

传承诚信经营是百年企业应当履行的承诺。信誉和交情给人带来的是安全感。交情只能用一次，最多两次，但信誉可以用一辈子。企业在别人的眼里有信誉，就会有很多人帮助。胡庆余堂一直秉承货真价实的制药理念，制药遵守祖训："采办务真，修制务清"。所生产药品质量上乘，制造的药品货真价实。"真不二价"横匾悬挂在胡庆余堂国药大厅，体现了职业道德和对质量的执着追求，沉淀了胡庆余堂丰富独特的文化，表达了创办药业是为了济世、广济于人，反映了难能可贵的诚实守信和治病救人的仁义，成功地经营了胡庆余堂。胡庆余堂百余年屹立不倒，用精湛的制药技艺赢得消费者认可，靠的是诚信相伴，是诚信宗旨代代相传。

3. 弘扬诚信经营

弘扬诚信经营是百年企业付诸的实践。人没有诚信就是人格的破产，企业没有诚信就是信誉的破产。诚信关系影响企业的长久发展。当企业珍惜自己的过去，满意自己的现在，乐观地看待自己的未来时，企业就站在了信誉的最高处，用信誉赢得了未来。百年老店全聚德弘扬诚信经营，为赢得顾客信用，组成专门的技术攻关小组，由具有丰富实践经验的老技师和具有现代科技知识的技术人员相结合，进行全聚德传统特色菜品的量化定标工作。全聚德按标准积极发展连锁店，保证集团内各企业菜品质量和风味统一，达到实质性连锁的目的。诚信拥有未来，诚信展示未来。企业无论在任何境况下都要坚持诚信原则，弘扬诚信精神。做人要实，不夸夸其谈；做事要真，不文过饰非，始终以赤诚之心，忠于公司，诚信经营。

二、企业诚信经营内涵丰富

诚信是一个道德范畴。诚信表现为诚实无欺，信守诺言，言行相符，表里如一。诚信是赢得他人信任的前提。诚信经营就是企业在生产经营中遵纪守法，诚实守信，诚恳待人，言行一致，以信取人，讲求信用，真诚相处，和谐共享。企业要成为百年老店，诚信是基本前提。

（一）诚信经营展现企业的行为准则

诚信是市场经济的行为准则，是企业持续发展的根基。人无信不立，业不诚则衰。诚即诚实诚恳，内诚于心。信即信用信任，外信于人。诚信经营反映企业的经营理念。孔子曰：“人而无信，不知其可也。”诚信经营是衡量企业道德品质的核心，也是衡量企业经营行为的准则。

1. 诚信经营要求忠诚老实，实事求是

诚实做人，诚信做事。诚信是赢得他人信任的前提。诚信取决于人品。《参考消息》曾登过一篇文章：一名德国年轻人开车回家，正遇到大雪，经过路口，见没人就闯了红灯。恰巧让一个老太太看到并举报了，并拍下照片。没过几天，银行来函，买房按揭贷款由20年改为15年；保险公司来电，保费提高，学校学费过去可以用卡，现在要求在一定时期要用现金。保险公司说，连自己的生命都不顾及，在其他地方怎么能让别人放心？诚实是不可或缺的美德。一个人如果失去信用，带来的后果会很严重。有一家声誉很好的汽车维修厂，一天，有一位自称某运输公司的汽车司机走进这家维修厂。他对维修厂老板说，在他的账单上多写点零件，回公司报销后，他会给维修厂一些好处。维修厂老板拒绝了这样的要求。司机纠缠说，如果多写点零件，他会常来，维修厂肯定能多赚钱。维修厂老板告诉司机，这种事无论如何都不会做。司机气急败坏地嚷道，谁都会这么干，你们太傻了。维修厂老板也生气了，他要求那个司机马上离开，到别处谈这种生意。这时，那个司机露出了笑容。他说他就是那家运输公司的老板。他一直在寻找一个固定的、信得过的维修厂，这次找到了。以后他们公司就把这家厂作为定点维修厂。人品好的人可以无顾虑交付真心。人品差的人，交付真心，便只剩寒心。疑人不交，交人不疑。生性多疑的人不可能有真正的合作伙伴。面对诱惑，不怦然心动，不为其所惑。这是企业一种闪亮的品格，是一种诚信经营的品格。

2. 诚信经营要求信守承诺，说到做到

诚信经营是企业在市场经济中忠实履行各种契约的承诺。面对诺言，往往能轻易地看出一个人的品行。君子一诺千金，对自己许下的事，绝不轻易违背。这样的人很靠谱。如果要别人诚信，首先自己要诚信。1835年，美国一家名为伊特纳的火灾保险公司成立。它要求出资人缴纳现金，在名册上签名便能成为股东。一位名叫摩根的人很穷，报名出资当上了股东。不久在伊特纳火灾保险公司投保的一家客户不慎起了大火，损失严重。摩根把信誉放在第一位，想方设法筹借款项，将自己的住房卖掉，把退股的股东股份全部低价收购，终于使投保的客户得到了赔偿金。摩根虽然当上了火灾保险公司的老板，但已两手空空，面临企业破产的困境。出乎意料的是，前来投保的客户络绎不绝。摩根集团凭借信守承诺发展壮大，如今成为世界著名的跨国公司。随随便便就反悔，那这个人已经没有丝毫的人格可言。诚信往往是一个人最基本的道德操守。说话办事讲求信用，言行一致。答应别人的事，要认真履行承诺。做一个言而有信的人，不骗人，不欺人，一言九鼎，说话算数。企业要信守承诺，说到做到，言行一致，借钱要如期还，才可能打造成百年企业。

3. 诚信经营要求善待客户，感恩图报

企业以诚待人，以信待客，才能获得信誉，赢得生意，取得成功。诚能交良友，信能促发展。诚信受人爱戴，感恩受到尊敬。感恩戴德就是感激别人的恩惠和好处。知恩图报则是说，别人帮助了自己要知道报恩，以行动回报人家。感恩戴德、知恩图报是精神上的一种宝藏，是灵魂上的健康，也是诚信的表现。每个人的一生都会受到别人的帮助，也帮助过不少人。知恩图报不仅是人的良知，也是待人处世的诚信原则。当一个人受了别人的恩惠，就感到自己欠对方，所以要还对方的恩情，即滴水之恩涌泉相报。汉初的韩信在功成封侯之后，没有忘记自己穷困潦倒时，素不相识的洗衣老妇所赠予的一饭之恩，于是回赠老妇以金银珠宝。知恩必报就是吃水不忘挖井人；投之以桃，报之以李；放下身段，降低自己，回报恩人。人前勿张狂，人后别得意，为人应低调。把别人的自尊放在第一位，努力使人感到他的尊严。华为的经营理念是以客户为中心，以奋斗者为本，长期艰苦奋斗。客户需求导向是企业生存发展非常正确的一条道路。战场上枪声就是命令，市场上的需求就是命令。以客户为中心，就是华为在客户需求导向上坚定不移，对客户忠诚坚定不移。华为善待客户，感恩必报，疑人不交，交人不疑。华为加强员工道德教育，大力宣传诚信道德模范，完善职业道德行为规范，激励员工培养良好的职业操守，树立善待客户、知恩图报的诚信理念。

（二）诚信经营彰显企业的美德

诚信是中华民族的传统美德，是中国道德文化的核心。诚信经营是企业在市场经济中的第一要义，是企业必须弘扬的美德。德是人的根本和企业长远发展的基石，诚信是市场经济的道德底线。

1. 以诚实守信塑造企业美好形象

信用是无形资产。“言必信，行必果”“一言既出，驷马难追”，这些流传千百年的古语，彰显了中华民族诚实守信的品质。巴金是我国著名的作家。一个中秋节的晚上，巴金和小伙伴们在院子玩灯笼，一不小心跌了一跤，灯笼把母亲帮主人晾晒的衣服给烧掉一件。巴金主动向母亲说出了事情真相。母亲摸着巴金的手说，你烧了衣服不对，但是你有颗诚实的心，这次就不追究了。后来，巴金成了伟大的作家。诚信伴随人的成长，诚信经营促使企业的长远发展。重诺守信，真诚做人，坦诚做事，言而有信，既是做人的终生追求，也是企业打造百年老店遵循的宗旨。百年企业中车四方公司追求卓越，诚信四方，践行诚信准则，诚实做人，守信做事。诚信用户，诚信股东，诚信社会，精心打造至诚至信的中车四方品牌。中车四方公司致力于高速、安全、环保、舒适的轨道交通装备制造事业，肩负国家铁路客运装备和城市轨道交通装备现代化的历史使命。

2. 以诚实守信树立合作共赢理念

心诚则人信。诚信可以赢得长久的客户和稳定的合伙伙伴。现代企业用人的首要前提是个人的才能，但最重要的是人的修养和品格。在世界经济的大海中，企业之间的交流合作靠的是信用之帆和规矩之锚。互信是企业关系中最好的黏合剂。信用破产是最大的破产。言而无信必将失败。真诚的人，用心去做事和待人，更能取得别人的信任和认可。有一位做超市的企业家想选择一个新供应商。两家参加投标的供应商出的价格差不多，他便让两家试供货。经过一段时间合作，这位企业家做出了选择。未被选择的供应商很不理解，便打电话问原因。这位企业家说，你给的价格比较优惠，可是几次供货中，老是出现问题，要么货物数量不对，要么就是新旧批次混着给我，我感觉不到你的诚意。听到这番话，落选的供应商无言以对。很多时候，企业家选择信任的人合作，不是看重他有多么大的能力，而是看重他真诚的态度。真诚本身就是成功的道路。诚信赢天下。企业间合作以诚信为保证。堂堂正正以诚待人，明明白白以诚做事，真真切切以诚合作。

3. 以诚实守信延绵企业薪火相传

百年企业的诚信理念融入人心，代代相传。诚信是企业参与市场经济的道德底线。信任就像一张纸，皱了即使抚平，也恢复不了原样。永远不要去欺骗别人。因为能骗到的人，都是相信你的人。企业被信任是一种幸福。有多少信任就有多少成功的机会。百年老店张一元一直秉承“诚信为本”的古训，以“金般品质、百年承诺”为经营理念，以“打造中国茶叶第一品牌、弘扬国饮”为目标。为保证茶叶质量，公司生产的所有茶叶产品须一律经过严格检验。公司设立了质量监督评审办公室，对公司的茶叶质量严格把关。友以诚为贵，人以真为美。真正聪明的企业以诚待人。穷死不要撒谎，难死不要骗人。永远不要掉丢别人对你的信任。因为别人的信任，是在别心目中存在的价值。无论何种情况下，企业家都应当坚持诚信原则，做人要真，不夸夸其谈；做事要实，不文过饰非，始终以赤诚之心忠于企业和国家。在人际交往中，善良、热情、诚信更容易给人以好感。微笑比礼貌更亲切，会给人阳光般的温暖。

三、坚守践行诚信经营

百年企业以诚信为贵。诚信经营是企业立业之本，是企业发展之基。回顾我国百年企业，展望我国百年企业未来，在新时代发展的壮阔征程中，企业坚守践行诚信经营，鼓足勇气，乘势而上，创造令世界刮目相看的新奇迹。我国百年企业在新时代将焕发出新的活力，践行诚信经营，创造出新的辉煌。企业诚信将让企业拥有光明的未来。

（一）以诚信为基，树立企业标尺

诚实守信是做人的基本准则，也是成功企业的基本标尺。承载着时代记忆的百年企业和老字号成为实现民族自豪感与生活幸福感的重要体验方式。企业创业、创新、创造、发展以诚信为基础。诚实守信、表里如一是企业的原则底线。失去诚信就失去企业的立身之本。百年企业需要以诚信树标立尺。

1. 秉承诚信经营理念

诚信是高尚的品德，是企业道德的基本要求，是衡量社会文明程度的重要标准。道德历来是人们修身养性、完善自我的重要工具。无论做人做事，一定要有底线、有原则、有诚信。古人说，小胜靠智，大胜靠德。聪明可以让人一时获利，好品德却可以让人终身受益。百年企业陈李济因诚信立业，依诚信发展。陈李济人秉承诚信经营理念——“工艺虽繁必不减其工，品味虽多必不减其物”的制药宗旨，悉心研制炮制技术，形成陈李济的特色工艺。北京有一家药店做生意很讲诚信，经常帮人买难买的药。一次，美国纽约医学中心的专家到药店买10千克丹参的茎和叶。药店老板答应第二天给专家药品。但是员工跑遍北京的药店也没有买到。原来，丹参是根入药，茎和叶药店没有。于是老板发动员工想办法到各地采购。有的员工建议用丹参的根去凑合。老板认为经商诚信最重要。一要货真价实，二是讲诚实信用。老板带几名员工到西山，在当地药农的帮助下，采集了一麻袋丹参，第二天，把10千克丹参的茎和叶给了美国人。美国人很感动，知道这家药店讲诚信，不断地向这家药店发来订单。由此可见，诚信生产、诚信服务已经成为消费者十分看重的条件。

2. 恪守诚信经营原则

人贵言而有信。诚信是指说话算数，不通过欺骗而取得的信任。诚信为本必须信字当头，实干为先。诚信是要诚实可靠，就是恪守信用。诚信为本要求企业求真务实。在任何境况下，都能坚持诚信原则，做人要真，不夸夸其谈；做事要实，不文过饰非，始终以赤诚之心忠于公司、忠于事业、忠于国家。百年企业西门子以诚信经营的方式行事，倡导在任何情况下开展业务都要按照西门子的诚信为本、勇担责任、追求卓越和矢志创新行事。诚信是西门子一切业务决策及活动的基础，也是开展业务过程中倡导的重要原则。这一原则意味着西门子致力于诚信经营的行为，不仅在西门子内部实行，还必须在商业合作伙伴、供应商和其他利益相关者之间实行。企业诚信，重诺守信，成功接踵而来。失去诚信，违背诺言，失败不期而遇。

3. 弘扬诚信经营文化

诚信经营文化是企业遵循并弘扬的中华民族传统美德。诚信经营文化如一面镜子，越是艰难困苦，越能照射出企业坚守的文化价值。诚信经营文化如一块试金石，越是错综复杂，越能磨砺出企业的文化成色。百年企业松下电器弘扬诚实守信的企业文化。松下电器对外交往的经营方针是做各国欢迎的事业，遵守各国的法律政策，努力推广松下电器的经营理念，秉承诚信文化，在全球积极进行技术转让和开展技术交流，加强产品质量、性能和成本的竞争力，提高客户满意度，在自主经营的实践基础上，自我积累资金。企业长远发展须传承诚信文化。诚信文化是企业生存与发展之道。诚信文化不仅是一种态度、一句承诺，更是一把钥匙、一枚砝码。诚信文化可赢天下，守信方得人心。失信是人生最大的破产。企业弘扬诚信经营文化，增强诚信意识、规则意识和契约精神，清清白白做人，干干净净做事，讲正气、走正道，聚精会神办企业，遵纪守法搞经营，以诚信文化赢得口碑，在合法合规中打造自我，实现健康发展。

（二）以诚信为本，坚持合规经营

古人云，人无诚信不立，家无诚信不和，业无诚信不旺，国无诚信不稳，世无诚信不安。成功的企业都是诚信正身，以诚立业。百年企业都将诚信视为立身之本、兴业之基、长青之道。

1. 完善诚信经营制度保障

古人云，“规所以正圆，矩所以正方。”“无规矩不成方圆。”制度是企业诚信经济的基础。推动诚信建设，既要靠道德的力量，更要靠制度的保障。近些年来，我国以完善制度为抓手，着力构建诚信建设长效机制，健全覆盖全社会的征信体系，在全社会形成守信光荣、失信可耻的良好风尚。在企业的生产经营活动中，员工没有规矩则散，团队没有规矩则乱。企业没有健全的管理制度，诚信经营就无章可循。完善企业诚信经营制度是实现依法经营、依法管理的基础保障，是实现企业诚信经营制度化、规范化、程序化，带有根本性、全局性、稳定性和长期性的措施。美国管理学者洛伯提出一个定理，即对经理人来说，最要紧的不是你在场的情况，而是你不在场时发生了什么。这表明，如果想让员工在领导不在场的时候知道该怎样做，必须建立切实可行的制度，并把责任落实在员工身上。企业把制度摆在重要位置，是企业长治久安、持续诚信经营的关键。

2. 珍重诚信经营信誉

古人云，“君子喻于义，小人喻于利”。重信誉者必诚实守信，以诚相待。诚信为本必须诚字为先，源远延绵，延绵数年。成功的人一般不是才华横溢的人，而是最能以亲切和蔼的态度给人以好感的人。诚信为本要求企业恪守成功之道。诚信是商业文明中永不褪色的基本规则，是百年企业成功的金科玉律。安联保险是德国最大的金融集团，也是欧洲最大的保险公司之一。安联保险成立不久，就成功赔付了 1906 年美国旧金山大地震对一些客户造成的经济损失。1912 年的“泰坦尼克号”大型油轮不幸沉没。安联保险旗下的专业海运保险国内公司为油轮的主承保人。公司通过出售和抵押资产、发动股东拿出自有资产等方式筹措保险金，担负了保险合同规定的给付责任。

3. 提升诚信经营方式

古人云，“欲穷千里目，更上一层楼”。诚信为本必须创字引领，激发动能。创新一小步，发展一大步。成功企业的历史都是持续创新的发展史。创新是要解决实际问题，破解发展难题，特别是要满足客户需求，解决客户痛点，提升客户价值。百年企业都是从客户需求出发，把视觉深入到为客户创造价值的层面。很多企业发展电子商务互联网营销渠道，合理调整业务流程、组织架构和管理模式，推进跨界协同，通过组建联盟、投资合作等方式，实现资源共享。在合作共享的发展运行模式中，诚信经营更显得重要。很多制造业企业以本企业核心技术和优势资源为龙头，整合供应链合作各方，实现从生产型到生产服务型企业的转型。在这一过程中，诚信是企业必须恪守的道德底线。我国企业转变发展观念，不断创新推出新的商业模式，需要以诚信为基础，不断提升诚信经营方式。

（三）以诚信为荣，加强企业诚信制度建设

信用是企业的生命。以诚信做事，以诚信经商。企业信用建设是社会信用体系建设的重要内容，是一项长期复杂的工程。企业应当守信用、践承诺，把诚信建设放在重中之重的位置。

1. 加强企业内部信用管理

企业信用建设对树立良好企业形象、提高企业知名度和竞争力、获得优惠政策支持、得到更多贸易和融资机会具有积极意义。企业在内部加强信用管理，可以大幅度减少因授信不当导致不能履行，以及授信企业对履约缺乏管理造成违约现象的发生。企业加强信用管理可以形成对失信企业和机构的约束机制。对于企业而言，一个失信企业受到的最大惩罚不是走上法庭，不是高额罚款，而是受同行业交易伙伴的排斥，最终被迫退出市场。人没有诚信就是人格的破产，企业没有诚信就是信誉的破产。企业以诚信做事，以诚信经商。民无信不立，业无信不兴。诚信是企业安身立命的根本。

2. 积极参与社会信用评价

信用是市场经济的基础。对于社会而言，企业良好的信用是和谐稳定的条件。企业应当崇尚信用道德的表率，身体力行，为加强全社会信用环境建设做出贡献。改革开放以来，我国信用评级取得长足进步，信用评级机构规模不断壮大，评级技术不断发展，评级结果更加趋于合理，社会认可度逐步提高，对促进社会主义市场经济健康发展发挥了积极作用。信用评价从企业基础信用能力、经营与竞争、诚信建设和信用管理、财务实力、信用记录等方面进行综合评价。信用评价结果将直接影响企业的形象。企业加强信用建设，不是企业愿意不愿意的问题，而是应尽的责任。信用评级是企业树立形象、提高竞争力和扩大市场的有力武器。有信则存，无信不立。如果企业想长久立足市场而不败，那么加强信用建设是最有效的途径之一。信用评价是为企业宣传、展示、树立信用形象的有效途径，能为其他企业放心地与之合作提供依据。企业应当积极参与社会信用评级，接受信用评价。这是对自己过去、现在、未来信用行为和信用能力的自信。企业应当争取好的信用评价结果，提升企业的良好形象。

3. 自觉争做守信企业

人无信难立，商无信不盛。诚信是商业文明中永不褪色的法则，是企业创建品牌、筑造商誉的前提。当企业诚实、守信、恪守规矩成为一种自觉行为、一种习惯后，营造的是和谐、温馨、美好的社会。企业只有以诚信为本，才能夯实长远的基石。企业应当像爱护眼睛一样保护它。企业不能以欺骗取得信任。企业诚信缺失，必然导致交易成本增加和社会资源的浪费。美国老牌企业安然、世通公司欺诈，造成企业破产，极大地动摇了美国经济的精神支柱，从根本上打击了美国经济。企业不讲诚信，损人利己必自取灭亡。以牺牲道德和消费者利益换取的利润，最终必将付出沉重的代价。诚信的企业自然得道多助，获得别人的尊重。反过来，企业如果贪图小利而失信于人，难免遭遇祸殃。蒙牛集团历经20多年，以保障乳品安全的诚信，从草原走向全国，并扬帆出海。蒙牛集团持续推进“从牧草到奶杯”的全产业链转型升级，多措并举提升乳品质量。蒙牛集团在“以品质为驱动”的理念下，依靠对质量的不懈追求，凭借诚信经营快速发展壮大，赢得越来越多消费者的信赖。蒙牛集团诚信经营的理念和实践，使企业从内蒙古走向全国，继而走上“一带一路”沿线10多个国家和地区消费者的餐桌。做企业如同做人。企业以诚信为根本，以信念为依托，修己以敬，自觉争做守信企业，才能保证企业健康发展，为打造百年企业打下基础。

第二节　创立自主知名品牌

品牌（Brand）一词来源于古挪威文字（Brandr）。它的意思是烙印。简单地说，品牌是指用来识别某个销售者的产品或服务，并使之与竞争对手的产品或服务区别开来的商业名称及标志。品牌是企业信誉的保证，是建设百年老店不可或缺的重要因素。自主品牌是指由企业自主开发，拥有自主知识产权的品牌。争创知名品牌、驰名商标和著名商标，塑造受人推崇和信赖的知名品牌，打造具有竞争力和影响力的精品和自主品牌，不仅关系到企业的美誉和竞争力，还关系到国家的形象和影响力。

一、品牌提升和延续百年企业形象

品牌是企业在客户心目中的地位。企业拥有知名品牌尤其是国际品牌，成为百年企业的重要标志。品牌增强企业的影响力、竞争力和可持续发展能力，铸就企业的未来。

（一）知名品牌扩大企业的影响力

百年企业都拥有自主品牌，重视实施系统化品牌培育战略并取得良好绩效。打造百年企业，以要素整合为重点，确定产业方向，扩大生产规模，通过增强品牌的知名度、认同度、美誉度和信赖度等，扩大企业品牌的影响力。

1. 知名品牌扩大企业的认同度

品牌关系企业的价值。品牌的价值取决消费者和社会公众的认同度。品牌增强企业的知名度，同时也显示企业的形象。世界品牌实验室是一家国际化的品牌价值研究机构，其专家和顾问均来自世界顶级学府，其研究成果已经成为许多企业并购过程中无形资产评估的重要依据。2021 年 6 月 22 日，由世界品牌实验室主办的“世界品牌大会”在北京举行，会上发布了 2021 年《中国 500 强最具价值品牌》分析报告。在这份基于财务数据、品牌强度和消费者行为分析的年度报告中，国家电网、中国工商银行、海尔堪称最具品牌价值的前三大品牌，并评为“早已迈入世界级品牌阵营”的品牌。世界品牌实验室主席、牛津大学营销学荣誉教授斯蒂芬·沃格说过，品牌是一个国家的形象，希望世界上更多的人能够通过中国品牌了解中国故事。在过去的 10 多年中，我国企业锐意进取擦亮民族品牌，品牌价值实现了快速增长，国家电网、中国工商银行、海尔、中国石油、中国人寿等品牌已经具有了强大的认同度和世界影响力。

2. 知名品牌扩大企业的美誉度

品牌关系到企业的形象和知名度。每一个品牌成功的背后都有内在的商业逻辑。对于传统品牌来说，是时间积淀的结果。经典文化是重要的发展支撑。对于网红品牌来讲，它是因消费而产生，只有走在流行的前沿，才会具有不可替代性。品牌增强对企业的美誉度。不少成功的企业说明，品牌建设是企业获得成功的有力保障。历史上我国拥有三大民族品牌：茶叶、丝绸、陶瓷。它们通过丝绸之路走向世界，风靡全球，具有广泛的美誉度和国际影响力。我国老字号在不断推陈出新的过程中传承传统文化的底蕴、古老的技艺。四川的酒、京沪的点心、广东的凉茶，都拥有让人耳熟能详的老字号品牌，代表着熟悉的家乡味道，抓住消费者的心。

3. 知名品牌扩大企业的信赖度

品牌是企业战略中最重要的组成部分。没有品牌的支撑，就不会有百年企业。北京市生态景观有限公司坚持始于专业、终于满意的服务理念，精心组织好每一项工程，攻坚克难，努力创新，不断创建优质项目，建设精品工程。面对激烈的市场竞争，北京市生态立景观有限公司面向社会，开拓市场，不断提高企业的社会知名度和美誉度，从而提升了信赖度。企业培育具有独特风格的知名品牌，增强自身的软实力，提高市场竞争力和影响力，从而获得更多消费者的信赖，赢得更多的发展机遇。品牌信赖度的提高，需要企业依靠扎实的产品质量和客户服务在客户中建立良好的消费体验。通过持续地提升客户满意度来建立客户的信赖度。大众、奔驰等德国汽车企业以扎实的产品质量，低故障率和返修率，以及高保值性而享有口碑。“桃李不言，下自成蹊。”二手车市场依然好卖的捷达汽车，显示了大众汽车产品质量在消费者心目中的信赖度。可见，企业应当增强品牌影响力和信赖度，以市场需求打造社会广为关注的知名品牌。

（二）知名品牌提升企业的竞争力

品牌是现代企业提升竞争力的重要标志，也是自主创新和知识产权的集中体现。企业提升竞争力与企业品牌密切相关。现在很多产品的市场竞争已转向自主知名品牌的竞争。

1. 知名品牌提升企业拓展市场的竞争力

企业增强竞争力需打造知名品牌。品牌是企业竞争力在市场上的商品化表现，也可以说是企业竞争力物化的表现。知名品牌积淀是产品或服务独特的竞争优势。在 20 世纪 90 年代后期，我国日化行业的国产品牌很多被外资收购，国产品牌寥寥无几，现在国产品牌蓝月亮的占有率已居行业首位。汽车行业前几年多是合资品牌，现在自主品牌的新能源汽车在路上越来越多。在服装行业，过去很多企业喜欢起洋名，现在九牧王等企业纷纷把品牌改回来。国产品牌越来越受到国内消费者的青睐。世界著名品牌爱马仕最早以宫廷马具起家，后来逐步延伸至丝巾、皮具、服饰等产品，还开发有中国特色的瓷器。创新持久延续，拓展品牌的竞争力。

2. 知名品牌提升企业融入世界市场的竞争力

企业竞争力须有品牌支持。在 2020 年世界品牌 500 强中，我国有 43 个品牌上榜，与往年相比有较大幅度增加。但与拥有 204 个上榜品牌的美国相比，差距较大。我国企业品牌数量虽多，但市场认可度低，品牌附加值低和竞争力弱等问题十分明显。我国是制造业大国，全世界 60% 的消费品在中国生产。随着成本上升，我国企业不愿意继续走赚取微薄加工费的路线。我国很多企业专注于技术研发和品牌开发，大大增强了市场的竞争力。以 2020 年天猫“双 11”购物节为例，我国的彩妆品牌完美日记超过了有 114 年历史的欧莱雅，成为化妆品类销售冠军。

3. 知名品牌提升企业做强做优做大的竞争力

品牌价值是企业实力和影响力的重要组成部分。知名品牌的打造需要时间的积累，需要维护始终如一的品质保证，需要提升企业的高远追求。具有全球竞争力的世界一流企业，必须打造自主创新的知名品牌。企业没有品牌就没有市场和竞争力，也就没有未来。我国是世界上纺织品、服装、鞋、钟表、自行车、玩具、缝纫机等产品第一大出口国，但自主知名品牌产品出口较少。因为自主品牌少且知名度低，出口商品很难卖高价。

（三）知名品牌增强企业可持续发展能力

品牌是企业的无形资产，是企业可持续发展的重要手段。百年品牌影响几代消费者和客户的认可。知名品牌铸就企业的生命，构建企业的发展前途和希望。

1. 知名品牌增强企业可持续发展的软实力

品牌体现客户的认同和忠诚。知名品牌形象是提升企业软实力的价值体现。企业品牌不仅与产品及服务质量相关，更包含着企业为社会创造的价值和承担的责任。企业积极塑造良好的品牌形象，对于坚持可持续发展、转型升级、市场拓展等都具有重要作用。近些年来，我国企业承建的中国桥、中国路、中国港、中国车、中国楼等，不断攀越世界高度，成为新时代中国的新名片，国家电网、中国移动、中国远洋海运、中国中车集团、北斗导航等一批具有国际影响力的企业品牌，推动国有企业品牌知名度和国际影响力整体提升。我国企业深刻把握高质量发展要求，将品牌意识融入企业生产经营全过程，强化品牌管理、注重品牌塑造、传播品牌形象、提升品牌价值，扩大品牌国际化水平，增强可持续发展能力。

2. 知名品牌增强企业可持续发展的竞争利器

品牌是企业竞争的护身符。企业应当以品牌为切入点，推动企业可持续发展。我国很多企业都有惯性思维，就是先考虑生存，再考虑品牌。这也就意味着丧失很多机遇。更好的选择是理清家底，在确保生存底线的基础上，以能够承受的最大幅度塑造品牌，二者同步推进。市场需求决定企业产品的定位。企业生产经营，打造品牌，应当以市场需求、客户需求为准绳。否则，即使能生产出好的产品，企业也会因不能盈利而倒闭。企业的产品成本如果过高，价格昂贵，即使质量很好、品质很高，客户也不会问津，销路也不会畅通。因此，企业打造品牌需对市场情况充分调研及消费者的真实需求进行分析，形成固定的购买群体。企业在激烈的市场竞争中拼搏求生存，必须打造在客户心目中有地位和社会广为关注的知名品牌。

3. 知名品牌增强企业可持续发展的市场价值

品牌是企业市场价值的标志。企业坚持可持续发展，品牌必须增强市场吸引力。我国规模庞大且日趋成熟的市场对全球时尚产业具有关键影响。从需求侧看，我国是全球最大时装消费品市场和重要的奢侈品市场，没有哪个国际一线品牌能忽视我国市场。从供给侧看，我国市场已经纳入众多品牌的全球采购体系之中，一线品牌无一例外在我国设有实体店。这充分展现了我国市场的活力和前景。我国在全球时尚产品供给链中无可替代的地位，决定了我国企业发挥着引领作用。诚信是企业品牌长盛不衰的基础。30 多年前，海尔生产的冰箱质量低劣，市场销售低迷。海尔总裁张瑞敏带领员工将质量不合格的 76 台冰箱砸烂，播下诚信经营、可持续发展的种子。之后，海尔坚守诚信经营的理念，铸造员工诚信的品质，设立企业品牌形象。海尔成为世界白色家电第一品牌。海尔已连续多年进入世界 500 强企业行列。

二、企业知名品牌内涵丰富

知名品牌展现优秀的企业形象。自主知名品牌是企业自主开发，拥有自主知识产权，市场认可的品牌。自主知名品牌是企业开拓市场、占领市场的最强有力的武器之一。打造百年企业，必须提高品牌意识，加强品牌建设，提升品牌管理水平，致力于打造世界一流品牌，适应新阶段、蓄势新发展、把握新格局的时代要求。

（一）铸牢知名品牌发展根基

根基虚则企业虚，根基稳则企业稳。打造百年企业 ，必须把产品做精、品牌做响、根基扎牢。2017 年 4 月，国务院批准将每年 5 月 10 日设立为“中国品牌日”。这标志着“发挥品牌引领作用”上升到新的高度，也意味着中国品牌将成为中国对外的鲜亮标志。企业是高质量发展的承载体，必须大力培育发展自主知名品牌，提高自主品牌影响力和认知度。推动中国制造向中国创造转变，中国速度向中国质量转变，中国产品向中国品牌转变。践行三个转变，助推科技强国、制造强国、品牌强国战略，努力使我国企业的品牌成为世界知名品牌。

1. 知名品牌特色鲜明

品牌包含着技术、质量、服务及社会各方面的认可。在历史的长河中，老字号品牌历经沉浮，形成了特有的文化内涵和深入人心的品牌力量，其品牌本身的故事对于消费者而言有着非凡的吸引力。在激烈的市场竞争中，近些年来以吉利、长安为代表的自主品牌车企取得了长足发展。自主设计、匠心工艺、过硬品质、自我拥有。随着消费升级，消费者的生活方式、审美品位等发生了很大的变化。老字号唯有在传承已有核心竞争优势的基础上不断开拓创新。很多中华老字号保持原有工艺内核、吸纳现代技术优势开拓创新。例如，在前人的基础上，老字号一得阁墨汁利用新材料和新技术总结提炼出“新制墨八法”。一些老字号通过推出卡通形象和潮流体验店，实现“老树开新花”。内联升推出副线生活品牌“大内联升”。北京同仁堂延伸出新零售品牌“知嘛健康”，关注“朋克养生”，营造新消费场景。王致和推出卡通人物形象“王小和”。全聚德推出“萌宝鸭”形象，在前门店开设“品·味”光影主题餐厅，通过智能化技术构建沉浸式体验氛围。有的老字号还从新零售、新场景和新体验等方面开展商业模式创新，在设计上融入更多时尚元素，以贴近消费需求。

2. 知名品牌拥有知识产权

知识产权是基于创新成果和工商标记依法产生的权利统称。知名品牌应当拥有自主知识产权。如果品牌只有使用权如贴牌生产的企业，其处理权和最终的决策权在他人手中，则不是自主品牌。在成立之初，奇瑞就明确了“打造具有全球竞争力的世界一流品牌”的梦想。为了实现梦想，奇瑞围绕汽车主价值链做强主业的同时，培育孵化新兴产业，逐步构建起生机勃勃的汽车产业生态圈。奇瑞在专注技术创新的同时，很早就意识到知识产权保护的重要性。到 2020 年年底，奇瑞累计申请专利 21000 多件、授权专利 13000 多件，其中发明专利占 30%，位居中国汽车行业前列。国家电网连续 5 年在中国 500 强最具价值品牌中排名第一，连续 10 年专利申请量和累计拥有量位居中央企业第一名。知名企业拥有自主知识产权，揭示了产品成为知名品牌的源头。

3. 知名品牌获得用户青睐

知名品牌的产品功能符合用户需求，得到用户认可，才能受到用户青睐，进而开拓市场。市场认可品牌的价值，舆论才能自愿为其宣传品牌。“狗不理”始创于1858年，是国家商务部认定的中华老字号。2015年10月，狗不理集团旗下的天津狗不理食品股份有限公司挂牌新三板。2020年5月，上市不到5年的狗不理食品股份有限公司从新三板正式申请终止挂牌。“狗不理”的主要问题是性价比不高，服务体系缺乏客户黏性。“狗不理”餐厅经营错位，部分客户对价格存在质疑，凸显老字号的经营理念已经脱离市场，不被消费者认可。传统企业及中华老字号在新生代成为主流消费人群之后，需要匹配和满足新生代的核心诉求，接近主流消费群，产品的创新升级和迭代都必须跟上消费升级的速度。由此可见，企业尤其是老字号品牌企业，如果商品单一、创新不足，得罪客户群，品牌就会失去认可，就难以支撑老字号企业的辉煌。企业只有站在客户的角度去思考问题，理解客户需求，顺应客户变化，才能在市场竞争中始终保持优势。

（二）验证知名品牌市场地位

市场衰则企业衰，市场旺则企业旺。知名品牌由市场决定价值。百年品牌品质为先，兼顾推广，面向未来，承续历史，扎根本土，放眼国际，让品牌在与时俱进中积淀精华，在大浪淘沙中不断更新，创造出更多、更好的国货精品。

1. 知名品牌可以获得较高的市场占有率

市场份额是企业产品具有吸引力的外在表现，也是品牌吸引力和经济效益的综合体现。随着居民收入和生活水平的提高，消费升级趋势比较明显，自主品牌唯有向上，才能适应市场新变化。企业在激烈的市场竞争中拼搏求生存，必须打造品牌在客户心目中的地位。品牌市场占有率是衡量企业及产品竞争力最直接、最核心的指标。企业品牌的市场占有率越高，品牌影响力就越大。中国是世界上最大规模的零售消费市场。不管哪个跨国公司的品牌，想真正扩大市场，中国是一个绕不开的地方。企业没有知名品牌，就没有市场。企业自主品牌的竞争力，体现在市场保有量、生产研发的历史及其在整个行业中的地位。

2. 知名品牌可以获得较好的社会评价

品牌信誉是维系品牌感情的纽带。企业维护好品牌信誉就会拥有市场，失去品牌信誉就会失去市场。品牌信誉是企业获得成功的有力保障。片仔癀是国宝名药。福建三宝片仔癀坚持“修合无人见，存心有天知”的自律准则，多年来位居中成药单品种出口创汇首位，在海内外市场中长盛不衰，其成功的因素之一就是品质，唯有品质才能建设品牌。知名品牌是一种特色商贸品牌，也是民族传统文化的瑰宝。近些年来，我国许多老字号通过持续创新，积极扩大品牌影响力，受到社会的好评。例如，上海光明冷饮、大白兔、百花牌花生牛轧糖跨界合作，联手推出系列冷饮新品，打开海外市场。做食品良心是第一位的，食品安全是第一位的。没有诚信这个基础，企业肯定走不远。知名品牌须得到消费者功效认同、性能认同、式样认同。

3. 知名品牌可以获得较多盈利

我国有的企业给外国公司做代工，没有自己的品牌，利润很薄，成本一上升，利润就被吃光了。这样的企业要长期生存和发展，唯一的办法就是专注于设计、营销和品牌管理，建设和培育自有品牌。从市场的角度看，青年消费群体不再过度执着海外名牌，对具备传统审美元素和高性价比的国产品牌更加青睐，消费需求连年递增。从产业角度看，随着国产品牌的产业体系逐步完善、产品质量越来越好，国产品牌升级注入全新动能。一汽红旗 H9 全新中大型轿车，凭借惊艳的设计，一经亮相便备受关注。红旗 H9 现在供不应求，成为一汽集团获利的新亮点。华为新款手机凭借快速充电、清晰拍摄的高性能带给顾客舒适的操控体验。华为新款手机受到消费者的追捧，成为企业获利的增长点。

（三）驱动知名品牌技术创新

创新弱则企业弱，创新强则企业强。自主知名品牌须有技术创新支撑。自主知名品牌的背后是技术创新能力。综观具有悠久历史的世界级品牌，都是将历史文化与时尚潮流相融合，在继承老品牌的基础上不断进行技术创新。

1. 知名品牌以技术创新提升企业市场拓展力

企业打造品牌需要技术创新平台和研发力量的支撑。依靠技术创新，企业产品的技术含量、高附加值品种的比重才会增加。奇瑞是我国探路国际汽车市场的自主品牌。奇瑞用“一定要造中国人自己的轿车”的理想，走民族汽车工业自主创新的道路。奇瑞用企业的真诚和友善，收获了海外市场的高度信任和支持。如今的奇瑞不仅国内销量实现加速增长，海外市场也连续刷新历史纪录，实现国内、国际双循环的发展格局。生产型企业品牌建设应当从产品、研发、制造、营销、服务等方面入手。其中，加大研发投入比重是关键，解决品牌建设的技术问题是重点，以此增强品牌的市场拓展力。服务型企业品牌建设从战略、建设、体系、技术、管理等方面入手。其中，技术创新和管理创新是不可忽视的重要环节，以此提升品牌的市场拓展力。

2. 知名品牌以技术创新提升企业市场影响力

技术是满足消费者需求的支点，营销是连接产品和消费的桥梁。知名品牌只有通过技术创新不断升级，才能扩大企业市场的影响力。技术创新突破是提升品牌价值的根本所在。2021 年 10 月 31 日，吉利集团发布全球动力科技品牌“雷神动力”，标志着吉利全面迈入动力科技电气化的“动力 4.0”新时代。“雷神动力”致力于成为全球领先的高效智能动力解决方案，实现“中国动力，供应全球”。企业如果不提升品牌的技术含量，当客户消失了或者客户升级了，企业就会跟不上，被市场淘汰。所以，企业应当将更多精力放在客户需求上，以需求导向倒逼企业技术创新，通过技术创新提升企业品牌的市场影响力。

3. 知名品牌以技术创新提升企业市场竞争力

技术品牌是指在进行品牌建设与传播的过程中，企业把技术作为品牌建设的核心，其他一切品牌要素均以核心为标准进行设计、统一与规划的品牌。产业的重大变革通常是由技术创新驱动的。由于技术能够颠覆性地改变品牌的地位，技术品牌化对企业至关重要。它不仅代表企业的科研成果，也是获得顾客青睐的金字招牌。2021 年以来，东风集团推出龙擎和马赫两大动力技术品牌，以及“无限量”无人驾驶品牌，推出更有竞争力的产品组合。奇瑞发布“奇瑞 4.0 时代全域动力架构”，将架构下的燃油及混合动力技术，涵盖主流动力形式的全领域专业动力解决方案。长城汽车推出柠檬、坦克、咖啡智能等技术品牌。长城汽车三大技术品牌涵盖汽车研发、设计、生产，以及汽车生活的全产业链价值创造技术体系。

（四）严格知名品牌质量管控

质量差则企业差，质量优则企业优。质量是对产品或服务优劣的评价，是品牌形象的源泉、产品信誉的保证。品牌的背后是质量和信任。古今中外，能够独领风骚的著名品牌无一不是高品质的象征。只有质量好的产品，用品质赢得市场芳心，才能赢得市场占有率。从长远来看，企业产品质量永远是根本，是消费者口碑永远传诵的企业形象。

1. 知名品牌以优良品质立足社会

品质优良是企业品牌的根本。品牌是品质的牌子，品质是品牌的基石。企业生存须夯实品质基础。品牌代表企业的形象和客户的利益。忽视产品质量，没有质量保证，品牌只是一句空话。企业只有把质量至上的理念放在整个企业工作的第一位，才能打造知名品牌，在激烈的市场竞争中立于不败之地。源于明朝宫廷秘方的片仔癀经历了500多年的历史传承和文化积淀，成为消费者心目中良心企业的象征。时至今日，“以敬畏之心选药，以严谨之心做药，以诚信之心做药”的理念已经成为每一个片仔癀药业人心中的杠杆，用质量和品质赢得行业领先和消费者信赖。据统计，在全球500多种主要工业品中，我国有220多种产量位居世界第一。制造业是我国经济的根基，也是推动经济高质量发展的主要动力。我国制造业企业以优良品质，为实现制造大国向制造强国的转变做出重要贡献。近些年来，一些老字号积极创新，争取到了老消费者的认可，老而弥新。但有些老字号故步自封，不思进取，躺在先辈们创下的事业上坐吃山空，更糟糕的是，有的企业连守成都做不到，反而每况愈下。如果长期忽视消费者的满意度，产品质量始终没有提升，服务没有改善，任何老字号都会遭遇发展危机。越是老字号品牌越应当爱惜品牌。

2. 知名品牌以优良品质赢得客户

品质优良是企业对客户的承诺。产品质量关系到客户切身利益，也是企业的生命线和尊严。质量是企业拓展市场、赢得客户的敲门砖。如果产品质量低劣，即使通过大规模的促销活动打开了市场销路，也会由于质量问题被顾客抛弃。把企业产品打造成知名品牌，必须高度重视质量，常抓不懈。实现高质量发展必须坚持质量第一。对企业而言，可谓成也质量，败也质量。打造制造业精品，提高生活服务品质，品质是品牌的基础。在300多年的历史中，同仁堂一直都在小心呵护自己的金字招牌。“炮制虽繁，必不敢省人工；品味虽贵，必不敢减物力”的堂训，完整地将同仁堂为病人负责的精神绵延下来，因而受到社会的尊重。中铁装备以创新为动力、以质量为基石，以品牌为目标，持续为客户创造价值。中铁装备生产的盾构机安全掘进里程2600多千米，出口法国、意大利、丹麦、奥地利等26个国家和地区。中铁装备遵循“产品是人品，质量是道德”的理念，为推动中国向制造强国贡献力量。品牌是识别产品或服务的标识，也是企业产品或服务质量的体现。企业竞争已进入品牌竞争的阶段。打造和强化品牌是企业管理与企业发展的重中之重。从卖产品到卖体验，再到卖品牌，企业的理念创新、产品创新、营销创新缺一不可。企业应当制定品牌管理体系，围绕研发创新、生产制造、质量管理和营销服务全过程，提升内在素质，夯实品牌发展基础。强化质量基础支撑，企业标准与先进水平对接，提升产品和服务品质，国内外用户更多选择中国制造、中国服务。

3. 知名品牌以优良品质突出特色

品质优良是企业的生命线。品质不是检验出来的，而是通过严格管理创造出来的。企业增强以品质和信誉为核心的品牌意识，树立品牌消费理念，切实增强品牌意识，苦练内功，追求卓越质量，不断丰富产品品种和服务品种，提升产品品质，建立品牌管理体系，提高品牌培育能力，提升品牌附加值和软实力，形成具有自主知识产权的名牌产品，力争在市场竞争中处于领先地位。加强品牌建设，提升品质控制技术，完善品质管理机制，夯实品质发展基础，优化品质发展环境，努力实现制造业质量大幅提升。百年企业青岛啤酒是我国最早走出国门的品牌之一。历经百余年奋斗，其系列产品已出口100多个国家和地区。这归因于强大的品质支撑。百年企业冠生园于1959年开始生产大白兔奶糖，是代表上海产业工人向国庆10周年献礼的产品。60多年来，大白兔始终坚守品质第一。如今的大白兔依旧是大白兔，但大白兔不只是大白兔。大白兔已成为大家族，有奶糖，还有润唇膏、冰激凌、奶茶、护肤品等，不仅是老年人甜蜜美好的记忆，而且是年轻人的喜好。中国高铁、中国智能电网、中国重型装备、中国消费类电子产品、中国电子商务、中国柴油动力、中国大数据、中国电动汽车等品牌集群，通过制定和执行国际先进水平的团体标准，提升行业整体水平，让全球的消费者了解中国制造、体验中国技术、享受中国产品。

三、精心培育自主知名品牌

品牌是市场竞争中的显性信号和标志，是品质、创新的集中体现。知名品牌是企业竞争实力的象征。企业应当用最好的产品和实力向世界传递自己的品牌，向世界展示企业文化，讲述企业故事。路是人走出来的，路就在脚下。企业走争创知名品牌、驰名商标和著名商标的道路，打造具有竞争力和影响力的精品和品牌，就要以咬定青山不放松的定力，不畏艰险，苦练内功，奋勇向前。品牌建设是系统工程。企业打造知名品牌是一项长期而又艰巨的任务。企业唯有在传承中创新，才能历久弥新，保持常青；唯有筑牢品牌发展基础，发挥品牌引领作用，才能不断焕发出新的生机和活力。

（一）明确战略持之以恒打造我国企业品牌

打造自主品牌，需要久久为功。企业制定品牌战略应当结合企业的总体发展战略，加强顶层设计，制定完善的、适合本企业的、具有独创性和吸引性的品牌战略，促进品牌建设与企业发展协同推进，努力打造出高附加值的尖端产品和国际知名的高端品牌。

1. 确立品牌愿景，以不懈努力打造具有市场竞争力的知名品牌

品牌通常由文字、标记、符号、图案和颜色等要素组合构成。品牌是产品的标志、产品质量、性能、服务等满足消费者使用产品可靠程度的综合体现。一是积累品牌信誉。品牌建设是一项长期任务，品牌信誉是一个不断积累的过程。企业创建能走向世界的民族品牌，不是一日之功，需要久久为功。任何一个成功的品牌，从塑造到被大众认可，需要数年时间。推进品牌建设需要保持耐心恒心，坚持不懈奋斗，也需要社会各方面共同努力形成合力。二是践行品牌承诺。知名品牌都重视履行承诺。迪士尼的“造梦童话”、麦当劳的“洁净快餐”、宝马公司的“顶尖技术”、海底捞的“贴心服务”等，这些企业忠实践行对消费者的承诺，不曾有丝毫懈怠。

可信赖的品牌需要企业说话算数。承诺意味着付出与责任。企业履行承诺是消费者钟爱品牌的牢固基石。三是提高品牌品质。打造知名品牌首先要打造出好产品。技术创新是品牌建设的支撑，核心技术是关键。品牌建设是技术创新的目标。科技创新可以促进品牌建设，品牌建设可以带动技术发展。两者相互促进，缺一不可。知名品牌是企业竞争力和自主创新能力的标志，是高品质的象征，是企业知名度、美誉度的集中体现，更是高附加值的重要载体。我国企业进入世界500强企业的数量逐年增多，但大而不强的问题一直存在，尤其是缺少在全球叫得响的知名品牌。企业要实现世界一流的目标，就必须努力打造世界一流的品牌。四是合力打造品牌。品牌是企业竞争力和可持续发展能力的重要基础保障。随着新一轮科技和产业革命加快演进，特别是以互联网为核心的信息技术广泛应用，拥有差异化和高品质的品牌优势，日益成为企业赢得市场竞争的关键。我国企业要赢得新的竞争优势，就必须通过打造一批具有核心知识产权的自主品牌，实现由规模扩张向质量效益转变，由价值链低端向价值链高端转变。例如，在燃油赛道上，我国生产的自主品牌汽车只能跟跑；在智能电动新赛道上，我国的自主品牌有机会并跑，甚至领跑。企业形成可持续的技术创新机制，培育优秀的技术创新团队和良好的技术创新环境。充分发挥大企业的资金规模优势，通过产业联盟、产学研融合等方式，解决品牌品质的关键环节，让技术创新成为打造知名品牌的动力。

2. 选好品牌定位，以差异化竞争打造特色鲜明的知名品牌

一个人没有差异化则泯然于众人，一个企业没有差异化则找不到自身的位置。企业的差异化竞争在于找到与企业的定位、资源禀赋、能力条件相适应的客户与市场。知名品牌必须找准品牌定位。一是产品营销定位。品牌定位是需求管理，企业取得营销的成功，必须找准品牌定位，即满足哪些消费者，选择目标市场；满足消费者什么需要，产品定好位；如何满足消费者需要，营销定好位。随着人们生活水平的提高，越来越多的消费者不再局限于满足需求，还包括价值观、品位、生活理念等。企业提升品牌影响力，不仅需要做好产品品质，还要研究确定品牌定位。企业打造品牌，就要差异化品牌定位。企业对于产品的性能质量，应当分析自身产品和别人家产品有什么差异，清晰地掌握自家产品的优点是什么。与其他企

业产品品质进行比较，以此为基础，定位企业产品所要努力下去的方向。二是消费对象定位。将消费者按照消费理念与喜好划分为不同群体。以汽车产业为例，沃尔沃的品牌定位是更安全，宝马的品牌定位是带来驾驶乐趣，奔驰的品牌定位是乘坐更舒适。企业以差异化打造品牌，是指产品定位差异化、产品内容和服务差异化。目前，我国消费品市场低水平同质化竞争非常激烈。企业破解困局，差异化竞争成为关键。企业以差异化制胜，就要做到人无我有，人有我优。人无我有，就是产品定位有特色。让消费者清晰了解品牌定位，产生明确的品牌联想，进而在竞争中脱颖而出。人有我优，就是产品的质量、款式和服务做得更好。在同质化竞争的时代，哪家企业更早地展现出个性特色、提供更优质的服务和产品质量，就能在市场红海中找到属于自己的蓝海。企业差异化策略不是为差异化而差异化，而是企业在差异化竞争中找到自己的定位，打造不可替代的核心竞争力。企业具有不可替代的能力，才能在市场竞争中保持领先地位，才能有机会超越竞争者。三是地域特色突出。品牌与地域密切相关，中华老字号不仅是民族品牌的源流和象征，还是一个城市的文化名片，成为区域品牌、城市品牌的组合部分，相互借势，互相促进。地理标志产品，总是会勾起人们强烈的购买欲望。人们提到德国制造，就会想到奔驰、宝马等品牌；提到美国制造，就会想起波音、苹果等品牌；我国的贵州茅台酒、武夷山大红袍、五常大米等也是地理标志性品牌；提到景德镇就想到高品质的瓷器；提到宜兴就想到紫砂壶；提到青岛就想到海尔、海信、青岛啤酒等品牌。东阿镇是阿胶的发源地，国家认证的阿胶原产地，中国阿胶之乡，中国特产名镇。特定的地理环境、原料及娴熟的制作工艺构成了阿胶的品质，使其在历史长河的发展中积淀了深厚的文化底蕴。地域品牌是一个地区企业高质量发展的关键，是地区综合实力的一张名片，是增强地区竞争力和促进地区转型升级的必由之路。品牌须借助地域的优势，利用好、保护好。地标产品作为无形的知识产权，很容易受到侵犯。阳澄湖大闸蟹有“洗澡蟹”冒牌，太平猴魁有“假猴魁”冒充。这就要求行业协会、政府和相关部门加强联动，严格要求企业落实生产加工标准，不要自毁品牌，并要加大对冒牌货的打击力度，保护好来之不易的地标产品和商标。四是名人融为品牌。百年企业用创始人姓名作为店名、企业名、产品名的比较普遍。

比如西门子、奔驰等世界知名企业，李宁公司和李宁品牌，邵逸夫兄弟电影公司。用名人做企业名和产品名可以很好地利用名气为企业助力，让人一看就知道企业的属性，增加信任感。

3. 严格品牌质量，以优良品质打造值得信赖的知名品牌

企业的生命力最根本和最重要的是质量。高品质就是高价值。保证品牌质量，严把产品质量关，才能打造知名品牌。质量是企业品牌的保障，是优秀品牌的基础，是品牌的支撑。品牌的背后是品质，唯有品质才能建设品牌。一是增强品牌质量意识。企业没有创新发展形成不了品牌，没有严格的质量管理保证不了品牌的延续发展。因此，企业必须不断提升产品品质，牢固树立质量第一的意识。质量是企业的灵魂，是企业的生命。品牌是靠企业技术创新、管理创新等一系列创新，并靠质量、靠服务等一点点打造出来的。没有质量保证，必将失信于客户、失信于市场。质量关系着产品制造和人们日常生活的衣、食、住、行、用，连接着生产的各个环节。企业坚持以质量为本，才能在激烈的市场竞争中脱颖而出，成就品牌风采。在市场经济日益发达的今天，质量对企业的重要性越来越强。企业只有把质量至上的理念放在企业工作的第一位，才能在激烈的竞争中立于不败之地。企业的高管和各部门负责人都要增强质量意识和质量素养，牢固树立质量就是生命，品牌就是核心竞争力的理念，坚持优质发展，以质取胜，形成企业追求质量，企业崇尚质量，企业人人关心质量的良好氛围，持续提高产品、工程、服务质量水平。企业必须坚持质量就是生命的理念，提高质量层次和品牌影响力，推动我国产业链、价值链从低端向中高端延伸，更深、更广泛地融入全球供给体系，实施以质取胜的发展之路。二是加强质量管理创新。质量管理是名牌产品的保证。打造百年企业必须加强质量管理创新，应用先进的质量管理和生产控制方法，优化产品设计和生产流程，推进精益制造，提高产品质量和附加值。企业应当把质量优先作为做强企业的生命线，开展卓越绩效、六西格玛、精益生产、质量诊断、质量持续改进等先进生产模式和方法，提高质量在线监测、在线控制和产品生命周期质量追溯能力，打造特色鲜明、竞争力强、市场信誉好的品牌。通过筑牢质量基础赢得客户的信赖和市场的认可。通过增加品种、提高品质、创新品牌提振信心，推动品牌建设和品牌经济发展取得明显成效，成

为支撑整个经济社会持续健康发展的重要力量。三是弘扬企业工匠精神。质量之魂，存于匠心。工匠精神是一种孜孜以求、精益求精的态度。百年企业是一代代传承工匠精神，做一流品质，加强质量管理，努力提高产品品质和服务水平的结果。产品质量好不好，市场会说话。提高产品质量与企业各职能部门、每一位员工息息相关。提高产品质量必须全员参与，所有与产品相关的人员都必须对产品质量负责。必须从每一天做起，对每一个产品、每一道工序认真负责，脚踏实地地做好。四是持续提升品牌质量。品牌是企业乃至国家竞争力的综合体现。加强品牌建设、提高品牌质量是一项系统工程，需要长期不懈的努力。品牌的基础是质量。质量是企业品牌命脉。企业经过长期不懈的努力，持之以恒地狠抓质量，才能打造出有品质保证的知名品牌。质量体现着人类的劳动创造和智慧结晶，体现着人们对美好生活的向往。企业打造受人推崇和信赖的知名品牌，不仅关系到企业的美誉度和竞争力，而且关系到国家形象和影响。品牌只在营销上下功夫是不会长久的。为此，要求企业持之以恒地加强质量管理，政府有关部门加强监管，严格执法，提升品牌质量水平，打造有影响力的知名品牌。

（二）多方并举宣传推广我国企业品牌

企业打造百年老店，不仅要有优质的产品和优质的服务，更要有知名品牌。培育企业品牌及它的美誉度、影响力需要长期不懈的宣传。品牌宣传要体现企业文化内涵。围绕企业的核心价值观及使命愿景，对历史文化、区域文化、行业文化和工业文化资源进行挖掘整理，持之以恒地将其贯穿于企业生产制造、形象传播的全过程，塑造出特色鲜明、内涵深刻的品牌精神。

1. 落实国家品牌战略，提升我国企业品牌竞争力

推广我国企业知名品牌，扩大品牌影响力，是国家的重要战略。从制造到创造、从速度到质量、从产品到品牌，打通了一条提升核心竞争力的渠道。品牌是一种信念，这种信念一旦在消费者心中形成，将会留下难以磨灭的印象。企业产品或服务的口碑越好，品牌形象的建立就越快，印象就越深。企业投入资源培育品牌，拓展品牌营销传播渠道，不仅可以扩大市场占有率，实现品牌溢价，而且可以加深消费者的印象。企业品牌要靠产品作为载体来传递。新字号和老字号的发展，既需要靠匠心传承传统工艺，又需要靠研发适应时代变化。因此要加大对产品的创新和宣传，扩大品牌的知名度和美誉度。一是通过落实国家品牌发展战略，延伸扩展品牌的市场范围。企业在实施“走出去”战略，融入“一带一路”建设的过程中，不断提升品牌价值、提升品牌基础能力、提升品牌形象、提升品牌传播、提升品牌国际化、提升品牌创新能力和品牌人才队伍建设，不断提升中国制造的整体形象。推动产能和装备走出去，带动技术、标准、服务和品牌的国际化，利用市场范围的扩展，加大品牌宣传力度，树立企业品牌的良好形象。二是通过落实国家品牌发展战略，不断创新提升企业品牌价值。产品的寿命周期在缩短，比如手机、衣服、家用电器等产品的寿命非常短。不论是历经百年的老字号品牌，还是方兴未艾的新业态企业，都应当意识到创新是品牌建设的关键。企业要不断提升自身的创新能力，从产品性能、品质等方面不断升级产品，巩固品牌在市场上的地位；从产品结构和渠道营销上不断创新，大力推进数字营销和精准营销，建设线上、线下为一体的新的营销体系，扩大品牌在市场上的占有率。三是通过落实国家品牌发展战略，广开渠道传播提升品牌的知名度。过去，一个品牌要让消费者知道需要很多年的时间。现在，一个品牌让全世界都知道只需一两年时间，比如共享单车等。有效运用新媒体，做好形象公关，广泛传播品牌形象，传递品牌价值，讲好品牌的故事。品牌故事是描述品牌起源和发展的故事，以丰富传奇且情节动人的故事向顾客传递品牌的文化内涵和品质保证。四是通过落实国家品牌发展战略，加强国际交流与合作落地。在加强品牌本土培育和推广的同时，根据国外文化习俗、市场竞争状态、消费者习惯及法律法规等特点，开展品牌国际化工作，自觉遵守当地法律法规，善于融入当地社会，承担相应的社会责任，有效提高品牌的知名度和美誉度。

2. 讲好企业品牌故事，扩大我国企业品牌亲和力

知名品牌必须增强品牌的吸引力。品牌是反映企业整体实力、决定商品价值的无形资产。知名品牌承载着优秀的人文精神，具有深入人心的品牌力量。我国企业已培育出很多具有世界影响力的品牌，在高铁、核电、电力设备、土木工程建设等领域不仅技术领先，而且施工质量好、效率高，形成闪亮的品牌。欧美曾经领先的第三代核电技术建设严重超期，开支大幅增加，成本陡升，经济效益严重滑坡。我国已完全掌握第三代核电技术，

第四代核电机组正在建造中，高温气冷堆已在2021年发电。但我国企业技术和质量上的领先优势还没有转化为品牌溢价。即使有好技术、好产品也难卖出好价格。这需要企业在国际市场上持续讲好中国品牌故事，扩大中国品牌影响，提升品牌溢价。北京有个民谣，“头顶马聚源，脚踩内联升，身穿瑞蚨祥，腰缠四大恒”。这反映了老字号在老北京人心中的地位。2021年5月，北京稻香村、便宜坊、菜百、珐琅厂、百花蜂业、一得阁、北冰洋等老字号携众多优质产品在海南海口亮相首届消博会，讲老字号的故事，增强品牌亲和力。

3. 广开媒体宣传渠道，宣传推出我国企业品牌感染力

企业品牌成功的背后，沁透着媒体的贡献。对于传统品牌来说，是时间积淀的结果。经典文化是其重要的发展支撑。对于网红品牌来讲，是应广大消费者关注而生，需要走在流行的前沿，让它具有不可替代性。一是报刊广播电视宣传推广品牌。品牌越深厚，品牌的溢价就越高，企业持续盈利能力就越强。通过报刊、电视、网络多种媒体，推广相应的营销宣传活动，在促销形式上改变单纯的有奖销售方式，采取互动、体验的娱乐方式吸引顾客主动参与，与团购网站合作，利用电商平台销售。二是新媒体直播推介品牌。直播带货是新媒体直播的一种形式，需要根据品牌的属性来确定直播形式。不同直播平台对应不同的用户群体。企业产品品牌的属性不同，直播平台也应当有所不同。在直播间的互动气氛中，购买的群体效应容易被激发，从而能大大提高销售量。如果企业确定了品牌的销售需求，就可以从品牌属性、消费者画像等维度考虑直播规划。确定直播平台应当根据品牌的特点，有针对性地选择一个平台进行深度合作。在预算投入有限的情况下，企业应当选择与其目标用户相匹配的直播平台，进行聚焦投放。选择正确的平台，相当于选择了正确的赛道。如何跑得又远又快，需要企业做好充分准备。品牌竞争的核心是生态系统的竞争。直播引得企业纷纷尝试，希望都获得双丰收。直播带货“火”遍了大江南北。“火”的背后是流量的聚集。企业作为品牌的商家，直播是一个不可或缺的新营销渠道。但是如果没有足够的内涵和不断创新的意识，网推品牌就会很快失去网红的魔力，导致在流行过后迅速没落。三是重点品牌宣传打开思路。百年品牌既有产品的革新，也需传播渠道努力。老字号品牌应当打开思路，

顺应时代发展，在全媒体时代创新营销方式，在销售、宣传、跨界合作、多元化、IP 化等方面主动作为。

4. 发挥社会团体组织作用，增强中国企业品牌影响力

改革开放以来，我国社会经济类团体组织搭建了平台，开展多种活动宣传中国企业品牌。其中，中国企业联合会组织了多项影响力很大的活动。每一次活动，都对宣传企业品牌发挥了重要作用。一是中国 500 强企业高峰论坛宣传推广企业品牌。从 2002 年开始，中国企业联合会推出“中国企业 500 强”榜单的同时，组织召开中国 500 强企业高峰论坛，成为中外大企业及企业与政府之间的一个高规格、高层次、高水平的交流平台。高峰论坛秉承“发布大企业信息、探索成长道路、推动交流合作”的宗旨，围绕党和国家的中心工作，密切联系国内外形势及国民经济和企业发展实际，交流探讨中国大企业的发展与成效，分享优秀企业的成功经验，积极引导国内大企业利用区域经济快速发展的机遇，加强与地方政府和企业之间的交流与合作。二是全国企业家活动日宣传推广企业品牌。全国企业家活动日暨中国企业家年会是中国企业联合会与全国各地企业联合会共同开展的一项具有较大社会影响力的重要活动，自 1994 年创办以来，每年举办一次，已经发展成为层次高、规模大、社会影响好的企业家盛会。活动日主要目的是探讨我国企业改革发展的问题，促进企业家交流，弘扬企业家精神，促进我国企业家队伍发展。紧紧围绕党和国家中心任务和工作大局，关注我国经济发展、企业发展和企业家队伍建设中的热点和重点问题，内容包括颁发袁宝华企业管理金奖和表彰全国优秀企业家（两年一次）、知名企业家主题演讲等。三是全国企业管理创新大会宣传推广企业品牌。全国企业管理创新大会是国内具有较大影响力的全国性企业管理经验交流会议，主要内容包括发布全国企业管理现代化创新成果、交流研讨企业管理创新趋势。全国企业管理现代化创新成果审定和推广工作自 1990 年开始。全国企业管理创新大会自 2003 年起每年举行一届，得到了政府有关部门的大力支持和广大企业的积极参与，在传播国内外先进管理理论和方法、总结推广我国企业管理创新经验、推动企业改革创新和高质量发展等方面，发挥了重要作用。四是全国企业文化年会宣传推广企业品牌。全国企业文化年会创建于 2002 年，两年举办一次，是促进广大企业坚定文化

自信、践行社会主义核心价值观的重要载体，是全国企业文化理论界与企业实践者的年度大会。会议旨在为全国企业界、学术界搭建相互学习、激发活力的交流平台，总结全国企业文化建设的新成果、新经验，探索企业文化建设的新模式、新途径，推广企业文化建设的新思路、新工具，把握企业文化建设的新主流、新趋势，推进我国企业文化建设的深化与发展。全国企业文化年会主要内容包括，发布并表彰年度全国企业文化优秀成果，举办年会论坛等。五是中国智慧企业发展论坛宣传推广企业品牌。中国智慧企业发展论坛是聚焦企业数字化发展的全国性专业会议，主要内容包括发布智慧企业建设最新研究成果和实践案例，交流探讨数字经济相关产业发展和智慧企业建设热点话题，开展数字经济相关产业项目对接活动等。由中国企业联合会、中国企业家协会于 2018 年发起成立，每年组织召开一次，推动我国企业加快数字化、网络化、智能化转型，在推动数字经济加快发展方面发挥了重要作用。当今世界，新一轮科技革命和产业变革深入发展，以大数据、物联网、云计算、人工智能、5G 为代表的新一代信息技术正在改变传统的产业支柱形态，引发新的工业变革，使企业经营的生产方式、组织方式、营销方式等发生重大的变化。这要求我国企业要顺应数字经济时代发展，通过数字化转型重构企业核心竞争力，通过中国企业联合会等社会团体搭建的平台，扩大企业品牌影响力。

（三）依法依规保护我国企业品牌权益

品牌是现在和未来企业竞争力的重要手段。建立品牌就是建立持续的堡垒。打造我国企业知名品牌须依法合规。品牌涉及品牌驱动、品牌创新、大数据营销、管理提升等多个领域，都须依法依规予以保障。

1. 从国家角度看，加强法治建设保护知名品牌

坚持依法治国、依法执政、依法行政共同推进，一体建设法治国家、法治政府、法治社会。在加强社会主义民主法治建设过程中，应当依法保护知名品牌。品牌文化积淀、非遗技艺等都是老字号独特的竞争优势。随着消费升级，消费者的生活方式、审美品位等会发生变化，老字号在传承已有核心竞争力优势的基础上不断开拓创新。我国已形成重品牌、创品牌的浓厚的法治保护氛围。据有关资料反映，我国商务部命名的“中华老字号”1128 家，全国尚在运营的老字号品牌约 3000 家。从口碑时代到互联

网时代，品牌是一个企业、一个城市乃至一个国家竞争力的综合体现，代表着供给结构和需求结构的升级方向。在互联网时代，品牌建设既需要久久为功、驰而不息，也需要找准方向，重点突破。依法加强商标保护，维护老字号品牌，显得尤为重要。实时监控、调查、评估品牌保护状态，运用法律手段打击各种侵权行为，坚决维护品牌权益不受侵犯。

2. 从企业角度看，加强制度规范保护知名品牌

延续品牌生命力必须有制度保障。品牌是一种无形资产，是知名度。品牌建设是企业战略的重点。有了知名度就具有了凝聚力和带动力，就有了发展的动力。百年企业都注重品牌培养和建设，都善于运用品牌资产，将品牌作为核心资产加以严格管理和保护，使得品牌溢价大幅高于同行业平均水平，并在企业发展壮大过程中获得高额品牌溢价收益。一是加强品牌制度建设。企业应当以市场为导向，逐步建立健全品牌战略、品牌识别、品牌传播、品牌危机、品牌资产、品牌应用等一系列品牌管理制度和管理流程，使品牌管理工作有章可循。将品牌制度和流程渗透到设计、研发、采购、生产、营销、售后服务等企业生产经营的各个环节，形成协同效应。建立完善品牌资产和品牌建设工作的评估体系，对所属企业品牌建设工作和成果进行评价，将品牌建设工作纳入业绩考核体系，采取相应的激励约束措施。二是融入品牌责任理念。加大对品牌的维护和创新，推动企业品牌建设市场，在品牌管理中，强化责任意识，严格开展品牌保护。王老吉是有 180 多年历史的中华老字号企业。广药集团在 2012 年确立了将王老吉从民族品牌打造成世界品牌的目标，围绕产品出口、国际标准制定和凉茶文化推广三大路径布局国际化，并以亚太经济圈作为王老吉国际化的重要突破口，打造世界的王老吉。三是坚持品牌建设与知识产权保护工作相结合。完善商标战略，及时规范注册商标、商号等商业标识，防止恶意抢注。通过对专利、商标、商业秘密、著作权等的综合运用，建立完善的品牌保护体系。做好商标、专利等方面的国外注册工作，防范各种侵权行为，加强自主品牌在国外的保护力度。

3. 从行业角度看，加强授权管理保护知名品牌

创品牌不易，护品牌更难。对品牌商号的授权使用要谨慎，对合作方资质与能力要知根知底。与普通贴牌产品按商品数量计算使用费用不

同，商号授权使用往往具有长期性。合作方出了事，不像授权产品出问题，能迅速撤回品牌使用权。一旦商号合作方脱离约束，利用消费者对品牌的信赖行违法违规之事，会波及品牌自身。即使在法律上可以撇清责任，但消费者对品牌正面形象的认知会大打折扣。因此，对商标使用方要加强产品质量管控。近些年来，有的大品牌贴牌产品暴露出质量问题，引发消费者投诉。其损失仅靠卖贴牌的收入难以弥补。不能盲目扩大品牌的使用范围。品牌授权使用有一定风险，大品牌如果只管授权卖钱，不管产品质量和品牌用途，实际上是透支品牌的内在影响力和长期价值。涸泽而渔、焚林而猎，必然使知名品牌不断受冷落，最终被消费者抛弃。由此可见，应当加强行业管理，维护知名品牌信誉，谨慎知名品牌授权，严格管控使用品牌商号。

4. 从社会角度看，加强履行社会责任保护知名品牌

企业品牌不仅与产品和服务质量相关，还包含着企业为社会创造的价值和承担的社会责任。企业打造知名品牌，必须坚持生态优先、绿色发展的理念，实施绿色制造、绿色产业、绿色产品、绿色采购、绿色物流等绿色发展计划，打破粗放发展的传统形象。我国企业承担着经济责任、政治责任和社会责任，更加迫切需要树立良好的社会形象。多年来，我国企业积极履行社会责任，广泛参与扶贫脱困工作、大力践行绿色发展理念、持续推进“我为群众办实事”的实践活动，树立了企业高度负责任、有担当的良好形象。特别是新冠肺炎疫情突袭而至后，面对防疫物资紧缺的形势，许多企业勇挑重担，不惜成本、不计代价，在应急保供、医疗支援、复工复产、稳定产业链等方面发挥了“顶梁柱，顶得住”的作用，充分彰显了我国企业的责任与担当，也有力提升了企业品牌的社会形象，保护了企业的品牌。

5. 从全球角度看，加强国际扩张保护知名品牌

加强品牌建设需放眼全球竞争。近些年来，我国企业品牌的力量不断彰显，品牌国际化已经成为我国企业面对全球化竞争，提升国家竞争力的重要手段。加强品牌建设既要抓好产品质量，以优质产品满足全球用户需求；也要抓好品牌形象建设与品牌市场推广，让更多公众接触、了解、认知并接受品牌。我国企业国际化步伐不够快、程度不够深，在一定程度上

与企业的国际化品牌建设有关。由于大企业国际化品牌意识不强，延缓了我国大企业国际化进程的步伐。大企业应当以国际知名品牌建设为敲门砖、铺路石，加快推进大企业国际化进程。国际品牌建设与企业规模建设并不同步，品牌建设亟待加强。我国高度重视推动企业品牌建设，大企业应当积极响应国家号召，利用好国家政策，切实加大对品牌建设尤其是国际知名品牌建设的投入力度，在资本、产品走出国门的同时，让更多中国品牌也走进全球市场，得到全球消费者认可，不断提升中国产品和服务的质量与全球影响力。

第三节　强化创新驱动发展

企业实现高质量发展，创新是第一动力。创新引领企业发展，是打造百年企业的关键，是构建现代化经济体系的战略支撑。企业发展好不好，关键是能不能踏准引领时代变革的步伐。企业打造百年企业，坚持创新驱动，抓创新就是抓发展，谋创新就是谋未来。

一、创新引领支撑百年企业

创新是百年企业的不竭动力。打造百年企业的基本要求就是要不断地开拓、不断地创新。

（一）创新驱动展示企业发展的永恒主题

创新驱动是国家战略，是世界大趋势，也是发展形势所迫。科技是国家强盛之基，创新是民族进步之魂。创新驱动已经并在不断改变世界。企业具备创新能力是世界一流企业的显著特征。

1. 创新驱动成为企业发展的重要支撑

创新是优秀企业的重要标志，也是企业核心竞争力的重要源泉。回顾人类发展的历史，创新使人类走得越来越快。从原始社会到农业社会，用了 160 万年；从农业社会到工业社会，用了 3000 多年；从工业社会发展到信息社会，只用了 200 多年。进入信息社会以后，社会的发展更是达到了“日新月异”的速度。大数据、人工智能、物联网等新科技不断推动着社会的数字化演进。创新作为发展的驱动力，正在重塑世界。据有关方面分析，我国企业自 2012 年已经进入了一个创新发展新阶段，从可以自由跟踪学习的后发追赶国家，转变为一个被限制学习而开始具备自主研发能力的后发赶超国家。我国企业已经站在全球创新跟随者的前列，再向上发展的每一步都将面对更猛烈的风吹浪打，须付出艰苦努力，拿出更大的信心和勇气。

2. 创新驱动使企业的理想变为现实

创新是企业经营最重要的品质，也是企业爬坡过坎的关键。纵观历史，创新是人类文明进步的第一动力，也是国家兴衰的决定性因素。世界美好的事物都是创造出来的果实。100 多年前，福特公司的创始人亨利·福特到处问客户，您需要一个什么样的更好的交通工具？几乎所有人的答案都是，我要一匹更快的马。福特第一个发明流水线大批量生产汽车，使得汽车成为一种大众产品，走进千家万户。它不仅改变了工业生产方式，而且对现代社会和文化产生了巨大影响，从而奠定了福特汽车在历史上的独特地位。乔布斯生前说过，在 iPhone 问世之前，消费者并不知道自己要的是什么。今天的时代是大数据的时代，人工智能、智能家居、智能制造等行业正在迅猛崛起，创造了人们不可想象的成果。20 世纪 50 年代，中国二重成为我国装备制造业链条上重要的一环。但生产什么，生产多少，钱从哪里来，产品卖给谁等，企业从来不用操心，等着上级下达任务就成了。然而在市场经济条件下，企业内外部环境发生了很大的变化。只有建立起完善的现代企业制度才能及时感知变化、适应变化，并进行科学的调整。由中国二重碟变而来的国机重装，重视体制机制创新，持续推进企业治理体系和治理能力现代化建设，凭借核心技术和雄厚的科研能力，不断研制出新产品，引领市场，进而推动我国装备制造业走在世界前列。

3. 创新驱动使企业赢得发展主动

企业生存发展很重要的就是以变应变，不断创造新的核心竞争力。在充满不确定性的未来，企业唯一可以确定的就是要改变。唯改革创新者赢。面对发展中的各种风险与挑战，需要企业准确识变、科学应变，把握变化中的机会，在困境中捕捉和创造机遇。世界上没有顺顺利利成功的企业，企业唯有坚持不懈地努力，创新求变，才能赢得主动。2013 年 9 月 2 日，诺基亚宣布，将手机业务以 73 亿美元的价格贱卖给微软。从诺基亚手机当年的命运看，跟不上技术创新是其发展受阻的主要原因。2017 年，诺基亚突然以 1850 亿元的年营业收入，重新杀回世界 500 强企业。2019 年，诺基亚的 5G 专利在全球通信厂商排名第二，仅次于华为。诺基亚成立于 1865 年，在 100 多年的历史中，经历过很多艰难时刻，但诺基亚始终坚持创新，以创新换得企业新生，以创新赢得发展主动。一个企业无论实力如何，一定要通过创新跟上时代步伐，否则就会被淘汰。在 2021 年中国家电及消费电子博览会上，海尔、长虹、TCL 等家电企业都推出成套智能化家居产品，在洗衣机、冰箱、集成灶等电器上都配备屏幕作为分布式入口。这些设备不仅能实现家电智能化联动，还将更丰富的增值服务引入家庭场景。正是因为坚持创新驱动，我国的家电企业才赢得了发展的主动。

（二）创新驱动决定企业的生存与发展

创新是推进产业现代化的有力支撑，也是推进企业高质量发展的核心动力。谋创新就是百年企业谋未来。企业长期发展要靠创新驱动，要靠科技研发、商业模式创新和产品服务提升。

1. 创新培育企业

创新引领企业持续发展。实体经济高质量发展需要依靠创新去推动。企业发展模式很多，但要把创新放在第一位。随着我国大力实施创新驱动发展战略，创新发展成果正源源不断地涌现。高铁、扫码支付、共享单车、网络等创新创造受到热捧，给经济社会发展带来深刻变革。中国中化集团提出“科学至上”，没有新技术不投资，没有新产品不投资，完全以技术进步为主要标准。企业之间的竞争本质上是技术的竞争和管理的竞争。谁拥有更先进的技术、更严格的管理，谁就拥有了更高的效率、更好的用户体验，就能够在竞争中立于不败之地。近些年来，我国国产手机品牌市场占有率稳步提升，与企业持续推进创新密不可分。OPPO 开发了屏下隐藏式摄像头，不断提升屏幕占比。vivo 率先采用了屏幕指纹技术，让指纹识别更加精准。OPPO 和华为都用自主研发平台开发了快速充电技术，提升了手机充电的速率和续航能力。华为以麒麟系列芯片，探索了芯片设计制造这一核心领域。这些拥有自主知识产权的国产品牌，以一系列技术创新实现了迅速崛起。

2. 创新做强企业

创新引领企业增强核心竞争力。新技术的不断涌现不仅大大降低创业成本，也让过去无法想象的交易变成可能。从引进、消化、整合、创新，一直到最终形成超越西方发达国家的新标准，复兴号展示了中国高铁的逆袭之路。我国拥有一大批具有国际竞争力、国际一流水平的企业和品牌，如中国高铁拥有全球领先的三大核心技术：轮轨技术、列控技术、电气自动化技术；每小时 350 千米的速度世界第一；还有中国消费类电子产品等居全球领先水平。创新是做强企业的第一动力。企业只有创新才能走得更远。企业抓住了创新，就抓住了牵动企业全局的“牛鼻子”。企业要敢为天下先，倾力创新，争做创新发展的探索者、组织者、引领者，推动技术创新、管理创新、市场创新、模式创新、制度创新，努力把企业打造成为强大的创新主体。

3. 创新做久企业

创新引领企业融入新时代。创新必须坚定不移地走自主创新的道路，把创新的主动权、发展主动权掌握在自己手中。世界经济史已经证明，企业创新是攻坚战，也是持久战。在科技进步的道路上，关键核心技术是要不来、买不来、讨不来的，只有立足自身，自立自强。没有创新的企业是没有灵魂的企业，没有核心技术的企业是没有脊梁的企业，没有精品的企业是没有未来的企业。著名企业家任正非有一句名言：历史规律就是死亡，而我们的责任是要延长生命。企业的历史责任，就是做强做久企业。格力电器在发展壮大的进程中，始终把自主创新作为最根本和持久的动力，坚持自主研发、自主生产、自主经营和自主培养人才，履行使命，创造价值，树立中国制造的全球影响力。

（三）创新驱动提升企业的市场竞争力

创新拓展企业的市场，引领企业发展壮大。创新最大的难关是核心技术，最大的挑战是商业化。企业要适应国家发展战略和商业化的需求，不断研究解决方法，不断做出正确决策，以此提升企业的市场竞争力。

1. 创新要抓住核心要素

创新应当掌握核心技术，抓住几个核心要素，找准痛点，让创新直抵痛点。痛点找准了，才能发挥事半功倍的效果。强化创新驱动，抓住核心要素，必须夯实产业基础能力。关键核心技术是国之重器，对推动我国经济高质量发展、保障国家安全具有十分重要的意义。从“两弹一星”到载人航天、超级计算机，再到复兴号高铁、特高压电网，一系列举世瞩目的成就告诉我们，只有把关键核心技术掌握在自己手中，才能从根本上保障国家经济安全、国防安全和其他安全。例如，我国已经成为全球电子元器件第一大生产国，企业数量超过万家，但行业大而不强问题依然突出，主要表现在企业整体实力偏弱、自主创新能力不强、骨干企业匮乏，关键核心技术受制于人。许多产品的关键元器件、零部件、关键基础材料、先进基础工艺、基础软件等方面都存在短板，技术水平和产业能力与国际先进水平相比存在较大差距。破解这一难题，必须强化战略导向和目标引领，坚持面向世界科技前沿、面向经济主战场、面向国家重大需求，提升科技创新能力，在关键领域、卡脖子的地方下大功夫，尽早取得突破，促进核心技术国产化替代。围绕产业链部署创新链，围绕创新链布局产业链，尤其努力补全产业链技术的断点盲点。深入推进以企业为主体的产学研合作创新和关键共享技术联合攻关，持续增加有效研发投入，加大投入做好基础研究，用原创性、根本性的前瞻性成果支撑应用技术创新。

2. 创新要顺应发展趋势

创新应当融入时代发展潮流，顺势而为。俗话说，治一种病症的药是好药，治多种病症的药是去痛片，包治百病的药是假药，药到病除的药是毒药。创新为魂，对症下药，高端制胜。新一代信息技术革命和产业变革加速演进，新应用、新业态、新场景大量涌现。我国企业结合自身实际，顺应新一代信息技术革命，特别是数字化、智能化的发展趋势，深入推进适应时代要求的业务转型，增强采集数据、管理数据、挖掘数据能力，打破内部信息壁垒，全面提升数据资源应用水平。我国目前经济社会发展、民生改善、国防建设面临许多需要解决的问题，这就要求我国企业技术创新必须顺应发展趋势，坚持问题导向。例如，从国家迫切需要和长远需求出发，在石油天然气、基础原材料、高端芯片等方面关键核心技术上全力攻坚，加快突破关键核心技术。又如，在事关发展全局和国家安全的基础核心领域，瞄准人工智能、量子信息集成电路等领域，确定战略性、储备性技术研发项目。我国很多企业积极适应环境变化，以产品提质、组织增效和品牌提升为导向，主动推进业务模式转型。海尔集团以用户为核心，基于现代技术手段开展产业生态重构，孵化出聚焦工业物联网的卡奥斯平台、聚焦场景物流的日日顺物流平台、聚焦衣物全生命周期管理的衣联网平台，赋能产业关联方，实现生态共赢。海尔集团的实践表明，数字化、智能化时代，数据将成为重要资产，产品会被场景替代，行业可以被产业生态覆盖。企业创新只有顺应潮流，踏准时代节拍，企业才会有光明的前景。

3. 创新要宽容失败

创新应当承担风险，需要担当，更要宽容失败。企业创新活跃，发展才有持久动力。技术创新是一种风险很大的工作，需要有合理的容错机制。企业持续推动创新，企业的生命力必然逐步提升。企业有创新才能有突破。但创新就得冒风险、敢担当。如果没有担当精神，创新很难持续坚持。美国考皮尔公司前总裁比伦提出著名的“比伦定律”。这个定律的意思是，“若是你在一年中不曾有过失败的记载，你就未曾勇于尝试各种应该把握的机会”。万象世界，成败相依。比伦定律辩证地认知失败，把失败看作是成功的前奏。失败也是一种成功的机会，当你在人生中途跌倒，从辉煌的时刻坠落，不一定是坏事。因为失败中一定存在机会，风平浪静反而缺少机会。市场经济是一个复杂的系统，需要专业人员运行才能找准节拍。创新是创造新鲜事物，需要专业人才，走专业化道路，让专业人才干专业的事。但创新难免有风险。创新特别是初期阶段，失败率很高。没有宽容失败的理念和行动支持，企业创新就会枯萎。全社会应当建立起宽容失败的氛围，营造激励创新、宽容失败的良好科技生态环境，支撑科技人员脚踏实地、久久为功，努力创造更多的创新成果。

4. 创新要商业化

创新成果应当产业化，尽快实现商业化。创新遇到的难关是商业化。创新不会有人教你现成的解决方法，要不断做正确决策很难。面临诱惑，坚守价值底线，不被干扰。企业要敢于创新求变，寻找新机遇。市场是迭代创新的重要依托。企业创新需要快速地将技术优势转化为产品优势、将创新成果转化为物质财富。民品创新最大的难关是加快商业化。企业如果只是创新出产品而没有商业化，只能叫展品。创新要发挥市场导向，克服科研和生产“两张皮”相互脱节的现象。坚持市场导向，充分发挥市场在资源配置中的决定作用，发挥市场对技术研发方向、路线选择、要素价格、各类创新要素配置的导向作用，让技术得以作为市场要素自由流通，从而降低交易成本，对产业发展形成有力支撑。深圳大疆创新科技有限公司是全球领先的无人机飞行器控制系统及无人机解决方案的研发和生产商，占据了全球 70% 的无人机市场份额。滴滴巴士是第一个尝试将巴士进行多场景应用的定制巴士。它根据大数据测算推出城市出行新线路，并用旅游线路定制、商务线路定制等拓展了巴士出行场景，从而扩大了企业的市场份额。

二、企业创新内涵丰富

创新是建设现代化经济体系的战略支撑。企业是创新驱动的主力军。放眼全球、环顾国内，面对各种不确定的挑战和困难，企业要想危机中育先机、变局中开新局，必须依靠创新的支持和保障。创新理念引领企业发展，创新驱动形成企业的发展动力。企业以创新力提升带动竞争力、影响力和抗风险能力，更好地适应和服务国家重大战略。

（一）强化企业创新主体地位

企业是经济的细胞，是创新驱动的主体。企业贴近市场、了解市场需求。创新链、产业链融合，关键是要确立企业创新主体地位。在市场竞争压力下，企业对创新创造效益、提升竞争力、谋求生存发展的愿望更为直接和迫切。企业的发展状况、竞争实力、管理能力对我国经济长远发展举足轻重。企业作为创新主体表现在多个方面。企业要想谋求更大的发展，必须坚持创新发展理念，加快技术创新、管理创新、模式创新、体制机制制度等方面创新。企业通过技术创新不断开发出更好的技术、装备和产品，通过商业模式创新寻求新的价值增长路径，通过管理创新完善流程、制度和机制，更好地推动技术创新和商业模式创新，实现企业提质增效。

1. 企业是技术创新的主体

技术创新是企业面对产品生命周期缩短和激烈的市场竞争必须采取的战略抉择。创新要自立，技术创新要自强。自立自强永远是企业安身立命最坚实的依靠和屏障。国家统计局《中国创新指数研究》课题组发布数据显示，2020 年中国创新指数达到 242.6，比 2019 年增长 6.4%，创新能力和水平持续提升。企业创新主体地位进一步巩固。2020年，我国企业R&D经费达到1867.8亿元，比2019年增长10.4%，其中规模以上工业企业R&D经费1527.3亿元，比2019年增长9.3%。企业作为技术创新的主体，配置资源的效应更大、效率更优，解决“卡脖子”问题，关键核心技术攻关更重要。培育企业核心竞争力，技术创新是关键。百年企业均以技术创新为动力，增强企业核心竞争力，使企业成为创新要素集成、科技成果转化的生力军。企业在技术创新中的主体作用体现在：企业是研发投入的主体、技术应用的主体、收益的主体。发挥企业在技术创新中的主体作用，使企业成为创新要素集成、科技成果转化的生力军。提升企业的自主创新能力，一方面源于我国经济进入高质量发展阶段的要求；另一方面是因为激烈的国际竞争及单边主义、保护主义上升的背景。企业必须走出属于自己的自主创新道路。发挥企业创新主体作用，需要企业主动作为，依靠技术创新进行结构升级，攻克关键核心技术；需要企业放眼国际，以市场为导向，把攻克“卡脖子”技术放在创新驱动的突破方向；需要企业结合自身资源与技术优势，加快向全球价值链高端攀升的战略布局，为转型升级做技术储备；需要企业加速科技成果向生产力转化，形成更多新的增长点，提高产业链、供应链稳定性及现代化水平。海尔集团坚持自主创新，打造出中国的世界品牌；中车集团研发高速列车，实现了我国高速铁路自主创新的重大突破，使我国高速铁路建设达到世界领先水平；大庆油田采油企业，坚持自主研发原创技术，使我国采油技术居于世界领先地位；中国航天集团和中国航天科工集团积极探索，走出一条以原创和系统集成为主的自主创新发展之路，为我国企业自主创新树立了榜样。提升自主创新能力，是我国摆脱受制于人局面、加快转变经济发展方式的必由之路。打造百年老店必须重视科技创新，把构建企业核心技术能力作为企业品牌建设的基础、实现国际化战略目标的重要途径。

2. 企业是管理创新的主体

加强管理是企业发展永恒的主题，也是企业实现基业长青的重要保障。实施创新驱动需要企业不断更新观念、组织推动、全员参与，真正建立系统优化的管理创新体系。企业管理创新能够大幅度节约和降低成本，提高效率和效益。随着全球范围内产业分工的深入发展，企业之间的竞争已经超过单个企业之间的竞争，更多地表现为产业链、供应链之间的竞争。在这样的竞争格局下，大规模运营能力、系统化管理能力，成为企业必须具备的基础能力。近些年来，科技创新、商业模式创新不断加快，新技术、新业态不断涌现。我国企业在快速发展的过程中，企业管理创新进展缓慢，很难适应大规模运营的需要。提高企业管理现代化水平已成为当务之急。面对日益复杂的形势和各种不利因素，我国企业需对标世界一流管理水平，突破惯性思维和习惯做法的约束，树立协同共赢的发展理念，向管理要质量、要效益、要发展，全流程加强精细化管理。坚持管理提升与解决问题结合，瞄准企业发展面临的实际问题和企业管理的薄弱环节，从解决实际问题入手，以问题的解决作为衡量管理提升效果的标准。当前企业集团管控的重点已经不是简单的管和控，强调集权和集中化，而是如何构建适应“多元”“多层”“多国”“多中心”“多股东”的新型管控体系，包括如何解决总部的机关化问题，提升集团整体协同能力，如何实现分级授权与控制，建立多层法人治理体系等，这些都是当前大企业集团管控面临的非常现实的问题。因此，要切实加强企业集团总部建设，协调好各业务板块之间的关系，采用战略联盟、价值链管理方法和手段，提高供应链管理水平，提高运营风险管理能力，以管理提升保障企业运营，以管理效率提升企业绩效。充分利用互联网、大数据，加强信息化和标准化建设，构建反应敏捷的一体化管控平台，以现代先进信息技术提高生产效率、管理效率、营销效率，从而改善企业盈利水平。打造百年企业必须以管理创新为基石，激发创新的组织模式，加强管理体系及管理能力建设，促进企业管理理念、管理文化更加先进，管理制度、管理流程更加完善，管理方法、管理手段更加有效，管理基础不断夯实，创新成果不断涌现，形成系统完备、科学规范、运行高效的中国特色现代企业管理体系。

3. 企业是商业模式创新的主体

商业模式创新是企业通过创新自己的产品和服务方式，为客户创造出新的价值。管理学大师彼得·德鲁克曾说过，当今企业之间的竞争，不是产品之间的竞争，而是商业模式之间的竞争。企业随之产生不同于以往的新价值，形成新的核心竞争力和竞争优势。商业模式是一个动态的演化过程。近些年来，企业受资源约束、生态失衡、劳动力成本上升、企业间同质化竞争加剧等因素影响，使企业靠产品规模化经营的路子越走越窄，迫使企业必须从创新中寻找新的商业模式，加快建立现代综合信息管理系统，用好互联网、大数据、云计算等信息技术，不断厚植创新力。海尔集团从日清日高，到以市场链为纽带的业务流程再造，再到以自主经营体为基础的人单合一管理，反映企业管理随当代信息技术发展而逐步升级，实现了互联网时代新的商业模式的构建。中广核工程公司以信息网络为载体，实施产业链上下游企业在技术创新、项目管理、创新联盟等方面合作，探索出一条主导产业链协同创新的新型商业模式。2020 年突袭而至的新冠肺炎疫情，促使各行各业在未来发生重大变化。行业重构、企业重构、业务重构、商业模式创新成为发展趋势。打造百年企业必须以加强管理体系和管理能力建设为主线，从系统性、全局性来推进商业模式创新，不是原有商业模式的修修补补，而是加快推进企业从工业化时代的商业模式向数字经济时代的新商业模式迈进。

4. 企业是体制机制制度创新的主体

创新需要体制机制和制度保障。一是体制创新。实现创新引领，离不开创新型体制。产学研联盟是加快体制创新的具体形式。成立产学研联盟，企业应当是“盟主”。企业成为创新体制的主体，各类创新资源投向企业。企业通过契约关系与高校、研究院所形成利益共同体，使产学研联盟产生创新的内生动力。产学研三方共同奔向市场、奔向需求，让技术创新成果尽快转化为社会现实生产力。二是机制创新。健全创新激励和保护机制，构建能够充分体现知识、技术、数据等创新要素价值的收益分配机制，完善科技评价机制。加强知识产权保护，吸引、汇聚优秀科技创新人才，培育具有世界眼光、战略思维、开拓精神、敢闯敢试的高水平创新团队。企业根据自身特点，有针对性地发现创新领军人才和培养关键人才。健全容错纠错机制，形成支持大胆探索、鼓励担当作为的鲜明导向，营造激励创新的企业文化，鼓励创新，让创新融入企业血脉。三是制度创新。制度创新是企业成就事业和适应变革的关键入口。以制度创新促进技术创新。技术创新解决的是生产力问题，是“硬”的一面。在重视技术创新的同时，也要重视制度创新。制度创新解决的是生产关系问题，是“软”的一面。“软”的给“硬”的赋能。用制度尺子定规矩，百年企业不断健全制度设计、制度建设、制度安排、制度完善、制度保障，才能为企业长远发展清障筑基。打造百年企业必须加强体制机制创新，激发创新的制度保障，营造崇尚创新的社会氛围，切实为创新驱动创造良好环境。

（二）推动企业自立自强创新发展

创新是时代的主题，创新引领企业高质量发展。中国既是世界工厂，又是世界市场，还是世界研发基地和创新中心。近两年的新冠肺炎疫情凸显了中国在全球供应链中无可替代的地位。崇尚创新，勇于创新，决定企业的未来。创新是企业自立自强的重要源泉，是抢占商机形成核心竞争力的重要法宝。

1. 树立企业创新思维，掌握创新主动权

创新思维是行动的先导。一个企业要走在时代前列，就要有理论思维，就要有创新思维引领。比尔·盖茨曾说过，一个企业成长的速度取决于企业家创新的理念和企业家创新的心态。我国古代司马光思维——打破，才能得到生机。孙子思维——知己知彼，百战不殆。西方哥伦布思维——想，就要干。亚历山大思维——成大事者，决不被陈规旧习所束缚。航海沿着旧地图，永远也找不到新大陆。企业往高端走，从有没有到好不好，这是本质的变化。企业的创新思维，就是不能按照以前的旧理念、旧框框行事。理论的生命力在于创新。只有以创新思维引领企业新实践，企业才能在复杂多变的形势中御风前行。熊彼特曾经说过，多少马车相加也得不到一列火车。一个学不会游泳的人，老换游泳池是不能解决问题的。如果思维不突破，一直陷在自己的经验中，那么就只能在原地踏步。企业不仅要驾驶顺风的船，而且要掌握逆风的船。面对逆风的航行，需要处变不惊，换个思维，反问、追问，以创新发展理念引领企业高质量发展。创新思维是百年企业历任领导破除迷信、超越陈规，善于因时制宜、知难而进、开拓创新的意识。创新思维是影响企业最深刻的因素，最持久的源泉。大象能轻松地将一吨重的东西抬起，但在看马戏表演时，发现大象安静地被拴在一个小木桩上。为什么？大象从小被驯养师用铁链拴在铁桩上，不管大象用多大的力气去拉，也拉不动铁桩。由于幼象的这种经历，逐渐长大以后，也不会妄动。幼时的经验存留在记忆里。习惯性地认为木桩拉不动，所以不再尝试。人也如此，心中的成见形成了看不见的枷锁，阻碍去释放潜能。

企业领导之所以努力工作，不是因为这份工作没你不行，而是因为，这份工作没你也行。创新思维要打破桎梏，切中时弊。企业要把产业链自主创新进行到底，坚持差异化、高端化的产业产品战略，了解客户需求，满足细分领域不同场景的要求。加强行业共性技术研究，实现核心零部件国产化，完成高性能配套产品研制，加速解决“卡脖子”技术。积极参与国际标准修订，缩小差距，在关键领域形成以自主知识产权为主导的技术标准体系，抢占产业发展的制高点。2008 年，中国铁建重工开始进行盾构机研发设计。当时，盾构机的核心技术被国外公司垄断。铁建重工从零开始，一步一步攻坚克难，不到一年时间，铁建重工第一台盾构机问世。如今，铁建重工拥有全球最大的高端地下工程设备制造基地，生产系列最全、品类最多、应用最广的地下工程装备，创造了 50 多项填补国内外空白的产品和技术。在激烈的市场竞争中，做到“人无我有、人有我优，人优我转”的思维理念，敢于直面挑战，发奋努力，开拓进取，在攻克一个个难题中不断迈向新的高度，创造新的辉煌。解放思想，坚持变中求新、变中求进、变中突破，激发企业创新动力和活力。时代的篇章不断翻新，发展的命题日新月异，变革伴随着 5G、大数据、人工智能等技术创新呼啸而来。企业唯有创新，保持定力，直面挑战，用自立自强的勇气和创新的精神，奋力开创企业发展的新篇章，才能获得登上新时代巨轮的“船票”。企业应当树立创新思维，掌握创新主动权，大力开展科技攻关和新技术、新材料、新工艺的推广应用，努力提高企业的技术创新能力与核心竞争能力。

2. 加重企业创新研发投入比重，突破关键核心技术

在企业科技创新的道路上，关键核心技术单纯依赖外援是靠不住的，只能立足自身，自立自强。企业自主创新持续努力钻研，从无到有，实现从有到精，需要大量的研发投入。关键核心技术是创新之本、发展之魂。只有充分培育领先、独创的创新，抓住核心技术创新的“牛鼻子”，不断推进机制改革、技术革新、标准提升，才能突破关键核心技术，支撑国家经济安全、科技安全和国防安全。自主创新是企业的生命，是企业爬坡过坎、发展壮大的根本。提高企业自主创新能力，必须充分发挥企业主体作用。企业要在激烈的市场竞争中掌握战略主动、赢得比较优势，就要增强创新意识，强化企业自主创新，加大企业在创新资源配置的主导权，加重创新

投入，发挥企业在技术创新决策、研发投入、科研组织和成果转化应用等方面的主体作用。企业走自主创新道路，是攀登科技高峰的必由之路。从“两弹一星”到载人航天、超级计算机、北斗导航，再到复兴号高铁、特高压电网、5G通信等，一系列举世瞩目的伟大成就实践告诉我们，关键核心技术要依靠自身实力。中国空间站是中国独立自主建造运营的载人空间站，由天和核心仓、问天试验仓、梦天试验仓三个仓段构成。从飞船到火箭，从分系统到单机，从原材料到元器件，中国空间站实现了产品全部国产化、部组件全部国产化、原材料全部国产化，关键核心元器件100%自主可控。实践证明，只有坚持走以我为主、自主创新的发展道路，把关键核心技术掌握在自己手中，才能真正掌握竞争和发展的主动权。自立自强没有捷径可走，唯有踏实奋斗，加大自主创新投入，走自主创新道路，才能在国际竞争中立于不败之地。我国全社会研发投入强度，2018年为2.14%，2019年为2.23%，2020年为2.4%。2019年，世界主要发达国家企业研发投入为：亚马逊359亿美元，占收入比12.8%；诺华94亿美元，占比19.8%；英特尔134亿美元，占比18.6%；三星20.1万亿韩元，占比8.8%；大众132亿欧元，占比6.7%；微软169亿美元，占比13%；辉瑞87亿美元，占比16.7%；苹果162亿美元，占比6%。2019年，我国高新技术制造业研发投入占比为2.41%。2020年中国企业500强的研发强度为1.6%，美国500强企业研发强度为6%，差距很大。近几年我国企业研发投入占比不断增长，但远远低于发达国家的企业研发投入水平。企业创新不能单靠模仿。如果羡慕成功的企业，就想依葫芦画瓢模仿，就会走上盲目跟跑的道路。不走自己的路，单靠模仿，最终会步入歧途，错过属于自己的正确道路。学习始于模仿。看幼儿学步就知道了。但也要知道，种瓜得瓜，种豆得豆，柿子树上结柿子，梅花树上开梅花。在认识自己的前提下，模仿才有价值。跟随模仿没有前途，走别人走过的路，只能永远跟在别人后面。企业只有加大创新投入，坚持自主创新，突破关键核心技术，下好先手棋，打好主动仗，才有机会实现“弯道超车”，取得差异化竞争优势，从而使我国企业在国际竞争中脱颖而出。我国在许多产品的关键元器件、零部件、关键基础材料、先进基础工艺、基础软件等方面都存在制约产业跃升的核心技术短板。汽车行业是一个科技含量很高和市场化竞争很强的产业。吉利集团多年来坚持走自主创新的道路，在中国汽车行业率先取得发动机、变速箱等核心技术领域的重大突破。华晨集团2020年破产重整，凸显企业自主自强的必要性。华晨集团自主关键核心技术缺失，产品和设计实力不济，市场趋势把握不准，为华晨的暴雷埋下祸根。由于关键核心技术本身具有根植性，加上跨国公司基于自身利益，市场不仅换不来关键核心技术，还让自己患上合资依赖症，逐渐失去市场竞争力。我国企业必须在核心技术攻关方面下苦功、拼全力，不断锻造自主创新的骨气和志气，攻破“卡脖子”环节，促进核心技术国产化替代。推进以企业为主的产学研合作创新和关键共性技术联合攻关，持续增加研发投入，加强创新成果的商业化应用。加大激励力度，培育更多顶尖人才，努力提升自主知识积累水平。集成电路产业尤其是人工智能芯片产业的创新发展，必须解决部分关键技术“卡脖子”问题，确保核心技术自主可控。因此，一些技术创新的龙头企业须继续加大创新投入，围绕关键核心技术，做好基础研究，进一步创新突破，用原创性、根本性的前瞻成果支撑应用技术创新。企业加大自主创新投入，增强企业核心竞争力，实现企业高质量发展。

3. 寻求企业创新领先，增强企业核心竞争力

创新是企业的生命，是企业提高核心竞争力的根本。企业的核心竞争力是企业所特有的、能够经得起时间考验的、具有延展性的、难以被竞争对手复制和模仿的能力。现代企业的核心竞争力是一个以知识、创新为基本内核的企业关键资源和关键能力的组合，是能够使企业在一定时期内保持竞争优势、获得稳定利润的动态系统。凭借核心竞争力，企业可以使其产品和服务的价格在一定时期内得到提升，从而在激烈的市场竞争中脱颖而出。全球正在掀起科技革命浪潮，我国企业面临着强烈的科技创新需求和紧迫性。著名管理学家彼得·德鲁克说过：无人能够左右变化，唯有走在变化之前。只有将领导变革视为己任的组织才能生存下来。2018年诺贝尔经济学奖得主保罗·罗默说过，物联网时代的经济增长，主要来自企业的创新和不断产生的新创意，需要内生增长，而培养想象力是促进企业内生增长的根本因素，这就要求把每个人内在的潜力都发挥出来。随着物联网高速发展和用户需求愈发个性化的新趋势，任何企业都不能稳坐钓鱼台。反应慢一点、转型晚一点，都可能被市场淘汰。唯有把用户体验当作企业

发展的关键指令，想到用户前面，才有可能保持常青。企业提升创新能力，做到创新领先，就要有自己的专利、自己的核心技术。我国企业创新领先的标志是专利数量快速增加，实力明显增强。在5G领域，我国企业无论是在国际专利总数量方面，还是在国际标准必要专利方面，都在全球居于行业前列，并且积极参与了5G产业国际标准制定。华为等企业得益于创新能力不断加强。深圳大疆无人机做世界一流的产品，走中国技术、中国制造的道路，坚持自主创新，每年申请专利近千项，每一个产品，几乎都是中国自己的技术。为抢占创新的制高点，近些年来，科技创新基础设施不断完善，创新人才不断涌现，在供给侧结构性改革、创新驱动发展战略等政策的推动下，我国产业链技术水平不断提升，企业的核心竞争力显著增强。逐渐成为企业创新的重要源泉。

4. 强化企业创新服务，为创新提供更多支持

创新需要全社会的支持。加快营造有利于创新成果转化的良好环境，社会资本和企业以高境界和长远的眼光看待创新。以“功成不必在我，功成必定有我”的情怀志向，长期投入研发、提高技术创新能力。构建创新研发公共服务平台，优质高效的创新公共服务，能够显著降低企业创新研发成本，提升企业创新的市场活力。围绕人工智能、大数据、高端制造业等重点领域，建设专业水平高、服务能力强、产业支撑力大的产业公共服务平台，提升可靠性试验验证、计量检测、标准修订、认证认可等服务能力。增强创新效能，激励各方面参与创新的积极性。充分发挥市场参与方的最大效能，形成政府、科研机构、企业和金融机构等主体之间的联通渠道，构建权责清晰、优势互补、利益共享、风险共担的协同创新治理格局，充分释放人才、资本信息、技术等创新要素活力，提高创新效能，提升创新效率。健全以创新能力、质量、实效、贡献为导向的创新人才评价体系，落实以增加知识价值为导向的收入分配政策，构建充分体现知识、技术等创新要素的收益分配机制，加大对承担国家重大科技任务科研人员的激励。

三、持续推进企业创新发展

创新是人类进步的重要动力，是全球经济发展、社会进步的重要动力。百年老店不是百年不变，而是在不断创新升级中保持旺盛生命力，活的年

头超过一百年的店。创新无疆，企业要想成为百年老店，谋求更大的发展，就要不断创新。

（一）发挥企业创新集成合力

创新是一个复杂的社会系统工程，涉及经济社会各个领域。坚持创新发展，既要坚持全面系统的观点，密切创新链、产业链、资金链、政策链相互交织、相互支撑，形成协同创新的合力；又要抓住关键，以重要领域和关键环节的突破带动全局。

1. 加速企业牵头组建创新联合体

创新离不开协同发展。强化创新体系建设，建立以企业为主角的创新联合体，做到产学研用协同创新。以企业牵头，整合集聚创新资源，形成跨领域、大协作、高强度的创新基地，开展产业共性关键技术研发、科技成果转化及产业化、科技资源共享服务，推动重点领域项目、基地、人才、资金一体化配置，提升我国产业基础能力和产业链现代化水平。企业牵头建立创新联合体，需要建立开放的治理结构，与高校和科研院所之间建立协同创新机制，连接上下游企业形成利益共同体；需要重视基础研究和应用基础研究，加大研发投入，紧密结合国家重大科技项目的部署，围绕产业关键核心技术，明确任务目标，加大科技资源投入；需要重视科技创新人才的培养和激励，立足企业特点，完善科技创新人才的激励机制，为人才成长提供资源支持。支持企业建立创新联合主体，政府既不要越位，也不要缺位。一方面，坚持政府引导、市场投入。创新联合体的建设投入主要应当由企业来完成，政府主要发挥启动建设的引导作用。放权牵头企业联合高校、科研院所等建设主体，积极探索创新联合体的体制机制创新。政府不要插手创新联合体的日常管理，但要集中力量整合提升一批关键共性技术平台，支持行业龙头企业联合高等院校、科研院所和行业上下游企业共建国家产业创新中心，承担国家重大科技项目。另一方面，政府应当严把创新联合体布局建设的顶层设计关，聚焦哪些领域建立创新联合体，需要政府主导布局。引导创新联合体制订发展路线图，围绕关键核心技术研发和产业创新生态，构建设定阶段性目标，针对各阶段的支持举措做出前瞻性部署，积极促进和助推技术应用，加速促进创新成果落地转化。

2. 加强企业创新链、产业链、价值链的深度结合

科技创新关键在于科技成果转化。打通产学研创新链、产业链、价值链，进行全链条创新布局。创新链、产业链、价值链是各个产业部门之间基于一定的技术经济联系而形成的链条式关联形态。我国坚持推进产学研结合，取得了很多成果，但也暴露出许多不足。全产业链融合迫在眉睫。必须加强创新链、产业链、价值链的三链结合，探索建立从知识产权转让到高科技企业上市发展的培育服务体系，形成适应新时代要求的科技创新范式。一是运用好创新链。创新链是从创意源泉到产品推向市场的过程。围绕产业链部署创新链，围绕创新链布局产业链，更多集聚创新资源，开展创新合作，实现从 0 到 1 的突破，提升产业链、供应链水平，加快打造强大的创新主体。二是运用好产业链。产业链是各个产业之间依据特定逻辑关系和时空布局客观形成的关联关系。完整的产业链包括原材料、制成品、服务等多个环节，表现为供应链、产品链、需求链等形态。创新须发挥产业链优势。产业链大而全是基础，大而强、大而优则是百年企业的努力方向。在新一轮科技革命的重大机遇下，产业结构正在面临深刻调整。我国作为制造业大国，面对全球经济放缓、生产成本上升和资源环境约束，企业要努力补短板、强弱项，抓紧攻克“卡脖子”技术和高端装备，朝着产业基础高级化、产业链现代化的方向迈进。工业企业发展加速迈向中高端，先进制造业和现代服务业加速融合，新兴产业逐渐成为我国经济增长新引擎。近些年来，我国制造业产业增值链条不断延伸，向深度加工和核心技术领域扩展。我国在国际分工中的角色在发生积极变化，在全球供应链的地位从最初的廉价外包目的地转变为全球供应链的重要中心，与发达国家间正在由传统纵向分工向横向交错、互补与并存方向发展，我国产业链优势进一步稳固，助推中国制造业整体转型，迈向高质量发展的新阶段。三是运用好价值链。价值链是企业在创造利润过程中所需要的各种商业活动的环节。创新链作为原始的驱动，依靠产业链实现创新成果，依靠价值链实现价值。创新链、产业链、价值链融合，关键是确立企业创新主体地位。增强企业创新动力，正向激励企业创新，反向倒逼企业创新。发挥企业出题者作用，推动重点项目协同和研发一体化，加快构建龙头企业牵头、高校院所支撑、各创新主体相互协同的创新联合体，提高科技成果转移、

转化的成效。

3. 加大企业运用数字经济改造传统产业的力度

数字经济具有技术创新、产业融合、绿色发展、信息共享等特征。以数字经济为代表的科技创新要素正在成为催生新发展动能的核心驱动力。技术改造投资具有投入少、产出多、周期短、效益高等特点。技术改造能使企业已有的项目老树开新花。技术改造可以提高传统产业技术能力，使传统产业的发展转向高附加值的产业领域和产业链环节。企业的技术改造资金应当加快数字化转型，投向新技术、新工艺、新设备、新材料等领域，加快推动传统制造业智能化、数字化、高端化、绿色化，加快互联网、大数据、人工智能的深度融合。通过设备更新改造，以信息化、自动化、智能化、供应链管理为重点的技术改造，强化企业在核心基础零部件、关键基础材料、先进基础工艺、产业技术基础等方面的技术水平和能力。目前，我国数字经济应用创新日益活跃，已渗透到包括钢铁、机械、电力、交通、能源等多个行业，形成平台化设计、智能化制造、网络化协同、个性化定制、服务化延伸、数字化管理等应用模式。数字经济作为新增长点，已是互联网时代，互联互通、持续创新的新动能。数字经济正在颠覆和改造传统产业，并和传统产业进行充分结合。物联网、人工智能、大数据等新兴业态与传统产业的深度融合，有效激活传统产业的产能。

4. 加快企业科技创新成果转化率提升

科技成果是国家科技创新的重要推动力量，也是国家经济发展的关键竞争力。科技成果转化是实现从科学到技术、从技术到产品，保证经济高质量发展的关键环节。但我国科技成果转化慢、转化比例低一直是困扰企业创新的突出问题。据有关资料反映，我国每年有 80% 以上的科研成果被闲置，转化为现实生产力的比例不到 20%。我国科创企业很多，手握核心技术的科创企业也不少。但是在科技成果转化为现实生产力的道路上，不是每一家企业都顺风顺水。资金、技术、人才、产业配套、市场政策环境，无一不是自主创新路上的“拦路虎”。从企业的角度分析，我国多数企业仍处于资源要素驱动阶段，科技含量低，产品创新力差，很多核心技术受制于人，成为最大的隐患。企业对于高校产出的科技成果兴致低迷，缺乏主动性和积极性，在引进和消化科技成果的问题上，很多企业显得力不从心。创新需要持续推进，克服种种困难；需要弘扬企业家精神，弘扬工匠精神；需要创新主体的不懈坚持；还需要社会的包容与呵护。从高等院校的角度分析，长期以来形成重论文发表数量、轻成果转化，重专利申报、轻专利应用的问题普遍存在，导致技术转移工作在实践中具有很大难度。一些高校较少甚至没有专项经费用于科技成果转化工作，阻碍了成果的产品化进程。创新技术不能高高在上，锁在实验室抽屉里。创新成果需要产业化，特别是要通过广泛应用场景丰富数据，推动迭代的技术类型。优秀的科研成果成功转化为产品及服务，才能为社会及经济带来贡献。近些年来，我国持续深化科研院所和高校的自主权改革，加大力度做好基础研究，着力提升创新绩效，增强科技成果供给，优化落实研发费用，完善科技成果转化链条，加快新技术、新成果转化应用，让更多成果走向市场，构建优势互补高质量发展区域创新布局，通过开放合作主动融入全球创新网络，为科技创新大展身手搭建了广阔的舞台。但科研转移比较薄弱，没有获得足够重视。我国企业在未来的发展中，只有抓住机遇，运用好创新链，善于积势、蓄势、谋势，善于识变、求变、应变，勇立桥头，迎头赶上，才能将企业打造成为有竞争实力的创新主体。

5. 加深企业技术创新与管理创新的紧密融合

2016年诺贝尔经济学奖获得者本特·霍姆斯特朗说过，技术创新在导致企业获得成功方面只发挥了很小的一部分作用。治理结构、商业模式、人才管理等都是技术创新的必要补充，技术本身只是带来一种可能性，并不会必然导致成功。百年企业的共同特点是一手抓技术创新，一手抓管理创新。技术创新和管理创新犹如企业的两个翅膀。技术创新决定了企业能走多快、飞多高；管理创新关系着企业能走多稳、飞多远。以技术创新培育企业核心竞争力，以管理创新打造激发创新的组织模式。企业如果没有世界一流的技术水平，就只能受制于其他企业。如果没有国际一流的管理水平，就不可能造就世界一流的百年企业。企业建立起以市场为导向、以技术创新为核心、以管理创新为基础的创新体系，通过技术创新提升企业硬实力，通过管理创新提升企业软实力，技术创新和管理创新两手抓，才能打造具有更强竞争力的世界一流企业。新时代企业从全局高度把握新发展理念，设立全面的发展观，必须落实到企业管理创新和技术创新的各个方面。企业既要重视技术创新，充分发挥科学技术是第一生产力的重要引擎作用，又要重视管理创新，及时调整企业的组织、制度、管理和流程等，使生产关系有效适应新的生产力。企业还要重视体制机制创新，抓住国资国企改革的政策机遇，真正破解制约企业创新的体制机制，有效激发企业创造力和活力。

（二）保护企业自主知识产权

知识产权是基于创新成果和工商标记依法产生并依法保护的权利统称。知识产权是企业创新的核心和关键。创新具有智慧集聚、高成长性、成本低廉、绿色无污染、用工灵活多样性等特点。加大企业知识产权保护力度，是落实知识产权强国战略的具体行动，也是企业新时代发展创新的使命呼吁。

1. 高度重视知识产权保护

保护知识产权已成为文明社会的基本共识。一是知识产权在国际地位凸显，知识产权显示企业的竞争力。知识产权在促进企业良好营商环境和创新环境汇总的作用凸显。我国作为世界第二大经济体，正全面参与国际竞争与合作，知识产权保护成为合作的前提。以专利为代表的技术创新产业、以版权为代表的文化创新产业、以商标为代表的品牌产业等知识产权关联产业，在国民经济中具有竞争力。二是增强知识产权保护意识，严格知识产权依法保护。只有共同保护人类创造成果，才能共享创新成果，实现共同进步。我国大力提倡知识产权保护，深度参与全球知识产权治理，以实际行动接轨国际知识产权保护，促进国际贸易高水平合作。同等保护国内外知识产权，严格知识产权依法保护，既是国内创新发展的时代需要，也是国际协作保护知识产权的责任担当。企业须增强保护知识产权就是保护创新的意识，走规范的发展道路，建立合法合规的商业模式，切实保护企业的知识产权。三是我国科技的投入不断加大，保护知识产权显得越来越重要。我国科技实力越来越强。2012 年到 2020 年，我国全社会研发经费投入从 1.03 万亿元增长到 2.44 万亿元，研发投入强度从 1.98% 增长到 2.4%。我国企业的全球创新指数排名稳步上升，意味着我国创新驱动战略取得了积极成效，意味着我国科技创新实力在严峻复杂的形势中抗压上扬，显示了我国科技创新的坚强实力和发展韧性，也彰显了依法保护知识产权的重要性。

2. 加快提升专利和发明专利拥有量

知识产权作为国家发展战略性资源和国际竞争力核心要素，不仅是数量的对比，更是质量的竞争。从知识产权收入在贸易总额中的占比看，我国正逐步从知识产权引进大国向知识产权创造大国转变。世界知识产权组织发布的全球创新指数显示，我国排名从 2015 年的第 29 位，跃升至 2020 年的第 14 位，2021 年又升至第 12 位。2019 年，我国专利申请数量为 140 万件，2020 年为 149.7 万件，继续位居世界第一。美国 2019 年为 62.15 万件，2020 年为 59.2 万件。日本、韩国、德国位居第三、第四、第五位。中国作为知识产权强国，其专利申请量排在世界首位。发明专利占比持续提升。2020 中国企业 500 强中有 396 家企业提供了专利数据，与 2019 年持平；共拥有专利 123.93 万件，较 2019 年增长 11.85%，增速较上年下降 4.12 个百分点；共拥有发明专利 48.43 万件，比 2019 年 500 强增长了 19.40%。华为继续在专利数量、发明专利数量方面保持领先地位。专利总量中，发明专利占比为 39.08%，较 2019 年提高了 2.47 个百分点，发明专利占比已经连续 7 年提高，专利质量稳步提升。截至 2021 年 6 月底，我国国内（不含港澳台）发明专利有效量达 245.4 万件，关键核心技术领域专利储备不断加强。我国经济正处在由高速增长阶段转向高质量发展阶段，科技创新成为推动经济转型升级的根本动力。科技自立自强作为国家发展战略支撑，大力提升专利和发明专利拥有量，已成为支撑我国企业创新发展的动力。

3. 积极参与国际标准制定

标准是经济活动和社会发展的技术支撑。国际社会中的标准之争就是话语权之争。谁制定标准，谁就有话语权。谁掌握标准，谁就占据制高点。俗话说，三流企业卖产品，二流企业卖品牌，一流企业卖标准。在经济全球化时代背景下，标准是世界的沟通语言，是促进国际贸易发展的通行证。在全球经济治理中标准的作用越来越重要。2020 中国企业 500 强共有 332 家企业申报了企业参与标准制定情况，多年来共参与 63573 项标准制定；其中参与国内标准制定 55182 项，参与国际标准制定 7571 项。从行业看，通信设备制造业明显处于领先地位，表现出较为突出的产业发展国际影响力；通信设备制造业合计参与了 5354 项国际标准制定，远高于排名第二位的电信服务业的 1128 项。家用电器制造业是参与国际标准制定数量排行前五的唯一传统制造业，合计参与了 125 项国际标准制定。轨道交通设备及零部件制造业为 115 项，半导体、集成电路及面板制造业为 101 项，分别位于行业第四位、第五位。中兴通讯、中国移动、海尔集团、中国中车、北京电子分别居于前述 5 个行业榜首。企业产品要规模化、产业化发展，要在社会中流通，就必须要标准统一，适配统一。解决标准问题，实际上对企业而言，直接的经济效益很低，但是却有着巨大的间接效益。

4. 大力保护企业知识产权

知识产权作为一项重要的制度创新成果，关乎企业的发展和国家的安全。保护知识产权就是保护创新，就是对创新创造的最大激励。知识产权制度是人类社会进入市场经济以后，匹配社会创新发展而建立的一套行之有效的制度。在我国改革开放的历史进程中，知识产权保护作为国际合作和国内创新发展的重要内容，发挥了关键作用。我国正在从知识产权引进大国向知识产权创造大国转变，从知识产权数量大国向知识产权质量强国转变。知识产权正在成为企业价值增值的主体，知识产权国际合作与保护变得更为重要。加强知识产权保护，健全知识产权保护运用机制，是完善产权保护制度最重要的内容，也是对提高我国经济竞争力最大的激励。前些年，我国一些企业在创立品牌初期，利用国内外知名品牌深耕多年的口碑和美誉度，通过傍知名品牌，走鱼目混珠、误导消费者认知、节省营销成本的捷径。这条路现在已经越来越走不通。我国知识产权侵权案件审判中，法院不仅大幅度提高判赔金额，而且对恶意侵权、重复侵权的，还会适用惩罚性赔偿。这既体现了我国保护知识产权的决心，也彰显了法律和社会维护权利人合法权益的价值取向。近些年来，我国每年受理超过 40 万件知识产权案件，已成为审理相关案件特别是专利案件最多的国家，也是审理周期最短的国家之一。全面加强知识产权司法保护，不仅是我国遵守国际规则、履行国际承诺的客观需要，更是我国推动经济高质量发展、建设更高水平开放型经济体制的内在要求。企业应当制定知识产权管理规范、程序和具体办法，使知识产权管理与企业研发创新、法治建设联动发展。伴随新一轮科技革命和产业变革的兴起，全球范围内的创新合作及知识产权保护问题日益复杂。只有通过更加紧密的国际合作，才能实现对创新成果的有效保护。随着我国不断完善知识产权保护格局，为创新驱动发展战略保驾护航更有力，高效的执法司法体系已经是强化企业知识产权保护的重要保障。

（三）激发人才创新活力

人才是创新的根基。创新驱动实质上是人才驱动。人才是企业发展壮大的第一资源、第一要素、第一推动力，也是创新活动中最为活跃、最为积极的因素。百年企业离不开人才支撑。人才是大势，是企业的未来。人才队伍建设是企业实现高质量发展、创建世界一流企业的重要支撑。企业要走在世界前列，必须尊重劳动、尊重知识、尊重人才、尊重创造，在创新实践中发现人才，在创新活动中培育人才，在创新事业中凝聚人才。全方位培养、引进、用好人才，造就国际一流的科技领军人才和创新团队。加快人力资本积累、培育高层次创新人才，促使企业获得更大的市场竞争优势。

1. 发现吸引人才

百年企业的创新发展受益于重视吸引人才。企业能否快速发展，关键在人才。功以才成，业由才广。坚持人才优先，夯实创新发展的人才基础。人才聚、事业兴。人才是创新的根基，是创立百年企业的重要支撑。刘邦曾说，自己论运筹帷幄，不如张良；论带兵攻城，不如韩信；论治理国家，不如萧何。这三个人才是真正的人才，能力比刘邦强。刘邦能用这三人，才取得天下。刘备手下有五虎上将，关羽、张飞、赵云、马超、黄忠，还有诸葛亮。这些人都比刘备在某方面能力强。但刘备发挥了各位的长处，成就了霸业。单丝不成线，独木不成林。企业要成为百年企业需要吸纳各类人才。企业不仅要尊重人才、尊重知识技术创造力，有善用智慧资源，汇聚英才的胸怀；还要有吸引人才的环境和磁场，给创新搭建大平台。企业家一定要善于识别人才、发掘人才。企业创新的核心在于人，在于广招人才、集聚人才。创新驱动实质上是人才驱动。人才是光之源。追逐人才，情理之中。人才虽然是多多益善，但实用人才更重要。企业需要的人不是最强的人，而是最合适的人。企业须以识才的智慧、爱才的诚意、用才的胆识、容才的雅量、聚才的良方，广开进贤之路，把企业需要的优秀人才集聚到企业发展中来，形成尊重劳动、尊重知识、尊重人才、尊重创造的良好氛围。要大力引进国际一流人才和科研团队，最大限度调动科研人员的积极性。有一位企业家曾说过："只敢用能力比老板弱的人才的公司，一定会蜕化成侏儒型公司；相反，敢用能力比老板强的人才的公司，一定能发展成为巨人型公司。"美国通用电气公司前 CEO 杰克·韦尔奇的一项重要工作，就是花重金聘请各领域中的一流人才，并把他们安排在重要岗位上，充分发挥他们的才智。为了最大可能地吸引人才，华为公司设计了任职资格双向晋升通道。新员工的晋升之路是：从基层业务人员做起，然后上升为骨干。这时候员工可以根据自己的喜好，选择管理人员或者技术专家作为自己未来职业发展方向。在员工上升至高级职称之前，基层管理者和核心骨干之间，中层管理者与专家之间的工资相同。这两方面的职位还有相互转换的余地。到了高级管理者和资深专家的职位时，管理者和专家的职位就不能再变动了。管理者的发展方向是职业经理人，而资深专家的职业方向是专业技术人员。

2. 培育提高人才

百年企业培养创新型人才是企业长远发展的大计。当今世界的竞争说到底是人才竞争。从企业的角度看，没有人才，一切归零；从社会的角度看，没有人才，一切归零。打造百年企业，创新是第一动力，企业人才是第一资源。企业对人才的态度，在一定程度上决定了企业未来的成长空间。一个人能不能成才，最重要的是看他对企业、对社会、对国家的贡献大小。越是对企业、社会、国家贡献大的，就越具有价值。企业实施人才战略，既要重视引进，也要重视培养人才。培育具有国际竞争力的创新人才，重要的是培养他们的科学精神，热爱科学、敢于大胆质疑、小心求证，敢于刨根问底、实事求是，敢于自信地从实践中提炼出科学问题。在"知识经济"时代，人力资源对经济高质量发展的作用尤为突出。人才资本凝聚着劳动者的知识、经验和技能。企业实现高质量发展，必须挖掘人力资本的潜能，不断提升人力资本对经济社会发展的贡献率，增强企业的创新力和竞争力。培养多维度、多层次的拔尖创新人才是企业得以更好发展的重要因素。增强人才培养的系统性、持续性、针对性，培养企业急需的创新型、应用型、技能型、复合型人才，壮大高水平工程师和高技能人才队伍。很多百年企业完善高层人才队伍国际化培养机制，搭建与国际接轨的高水平学术交流平台，加强对学术业绩突出和科研潜力较大人员的出国研修支持力度。对于传统制造业而言，更需要重视对高技能人才的培养。针对高技能人才尤其是青年高技能人才短缺的现象，需要完善技术人才培养、使用、评价、激励、保障等方面的措施，培育更多企业需要的定向技能人才。随着新兴科技快速发展，人工智能、大数据、数字化等新兴技术对知识产权人才培养提出了新的挑战，高质量知识产权人才培养亟待加强。

3. 激励留住人才

百年企业创造世界一流企业必须吸引拥有留住人才。千秋基业，人才为本。吸引人才还要留住人才。企业想留住人才，就要下好功夫，加强对人才的关心，展现爱才的诚意，解决好他们的操心事、烦心事，免除其后顾之忧，让人才愿意留下。企业留住人才，关键是想明白企业的定位和发展方向。究竟最需要什么样的人才，才能匹配企业未来的持久发展。人才激励机制是吸纳、聚集和培育人才的重要手段。企业要大兴识才、爱才、敬才之风，重视物质激励，改善人才的工作生活条件，解决人才的后顾之忧。重视人才激励机制。通过情感拉人、沟通引人、环境造人、待遇留人等机制，吸引和培养志在企业创新创业的人才。通过表彰等手段，提高人才的地位和声誉。通过物质利益与精神激励相结合，实行科学合理的分配机制。已经成功的人在一起创业很难。创业初期要寻找那些没有成功、渴望成功的团结的团队，等到事业成功达到一定阶段，再请一些成功人士。中外很多百年企业以“一流人才、一流业绩、一流报酬”的原则，大幅提升人才待遇，较好解决了“千军万马过独木桥”的问题，进一步激发了科研人员投身科学研究的热情。华为的待遇是很好的。参加工作不久的新员工，就可以拿到35万元的年薪。一个中层员工能拿到200万元的年薪。在华为只要勤勉，工作几年就可以在深圳买套房。华为通过业绩与收入紧密挂钩，留住了创新人才。

4. 尊重用好人才

百年企业成为世界一流企业的竞争是一流人才的竞争。留住人才更要用好人才。成就事业是最大的尊重，用好人才是最好的关爱。打破固有的、陈旧的观念，从根本上激发人才的潜力和活力，打破人才成长的“天花板”，搭建干事创业和实现价值的广阔舞台，让各类人才在企业各显神通、各展其才。引导人才树立创新志向。“栽下梧桐树，引来金凤凰”，构建优秀人才的科研创新高地，完善针对高端人才、专业人才的各项政策。我国正处在开启全面建设社会主义现代化国家新征程、向第二个百年奋斗目标进军的第一个五年，机遇前所未有。全球范围新一轮科技革命和产业变革蓬勃兴起，世界各国都在抢抓风口，国际人才争夺日趋激烈，挑战前所未有。我国的企业比历史上任何时期，都更加渴求人才。我国的企业比历史上任何时期，都急需把人才留住用好，调动人才的积极性，充分发挥人才创造性，释放人才活力。我国企业要以识才的眼光、用才的胆识、容才的雅量、聚才的良方，揽八方人才而用之，为实现企业百年目标提供坚强的人才保证和智力支持。

第四节　重视战略管理控制

战略是企业对未来的选择，是企业从全局考虑谋略，实现全局目标的规划。企业战略体现为企业根据环境的变化和自身的资源及实力，选择适合的经营领域和产品，形成自己的核心竞争力。百年企业拥有清晰的目标和发展规划，适应市场变化和内外条件变化，做出及时调整。著名管理学家德鲁克说过，战略就是通过最有效的管理，用最小的资源达到最大回报的过程。企业的战略选对了，路走对了，就不怕遥远。

一、战略决定百年企业的生存和方向

战略是在一定环境中，企业为实现长远目标而确定指导思想、合理配置资源、培育组织能力和采用正确的行动方式。战略管理则是企业制定、实施和评价，使其能够达成目标的战略系统决策过程。战略是指引企业未来发展的方向和目标。一个企业知道自己要到哪里，才可能到达目的地。不知道自己的目标，旅途会充满盲目性和危险性。打造百年企业须厘清思路，强化战略管理，要有所为，有所不为。既要利用有限的资源与精力实现一些目标，也要放弃一些目标。

（一）战略关系企业的长远发展

世界一流企业都有明确的企业战略。科学的企业战略已经成为百年企

业成长的首要特征。战略显示企业未来发展预期，明确了企业将来的努力方向、目标和格局。

1. 战略确定企业发展方向

方向决定企业前途，道路决定企业命运。战略管企业预期发展，回答企业未来朝哪个方向发展，增长点在哪里，如何实现增长。方向比努力更重要。方向错了，就会背道而驰，前功尽弃。在传统工业时代，企业的成长路径和成长方式比较容易预测。企业的成长曲线是平滑上升。企业只要选择干什么，不干什么，是在非此即彼、黑与白之间做出选择。进入新兴工业时代，新的科学技术兴起并应用于工业生产，新的生产方式和管理方式出现，新兴工业产品更新换代快，市场需求变化大，这就显出制定企业发展战略的重要性。美国著名管理学家乔尔·罗斯说过一句名言，没有战略的企业，就像一艘没有舵的船，只会在原地转圈。企业制定发展战略，明确企业的发展方向，未来才能行稳致远。企业发展方向正确，增长方式清晰，才能长期稳定发展。巴斯夫是全球百年以上最大的化工企业之一。为保持公司全球领先的战略地位，2018 年 11 月 20 日巴斯夫在德国路德维希港发布了公司全新的战略，明确了巴斯夫未来的发展方向。在全面分析全球化工行业的新形势后，制定了以提高企业核心竞争力为战略目标的全新战略。巴斯夫将产品结构集中在六大业务领域，找准每个业务的市场定位，明确竞争优势，优化产品组合，建立适应不同竞争环境的高绩效组织。首钢集团已有 100 多年的发展历史。首钢集团坚持通过发展解决企业面临的各种困难和问题，科学确定集团发展战略，明确了首钢集团的发展方向。首钢集团围绕两大主导产业，探索构建“2+6”业务板块。在钢铁领域，提高产业集中度，增强核心竞争力，构建钢铁、矿业资源两大业务板块。在城市综合服务业领域，适应首都城市性质和功能定位要求，探索构建城市基础设施、节能环保、健康医疗、文化体育、金融服务和房地产六大业务板块。

2. 战略明确企业发展目标

目标激励企业信心，聚焦决定企业成功。战略目标是企业想做什么，做到什么水平，怎么做才会达到目标。同时，战略目标选择必须明确不做什么，才能把资源聚焦在属于自己的机会上。战略目标的确立是企业成熟发展的成果。企业的目标清晰才能保证不偏离前进的方向。清晰科学的目标能够将企业愿景转化为员工清晰的行动。企业围绕全局和发展趋势对企业战略进行判断、预见和决策，明确企业的目标。战略目标确定企业发展的焦点，聚焦目标激励企业的信心。制定战略目标决定企业未来。战略目标要建立在独特洞察之上，才可能超前，提高胜率。企业战略目标需成就客户，为客户长期创造价值，才能使自己的投资产生回报。企业的目标应当是有压力、有挑战的目标。有挑战的目标需要踮起脚，跳一跳，努力才能实现的目标。没有哪个目标的实现是简单轻松的。目标越大，挑战越大，实现的难度就越大，遇到的困难就越多。实现有挑战的目标，需要寻找资源、打造能力、提升企业，把目标转化为价值追求，成为企业前进的动力。全球百年啤酒企业制定的战略目标有两种发展模式。一种是以百威、嘉士伯、喜力为代表的欧洲企业扩张模式。企业发展到一定程度就走出去扩张兼并，成为国际化公司。另一种是以朝日、麒麟为代表的日本企业扩张模式。利用啤酒平台上的资源横向拓展，做与啤酒相关的食品、饮料和水，发展壮大后再收购扩张。我国的青岛啤酒以啤酒为主业，规划快乐、健康、时尚三大板块。快乐板块主要是指啤酒业务。健康板块由苏打水、矿泉水、健康饮料等组成。时尚板块由时尚酒吧、精酿啤酒花园组成。

3. 战略构建企业发展格局

格局决定企业结局，宽广决定企业未来。格局就是站多高，看多远。格局是一个人的人格和气度，是对事物的认知范围。格局大的人，比别人看得更远，能忍常人所不能忍。格局越大，人生越宽。大格局的人，从来不计较一时的得失，也不会只看到眼前的糟粕，不和人炫耀，只努力深耕自己。人这一辈子，格局大了，成功的机遇就接近了。企业能走多远，很大程度上也取决于企业的格局。墨汁滴在一杯水里，清水会变污浊；墨汁滴在海洋中，海洋却丝毫不受影响。这就是大格局。格局是指眼界、胸襟等因素的综合呈现，代表容量。格局大，不以物喜，不以己悲，胸中自有丘壑，不会因为别人的蝇营狗苟，放弃自己的廓大气相。格局是看问题的层次与境界、深度与高度，是企业家视野和系统化思维。做人要有一颗宽广的内心，有度量、有格局，看淡人世沉浮。做企业要有大格局，不是看清了多少事，而是看淡了多少事，不畏闲言碎语，奋勇向前。心小了，所有的小事就大了；心大了，所有的大事都小了。唯有看淡世事的沧桑，才能够安然无恙。企业竞争格局是企业领导眼界、胸襟、胆识等心理要素的内在布局。有格局的企业领导拥有宽广的胸襟和利他之心，容得下难容之事，听得进逆耳之言，拉开企业与企业之间差距的是格局。企业有大的境界才能有大的胸怀；有大格局才能有大作为。很多企业是干到哪儿算到哪，走到哪歇到哪的状况。有人形容这样的企业战略是先开枪再瞄准，或者是搂草打兔子撞大运。没有建立在市场长远分析，对自身优劣分析之上的企业战略，是不可能成为世界一流企业，更不可能成为百年老店。企业能否做优做强，与战略格局密切相关。企业领导的战略判断准确，战略谋划科学，战略行动果断，就能走得更快更远。从理论上说，企业战略分为红海战略和蓝海战略。红海战略的目的是打败竞争对手，塑造产品品牌，聚焦于价值竞争，在现有产品市场空间竞争，在差异化价值与成本之间权衡。蓝海战略的目的是甩开脱离现有竞争，打造产品品牌，聚焦于价值创新，开创产品的新市场空间，打破差异化价值与成本之间的权衡取舍。可见，在红海里，企业试图击败对手，以攫取更大的市场份额。随着市场空间越来越拥挤，利润和增长的前途也越来越暗淡。蓝海代表亟待开发的市场空间，代表创新新需求，代表高利润增长的机会。不管是红海战略还是蓝海战略，共同点是聚焦产品品牌。前者是通过打败竞争对手保持品牌的竞争优势，后者则是另辟蹊径，开辟新的市场空间，通过创新的市场需求，打造产品品牌。可见，企业在做战略选择时的格局，应当是超越红海的境界，开创蓝海，以抓住新的增长契机。

（二）战略奠定企业长寿的基础

战略是对企业全局性、高层次的重大问题的筹划和指导。俗话说，所谓成功者，往往就是在每次面临抉择的时候，做出了正确的选择。而权衡企业的选择是否正确，只要看企业追求利益的时候，是不是选择利益最大化，或者是面临危机的时候，是否选择将损失的程度控制到最低。成功的企业在面临选择的时候，不会凭着冲动的心理，像是押宝一样听天由命，而是进行比较，最后做出相对有利于自己的选择。正确的企业战略决策，为百年企业的成长奠定了基础。

1. 战略决定企业的生存与死亡

战略是企业谋划发展的重要问题。战略决定企业成败，决定企业的发展高度和远度。美国著名管理大师彼得·德鲁克说过，错误的战略将导致企业死亡，模糊的战略将导致企业原地踏步。企业制定战略，就是对企业前途命运的决策。日本后藤俊夫撰写的《工匠精神，日本家族企业的长寿基因》一书分析，日本长寿企业成功的6大因素，其中第一因素是长远观点、长期战略。企业不能犯战略性、颠覆性错误。企业经营方面的错误是可以改正的，但战略方面的错误是无法改正的。企业战略不对，就是带领企业在死路上狂奔。日本企业长寿不衰的原因很多。其中的一个原因，日本企业投资讲究战略，注重长远投资和利益回报。投资考虑几十年以后的市场地位和变化。日本企业战略定位追求专而精，因而日本百年企业数量成为世界第一。日本禧玛诺公司成立于1921年，战略目标是生产高档自行车和高档渔具。国内外的专业自行车比赛，运动员的自行车上几乎都可以看到禧玛诺的标志。国内想买一辆档次高的自行车，无论是永久、飞鸽，还是捷安特、喜德盛、迪卡侬，任何一款中高档自行车厂家都会强调，安装的是日本禧玛诺的变速器、曲柄或飞轮。全球自行车变速器、制动器等关键零部件90%多的市场，都由禧玛诺占据。禧玛诺的高档渔具也有很高的市场占有率。很多垂钓爱好者以拥有禧玛诺的渔具为荣。回首禧玛诺百年之路，成功在于几代企业领导人专注于战略目标，敢于以小搏大地进行基础工艺创新，做到了“走自己的路，让别人无路可走”。企业在取得成功后，不要忘记自己也是时代中的一粒尘埃。企业如果战略决策失误，带来的是企业的重大损失，甚至是灭顶之灾。

2. 战略影响企业的健康与衰败发展

战略是企业可持续健康发展的原动力。特劳特合伙公司是一家全球领先的战略定位咨询公司，在出版的《商战》一书中明确称，商业是一场战争，并从品牌定位的角度归纳了四种常用战略，即防御战、进攻战、侧翼战和游击战。20世纪80年代以来，IBM在IT业内被众多的专业级对手所肢解。硬件被康柏、戴尔、苹果打败。软件被微软、甲骨文打败。芯片被英特尔、工作站被太阳打败。IBM向何处去？特劳特根据IBM电脑产品线长的特点，为IBM品牌重新定位为“集成电脑服务商”。这一战略使得IBM成功转型，走出困境。企业发展战略决定成败，影响企业的可持续健康发展。世界一流企业都有自己超前的战略。创建于1918年的松下电器已有100多年的历史，从只有3个人的小作坊起步，经过持续健康发展，成为世界著名的国际综合性电子技术企业集团。1933年，松下电器创始人松下幸之助在公司的创业纪念日讲话中，提出了“250年计划”。松下幸之助把250年分成10个阶段。“250年计划”的分解是愿景使命转化为战略规划的过程。理念必须转化为愿景，愿景必须转化为3至5年的战略规划。这样，企业的发展理念才能真正实现。2018年，松下电器在庆祝创业100周年之际发布了新的战略地图。2020年，松下电器又发布了新的战略方向：深入健康技术，积极推动养老、助老类家电的应用。从专业“家电制造商”到“社会综合服务商”。松下电器的跨界，是适应时代变化的战略调整，精准确立企业战略核心，保证企业持续健康发展。

3. 战略关系企业的期望与未来

战略的核心是企业未来想干什么、能干什么、怎么干的问题。管理大师彼得·德鲁克说过，战略不是研究我们未来要做什么，而是研究我们今天做什么才有未来。企业只有知道自己要到哪里去，才可能到达目的地。企业的发展战略是企业管理创新的首要，而战略定位则是整体发展战略中最重要的一环。尽管企业归属行业不同，所处地区各异，发展阶段千差万别，但都必须明确战略方向，坚定力量，紧紧把握管全局、管根本、管方向、管长远的发展思路、发展方向。企业制定正确的战略，是跨国公司成长为百年老店企业的首要特征。美国通用汽车制定实施可持续发展战略，启动一系列应对能源环境挑战措施，助力环境友好型可持续交通产业的发展。致力于研发更加清洁、环保的汽车品牌，为社会提供最佳的交通解决方案；推出新的动力系统产品，大量应用可替代能源技术，逐步降低对石油产品的依赖；不断推动内燃机技术进步的同时，发展生物燃料来替代石油燃料，发展混合动力轿车和卡车产品。通用汽车在电气化技术研发上一直保持着全球领先地位，始终将氢燃料电池车作为汽车能源的发展方向，并且开展了大量的研发工作。在当前形势下，我国企业发展要尽快调整部署，找准以国内大循环为主体、国内国际双循环相互促进的新发展格局的方向。而企业管理创新也必须在战略层面重新聚焦，注重在供给侧结构性改革方向上更多发力，以创新链为手段，支持完善产业链、供应链；以现代化管理方式支持企业助力建设发展格局。

二、企业战略管理内涵丰富

战略管理是一个企业在一定时期具有全局性的、长远性的发展方向、目标、任务和策略，以及资源调配做出的决策和管理。企业战略管理是一个系统工程。企业战略清晰正确，是百年企业赖以生存和发展的关键。

（一）企业战略管理须把握大势

战略管理是对企业未来发展进行规划。企业应当科学判断发展趋势，把握正确方向，保持战略定力，科学制定战略。

1. 坚持战略思维

理念是实践的先导。理念科学，发展才能蹄疾步稳。战略思维显示超前思维。战略思维是企业领导统揽全局，远见卓识，善于把握事物发展总体趋势和企业发展方向。战略思维能力就是企业领导能够高瞻远瞩，预测时代发展新趋势；能够运筹帷幄，把握事件发展的未来走向，从而有条不紊地推进各项工作的能力。战略思维是企业把握大势，从全局视角和长远眼光，清晰战略定位，顺应市场发展总体趋势和方向，站在时代前沿和战略全局的高度观察、思考和决策问题。著名管理学家杰克·韦尔奇说过：战略并非多元化或进入金融业这样设定好的计划，而是一个理念，让自己在竞争中立于强势地位。关键不是预测未来会发生什么，而是对即时发生的事情有正确的判断，然后做出正确的动作。战略思维要求企业领导能够围绕全局和发展趋势，对企业战略进行判断、预见和决策。企业把握战略发展重点和发展方向，既要有紧迫感，又要有长远战略谋划。成功的企业均明确战略思维，确定方向，坚定攻坚力量，用战略思维打造系统性的企业竞争优势，在不确定性中识别趋势，把握未来的变化。邯钢集团强化战略意识，制定科学的发展战略，树立正确的经营理念，创新管理，加大技术创新力度，加强企业文化建设，坚持清晰的战略目标和方向，聚焦核心业务和核心技术，强化基础性、长期性的要素投入。

2. 坚持服务大局

企业的发展与国家的前途、民族的命运紧密相连。企业战略须与国家战略紧密结合。谋划在先，慎重决策。成功企业绝不是运气使然。企业应当主动将企业战略与国家战略相契合，在落实国家战略部署过程中，拓展企业发展空间，提升企业竞争能力和水平。一是围绕双循环战略，塑造企业竞争新优势。“十四五”规划提出：目前，我国国内市场滞后于发达国家市场，但某些产品和领域超过国外市场。双循环战略要求企业依托国内市场优势，将企业创新发展由高度依赖国外技术供给，转向主要依托不断升级的国内需求开展创新，推动企业向产业链、价值链高端转移。二是围绕制造强国战略，培育优质企业群体。企业是提升产业基础能力和产业链现代化水平的重要载体。我国很多领域产业链上下游企业合作不够紧密，协同研发动力不足，尚未形成协同联动、共赢共生的创新体系。企业在制定战略时，就要按照国家的战略要求，抓住政策机遇和市场机遇，加快培育形成梯次分明、联合协同、融合共生的优质企业群体，支撑现代产业体系建设。多年来，传化集团战略布局清晰，各业务板块都聚焦服务国家实体经济战略，扎根制造业，一路成长，不论何时，传化集团始终将企业自身发展与国家战略紧密相连。传化纺织化学品覆盖纺织印染加工全过程，规模和市场占有率居全国前列。三是围绕数字化发展战略，加快企业数字化转型。“十四五”规划提出，加快数字化发展。数字化转型是面向数字经济新时代的新探索。传统管理模式已经难以应对新变化，只有进行战略性的深度变革，才能使企业在新时代获得制胜的先机。

3. 坚持循序渐进

循序渐进是按照一定的顺序或步骤，逐渐深入或提高。企业战略要有长期目标、中期目标和短期目标。短期目标和中期目标都要围绕长期目标进行。实现企业长期目标，也应当循序渐进。战略的核心是基于今天，对明天和后天发展进行规划，实现合理产业布局，逐步实现。企业制定战略要根据世界经济新形势，我国发展阶段、环境、条件新变化，抓住我国加快科技发展、推动产业优化升级，打造战略性新兴产业集群中抓住机遇，制定符合实际的战略。战略管理要求企业立足新时代，以高瞻远瞩、统揽全局的战略视野，把握发展格局，利用好国际国内两个市场、两种资源，制定总体战略和分步实施战略，实现可持续发展。中国建材集团是世界500强企业。中国建材集团提出打造世界一流企业目标，提出新的发展战略和定位，确定三步走重组路径，为集团迅速融合、加速发展指明了方向。国内外汽车市场竞争越来越激烈。吉利集团目光放在长远，发展战略提出，从价格取胜战略转向技术领先战略，从成本领先战略转向品牌创新战略，从以效益为中心战略转向以客户为中心战略。吉利集团战略目标循序渐进，正逐渐实现造精品车的企业愿景。吉林通用技术集团制定了“三步走”发展战略。第一步，建成汽车零部件轻量化研发与生产基地。第二步，建成汽车底盘零部件全覆盖研发与生产基地。第三步，建成全球最大的汽车零部件研发与生产基地。吉林通用技术集团正在稳步实施“三步走”发展战略。

（二）企业战略管理须周密细致

企业制定战略是在科学分析形势的基础上，精准确定企业的市场地位。战略管理的起点是市场。市场地位不仅是企业战略的主要内容，而且是企业战略发展的出发点和落脚点。战略管理是企业对细分市场的选择，找准企业各个业务的市场定位，明确竞争优势。市场定位的核心就是通过市场分析，找到适合企业发展壮大的市场空间。企业市场定位特别是企业创新产业定位的选择，应当在现有产业的基础上，在产业链、供应链的上下游方向选择。

1. 战略应当在产业链、供应链中占据优势位置并可以延伸

企业的市场定位是企业创新链、产业链中的选择。企业可以继续保持现有产业的基础，发挥现有产业的优势。产业链的延伸可以发挥现有产业技术、管理和现有生产装备的优势。向上下游产业延伸可以节约投资、减少风险。德国巴斯夫公司是一家百年企业，是一家超大型的多品种、多技术的化工企业，在制定企业发展战略时，充分利用了产业链供应链延伸原则、产业优势互补原则和专有优势独立发展原则，大力优化现有产品组合，找准市场定位，提升企业核心竞争优势，上下一心，内外一致，保证企业长期稳定发展。百年企业戴姆勒公司确定全球企业发展战略，坚持产业链、供应链中占据优势位置，在全球布局，强势品牌，丰富产品，领先技术。戴姆勒公司实施“全球领先”战略，轿车和卡车在全球的业务范围持续扩大。百年企业光明乳业坚持新发展战略，加快数字化、智能化转型步伐，促进全产业链各个环节协调发展，聚焦科技强乳创新引领推动奶业现代化进程，向“做中国最好的乳制品企业”的目标迈进。

2. 战略应当在跨行业、跨产业发展中形成优势互补的关系

企业为了更快发展，在现有产业优势的基础上，抓住市场机遇，跨入另一个产业，形成新的经济增长点。但跨行业、跨产业发展应当把握产业优势互补的原则，形成新的更大的战略优势。有些跨行业、跨产业的企业并购其他公司时，不受产品类别与业务性质的限制，并参与对并购子公司的管理。华润集团三九医药股份有限公司的前身是深圳南方制药厂。1999年华润集团并购“三九”，战略定位清晰后，聚焦主业，先后剥离了房地产、食品、医药分销、零售等非主营业务。通过外延式并购不断提升医药制造业主营业务。比亚迪公司针对有的手机企业计划投资新能源汽车时曾表示过，手机企业准备投资新能源企业，关键是浪费三年时间。三年时间值多少钱？拿钱是买不到的。如果企业的战略方向错了，可能丢失投资，然而更重要的是丢失时间。手机制造与汽车制造有关联度，但不是跨行业、跨产业发展中形成优势互补的关系。

3. 战略应当在规划项目中具有独特的专有技术竞争优势

企业拥有独特的专有技术，是差异化发展的稀缺资源，也是市场竞争的核心优势。企业拥有的专有技术越是高端复杂，别人仿制的难度就越大，企业竞争的优势就越突出、越持久。企业战略确定高端发展、差异化发展，就是依靠企业拥有的独特专有技术。无论任何时候，独特的专有技术都是企业的核心竞争力。美国特劳特公司把七喜汽水重新定位为“不含咖啡因的非可乐”。此举痛击了可口可乐和百事可乐，使七喜汽水一举跃为仅次于可口可乐与百事可乐之后的美国饮料业第三品牌。德国汉高公司是一家具有 100 多年历史的百年企业。它的市场地位非常专注，只专注胶黏合剂和洗涤剂两个市场，业务专一，技术专注，产品优势十分突出。目前，汉高公司是全球最大的胶黏合剂企业、全球第二大洗涤剂企业。企业制定战略需要考虑企业的成长性，预测企业发展潜力，同时也要考虑企业是否有独特的专有技术。企业走向高端化、差异化的市场定位，应当遵循产业链延伸原则，即在企业现有产业链的上下游方向选择；产业优势互补原则，即抓住跨行业、跨产业发展机遇实现企业可持续发展；专有优势独立发展原则，即保持企业在差异化发展中的稀缺资源和市场竞争的核心优势，走专精特新的发展之路。

（三）企业战略管理须严谨科学

成功企业屹立不倒，很重要的原因是企业有长远的发展目标。企业战略是企业奋斗的方向和目标。企业战略目标是适应市场竞争形势，立足企业实际，激励企业人心的发展目标。企业战略目标既有财务目标，也有非财务目标，是一个综合业绩的指标体系。核心内容是增强信念、凝聚力量、鼓舞人心的发展目标。企业战略管理既是发展战略追求的结果，也是检验企业战略正确与否的尺度。

1. 科学制订战略规划

战略规划是企业对重大的、全局性的、未来的目标、方针、任务的谋划。成功企业都有长远的战略规划，以规划愿景激励企业朝着选择的方向持续发展和进步。长远规划虽然遥远，但要科学清晰。迪士尼的战略规划是“建立一个让全天下人开心的乐园和去处”。索尼的战略规划是“成为世界著名企业，以在全世界改变日本产品的不良形象”。随着经济全球化的发展，国家与国家的竞争主要体现在代表国家水平的企业与企业之间的竞争。从一定意义上说，企业的竞争能力代表着国家的竞争能力。与此同时，未来商业竞争不再只是企业与企业之间的竞争，而是平台与平台的竞争，生态圈与生态圈之间的竞争。传统产业企业战略规划应当在企业内部平台化和全渠道价值链构建的基础上，借助跨界思维，完成对全行业上下游乃至相关行业的运营模式和价值链传递整合，从而构建完整的数字化商业生态圈，构建以核心业务为中心的相互促进、相互关联发展“互联网＋产业”的创新生态系统。新兴产业企业战略规划更要控制投资风险，决策量力而行，明确科学精准的发展目标。企业的战略选择，应当是集中资源，在某个环节打造核心竞争力，然后用自己的核心竞争力去整合上下游资源。

2. 突出战略目标重点

企业明确的战略目标是企业未来发展的预想。企业战略要定位清楚，突出重点；要有所为，有所不为；要做专、做精，成为第一。战略目标明确了企业经营指标稳步增长的业绩导向目标。根据市场形势和企业的发展预期，制订企业资产规模、营业收入和利润增长的具体目标。世界一流企业的基本特征就是资产规模和主业营业收入位于世界前列。世界一流企业的业绩，不仅体现在规模实力上，还体现在效率和效益上。世界 500 强企业的评价指标，采用了营业收入指标。这说明营业收入与利润、资产或市值相比，更能反映一个企业的综合实力。企业大不一定强，但不大肯定不会强。不在行业内把资产规模和营业收入做到全球前几名，不可能成为世界一流企业。例如，化工产业是国民经济的基础性和支柱性产业，是现代经济体系的重要部门。世界化工产业具有产业集中度高、规模效应突出、大企业主导等特点。德国巴斯夫是全球最大的化工企业之一。为保持公司全球领先的战略地位，巴斯夫的战略是在全球战略转型新形势下，在全面分析全球化工行业的新形势后，制定了以提高企业核心竞争力为战略目标的全新战略，增长量力而为，持续增长量力而行。2021 年 4 月，中国中化集团有限公司和中国化工集团有限公司实施联合重组。重组后，新公司的发展战略是坚持全球化、市场化运营模式，资产规模扩大，营业收入增多，利润显著增加，致力于打造“以生命科学和材料科学为引领，以基础化工为支撑，以环境科学为保障，科学技术驱动、可持续发展的世界一流综合化工企业”。

三、坚持赓续企业战略管控

战略管控是企业对长远发展方向、目标、任务，以及资源调配等做出的决策和管理。企业只有通过战略管控，知道自己要到哪里去，才能尽快到达目的地。如果没有战略管控，不知道自己的目的地，或不知道如何到达目的地，征程一定会充满盲目性和危险性。打造百年企业必须科学制定发展战略，提升企业战略管控能力。

（一）战略坚守主业定位，增强企业核心竞争力

主业是企业的核心竞争力，是企业的立身基础。成功企业都是围绕做强、做优主业，瞄准产业链和价值链中高端，迈向高端，协同发展，科学制定企业发展战略，促使企业健康发展。突出主业定位，战略特色鲜明，为企业成为百年老店指引方向、提供动力。

1. 专注熟悉领域，实施主业突出的发展战略

企业实施术业专攻战略，有利于防风险。战略的核心是市场定位。企业做精做优做强主业，才能经得住市场的风吹雨打。企业要沉下心专注主业。企业在发展过程中会遇到各种各样的诱惑，保持定力、专注主业是做

久企业的最重要决策。世界一流企业的一个基本特征，就是主业生产规模和营业收入位于世界前列。大不一定强，但主业不大注定不强。主业不在行业内生产规模和营业收入做到世界前几名，就不可能成为世界一流企业。老字号跨界经营，弄不好可能会对老字号品牌带来不利影响。全球著名的企业，如微软、尼康、奔驰、丰田、麦当劳等企业，都专注于某一个领域，始终在他们的行业里做精做深，越做越大。对于大多数企业而言，坚持在自己的能力范围内发展，不追赶时髦，不盲目投资，不搞互不相关的多元化，随着时间的延续，主业会越做越大。历史上，因多元化盲目发展出问题的企业不胜枚举。企业在自己不熟悉的领域扩张，没有经营经验，缺乏成熟供应链，没有产业积累，还需投入大量资金，风险不言自明。秋林集团的前身“秋林洋行”创办于 1900 年，是中国第一家百货公司。以秋林品牌为代表的大列巴、红肠、格瓦斯等哈尔滨特产享誉全国。1996 年，秋林集团成为黑龙江第一家上市的商业企业。2004 年，秋林集团由国企转为民企，引入民间资本。然而，改革后的秋林集团向不熟悉的黄金业务拓展，未能聚焦主业。秋林集团传统业务板块受到同行业的冲击，新拓展的黄金业务经营管理不善，连续两年期末净资产为负值。可见，做强主业是企业的发展根本。

2. 基于核心能力，实施相关多元化的发展战略

企业实施密切相关多元化战略，有利于降低风险。多元化经营是企业发展壮大的战略之一。相关多元化是通过企业核心竞争力的传递，如管理模式、技术知识、经验教训等，或经营层面业务间的行为共享，如共享物流、采购系统、平台系统等，实现规模经济、协同效应，提高市场影响力。企业实行相关多元化战略，可以产生协同效应，节约交易成本、分散市场风险，形成范围经济和规模经济，提高市场影响力。相关多元化可以进一步细分为市场相关型和技术相关型。从企业实践和研究结果来看，相关多元化的成功概率比非相关多元化的概率要高。企业应当围绕自身核心竞争力，实施有限相关多元化战略，并尽量避免非相关多元化。核心竞争力是多元化经营成功的关键。企业应当适度有限多元化，而不是业务越多越好。企业的合理扩张既要有理性的定位和长远的规划，又要有稳健的主业运营作为基础。企业围绕核心业务进行扩张，做深、做专、做精，不盲目求大、

求全。在相关多元化战略中，企业新产品、新市场和新客户，与企业的核心能力有很大的关联性。企业不同业务之间可以形成协同效应，在投入较少的情况下，可以实现较大的产出，从而实现企业的良性发展。在德国，实行相关多元化占主导地位战略模式的企业较多，例如著名的西门子、宝马、巴斯夫、拜耳等，始终坚持相关多元化战略。海尔实施相关多元化战略。相关多元化是从用户出发，为用户提供满意的服务。例如，用户买了海尔的洗衣机，还想买台冰箱，海尔又恰巧生产了冰箱。这样用户就感到非常方便和满意。娃哈哈集团专注食品饮料主业，坚持推动制造业高质量发展。娃哈哈围绕主业进行制造业的上下游延伸，将发展高端电机装备制造业确立为新的产业发展方向，特别是在机器人产业方向上，组建了机电研究院，致力于高端装备技术的研发与产业拓展。国内第一条智能饮料生产线是由娃哈哈自主设计制造完成的。在保证产品质量的同时，也提升了能源效率和机械效率，更加绿色环保。

3. 保持行业领先，实施非相关多元化的发展战略

企业实施适度多元化战略有利于规避风险。企业实施非相关多元化战略，主要是为了改善财务状况和降低市场风险。非相关多元化是柄双刃剑，是“馅饼”，也是“陷阱”。我国很多企业在多元化的道路上行稳致远，不断前行。日本日立最初以生产重型电机为主，后来经过多元化发展，成立了多家子公司，实行非相关多元化发展战略，各个子公司都快速发展。泰国正大集团是世界现代化农牧业产业化经营的典范，同时涉足与农牧业无关的产业，例如电讯、石化、房地产机械、传媒等领域。每一个领域的业务，都成为行业的佼佼者。华润集团是以实业为核心的多元化控股企业集团，涵盖大消费、大健康、城市建设与运营、能源服务、科技与金融五大领域，下设七大战略业务单元。为了避免盲目多元化的泥沼，华润坚持多元化与专业化兼顾的原则，要求集团每一个子公司都是各自行业里处于领先地位的专业公司。华润啤酒、燃气、商业地产、制药和医疗等经营规模在全国位居前列。电力、水泥业务的经营业绩、经营效率在行业中表现突出。雪花、怡宝、华润万家、万象城、999、双鹤、东阿阿胶、江中等是享誉全国的知名品牌。华润集团是多元化的参天大树，每一个子公司都是构成这棵大树的强壮枝干，每一根枝干本身又是高度专业化。它们用专

业化来保障这棵大树的健康与茁壮。招商局实行业务多元化、经营专业化。在达成共识的经营理念指导下，招商局从分散的 16 个行业领域，转变为三大核心产业，即交通基建业、金融业和房地产业。招商局在行业整合方面，加强业务整合以形成核心产业；在管理重组方面，减少管理层次，实行扁平化，强化集团总部的战略决策和资源配置功能，塑造组织优势，形成了金融与实体经济并举的格局。成都兴城投资集团是一家国际化城市综合开发运营商，分为金融板块、建筑产业板块、城市综合开发板块、医疗健康板块、文体旅游板块、乡村振兴板块。成都兴城投资集团实施的非相关多元化战略，积极投身城市建设、开发运营，建设了成都市东部新城和南部新区两个城市副中心，打造了锦城公园、青龙湖生态湿地等一批城市地标，积累了丰富的城市开发运营经验和雄厚的资本实力。一些企业在核心产品之外，推动产品走向多元化，而多元化的目的是分散市场风险，寻求新的增长点。但企业非相关多元化经营的步子要稳妥，不能过大。否则，缺乏核心竞争力的多元化战略，精心打造的企业品牌价值就会受到影响，很容易出问题。海航集团为规避单一业务带来的经营风险，采取了“不把所有鸡蛋都放在一个篮子里”的主动多元化战略。海航集团所涉及的领域包括航空、物流、实业、旅游、资本、地产、酒店等，细分行业高达 44 个。海航集团实施重并购，快速扩大规模，但轻整合、轻管理，导致业务板块各自为政，无法实现协同效应。自 2017 年年底爆发流动性风险以来，海航集团在社会各界的支持下积极开展自救性行动，去杠杆、减业务、优资产，但种种自救举措没能彻底化解风险。2021 年年初，海航集团宣布破产重整。海航集团已经表示，重新聚焦主营业务，回归航空主业，迅速剥离与航空业务不相关的其他板块业务，着手处理海内外非主业资产。适度有限相关多元化是企业快速发展的一条道路，但认为企业什么都能干、干什么都可以时，祸患已经埋下。曾经风光一时的乐视就是一个盲目多元化失败的案例。乐视集团曾经构架多个业务系统，涵盖手机、体育、汽车、电视、视频网站等，但业务太分散，资金链太长，组织架构不清，未达到预期目标。有些企业好大喜功，追求短期轰动效应，投资金额和应有价值严重背离，表面上很繁荣，背后却危机四伏。非相关多元化扩张很容易走向失败。

（二）战略保持连贯性并适时调整

企业战略管理是企业以现代化管理手段和方式，对企业未来组织发展方向和范围做出决策。企业的发展战略，一分靠部署，九分靠落实。没有执行力，再好的战略也是空谈。落实企业长远发展战略，既要登高望远，延绵持久；又要脚踏实地，适时应变，加强管控不放松。

1. 企业发展战略源远流长，须保持连贯性

战略是企业的长远谋划。企业发展战略决定企业的发展方向和未来目标。企业通过什么样的方式，选择什么样的路径来达成企业增长，实现企业的发展目标，是每个企业都面临的问题。一是战略规划保持连续性。战略是企业谋划的首要问题，关系到企业能否做大做强。战略规划做什么，思想认识应当保持连贯性。战略规划需要形成共识，上下一心，内外整合，同心协力，坚定不移推进战略实施。企业发展战略实施应当具有很强的连贯性。企业不能因为领导人的变更导致战略反复变化。这样才能为企业发展带来长期的推动力。在每个重要发展阶段，及时根据内外部环境的变化制定出正确的发展战略和相应的市场定位，并坚定不移地贯彻执行。战略规划不宜朝令夕改，更不应该因有关人员变化而随意改变。企业领导班子应当在制订战略规划时充分发表意见，集思广益；在执行战略规划时齐心协力，坚定不移，提高战略的执行力。二是战略组织落实保持连续性。战略决定组织，组织影响战略。战略实施要完善相应的组织。组织需要适时变革。战略规划实施是组织机制下人的行为。企业组织结构、机制、环境是影响战略实施的重要因素。战略组织落实就是要协调好人与人之间的相互关系。企业员工因为工作、技术、管理体系和职级等原因，与企业联系在一起。战略组织落实应当充分考虑员工的利益。三是战略目标优化保持连续性。企业战略应当持续优化主业布局，以坚持自主可控、安全高效的产业链为目标，适时延伸，增强战略产业链、供应链联系力。陕西汽车坚持上下游企业共同发展，充分发挥整车企业的龙头引领作用，以企引企、以商招商聚焦节能、环保、安全和智能等领域发展，通过引入国内外领先的零部件和专用车企业来陕西汽车周边布局，加快培育完整的内需体系。四战略实施配合保持连续性。战略落实涉及领导之间的配合、各部门之间的配合、上下级之间的配合、内外部的配合等。市场经济的特点是分工细

化，配合紧密，企业的生产专业化，即每个企业只生产产品的某个零部件。数百家、上千家企业联合共同生产一个产品。增强战略实施保证力，各方面就要紧密配合，着力强化管理提升，形成合力，保证战略的顺利实施。

2. 企业发展战略与时俱进，须适时调整

企业战略要明确方向，坚定力量，突出重点。企业既要有紧迫感，又要有长远战略谋划。管理学家约瑟夫·熊彼特说过，企业家要做的就是把现有的要素重新组合，创造出新的产品、技术和服务。企业应当根据形势的变化，有取有舍，明确如何为客户创造价值，哪些领域必不可少，哪些领域不必要进入。这就叫有所为，有所不为。

通过业务转型调整战略。企业制定战略要根据世界经济新形势，我国发展阶段、环境、条件新变化，因企而宜，调整业务。企业抓住我国加快科技发展、推动产业优化升级，打造战略性新兴产业集群中抓住机遇，制定符合实际的战略。企业战略要根据形势的发展变化，定位清楚，做专做精，成为第一。例如，发展服务型制造，变单一销售产品转向为客户交付使用价值，实现产品加服务的复合型产业，以适应市场和挑战。从客户需求出发，增加服务环节投入，延伸产业链，提升价值链。实施跨界融合战略，提高战略柔性和适应性。结合自身实际和产业特点，做好上游技术服务，有针对性地发展研发设计、技术支持、战略咨询等；做好中游生产服务，生产装备租赁、产能出租、在线检测等；做好下游市场服务，网络精准营销等；做好延伸服务，第三方物流、融资租赁、卖方信贷、产品保险等；做好整合服务，总承包、综合解决方案等。合理调整业务流程、组织架构和管理模式，适应服务化转型的需要。

通过并购、重组调整战略。很多跨国公司以并购、重组为手段，不断调整发展战略。2019 年，杜邦公司和陶氏公司合并。两个公司合并后的公司业务将一分为三。以杜邦的优势业务为主成立农业、生命科学公司，以陶氏的优势业务为主成立化工新材料公司，将杜邦公司和陶氏公司精细化工业务整合，成立一家新的世界级的精细化工公司。杜邦公司和陶氏公司适应世界市场的变化，通过并购的战略调整，继续保持行业的竞争优势和世界的领先地位。市场发生变化时，企业一定要嗅觉灵敏、行动迅速，及时调整。树梢再高，根永远扎在土里。战略就像一个搜寻目标的“雷达”。

企业须增强敏感性，洞悉市场变化，及时反馈给企业有关部门，根据反馈信息做好市场研判，快速决策。对于白色家电行业，多品牌、多系列是未来的发展趋势。随着经济发展，企业不能再大而全，而是要瞄准不同细分人群做系列产品，发展家电按需定制。为此，格兰仕集团收购了 1911 年成立的美国惠尔普和 1918 年成立的日本大阪像印公司。格兰仕集团以从生产单品类微波炉产品，成长为一家综合性白色家电和智能家居解决方案提供商。

通过改变投资重点调整战略。百年成功企业不是赢在起点，而是赢在转折点。成功企业的战略调整，都着眼于未来，从不迷恋于昨天，迷恋于历史。企业适时调整战略，如同在高速公路上驾驶汽车。不仅要提速，企业盈利能力要好，同时要马上做好准备，找到另一个高速公路出口。通过改变投资方式，改变战略方向，把握正确方向。诺基亚是一个多元化经营企业。1865 年成立之时，诺基亚是一个木材加工厂，后来增加了橡胶、电缆、电视、计算机、无线电话等业务部门。1992 年股东大会选出了新董事会主席。新主席和新总裁揭开了诺基亚主业战略调整的序幕。新领导班子决定大力发展移动通信业务，并很快在行业占据领先地位。最近新杜邦公司的战略调整公布，业务聚焦于未来的四大市场领域，即电子与成像、营养与生物科技、安全与建筑、交通运输和先进材料。新杜邦公司认为，无论昨天的历史多么伟大、成就多么辉煌，只要明天市场发生变化，只要不可能做到最优，就会果断调整。平安保险集团董事长马明哲对战略充满兴趣，热衷于给平安集团及各个子公司做规划，勾勒未来的路径和模式。马明哲带领大家对平安集团的每个业务板块都做了五年战略发展规划，而且还要每年更新。五年规划下要有与之相匹配的每年具体计划。未来五年企业在行业的地位是什么样的，要通过什么路径去实现目标，必须想得很细。

第五节　加强依法合规管理

合规管理是指企业的各项业务管理符合法律法规规定，合乎规范、规则要求。合规管理是以有效防范化解合规风险为目的，以企业和员工经营管理行为对象，开展包括制定制度、风险识别合规审查、风险应对、责任追究、考核评价和合规培训等在内的有组织、有计划的管理活动。也就是说，企业的合规管理不仅要求经营活动符合法律法规的要求，而且要与规则和准则相一致。

一、合规管理保证百年企业健康发展

依法合规是企业健康发展的生命线。企业合规管理能力的高低，决定企业长期稳定的盈利能力和持久的竞争力，进而决定企业的成功与失败。百年企业注重合规管理，健全完善内部管控体系，才能行稳致远。

（一）重视合规管理，为企业可持续发展提供保证

合规管理是企业实现稳定发展基业长青的必要要求。一个企业做得好不好，能不能走得长久，是不是让合作者放心，核心是这个企业是否依法合规运营。

1. 合规管理有助于提升企业依法治理的能力

法治思维能力是增强遵法、守法、用法意识，善于运用法治思想和法治方式解决问题，推动企业工作的能力。合规管理就是要遵守法律法规，但满足法律法规的要求是否就可以了？还远远不够！合规管理还要遵守有关规则、规范等，协调好方方面面的关系；要信守合同，行业自律规则和社会公约、道德规范，履行社会责任，恪守道德诚信准则；在企业内部制度和规则的指导约束下，形成企业与各方面和谐的利益关系。有的企业想走捷径，违规经营，也许短期能带来一时的方便，甚至所谓的成功，但迟早会付出沉重的代价。企业违规经营的后果是，风险爆发、受到严厉处罚、信用丧失、声誉恶化等，都是企业无法承受的代价。合规管理促使企业增强法治思维能力。合规管理要求企业必须遵守法律法规，执行有关监管规定，履行监管要求，走在正确的道路上，赢得各方面的信任，增加美誉度，避免损失，降低风险。强化合规意识、依法合规经营，造就了成功企业的商誉。忽视合规、违规经营导致了很多企业的危机。

2. 合规管理有助于保障企业合法权益

在激烈的市场竞争中，有些企业违规经营，带来的是企业应对各类纠纷，降低了企业经营管理效率，使成本提高及企业品牌信誉伤害等。合规管理可以保障企业的合法权益，保护及合理分配企业的承诺和要求。例如，

“三重一大”决策事项要依法合规，投资并购决策程序要依法合规，投资并购才能实现预期目标。企业财务是经营管理活动的反映。财务活动合规管理的重点是健全完善财务内部控制体系，严格执行财务事项操作和审批程序，确保有关活动得到客观、真实、准确的记载。又如，企业都希望安全生产事故尽可能避免，最好没有发生。安全生产合规管理，就是要严格执行国家安全生产、环境保护法律法规，完善生产规范和安全环保制度。再有，企业拓展海外市场，实施跨国并购。企业并购投资经营必须依法合规，守住红线底线，重视开展项目的合规论证和尽职调查，依法加强对境外机构的管控等。

3. 合规管理有助于处理好企业与各方面的关系

企业拓展合作领域、稳定合作伙伴、保持内部和谐等，都需要合规管理。苏州拙政园中有一座别致的扇形小亭，名曰“与谁同坐轩”。取意苏东坡《点绛唇，闲倚胡床》中的句子。旅游景区的一座休闲亭子，坐与不坐，与谁同坐，不是什么大问题。但人生路上，与谁同行，与谁同坐，是不可忽视的问题。企业拓展市场，扩大投资领域，与谁合作，怎么合作，不是小问题。企业提升合作层次，避免风险，需要合规管理。完善合作机制，增强互信，需要合规管理。在激烈的市场竞争中，法律面前人人平等。在合法合规中拓展合作领域，提高企业竞争力，是企业实现高质量发展的必然要求。合规管理有助于处理好企业与有关合作伙伴的关系。依法合规经营成为全球企业发展的趋势。在一个公平法治化的竞争环境中，企业要凭真本事吃饭，不能搞邪门歪道。企业要增强合规经营理念，提升法治素养，学会并掌握法治思维和法治方式，推动企业与合作伙伴的发展，化解遇到的矛盾，应对各种风险。企业内部治理形成科学合理的制度，根据企业自身特点，不断加强合规建设，提高企业管理法治化水平。企业充分认识到法治建设对企业发展的重要性，处理好企业与合作伙伴关系，筑牢防护网、防火墙，才能在与竞争对手较量时游刃有余，才能与合作伙伴在风险挑战前泰然处之，夯实企业持续发展的基石。

（二）重视合规管理，为企业防控风险提供保障

合规管理就是预测、识别和解决管理风险及道德风险，构建相关制度以有效应对各种风险。慎终如始，则无败事。企业内部控制和风险管理必须围绕企业的目标，结合企业的实际，有机地嵌入企业生产经营管理的各个方面。成功企业无不将有效应对各种风险作为行稳致远、可持续发展的重要前提和基本保障。

1. 增强防控风险意识

面对市场利益的诱惑，有的企业领导眼睛里只有利益，而对脚下的“风险陷阱”估计不足，甚至对“风险明坑”视而不见。结果企业利益未获得，却陷入危机，甚至企业领导深陷囹圄。没有意识到风险是最大的风险。正所谓“患生于所忽，祸起于细微”。日常生活中，毛毛细雨容易打湿衣服。因为下大雨时人们比较警觉，带雨伞的会撑开伞挡雨，没带伞的便会跑到房檐下避雨。但毛毛雨难以感觉，或是感觉到了也无所谓，认为小雨不足以打湿衣服。于是我行我素地在雨中行走，不知不觉间，便淋湿了衣服。企业的各种风险也是起于微末之间。企业领导为人处世，言谈举止，如一举手、一投足、一个表情、一句话，都像毛毛细雨。如果不引起注意，就会有意无意打湿自己的衣服或别人的衣服。打湿别人的衣服，伤害别人的感情，同时也会打湿自己的衣服，使自己的人生蒙受损失。着力解决风险管理意识不强、内控体系不完善、合规疏忽等问题，惶恐才能生存，控制风险才能成功。

2. 强化内控体制机制建设

企业树立底线思维，坚持问题导向，以防范化解重大风险作为企业发展的前提和基础。加强内控体制机制建设，提升整体风险管控能力，是每一个成功企业都需高度重视的问题。企业内控体制机制健全，完善风险和控制体系建设，加大重点风险识别与防范，确保企业重大风险整体可控。公司制企业的股东对公司承担有限责任。当公司发生债务责任时，股东并不直接对债权人负责，而是公司以自己的全部资产对公司债务承担责任。股东对公司的债务所承担的责任，体现为股东对公司的出资。也就是说，股东在依照有关法律和公司章程的规定，履行了出资义务后，对公司行为将不再承担责任。股东对公司的有限责任是公司制度的基础。这一制度有效地降低了投资风险，极大地鼓励了投资，促进了市场经济的发展。股份公司的设立，既是鼓励股东投资，也是股东防范风险的制度安排。合伙制企业是指自然人、法人和其他组织依法设立的普通合伙企业和有限合伙企业。普通合伙企业的合伙人对合伙企业债务承担无限连带责任。有限合伙企业的普通合伙人都对合伙企业债务承担无限连带责任，有限合伙人以其认缴的出资额为限对合伙企业债务承担责任。不同的企业组织形式面临的法律监管也有较大区别。

3. 提升风险管控能力

企业合规管理必须抓好重大风险防范化解，从战略、财务、市场、运营、法律等方面对影响价值创造的关键风险因素进行识别、分析和评估。根据风险与收益平衡的原则，确定风险的优先管理顺序和措施。建立风险预警机制，降低风险损失，为提质增效提供有效保障。严格安全生产管理，健全生产操作规范和安全生产责任制，强化监督检查。健全防控机制，深入排查和整治各类风险隐患，守住不发生重大风险的底线，夯实企业稳健增长的基础。海尔有个塑像，上面刻着古希腊哲学家的一句话：人不能两次踏入同一条河流。企业领导应当善于学习借鉴有关企业在风险管理方面的好做法和好经验，就是避免踏入同一条河流。中国宝武集团公司加强供应链运营风险管控，开展经营风险量化评估，及时预警、快速响应市场变化，动态测算从海外矿山到国内钢厂的全过程市场风险，坚持低库存快周转，在长达 3 年的大宗商品下跌周期里，没有发生重大市场误判，有效控制了经营风险。

二、企业合规管理内涵丰富

合规管理是企业参与全球竞争必须跨越的门槛，是企业重要的软实力。企业构建好合规管理体系，也就是合规制度体系，已成为企业成为世界一流企业的标志。企业对外合规，就要遵守我国的法律法规，还要遵守业务相关国家的法律法规、联合国决议等。企业对内合规，就要完善各项规章制度，做到依法依规经营。

（一）建立健全企业合规管理制度体系

合规管理必须加强企业制度建设。制度是关系企业发展的根本性、全局性、稳定性、长期新问题。著名学者朱光潜说过，条理是联系线索，分寸是本末轻重。有了条理，事物才能分别类居，不相杂乱；有了分寸，事务才能尊卑定位，各适其宜。国务院国资委发布了《中央企业合规管理指引》，全面推动了ISO 31022标准，构筑人类命运共同体的新时代国际规则。企业防控各种风险，不仅要依法依规、通盘谋划，还应当建立健全企业合规管理制度体系予以保障。

1. 合规管理要求加强制度支撑

深化企业改革，推进企业创新发展，必须完善企业各项制度。企业须制定规矩，以制度建设加强和创新企业治理，发挥制度支撑，即以制度指引方向、规范行为、提高效率、防范风险。一是增强制度规范意识。制度是在一定历史条件下形成的规范和准则。健全的制度规范是对企业成功经验和失败教训的总结。企业执行监管规定，履行合规要求，能够在正确的轨道上赢得信任、增加美誉度、避免风险、降低风险、行稳致远。企业发展的历史表明，企业要保持持续稳定、纲维有序，就必须有一套稳定成熟的制度体系。没有制度认知、认同上的思想自觉，就不会有制度践行上的行动落实。强化制度意识，成为提高制度执行力的题中之义。强化制度规范意识，最根本的是树立维护制度权威的意识，对制度怀有敬畏之心，自觉维护制度的严肃性，守住底线、不逾红线，严格按制度办事，坚决防止制度成为摆设。二是健全制度引领方向。制度奠定企业发展的基础。没有制度规范做支撑，企业难以行稳致远。企业如果没有统一的、规范性的管理制度，企业就不能正常运行。企业要保证新产品量产后的规范化和精细化运作，必须具备规范的、精心的管理制度和工作标准，依据相应的规章制度和标准来操作。合理的工艺操作规程的制定，可以判断员工操作行为和工作结果是否符合制度和标准要求。三是依据制度规范行为。制度具有规范性、强制性，制度实施必须强化执行。俗话说，没有规矩不成方圆。无论做什么事情，一定要有规矩、懂规矩、守规矩。社会要发展，人人都必须遵循一定的社会规则，整个社会才会有条不紊地运作。一个企业要健康发展，就要建立完善的规章制度，规范各方面的行为，抓紧制定企业急需的各项制度。四是健全内部职能管理制度。在制度建设上要立足当前、着眼长远，以制度巩固企业发展成果。企业发展无止境，制度规范宜健全。按照规范的公司组织架构，理顺企业内部分工、职责和流程。既要实现企业部门职能的物理整合，坚持一类事项原则上由一个部门统筹、一件事情原则上由一个部门负责，避免政出多门、责任不明，要通过人员融合、业务融合和职能优化，促进企业各个层面发生化学反应，发挥上级部门和下级部门的两个积极性，形成企业从上到下，运行顺畅、充满活力、令行禁止的运作体系。各部门应当分析查找问题、短板、漏洞、弱项，勇于担当、敢于负责，根据企业的实际情况创造性地开展工作，坚持结果导向，聚焦重点，紧盯实效，不断加强制度治理体系，不断进行机制创新、流程再造，持续推进和提高企业整体治理水平和治理效能。从公司总部到各子企业全部实现数据化、信息化办公，保证工作效率实现质的提升。五是严格监督执行制度。再好的制度，如果不抓落实，也会形同虚设。制度监督要落到实处、见到实效，还必须牢牢把住责任追究这个关键，健全权威高效的制度执行机制，加强对制度执行的监督，杜绝做选择、高变通、大折扣的现象。制度监督落到实处、见到实效，必须牢牢抓住责任追究这个关键。以有效问责强化制度执行，坚决纠正有令不行、有禁不止、随意变通、恶意规避的行为，确保制度落到实处、执行到位。

2. 合规管理要求健全制度体系

企业制度问题带有企业根本性、全局性、稳定性和长期性。企业改革发展创新涉及体制机制问题和企业的制度规范等问题。企业树立底线思维，坚持问题导向，加强制度规范，以防范化解重大风险，并作为企业发展的前提和基础。对企业改革的顶层设计的要求更高，对改革的系统性、整体性、协同性要求更高，相应的建章立制，构建制度体系的任务更重要。企业制度是员工在生产经营活动中共同遵守的规定和准则。企业切实强化制度意识，强化制度执行力，各方面形成一整套成熟定型的制度，为打造百年企业提供保障。加快制度创新，形成制度体系，落实合规管理，很大程度上是要落实到规章制度管理上。只有依据法律法规完善制度，确保制度明确、流程清晰、表单规范，才能更好地达到企业合规的要求。完善的制度体系是一个企业竞争的重要优势。而制度缺陷和短板，则是企业在市场竞争中的风险和隐患。制度建设不是一蹴而就、一劳永逸。任何制度都不是天生就完美，有一个动态演进、发展完善的过程，必须随着时间、环境、条件的变化而做出相应的调整和改进。企业必须发挥制度优势，根据形势变化修订相关制度，堵上制度漏洞，小步快跑、迅速迭代，不断推出更加完善的制度。制度必须坚持巩固。制度必须完善发展。企业制度要随着企业的发展而不断更新。设立合规管理组织机构，加强合规培训、合规绩效考核、自我监督体系等制度化。制度必须坚持巩固，不断推出更加完善的制度。依据法律法规和市场规律制定企业的各项制度，做到方向不变、道路不偏、力度不减，保持只争朝夕、奋发有为的奋斗姿态，越是艰险越向前，运用制度力量应对各种风险挑战。我国很多成功企业从我国国情出发，遵守国家法律法规和国际规则，完善企业制度体系，着力固根基、扬优势、补短板、强弱项，构架系统完备、科学规范、运行有效的制度体系，形成心往一处想，劲往一处使的强大合力。

3. 合规管理要求完善“走出去”制度

为了鼓励企业“走出去”，国家制定了一系列有利于企业“走出去”的法律法规。企业应当执行国家对外投资的资格审查制度、国有企业境外投资的审计制度、企业境外经营业绩考核和责任追究制度等制度。企业在遵守法律法规的同时，应当从实际出发，健全企业合规管理制度。企业构建完备的对外投资制度体系，没有现成的模式照搬，必须坚持从国情出发，适应市场环境和竞争环境，根据企业的实际，着眼未来的发展，在实践中不断探索。在实施海外投资项目前，做好扎实调研和风险评估工作，制订严密投资方案和风险应对预案，避免非理性跨国经营行为，最大限度降低海外经营风险。在项目实施过程中，遵守东道国法律法规，采取正当方式进行市场竞争，依法依规使用他人技术或商标，避免侵犯知识产权。尊重东道国文化，避免因不同国家间的风俗习惯、价值观及宗教信仰等方面差异对企业产生负面的影响。合规是企业经营的红线，是企业对外投资的底线。企业违规可能带来一时的方便，但迟早会付出更高的代价。企业构建系统完备、科学规范、运行有效的合规管理制度体系，为企业“走出去”提供更加优质、更为有效的制度保障。

（二）切实提高企业合规管理的执行力

制度的生命力在于遵守执行。企业确保制度时时生威、处处有效，就要加强监督约束，加快构建上下贯通、内外结合、系统完备、规范高效的监督体系，以制度的优势凝聚企业新时代奋斗伟力。合规管理既是股东、客户、监管机构和社会公众关注的焦点，也是企业行稳致远的保障。合规管理人人有责。严格遵守和执行制度，合规管理才能落实。合规管理的效果好，必须强化制度执行力。

1. 企业领导要带头执行合规管理的各项制度

制度的重要意义在于执行。不执行，再好的制度也是摆设，成为无人畏惧的“稻草人”，久而久之，就会形成破窗效应，带来的危害比没有制度还要大。企业领导要做执行制度的表率。制度与企业领导相辅相成。针对有些企业领导权力和人情大于规章制度的现象，企业领导应当以身作则，并要求各层级的管理者严格遵守企业的各项规章制度。企业发展方向需要领导的智慧，制度可以帮助领导实现目标。有的企业领导制度意识不强，对制度缺乏敬畏，不按制度行事，甚至随意更改制度；有的企业领导不愿遵守制度，极力逃避制度的监管；有的企业领导认为规章制度是针对普通员工的，将自己凌驾于规章制度之上，不接受规章制度的制约。规章制度的公平性意味着规则面前人人平等，不允许有例外和特权存在。因此，企业领导要始终对制度怀有敬畏之心，带头维护制度权威，做制度执行的表率。企业领导和各部门负责人切实强化制度意识，自觉维护制度的权威，自觉尊崇制度，严格执行制度，带头维护制度权威，做制度执行的表率，确保严格按照制度履行职责、行使权力、开展工作。

2. 企业员工要敬畏合规管理的各项制度

增强企业员工制度意识、合规意识，以钉子精神狠抓落实。企业应当通过各种活动提高员工对规章制度的认识，将规章制度逐步内化为员工自动自发的行为。企业出现的很多问题、发生的很多事故，都是因为违反了规则、规章、规范。在企业的各种活动中，必须敬畏规章，避免质量事故、交通事故、安全事故等。有些企业只注重规章制度的制定和执行，忽视对相关员工的培训，导致员工不了解规章制度的具体要求，从而导致规章制度执行不力。因此，企业应当加强规章制度培训，通过组织各种学习活动，切实提升内部管理水平，让好制度及时充分有效地发挥作用，成为企业改革发展的有力保障。把制度优势转化为治理效能，把制度意识转化为治理水平，才能充分释放制度威力。

3. 企业要建立健全违规的责任追求机制

动员千次，不如问责一次。企业员工应当树立合规光荣、违规为耻、违法有罪的意识，把依法合规、遵纪守法作为工作习惯，确保每一项工作都符合流程制度，每一项决策都符合法律法规。制度执行既需要有内在的自觉意识，也需要有外部的强制性约束。严格责任追求是督促责任落实的“杀手锏”。没有责任追究的威慑力，责任就会流于形式、形同虚设。企业必须完善责任追究制度，加强问责力度，严格追究违纪违规的责任，确保严格执行制度，使制度生威生效。在问责的同时合理容错。既能消除顾虑，又可激发动力。从根本上讲，问责与容错是一致的，不是对立冲突的，二者都着眼于权力的规范运行，都在于提升权力的运行效能。企业应当通过对规章制度执行的每一环节、每一过程定期和不定期进行监督检查，加大奖惩力度，确保规章制度的执行，确保企业真正做到人人合规、事事合规、时时合规。

三、稳步推进企业合规管理

企业进入全球价值链竞争的时代。企业竞争从过去单个企业之间的竞争上升到全球价值链的竞争。面对各国政府监管加强和国际组织的推动，越来越多的企业强化合规管理。合规管理成为全球化企业新的竞争规则。企业只有稳步推进合规管理，才能立足于全球竞争之林。

（一）加强企业合规管理

准确把握新形势下企业合规管理的新条件和新要求，构建合规的制度体系，建立科学的运行机制，增强合规管理的执行力，注重合规管理体系的协同机制，打造良好的合规管理环境。建立健全合规管理体系，企业必须加强合规管理，处理好与各方面的关系。合规管理制度设计好，能够被执行，确保合规管理体系有效，且在执行中起到良好的效果。

1. 企业合规管理以优化营商环境基础

良好的营商环境是解放和发展社会生产力、建设现代化经济体系、促进高质量发展的重要基础。对企业来讲，良好的营商环境将营造公平的竞争氛围，降低经营成本，激发创新活力，为企业提质增效、转型升级提供基础保障。营商环境的优化不仅需要政府在政策法规上的保驾护航，也需要各市场主体的共同努力，尤其是企业自身坚持合规经营。《优化营商环境条例》规定，“市场主体应当遵守法律法规，恪守社会公德和商业道德，诚实守信、公平竞争，履行安全、质量、劳动者权益保护，消费者权益保护等方面的法定义务，在国际经贸活动中遵循国际通行规则。”企业作为市场主体，应当梳理内部管理流程，提升合规管理水平，强化自身合规经营能力，提高业务部门和员工素养，建立良好外部形象，不断促进营商环境的优化，不断维护营造好营商环境。企业应当积极推动和帮助供应方、采购方及供应链上下游的其他各方共同打造安全稳健的供应链体系，在共同防范合规风险的同时，提升营商环境整体质量。企业独善其身的合规努力好比一颗“螺丝钉”，对营造良好的营商环境是重要的，但却很不够。企业应当突破自身界限，和供应链上下游企业携手共同提升行业合规管理水平。这才是维护营商环境优化成果的长久之计。企业合规经营，有助于赢得政府、合作伙伴和民众的信任，从而助推营商环境的优化，促进企业高质量发展。

2. 企业合规管理以融入全球价值链为目标

全球价值链为企业，特别是中小企业提供了更为广阔的发展空间和更加丰富的发展机遇。我国经济的发展，离不开企业对全球价值链的融合。助推企业高质量发展，需要企业更加深度地融入全球价值链，不断提升企业创造价值的能力。近年来，全球价值链对参与其中的企业提出了更高的要求，尤其是在企业合规层面，不仅有联合国经济合作与发展组织、世界银行、国际标准化组织、全球契约组织等国际组织和机构制定的新的企业合规管理标准和指南，也有各国为规范企业国际化经营出台的法律法规。融入全球价值链不仅要求企业提供优质的产品和服务，更要求参与企业遵循国际公认的企业行为准则。中国企业在境外开展了大量的并购活动，很多项目的成功，都离不开企业加强合规管理，提升合规管理水平。同时，我们也看到部分企业因合规管理不到位，从而导致经营遇到问题，付出沉重代价。企业合规经营正是适应全球多元法律、规则和文化的要求，应对全球日益加大的监管力度，与相关方共同打造良好的营商环境，以加快企业高质量发展。

3. 企业合规管理以参与“一带一路”建设为己任

共建“一带一路”，共享发展繁荣，政府是引领者，企业是生力军，合规是推进器。自“一带一路”倡议提出以来，获得了世界百余国家和国际组织的广泛认同和积极参与，并且在沿线基础设施建设、贸易和投资便利化、产能、金融和人文合作等方面都取得了巨大成就。要巩固当前取得的成果，企业必须坚持合规建设，以符合沿线国家利益的方式“走出去”。“一带一路”沿线各国政治环境、法制基础、经济水平和商业文化呈现多元化复杂状态，要达到政策沟通、设施联通、贸易畅通、资金融通、民心相通的目的，不仅需要政府层面协调好各国经济发展的战略对接，更需要企业不畏艰辛、勇敢前行，在多元环境中开辟出一条坚实的发展路径。然而，企业的发展要获得沿线各国的认同，就必须提升自身合规管理水平，学习遵守所在国法律法规，在保障企业自身利益的同时，营造有利于企业发展的外部环境。此外，企业在参与共建“一带一路”过程中，要获得多边金融机构融资通道，合规管理也是重要的先决条件。比如，2010 年世界银行集团与亚洲开发银行、欧洲复兴开发银行、美洲开发银行、非洲开发银行等其他多边开发性金融机构签订的《共同执行制裁决定协议》；亚洲基础设施投资银行（简称亚投行）于 2016 年 12 月公布的《关于违禁行为的政策》，都明确了对有不合规行为的企业进行联合制裁办法。企业在参与“一带一路”建设中，要强化合规管理，以推动企业高质量发展。

（二）提升企业合规管理执行能力

强化企业合规管理，关键在于执行力。有些企业内部管理制度存在制度不够健全、对制度缺乏敬畏的问题。提升企业内部管理水平，让制度及时、充分、有效地发挥作用，推动企业合规建设工作更好地开展。

1. 增强企业合规管理意识

坚持底线思维要求，增强企业合规意识，建立合规管理组织机构、制度体系和运行机制，提升合规管理能力。底线思维就是客观地设定最低目标，立足最低点争取最大期望。底线思维就是从最坏处着眼，做最充分的准备，朝好的方向努力，争取最好的结果。守住底线就是要坚守法律底线、诚信底线。这样才能危中寻机，有备无患，遇事不慌，牢牢掌握主动权。企业的领导要牢记法律红线不可逾越、法律底线不可触碰，带头遵守法律、执行法律，带头营造办事依法、遇事找法、解决问题用法、化解矛盾靠法的法治环境。企业的合规管理，就要坚持底线思维，应对重大挑战、抵御重大风险、克服重大阻力、解决重大矛盾，都离不开底线思维。底线是事物质变的分界线，做人做事的警戒线，不可踩，更不可越。企业合规经营的底线思维就是认真评估各种风险，估计可能出现的最坏情况。从最坏处准备，朝最好处努力。我们每个人都有底线。近几年，有的演艺界明星被警察机关传唤，有的可能受牢狱之灾。说明他们没有把握好自己的底线。企业合规经营的底线就是不行贿、不逃税、不欠薪、不侵权、不违法、不违纪等。遵纪守法、合规经营是企业的安身之本。合规是衡量企业经营是非曲直的标尺。企业领导和合规官员只有牢固树立遵纪守法的合规意识，处处坚守底线思维，把法律规定内化为规则准则，自觉地遵守法律法规，不越纪律、法规和合规的底线，才能经得住纪律的检验，经受住法律的考验，经得起市场经济的挑战。

2. 借鉴企业合规经营案例

企业重视合规经营，需要通过实证案例方式，加大企业合规经营的培训力度。提升企业合规经营的能力和水平，就要加大对企业领导及合规官员的培训力度，以实证案例，增强企业领导和合规官员对法律法规的敬畏之心，牢记法律法规红线不可逾越、法律法规底线不可触碰，遵守法律法规，依法依规办事，不违法违规行使权力，不以言代法规、以权压法规。有些企业因违规被追责，说明合规经营是企业的生命线。企业无论是在国内市场参与竞争，还是走出去，参与“一带一路”建设，做到合作共赢，命运与共，就要牢固树立合规理念，既要遵守本国的法律法规，也要遵守相关国家的法律法规，规范发展是正途。企业合规经营的一项重要原则就是坚持领导带头合规。牢牢抓住企业领导这个“关键少数”，大力提升领导的法治思维和依法办事能力，充分发挥企业领导遵法、学法、守法、用法合规的示范作用。榜样的力量是无穷的，建议加大守法合规典型的正面宣传力度，加大对违法违规反面典型的警示宣传教育力度，持之以恒地开展合规培训宣传，增强企业领导和合规官员的合规意识，知道敬畏、心存戒惧、守住底线。引导企业在法律法规框架内明确权利，界定义务，决不能游离法律法规之外解决问题，更不能突破法律法规的底线办傻事。要通过合规经营培训，以案释法，让遇事找法规、办事循法规、经营守法规成为企业领导和合规官员的自觉行动。

3. 加强企业合规经营研究

企业在合规经营中坚持求真务实的精神，重要的是加强企业合规管理的研究。法律法规及规则和准则具有规范社会行为、调节社会关系、维护社会秩序的作用。法律是准绳，任何时候都必须遵循。法律法规及规则和准则等构成市场经济的基石，任何时候都不可忽视。合规管理是市场经济的基本要求。近些年，国家有关部门、国内有关研究机构和企业越来越意识到合规管理的重要性，提倡合规、践行合规的呼声越来越高。但总体上看，各方面对合规管理的理论研究和实证案例分析还不够深入；如何使企业的各种经营活动与法律法规、规则和准则相一致，企业还没有完全做到；如何研判当前企业合规经营的环境、对象、范围、方式等，探索有利于破解合规工作难题的新举措、新办法还未广泛开展；如何有效利用企业合规管理中的风险识别、尽职调查、行为评价等手段，最大程度避免和克服企业运营活动对利益相关方可能产生的不利影响等，还缺乏深入的研究。因此，建议全国企业合规委员会以求真务实的精神，密切关注国内外政治经济的新动向，结合企业合规管理中遇到的新情况、新问题，及时向企业提出咨询建议，及时向政府有关部门提出有价值的政策建议。

4. 防范企业违规经营风险

企业应当采取居安思危措施，防范违背合规管理的各种风险。企业居安思危、有备无患，就要把困难和挑战估计得更充分一些，把预案做得更周密一些，应对更有力一些，积极寻求规避系统性风险、化解复杂矛盾、谋求创新发展的路径和方法，守住底线，才能在企业的生产经营过程中防范各种风险。我们知道，下了一场雨，知道了雨伞的重要。得了一场病，知道了健康的重要。下雨的时候雨伞不好借。得大病的时候有多少钱也没用。最好是趁雨小的时候找到安全的地方避雨。趁没病的时候用合适的方法养生防病。这是一个简单的道理，但告诉人们预防永远大于治疗，也告诉企业防范经营风险的重要性。通用电气公司是美国著名的跨国公司，原总裁韦尔奇在回答别人问他最担心什么时说：“其实并不是 GE 的业务使我担心，而是有什么人做了从法律上看非常愚蠢的事而给公司的声誉带来污点并使公司毁于一旦。”德国奔驰公司董事长埃沙德·路透的办公室里挂着一幅巨大的恐龙照片，照片下面写着这样一句警句——在地球上消失了的，不会适应变化的庞然大物比比皆是。对环境反应迟钝的恐龙灭亡了，这对于反应迟钝的大企业来讲，也是同样的道理。美国著名金融史学家彼得·伯恩斯坦说过，企业兴盛或衰落、股市繁荣或崩溃、战争与经济萧条，一切都周而复始，但它们似乎总是在人们措手不及的时候来临。我国经济已由高速增长阶段转向高质量发展阶段，并明确要求，培育具有全球竞争力的世界一流企业。我国企业要成为世界一流企业，不仅要具有高质量的产品和服务，具有自主知识产权的核心技术和国际知名品牌，具有行业领先的盈利能力和经济规模，具有很强的全球配置资源能力，更重要的是增强风险防范意识，具有较强的合规意识和自觉的合规行为。

第六节　弘扬优秀企业文化

企业文化是指在一定的社会经济条件下，通过社会实践所形成的并为全体成员遵循的共同意识、价值观念、职业道德、行为规范和准则的总和。改革开放40多年来，我国始终坚持发展社会主义先进文化，加强社会主义精神文明建设，培育和践行社会主义核心价值观，传承和弘扬中华优秀传统文化，坚持以科学理论引路指向，以正确舆论凝心聚力，以先进文化塑造灵魂，以优质作品鼓舞斗志，爱国主义、集体主义、社会主义精神广为弘扬。企业文化是企业在自身发展过程中形成并付诸实践的、以价值为核心的、独特的文化管理模式。企业文化以人为载体。优秀的企业文化是企业取得成功的重要因素，是决定企业持续成长为百年老店的关键力量。

一、企业文化铸就百年企业之魂

历史车轮滚滚向前，时代潮流浩浩荡荡，唯有文化生生不息。中华文化源远流长。从三皇五帝到夏商周，经过秦汉，再至唐宋元明清，直至中华人民共和国成立后，历经悠悠5000多年中华文明的漫长岁月，一直没有断流地传承到今天。文化是人类在社会历史发展过程中所创造的物质财富和精神财富的总和，是人类文明进步的产物。企业文化是企业赖以长久生存的灵魂。文化的薪火、精神的灯塔、价值的罗盘，指引企业坚定前行的正确大道。企业要成为百年老店，必须坚定中国特色社会主义道路自信、理论自信、制度自信、文化自信，必须加强企业文化建设，凝聚起砥砺新征程、奋斗新时代的强大力量，肩负起民族的光荣感、责任感、使命感，弘扬以爱国主义为核心的民族精神，怀抱实业救国、科技报国、产业强国之志，为实现中华民族伟大复兴的中国梦做出新的更大贡献。

（一）推进企业文化建设意义重大

文化是一个国家、一个民族的灵魂，更是一个企业的灵魂。文化兴国运兴，文化强民族强。没有高度的文化自信，没有文化的繁荣兴盛，就没有中华民族伟大复兴。一个企业没有属于自己的优秀文化，就等于没有灵魂。初创企业靠经营，延绵企业靠奋斗，百年企业靠文化。企业是文化建设的主体。企业文化是指企业在社会主义市场经济的实践中，逐步形成的为全体员工所认同、遵守、带有本企业特色的价值观。优秀的企业文化是企业宝贵的精神财富，显示了企业的爱国情、强国志、报国行。

1. 推进企业文化建设是建设社会主义文化强国的要求

企业是企业文化建设的主体。提高国家文化软实力，关系“两个一百年”奋斗目标和中华民族伟大复兴中国梦的实现，必须发挥企业主体的作用。推进企业文化建设是国家文化软实力的重要组成部分，是社会主义先进文化的生长点，长期积淀形成的红色文化、优良传统和先进精神已融入中华文化血脉，深深植根于社会主义先进文化。我国企业的国际地位、自身影响力、社会美誉度等文化软实力逐步提升，充分体现了中国精神、树立了中国形象、展示了中国实力，为推进文化强国建设发挥了积极作用。但也要清醒地看到，我们在国际上有时还处于有理说不出、说了传不开的境地，存在着中国真实形象和西方主观印象的“反差”、软实力和硬实力的“落差”。这就要求我们必须肩负起建设社会主义文化强国的重要使命，进一步把握社会主义文化主流，增强文化自觉，发挥文化功能，积极打造与时代相适应、与国家地位相匹配的企业文化软实力，不断铸就中华文化新辉煌。

2. 推进企业文化建设是培育和践行社会主义核心价值观的要求

核心价值观是文化软实力的灵魂、是文化软实力建设的重点。企业作为社会主义核心价值体系的积极宣传者、模范践行者、坚定捍卫者，始终把培育和弘扬社会主义核心价值观作为凝魂聚气、强基固本的基础工程，作为提升文化软实力的重要工作，融入企业经营管理各环节、各领域，将社会主义核心价值观内化成“为国为民、爱岗奉献”的精神追求，外化为“攻坚创效、干事创业”的行动自觉，更加凝聚了共同奋斗的思想意志，塑造了中国企业精神、彰显了企业力量，推动社会主义核心价值观落地落实。这就要求我们必须自觉遵循社会主义核心价值观，积极探索用社会主义核心价值观培育企业文化、升华企业精神，明确发展方向、提升价值支撑、规范道德行为、凝聚发展共识，在推进核心价值观落实落地中提升文化软实力，在持续提升文化软实力中践行核心价值观。

3. 推进企业文化建设是创建世界一流企业的要求

文化是一个国家、一个民族的灵魂。没有高度的文化自信，没有文化的繁荣兴盛，就没有中华民族伟大复兴。没有文化的繁荣兴盛，也很难培育出具有全球竞争力的世界一流企业。党的十九大提出打造世界一流企业的目标，实现这一目标必然要求一流企业硬实力与一流企业软实力双轮驱动、相得益彰、相互促进。当前，我国许多企业已具备了成为有国际竞争力世界一流企业的“硬实力”，2021 年我国大陆进入《财富》世界 500 强的企业已达到 135 家。这些大企业、大集团是代表我国参与国际竞争、推动世界经济增长的重要力量，但与世界一流企业相比，在软实力方面还有一定差距。如企业文化还有待加强，品牌意识、创新意识还有待提升，社会形象还有待优化，国际形象有待改善等。这就要求我们必须着力打造体现时代特征、中国特色、企业特点的软实力，为培育世界一流企业提供坚强文化支撑。

（二）优秀企业文化引领企业健康发展

企业文化是企业的灵魂，是激发企业创造力、竞争力和凝聚力的源头。文化引领方向，文化凝聚力量。优秀的企业文化充满哲理、积极向上、内涵丰富，成为提高企业凝聚力、向心力和战斗力的精神支撑。

1. 优秀文化铸就企业精神支柱

人无自信，无以自进；企无自信，无以自强。企业文化源于坚定的文化自信。坚定文化自信是事关国运兴衰、事关文化安全、事关民族精神独立性的大问题。伟大的民族精神赓续了新的时代内涵，更坚定了我们的文化自信。文化自信是一个国家发展进步的不竭动力，是一个民族最动人的精神底色。文化自信不会凭空产生，而是根源于坚定的理想信念、生长于高远的使命追求、凝结于自觉的责任担当。企业坚持文化自信，就是勇于承担时代赋予的使命和责任，塑造贡献社会、造福人民、关爱职工、保护环境、诚实守信的企业文化，在服务经济社会发展、科技进步、民生改善的过程中，体现自身价值，实现可持续发展。在中华民族伟大复兴的历史进程中，文化自信是更基础、更广泛、更深厚的自信，是更基本、更深沉、更持久的力量。坚定文化自信就要推动中华优秀传统文化创新转化，继承革命文化，发展社会主义先进文化，不断铸就中华文化新辉煌。党的十九届五中全会提出：坚持马克思主义在意识形态领域的指导地位，坚定文化自信，坚持社会主义核心价值观引领文化建设，加强社会主义精神文明建设，围绕举旗帜、聚民心、育新人、兴文化、展形象的使命任务，促进满足人民文化需求和增强人民精神力量相统一，推进社会主义文化强国建设。推进社会主义文化强国建设，要围绕五个方面。第一是举旗帜，就是要高举马克思主义、中国特色社会主义的旗帜，坚持不懈用新时代中国特色社会主义思想武装，推动当代马克思主义深入人心、落地生根。第二是聚民心，就是要牢牢把握正确舆论导向，唱响主旋律，壮大正能量，把士气鼓起来，把精神振奋起来，朝着党中央确定的宏伟目标团结一心向前进。第三是育新人，就是要坚持立德树人、以文化人，建设社会主义精神文明、培育和践行社会主义核心价值观，提高思想觉悟、道德水准、文明素养，培养能够担当民族复兴大任的时代新人。第四是兴文化，就是要坚持中国特色社会主义文化发展道路，推动中华优秀传统文化创造性转化、创新性发展，继承革命文化，发展社会主义先进文化，激发全民族文化创新创造活力，建设社会主义文化强国。第五是展形象，就是要推进国际传播能力建设，讲好中国故事、传播中国声音，向世界展现真实、立体、全面的中国，提高国家文化软实力和中华文化影响力。把优秀传统文化精神标识提炼出来、展示出来，把优秀传统文化中具有当代价值、世界意义的文化精髓提炼出来、展示出来。企业唯有保持高度的文化自信，才能始终坚定不移地沿着中国特色社会主义道路前进。企业唯有坚定文化自信，才能立足新时代，为做强做优做大企业做出新贡献。

2. 优秀文化振奋企业拼搏精神

文化的功效在于其产生的力量。文化的核心是精神，精神的核心是信仰。人是生产力中最活跃的要素，是企业的第一资源。企业实现高质量发展，关键在人。人们的思维方式、思想观念、个性气质深深地打下文化的烙印。

俗话说，人无精神则不立，业无精神则不强。企业短期发展靠奋斗，中期发展靠经营，长远发展靠文化。企业文化是深刻的理性认知和具体的实践行动，转化为企业中广大员工的情感认同和行为习惯，体现为共同的愿望、信心和意志，才会具有强大的生命力，成为企业发展取之不尽、用之不竭的力量源泉。文化在本质上是一种精神承载。人作为思想、精神的文化存在物，是战争胜负的决定因素。美国人大卫·哈伯斯塔姆在《寒冷的冬天》一书中反思朝鲜战争，认为惨烈战争背后的是信仰较量。铁一般的信仰、铁一般的信念、铁一般的纪律、铁一般的担当。而敌人惧怕的，正是我们必须坚守的、着力打造的。企业在生产经营中也是同样的道理。企业需要资产设备、技术等有形的能力，而士气是企业管理机制、经营哲学等无形的企业文化。落后弱势的企业文化直接造成企业的执行力弱、效率低下、内耗大、员工士气低落。为什么很多白手起家的公司成为国内甚至国际上的行业领军企业，共同点是创业时建立了自身的文化，并不断提升文化管理能力。中华人民共和国成立以来，特别是改革开放以来，我国企业之所以能够快速发展壮大，取得显著成绩，其中一个重要原因，就是企业把自身发展的具体目标融入国家和民族的伟大梦想，在经济环境风云变幻的洗礼中，初心不改，淬炼了铁人精神、两弹一星精神、载人航天精神、高铁精神等，为企业发展攻坚克难提供了强力支撑。

3. 优秀文化促使企业基业长青

求木之长者，必固其根本；欲流之远者，必浚其源泉。企业想要做到基业长青，需要有引领企业发展的优秀企业文化。历史车轮滚滚向前，时代潮流浩浩荡荡。物质资源终会枯竭，唯有文化生生不息。北京同仁堂中医药文化是在继承祖国传统中医药文化精华，并融入宫廷医药规范的基础上，将中医与中药相结合，传统与现代相结合，国内发展与海外发展相结合，形成具有自身特色的传统工艺、品牌形象和团队精神。同仁堂至今已经 300 多年，可谓历尽沧桑，然而其金字招牌不倒，长盛不衰，日益繁荣。究其原因，在于同仁堂坚守优秀的企业文化。同仁堂奉行中国药材行业的道德原则。研制药物是为了治病，但并不希望人人都生病来买药。历代同仁堂恪守“炮制虽繁必不敢省人工，品味虽贵必不敢减物力”。同仁堂无论制作什么样的药材，都绝不偷工减料。同仁堂有“修合无人见，存心有天知”的自律意识，在制药过程中小心翼翼、精益求精。同仁堂的优秀传统文化成就了同仁堂的基业长青。当代中国，企业文化是中国特色社会主义文化的重要组成部分，是培育和践行社会主义核心价值观的重要载体和阵地，也是企业健康发展的有力保障。推动企业高质量发展，文化是重要支点；满足企业员工对美好生活的需要，文化是重要因素；战胜企业前进道路上的各种风险挑战，文化是重要力量源泉。企业保持对自身文化理想、文化价值的高度信心，保持对自身文化生命力、创造力的高度信心，提升企业文化软实力。企业要把文化建设放在全局工作的突出位置，坚持以社会主义核心价值观引领企业文化建设，发挥企业文化引领风尚、教育员工、服务企业、推动发展的重要作用。

（三）优秀企业文化凝聚企业力量

企业文化是企业做久的基石，是企业深层次涌动员工内心的愿景。文化聚人心，文化促同行。企业文化是一个企业在自身发展过程中形成的以价值为核心的独特的文化管理模式，是一种凝聚人心、提升企业竞争力的无形力量。百年企业能够吸引、留住人才，关键是它的凝聚力，也就是企业文化。很多优秀企业经历了多次融合和洗礼碰撞，打造出独具特色的企业文化，不断成长、突破，涵养出和谐包容、开拓创新的企业精神内核，让企业充满生机活力，促进企业持续焕发生命力。

1. 优秀文化焕发企业激情

企业文化是企业凝心聚力焕发生机的工程。船的力量在帆上，人的力量在心上。企业文化是企业战胜艰难险阻的坚实支撑。企业文化是这样一种东西，有时看不见摸不着，但却能一直感觉到。它存在于每个员工的价值观、行为习惯中，也存在于企业的每一个决策中。企业文化充满哲理、积极向上、内涵丰富，是企业共同创造的精神财富，体现企业的使命、企业的愿景、企业宗旨、企业精神、企业作风等。精神的财富穿越时空，奋斗的事业薪火相传。一代人有一代人的使命，一代人有一代人的担当。企业一代又一代人的熏陶传递，形成特色鲜明的企业文化。文化的薪火，精神的灯塔，指引着企业坚定前行在光明的大道上。努力向上成长，必将走向成功；坚持向前而行，终将遇见美好。优秀的企业文化春风化雨，润物无声。企业文化用爱和真情感染人、感化人、感召人，全体员工朝着共同的目标奋斗前行，努力且幸运，艰辛却幸福。企业文化要成为企业健康发展的保障，成为凝聚砥砺新征程、奋斗新时代的强大力量。

2. 优秀文化增进企业包容和谐

企业文化是企业包容和谐的基础。独行快，众行远。一人拾柴火不旺，众人拾柴火焰高。开放包容的文化富有亲和力和同化力，能够在保持自身本色和优点的同时，借鉴吸收其他文化中的有益成分，使其长处和精华为我所用，从而不断突破自身局限，实现发展壮大，促使企业走得又快又远。包容文化是凝聚共识。企业领导的胸怀是宽容。宽容就是原谅自己。企业家经常面对的问题是，吃得苦中苦，方为人上人。企业家经常面对千头万绪的企业发展问题，长期高负荷工作。企业从战略上高度重视企业文化融合问题，有效防止文化差异对企业发展带来的风险影响。包容文化兼容并蓄。中华文化是温暖人心、认祖归根、天人合一、天下一家、共享共荣的文化。中华文化将继续化掉人心的冰冷和坚硬，让人心变得更柔软，让世界充满爱，让世界因你而美丽。文化多元不意味着文化割裂。中华文明之所以能够绵延几千年生生不息，根本原因是中华文化开放包容，善于吸纳和融合多元文化。心有容，德乃大。做人心胸开阔有涵养，才能成就德行。优秀企业文化倡导包容和谐。容言，接受他人评价；容事，面对磨难成长；容人，懂得宽以待人。企业把发展作为包容文化的出发点和落脚点，将发展成果惠及利益相关方，才能前路宽广，健康发展。

3. 优秀文化昭示企业未来希望

优秀文化是企业健康发展行稳致远的支撑。打造百年企业就是要做到今天好、明天好、后天更好，持续追求卓越精神，保持长久的活力和生命力。企业文化让企业更从容、更开放、更智慧。当今社会，文化是创造财富的时代，也是企业文化大发展的时代。没有文化的企业就是没有希望的企业。只有用先进文化理念管理的企业，才能凸显企业核心价值，塑造整体企业品牌，凝聚品牌的忠诚合力，实现品牌的持续提升。只要充分发挥企业文化的引领推动作用，我国企业就一定会大有作为，一定能成长为支撑我国经济建设与发展的参天大树。企业文化显示企业追求的地方。浙江台曾播放电视剧《在远方》，刘烨扮演的遥远创立的快递公司提出，远方不是脚达到的地方，而是心超越的地方。山再高，往上攀，总能登顶。路再长，走下去，定能到达。我国企业以逢山开路，遇水架桥的智慧和勇气开拓前行，以拼搏与奋斗的决心和气魄一往无前，一件件过去不敢想的事成了现实，一座座令人望而生畏的山峰化为继续攀登的阶梯。优秀企业文化就是要激励企业不断书写新时代的篇章，奔向更加美好的明天。

二、企业文化建设内涵丰富

文化是人类在不断认识自我、改造自我的历史发展的过程中创造所形成的产物，即物质财富和精神财富的总和，是能够传承国家或民族的历史、地理、风土人情、传统风俗、生活方式、文学艺术、行为规范、思维方式、价值观念等，被人们普遍认可的一种能够传承的意识形态。文化是一种包含精神价值和生活方式的生态共同体。企业文化是在企业生产经营和改革发展创新中形成的文化概念、历史传承、价值观念、道德规范、行为准则等企业的意识形态。企业文化集中体现一个企业经营管理的核心及由此产生的组织行为，包含企业价值观、企业精神、企业经营之道、企业风尚、企业员工共同遵守的道德行为规范等内容。

（一）企业文化引领企业长远发展

古往今来，中华民族之所以在世界有地位、有影响，不是靠对外扩张，而是靠中华文化的强大感召力和吸引力。文化相当于一种土壤，什么样的土壤就长出什么样的植物。企业文化注重文化传承、文化延续。百年企业之所以源远流长，原因之一是靠企业文化的凝聚力和影响力。

1. 企业文化必须坚持核心价值观

社会主义核心价值观是企业文化核心理念的根基和内核。人类社会发展的历史表明，对一个民族、一个国家来说，最持久、最深层的力量是全社会共同认可的核心价值观。一是核心价值观承载着一个民族、一个国家的精神追求，是企业文化软实力的灵魂。一个国家的文化软实力，从根本上说，取决于其核心价值观的生命力、凝聚力、感召力。建设社会主义文化强国，关键是把培育和弘扬社会主义核心价值观作为凝魂聚气、强基固本的基础工作，将社会主义核心价值观的培育践行融入社会生活的方方面面，解决好知行合一等问题，将其转化为人们的情感认同和行为习惯，充分激发社会主义核心价值观在文化强国建设中的推动力。任何一种文化要立起来、强起来，从根本上说，取决于其核心价值观的生命力和引领力。二是中华民族之所以独树一帜源远流长，最根本的就在于我国古代核心价值观的维系和黏合。古人很早就提出了“礼义廉耻，国之四维”，后经历代儒家的吸收融合，逐步形成了以“三纲五常”为主要内容的价值体系，成为我国封建社会 2000 多年保持稳定的重要精神因素。三是社会主义核心价值观是当代中国精神的集中体现，是社会主义先进文化的精髓。从国家层面，富强、民主、文明、和谐；从社会层面，自由、平等、公正、法治；从个人层面，爱国、敬业、诚信、友善。这代表着中国特色社会主义的发展方向和光明前景，都是中华儿女在追梦圆梦路上矢志追求的价值目标。四是坚持社会主义核心价值观，发挥优秀企业文化引领作用。社会主义核心价值观是企业文化的基石。企业文化必须坚持以社会主义核心价值观，引领文化建设建设，凝魂聚气，强基固本，构筑中国精神、中国价值、中国力量。弘扬优秀企业文化，发挥优秀企业文化的引领带动作用，把优秀的传统文化和时代需要更好地结合在一起，大力弘扬创新精神、工匠精神，在丰厚的文化积淀中凝聚起更加强大的创新创造活力，在企业发展中实现文化进步。

2. 企业文化彰显民族精神

中华民族是多元一体的伟大民族。在历史长河中，中华民族形成了伟大的民族精神和优秀的传统文化。一是中华民族精神是各族人民共同培育、继承、发展起来的，深深融进了各族人民的血液和灵魂。中华民族精神成为推动我国发展进步的强大精神动力。这是中华民族生生不息、长盛不衰的文化基因，也是实现中华民族伟大复兴的精神力量。中华传统文化博大精深、灿烂辉煌，积淀着中华民族独特、最深层的精神追求，代表着中华民族独特的精神标识，为中华民族发展壮大提供了丰厚滋养。参天之木，必有其根；环山之水，必有其源。追本溯源寻根问祖是中华民族的传统美德。二是中华文明辉煌灿烂的历史所积累的丰厚文化，形成了优秀文化传统。纵观人类社会和我国的文明史，不难看出，任何一种社会形态和社会制度都有鲜明独特的文化现象，潜移默化地影响着人们的价值观念和行为准则。在漫长的历史发展进程中，中华民族的道路和命运虽然有各种崎岖坎坷，但都能在顺境中从容淡定、在逆境中奋进崛起。各民族团结携手，共同迈进全面小康，体现了中华民族优秀的传统，体现了中国特色社会主义制度的优良传统。中华民族历史上经历过很多磨难，但从来没有被压垮过。正是这样的民族精神，让我们在面对艰难险阻时，乐观向上，愈挫愈勇，不断在磨难中成长，从磨难中奋起。文化是一个国家和民族在长期发展历史中积累起来的精神成果，是维系国家和民族生生不息的精神命脉和人民的精神家园。一个国家、民族的强盛，总是以文化兴盛为支撑。文化兴国运兴、文化强民族强。三是企业文化是中华民族精神的成果，维系企业生生不息的精神命脉和员工的精神家园。企业文化兴则企业兴、企业文化强企则业强。我们要实现中华民族从站起来、富起来到强起来的伟大飞跃，必然要同时推动中华文化的发展和繁荣。建设社会主义文化强国，是全面建设社会主义现代化强国的战略任务，也是实现中华民族伟大复兴的基础支撑。中华民族有着深厚文化传统，形成了富有特色的思想体系，体现了中国人几千年来积累的知识智慧和理性思辨。民族精神是一个民族赖以长久生存的灵魂。中华民族是世界上伟大的民族，曾经创造了无与伦比的制度文明，成为世界上许多国家效仿的典范。我国是世界四大文明古国之一，中华民族有着悠久的历史和灿烂的文化，为人类文明进步做出了巨大贡献。中华文明具有独特文化基因和自身发展历程，根植于中华大地，同世界其他文明相互交流，与时代共进步，有着旺盛的生命力。培育和弘扬社会主义核心价值观，必须坚守我们既有的传统、固有的根本，在此基础上深耕厚培，延伸发展。唯有精神上达到一定的高度，这个民族才能无论面对怎样的历史洪流始终屹立不倒、奋勇向前。四是优秀企业文化彰显中华民族精神，体现中华优秀传统文化的根和魂。企业文化既要古为今用，认真汲取中华民族优秀传统文化的思想精华和道德精髓，还要推陈出新，按照时代特点和要求，运用赋予新意、改造形式、增补充实、拓宽延展、规范完善等方法，赋予中华优秀传统文化的新时代内涵和现代表达形式，增强中华优秀传统文化的影响力和感召力。华为是世界 500 强企业，也是中国企业的创新标杆，更是弘扬中华民族精神的骄傲。北斗三号全球卫星导航系统的建成开通，是我国攀登科技高峰、迈向航天强国的重要里程碑，凝聚着一代代航天人接续奋斗的心血，饱含着中华民族自强不息的本色。中国企业文化彰显的民族精神，体现为艰苦奋斗，勇往直前的拼搏精神。

3. 企业文化满含爱国情怀

爱国是人世间最深层、最持久的情感，是一个人立德之源、立功之本。爱国主义是我们民族精神的核心，是中华民族团结奋斗、自强不息的精神纽带。一是优秀企业文化坚守爱国情、强国志、报国行。企业文化为国家民族振兴和崛起奉献力量。人无精神则不立，国无精神则不强。企业以爱国精神为底色，在生产实践中形成的企业文化，是影响企业发展最关键、最深远的因素。胸怀千秋伟业，恰是百年风华，爱国精神是一个民族赖以长久生存的灵魂。唯有精神上达到一定的高度，这个民族才能无论面对怎样的历史洪流始终屹立不倒、奋勇向前。黑格尔说过，一个民族有一群仰望星空的人，这个民族才有希望。只有民族的才是世界的，只有引领时代才能走向世界。二是优秀企业文化充满爱国情怀。在中国传统文化这片沃土上，培育出具有民族特色的现代企业精神，出现一大批胸怀祖国、行商全球的企业家群体。我国企业肩负着民族的光荣感、责任感、使命感，充分发挥中华优秀文化的滋养作用，善于用好文化资源，借助文化的力量，弘扬以爱国主义为核心的民族精神，怀抱实业救国、科技报国、产业强国之志，以抓铁有痕、踏石留印的力度和劲道，为国家民族振兴和崛起奉献了力量。历史是最好的教科书。历史思维就是知古鉴今，善于运用历史眼光认识发展规律、把握前进方向、指导企业的现实工作。优秀的企业文化始终与国家战略同步，为国家发展贡献力量，为社会进步增添光彩，为人类幸福创造价值。

4. 企业文化赋有时代特征

企业文化是与时俱进的文化。企业文化建设是企业核心竞争力的关键因素，是企业发展强大的内在驱动力量。企业文化建设必须富有鲜明的时代特征。企业文化只有紧密联系时代特色，建立起常态化的企业文化，创造出站得住、叫得响、传得开、留得住的时代精神，才能激发企业的发展潜能，给员工带来更多思想上的启迪、身心上的愉悦、审美上的享受。一是新时代企业文化建设必须坚持和加强党的领导。党政军民学，东西南北中，党是领导一切的。党的领导是根本，加强党的领导在任何时候、任何领域都不能放松。先进的企业文化是企业前进和持续发展的动力。新时代建设先进的企业文化，必须加强党的领导。二是新时代企业文化建设必须增强文化自信。文化自信是更基础、更广泛、更深厚的自信，文化自信是最根本的自信。文化自信决定了道路自信。企业文化建设的根本目标就是建立员工的文化自信。只有员工达到对文化的高度自信，才能真正实现企业文化建设内聚精神、外塑形象的目的。三是新时代企业文化建设必须弘扬企业家精神。企业家精神是企业持久发展的力量源泉。推进企业文化建设离不开企业家勇于担当使命、自觉开拓创新的企业家精神。新时代企业文化建设需要弘扬企业家精神，发挥企业家的表率作用。

（二）企业文化体系缜密科学构建

企业文化是企业的软实力，是内容丰富、层次分明、功能强大的体系。企业经过长期的经营管理实践，经过缜密的分析思考，逐渐形成一套完整的企业文化理念体系。优秀的企业文化是企业持续发展的精神支柱和动力源泉，是企业核心竞争力的重要组成部分。企业创造了属于自己的优秀文化，就能以优秀的文化激励人，形成强大的推动力；就能以优秀的文化关爱人，形成无穷的感染力；就能以优秀的文化凝聚人，形成强大的向心力。我国广大企业打造百年企业，不仅需要资金、设备、技术等硬实力的保证，还需要构建企业文化体系，需要企业使命、精神、制度、品牌、商誉等文化软实力的支撑。

1. 加强党的领导

党的领导为企业文化指明前进的方向。坚持党的领导，加强党的建设，是根和魂。无论是改革发展、经营管理，还是企业文化建设和思想政治工作，必须把党的领导贯穿始终。党的先进性、纯洁性决定我们党始终代表先进文化的前进方向。在企业文化建设中，必须坚持党的旗帜领航。企业党建是我们党的一大政治优势。企业党建与企业文化联系紧密。企业党建引领企业文化建设。通过企业党组织的政治核心作用和政治引领作用，对企业文化发挥把方向、管大局、保落实的作用。党建和文化相结合是新时代党建工作的有效形式，为企业党建工作增添了新的活力，促进党建融入企业经营管理。把企业文化建设作为企业党建工作的重要载体。通过企业文化活动，宣传党的方针政策，展示党建成果；通过宣传优秀的价值理念，提升思想境界，发挥党员的模范带头作用；通过开展丰富的企业文化活动，创新党建工作内容和形式，增强党建工作的感染力和实效性。中国石油吉林石化分公司党委切实发挥领导核心和政治核心作用，把方向、管大局、保落实，确保了企业文化建设的政治方向和企业的发展方向。华能澜沧江水电股份公司糯扎渡水电厂坚持党要管党、全面从严治党，党建融入生产经营，推动改革发展，探索企业文化建设的有效途径，注重发挥党建凝聚和激励功能。陕西鼓风机集团有限公司坚持和加强党的领导，把党的建设融入企业经营和改革发展全过程，致力于成为世界一流智慧绿色能源企业。

2. 落实核心价值观

社会主义核心价值观，是凝聚人心、汇聚民力的强大力量。坚定文化自信，必须把社会主义核心价值观融入社会生活各个方面，转化为人们的情感认同和行为习惯，把理念融入思想里，沉淀在制度中，落实到行动上，体现在行动中。核心价值观是企业文化软实力的灵魂。培育优秀企业文化，必须以社会主义核心价值观为根本指导，以培育担当民族复兴大任的时代新人为着力点，结合企业发展现状和自身特点，把社会主义核心价值观融入企业改革发展创新的各个方面。很多企业都把落实核心价值观具体化为：爱岗敬业、质量第一、顾客满意、开拓创新、忠诚友善、勤奋进取、诚信经营、各方共赢、遵纪守法、廉洁奉公等。小米集团以“真诚、热爱”的价值观，坚持科技创新与商业模式创新，指导业务发展、产品创新，凝聚员工奋斗力量，从而支撑企业目标的发展与实现。娃哈哈的价值观是“凝聚小家、发展大家、报效国家”，给广大消费者，给千千万万家庭带来健康和快乐。南京钢铁集团有限公司的价值观是“以人为本、同心共进”。潍柴控股集团有限公司秉承“客户满意是我们的宗旨”的价值观，构建了以责任、沟通、包容为核心的集团文化体系。

3. 坚持以人为本

人是生产力中最活跃的要素，是企业的第一资源。企业实现高质量发展，关键在人。企业坚持以人为本，就是把人作为企业发展的着力点，注重把握员工需求，创新企业文化建设方式方法，深化企业文化宣传教育，使优秀文化有机融入企业经营管理的各个方面，扎根于人才培养、使用、激励、保障的全过程，引导员工把正确的文化认知、自觉的文化养成、积极的文化实践紧密结合起来，渗透到员工的点点滴滴的作风中、干事创业的激情中，持续增强员工的获得感、幸福感和安全感。企业长远发展，必须要有一个以员工为中心，尊重人、关心人、激励人的机制和使人奋发进取的文化氛围。中国南方电网通过“幸福南网”移动平台传播南网文化，中国石油将融媒体先进技术融入廉洁文化建设。五粮液集团廉洁文化为“二次创业”保驾护航，涵养了风清气正的工作风尚。国网江苏电力把集团核心价值观转化为具体的行为信条。华能糯扎渡水电厂把集团文化转化为人才文化等以人为本的文化建设，确保企业文化落地深植员工行为。开滦（集团）有限责任公司坚持以人为本、全员参与的原则，培养员工自主安全管理意识，提升员工参与班组安全管理的能力，促进班组安全文化素质的整体提升。南京玻璃纤维研究设计院有限公司坚持以人为本，将创新图强文化转化为员工的行为，形成符合转制院所特色的创新文化理念体系。

4. 确定愿景目标

愿景是向往的地方，是要去的远方。企业的愿景就是通过接力奋斗，达到要去的远方。有文化、有精神、有信仰的企业，才能有发展、有希望、有力量、有愿景。明确的目标和愿景是企业前进的动力。纵观世界一流企业的发展，之所以能够占据世界产业的龙头地位，企业文化发挥了重要的支撑作用。当今企业之间的竞争越来越表现为文化软实力的竞争。优秀的企业文化是引领企业发展的方向盘，是凝心聚力团结奋进的黏合剂，是攻坚克难、度危求进的助推器。优秀的企业文化能够引导方向、汇聚力量。企业的愿景目标浸润着企业文化丰富的内涵，引领企业健康发展。中车四方车辆的愿景是，掌握世界一流技术，制造世界一流产品，建成世界一流基地。格力电器的愿景是，缔造世界一流企业，成就格力百年品牌。小米集团以“做感动人心、价值厚道的产品，让每个人都能享受科技带来的美好生活”为企业发展愿景和目标。娃哈哈集团创办和发展的企业愿景目标就是“为了给广大消费者，给千千万万家庭带去健康和快乐”。吉利控股集团有限公司的愿景是“让世界充满吉利”，表达两层含义：一方面，期望吉利汽车和先进技术享誉世界，走遍世界；另一方面，表达普天下皆吉利的良好祝愿。国机苏美达集团愿景是，通过接力奋斗，成为卓越长青的国际企业，富足有爱的幸福家园。愿景是企业的目标和方向。方向错了，南辕北辙，就可能越走越远。方向正确，就能够将企业愿景转化为员工清晰一致的行动，激励和凝聚员工的斗志和潜能。

5. 严格制度规范

企业文化是企业价值观、企业精神、企业经营之道、企业风尚、企业员工共同遵守的道德行为规范。因此，企业文化建设需要制度支撑和规范。任何形式的企业文化都离不开制度的承载和支撑。没有制度的支撑，先进的理念就会悬在半空，成为一种摆设。没有完善的企业规章制度，企业就无法进行有效的生产经营活动。企业文化是一种无形的约束力量。企业的发展单靠无形的约束远远不够，还需要有形的企业规章制度作为员工的行为准则。建设世界一流企业必须以优秀的企业文化支撑，必须有制度规范。中国石化镇海炼化分公司以职责划分、业务流程和规章制度为主要内容进行制度建设,坚持将文化理念融入制度,真正做到事事有人管、人人有专责、办事有标准、工作有检查、考核有依据，促进企业文化深入每一位员工的精神中，体现在每一位员工的行动中，从而推动企业的日常生产经营活动。昌河飞机工业集团有限公司（简称昌飞）围绕企业文化“诚信、敬畏”价值导向，在规范管理、依法治密的基础上，构建起安全保密管理制度体系，为昌飞稳步健康发展提供了坚实保障。北京建工集团坚持将制度建设和文化管理有机结合起来，将质量、安全、环保、效益等各项理念转化为具体、可执行的规章制度和工作流程，形成了工匠文化、劳模文化、突击队文化、社会责任文化、铁军文化等特色文化，促进了柔性文化与刚性制度的有机结合，有效推动了集团战略部署的落地实施。

6. 做好文化传播

企业文化建设是增强企业凝聚力的必然要求，是形成与增强企业竞争力的关键。延续企业文脉是百年企业的责任。百年企业也是宝贵的财富和民族的记忆。文化如水，滋润心田。企业文化传播是对企业文化的内涵和组成要素的推广过程，是发挥企业文化作用的重要一环。企业文化传播对于锤炼和塑造良好企业精神，激发员工的主人翁精神，增强企业凝聚力、吸引力具有重要作用。传播企业文化必须用心去感受，用行动去践行。通过形式多样的活动，推进文化落地开花。随着现代信息技术特别是移动互联网的快速发展，新媒体所具有的便捷性、高效性、交互性、形象性的传播特点，给企业文化建设带来新的机遇。很多企业发挥新媒体优势，创新企业文化建设与传播方式方法，运用新媒体、新平台，增强传播的覆盖面和影响力，创作一批趣味性、可读性都较强的作品。加强对党和国家方针政策的宣传，传播企业重要信息，弘扬企业正能量；加强企业内部的沟通宣传，及时听取员工意见、建议并反馈，提高员工的满意度和归属感；加强企业在国际经营活动中的文化传播，塑造合规经营、诚实守信、热心公益的企业形象及自主创新和质量过硬、品质优秀的品牌形象。很多企业都对品牌传播提出很醒目的口号，如格力电器的品牌口号是“让世界爱上中国造”。中国石化搭建了“公众开放日”沟通平台，创新了企业内部与社会公众的沟通和文化传播载体，内部改进工作、改善管理和改良文化，外部化解矛盾、消除误解、赢得认同，提升企业声誉和品牌价值。娃哈哈集团以纸媒读本、内部网络、新媒体、户外厂区展示、会议学习等形式，通过《集团报》《娃哈哈家园》微信公众平台，展板、橱窗等宣传渠道和阵地，进行立体式文化宣传工作。徐工集团着力搭建立体多维的传播平台，开展“徐工匠人”“技术领先、用不毁”“质量生命”专题传播，引导员工保持一根筋精神，为实现企业战略目标做出贡献。中国航天集团第一研究院利用电子显示屏、电子媒体机、橱窗、展板、宣传栏、宣传画等宣传载体，打牢同一目标下的思想基础。红太阳集团有限公司建立企业文化宣传平台，建立企业文化墙、文化走廊、文化灯箱、文化展板，让企业文化成为广大员工抬头能看到，默默能想到，干事能做到的提素塑形的精神营养。

（三）企业文化应当倡导优秀理念

文化是企业的灵魂。成功企业的关键是基于企业发展历程的继承性文化，支撑企业战略发展的前瞻性文化，提高企业整体绩效的实效性文化，体现企业魅力的独特性文化，以人为本的开放性文化，以及倡导优秀的企业文化理念。

1. 倡导以德治企理念

德治化人，法治正人。道德是历史的产物，只有与社会发展方向一致的道德，才能构成推动历史发展的精神力量。企业文化建设须抓住道德文化建设的关键。企业文化在培育过程中，唯有心中有祖国，心中有企业，心中有他人，才能逐步养成良好的道德品质和文明行为习惯，才能把爱国情、强国志、报国行自觉融入企业文化建设和各项工作中。以德治企是企业应当遵循的经营管理理念。以德治企就是要通过加强与员工的沟通交流，逐渐感化员工，让员工以法治为遵循，以守住道德为底线，自觉遵守规章制度，自觉维护企业的稳定团结。优秀的企业文化倡导以德治企理念，能够在提高企业管理绩效、激发企业创新活力和培养高素质人才等方面发挥独特作用。

2. 倡导唯物辩证思维理念

辩证法的基本观点：对立统一、质量互变、否定之否定。唯物辩证法的核心是对立统一规律。企业文化是中国特色社会主义文化的重要组成部分，是培育和践行社会主义核心价值观的重要载体和阵地，也是企业健康发展的有力保障。企业文化辩证思维就是承认矛盾、分析矛盾、解决矛盾，善于抓住关键、找准重点、洞察事物发展规律。处理好危机与机遇的关系，变压力为动力，化危为机的关系。例如，企业文化建设和市场竞争的关系就是辩证关系。市场经济是竞争经济。企业的信誉、形象、品牌和知名度成为企业的无形资产，在市场竞争中占据显著地位。企业不仅是经济组织，也是文化组织。企业的生产经营活动不仅是产品竞争，也是文化竞争，以企业文化推动企业发展。市场竞争又需要企业加强文化建设。企业竞争实际是隐含在企业形象展示、产品广告宣传及社会攻关活动背后的文化竞争。一个企业的精神面貌、价值观念、工作作风等，无不体现出企业的文化。企业文化建设就是要增强企业核心竞争力，提升企业经济效益。

3. 倡导团结合作理念

员工无精神不聚，企业无精神不兴。市场竞争需要企业加强文化建设，把广大员工紧紧地黏合、团结在一起。企业文化所形成的文化氛围和价值导向是一种精神激励，能够调动和激发员工的积极性、主动性、创造性，把人们的潜在智慧激发出来，增强企业的整体执行力和竞争力。优秀的企业文化春风化雨，润物无声。企业文化用爱和真情，感染人、感化人、感召人，凝聚企业员工朝着共同的奋斗目标，努力前行。企业文化建设是一个系统全面的工程，不可能一蹴而就，必须深入持久、扎实细致地开展下去。有句话说，“人是城堡、人是石墙”。互相信赖的人集合在一起，就相当于坚固的城堡和石墙。未经打磨形状各异的大石块叠在一起，经不起风吹雨打。只有把小石块填满大石块之间的空隙，才能砌成坚固的城墙。企业也一样，把不同特长的人配置在不同的岗位，形成合力，才能发挥潜力。企业文化是融入全体员工的习气和秉性，单纯、踏实、阳光、卓越，以永不懈怠的精神和毅力，塑造企业的风范。优秀的企业文化既是吸引人才和激励人才的关键，也能够在企业内部形成一种强烈的价值认同感和巨大的凝聚力，进而形成企业创新的动力。

4. 倡导品牌文化理念

品牌文化创造市场，知名品牌拓展市场。品牌文化是指通过赋予品牌深刻而丰富的文化内涵，建立鲜明的品牌定位，并充分利用各种有效的内外部传播途径，形成消费者对品牌在精神上的高度认同和信赖。推进企业文化建设，要充分发挥企业品牌的作用，积极培育品牌文化。世界上著名的大企业的标识、员工着装、门店产品的摆放等都有统一的样式。大企业对这些环节管控非常严格，不能随意编造、随意篡改。这是著名大企业企业文化的具体体现。弘扬优秀企业文化，要充分发挥企业品牌的作用，积极培育品牌文化。品牌已成为当代企业最具价值的核心竞争力。能够在培育品牌、形成差异化竞争优势等方面产生重大影响。品牌文化是企业转型升级不可或缺的重要环节，要围绕企业的核心价值观及使命愿景，塑造特色鲜明、内涵深刻的品牌精神，让品牌传递出深厚的文化底蕴和精神气质，展示品牌的个性魅力，提高企业的美誉度和竞争力。

三、积极推动企业文化建设

企业文化是打造百年老店的精神依托。围绕企业卓越、全球、百年的发展愿景，企业文化作为精神、价值观念和意识形态，在推进企业改革发展创新中应当发挥好重要的价值引领作用。推进企业文化建设，必须坚定文化自信，坚持社会主义核心价值观引领文化建设，加强社会主义精神文明建设，围绕举旗帜、聚民心、育新人、兴文化、展形象的使命任务，促进满足人民文化需求和增强人民精神力量相统一，推进社会主义文化强国建设。

（一）坚定文化自信、自觉、自强

文化是民族的血脉。企业灵魂，文化铸就。企业文化建设是铸造企业灵魂的工程。选对了方向，走对了路，就不怕路远。只有坚持文化自信、文化自觉、文化自强，建设优秀的企业文化，企业才能基业长青，充满生机和活力。

1. 坚定文化自信

坚定文化自信就是要推动中华优秀传统文化创造性转化、创新性发展，继承革命文化，发展社会主义先进文化，不断铸就中华文化新辉煌，建设社会主义文化强国。文化自信是一个国家发展进步的不竭源泉，是一个民族最动人的精神底色。文化自信源于坚定的理想信念、生于高远的使命追求、凝结于自觉的责任担当。企业坚持文化自信，就是要统筹推进“五位一体”总体布局，协调推进“四个全面”战略布局，文化是重要内容；推动高质量发展，文化是重要支点；满足人民日益增长的美好生活需要，文化是重要因素；战胜前进道路上各种风险挑战，文化是重要力量源泉。“十四五”时期把文化建设放在全局工作的突出位置，就是要坚持马克思主义在意识形态领域的指导地位，坚守中华文化立场，坚持以社会主义核心价值观引领文化建设，紧紧围绕举旗帜、聚民心、育新人、兴文化、展形象的使命任务，加强社会主义精神文明建设，繁荣发展文化事业和文化产业，不断提高企业文化软实力，增强企业文化影响力，发挥企业文化引领推动企业发展的作用。就是要勇于承担时代赋予的使命和责任，塑造贡献社会、造福人民、关爱员工、保护环境、诚实守信的企业文化，在服务经济社会发展、科技进步、民生改善的过程中，体现自身价值，实现可持续发展。古希腊哲学家苏格拉底说过，认识你自己；德国哲学家尼采说过，实现你自己；法国哲学家萨特说过，超越你自己。认识你自己、实现你自己、超越你自己，这是西方三大哲学家在不同时空、不同时间说过的三句话。套用这三句话理解企业文化问题感到很有意思。第一句话，认识你自己，就是指我们的文化自信从何而来，首先要认识自己，树立自信。没有自信，其他都无从说起。第二句话，实现你自己，强调文化自觉，就是锻造自身文化特征，确立文化发展战略，寻求文化支撑，实现文化繁荣。第三句话，超越你自己，则是要不断赋予文化新时代内涵，将文化创新作为不竭动力，不断展现文化的新境界、新格局，使文化之花灿然绽放。我国很多企业文化发展正是三位著名哲学家说过的，一个不断认识自己、实现自己、超越自己的过程，也是当代中国企业文化自信、自觉、自强的很好例证。心中有信仰，脚下有力量。文化自信是更基础、更广泛、更深厚的自信。中国特色社会主义进入新时代，我国社会主要矛盾发生根本性改变，经济发展进入高质量发展阶段。在这个特定时期，我们面临百年不遇的大变局，尤其是中美博弈存在许多不确定性因素，唯有以坚定的文化自信、文化自觉和文化担当，方能杠起中华民族伟大复兴之大旗。我们广大企业要大力弘扬优秀企业文化，充分发挥企业文化引领支撑作用，在企业自主创新、转型升级、优化发展过程中凝聚精神力量，推动企业实现高质量发展。

2. 坚持文化自觉

中国特色社会主义文化，源自中华民族文明历史所孕育的中华优秀传统文化。人是生产力中最活跃的要素，是企业的第一资源。文化是根植于内心的修养、无须提醒的自觉，是制度约束下的自由、发自内心的善良。路在脚下延伸，企业文化代代延续。中华文明延续着我们国家和民族的精神血脉，既要薪火相传代代守护，也要与时俱进、推陈出新。企业文化可以发挥强信心、暖人心、聚民心的作用。世界变局加速演化，国际格局深度调整；国内改革发展任务艰巨繁重，我们比任何时候都更加深刻感受到船到中流浪更急的艰险。对于企业来说，要在中华民族伟大复兴征程中大步向前。而向民族复兴的每一步迈进，都是知重负重的艰难攀爬，都是一次披荆斩棘的闯关夺隘。同困难做斗争，是物质的角力，也是精神的对垒。激活蕰于血脉的精神力量，以精神的力量激发攻坚克难的勇气，坚定前进的脚步，去迎接各种挑战，补齐短板，进行更深、更高、更广的探索，走向更加美好的未来。企业坚持文化自觉，就是遵循以人为本，把人的发展作为企业发展的着力点，注重把握员工需求，创新企业文化建设方式方法，深化企业文化宣传教育，使优秀文化有机融入企业经营管理的各方面，扎根于人才培养、使用、激励、保障的全过程，引导员工把正确的文化认知、自觉的文化养成、积极的文化实践紧密结合起来，持续增强员工的获得感、幸福感和安全感。

3. 坚持文化自强

文化兴国家兴，文化强国家强。思想是行动的先导，也是力量的源泉。企业的兴旺发达，不仅需要科技强、管理强，还需要文化强。企业文化自强，打造顺应时代潮流、符合自身实际的先进企业文化，才能成为打造企业核心竞争力的重要因素，在企业高质量可持续发展中发挥不可替代的重要作用。企业唯有文化自强，自强不息，直面挑战，攻坚克难，奋勇前行，才能达到成功的彼岸。袁隆平说过，人就像种子，要做一粒好种子。优秀企业文化以传承和发扬，推动企业不断发展壮大。秉持开放包容的态度，坚持不忘本来、吸收外来、面向未来，在继承中转化，在学习中超越，加强与世界其他文明的交流互鉴，为世界和平发展贡献中国智慧和中国力量。文化的功效在于其产生的力量。优秀企业文化以凝心聚神，增强企业向心力。优秀企业文化以脚踏实地，促进企业奋发有为。

（二）总结宣传企业文化建设的成功经验

企业文化是新时代中国特色社会主义文化的重要组成部分。新时代企业发展显示新特点，企业文化呈现新趋势。企业文化作为现代企业管理理论，其意义在于把价值观念渗透到企业经营管理的各个方面、各个层次和企业发展的全过程。企业用文化手段、文化功能、文化力量等提升企业员工的素质。

1. 企业文化建设必须有企业主要领导挂帅，大力弘扬企业家精神

企业主要领导既是企业文化建设的倡导者，也是企业文化建设的践行者。企业文化客观存在于企业。能否把优秀的企业文化建设纳入企业管理的范畴，提升到重要的地位，并在企业发展中注重思想观念的统一，是企业领导人管理水平高低的重要标志之一。推动企业文化落地生根，必须有企业主要领导带头。唯有企业主要领导坚持文化信仰，以身作则，严格自律，使自己的言行与企业的价值观保持一致，才能发挥文化引领作用，汇聚团队智慧，共创美好未来。企业不仅是经济组织，也是文化组织。企业的生产经营活动不仅是产品竞争，也是文化竞争。因此，企业文化实质上是一种竞争文化。在市场竞争中，企业的信誉、形象、品牌和知名度已经成为企业的无形资产，在竞争中占据十分显著的地位。现代企业的竞争归根到底是企业文化的竞争。企业主要领导是市场竞争的带头人，是企业文化的倡导者和实践者，也是企业文化的主要宣贯者和推动者。企业文化建设在很大程度上取决于企业主要领导者对企业文化的见解和管理知识。一个先进的企业文化理念的提出、建设与形成，企业主要领导起关键作用。企业主要领导的思维和决策，决定着企业的发展和命运。一个成功的企业家必须是高度重视企业文化建设的企业家。企业家把自己的经营理念，通

过文化的力量变为全体员工公共的价值准则和所追求的价值目标，需要做好率先垂范、身体力行，发挥好引领和推动作用。因此，企业主要领导应当在企业价值理念的确定中起主导作用，率先成为企业文化建设、宣贯和实践的典范，通过主要领导的影响力，充分展示自身和团队的人格力量，以身示范，言传身教，以此增强企业的感召力和凝聚力。

2. 企业文化建设必须与企业经营管理相互融合，贯彻到企业生产经营的各个环节

企业文化是企业的精神内核，存在于整个企业生产经营管理的各个环节，并与之相辅相成。企业文化是企业发展的土壤，是在企业经营管理不断创新的过程中概括、总结、提炼而成的精神产品，属于意识形态，存在于经营管理的各个环节，影响经营管理的效果。经营管理是企业腾飞的翅膀。先进的文化理念需要科学的管理制度去承载和体现，并为企业提升经营管理水平提供有力的指导和保障。企业文化要发挥实效，关键要与企业经营管理相融合、相统一。一是企业文化建设根植于企业经营管理之中，发挥企业文化的渗透力。先进的企业文化是企业持续发展的精神支柱和动力源泉，是企业核心竞争力的重要组成部分。因此，应当将先进的企业文化、经营理念、管理思想体现到企业的组织建设、制度建设中，渗透到日常的运营管理和工作流程中，反映到各项激励和约束机制当中。二是企业文化建设融入企业经营管理中，发挥企业文化的凝聚力。企业文化是一种黏合剂，可以把员工紧紧地黏合团结在一起。从企业经营管理的发展趋势看，企业文化建设是对经验管理、科学管理的发展，是管理适应现代社会经济发展的必然选择。文化建设是从文化的高度来管理企业。企业文化建设与企业经营管理相结合，贯彻到企业生产经营管理的各个环节，才能达到物质和精神的和谐统一。以文化为基础，强调人的能动作用，强调团队精神和情感管理，重点在于人的思想和观念，做到坚守诚信底线，坚持质量标准，坚持安全生产，履行社会责任，以品质、诚信、责任赢得市场。三是企业文化建设投身于企业改革发展创新中，发挥企业文化的影响力。企业文化融入企业改革发展创新稳定全过程，通过管理和多项制度将企业的核心理念、人本思想和价值观充分体现出来，使之成为规范，进而形成激励和约束机制。企业文化建设只有与企业改革发展创新相互融合，固化到企业的

管控模式、组织架构、经营流程、资源配置中，才可以增强企业的向心力，加强员工的自我控制，激励员工的工作激情，提高生产效率，避免文化与经营管理脱节，切实发挥企业文化的引领作用。

3. 企业文化建设必须不断创新，激发企业发展的新动能

创新从根本上决定着国家综合实力和国际竞争力。企业文化创新融汇了企业的历史积淀和岁月印记，不仅是企业的灵魂，还是企业生存和发展的内生动力。一是创新文化需持续坚持。企业文化创新要在继承、借鉴成功经验的基础上，融入新发展理念，塑造出新的企业文化。坚持用创新文化激发创新精神、推动创新实践、激励创新事业。百年企业应当在传承中创新，坚守住传统的“内核”，保护企业文脉，并要在传承中发展，在发展中创新。二是创新文化需持续发展。创新是时代的主旋律，是企业赢得市场竞争、实现高质量发展的必然途径。近些年来，我国企业文化创新活动比较活跃。格力电器股份公司把掌握核心科技作为立企之本，开展让世界爱上中国造的自主创新文化建设，企业软实力和核心竞争力显著增强。小米集团坚守创业初心，践行真诚、热爱的价值观，培育和发展以用户为中心，做用户心中最酷的公司的企业文化，坚持科技创新和商业模式创新并进的创新文化建设，保证了企业的快速健康发展。三是创新文化需持续深入。企业文化的实质是建立在共同的企业精神、企业理念和共同的价值观之上的价值取向和相同的行为模式。创新型企业文化价值体系，能够将员工拧成一股绳，以饱满的工作热情、统一的步调方向、高度的使命感和责任心，为企业和员工共同献智献策。

4. 企业文化建设必须落地，成为企业员工的共识和自觉行动

企业文化落地是指基于企业围绕中心、服务大局的实际和企业发展战略，所形成的企业价值观或理念、企业行为规范、企业相关匹配制度，通过一定的工具、渠道和方法，植入人心和运用到企业经营管理中，切实转化为广大员工的行为，改善企业环境，提升企业形象，促进企业愿景目标实现的过程。企业文化如何有效落地，一直是企业文化建设的难点和重点。古人说，知行合一。知道就一定要落实在行动上。知而不行，等于不知。只有在实践中不断加深认识，才能渐渐地成为自觉行动。企业文化落地的成熟标志之一，就是理念和行为的一致性。企业文化建设只有落地，引领

企业运营管理，做好产品，服务客户，才有实际意义。企业文化能够产生效益，不仅取决于文化本身，更取决于对文化的管理。没有文化管理，就不可能真正有企业文化的落地。企业文化形成员工共识，才能成为企业的灵魂和核心竞争力。一是企业文化落地应当是企业全员参与。企业文化要深入人心。企业发展离不开广大员工的辛勤付出。企业文化需要围绕回报员工，不断挖掘员工共享的收益渠道，让员工体面就业、与自然和谐共生。企业文化可以激励员工的积极性与创造性，实施企业发展战略，提升企业竞争力。为社会进步、企业发展而努力是企业的责任，也是企业成就员工的美好愿望。让企业价值观植入员工心中，让理念转化为员工的自觉行为。二是企业文化落地应当是规范企业员工行为落地。企业文化要外化于行。企业文化要立足于基层、岗位和团队，建立分工负责、协调一致的企业文化管理体系，通过持续不断地熏陶教育，使员工认同并接受企业的价值观和经营理念，并逐步内化到员工的思想和行动中。企业要以培训教育方式，系统导入企业文化。通过培训系统地向员工导入企业文化理念，获取公司企业文化优秀内涵，塑造文化引领正能量。通过对文化体系的宣传传播，使企业员工无时无刻、无处不在地感受到企业文化的存在，企业文化体系的内容和内涵成为每一位员工耳熟能详、信手拈来的理念、信条。中国石化胜利油田分公司通过建立完善“可视、可听、可感、可行”文化传播体系，创新载体形式，增强吸引力，扩大传播力，提升影响力，实现了企业文化入眼、入耳、入脑、入心。三是企业文化落地应当是企业文化建设相关配套制度落地。企业文化要固化于制。企业文化落地需要与企业文化管理匹配的制度固定化、长效化，使企业制度得到有效运用，不再作为摆设，保障企业文化管理。企业制定并执行某项制度，需要经过三个过程。第一是认识过程，员工初步感受到企业文化的重要，认识到什么该做，什么不该做，什么是底线；第二是认知过程，员工不仅知道是非标准，还知道其所以然，将思想转化为行动；第三是认同过程，员工有了情感投入和深层感悟，自觉践行企业文化，并能够长期坚持，继而养成习惯。四是企业文化落地应当是企业文化载体落地。企业文化要显化于物。企业文化需让能看得到的物质载体符合企业员工的审美要求，实现文化的落地与深植，让理念和行为影响工作环境和生活环境，如视觉识别系统应用到企业整体环境中，让企业文化应用到企业形象提升和品牌宣传中，实现企业工作环境、生活环境的美化，创建成健康优美和谐的环境。

（三）发挥企业文化建设的典型示范作用

企业文化是企业精神文明和思想政治工作的重要组成部分。企业文化的传承与发展是企业文化腾飞的双翼。传承是发展的基石，发展是传承的光大与创新。学习宣传优秀的企业文化，就是要传承和发展，注重发现和推崇先进企业典型，树立榜样。宣传推广企业文化的先进典型，可以体现文化自信，使企业文化人格化，使企业和员工能有看得见的学习榜样，感觉比得上，可以效仿的实体。为深入学习贯彻习近平新时代中国特色社会主义思想和党的十九大精神，坚定道路自信、理论自信、制度自信、文化自信，深入挖掘和培育我国企业文化建设典型，引领企业高质量发展，中国企业联合会在全国范围开展了“全国企业文化最佳实践企业”宣传推广工作。通过开展此项工作，培育和树立企业文化建设典范，引导广大企业学习借鉴企业文化建设先进经验，推动企业文化创新，促进企业科学发展。这些企业文化具有鲜明特色，企业文化理念符合社会主义核心价值观要求；企业文化理念体系、制度体系、组织体系、管理体系等比较健全，企业文化在企业发展中发挥了独特作用。

1. 中国石油西南油气田公司“和合共生，气美家国”的企业文化建设

西南油气田公司隶属中国石油天然气集团有限公司，前身为1958年成立的四川石油管理局，1999年重组改制成立西南油气田公司。公司主要负责四川盆地油气勘探开发、天然气输配、储气库及川渝地区天然气销售和终端业务，是中国石油集团公司唯一的天然气全产业链公司，也是西南地区最大的天然气生产供应企业、我国能源战略通道的西南枢纽。公司历年累计生产天然气超过5000亿立方米，为区域经济社会发展和国家能源战略安全做出积极贡献。2019年，公司跨入2000万吨级油气田行列，成为我国陆上第四大油气田。四川油气田发展60多年，始终把传承石油精神、弘扬行业价值作为企业文化建设主线，历经大会战淬炼中的文化萌生阶段、改革浪潮下的文化探索阶段、走向现代企业制度的文化发展阶段、引领天然气大发展的文化创新阶段，逐步升华凝练出“和合共生，气美家国”为核心的合气文化，并融入石油精神、大庆精神、铁人精神的再学习、再教育、

再实践中。

合气文化根植于灿烂辉煌的巴蜀天然气文明。2000多年前，巴蜀先民在凿井制盐过程中发现了天然气，经过历代劳动人民的摸索积累，创造了世界顶尖的传统钻井技术。在漫漫历史的长河里，巴蜀大地上钻火井、取井火、煮井盐的生产活动，点亮市井烟火，沸腾一方土地，对社会经济文化生活产生了深远影响。合气文化，接续巴蜀天然气文明的历史脉络，在西南油气田60余年的发展历程中逐渐形成。

“和合共生”，秉承中国传统“和合思维”，秉持新时代五大发展理念和命运共同体思想，在天然气业务链全过程，追求天人合一的哲学观、厚德载物的责任观，知行合一的实践观、合作共赢的发展观，以绿水青山回报自然、以清洁能源造福社会、以诚信服务赢得客户、以价值实现成就员工、以科技创新拥抱时代，打造共生共荣、互利多赢的企业生态。

“气美家国”，融入国家能源生产和消费革命战略，以文化深厚、资源禀赋的底气，艰苦奋斗、不畏艰险的勇气，锐意进取、敢为人先的锐气，丹心赤忱、清风峻节的正气，为祖国建设大气田，为人民助力新生活，在中华民族伟大复兴征程上出大气、造大美、献大爱，彰显能源央企服务经济社会发展，保障国家能源战略安全的家国情怀。

“和合共生，气美家国”的“合气文化”，随国运昌隆而生，经四川油气田60多年的文化孕育，与中国同发展共成长，具有政治的先进性、鲜明的时代性、实践的创造性、文化的传承性、价值的共同性，其内涵融通巴蜀地域文化的灵气，深植“艰苦奋斗、求实创新”的川油魂魄，体现了“天人合一、和而不同”的共生境界、“奉献能源、创造和谐”的共生情怀、“责任如山、气美家国”的共生风骨，在绿水青山中创造自然之气、生命之美，展示了石油人特别能吃苦、特别能战斗的忠诚无畏，彰显了石油人为祖国争光、为民族争气的精神品质。

公司注重文化建设系统推进、分级落实，坚持每5年制定企业文化专项规划，每两年开展一次文化建设评比表彰，每一年开展文化课题研究、文化产品创作和文化项目建设，从制度上保障、经费上落实。公司先后有5家基层单位荣获“四川省企业文化建设示范单位”称号，隆昌气矿圣灯山气田旧址入选国家工信部第三批国家工业遗产名单。

2. 新疆华源控股集团（简称华源）“三为”文化的企业文化建设

“三为”文化，即为员工做好事、为企业做实事、为社会做益事。“为员工做好事”涵盖华源团结观和学习观，不断提升员工的思想境界，激发员工的学习力、实践力和创造力，体现将以人为本作为企业发展的最高价值取向；“为企业做实事”涵盖华源康居文化、管理哲学观与“四实三力”等，展现华源务实发展、建设美丽新疆的坚定信念，引领企业科学发展方向；“为社会做益事”是企业的责任担当，是企业发展、产业报国的崇高使命，带领企业从优秀走向卓越。

着眼于人，打造充满温情的和谐华源。华源“三为”文化中“为员工做好事”突出表现为：为员工全面实施人本管理。华源至今取得的成就是全体华源人团结一心、艰苦奋斗的结果，得益于以员工为中心，尊重人、关心人、激励人的机制和营造团结和谐、温馨舒适的环境氛围，让员工共享企业发展成果的“以人为本”理念。因此，华源始终秉持“企业是个大家庭，我们都是亲兄弟”的企业团结观和“勤于思考，终身学习，永远做事”的学习观，将“以人为本”作为企业发展的最高价值取向，通过有效的情感管理、民主管理、自主管理、人才管理和文化管理方式，打造充满温情的和谐华源。

立足企业，建设充满活力的创新华源。“三为”文化倡导为企业办实事是企业产业化发展的核心所在。华源以创新驱动发展，实施企业创新工程，鼓励全体员工开展管理创新、技术创新，并通过课题攻关切实解决企业发展难题。华源出资 100 万元设立“董事长研发奖励基金”，用于支持各类课题的实施与表彰奖励技术骨干和岗位能手，并手把手地当师傅带徒弟，带领各产业开展劳动竞赛、技术攻关革新、岗位练兵、技能竞赛等。近年来，华源先后申报、实施、完成国家及省市课题项目 218 项，《以振兴民族药为己任的维药产业化管理》等论文获得国家及省市级管理创新成果 10 项，获得自治区级、市级科学技术进步奖 11 项，设立 3 个自治区级、3 个市级劳模创新工作室，累计获得发明、生产工艺专利 24 项。

心怀社会，塑造勇于担当的感恩华源。为社会做益事是华源发展的崇高追求。一方面，华源通过创新实践向社会贡献育人文化，建立校企合作促进人才发展新模式，已被数十所高校和群团组织设立为实习就业、教学科研基地，在大中专院校设立“华源奖学金”、支持新疆国家通用语言教育事业等，自觉肩负起为社会培养人才、塑造人才的责任。另一方面，华源勇担社会责任践行企业感恩文化，将为社会奉献爱心作为“三为”文化建设重要职责，全力维护社会稳定，积极参与光彩事业，开展精准扶贫、结对认亲、选派优秀干部到南疆挂职支教等，切实帮助少数民族贫困地区发展，累计向科、教、文、卫、城建等行业、向地震受灾、贫困地区、妇女儿童慈善事业等捐款捐物达3800余万元，被中华慈善总会授予“中华慈善突出贡献奖”。同时华源成立“源动力青年志愿者服务队”，组织青年志愿者围绕建设生态文明、履行环保责任等开展社会实践与志愿者服务活动，弘扬华源正能量。

3. 糯扎渡电厂的“三色水文化”建设

华能澜沧江水电股份有限公司糯扎渡水电厂（简称糯扎渡电厂）是澜沧江中下游河段梯级规划“两库八级”的第五级电厂，是国家实施“西电东送”和“云电外送”的重大战略工程之一，是我国已建第四大水电厂，是云南省境内及华能集团最大电厂。糯扎渡电厂于2004年2月筹建，2012年9月首台机组投产发电，2014年6月全部机组投产发电。总库容为237亿立方米，总装机容量585万千瓦，多年平均发电量239亿千瓦时，相当于每年为国家节约956万吨标煤，减少二氧化碳排放1877万吨。截至2019年8月31日，累计发电量1518亿千瓦时，实现安全生产2565天。先后荣获“全国文明单位”“中央企业先进基层党组织”“全国企业文化建设优秀成果”特等奖、“全国电力行业思想政治工作优秀单位”“企业文化优秀案例”等荣誉。“超高心墙堆石坝关键技术及应用”获“国家科技进步”二等奖。世界首创的“数字大坝管理系统”获“国家科技进步”二等奖。电站工程荣获国际“里程碑工程奖”“詹天佑奖”“国家水土保持生态文明工程”等奖项。自糯扎渡电厂成立以来，始终秉持华能集团“三色公司”使命，积极推进华能澜沧江水电股份有限公司（简称澜沧江公司）“三色水文化”在糯扎渡电厂落地生根、开花结果和转化运用。坚持文化育人，强化央企责任意识，注重人本管理，按照澜沧江公司企业文化理念，结合实际，找准文化定位，丰富文化载体，构建文化平台，延展文化元素，提炼文化精髓，着力加强安全文化、质量文化、责任文化、绿色文化、创新文化、人才文化等分支文化建设，培育建设“水电胜境、华能荣光”品牌文化。

4. 苏美达股份有限公司“苏造美好，达济未来”的企业文化建设

苏美达股份有限公司（简称苏美达）成立于1978年，是中国机械工业集团有限公司（简称国机集团）的核心成员单位。伴随中国改革开放和全球经济一体化进程，苏美达从改革创业时的一家单纯贸易公司，已发展成为以供应链运营服务为主体、以先进制造和工程承包为两翼的国际化企业集团。苏美达业务涵盖大宗商品贸易、机电设备进口、动力工具、发电设备、服装、家用纺织品、校服、高铁零部件、汽车铝轮与铰链、船舶工程、环境工程、清洁能源等领域，拥有10家子公司、39家海外分支机构、36家全资及众多控股工厂，市场覆盖103个国家和地区。2019年实现营业收入844亿元。在40多年的奋斗历程中，一代代苏美达人共同创造了具有苏美达特色的优秀企业文化，关爱员工成长，激励担当作为，汇聚前行力量。近年来先后获评“全国模范劳动关系和谐企业”“全国文明单位”“全国青年文明号”“全国五四红旗团委”等荣誉称号。长期以来，苏美达始终高度重视企业文化建设，并作为企业党委的一项重要工作来抓。

筚路蓝缕淬炼精神内核。苏美达注重文化传承创新，把改革开放之初形成的敢闯、敢干、敢为人先的奋斗精神融入企业文化，同时结合企业发展实际，创新文化理念，不断丰富升华企业文化，凝心聚力，激励着一代代苏美达人阔步前行，谱写新篇章。苏美达致力于成为全球产业链的组织者和整合者，打造一支分则能战、合则能胜的“联合舰队”。苏美达开展企业文化体系升级工作，经过系统梳理、提炼，形成了新版苏美达企业文化体系，同时信任即责任、责任须担当，奋斗者为本、高绩效导向，帮助员工成长成功，学会自强、懂得感恩等理念逐步形成。

愿景使命浸润丰富内涵。苏美达的愿景是，卓越长青的国际企业、富足有爱的幸福家园。使命是融汇全球资源、共创美好未来。愿景是组织向往的地方，是组织要去的远方。使命是组织存在的根本理由，是企业存在的根本价值。两者相互依存、相互成就，辩证统一、密不可分。苏美达的愿景和使命，环环相扣、紧密连接。围绕愿景和目标，不断完善企业文化工作机制，建立了完善的企业文化领导、推动、考核、奖惩等制度，有力

地促进了企业文化建设工作的开展。有了这样的追求，苏美达这艘航船始终充满前进的动力，乘风破浪，创新超越，行稳致远。

知行合一锻造文化自信。知是行之始。推进企业文化视觉识别系统，规范标识、标牌、标语等，深植企业文化进入每位员工的心里。信是行之力。只有真切感受到企业文化的作用，员工才会相信文化的力量，进而自发践行企业文化。行是知之成。知、信的落脚点在行。苏美达采取一系列有力度、有深度的行动践行企业文化，确保企业文化落地有声。把企业文化理念与价值应用在员工的选培，明确倡导什么，反对什么，把无形的文化理念变为有形的行为准则。把企业文化建设融入企业经营管理各个方面，确保企业文化落地深植，引领和支撑了各项工作开展。

5. 陕投集团的“君子文化”建设

陕西投资集团有限公司（简称陕投集团）是陕西省首家国有资本投资运营公司，是陕西省电力总装机规模最大的企业、陕西省金融综合实力最强的企业、陕西省投资经营国民经济领域最广的企业，打造了国资国企改革的“陕投模式”，成为陕西省国有资本投资运营公司改革成效最为显著的企业。

陕投集团“君子文化”坚持以社会主义核心价值观为引领，坚持弘扬中华优秀传统文化，坚持践行新时代中国特色社会主义文化，主要吸收诸如讲仁爱、重民本、守诚信、崇正义、尚和合、求大同等中华优秀传统文化的核心思想，传承“国家兴亡，匹夫有责”的爱国精神和“与时俱进，自强不息”的进取精神。运用“君子”这一中国数千年优秀传统文化塑造和推崇的人格范式，所具有的广泛而巨大的文化影响力，塑造出的修身进取的典范君子人格，培养出的传统中国人特有的风骨，体现出的传统中国人人格的精神气度，在当代企业管理实践中深入挖掘和倡导，树立具有深厚传统和时代精神的企业文化，彰显和体现其时代价值。

陕投集团“君子文化”不是简单复制传统意义上的君子概念，它是以党的建设为引领，源自中华优秀传统文化和社会主义先进文化，植根于集团改革发展实践，涵盖了集团近 30 年来尤其是近 5 年来的改革发展、经营管理、制度建设、企业治理等全方位内容。陕投集团“君子文化”坚持创造性转化、创新性发展，体现了陕投集团文化特色，赋予了“君子文化”

新时代内涵，比如“尊礼守信，崇实尚新”的陕投君子观，提倡做人守规矩、做事重规范，崇尚仁爱、担当大义，实事求是、真抓实干，锐意进取、开拓创新等，并把这些优秀品质与责任担当融入集团改革发展的新实践中，使“君子文化”成为集团的文化共识，成为凝聚人、激励人、开发人，并产生心理约束和行为导向的优秀企业文化。

经过近5年的大力倡导和践行，陕投集团“君子文化”已经扎根到广大干部职工的心灵深处，融入集团改革发展和生产经营各项工作，集团上下养成君子风范、君子品格，形成大兴君子之道、争做正人君子的良好风尚，文化作用力不断彰显。在“君子文化”引领下，集团干事创业氛围更加浓厚，经营业绩大幅提升，产融结合的结构优势进一步凸显，转型升级步伐不断加快，呈现出资产结构优、投资效益好、增长质量高、综合实力强、发展后劲足的良好态势。陕投集团规模快速扩大，营业收入、利润总额、资产总额等主要经营业绩指标均实现了翻倍增长，再造了一个“新陕投”，2019年首次入围“中国企业500强”。能源、金融、投资三大主业进一步清晰和优化，已经成为陕西省第一大电力企业、第二大煤炭企业、金融综合实力最强的企业。国企改革阔步走在全省前列，成功改制成陕西首家国有资本投资运营公司，打造了“陕投模式”“陕投经验”，形成了独具特色的管理“铁三角”，激发了干部队伍埋头苦干、锐意进取的极大热情。陕投集团已连续29年保持盈利状态，连续14年保持A类排名，进入了国家优质主体企业行列，两获全国“五一劳动奖状”。“君子文化”不断发挥企业文化的引领作用，使集团上下进一步养成君子风范、君子品格，巩固大兴君子之道、争做正人君子的良好风尚，凝聚起建设一流国有资本投资运营公司、助推集团做强做优做大的不竭动力，谱写出新时代陕投集团蓬勃发展的壮丽诗篇。

第四章　新时代打造百年企业与企业家精神传承

企业家是经济活动的重要主体。头雁引领，群雁高飞。企业家是头雁，创立企业并带领企业发展壮大。建设现代化强国和创新型国家，需要一支世界一流的企业家队伍。打造百年企业，更需要培育和壮大企业家队伍。打造百年企业是企业家的美好梦想。企业家如何带领企业实现更为长远、稳定、可持续的发展目标，是企业家肩负的义务和责任。千淘万漉虽辛苦，吹尽狂沙始到金。企业家以一往无前的勇气，敏锐捕捉未来发展的机遇，脚踏实地的奋斗精神，为打造具有竞争力的百年企业奠定坚实的基础。

第一节　企业家创业与延续百年企业

企业家是企业的统帅、灵魂和舵手，是改革创新的核心力量，是推动经济社会发展的生力军。风雨沧桑，创业维艰；淬炼蝶变，薪火相传。百年企业从创业初期的筚路蓝缕、艰苦奋斗，到起步时的与时俱进、创新求变，再到今天的迎接挑战、追求卓越，无时无刻都浸透着一代代企业家的心血和奋进。百年企业须由历代企业家创立和传承。看似寻常最奇崛，成如容易却艰辛。企业家初创奠基百年企业，后任企业家延绵相承继企业。历史长河有风平浪静，也有波涛汹涌。前进的航程中，逆风逆水是巨大的考验，也往往最能形成防风险的压力、催生变革的动力。我国一代代企业家历经风雨，不畏艰险，艰苦努力，勇于奋战。在激烈的市场风浪中，我国打造了具有较高政治素质和较强政治判断能力，以及市场应变能力和协调管理能力，埋头苦干，敬业奉献的企业家队伍。

一、坚守本色突出特质，企业家带领振兴百年企业

企业家是引领百年企业走向成功的带头人，是企业的领头雁。企业的目标是持续发展壮大，而在这个发展过程中，起灵魂作用的是企业家。企业家面对改革发展创新的重要任务，必须扛起责任，经受考验。

（一）企业家是经济活动的重要主体

时代在发展，社会在进步。企业家只有与时俱进、奋发有为、砥砺前行，引领和激发企业创业、创新、创造活力，才能带领企业攻坚克难、开拓进取、不断创新，才能跟上时代步伐，在市场竞争中立于不败之地。企业家是市场竞争的主体、经济活动的参与者和拓展就业渠道的助力者。

1. 企业家是市场竞争主体的重要代表者

社会经济活动的重要主体是企业家。市场活力来自人，特别是企业家。首先，企业家是企业的统帅。企业攻坚克难，需有引领力量。企业的统帅就是表明，企业家是企业的带头人。雁群高飞靠头雁。企业在市场竞争中发展壮大，必须有领头雁带领，企业家就是企业的领头雁。企业家作为企业的统帅，欣喜企业员工的成长，心系员工的冷暖。企业家的统帅，影响到企业上下的尊崇、社会各界的期盼。中国梦是强国梦，对企业来讲，就是强企梦。企业家带领企业在市场中拼搏，既是企业发展方向的引领者、重大决策的推动者、经营活动的组织者，也是把全体员工团结在企业发展的旗帜下，向上向善，诚信互助，实现人企合一，顺势而行，有效提升企业硬实力和软实力的统帅。其次，企业家是企业的灵魂。企业的灵魂就是表明，企业家是杰出人物的代表，是企业的表率。企业家要有对市场前景、产业发展高瞻远瞩、脚踏实地的实干精神，倾力改革创新的担当和勇气，着眼长远的价值追求和执着信念。企业家要有战略眼光，时刻洞察、探寻并抓住新的商机。最后，企业家是企业的舵手。船重千钧，掌舵一人。逐梦前行，重在把舵导航；攻坚克难，尤须引领力量。恩格斯说过，一艘穿行在暴风雨中的航船，要想行稳致远，关键靠拥有绝对权威的优秀船长掌舵领航。企业犹如一条大船，企业家是掌管大船的舵手。企业逐梦前行，首在把舵定向。舵手掌握方向，是企业的主心骨。在市场经济的汪洋大海中，舵手把握着航船的正确方向。掌舵一艘久经市场磨砺、勇闯改革大潮

的企业舰船，需要企业家有敢闯敢试、先行先试的担当和智慧。

2. 企业家是经济活动的重要参与者

企业是推动经济社会发展的重要力量，是共同富裕的重要构建者。著名经济学家熊彼特曾经说过，经济的真正动力阶层在于企业家。企业家把新的思想、新的技术，通过新的组织形式和新的制度投入市场，并且不断地开拓市场，这样使得经济得以发展。企业家作为企业的主心骨起关键作用。企业家的价值观决定着企业的发展方向和高度。企业家作为企业的带头人，在风云变幻的时代中，在我国建设社会主义现代化强国的历史进程中，坚决贯彻落实党和国家的发展战略，坚持主业经营，坚守实体经济，以创新引领实体经济转型升级。改革开放以来，一大批有胆识、勇创新的企业家茁壮成长，形成了具有鲜明时代特征、民族特色、世界水准的中国企业家队伍。企业家把新的思想、新的技术，通过新的组织形式和新的制度投入市场，并且不断地开拓市场，这样使得经济得以发展。人间万事出艰辛。一切美好梦想的实现，都需要强大的精神激励。在波澜壮阔的历史画卷中书写企业家精神的华彩篇章。

3. 企业家是拓展就业渠道的重要助力者

就业是最大的民生，是经济的“晴雨表”。我国始终将促进就业作为经济社会发展的重要内容，推动就业优先政策、积极的财政政策、稳健的货币政策，让市场唱主角，通过保市场主体实现稳岗增岗，拓展就业渠道。面对错综复杂的国内外形势，我国就业大局保持总体稳定，就业质量不断提高，人民群众获得感、幸福感、安全感不断增强。企业家作为市场主体的代表，积极拓展就业渠道，增加就业岗位，稳定员工就业。中小微企业和劳动密集性，为就业提供大量工作岗位。服务业是容纳劳动者就业最重要的领域，新型劳动岗位的扩充给人们的生活带来很多方便的同时，也创造了很多岗位。针对灵活就业人员，很多企业尊重劳动者的权益，把劳动者权利保护放在重要的位置。企业劳动合同签订率保持稳定，企业职工工资逐步提高。全面建设社会主义现代化国家，需要积极稳健的就业政策，需要更加充分和高质量的就业空间。随着科技进步和市场开放，新职业接续而生，为新产业、新业态、新模式的蓬勃发展注入活力。更广阔的就业空间、更多元的职业转型机会，让越来越多的年轻人大胆尝试新职业。娃哈哈集团董事长宗庆后领导的企业，截至2020年年底，已先后在重庆涪陵、四川广元、湖北红安、吉林靖宇、吉林延边、江西吉安等17地，投资建立了72家分公司，直接吸纳当地人口就业13000多人。企业家积极拓宽就业渠道，破解就业难题，发挥就业稳定器的作用，为搭建展演就业舞台做出贡献。

（二）企业家是带领企业改革创新、创业、创造的重要力量

企业家是带领企业走向成功的带头人，也是企业的领头雁。领头雁弥足珍贵。企业家把新理念、新创意、新技术等引入企业，不断带领企业改革发展创新创业。企业家作为领头雁，经得起摔打，做得到百折不挠，敢于吃苦，勇往直前。

1. 企业家带领企业深化改革

企业家是敢为人先、带领企业深化改革的带头人。企业家发挥着中流砥柱的重要作用。领头雁需要有大无畏的勇气，有翱翔蓝天的翅膀，有知识、懂技术、懂管理，始终保持创业激情、超前眼光、奉献精神。企业家是企业的领路人。我国改革开放史包含着无数企业和企业家奋勇拼搏的历史。正是企业家们勇于搏击大风大浪，才为社会主义市场经济闯出了广阔的天地。在前进路上，风雨兼程是常有的事。企业提质增效、转型升级、改革创新的责任主体是企业家。在“唯创新者强、唯改革者胜”的时代，在深化企业改革、加快企业创新的进程中，抓创新就是抓发展，抓改革就是抓未来。要用改革办法和市场化措施，充分激发市场主体活力，增强发展动能，推动中国制造向中国创造转变、中国速度向中国质量转变、中国产品向中国品牌转变，实现经济结构升级。企业家已成为带领企业改革创新、建设具有全球竞争力的世界一流企业的重要力量。

2. 企业家带领企业创业、创新、创造

企业家是创新引领，带领企业创业、创新、创造的带头人。创业是发展之基，创新是活力之源，创造是成长之本。一是带领企业创业。创业是创造新的社会财富，也是企业家的责任担当。企业家凭着自强不息、顽强拼搏、迎难而上、锲而不舍的精神，带领员工奋勇开路创业。企业家都有不平凡的创业经历，都凭借执着拼搏的精神，汇聚磅礴力量，创出了事业的一片天地，带动一方繁荣，富裕一方百姓，为经济社会发展做出重要贡

献。二是带领企业创新。企业家以奋斗精神为终生习惯，不会满足现状，不断地追求创新，勇于挑战自我。创新是推动人类和社会进步的主要动力，也是企业家的灵魂。企业家的创新活动是推动企业创新发展的关键。企业家要做创新发展的探索者、组织者、引领者。比尔·盖茨曾说过，一个企业成长的速度取决于企业家创新的理念和企业家创新的心态。伊利集团董事长潘刚说过，他的左眼是望远镜，右眼是显微镜。作为企业家，既要着眼长远，明确战略方向，也要重视细节，做好精确管理。在伊利集团的发展中，潘刚始终坚持高目标引领，树立高远的战略目标，并通过精确管理，引领伊利集团持续向目标靠近。三是带领企业创造。创造是产生新的产品和服务，也是企业家的不懈追求。企业家要做可持续发展的引领者，就要心无旁骛创造，踏踏实实办好企业，就一定能开创更加美好的明天，推动我国经济发展实现量的合理增长和质的稳步提升。

3. 企业家带领企业持续健康发展

企业家是开拓进取、带领企业发展的带头人。方向决定前途，道路决定命运。什么是路？路是从人迹罕至的地方踏出来的，从只有荆棘的地方开辟出来的。企业家以开拓进取的创新意识、锲而不舍的敬业精神，艰苦奋斗创立企业，不断带领企业成长进步，创新创造，提升企业技术创新能力，为企业做强做优做出重要贡献。同舟共济克时艰，众志成城战艰难。成功企业家的探索，昭示企业的未来。企业家带领企业持续发展，必须要有信心与勇气。企业家的信心和勇气来自哪里？信心来自企业家的使命感和责任感。攻坚克难，企业家信心满、底气足。勇气来源于市场经济对企业家的基本要求，就是要不断地开拓、不断地创新。目前我国企业的总体创新能力有所提高，但大多数仍停留在产品技术创新阶段，总体水平与发达国家相比仍有一定差距。企业家带领企业发展，既要重视技术创新，也要重视管理创新、理念创新和商务模式创新，把握住科技和产业发展的制高点和主动权，为社会提供更好的新产品、新业务、新服务，以此保证企业持续健康发展。

（三）企业家是推动经济社会发展的生力军

企业家是从事企业组织、管理并承担经营风险的企业领导人。企业家能够使经济资源的效率由低转高，在经济社会发展中扮演了重要角色。我国企业家主动作为，带领企业努力成为新时代构建新发展格局、建设现代化经济体系的生力军。

1. 企业家是新时代构建新发展格局的生力军

格局是对局势、态势的理解和把握。新格局是加快形成以国内大循环为主体、国内国际双循环相互促进的新发展格局。党的十八届三中全会明确指出，要更好发挥企业家作用。改革开放以来，我国企业家队伍不断发展壮大，在促进我国经济增长和增强企业实力方面做出重要贡献。当前我国改革发展进入新的阶段，构建新的格局，面临许多新问题、新挑战，需要企业家一如既往地勇于担当，大胆实践，在改革创新和持续发展方面发挥更大的作用。企业家要做改革的开拓者，改革是企业发展的动力，以改革促发展，向改革要红利已是普遍共识，企业和企业家们要充分激发改革的内生动力，加快改革步伐，加大改革力度，努力赢得改革红利。1984 年，福建 55 位厂长（经理）发出“松绑”放权呼吁信，“松绑”放权搞活了企业，调动了企业和职工的积极性。今天的企业家应当继承、发扬老一辈企业家干事创业的激情，以逢山开路、遇河架桥的精神，突破不愿改的藩篱，解除不敢改的顾虑，走出不敢改的困境，以更大的勇气和智慧突破体制机制瓶颈，引领企业获得更好更快发展。加快融入以国内大循环为主体、国内国际双循环相互促进的新发展格局，是我国企业在新阶段、新环境、新条件的重要任务。企业家要努力成为新时代构建新发展格局、建设现代化经济体系、推动高质量发展的生力军。

2. 企业家是建设现代化经济体系的生力军

一代人有一代人的使命，一代人有一代人的担当。我国企业已经走过千山万水，还需继续跋山涉水。中国特色社会主义进入新时代。我国经济已由高速增长阶段转向高质量发展阶段。企业是现代经济体系的重要组成部分，实现高质量发展的关键在企业、在企业家。我国已开启全面建设社会主义现代化国家新征程，企业家带领企业走向辉煌的未来，需进一步弘扬企业家精神，努力成为新时代构建新发展格局、建设现代化经济体系的生力军。企业家发扬“敢为天下先，爱拼才会赢”的闯劲，为推动企业高质量发展，为实现经济社会持续健康发展发挥着生力军作用。海尔张瑞敏成就了“遍地英雄下夕烟”残酷竞争下白色家电充世间的梦想。华为因为有了任正非的掌舵，创造了中国制造的世界名牌。

3. 企业家是推动高质量发展的生力军

企业是国民经济建设的顶梁柱。经济发展不仅要看数量，更要看质量。展望未来，企业家要努力成为新时代构建新发展格局、建设现代化经济体系、推动高质量发展的生力军。我国经济粗放型增长方式还没有根本改变，人口资源、环境压力越来越大，实现经济可持续发展是当前和今后面临的挑战，社会各界对企业和企业家参与解决社会环境等问题寄予厚望。企业家要增强社会责任意识，立足实现经济社会环境综合价值最大化的战略高度，将可持续发展要求融入企业战略、决策、治理和日常经营当中，自觉遵纪守法，坚持诚信经营，节约利用资源，保护生态环境，维护职工合法权益，热心参与公益事业，为经济社会和谐发展做出贡献。企业高质量发展，意味着生产经营效率高、需求满足能力快、产品和服务质量好、核心竞争力和抗风险能力强。世界正经历百年未有之大变局，新冠肺炎疫情全球大流行使这个大变局加速演进，经济全球化遭遇逆流，世界经济低迷。我国正处于实现中华民族伟大复兴的关键时期，经济正处在转变发展方式、优化经济结构、转变增长动力的攻关期，实现高质量发展，企业面临很多压力。越是这个时候，越需要弘扬企业家精神，越需要企业家敢为天下先，努力把企业打造成强大的创新主体，战胜各种风险挑战，实现高质量发展。

二、艰苦奋斗勇于创业，企业家创立守护百年企业

历尽沧海桑田，彰显企业家创业创新的艰难。唯其艰难，才更显企业家创业创新的勇毅。人生的道路上没有自动扶梯那样便捷的工具，必须靠自己的双脚步行，必须靠自己的力量攀登。创业维艰，守成不易。世易时移，与时俱进。百年企业就是靠企业家艰苦奋斗，始终保持创业的劲头，一步步攀登奋斗的结果。

（一）企业家千辛万苦创立企业

创业维艰，奋斗以成。创业本身就是时刻与风险作战的过程。雨果曾经说过，极端的痛苦，像极端的快乐一样不能经久，因为它过于猛烈。风雨是短暂的，平静地对待困难，下一个晴天就在不远处。没有苦涩，不是人生。企业家是百年企业的奠基人，既要认识到抗风险的重要性，也要重视企业产品、管理、运营等方面存在的薄弱环节；既要努力奋斗，也要不

畏艰苦。风雨是心中的愁结，只要能解开，一定会迎来灿烂的阳光。企业家必须勇立潮头创奇迹。

1. 努力奋斗创业

吃得苦中苦，方知甜中甜。生命就是一种奋斗。不奋斗就失去了生命的意义与价值。能奋斗，则世间很少有不能征服的困难。每一个知名的企业，必然有一个知名的创始人和领导者。世界各国的500强企业，均有知名的创业者。屠格涅夫中篇小说《浮士德》说，人生就是一个荆棘接着一个荆棘，最后那些荆棘才能变成花环。成功者必须经历失败，才能命运好转；必须经历漫长的时间，走更长的路，才能够将荆棘变为花环。企业家开始艰巨的创业，痛苦不可避免，失败在所难免。若勇敢，万事都不难。若坚强，困难会投降。咬紧牙关，挺直腰杆，越努力越幸运。一分耕耘，一分收获。努力是一种人生态度，努力追求人生价值，追求自己的事业，为自己的理想而努力。即使没有成功也不会后悔。既无愧于心，也不枉此生。认认真真做事，脚踏实地做人，世间的道路没有什么捷径。人生的态度在于进取，多些努力，少点抱怨，用一种积极乐观的心态，去面对生活难题，主动作为。以奋斗者的姿态，吃苦耐劳创业，让梦想照进现实。人不会苦一辈子，总会苦一阵子。许多人为了逃避苦一阵子，却苦了一辈子。成也罢，败也罢，莫以成败论高下。尽力奋斗是英雄，成也潇洒，败也潇洒。是非成败仅仅是结果。其实，真正的赢家，是那些享受过程，永不言败的人。岁月不居，时节如流。奋斗的征程，只有进行时，没有完成时。所谓壮举，都因奋斗。攻坚克难，皆因奋斗。面对事业的大考，企业家以奋斗展现韧性。一路走来，多少坎坷踩在脚下，多少风光尽收眼底。我国百年企业或正在打造的百年企业，总是不断地在磨难中成长，在磨难中奋起。1978年4月，格兰仕创始人梁庆德带着20多名公社社员，在广东顺德的一片荒滩上开始创业。当时公社党委只给了一个公章、一包花生。除了这两样东西，最重要的是梁庆德“努力，让顾客感动”的初心。带着这样的初心，梁庆德创立了格兰仕。1992年，格兰仕进军家电领域，专注微波炉制造。1998年格兰仕微波炉销量与市场占有率位居全球第一，格兰仕因此成为中国制造走向世界的一张亮丽名片。格兰仕通过品类创新、产品出新和品牌革新，从微波炉冠军到家电领军企业，不断满足人民美好生活的需要。新的征程、新的使命，奋斗终将是企业家勇往直前、不断走向胜利的不二选择。征途漫漫，企业家用奋斗去作答；美好愿景，企业家用奋斗去实现。企业家带领企业奋力拼搏，力争一流，努力实现质量更好、效益更高、竞争力更强、影响力更大的发展。

2. 直面挑战创业

磨砺成长，百折不挠。企业家是企业的主心骨。企业创业阶段，企业家事事担当，关键时刻，危急关头，勇往直前。20 多年前，华为创始人任正非预感到，芯片短缺将制约华为的发展。他把华为海思的女掌门人何庭波叫到面前说，我给你每年 4 亿美元的研发费用，给你 2 万人，一定要站起来，适当减少对美国零件的依赖。芯片暂时没有用，也还是要继续做下去，这是公司的战略旗帜，是不能放弃的。当时的海思芯片还不够成熟，处于一片风雨飘摇当中。经过十几年的努力，海思芯片才真正站起来。当美国封杀华为的时候，何庭波说：为了这个以为永远不会发生的假设，数千海思儿女，走上了科技史上最为悲壮的长征。数千个日夜中，海思员工星夜兼程，艰苦前行。无数次失败过，困惑过，但是从来没有放弃过。今天是历史的选择，所有海思曾经打造的备胎，一夜之间全部转正。华为的实践证明，企业创业须经受住考验，增强发展的韧性，敢于直面挑战，敢于攻坚克难。伟大成功的背后都是苦难。我们不仅要学习华为成功的经验，还要学习华为遇到苦难后不屈不挠的拼搏精神。

3. 不畏风险创业

跨越激流险川，苦尽甘自来。绝处能逢生。创业是九死一生，成功者凤毛麟角。创业要对产品、技术、服务及残酷市场竞争有充分认知，不可盲目创业。有志者，事竟成。苦心人，天不负。企业家是企业的创立人，在不断自我迭代、自我超越中坚守。很多企业家的创业史是，越战越败，越败越战，或者称为“打不死的小强”。这表述了企业家吃苦耐劳、摸爬滚打创业，展示了企业家创业的艰难。企业家创业的艰难，是亘古及今常新的话题。德国哲学家尼采曾说过，凡不能毁灭我的，都使我更强大。繁花映照的路，自然有许多人走，但走的人多了肯定会拥挤。那些看起来荆棘遍布，极少有人涉足的路，才是真正的捷径。成功与危险为邻。这不仅仅需要敏锐的目光，更需要敢为人先的勇气、坚韧不拔的耐力和随风起伏的韧性。一个不愿付出、不愿冒风险的人，一事无成对他来说是再自然不过的事。人生最大的失败不是跌倒，而是从来不敢努力奔跑。1994 年 11 月 18 日王传福辞去比格电池总经理，扔掉“铁饭碗”，在深圳布吉冶金大院成立比亚迪科技有限公司（简称比亚迪），专做电池。结合中国劳动力成本优势，自己开发部分关键设备，建成一条日产 4000 个镍镉电池生产线，生产成本比日本厂商低 40%。1997 年，亚洲金融危机，全球电池产品价格大跌 20%~40%，很多电池厂商处于亏损边缘。比亚迪却逆势而上，成为与三洋、索尼、松下齐名的国际电池生产厂商。这一年，比亚迪成为中国第一、世界第四大电池生产商。刘永好、鲁冠球、南存辉等企业家在创业中的艰难困苦，在跌跌撞撞的拼搏中，面对市场竞争的现实与残酷，彰显了企业家不畏风险、勇于创业的企业家精神。

（二）企业家千方百计守好企业

勤奋成就梦想，苦难铸就辉煌。企业走向成功的征程不会平坦。企业无言，历史有声。百年企业的背后，是企业家的英勇与坚强。企业家创业历程，历尽波折，拼尽全力去奋斗。企业家的脚步不会停滞于既得的成就，陶醉于已有的光荣。企业家守好企业，不留人生遗憾。在逆境中奋发、在危机中求得机遇，是百年企业生生不息的基因，是优秀企业家取得成功的诀窍。

1. 坚韧不拔发展企业

择一业，终一生。千磨万击还坚韧，任尔东西南北风。企业家具有广阔的时代舞台，无比强大的前进定力。百折不挠的精神支柱。黎明之前，总有一段路特别黑。人生之路，总有低谷的时候。只要心有所向，坚定信仰，万事皆无法阻挡；只要不懈努力，坚定前行，破晓之时必定惊艳旁人。很多企业家的创业史，就是越战越败，越败越战，或者称为“打不死的小强”。这表述了企业家吃苦耐劳、摸爬滚打创业，展示了企业家创业的艰难。当从沧桑和疲惫中归来，历经蜕变，企业家会成为一个真正昂然而立的人。那些打不败你的，将使你更强大。让人觉得你可有可无，你被踢开的日子就不远了。中国有句老话，行百里半九十。就是说走一百里路，走九十里才算走了一半，因为很多人坚持到九十里路就放弃了。企业家拼到最后，不是运气和聪明，而是毅力。回顾历史，一座不垮的百年企业大厦，必有坚实的众人认可基础。人生必须充满信心，才会乐观向上；创业必须坚韧不拔，才会勇往直前。双汇集团的董事长万隆奋斗永远在路上。他生活很有规律，不抽烟，不喝酒，三餐都在公司。早晨7点起床，晚上8点下班，每天坚持走一万步，不管刮风下雨，雷打不动。几十年来，万隆董事长以钢铁意志，赢得了我国肉类工业企业的尊重，也树立了一个铁人的形象。

2. 永不服输延续企业

物竞天择，适者生存。沧桑是人生路上所有的成长经历。不容易的才叫人生。该撞的南墙不会免，该走的弯路不会少。企业家与普通人的心理素质不一样的地方，就是在坎坷的人生中，在艰苦的创业中，坚强勇敢，永不服输。很多企业家饱经磨难，跌宕起伏，最终拨开迷雾，踏上坦途，迎来光明。企业家不服输支撑创业，就是不让畏难感觉阻碍自己奔向未来的目标，就是具有敢于在全球产业链中抢占主导地位的国际竞争意识。企业家之所以要努力工作，不是因为这份工作没你不行，而是因为这份工作没你也行。没有一份工作不辛苦，也没有一种生活永远顺遂。人生不是百米冲刺，而是漫长的马拉松，比拼的是毅力、决心和向前的坚持。企业家要学会在孤独难熬的时光里，不辜负努力坚持的自己。法国作家大仲马的笔下，基督山伯爵一生历尽悲喜起落，最终这样说，人类的全部智慧包含在这五个字里面：等待和希望。等待不强求，不盲目，也绝不放弃。希望，有信念，有期待，有前进方向。霸王别姬里有句经典台词，人这一辈子，得自个儿成全自个儿。美国有一位青年家里十分贫穷，写了一个剧本，到好莱坞500多家电影公司逐一拜访，被全部拒绝。然而他不灰心，不放弃，又进行了第二轮、第三轮拜访。到第四轮拜访的时候，第350家电影公司老板愿意让他留下剧本先看一看。这位青年等待了数天后，被公司请去约谈。这家公司决定投资开拍这部电影，并请这位年轻人担任他所写剧本中的男主角。电影播出后，引起轰动。它就是《洛奇》。这位青年就是著名的影星、导演、制作人、企业家史泰龙。著名发明家爱迪生一生拥有上千项专利，他的许多发明专利为世界带来根本性转变，如电灯、留声机、电话、电报、电影等。他为了找到廉价又耐用的灯丝，试验的材料达到6000多种。他认为，材料是有限的，探索没有止境。永不言败的精神，试验出耐用、便宜的灯丝。企业家面前各种看得见和看不见的风浪和风险，只要带领企业齐心协力、勇战善战步步为营、稳扎稳打，不放弃每次的努力，就一定能够实现企业的奋斗目标。

3. 乐观执着支撑企业

滴水穿石，铁棒磨针。人贵有恒心。企业家的一生，难免会遇到挫折、不幸和灾难。这个时候抛弃悲观消极情绪，选择积极乐观心态，苦尽甘自来，才能成为优秀的企业家。企业家创业，需要有决心、恒心和耐心，有乐观执着追求的精神。企业家认准目标，以咬定青山不放松的韧劲和不破楼兰终不还的拼劲，更加奋发有为，千方百计干好，奋力追求创业成功的乐趣。马云创业时吃了 8 个月方便面，马化腾曾经缺钱想低价卖掉 QQ，柳传志 40 岁还在摆地摊，宗庆后骑三轮车到处送货。这些著名企业家今天的光彩，源于他们当初不变的执着。付出不一定马上会有回报，但创业必须要执着，永不放弃。拿出久久为功的韧劲，一环扣住一环、一步一个脚印，一个时间节点一个时间节点往前推进，才能为长远发展打下坚实根基。企业家今天应当做的事，不要期待明天；企业家自己应当做的事，不要期待他人。时间不等人，机遇不等人。进入新时代的中国企业面临新的发展机遇、新的挑战和新的任务，既要发挥现有产业基础和企业自身的优势，又要应对各方面的挑战，锚定产业链供应链现代化水平目标，坚定不移向前推进。企业家勇于带领企业战胜各种困难，有效激发员工创造力，引领企业走向更辉煌的未来。

（三）企业家顺应市场形势发展企业

企业家用思路打开出路，用行动实践未来。企业参与竞争，不再是单纯降成本，更多的是比速度，比快速应对市场变化的能力。企业家做的最重要的事就是从最坏出手，从最好打算，把不确定性的东西，变成确定性，然后坚定不移地做下去。

1. 企业家精于判断，敏感预测市场行情

市场决策要有前瞻性，能够敏锐第观察到社会经济的变化。企业家要有市场意识，能够遵循市场经济规律，做到眼睛亮、见事早、行动快，推动企业不断增强竞争力，提高效率和效益。预测是为了控制投资情绪，不盲目投资。精益求精的关键在于细节。钻研进取，敢为人先的精神，查阅很多资料。处在一线的企业家，最了解产业、产品的发展方向，最容易发现某个领域问题和痛点。当今时代，知识更新不断加快、社会分工日益精化，新技术、新模式、新业态层出不穷。这既为企业家施展才华、尽显风采提供了广阔舞台，也对企业家能力素质提出新的更高要求。随着新兴信息技术的快速发展，智能制造成为制造业转型升级的主要方面向。制造业通过工业互联网平台赋能，借助数字化技术连接全产业链，提升企业管理效率和运营效益，从而增强企业的核心竞争力。随着制造业日趋自动化和智能化，全球产业链以人工成本优势进行布局的动力减少。企业家必须敏感预测市场行情，在供应链不稳时找到变通方法。企业家必须坚持面向现代化、面向世界、面向未来，努力学习掌握科学知识，积极投身实践，锤炼过硬本领，不断提高与时代发展和事业发展相适应的素质和能力，并要深思熟虑做出市场判断。

2. 企业家深思熟虑，适时调整市场策略

市场决策要有科学性，明辨企业自身优势与行业发展规律，不可盲目，做到有所为有所不为。企业家要对产品、技术、服务及残酷市场竞争有充分认知。人的一生需要做好三件事：知道如何去选择，明白如何去坚持，懂得如何去珍惜。作为企业家，在复杂的市场面前，要知道如何去选择策略，如何坚持策略，如何珍惜企业的发展。英国经济学家保罗·盖利曾经说过，如果有弯下腰来系鞋带的聪明，你就会有摘下星星的本领。2002 年 7 月，比亚迪在港交所上市。王传福认为电池行业容量太小，就算比亚迪把全世界的手机电池都包了，一年不过百亿市值。王传福看上了造汽车，没过多久就收购了西安秦川汽车公司。王传福认为，想和别人竞争，还要走别人走过的路，那就是自寻死路。必须你打你的，我打我的。王传福带领团队，靠着原始技术积累，加上吸收和并购汽车链条的一些技术，比亚迪成为全国首家新能源汽车销售量突破百万的车企，旗下汽车凭借着皮实耐撞的优点，素有“公路坦克”的美誉。企业家面对市场的挑战，客户的挑战，能及时弯下腰发现问题，分析问题，完善管理，解决问题，或许能摘下“满天星星”。善学善心 。成功秘诀，多想别人没想过的问题，多做别人没做过的事情。

3. 企业家勇于担当，主动做出市场决定

市场决策要有果断性，力争赢得企业发展的主动权。一味走别人的路，必将堵死自己的路。所谓成功者，往往就是在每次面临抉择的时候，主动做出了正确的选择。冷静、理智和主动是企业家最重要的品质。美国著名企业家洛克菲勒说过，不靠天赐的运气活着，但靠策划运气发达。洛克菲勒给自己的人生总结了两个字：主动。他认为，大胆主动的人，能够完成最好的交易，能够吸引他人的支持，结成最有力的盟约。而那些胆小、犹豫的人却难以捞到这样的好处。有自信的人期望成功。时时求主动，处处占先机，以最小代价，求得利益最大化，是洛克菲勒的经历，也是成功企业家的经验。企业家要有战略眼光，时刻洞察，探寻并抓住新的商机。企业家的视野决定了企业发展的格局。新竞争需要新优势。在企业发展过程中，面对日趋激烈的市场竞争，企业家要从突破业内产品同质化竞争问题入手，针对市场需求，实现产品的升级创新。

三、执着创新敢于担当，企业家承继弘扬百年企业

传承百年志，奋进新征程。伟大的事业都需在承前启后、继往开来中不断推进。企业家是企业的灵魂和社会发展的宝贵财富。创业难，守业更难。百年企业需有代代相传的企业家承继。企业家纵向传承，历史弥新，留存前辈企业家特色鲜明的记忆；企业家横向融合，兼收并蓄，学习借鉴优秀企业家精彩纷呈的经验。新一代企业家要不断增强爱国情怀，拓宽国际视野，强化诚信意识，履行社会责任，提升战略思维，保持创新精神，珍惜时代，勇担使命，继承和发扬老一辈企业家艰苦奋斗、敢闯敢干、专注主业、做好专业、弘扬企业家精神，弘扬工匠精神，增强企业创新能力和核心竞争力，努力把产品做精做细，把企业做强做优。

（一）接续前辈掌管企业

船到中流浪更急，人到半山路更陡。一代人有一代人的梦想，一代人有一代人的责任。接续前辈掌管企业是企业家的梦想和责任。传承企业家是百年企业的带头人和接续人。接续前辈企业家的事业，犹如接连赛跑，既要接好棒，也要握好棒，还要传好棒。后辈企业家要树立超越前人、超越自己的勇气，不怕失败、百折不挠，保持推陈出新的意识和干劲，将所学所知、创新创意转化为解决实际问题的能力，做勇于创新、艰苦创业的新一代。

1. 接住接力棒

创业很难，守业更难。后辈企业家接过前辈企业家的接力棒，就要接好接力棒，跑好接力赛。企业家承继前辈的事业，使命在心，重任在肩，不能掉棒，更不能掉链子。企业家唯有实干，才能不负众望。百年企业发展到今天，是一代又一代企业家带领企业，立志一流、接续奋斗的结果。青岛啤酒集团董事长黄克兴说，百年青啤的接力棒传到他的手里，他必须让青啤再上一个大台阶。为此，黄克兴带领青岛啤酒集团，从产品到场景的延伸，从行业到生态的拓展，从单赛道到多赛道的跨越，从传统制造业向工业互联网的转型，并利用数字化、智能化技术，把三大板块的物流、信息流和资金流完全贯通起来，形成生态闭环，使百年青啤焕发出新春。有些企业随着家业变大，创业热情减退，从进攻变成防守。守业停滞不前，必然被淘汰。所以传承企业家要接好前辈的事业，做一个永远的创业者。企业家不怕身老，就怕心衰。无论何时，都要保持一颗乐观向上的心。看淡困难打击，看懂经验教训。不骄不躁，苦中作乐，险中求胜。

2. 握紧接力棒

踏平坎坷成大道，斗罢艰难又出发。后辈企业家接班后，要握紧棒，不能掉棒。船到中流浪更急，人到半山路更陡。后辈企业家接过前辈的棒，传承企业，是一个愈进愈难的时候，必须知难而进。百年企业仰光永安堂的继承人胡文虎从父亲手中接过企业的接力棒后，转到新加坡发展，并根据父亲留下的秘方加以改进，配置成功了后来行销世界的虎标万金油。后辈企业家遇到艰险不可避免，碰到难事不可避免，但一定要握紧棒接好班。企业家无论是干事、创业、守业还是攻坚克难，不仅需要宽肩膀，也需要铁肩膀；不仅需要政治素养过硬，也需要本领高强。企业家要居安思危，防微杜渐，该坚持的坚持，该完善的完善，该落实的落实，把前辈的信念和事业承继下去。企业家对各类问题，要以敏锐的洞察力，以周密细致的安排，以持续的艰苦奋斗，向最好的方向努力。企业家须牢记上下同欲，铸造一流队伍，用自己的工作激情，带动员工的工作热情，提升责任心，增强员工的归属感，认同感，打造富有感情、爱岗敬业的团队。企业家身处新时代，必须以高度的政治责任感、历史使命感和本领不够的危机感，不断提高解决实际问题能力，经风雨、见世面、壮筋骨、长才干，在攻坚克难中握紧接力棒，不断把企业发展推向新境界。

3. 传好接力棒

生逢盛世，肩负重任。企业家是企业希望的活力源泉。企业家选接班人，既要抓早抓好，关心爱护，善于发现，重视培育，又要从严要求，从严管理，看准接班人。方太集团名誉董事长茅理翔说过，一定要把传承作为我们第一代企业家最重要的一个使命去抓。如何当好一个高层领导者？答案是订战略、搭班子、带队伍。也就是说确定企业的发展方向和策略，找到合适的人是首务。企业家选择的接班人要忠诚、干净、担当，坚持能者上、优者奖、庸者下、劣者汰的正确导向。一是志存高远，站得高，看得远。二是德才并重，选人要德才兼备、以德为先。企业家考察接班人最重要的标准是品德，而品德好的表现是忠诚，防止两面人。多数情况下，企业家会有两类下属。一类是出于对企业家的爱，对企业家的尊重，被企业家的人格魅力征服；另一类是由于畏，被企业家的权力和利益笼络。危难之际，出于爱的下属会与企业家共患难。出于畏的下属很少有共患难的。不要对人性要求太高。共患难、共进退的人，多数是出于对企业家的爱。成事的人中，特别是成大事的人中，品德好的人占比较高。三是情理兼修。廉洁自律、甘做奉献。接班人能否行稳致远，廉洁自律是关键。面临的物质诱惑多，被围猎的机会多，所以要考察接班人的纪律意识和规矩意识，增强拒腐防变的能力。四是勇于开拓。企业家要勇于担当、奋发有为。保持朝气蓬勃、奋发图强的精神状态，具有“功成不必在我”的精神境界和“功成必定有我”的历史担当。五是谋求发展、开拓创新。培养系统思想和全局观念，放开手脚，大胆创新。健全和完善我国职业经理人市场，拓展企业家遴选范围，畅通企业家的成长道路，壮大企业家队伍。

（二）秉承创新发展企业

雁过留声，人过留名。企业家经历了大风大浪，就无惧风霜。创新是一个民族进步的灵魂，是一个企业兴旺发达的不竭动力。企业是创新的主体。企业家创新活动是推动企业创新发展的关键。时间无声、无色、无形、无味，却可以考验人对企业的忠诚。理念和实践的创新培育百年企业。企业家创新活动是推动企业创新发展的关键。

1. 创新持续经营理念

理念是发展行动的先导。经营理念是企业开展经营管理的指导思想和基本原则，也是企业愿景、使命与核心价值观在经营管理中的具体体现。一是发展理念。这是企业高质量发展的统领目标。发展理念是战略性、纲领性、引领性的东西，是发展方向、发展着力点的集中体现。发展理念管全局、管根本、管方向、管长远，直接关乎企业发展成效乃至成败。发展理念是否正确，从根本上决定着发展成效。思路清晰、方法正确、落实有力，就能攻坚克难，赢得优势、赢得主动、赢得未来。贯彻新发展理念，创新发展成为第一要素，注重解决的发展动力问题；协调发展成为内生特点，着重解决发展不平衡问题；绿色发展成为普遍形态，着重解决人与自然和谐问题；开放发展成为必由之路，着重解决内外联动的问题；共享发展成为根本目的，着重解决社会公平公正问题。二是人才理念。这是企业高质量发展的根本与关键。企业成功的背后是员工的成长。员工优秀，企业才能发展；企业发展，员工才能有成长空间。员工与企业融为一体，形成企业与员工的利益共同体、事业共同体、命运共同体。三是奋斗理念。这是企业高质量发展的持续激励。坚持奋斗为本，让奋斗有为的人有位子、有回报、有尊严。激发奋斗者潜能。激励奋斗者挑战更高目标、承担更大责任、创造更高绩效。四是品牌理念。这是实现高质量发展的重要抓手。质量是企业的生命，品牌是企业的未来。品牌优良是企业对客户的承诺。品牌背后是质量和信任。五是合规理念。这是企业高质量发展中不可逾越的红线。合规经营既是股东、客户、监管机构和社会公众关注的重点，也是企业诚信经营、行稳致远的保障。企业履行合规要求，树立合规为荣、违规为耻、违法为罪的意识，把依规合规、遵纪守法成为习惯，让企业走在正确的道路上，赢得信任、增加美誉度，避免损失、降低风险。六是安全理念。这是企业高质量经营管理活动的底线。安全必须万无一失，否则一失万无。企业没有安全，高质量发展就无从谈起。企业必须落实安全生产责任制，建立监督检查和责任追究机制。企业安全生产主体责任层层落实，追求零事故、零伤亡、零违章、零隐患目标，提高防控能力，防范重大安全风险。企业经营理念既有各自内涵，也是一个有机的整体。

2. 创新健康发展方式

创新意味着打破陈规陋习，为企业创造新的世界。创新意味着在土地上播出新的种子，生出新的萌芽，开出新的花朵。新时代我国经济发展的突出特征是，经济发展已由高速增长阶段转向高质量发展阶段。高质量发展实质上就是质量和效益替代规模和增速成为经济发展的首要问题，也就是经济发展从“有没有”“有多少”转向“好不好”“优不优”。从追求经济发展“体量优势”和“速度优势”向追求经济发展“质量优势”和“效益优势”转变。高质量发展就是能够很好满足人民日益增长的美好生活需要的发展。面对新一轮科技革命和产业变革的蓬勃兴起，企业必须大力推动科技创新，加快关键核心技术攻关，打造未来发展新优势，赢得企业可持续发展的主动权。建设科技驱动创新型企业。技术很重要，发展也很快，一定不能只看眼前。立志成为一个科技引领的企业，一定要舍得在技术研发上投入。只有自己技术研发的创新产品，才很难被别人模仿。

3. 创新效益增长模式

企业增长模式从根本上决定着企业的前途与未来。企业增长模式必须做到知行合一。知是基础、是前提，行是重点、是关键。创新中谋发展，变局中开新局。以新发展理念引领新突破。大力推动企业创新，用创新思维解决创新企业发展中的问题。围绕产业链供应链部署创新链，围绕创新链布局产业链供应链。企业经营理念不是关起门来另起炉灶，而是在坚持自主创新和开放创新的辩证统一。在自主创新和开放创新的双轮驱动下，积极参与国际竞争合作。著名经济学家约瑟夫·熊彼特说过，企业家要做的就是把现有的要素重新组合，创造出新的产品、技术和服务。创新是要创造性地组合现有要素，取得新的成功。贯彻新发展理念，实现高质量发展的关键在于根本转变发展方式，从传统主要依靠要素投入规模的扩张拉动经济高速增长的方式，转变为主要依靠要素效率和全要素生产率的提升拉动经济增长。我国正处在转变发展方式、优化经济结构、转换增长动力的攻关期。企业必须坚定不移贯彻新发展理念，创新增长方式。创新成果的背后，一定是由无数个困难、挫折、坎坷堆积起来的。踏平坎坷成大道。高质量发展不会一蹴而就，奋斗的征程需要迎难而上，创新需要超乎想象的激励、激发、激情的有机融合。

4. 创新矛盾化解手段

企业在激烈的市场竞争中应对各种难题，或者成长壮大，或者破产倒闭。企业家退去了青涩的外表，丢掉幼稚的声音，学会了理性看待世界，承受来自外界的压力并转化为前进的动力。企业家的一言一行，一举一动，都会潜移默化影响企业的员工和部门工作氛围和精神面貌。企业家要发挥乐于担当的示范表率作用。一是化解市场竞争挑战。企业家临危不惧的勇气、化解危机的智慧、坚韧不拔的品格，对企业发展至关重要。衡量企业家有没有足够的能力，就看他是不是愿意面对企业的现实问题，而不是逃避现实问题。企业遇到不确定的问题时，总会面临何去何从的抉择。选择不同，结果迥异。以市场为导向，及时调整产品和服务结构，满足市场需求，提升企业核心竞争力和抗风险能力。市场机遇在哪里，企业家的信心就应当在哪里。在全球面临新冠肺炎疫情持续反复，市场低迷的形势下，我国企业家必须应对诸多不确定因素的挑战。二是克服生产运营难题。我国处于经济高速增长的换挡期和结构调整期。企业存在产能过剩、经济增长内需不足、企业生产成本增加、中小型企业资金紧张融资难等问题。随着市场竞争的加剧，给企业生产经营带来极大的冲击。一方面企业要保持订单稳定，另一方面要应付成本上涨。三是解决内部管理困难。企业家对高层管理人员和企业员工，应当精神激励和制度约束并重，给能干事的、干成事的人员撑腰鼓劲；对不作为的、乱作为的问责追究。有时忍让很痛苦，不被理解很痛苦，对牛弹琴也很痛苦。但要知道，痛苦才是让一个人觉悟的最好方式。企业家必须切实的经历这些痛苦，才能真正理解人间的各种苦难，才能懂得怎么与同事和部下相处。

第二节　企业家素质决定百年企业兴衰

胸怀千秋伟业，百年只是序章。从历史中汲取智慧，清晰地看到，我国的改革开放包含着无数企业和企业家奋勇拼搏的历史。正是企业家们勇于搏击大风大浪，才为社会主义市场经济创出了宽阔的天地。在发展中明辨大势，百年企业需要有一批具有坚定理想信念、世界眼光、战略思维、创新精神的企业家。

一、企业家须志向高远、充满激情

风雨多经人不老，关山初度路犹长。打造百年企业，企业家须坚定信念，忠诚正派；须志存高远，事业当先；严于律己，无私奉献。

（一）着眼长远，立足当下，构筑企业梦想

关山万千重，山高人为峰。企业家需树立远大理想、热爱伟大祖国、担当时代责任、勇于砥砺奋斗、练就过硬本领、锤炼品德修为。企业家擅长造梦，拥有梦想很幸福。企业家通过创业创新发展企业，使梦想成为现实，更感幸福。

1. 坚定理想信念

筑牢理想之基，把稳思想之舵。理想信念是企业家的力量源泉。心有所信，方能行远。理念信念坚定，骨头就硬。没有理想信念，或理想信念不坚定，精神就会缺“钙”，就会得“软骨病”。坚定的信仰与执着的信念，成为企业家心中最为坚实的力量。坚定理想，步履坚实。老一辈革命家心存坚定的理想信念，凭着“革命理想高于天”的精神力量，为信仰而战。他们让星星之火，燎原神州大地，为中国革命闯出了一条胜利新路。面向未来，走好新时代的奋斗路，企业家必须树立远大理想，矢志拼搏奋斗，以高远之志激发奋进潜力。坚定的信仰与执着的信念，应当成为企业家心中最为坚实的力量。理想信念是集结号，是出征令，是誓言书。理想愿景描绘了企业未来的样子，告诉企业最终想实现的理想。信念为之奋斗，信念为之支撑。只要理想远大、信念坚定，人生就有了努力方向，前进就有了强大动力。人生总是先相信，后看见。一切从相信开始。理想信念的力量是无穷的。成功的企业家都有坚定的理想信念，相信先相信后拥有，坚定信仰，踏实践行。国有企业家更要对党忠诚、勇于创新、治企有方、兴企有为、清正廉洁。企业发展之路漫漫长远，企业家别忘了为何出发，解决好世界观、人生观、价值观这个“总开关”，做到学思用贯通、知信行统一。中华民族在灾难中淬炼必将一往无前，中国企业家在理想中将展翅翱翔飞得更高。企业家始终在继续奋进，向着辽阔的远方乘风破浪，以拼搏和努力让世界变得更美好。

2. 热爱伟大祖国

为国尽责，为民奉献。一名优秀的企业家必须具备三个素质。一是强烈的爱国意识，二是无私的社会责任，三是全身心地爱企业和他的员工。热爱祖国摆在第一位。中国“核潜艇之父”黄旭华被授予中华人民共和国最高荣誉勋章“共和国勋章”。他曾说过，对国家的忠，就是对父母的孝。德国诗人海涅说过，谁不属于自己的祖国，他就不属于人类。企业家需充满爱国情怀。爱国情怀是我国企业家的光荣传统。企业家要爱祖国，听党话、跟党走，不断擦亮奋斗底色。企业家要带领企业走向更辉煌的未来，就要在爱国、创新、诚信、社会责任和国际视野等方面不断提升自己，努力成为新时代构建新发展格局、建设现代化经济体系、推动高质量发展的生力军。企业营销无国界，企业家有祖国。优秀企业家必须对国家、对民族怀有崇高使命感和强烈责任感，把企业发展同国家繁荣、民族兴盛、人民幸福紧密结合在一起，主动为国担当、为国分忧。企业家爱国有多种表现形式，首先是办好一流企业，带领企业奋力拼搏、力争一流，实现质量好、效益高、竞争力强、影响力大的健康快速发展。华为集团首席财务官孟晚舟 2021 年 9 月 25 日能够平安回国，缘于其背后有一个强大的祖国。这是党中央坚强领导的结果，是中国政府不懈努力的结果，是全中国人民鼎力支持的结果，是中国人民的重大胜利。这说明，企业家的安全感，来自强大的国家实力和国际地位。孟晚舟之所以能平安回家，因为她背后的国家是中国。2019 年李延年荣获“共和国勋章”，2021 年在各电视台热播的电视剧《功勋》，第一集《能文能武李延年》讲述他抗美援朝的英勇事迹。他说过一句话，没有祖国，哪有我的今天。无论树的影子有多长，根永远扎在土里。中华儿女无论身在何处，都把祖国放在心里。电视剧《最美的青春》的主人翁冯程说过一句话，为什么我的眼里常含泪水，因为我对这土地爱得深沉。福耀集团创始人曹德旺说过，一个企业家要把事情做好，一定要热爱自己的国家，这种热爱不仅会给自己带来财富，而且还会成为做事业的动力。曹德旺和家人曾获得美国绿卡，但考虑到自己的根在中国，后均把绿卡退还给美国。曹德旺带领员工在短短的 30 多年内，把原本濒临倒闭的水表玻璃厂，建设成在美国等国家设厂的跨国公司，变成世界第一的汽车玻璃王国。在中国，每 3 辆汽车，有 2 辆用福耀集团的玻璃；在全世界，每 4 块汽车玻璃，就有 1 块是福耀集团生产的。

3. 牢记企业使命

使命激励，信念鞭策。使命是企业存在的理由，是企业家奋斗的根本价值，是企业家精神的动力。使命焕发信心，奋进汇聚力量。企业家要牢记使命，不负重托。奥地利著名作家斯蒂芬·茨威格说过，一个人生命中最大的幸运，莫过于在他年富力强的时候，发现了自己的人生使命。企业的使命就是为社会创造价值，并满足人民对美好生活的向往。企业的使命是一个企业存在的最大理由，是其持续发展的最大动力源泉。企业家的激情和活力，来自企业的使命感。有的企业领导创业成功以后，有了一定财富，所面临的障碍就是小富即安，不想持续奋斗，身上有了荣誉、名誉，舍不得放弃。履职尽责担使命。中国是全球制造业的重要发展基地。目前，我国制造业增加值约占全球制造业的 30%，位列全球第一。但也要看到，我国制造业发展面临着许多新的困难和挑战。从外部环境看，国际环境复杂严峻，贸易保护主义抬头，全球贸易增长乏力。从内部环境看，模仿型排浪式消费阶段基本结束，个性化、多样化消费渐成主流，保证产品质量安全、通过创新供给激活需求的重要性显著提升。这些都对制造业企业提出了更高要求。明阳智慧能源集团股份公司等新能源企业提出的使命是，扎根新能源事业，以绿色发展为己任，创新积极开发清洁能源业务，致力于为人类社会可持续发展提供源源不断的清洁能源保障，用清洁能源普惠人民，让清洁能源走进千家万户，满足人民美好生活需求。

4. 勇于砥砺奋斗

风雨无阻，坚毅前行。奋斗目标是企业家的追求理想。幸福都是奋斗出来的。奋斗永远在路上。很多演员说，台上十分钟，台下十年功。由此悟出一个道理，天上不会掉下馅饼。成功企业家都有远大目标，奋力前行。心之所向，虽远必达。生于忧患，死于安乐。一个人失败的根源，不是没有能力，而是太过于贪图安逸。常言道，世上没有走不通的路，只有想不通的人。车到山前必有路。没有跨不过的坎，没有蹚不过的河，没有过不去的火焰山。有坎就要敢跨，有河就要敢蹚，有山就要敢闯。跨了蹚了闯了，哪怕再险再难，总能过得去，不跨不蹚不闯，哪怕再容易再简单，也只会被隔在这边。企业家寻求创业创新机会，抓任何工作，都要久久为功，利在长远的耐心和耐力。有一盏明灯能照亮前方，有一束光能穿透胸膛，有一种品质能让生命闪光。我们常说，伟大的人创造未来，普通的人等待未来。企业家就是创造未来。围绕未来，通过学习研究交流，扩展视野，使企业家基于未来做决策时，可以把不确定性的东西变得确定，把狭窄的视野拓展开来。企业家是一步一个脚印地变成更好的自己。成熟的企业家，不沉溺于过去；聪明的企业家，不迷惑于现在；豁达的企业家，不沦陷于未来。

（二）胸怀坦荡、专心致志，追求企业梦想

新时代呼唤新担当，新时代要有新作为。新时代的创业企业家需要宽广的胸怀、洋溢的激情和拥抱新经济、新业态的勇气。企业家是带领企业走向成功的引领者。企业家要带领企业战胜前进中的各种困难，走向更辉煌的未来，就要在爱国、创新、诚信、社会责任和国际视野等方面不断提升自己，就要胸怀宽阔坦荡、爱国敬业、勇于创新、善于化危为机、再接再厉、勇攀高峰，努力成为新时代构建发展格局、建设现代化经济体系、推动高质量发展的生力军，在带领企业发展方面迈出新的更大的步伐。

1. 执着实业追求

执着是企业家精神的底色。追求是灵魂的层面。有一种执念叫信仰。优秀企业家都有坚定的信仰。执着实业就是企业家追求的信仰，就是企业家长期追求的价值。实业报国不是口号，而是“苟利国家生死以，岂因祸福避趋之”的全情投入。唯有强大的经济才能支撑强大的国家，唯有建立一批有竞争力的实体企业才能成为中国实现高质量发展的重要驱动力。正是这种追求，支撑着一代又一代企业家为中国经济发展奋力拼搏，也正是这种追求给了中国企业傲立世界之林的底气。追求实业是企业家的奋斗目标。有一段对话可以简要说明，“你走过大桥吗？”“走过。”“桥上有栏杆吗？”“有。”“你过桥的时候扶栏杆吗？”“不扶。”“那么，栏杆对你来说就没用了？”“当然有用。没有栏杆保护，掉下去怎么办？”“可是你并没有扶栏杆啊！”“是啊，有栏杆，我可以不扶。可是没有，我会害怕，这是怎么回事呀？”过桥是企业家执着的奋斗目标，信仰就是桥上的栏杆。追求实业报国的目标，信仰激励着你。你不需要握住它，却感到生命的意义并有了保障。企业家追求实业报国，就是企业家持之以恒坚守的信仰。万丰奥特在陈爱莲董事长的带领下，以实业强国为责任和使命，打造了三个单打冠军，铝轮毂以实现行业细分市场全球领跑，国内并购项目实现镁合金全行业全球领跑，国内并购项目实现涂覆盖行业全球领跑。借助资本市场平台，从经营国际化向资本人才、科技、品牌国际化转型升级，为实现百强万丰、百誉万丰、百年万丰的愿景目标，为振兴民族经济、推动行业进步，促进社会发展做出重大贡献。

2. 心胸开阔包容

企业家有多大的视野就有多大的胸怀，有多大的胸怀就可能成就多大的事业。心胸即度量。度量有多大，格局便有多大；度量有多大，眼界便有多宽。有大度量才能有大格局；有大格局者才能成大事。心胸越开阔，人生之路就会越宽广。企业家应当心胸开阔包容，有一颗宽广的内心，有度量，能容人，能容事，能忍常人所不能忍，能容常人所不能容。有多大的视野，就有多大的胸怀，就能成就多大的事业。一个人的涵养，来自大度和宽容；一个人的修养，是懂得包容和尊重。心中有爱是慈悲，口中有德是善良。一个人的度量决定了其气度和品格，决定了境界高低。目中有人天地宽；心中有爱人心向。人有不足，事有不满，别用自己的方式要求别人。做好自己，问心无愧，一路畅通。宽宏大量能容天下，喜笑颜开和气生财。人的一生难免遇到一些不确定的事物，关键在如何面对。选择去承担、去经历、去体悟，书写传奇的一生。一个人如果脚下空无一物，他只能看到表面虚假的美好与生机。人如果读了一些书，见过一些世面，看到了美好背后还有黑暗和消极的一面，可能会陷入了痛苦迷茫。如果学识渊博，认知卓越，就能在黑暗和迷茫中眺望希望。当企业家站在高山之巅，极目远眺，所有的风景尽收眼底，再没有什么可以阻挡你的视野。企业家的认知水平越高，站得越高，就会发现那些困扰自己的事情，不过是过眼烟云。认知层次，决定了看世界的高度和行为方式。当企业家以山海胸怀，卓识远见，就可以带领员工打造一流品牌，打造一支特别能战斗的职工队伍，打造出成功的企业。

3. 永葆时代激情

企业家们凭着自强不息、顽强拼搏、锲而不舍的精神，带领企业创业、创新，洋溢着时代激情。企业家创业、创造、创新的过程中，会遇到这样或那样的难处，可能有时迫不得已，有时言不由衷，但不要怨天尤人。因为怨天尤人不仅解决不了任何问题，可能还会让情况越来越糟。真正聪明的企业家，遇事不推诿，凡事先从自己身上找原因。这样能少摔跟头，少走弯路。企业家的激情体现在年轻的时候看远，中年的时候看透，老年的时候看淡。看远才能揽物于胸，不会只看眼前美景难见山外之山。看透就是天下熙熙皆为利来，天下攘攘皆为利往。看淡不是不求进取，不是无所作为，更不是没有追求，而是平和与宁静，坦然和安详，离尘嚣远一点，离自然近一点。越是有故事的人，越沉静简单；越肤浅淡薄的人，越浮躁不安。现在有一句负有哲理的话，企业家成功的速度一定要赶上父母和妻子老去的速度。我理解，顺应科技革命和产业变革，工业互联网的发展，企业数字化转型升级，在座企业家的成就不仅要跟上时代的步伐，还要跟上父母和妻子年老的速度和期望。企业家以更快的速度、更好的业绩，向生你养你的父母汇报，向朝夕相伴的妻子汇报，我没有辜负父母妻子的期望；向当今的时代汇报，我们顺应了新时代要求，没有辜负新时代的期望。

4. 筑牢发展根基

心中有理想，脚下有大地。企业家人生就是一场修炼。企业家要做到谨慎社交，做事踏实肯干，不要投机取巧，不要浮躁，减少投机性赚快钱心理，脚踏实地，立足实业，培育品牌，兢兢业业地创业、创新。企业家要筑牢企业发展根基，为社会创造价值。一是把力量下在踏踏实实的加强管理提质增效上。加大降低成本和内部挖潜力度，深化成本全过程闭环管理，重点在投资计划、物资采购、工程建设、生产维修、营销服务、运营管理、成本预算、融资支付等关键节点，强化精准投资和精益化管理，严格成本管控，大力压减非生产性支出，不断提升投入产出效率。二是把力量下在实实在在的创新发展开源节流上。开展核心技术研发攻关，加强新产品开发，加大研发投入，促进科技成果转化，做到稳增长，促发展，在新基建、新技术、新材料、新装备、新产品、新业态上不断取得新突破，精心选择项目，确保成功率和可持续发展。企业家的行动像追逐大海一样去追求，似近似远，仿佛有一根羽毛轻轻地挠着心，痒痒的，却很舒服。再舒服也要脚踏实地筑牢发展根基。

5. 练就过硬本领

奋勇争先，建功立业。沧海横流，方显英雄本色。企业家是带领企业的奋斗者。成功企业家的秘诀是，不挥霍时光，不沉迷过去，不畏惧将来，时刻专心致志，立足本分。企业家要学会用马克思主义立场观点方法分析问题，用新知识、新思想、新技能充实自己，在做好每一件事情、完成每一项任务、履行每一项职责中，学会用科学的思维方法和思维能力，使视野、观念、能力跟上越来越快的时代发展。时间是客观的见证者。综观企业发展进程，唯有奋斗者能留下深刻的印记，唯有奋斗者能永葆青春的朝气。打造百年企业，是企业家的梦想和追求。艰苦奋斗、敢闯敢干、聚焦实业、做精主业。苏格拉底说：快乐在于获得，幸福在于付出。其实，企业家成功与否是次要的，重要的是能否投入创业创新中，专心致志，把工作当成头等大事。这是颠扑不破的成功之道。

二、企业家须勇于担当、坚韧不拔

疾风知劲草，烈火见真金。成功企业家勇于担当，敢于负责，迎难而上，不惧风险，苦练内功，坚定做带领企业改革发展的探索者、组织者、引领者。管理大师德鲁克说：每当你看见一个成功的企业，必定是有人做出过勇敢的决策。只有知识累积到一定程度的人，才能看透世界的真相。为什么有的人胸怀大志、光明坦荡，而有的人斤斤计较、整日哀叹，其实很大程度上跟一个人的认知水平有关。

（一）百年企业需要企业家始终勇于担当自觉尽责

初心如磐担使命，砥砺奋进续新章。敢于担当是企业家创业创新和履行社会责任的集中体现。生命诚然可贵，然而，比生命更可贵的是善良、正义和担当。担责是企业家的品德，弘扬企业家精神与尽职尽责不可分割。凝心聚力谋共识，担当创新求发展。只有通过弘扬优秀企业家精神，履行社会责任，企业家才能迎来企业发展和企业家精神弘扬的春天。风雨多经人不老，关山初度路犹长。船到中流，人到半山，须同时间赛跑，与时代并进。权力意味着责任，责任就要担当。责任催人奋进，担当创造佳绩。百年企业要有敢于担当奉献的企业家。

1. 敢于担当扛事

要拼搏奋斗，就要勇于担当。只要路正，就不怕路远；坚持不懈，一定能取得成效，达到目标。企业家既要担当时代责任，勇挑重担、勇克难关、勇斗风险，也要砥砺奋斗，努力成为走在时代前列的奋进者、开拓者、创新者。企业家遇到的困扰要自己担，难事要主动扛。没有人生来特别能担当扛事。每个人都在寻找成长的答案，直到在社会上摸爬滚打之后，才明白成功人的最大能力是能担当扛事。能担当扛事才是最了不起的才华。冯仑说，对于企业家而言，每天都会遇到很多困难，每天都在扛。扛住了就是本事，扛不住局就破了，摊子就散了。1996年马云到北京推销自己的“中国黄页”，敲门找人，逢人便讲，“我是来推销中国黄页的”。但没人听得进马云的宏图大业。吃了无数个闭门羹的马云坐在车上说，再过几年，北京就不会这么对我了。能扛事并不是毫无畏惧，而是明明感到焦虑或痛苦，仍愿意迎难而上，从不会轻易放弃。马云在低谷与绝境之中，从不放弃希望，在接二连三的打击面前，仍有信心和力量。在创业被现实打击，被痛苦折磨，遍体鳞伤时，马云却从未放弃对光明的追寻，依旧微笑着，坚定前行。这才是真正的敢于担当扛事的勇者。企业家担当扛事，就是以担当带动担当，以作为促进作为，引领企业敢于担当，乐于扛事，保持持续发展。做人不需要有那么多过人之处，能扛事就是才华横溢。有些企业家白手起家，屡战屡败。但扛过去了，便有了金戈铁马，丰功伟业。

2. 主动担当作为

担当是企业家精神的核心。敢于担当的企业家，既是社会财富的创造者，也是胸怀崇高使命感和强烈责任感的企业家。只要敢闯敢干、爱拼会赢，就值得尊敬和推崇。担当作为是激发企业家坚持创业创新的精神力量。使命焕发信心，奋进汇聚力量。奥地利著名作家斯蒂芬·茨威格说过，一个人生命中最大的幸运，莫过于在他年富力强的时候，发现了自己的人生使命。企业的使命就是为社会创造价值，并满足人民对美好生活的向往。企业的使命是一个企业存在的最大理由，是其持续发展的最大源泉动力。企业家的激情和活力，来自企业的使命感。在错综复杂的形势下，既需要企业家敢为人先、敢闯敢试、直面挑战，也需要企业家以恒心办恒业，积极履行社会责任，勇当主角，勇挑重担。但有的企业家创业成功以后，有了一定财富，所面临的障碍就是小富即安，不想持续奋斗，身上有了荣誉、名誉，舍不得放弃，不再履职尽责担使命。TCL科技集团创始人、董事长李东生曾说过，做企业就像打仗。冲锋号吹了，部队也冲上去了，这时候唯一要考虑的是怎么把山头拿下，不能想退路在哪里。TCL 在全球市场上打造出叫得响的中国品牌，这就是责任担当。

3. 勇于承担责任

责任是一个人必须承担的事情，是推动各项规章制度和任务落实的手段。责任成就事业、决定成败、推动效率。责任就是担当，就是付出，就是承担应当承担的责任，完成应当完成的使命，做好应当做好的工作。责任心从企业角度，就是爱企敬岗，爱岗敬业。每个职位，都是一副担子；每个职务，都是一份责任。强化责任，做到事事有人管。担责任、实现自身价值。新时代呼唤新担当，新时代要有新作为。面对艰巨繁重的事业，企业家要以强烈的事业心和高度的使命感，担当尽责，遵守公司章程和各项规章制度，兢兢业业做好各项工作，做到敬业守责、尽心尽力。企业家敢于担当扛事，就要增强责任心，勇于担当作为。责任之心就是敢于担当。企业的实践证明，困难的环境不可怕，复杂的情况不可怕，繁重的任务不可怕，可怕的是缺少责任心。在一定意义上，责任心比能力更重要。企业家不可一时一刻一事缺少责任之心，关键时刻尤其如此。企业家有自己的职责范围，守土有责是企业家的义务。风平浪静的时候，不觉得守土有责有什么为难之处，到了危难时刻，责任就凸显出来。情况需要判断，风险需要评估。每说一句话每签一个字，都要承担责任。在这种情况下，敢于担当，敢于决策，敢于冲锋陷阵，是企业家应有的风采，是有责任之心的具体体现。企业家不仅要统筹协调，而且要亲力亲为，真正把责任担在肩上，把工作落到实处。企业家说到的事就要做到，揽下来的事就要扛住，做错的事就要承担后果。企业家的成熟，不是看年龄多大，而是看他能担起多大责任。越是优秀的企业家，承担的责任越大，负责任的范围越广。

4. 率先履职尽责

责任是企业家的脊梁，是企业家顶天立地的支柱。大事难事看担当。企业家个人责任和岗位责任是紧密联系在一起的。企业家的一言一行，一举一动，都会潜移默化地影响企业员工和部门的工作氛围与精神面貌。企业家要发挥乐于担当的示范表率作用，尽职尽责，善作善成。企业家的言语和行为要对企业利益负责，对员工负责，对自己负责。明白自己必须做什么，不能做什么。尽职尽责是企业家做事的底线。竭尽全力，追求卓越。

逆境顺境看胸襟。最近我看了一篇文章，有这样一段话：如果你种了一棵树长得不太好，你会观察它长得不好的原因。树可能需要肥料，或多些水，或多些阳光。树长不好，你不会责备树，你会责备自己，没有尽到相应的责任。然而你的孩子学习不好，犯了很多错误，经常被学校请家长，受老师的批评，家长却责备孩子，不会责备自己的方法态度。很多父母周末都送孩子去奥数班，但如果有一天，孩子告诉父母，他长大想当数学家。父母会很伤心，劝孩子另选热门专业。很多父母都逼孩子从小练琴，可长大后孩子真想搞搞音乐，父母会吓得半死。这对我们有很多启示，其中最重要的是，责任和担当。敢于承担责任，是成长和成熟的标志。父母需努力去理解孩子。如果你理解了孩子，情形就会改变。但最重要的是父母要担当，从自己的方面去总结。如果父母有责任和担当，孩子肯定会被培养得很优秀。同理，在工作中如果我们都从自己做起，认真履行责任，敢于担当，企业一定会事业顺利。责任是企业家顶天立地的支柱。企业家担当作为，既是政治责任，也是一种行为操守，更是一种思想境界。奋勇争先，争创一流，勠力同心，攻坚克难，不断推动工作取得新业绩，发展取得新成效。无愧组织信任、群众期盼，无愧于时代的召唤。企业家担当作为原动力和精气神，从工作氛围上激励企业员工，让企业讲担当、重担当、乐担当蔚然成风。企业家的言语和行为要对企业利益负责，对员工负责，对自己负责。明白自己必须做什么，不能做什么。责任是企业家的脊梁，是企业家顶天立地的支柱。企业家说到的事就要做到，揽下来的事就要扛住，做错的事就要承担后果。企业家的成熟，不是看年龄多大，而是看他能担起多大责任。越是优秀的企业家，承担的责任越大，负责任的范围越广。尽职尽责是企业家做事的底线，竭尽全力，追求卓越是企业家奋斗的目标。

5. 层层落实责任

手大遮不住天。企业家的能力再强、本事再大，也要有人帮衬。俗话说，一个好汉三个帮。责任心从企业角度看，就是爱企敬岗，爱岗敬业。每个职位，都是一副担子；每个职务，都是一份责任。承担责任、实现自身价值。责任必须层层落实。企业如果把责任明确到每个人身上，每个人身上有约束、有压力、有动力，就不会推诿扯皮、不了了之。企业要顺利完成新产品开发过程中的各项工作，必须强化责任。通过完善的岗位责任制和各项工作的量化分解，使每个工序都有责任、各项工作层层分解，实现从科室、车间、班组到个人都权责清晰、责任明确。

（二）百年企业需要企业家始终坚韧不拔持之以恒

志之所趋，无可阻挡。只有意志坚强的人，才能到达彼岸。世界上最长的是时间，最短的也是时间。时间无声、无色、无形、无味，却可以考验企业家的毅力和恒心。企业家坚韧不拔的毅力、临危不惧的勇气、化解危机的智慧、虚怀若谷的品格，对企业发展至关重要。企业家以恒心办恒业，把产品做精，把品牌做响，把市场做大，实现百年发展的梦想。

1. 善始善终敬岗爱业

敬业是企业家精神的动力。有了敬业精神，企业家才能将全部身心投入到企业中。无论路途有多遥远，都是从第一步开始。企业家是企业生存与发展中最重要的因素。在社会各阶层中，企业家付出的工作时间最长，经历的磨难最多，承受的精神压力最大，创造的社会财富最多。企业家的业绩不可埋没，地位不容置疑，作用不可替代。企业家在取得成功的同时，也面临发展带来的新问题，即面临改革创新遇到的新挑战。企业家的一生就像跑马拉松，获胜的关键不在于瞬间的爆发，而在于途中的坚持。熬得住，出众；熬不住，出局。执着、努力、追求，不负此生。新时代有新要求，更有新期望。企业家把握时代潮流，顺应人民意愿，破除不合时宜的思想观念桎梏，扫除体制机制障碍，推动企业迈上新的更高台阶。企业家作为新时代创新的主导与推动人类进步的先锋力量，想要企业长久发展，就要做需要时间积累的事。企业家若想做成事情，第一自己要想明白，第二要持之以恒。既然选准这个目标，绝不回头，绝不要轻易放弃。

2. 坚定信心创业创新

创业创新是企业家的基本职能。企业创业创新是长期艰苦奋斗的过程。不能因为难就妥协，也不能因为棘手就让步。企业家创新活动是推动企业创新发展的关键。改革开放40多年来，我国经济发展取得举世瞩目的成就，其中一个重要原因就是我国广大企业家大力弘扬创新精神，敢闯敢试、敢为人先、埋头苦干，勇于推动生产组织创新、技术创新、管理创新、市场创新，创造了发展史上的奇迹。但创业创新不能一蹴而就，要在不断自我迭代、自我超越中坚守。企业的竞争力源自对自身实力的清醒认识。1987年任正非与几个伙伴在深圳南油新村的一幢居民楼里创立了华为。现在，华为是高科技和全球化的标杆企业，在世界知识产权组织发布的PCT国际专利申请量排名中，华为连续几年位居世界第一。1988年，马明哲创办第一家股份制地方性保险企业——平安保险。现在，平安保险已经进入《财富》世界500强前列，在中国服务企业中排名第一。企业的竞争力在于产品的高性价比。实践没有终点，创新未有终期。企业家要永葆“白手起家、敢为人先”的创业精神，始终坚持传承创新的文化基因，以持续学习推动创新，以不断创新突破自我、超越自我。强化以企业为主体的创新力度，积极捕捉企业发展新增长点，努力挖掘培育新业态、新动能，推动企业继续向前，行稳致远。

3. 始终如一严格管理

管理的本质是向管理要效益、以管理促发展。很多优秀的企业是靠创业者的天赋和悟性，以及严格的管理而获得成功。俗话说，慈不掌兵，义不掌财。仁慈心软的人不能带领军队，义气为先的人不能掌管财权。战场上生死攸关，关键时刻不能心慈手软，否则只能满盘皆输，牺牲更多人的生命。所以将帅必须要狠得下心。令严方可肃兵威，命重始于整纲纪。厉行法治，严肃纪律，是治企带队伍的铁律，也是建设百年企业的规律。从严管理是企业家带队伍，提高企业效率、效益的有力保障。管理大师彼得·德鲁克写过一本书《行善的诱惑》。书中的主任公海因茨·齐默曼神父是圣杰罗姆大学的校长。他自律严谨，成就卓越，历经20多年将偏僻无名的郊区学校，办成全国知名的一流大学，取得了荣誉，赢得了赞扬。但是，海因茨·齐默曼校长因“恻隐之心”，给予一名不称职的教员宽容和帮助，在大学内引发了一场巨大的管理危机，最终导致校长下台，并给圣杰罗姆大学带来很大的负面影响。通过这个故事说明，企业家不要试图去平息、安抚那些偏执的人。偏执的人的特征就在于他们善于让正常人，尤其是让心存善心的人感到内疚，从而同情自己，达到损人利己的目的。对偏执的人平息和安抚，只会让他们对自己的行为更加坚定，最后导致企业管理失误。新希望集团创始人、董事长刘永好说，好的企业应该像军队一样，纪律严明，令行禁止。

三、企业家须加强修养、做好表率

奋发有为，乘势而上。企业家须德才兼备。道德修养重在自觉，贵在坚持。小胜靠智，大胜靠德。做人德为先，待人诚为先，做事勤为先。人品和能力，如同左右手。单有能力没有人品，人将残缺不全。打造一支有本领、能担当、业绩好、威信高的企业家队伍，必须在加强修养方面下功夫。企业家的层次不在于物质地位，而在于修养格局。修养格局决定最后结局。格局有多大，成就便有多大。

（一）打造百年企业需要企业家具备良好人品

人品是立身之本。品德修养是立身处世之基。企业家的底线都是他的人品。有了底线才值得托付，有了底线才可能获得信任。一个人始于颜值、合于性格、忠于人品。与人交往，重要的是人品。随着时间推移，发现人最大的财富，不是房子，不是车子等有形资产，而是人品这个无形资产。企业家只有学会做人，端正自己的品行，保持好的人品，才能声名远扬，真正走得远、成大业。企业家打造百年企业，最重要的是锤炼品德修养，明大德、守公德，追求有高度、有境界、有品位的人生，从而用一生创造出无愧于伟大时代的壮丽事业。路遥知马力，日久见人心。做人要正，清清白白；待人要诚，光明磊落，干干净净。人品就是财富，就是财源。人品好一切都好，人品在，财富便在。

1. 人品彰显企业家立身之本

做好企业首先要做好企业家自己。做企业就是做人品。环境在变，不变的是企业家的笃信和人品。与人交往，始于颜值、合于性格、久于善良、终于人品。一个人之所以有大的成就，都有他的源头、他的根本。就像一条河流，如果没有好的源头，不可能流得长远。一棵树如果没有很好的根基，不可能长得茂密。人品好的人说话算数，言而有信。做生意别人敢合作，创业中别人敢陪同。人品是一个人修养的体现，是一个人最好的底牌，也是企业家的第一要务。德国哲学家康德说过，有两种东西，我们越是持久地思索，它们就越能使我们的内心充满深深的敬畏，那就是繁星闪烁的星空和我们内心的道德律。敬畏星空是敬畏大自然物换星移的法则；敬畏道德则是敬畏人之为人的尊严和人的价值。企业家生活过得美满幸福，事业顺利成功，必须加强道德修养，这样才不会忘记自己的义务、责任和使命，才不会忘记自己的抱负和对未来的憧憬。可见，企业家唯有两件东西靠得住，一是人品，二是努力。企业家只有先有好人品、好人缘，后经过努力奋斗，才会取得事业上的成功。做人一辈子，人品做底子。做事先做人，这是千古不变的道理。人品是一个人的内涵，名誉是一个人的外貌。如果一个人的人品不好，即使才华横溢，也不会受到别人的尊重。好的人品能得真心，是一生的财富，是一生的幸运。一个人的价值，不是现在拥有多少财富，而是他一无所有的时候还值多少钱。人品好的人，遇事会有人帮助，做事会有人支持。人品差的人，有难无人肯扶，做事无人认同。人在做，天在看，人品是立身之本。做人厚道才能走得远，人品好才能站得更高。

2. 人品铸就企业家成长之路

人品代表一个人的内心修养，包含一个人的行为思想。人活一辈子，要先学做人，再学做事。企业家先有人品，才能成功。人品是一个人的最好学位。致志所趋，无可阻挡。做人要想走得长远，一定要有好人品。人品决定人脉。人品好的人，自带光芒，总会熠熠生辉。做人要有品德，才不失风骨。风骨是不媚俗流的大雅，是淡泊名利的气节，是宁静致远的情怀。企业家必须强迫自己，将自身潜在的才华和智慧发挥出来，自律严谨，做到重德、勤奋、低调、平静、感恩。做人以良心为标杆，做事以人品为尺度。企业家的成长赢在人品。做人不一定要风风光光，但一定要堂堂正正；处事不一定要尽善尽美，但一定要问心无愧。心底有光亮，人生自会有光芒。只有心地光明、乐观向上、努力奔跑，才能成为带领企业创业创新的强者。信任取决于人品。企业家创业最重要的是别人信不信你。而信不信你，取决于你的素质和人品。如果希望一切都能变得更加美好，就从改变自己做起，从塑造人品开始。企业家的骨气是人格的硬度。有了骨气就有一种气质，腐蚀近不了身，诱惑入不了心。深沉厚道是第一等资质，磊落豪雄是第二等资质，聪明才辩是第三等资质。企业家的人格、勇气、能力相比，人格第一，勇气第二，能力第三。坚毅是一种成长型的思维，谦虚尊崇正义的勇气是正确的生活方式。具有坚毅品质的企业家相信生命不是百米冲刺，而是一场马拉松。企业家行动的勇气和坚毅的品质是可以培育的。它基于科学判断和道德判断能力，更根植于对企业家自身使命和生命意义的思考。企业家有了利人的思想，美好的愿望才得以描绘。

3. 人品反映企业家做事的底子

人品是底子，行为是面子。企业家的底子就是他的人品。人品好的人心地善良，待人真诚，深得人心，被人信任。自然就会有人脉。遇到难事有人相助，身处困境有人相扶。品现于事，心藏于身。人品好的人，谈吐让人如沐春风；人品不好的人，说话尖酸刻薄，让人感到不舒服。真诚和善良是装不出来的。哪怕装的了一时也装不了一世。人品端正的人，宽容大度不计较，言而有信不赖账，善良正直不作恶，坦坦荡荡不虚伪。一家企业集团的董事长晚饭后准备在集团员工大会上的讲话稿。他的小儿子在他身边吵闹不休，令他心烦意乱。这位董事长从一本杂志上撕下一张世界地图，把它扯成碎片丢在地下，对儿子说："如果你能把这张世界地图拼好，就给你 100 元。"这位董事长以为儿子怎么也得拼上大半天，这样就可以有时间准备讲话稿。没想到，一会儿工夫儿子就拿着拼好的地图来找他。董事长惊奇地问："你用什么方法这样快就拼好了？"儿子说："这太容易了。这本杂志我看过，地图的背面有一个人的头像，把这个人的图像拼好了，再把它翻过来。只要这个人的头像拼对了，世界地图就拼对了。"由此，这位董事长得到启发，只要你这个人正派，你的人品好，你的世界就是对的。人们很难从表面上真正了解一个人。但可以从生活细节中，看清一个人的人品和真心。成功企业家以动力变革赢得发展主动。鱼归水，鸟入林，生命有自己的规律。云雨至，风雷起，万物有自己的轨迹。人品好的人讲诚信，因而会获得更好的机会；人品好的人品行正，因而能得到更大的发展；人品好的人心善良，因而会积攒更多的人缘。有好的人品做基础，感情上、事业上都会顺风顺水。人不过沧海一粟，众生一脉，先懂得道理，才能开启真谛。时间会沉淀真正的情感，风雨会考验真心的伙伴，做人要心正，待人要诚信。用心正维持品正，身后无非议；用心诚稳固感情，此生无愧疚。人品是企业家成功的最大财富、最好资本。人品好的人，无论走到哪里，都令人放心。有了好的人品底子才值得托付，才能获得信任。企业家的底子是让人放心的最基本的品质。如果一个人的人品不好，即使才华横溢，也不会受到别人的尊重。好的人品能得真心，是一生的财富，是一生的幸运。一个人的价值，不是现在拥有多少财富，而是他一无所有的时候还值多少钱。人品好的人，遇事会有人帮助，做事会有人支持。人品差的人，有难无人肯扶，做事无人认同。人品以正直为贵，心地以善良为贵，情感以真挚为贵。风雨人生，人品为企业家做事的底子和立身之本。

（二）打造百年企业需要企业家修身养性

修养是指一个人的品质、道德、气质及对生命、对生活的感悟等，是一个人经过锻炼和培养达到的文化水平。修养是一个人内在素质的自然流露。道德修养重在自觉，贵在坚持。企业家锤炼高尚品德，要从一时一事做起，日积月累，持之以恒，始终保持健康向上的精神风貌。企业家如果始终如一修身养性，就要长期坚持严格要求自己，努力学习、广交益友、愿做善事、尊重他人、切记谨慎。如果企业家终生修身养性，那么就会事业顺利、一生平安。

1. 多读书学习

书是人类文明的代名词，是社会进步的阶梯，是开启智慧大门的金钥匙，是哺育人们健康成长的乳汁。鸟欲高飞先展翅，人求上进先读书。读书好似爬山，爬得越高，望得越远；读书好似耕耘，汗水流得越多，收获越多。读书可以让企业家看见更广阔的世界，涤尽心中的浮华；读书可以让企业家拓展灵魂的边界，铺展生命的广度；读书可以让企业家从一世看一时，从全局看一隅。“三人行，必有我师焉”。中华民族是一个崇尚学习的民族。善于学习是中华民族的传统美德。从我国企业发展的历史过程中，可以清楚地看到，我国企业有一个不断从学习中汲取营养、在学习中借鉴创新、在学习中成长发展的历史。学习是企业家立身之本。成功有为的企业家都善于学习。书能提高人的修养和素质，使人获得许多知识，改变人的命运。读书是走向更高层次的最快方式。莎士比亚说过，生活里没有书籍，就好像没有阳光；智慧里没有书籍，就好像鸟儿没有翅膀。读书可以了解更大的世界，就不甘心留在原地；可以在需要的时候信手拈来，而不会出现一脸尴尬；可以让自己更好表达，而不是三言两语吞吞吐吐；可以让你开心的时候说出“春风得意马蹄疾，一日看尽长安花”；可以在伤感的时候说出“问君能有几多愁，恰似一江春水向东流”等美句。企业家读好书，培育自己的道德情操，才能让自己真正活着。当我们还是孩子的时候，吃过很多食物，现在已经记不住都吃过什么了。但可以肯定的是，它们中的一部分已经成长为骨骼和肉。我们读过的书其实也已经融进自己的骨骼血液，成为伴随自己成长的精神食粮。好书励志感人，催人上进；陶冶情操，愉悦心灵。有些企业领导每天忙于处理各种各样的事务。事情一多，就不愿意学习。长时间不读书、不看报、不看电视、不上网。长时间沉溺于小圈子，信息闭塞，知识老化，最终被市场淘汰。企业家越忙越要读书，在忙碌中找到内心的安宁，掌握处世之道，以更智慧、高效的方式节省时间成本，为自己争取更多的发展机会。企业家要有恐慌意识，勤于学习，结合工作需要更新知识结构。企业家要不断提高学习能力，多读些经典，多读些闪烁着时代新观念的好书，多学习新知识，多掌握新本领，从书中获得新的力量。巴特尔说过，每个人终其一生，只需要专注做好一件事就可以了。而终生读书学习，更是巴菲特坚持一生的习惯和信仰。巴菲特每天多数时间都是在自己的书房或者办公室静静地读书。在欧洲的文学史上，有这么一个说法，欧洲的文学史有过三个高峰：第一个高峰是古希腊罗马的神话传说；第二个是以莎士比亚的创作、以他的诗歌和戏剧为代表的英国文学；第三个是 19 世纪的俄罗斯文学，如托尔斯泰的《战争与和平》《安娜·卡列尼娜》《复活》。《战争与和平》是一个乐观主义的英雄史诗，《安娜·卡列尼娜》是一个家庭悲剧的艺术呈现，《复活》是一种个人的道德忏悔和精神遗嘱。三部作品构成一个有机的整体。企业家在读这些名著时要悟到其中的真谛。对待闲暇时间的态度，决定了人生的高度，也藏着一个人的未来。很多全球知名企业，比如壳牌石油、通用电气、福特汽车等，都极力推崇学习，认为未来的企业必须是学习型组织，否则就会被市场淘汰。在信息化、知识化时代的今天，不善于学习的企业必将衰亡。读书辅助经验不足，经验又补读书之不足。读万卷书与行万里路必须结合起来。企业规模越大，企业家需要的知识面越广，越要注重学习，把学习作为习惯，及时给自己充电，在丰富的知识中登高望远、占领先机，努力成为一名高素质的现代企业家。

2. 结良师益友

俗话说，慎交友、勤耕读、笃根本、去浮华。朋友就是在漫漫人生路上，可以彼此相扶、相伴、相佐的人。朋友就像夜空里的辰星和月亮，彼此遥望、彼此鼓励、彼此交辉。一个人能走多远，要看他与谁同行；一个人有多优秀，要看他有谁指点；一个人有多成功，要看他与谁相伴。真正的朋友是一面镜子，也是一本书。照照镜子可以明白自己的缺点。翻翻书页，可以学有所获。人生在世，格局越大，就能站得越高，看得越远。而决定格局的，往往是自己结交的朋友。来来往往皆是过客，相伴同行才是朋友。企业家要结交良师益友。这样做事才会让人认同，说话才会让人喜欢。大千世界，人的类型有很多。企业家和谁相处，要有所选择。物以类聚，人以群分；道不同，不相为谋。近朱者赤，近墨者黑。人生最大的幸事是交到益友，最大的悲哀是交友不慎。《平凡的世界》的著者路遥借小说中的人物，说过这样的话：一个人的思想还没有强大到自己能完全把握自己的时候，就需要在精神上依托另一个比自己更强的人。很多时候，站在巨人的肩膀上，才能够看得更高更远。俗话说，读万卷书，不如行万里路；行万里路，不如高人指路。与智者同行，必得智慧；与高人为伍，方可成就。企业家要选对朋友，与高人为伍，让那些道德修养高，人品好，有人生追求，懂得感恩，能传播正能量的人，成为自己的朋友。不要和负能量的人深交。人们常说，知人知面不知心。人要低头做事，更要睁眼看人。水不试不知深浅，人不交不知好坏。真心不在嘴，在心。只有看清人心，才能和正确的人结交，不让自己受到伤害。古往今来，人们奉行的交友原则是始于颜值，敬于才华，合于性格，久于善良，但最可靠的却是人品。好朋友不一定天天见，但一定会常想念。真心见真情，真情见真人。选对老师智慧一生，选对伴侣幸福一生，选对朋友甜蜜一生。一生中能成为真正朋友的就那么几个。真正的朋友有一份笃定不移的信任。企业家要精心做事，更要睁眼看人，择真善人而交，择真君子而处。好好珍惜那些在很久以后还称为朋友的人，真的很难得。尊人看本质，敬人看人品；尊人有分，敬人有度。对自高自傲的人，必须远他一尺。常言道，水不试不知深浅，人不交不知好坏。与人交往，需要用心去感悟，用时间去了解。时间是最好的试金石，它能帮你看清一切。越是有修养的人，胸怀就越大，就越容易与人相处。

3. 愿善意做事

善良就是与人为善，心有善念。善念是种，善行是花，善报是果。怀揣善良，心存善念，多做善事，才能享受幸福人生。企业家只有善良，才有长久的影响力。善与恶只是一念之差、一步之遥。在人生道路上，善良是心灵的指南针，让人永不迷失方向。与人和善，做事低调，善待部下。善良是为自己留下的路标。不抱怨他人，只做好自己。若想被爱，就要先去爱；期望被别人关心，就要先关心别人；想别人对自己好，就要先对别人好。如果希望交到真心的朋友，必须先对朋友真心；如果希望快乐，就去带给别人快乐，不久就会发现自己越来越快乐。雨果说过，有一种东西，比我们的面貌更像我们，那便是我们的表情；还有另外一种东西，比表情更像我们，那便是我们的微笑。判断一个人，往往不是看他的权势，而是要看他脸上的笑容。与人为善，福虽不至，祸已远离。

4. 敬各方友人

一个人最好的修养是尊重他人。当年马云、冯仑等还是名不见经传的小企业家，曾受到李嘉诚的宴请。开始他们都很紧张，但没想到李嘉诚在电梯门口等候他们，接着与每个人握手，并安排抓阄拿号安排座次。李嘉诚特意在每一桌多备一份碗筷，轮流与每一桌的人交流。可以说，应邀嘉宾之前担心的问题，李嘉诚都妥善解决了。周到温馨的待人接物，是永不过时的修养。懂得尊重他人的人，总是让人舒服、温暖。尊重朋友的隐私，不嘲笑，不散布；尊重亲人的关爱，不厌烦，不逃避；尊重别人的劳动，尊重别人的习惯，尊重别人的选择。讷于言而敏于行。说话要谨慎。因为祸从口出。说话不谨慎，容易伤害自己又伤害别人。尊重别人就是尊重自己。不乱说话，是一份不可多得的善良。

5. 秉谦虚谨慎

山外有山，人外有人。真正见过世面的人，都懂得谦虚谨慎。人无谦虚之心，身边就不可能聚集人才。企业领导如果没有谦虚之心，则没有同事和下属真心相随。傲慢不可能让企业持续发展。“骄傲的人，眼界偏狭，不知天高地厚”“慎言是一种修养”“慎言以养其德，节食以养其体”“说者无心，听者有意”“祸从口出，患从口入”这些锦句，无不体现慎言的智慧和口无遮拦的后果。慎行是一种风度。慎行体现的是一个人志存高远、自强不息的意志，也是一种潇洒坦荡。天下熙熙皆为利来，天下攘攘皆为利往。诱惑无处不在。慎独是面对金钱不生贪念，面对美色坐怀不乱。在追求个人欲望的过程中，保持谨慎的心态，不做欲望的奴隶。天不言自高，地不言自厚，水不言自流，人不言自能。做人贵在有自知之明，既不能轻贱别人，也不可吹嘘自己。确实，每个人都有值得炫耀的地方。别人称赞是口碑，自我标榜是吹嘘。真正有学识、有涵养的企业家，不会主动开口标榜自己。企业家说话要懂得把握尺度，注意分寸，给人留余地，待人真诚。

6. 守敬畏之心

敬畏之心是指对自然规律、社会规律，以及对法律法规怀有一种敬重与畏惧心理。这种心理具有警戒与自省作用，有助于规范与约束人的言行举止，促进人与自然、与社会和谐共处。朱熹曾说过，君子之心，常存敬畏。敬畏心是一个人思想灵魂中最重要的素质。讲规矩、守底线，首先要有敬畏心。心有所畏，方能言有所戒、行有所止。企业家保有一份敬畏，才能有所为，有所不为。没有一点敬畏之心，是很危险的。有的企业领导违法犯罪，不是不知道法律法规，而是根本没有敬畏之心。懂得敬畏，人生才能减少祸患。委屈活着比悲壮的死去更需要勇气。企业家一定要知敬畏、存戒惧、守底线，敬畏法纪，时时绷紧纪律规矩这根弦。

（三）打造百年企业需要企业家率先垂范以身作则

企业家是稀缺的资源，是民族的筋骨。企业家是应当受到尊重的阶层，成为社会的模范力量。但打铁还需自身硬。企业家以身作则，既要严格要求别人，一视同仁，也要严格要求自己，做出表率。这样说话才硬气，做事才坦荡。企业家能够引领企业走向未来。什么样的企业家是优秀企业家？能够引领企业走向未来的企业家是优秀企业家，能够科学预见形势发展走向和潜在的风险挑战，实现风险防范与业务深度融合的是优秀企业家。

1. 遵纪守法合规经营

企业家尊崇法治，才能走向更加广阔的舞台，才能行稳致远、大有作为。增强法治意识、契约精神、守约观念，坚持严守底线，清正廉洁，自觉遵守廉洁自律准则和廉洁从业的各项规定。严格遵章守纪，带头廉洁自律，以身作则，以上率下，清白为官，干净做事，老实做人，努力做到忠诚、干净、担当。运用法治思维和法治方式推动企业改革发展。企业家要增强法治意识，带动企业道德素质和文明程度提升。努力提高合规经营意识，不触碰法律的底线。苏格拉底曾说，知足是天然的财富，欲望是人为的贫穷。很多时候，我们不是所得的太少，而是想要的太多。因欲望取得名利，事业步步高升，却终究被欲望所吞噬。人这一生，所求过度，过则成灾。

2. 严于律己身先士卒

以身作则、严格自律，使自己的言行不违背法律法规及企业的规章制度，为他人树立榜样。这是企业家必须做到的。自律就是做不喜欢但应该做的事情，不去做喜欢但不应该做的事情。高尔基曾经说过，每一次克制自己，就意味着比以前更强大。企业家的成熟，就是克制自己的过程。华为任正非因过错自罚 100 万元，维护了制度的尊严。对企业家来说，敢于刀口向内，将自己摆在与员工一样的标尺进行衡量，是最有说服力的管理方式。人在没有压力的情况下，就会变得懒散，做事拖拖拉拉，得过且过。而施加一定压力和强迫之后，不断朝向一个目标努力，人的潜能才会被激发出来。所以，自律关键在于做自己心里并不愿意做，但对自己有益的事情，以此来磨砺、调整自己的心态。自律意味着必须有所放弃。放弃自己的偏好，放弃自己的惰性。久而久之，这种自律行为就会变成习惯，主宰自己的行为。幸福都是奋斗出来的。成功属于奋斗者。不甘心就是动力，勇于奋斗勤勉敬业，干在实处，走在前列，勇立桥头。优秀的企业家要勇于奋斗，商业嗅觉灵敏，头脑灵活，勇于创新，行动果敢，勤奋敬业。以永不懈怠的精神状态和勇往直前的奋斗姿态，努力开创企业的新局面。

3. 为人处世重诺守信

获得成功的企业都必须有有责任与敢担当的企业家。无信不立，诚信为本。信任就像一张纸，一不小心弄皱了，即使尽力抚平，也很难恢复原来的样子。一个人不会因为损失点财产就一无所有，但会因为丢失诚实，彻底失去他人的信任。诚实守信是企业家立身之本。让人放心是企业家最好的名片，被人信任是一生的幸福。社会主义市场经济是信用经济。企业家同各方面打交道，调动人、财、物等各种资源，没有诚信寸步难行。企业家要诚实守信，增强契约意识，带动企业道德素质和文明程度提升。人生福祸与否，在于是否真诚。真诚对自己来说，就是要让自己的情感、喜怒哀乐等情绪表现，都要做到适度。对待别人，都要尽量不敷衍，连表情都是。企业家说话算数，空头支票勿开；对人真心，朋友自会相聚；对事真诚，定会积攒福德；信守承诺，成功接踵而至；失去诚信，事业步履维艰。

4. 礼贤下士尊重他人

企业家良好的人品，不仅体现在大是大非面前，还体现在日常生活中的细节，凡事都会多为别人着想，行为低调。俗话说，懂得低调才能出头。发自内心地对人尊重，自然会获得更多的机会。有时候稍微低一下头，是一种宽容，是一种从容，是一种竞争的避让，是一种生存的智慧。企业家如果一味地昂着头生活，就会给人一种趾高气扬、不可一世的感觉，让人敬而远之。久而久之，人们就会觉得他傲慢无礼，他会不被认可，遭人排挤。虚心成就大业。据说，曹操有一次接见匈奴使臣，觉得自己身材矮小，相貌丑陋，就让一个长得漂亮的人假扮自己，他本人装作一个捉刀人站在旁边。结果事后有人问匈奴使臣，魏王这个人怎么样。匈奴使臣说，魏王的确长得不错，可是我看他身后站着的那个捉刀人，才是真英雄。地位越高越不能轻视别人。有一位企业家评价华为创始人任正非说：他是北非之狐，藏而不露，非常低调。低调的任正非却不断带领华为超越众多强大的竞争对手，成为世界一流企业。正威国际创始人王文银一直以低调隐忍的思想，带领企业从一家小型线缆加工厂，发展成为跨线缆、铜业、高科技等 20 多个行业的世界 500 强企业。世界犹如一面巨大的回音壁。你怎样对待世界，世界就怎样反馈你；你如何对待别人，别人也会如何回报你。说话是一种本能，闭嘴是一种修行，沉默是一种智慧。越是关键时刻，越能看出企业家的底蕴和修养。多一点含蓄，多一点谦逊，把对别人的尊重放在第一位，努力使人感到他的尊严。

5. 善于沟通凝聚人心

增强企业领导班子团结和凝聚力。实现协调发展，要求企业家有善弹钢琴的艺术，在十个指头和谐配合中，既突出重点又统筹推进，不断增强企业发展的整体性，提升企业发展的韧性。曾国藩曾说过一句话，危险之际，爱而从之者，或有一二；畏而从之，则无其事也。这句话联想到企业，一个成功的企业家会有两类下属。一类是出于爱，被企业家的人格魅力征服；另一类是出于畏，被企业家的权力和利益笼络。危难之际，出于爱的下属中会有几位可以共患难；出于畏的下属，则一个也没有。趋利避害是深层人性，是改变不了的，也不要抱怨，更不要试图改变。那些在危难中不走的人，是性情中人。激励这些人，靠的不是金钱，而是一起做大事的苦与乐，是一起做大事的成就感，是长时间一起做事的兄弟情和温暖感。推动企业协调发展既要突破难题、补短板，又要巩固发展优势、厚植后发优势，更重要的是凝聚人心，增强企业的合力。

第三节　新时代大力弘扬企业家精神

企业家精神是企业的动力引擎，是一种世界性的追求和积极的精神。企业家具备企业家精神，才能够创新产品、创新工艺、创新企业，成为企业的领导者。改革开放40多年来，我国企业家队伍逐渐成长壮大，一大批具有全球眼光、战略思维、创新精神和经营能力的企业家脱颖而出，形成了具有鲜明时代特征、民族特色、世界水准的中国企业家队伍。企业家带领企业打造百年老店，走向更辉煌的未来，就要弘扬“敢为天下先、爱拼才会赢”的企业家精神，在爱国、创新、诚信、社会责任和国际视野等方面不断提升自己。

一、科学界定新时代企业家精神

企业家精神的英文为Entrepreneurship。企业家精神是专注于将一件事做到极致的精神，其核心特质是敢于冒险、善于创新。著名学者德鲁克把企业家精神界定为“社会创新精神”。著名经济学家韦伯认为，市场活力来源于人，特别是来源于企业家。时代见证的总是敢于革新、善于创新的企业家。改革开放以来，我国涌现出一大批锐意进取、开拓创新、注重企业文化和品牌建设，坚持现代化管理和科技创新，履行社会责任，使企业的核心竞争力不断加强的领军人物，为我国经济社会发展做出了突出贡献。我国经济发展取得的成就，同广大企业家大力弘扬企业家精神密不可分。

（一）企业家精神的含义

企业家精神是一种重要的无形资产，是指被企业家群体和社会普遍认同，由企业家践行的价值取向和精神特质。改革开放以来，我国经济社会发展取得举世瞩目的成就。这与广大企业家大力弘扬企业家精神密不可分。每一个成功企业的背后，都闪耀着企业家精神的光芒。

1. 企业家精神是企业家经营管理理念和行为方式的总结

企业家精神是企业家组织建立和经营管理企业综合才能的表述方式。企业家精神是专注于将某件事做到极致的精神。其核心特质是敢于冒险、善于创新。企业家精神是宝贵的社会财富。企业家精神体现的经营理念和行为方式可以描述为：企业家精神是一种创新意识，即新思路、新策略、新产品、新市场、新模式、新发展；企业家精神是一种责任，即敬业、诚信、合作、学习；企业家精神是一种品格，即敢于冒险、勇于担当、坚忍执着、果断决策；企业家精神是一种价值观，即奉献爱心、回报社会、社会责任；企业家精神是一种文化修养，即广博的知识、高尚的道德情操、丰富的想象力等。企业家精神是颠覆改变现状、解决突出问题、不惧环境变化、勇于担当作为的精神。

2. 企业家精神是企业家群体特质才能的集合

企业家精神是企业家所具有的组织生产要素用于生产产品、寻求商机，以及开展新的商业模式的特殊才能。企业家精神是企业生命的灵魂，是生产力的关键要素。比尔·盖茨就是一位具有企业家才能的企业家。他通过卓越的领导和组织才能，把微软公司建设成为世界上具有实力和发展前途的公司之一。企业家敢于承担风险，发扬敢为天下先的闯劲与拼劲，勇于推动生产组织创新、技术创新、市场创新，重视技术研发及人力资本投入，努力做创新发展的探索者、组织者、引领者。为了企业的成功，不计个人得失，敢于冒风险，又能够充分调用已有资源，发挥个人能力和专长，防控各类风险。美国硅谷企业家精神特质可以概括为：颠覆传统、改变世界、解决难题、创新驱动。苹果公司的乔布斯、英特尔的安迪·格鲁夫、特斯拉的马斯克等都是具有强烈企业家精神的典型代表。我国的张瑞敏、任正非、刘汉章、鲁冠球、谢企华等，都是杰出企业家的代表。

3. 企业家精神是对优秀企业家形象的概括

企业家的卓越在于他们的精神和意志。企业家精神是优秀企业家身上所共有的一种品质。理念是行动的先导。企业家精神引领发展实践。企业家精神是优秀企业家形象的体现，如激扬雄心壮志，有志者事竟成，敢于担当作为，履行社会责任，热心服务社会等。企业家精神是现代经济最重要的因素，是优秀企业家身上与众不同的精神特质和共有品质。企业家只有赖以生存的土壤，没有天然的靠山。企业家唯有深深扎进土壤，才会有自己真正的靠山。企业家都是寂寞的英雄。企业家注定背负着很多不被理解、不被认可，唯有做对的事情，持续创造价值，才会受到理解和尊重。卓越的企业家都善于审时度势，将天时地利人和所造就的优势整合起来，以敏锐、勇气、执着、探索的特质，成就企业的事业。

4. 企业家精神是关于企业家涵养塑造的描述

企业家精神是经济发展的重要源泉，是企业乃至整个经济社会发展的驱动力。具备企业家精神的优秀企业家，善于想象、勇于探索、抓住商机、积极尝试。一旦遇到有发展潜力的商机，企业家能够不畏风险，快速决策，果敢创业，追求卓越。改革开放以来，我国在市场化浪潮中逐渐培养锻炼出一支自强不息、顽强拼搏、迎难而上、锲而不舍的企业家队伍。企业家弘扬新时代企业家精神，就要带领企业战胜各种困难，走向更辉煌的未来，就要在爱国、创新、诚信、社会责任和国际视野等方面不断提升自己；就要弘扬爱国敬业、遵纪守法、艰苦奋斗的精神，弘扬创新发展、专注品质、追求卓越的精神，弘扬履行责任、敢于担当、服务社会的精神，为企业成长进步、行业发展壮大、国家繁荣富强做出重要贡献。

（二）新时代企业家精神的特征

企业家精神是专注于将要干的事做到极致的精神。人无精神不立，企业家无精神则不强。唯有精神上站得住、站得稳，企业家才能在历史洪流中屹立不倒、挺立潮头。企业家精神是企业家所特有的时代精神，是人类最稀缺的宝贵财富。企业家同困难做斗争，是物质的角力，也是精神的对垒。新时代呼唤与时俱进的企业家精神。大力弘扬新时代企业家精神，把企业发展同国家繁荣、民族兴盛、人民幸福紧密结合在一起。

1. 民族复兴深爱祖国

爱国是企业家精神的根本。企业家精神具有丰富的民族特色。民族精神凝聚爱国真情。爱国是中华民族精神的核心。爱国深深根植于中华民族心中，是中华民族的精神基因。中国企业家的精神基因，激励着一代代企业家为祖国发展繁荣而不懈奋斗。民族精神是一个民族赖以长久生存的灵魂。一个民族之所以伟大，根本就在于在任何困难和风险面前都从来不放弃、不退缩、不止步，百折不挠地为民族的前途命运而奋斗。一个民族复兴的背后，一定是民族的自强自立。一个国家崛起的背后，一定是民族的坚韧与奋斗。中华民族是勇于创新、善于创新的民族。中华民族历史上经历过很多磨难，但从来没有被压垮过，而是越挫越勇，不断在磨难中成长、从磨难中奋起，以敢于斗争、敢于胜利的大无畏气概，把民族精神的内涵拓展到新的疆界，成为新时代伟大中国实践的精神体现。任岁月流转，世事变迁，我们的国家，始终屹立于世界东方。虽经风霜，荣光不改，我们正见证中华民族的伟大复兴。唯有精神上达到一定的高度，这个民族才能无论面对怎样的历史洪流始终屹立不倒、奋勇向前。广大企业家是中华民族走向伟大复兴征途中的一支重要力量。中国企业家精神特征的民族性，体现为热爱伟大的祖国。企业在市场经济的大海中航行，在逆风逆水中前进是常态。舵手把舵，水手调帆，只要企业家把热爱祖国贯穿于航行的全过程，带领企业坚定勇往直前，就有足够的勇气和信心战风斗雨，就可以在克服困难中发展壮大，在应对挑战中超越自我，开创高质量发展的新篇章。

2. 敢于冒险不断创新

冒险是企业家精神的天性，创新是企业家精神的灵魂。企业家是冒险事业的探索者、组织者和引领者。企业家创业需要具有强大的冒险精神和创新能力。企业家精神表面是冒险逐利，但若没有创新，这种冒险逐利不可能获得持久的回报。企业家精神的特质是敢于冒险、善于创新。企业家精神的灵魂是创新。创新有风险，但不创新是最大的风险。世界时时在变化，但总有一些不变的东西。对于企业家来说，不变的是企业家精神和情怀，是企业家敢为人先、不怕风险、勇于创新的心态。企业家生于危机，长于危机，成于危机。企业家在危机中不仅能把握今天，也能看到未来；不仅能从不确定因素中找到确定，也能够提前布局做好预期；不仅有创新与守旧之争，还有创新中的传承、嬗变。敢于冒险，不断创新，不仅是企业家精神的重要组成部分，还是企业家精神的核心。首先，企业家是创新发展的探索者。企业家最重要的职能就是创新。创新就是要敢于承担风险。创新发展的道路充满坎坷。企业家只有敢于探索、持续探索，才能找到创新发展的成功路径。苹果公司的乔布斯、英特尔的安迪·格鲁夫、微软的比尔·盖茨、特斯拉的马斯克等，都是具有强烈企业家精神的典型代表。其次，企业家是创新发展的组织者。创新是一项复杂的系统工程。这个过程离不开企业家的组织。创新活动需要统筹和组织创新资源。企业家作为企业的领导者，组织各种力量，推动实施创新活动。最后，企业家是创新发展的引领者。没有风险就没有超越。企业家作为企业创新发展的引领者，需要承担一定风险。谁敢冒风险，谁就可能抢占商业竞争的制高点。有一些企业家存在小富即安、求稳怕冒风险等观念，不愿意对创新投入过多精力，更不愿承担创新失败的责任，造成企业缺乏创新内生动力、追求短期效益，对于长远创新潜力的项目缺少持久的投资热情。企业家要引领企业制定创新战略，应当谋划好企业未来的创新路径，为企业的创新发展引领方向。

3. 吃苦耐劳愿做奉献

奉献是企业家精神的根基。重任在肩，更须砥砺奋进。企业家精神的内涵是奋斗，企业家精神的功效是贡献，企业家精神的形式是敬业。管理大师德鲁克曾经说过，在每一个旷世伟业的背后，总站着一个肩负重任、苦心孤诣的人。企业家成功的背后是苦难，企业活下来是硬道理。企业家只有心存希望，打破常规，大胆探索，主动经风雨、见世面，摸爬滚打，才能在航行的征途中抵挡各种不确定因素，应对一切未知挑战。企业家的梦想不是等来的、喊来的，而是拼出来、干出来的。鲁冠球、刘汉章、张瑞敏、李东生、任正非、刘永好、孙家栋等著名企业家，几十年如一日，坚持奋斗本色，脚踏实地，吃苦耐劳，甘于奉献，充满激情，仔细做好每一件事，永远保持积极心态，一步一步持续完善，一步一步超越自己，一步一步走向未来。

4. 兼容并蓄善于合作

合作是企业家精神的精华。企业家精神的视野是海纳百川，企业家精神的精华是有容乃大。企业家精神要求企业家懂得合作、善于合作。企业家为应对生产经营中的各种问题，需要与方方面面打交道。合作成为企业家不能回避的问题。不会合作或不善于合作，会给企业发展带来很多难以预料的问题。市场竞争不只有你死我活，还有同舟共济携手并进。企业家倡导合作双赢的共享精神。想要对方接到球，先要为对方传好球。合作才能共赢。因相互需要而聚合在一起，因共同利益而彼此信赖，因志同道合而关系牢固。独行快，众行远。独行快，企业家凭借自己的想法，迅速做出决定，就可以去实施，没有牵挂，但没有旁人的支持，事业会很累，很难。众行远，则表达企业家不是单打独斗，是依靠一个团队，兼容并蓄，同心协力，相互支持，相互帮助，不仅路走得远，事业也会更成功。特斯拉 CEO 马斯克是一个传奇人物。他是发明家、企业家和亿万富翁。他曾说过，企业是一群人集合在一起创造产品或服务。不论你要创业或进入企业工作，关键都在于与顶尖人才共事。中国建材集团在发展进程中进行了多次联合重组，对于被重组的民营企业提出的各种要求，只要符合集团未来的发展方向，中国建材集团前董事长宋志平都会非常包容地接受。华为长期以来坚持“才散人聚”的理念，建立了广泛的利益分享机制。任正非董事长只保留 1.4% 的股份，企业都与员工分享。正是这种兼容并蓄善于合作，中国建材集团、华为集团都成为世界著名的 500 强企业。

二、深刻认识新时代弘扬优秀企业家精神的重要性

市场活力来自人，特别是来自企业家，来自企业家精神。激发和保护企业家精神，就要鼓励更多社会主体投身创新创业，加快培养造就国际一流的企业家、具有国际视野的企业家，就要激发企业家精神，发挥企业家才能，增强企业内在活力和创造力，推动企业不断取得更新更好发展。

（一）弘扬优秀企业家精神意义深远

人无精神则不立，企业家无精神则不强。弘扬企业家精神，是加快建设世界一流企业的精神支柱。俗话说，心弱则志衰，志衰则不达。也就是说，人的精神境界高，必然表现为态度乐观、意志坚定、积极进取。人的精神境界低，则表现为内心空虚、不思进取、情绪低迷。企业家以什么理念办企业，以什么方式获取利润，决定企业和投资项目的战略远见，乃至企业的技术水平、管理能力和产品质量。百年企业征途坎坷、千差万别，唯有精神力量永续。

1. 全面建设社会主义现代国家需要弘扬企业家精神

当前，世界百年未有之大变局加速演进，我国正处在实现中华民族伟大复兴的关键时期，全面建成小康社会取得伟大的历史性成就，全面建设社会主义现代国家新征程已经开启。我国企业面临许多难关和挑战，面对我国社会主要矛盾变化带来的新征程新要求，错综复杂的国际环境带来的

新矛盾新挑战，需要大力弘扬企业家精神，把企业发展同国家繁荣、民族兴旺、人民幸福紧密结合，需要企业家带领企业实现质量更好、效益更高、竞争力更强、影响力更大的发展。企业家以其气质、人格、胸怀、目光等，聚集造就卓越的团队，筹划宏伟的目标，创造具有活力的企业，发展成功的事业。无论是新常态下的供给侧结构性改革，还是乡村振兴；无论是从中国制造向中国创造转变，还是企业数字化转型；无论是跨越中等收入陷阱，还是实现中华民族的伟大复兴，归根结底是要靠“发展是硬道理”。企业家精神传承优秀文化的主旋律，为新时代全面建设社会主义现代国家建功立业。

2. 促进国内、国际双循环需要弘扬企业家精神

复杂多变的国内外形势，对我国经济和世界经济都产生了巨大冲击。世界经济不确定性大大增加，很多市场主体特别是企业面临着前所未有的压力和挑战。立足国内大循环，发挥比较优势，协同推进强大国内市场和贸易强国建设，以国内大循环吸引全球资源要素，充分利用国内、国际两个市场两种资源，积极促进内需和外需、进口和出口、引进外资和对外投资协调发展，形成全球资源要素强大吸引力市场，更显出企业家的重要作用。激发市场主体活力，推动企业发挥更大作用，需要弘扬企业家精神。消费升级和数字化转型升级，国内市场成为驱动经济发展的重要动力，市场主体成为推动经济发展的主力。我国企业立足内需市场，以满足国内需求为主，成为企业的重要战略抉择，全球供应链、产业链将发生深层次调整。双循环对我国企业依法经营、合规经营的要求随之提高，需要企业家更加重视能力建设，做到诚信守法的表率等。这些都需要弘扬企业家精神。双循环中打造智慧产品、智慧服务，打通企业生产、销售、服务全流程，使企业由数量扩张和价格竞争转向质量提升与差异化竞争，需要弘扬企业家精神。我国对外开放和践行“一带一路”倡议，实施更大范围、更宽领域、更深层次的全面开放，这对企业家带领企业在更广的市场中谋发展，提出了更高要求，更需要弘扬企业家精神。

3. 加快企业转型升级提质增效需要弘扬企业家精神

提质增效是指企业提高质量增加效率。传统产业转型升级提质增效，是企业家带领企业发展面临的突出问题。中国制造向中国创造转变，中国

速度向中国质量转变，中国产品向中国品牌转变，需要企业家主动担当作为，弘扬企业家精神，增强家国情怀，担当社会责任，为构建新发展格局、推动经济高质量发展做出更大贡献。弘扬企业家精神有助于推进企业高质量发展，推动人工智能等新一代信息技术与制造业融合发展，抓住工业互联网等发展机遇，加快推进优势产业数字化赋能，促进制造业向智能、绿色、高端、服务方向转型升级。深入开展质量提升行动，把质量立企工匠精神作为文化传承下去，使企业产品成为行业高质量发展的标志，需要弘扬企业家精神。不断提高投入产出效率，推动企业理念、目标、制度组织全方位适应高质量发展的要求，需要弘扬企业家精神。

4. 实施创新驱动战略需要弘扬企业家精神

实施创新驱动发展战略，就是要强化自主创新，集中力量在关键核心技术攻关上不断取得新的突破。加强技术开发与集成、装备研制及大规模应用，以技术创新打造产品优势，精心构筑创新平台，集聚人才、技术、市场，整合配置创新资源。近年来，信息技术、制造技术、新材料技术、新能源技术等领域的颠覆性技术不断涌现，由此引发新的产业变革和国际产业分工重大调整，重塑世界竞争格局。我国企业家面临时代变化、科技进步带来的挑战，面临赶超跨越的难得历史机遇。企业家必须弘扬勇于创新的企业家精神，适应发展的需求，提高站位、放眼全局，切实提高自身的能力和水平。企业家必须弘扬敢于创新的企业家精神，带领企业全面增强科技创新能力，加快推进创新驱动，在全球竞争中赢得战略主动。企业家必须弘扬持续创新的企业家精神，加速向数字化、网络化、智能化方向延伸拓展，软件定义、数据驱动、平台支撑服务增值、智能主导的形势，在新产品、新模式、新业态、新产品层出不穷的形势下，把握互联网、人工智能等方面趋势，抢占国际竞争的制高点。

（二）弘扬优秀企业家精神的目的

企业家带领企业战胜各种困难，走向辉煌的未来，就要弘扬企业家精神，不断修炼和提升自己，努力成为新时代构建发展新格局、建设现代化经济体系，推动高质量发展的生力军。企业家作为堪当民族复兴重任的时代新人，必须永葆企业家精神。弘扬优秀企业家精神，激发企业家激情，发挥企业家才能，以打造百年企业。

1. 弘扬企业家精神，唤起企业家做大做强做优企业的激情

企业家精神是企业核心竞争力的重要来源。形成具有企业家精神的企业家群体，对于企业不断适应市场环境变化，做大、做强、做优，提升国际竞争力具有重要作用。百年企业的发展历程表明，企业大是美，企业小也是美，由小变大才是真正的美。企业只有坚持做专、做精、做特、做新，才有可能成为百年老店。企业家无论多么艰难困苦，对未来一定要抱有希望。每一次努力都不会白费。尼采曾说，凡是不能杀死我的，都会令我更强。你越强，能伤害到你的就越弱。我国企业家精神体现在走遍千山万水，说尽千言万语，想尽千方百计，尝遍千辛万苦。这“四千”精神是中华民族优秀企业家的缩影和代表。中国经济是一片大海，而不是一个小池塘。大海有风平浪静时，也有狂风骤雨时。狂风骤雨可以掀翻小池塘，但不能掀翻大海。经历了无数次狂风骤雨，大海依旧在那里。弘扬企业家精神就是要激发企业家做大、做强、做优企业的激情，无论经历多少艰难险阻，都要乘风破浪一往无前。

2. 弘扬企业家精神，增强企业家化解危机的机敏

企业家精神是一种解决问题的能力。真正的企业家生于危机，长于危机，成于危机。企业家在危机中能够把握今天，看到未来；能够从不确定因素中找到办法，并能提前布局做好预期。市场竞争不只有你死我活，还有同舟共济携手并进；不仅有创新与守旧之争，还有创新中传承、嬗变。企业家成功的背后是挑战和危难。面对各种危机，企业家是选择奋起还是沉沦，是要认真思考的问题。若一个人遇到危险，前进一步就是死，后退一步则是亡。聪明的人会选择从旁边走。山不转水转，路不转人转。人生的路选择大于努力。企业家不适应环境时，成功之道就是改变自己。企业家只有打破常规，大胆探索，主动经风雨见世面，摸爬滚打，才能在征途中抵挡各种不确定因素，成功应对各种未知的挑战。

3. 弘扬企业家精神，发挥企业家创新、创业、创造的作用

企业家精神是企业创新、创业、创造的内在动力。考验如火，淬炼真金。发挥企业家作用，就是要发挥企业家在创新、创业、创造等方面的作用。创新、创业、创造就是生产力。企业赖之以强，国家赖之以盛。我国已经成为具有重要影响力的科技大国，科技创新对经济社会发展的支撑和引领

作用日益增强。创新、创业、创造就是提升生产力。我国发展面临重大科技瓶颈，关键核心技术受制于人的格局没有从根本上改变。企业实现高质量发展，必须依靠创新驱动的内涵增长，走创新驱动发展之路，大力提升自主创新能力，突破关键核心技术，把发展和竞争的主动权掌握在自己手中。企业家抓创新、创业、创造就是抓发展，就是谋未来。弘扬企业家精神，发挥企业家在创新、创业、创造方面的作用，推动企业不断取得更新、更好发展。

三、大力弘扬和保护新时代优秀企业家精神

当今世界百年未有之大变局加速演进，国际规则面临重构，不确定、不稳定因素明显增多。中华民族伟大复兴进入关键时期。中华民族从来没有被压垮过，而是愈挫愈勇，不断在磨难中成长，从磨难中奋起。企业面临的风险和困难增多，但机遇与挑战并存。企业家精神是企业家所具有的组织生产要素用于生产产品、寻求商机，以及开展新的商业模式的特殊才能。大力弘扬和保护企业家精神，我国就一定能战胜各种艰难险阻，取得新的辉煌。

（一）深刻认识优秀企业家精神的内涵，更好地弘扬企业家精神

企业家是国家的宝贵财富，是推动经济发展的生力军。企业家精神是促进企业发展的宝贵财富和巨大动力。培育世界一流企业必须建设一流企业家队伍，大力弘扬优秀企业家精神。

1. 弘扬心系祖国的爱国精神

爱国精神是企业家终身的情怀。爱国情怀是我国优秀企业家的光荣传统，是企业家应有的价值追求，是企业家精神永恒不变的鲜明底色。爱国是每一位公民应尽的义务和责任。企业营销无国界，但企业家有祖国。优秀企业家把企业发展同国家繁荣、民族兴盛、人民幸福紧密结合在一起。国家好、民族好，企业才会好，企业家才会好。爱国是我们民族精神的核心，是中国人民和中华民族同心同德、自强不息的精神纽带。在抗美援朝战争中，中国人民在爱国主义旗帜感召下，同仇敌忾、同心协力，让世界见证了蕴含在中国人民之中的磅礴力量。在革命、建设、改革开放各个历史时期，我国涌现出陈嘉庚、荣毅仁、王光英、张瑞敏、刘汉章、鲁冠球

等一大批爱国企业家。他们都是爱国企业家的典范。无论树的影子有多长，根永远扎在土里。我国企业家无论身在何处，都把祖国放在心里。爱国精神是激励企业家奋勇前进的强大精神动力，是企业家精神的基础。华为制定的《华为基本法》第四条规定：爱祖国、爱人民、爱事业和爱生活是我们凝聚力的源泉。华为之所以成为现在的华为，重要原因是著名企业家、华为的创始人任正非爱祖国、爱人民、爱事业、爱生活。企业家要心系祖国，热爱自己的国家。爱国不能停留在口头上，而要把自己的理想同祖国的前途、民族的命运紧密联系在一起。市场竞争跨国界，企业家心中有祖国。优秀企业家必须听党话跟党走，做爱国敬业的典范，主动服务国家重大战略，落实国家重大部署，落实国家发展规划，落实国家改革方案。以对国家、民族怀有崇高使命感和责任感，把企业发展同国家繁荣、民族复兴、人民幸福紧密融合在一起，带领企业为民族复兴、人民幸福奋力拼搏，主动为国担当、为国分忧，深爱自己脚下的土地，做爱国敬业的典范。我国经济取得历史性成就，是一代又一代矢志报国的企业家前赴后继、不懈奋斗的结果。爱国从来不是空洞的口号，而是脚踏实地的行动。我国企业家要厚植爱国情怀，秉承国家利益和人民利益至上，继承和发扬企业家胸怀祖国、服务人民的优秀品质，弘扬优秀企业家精神，主动肩负起历史重任，把企业发展同国家繁荣、民族兴盛、人民幸福紧密结合在一起，带领企业奋力拼搏，主动为国担当、为国分忧。在当前新冠肺炎疫情冲击持续、世界经济下行、逆全球思潮等各种风险挑战，我国企业家更要增强爱国情怀，大力弘扬爱国精神，厚植对国家、对民族怀着崇高的使命感和责任感，将企业发展融入实现中华民族伟大复兴中国梦的实践中来，带领企业奋力拼搏，追求卓越，为社会积累财富、创造就业岗位、促进经济社会发展，把企业发展同国家繁荣、民族振兴、人民幸福紧密结合在一起，将企业发展融入实现中华民族伟大复兴中国梦的实践中来，实现质量更好、效益更高、竞争力更强、影响力更大，办成一流企业，为国家经济建设贡献力量。

2. 弘扬勇于开拓的创新精神

创新是企业家精神的灵魂。企业家精神的本质是创新，创新源于实践。新时代中国企业家精神核心是创新精神。企业家是推动企业创业、创新、创造发展的关键因素。人类发展的历史就是不断创业、创新、创造的历史。

创业、创新、创造推进了人类社会文明不断升华。弘扬企业家创新精神，着力创新驱动，是企业在激烈的市场竞争中生存发展的关键。首先，企业家创新精神是企业发展的精神力量。创新精神是决定着一个国家、民族、企业发展的精神力量。创新包括创新意识、创新兴趣、创新胆量、创新决心，以及相关的创新思维。创新是唤醒、激励和发挥企业家潜能的最重要的精神。只有树立创新精神，才能顺应新时代发展潮流，才能应对复杂多变的社会环境，才能自觉用新思维、新视角、新方法观察、分析新情况，正确认识和解决企业遇到的新问题，成就企业发展的事业，实现企业家的人生追求。创新是最好的担当，也是最大的作为。企业家只有争当创新发展、创业实干的排头兵，才能在可持续发展的轨道上稳步前行。创新是对未知领域的探索活动，是引领企业发展的第一动力。创新是企业家精神的核心，是企业核心竞争力的重要源泉。企业家的创新能力直接决定着企业的创新能力。创新活动充满了各种风险。企业之间的竞争，很大程度上是企业家创新力的竞争。弘扬企业家创新精神，就是企业家要敢为天下先，做创新发展的探索者、组织者、引领者。其次，企业家创新精神包含了企业家的艰辛。创新是增强企业核心竞争力的源泉，也是永葆生机和活力的根本途径。企业家的创新道路，事业坎坷，步履艰难。吃得苦中苦，方为人上人。宝剑锋从磨砺出，梅花香自苦寒来。成功从来都不是一蹴而就的，百年企业在历史上经历过很多磨难，但从未被压垮过，而是愈挫愈勇，不断在磨难中成长，从磨难中奋起。行百里者半九十。越是在吃劲的时候，越是要有一鼓作气的决心，越是要有攻关克难的毅力。企业家以坚定的信心、顽强的意志，持续作战、英勇奋斗，以夜以继日、不辞辛苦、默默付出，展现了不怕牺牲、勇于担当、顾全大局、敢于奉献的企业家精神。企业家要弘扬创业精神，凭着自强不息、顽强拼搏、锲而不舍的精神，发扬锐意进取、百折不挠的优良传统，遇到困难不退缩，咬定青山不放松，把企业做优、做实，一步一个脚印，一步一个台阶，积小胜为大胜，带领企业成长进步、发展壮大，弘扬企业家艰苦奋斗的创新精神。市场竞争狭路相逢勇者胜，越是艰险越向前。从创新设想到取得商业上的成功，企业家需要跨越许多困难和障碍。创新是一种变革，是否认自我、超越自我、追求先进的勇气。企业家要勇于创新，深刻理解把握时代潮流和国家需要，敢为人先，敢于突破，把开拓进取的创新成果贡献给社会和国家。最后，企业家创新精神是要破除对传统经营模式的依赖。创新就是重视技术研发和人力资本投入，调动员工创造力和创新力的积极性。组织开发先进适用技术、工艺和设备，研制适销对路的新产品，提升产品的质量和竞争力；努力降低成本，利用互联网技术进行商业模式创新，落实鼓励企业创新的相关政策，完善创新收益的分享机制。企业家创造就是要激活创新力，撬动新动能。要完善激励约束机制，鼓励具有创新能力的人才脱颖而出。企业家要建立容错机制，失败是成功之母，没有失败就难以实现最后的成功。企业家创新就要敢于承担风险，敢为天下先是战胜风险挑战、实现高质量发展的宝贵品质。企业家要勇于推动生产组织创新、技术创新、管理创新、市场创新、机制创新，勇于推动生产组织创新、技术创新、市场创新，重视技术开发和人力资本投入，有效调动员工创造力，把企业打造成为最强大的创新主体，为实现创新驱动和高质量发展做出贡献。

3. 弘扬信守承诺的诚信精神

诚信是企业家精神的基础。诚信精神是企业家的立身之本。诚信是商业文明的基本法则，是企业成功的金科玉律。诚实守信是企业家的原则底线，也是企业家精神的常态。诚信是市场经济的重要基石。无论在什么情况下，诚信是构成企业立足社会、回报社会的无形资产，也是企业长足发展、赢得口碑的最好招牌。一是企业家行稳致远，必须强化诚信意识。企业家必须坚持诚信经营，杜绝弄虚作假。弄虚作假可能会带来一时的利益，但绝不是追求基业长青企业的选择。优秀的企业家必须是诚信守法的表率，清清白白做人，干干净净做事。企业家要诚实守信，有契约精神、守约观念，具有良好的职业道德和个人品行。二是企业家带领企业改革发展创新，必须增强规则意识。企业家要大力弘扬诚信精神，把诚信守法经营作为安身立命之本，牢记道德底线不可触碰、法律红线不可逾越，强化合规经营意识，提升诚信经营水平，不贬低同行、不贬低对手、不辜负信任，以诚信赢得口碑、打造自我、实现发展，通过提供优质的产品和服务，赢得客户的信任，为社会做出贡献。三是企业家同方方面面打交道，必须具有契约意识。契约是主体之间达成的合意，具有自由、平等、诚实、守信的内涵。契约精神是企业家主动、善意地遵守约定和规则，尊重他人合法权益和公共利益的思想理念。企业家要想调动人、财、物等各种资源，没有契约意识寸步难行。激发市场活力，需要弘扬企业家信守承诺的诚信精神，增强诚信意识、规则意识和契约意识。四是建立健全社会诚信监管体系，必须加强规制。市场经济也是信用经济。完善社会信用法规体系，着力解决企业、个人信用缺失问题。加快整合分散在工商执法、金融机构、安全环保等领域的企业和企业家信息，健全资源共享的征信体系，严惩企业失信行为，弘扬企业诚信经营、合法经营精神。加快企业信用监管步伐，加强信用制度建设，建立健全失信约束惩罚机制，引导企业增强信用意识。建立健全全国统一的社会信用代码制度和信用信息共享交换平台，推进企业信用信息公示全国一张网建设，依法保护企业和企业家个人信息安全。

4. 弘扬严于律己的守法精神

守法精神是企业家的底线。社会主义市场经济本质上是法治经济。守法经营是企业家安身立命之本，也是企业家长远发展之道。企业家只有守法，企业和企业家才能得到法律保护。企业家要具有法治意识，讲正气、走正道、树新风，牢固树立法治思维，牢记法律红线不可越、法律底线不可触碰，自觉学法、懂法、知法、守法，通过法治方式推动企业改革发展，自觉遵守法律法规，严格遵守廉洁自律准则，带头遵循市场规则和行为规范，做到聚精会神办企业，遵纪守法搞经营，做到依法经营、依法治企、依法维权，在合法合规中提高企业竞争力。企业家要积极践行亲清新型政商关系，既要讲真话、说实情、建净言，又要践行法治理念，做守法经营的典范，切实强化责任担当，练好内功，守法规、讲诚信，树立良好的企业家形象。

5. 弘扬精益求精的工匠精神

工匠精神是执着于呈现精品，专注于卓越才能展现的精神。大国崛起，匠心筑梦。建设知识型、技能型、创新型劳动者大军，弘扬劳模精神工匠精神和企业家精神，营造劳动光荣的社会风尚和精益求精的敬业风气，尤为重要。我国自古以来就有尊崇和弘扬工匠精神的优良传统。执着专注、精益求精、一丝不苟、追求卓越的工匠精神，既是中华民族工匠技艺时代传承的价值理念，也是激励广大劳动者走技能成才、技能报国之路，立志成为高技能人才和大国工匠的时代需要。全社会正在兴起弘扬工匠精神、厚植工匠文化、恪守职业道德、崇尚精益求精的社会风尚。精益求精是工匠精神的灵魂所在。工匠精神是企业家的追求。它对技术提出了苛刻的需求，需要不断提升技艺、产品、质量。这需要企业家踏实行动，做任何事情都不能浮躁，踏踏实实，兢兢业业地把一件件事情做好。工匠精神不以投机的心态，不以浮躁的心态，不以时髦的心态去经营企业。技能强则企业强。工匠精神既反映了企业家对先进技术技能、良好职业操守的追求，也反映了高技能人才、工匠人才具有的精湛技术、高超能力、过人本领，体现出鲜明的先进性。企业高质量发展需要能工巧匠的高超技艺，需要弘扬企业家精益求精的工匠精神。匠心聚，百业兴。当今世界，综合国力的竞争归根到底是人才的竞争、劳动者素质的竞争。面对日趋激烈的市场竞争，企业家在岗位上创造精品和佳绩，展现价值和作为，不仅收获幸福和快乐，而且带动企业健康快速发展。

6. 弘扬敢为人先的担当精神

敢于担当是企业家社会责任的集中体现。敢于担当的企业家胸怀崇高的使命感与强烈责任感，带领企业为社会创造财富。企业家面对复杂局面和困难问题，就要敢为人先，敢闯敢试，敢涉险滩、敢闯难关、直面挑战，开辟新路。我们常说，性格决定命运。从某种意义上说，企业家的性格决定企业的历史。企业家敢闯敢干，就值得尊敬和推崇。企业家在复杂多变的市场环境中，需要正视现实，调整好心态。船到中流浪更急，人到半山路更陡。企业家以永不言败的精神，迎难而上，恒心办恒业，勇当主角，勇挑重担，贡献自己的智慧和力量。企业家精神是企业成长的原动力，是最为稀缺的资源和最根本的竞争力。企业的管理创新、产品创新、服务创新、技术创新，都需要企业家的胆识、魄力与担当，发扬敢为人先、爱拼才会赢的企业家精神，都需要弘扬企业家敢为人先的担当精神。马克思曾经说过，如果斗争在极顺利就能成功的条件下才着手进行，那么创造世界历史未免就太容易了。新时代打造我国的百年企业，唯其艰难，才更显勇毅；唯其笃行，才弥足珍贵；拥有担当，才能勇往直前。我国企业遇到的挑战与机遇同在，面临的困难与希望并存。企业只有正确看待危与机，主动应对挑战，善于抓住机遇，深化改革，锐意进取，化危为机，敢于担当，才能把实体经济做实做优，战胜挑战就是机遇，克服困难就能再上新台阶。

7. 弘扬履行社会责任的奉献精神

企业是社会的企业。社会是企业家施展才华的舞台。这就要求企业既承担经济责任、法律责任，也承担社会责任。衡量企业家自身价值的大小，不仅在于拥有财富的多少，更在于对国家、对社会贡献的大小；对股东要有更多回报，对国家要交更多税收，对员工要付更多薪酬。积极承担社会责任，是企业推动创新和塑造优势的重要途径。增强企业家履行社会责任的荣誉感和使命感，坚持义利兼顾、以义为先，积极回馈事业。热心慈善公益的企业，可以树立良好的公众形象；对消费者负责任的企业，可以赢得顾客和市场；诚信的企业，可以得到投资者、消费者的支持。企业社会价值决定企业的生存发展。只有富有爱心的财富才是真正有意义的财富；只有真诚回报社会，切实履行社会责任的企业家，才能真正得到社会认可；只有知道积极承担社会责任的企业才是最具竞争力和生命力的企业；只有义利兼顾才能义利兼得，只有义利平衡才能义利共赢。企业家要把企业发展同国家繁荣、民族兴盛、人民幸福紧密结合在一起，主动为国担当、为国分忧，自觉履行社会责任。很多民营企业家踊跃参与光彩事业、公益慈善事业，使广大群众共享改革发展成果，努力塑造新时代民营企业家富而有德、富而有爱、富而有责的良好形象。国有企业是肩负着国家意志和国家利益的经济活动主体，履行社会责任更是国有企业的责任担当。国有企业家要植入以国家兴旺为己任的情怀与志向，主动为国担当、为国分忧，为中国经济塑造更为强大的内核，满足人民对美好生活的向往。国有企业家和民营企业家都应当积极投身国家重大发展战略，参与“一带一路”建设、京津冀协同发展、港珠澳建设、长江经济带发展、乡村振兴战略等，创造更多的经济效益和社会效益，为解决发展不平衡、不充分问题贡献智慧和力量，切实做到有责任、敢担当、受人尊敬的企业家。企业家要增强履行社会责任意识，立足企业实际，将企业发展与履行社会责任相结合，热心公益、奉献社会，做有责任的企业；乐善好施，回馈社会；稳定就业岗位，关心员工健康，积极扶贫帮困助教。近些年来，越来越多的企业家在发展创新、创造就业机会、促进地方经济发展的同时，积极承担更多的社会责任。在突如其来的新冠肺炎疫情面前，广大企业家积极作为，主动担当，在物资捐赠、复工复产、稳定就业等方面做出重要贡献，充分体现了责任感和使命感。企业家履行社会责任，创造社会价值，为构建人类命运共同体不懈努力，带领企业聚力前行，需要弘扬企业家履行社会责任的奉献精神。企业家只有积极履行社会责任，真正得到社会认可，才是符合时代要求的企业家。

8. 弘扬拓展国际视野的开放精神

国际视野要求企业具有国际化意识和胸怀，以及国际化一流的知识结构和人才。视野决定胸怀，胸怀成就事业。企业家要有大视野、大格局，不断提升利用国内、国际两个市场、两种资源的能力，用全面、辩证、长远的眼光看待困难、风险、挑战，增强发展信心。全球视野是企业家必须弘扬的企业家精神。一是企业家的视野决定了企业发展的格局。新时代企业家，不仅需要敏锐的市场意识，而且需要有大视野、大胸怀、大气魄、大格局，立足中国，放眼世界。立足中国是根本，放眼世界是气魄。企业家的国际视野，就是胸怀祖国，提升关键领域核心技术装备新优势；放眼全球，致力于打造国际化的品牌和影响力。企业家的国际视野，能够洞察世界政治经济形势变化对企业发展的重点影响。企业家有多大的视野，就有多大的胸怀。二是企业家不断拓展企业国际合作的广度和深度。企业家带领企业深度融入国际体系，洞察产业趋势，善于接纳新事物，才能深度融入国际体系，深度参与全球产业链价值链重塑。改革开放以来，我国企业家在国际市场上锻炼成长，利用国内国际两个市场、两种资源的能力不断提升。我国“走出去”步伐加快，更广更深参与国际市场开拓，产生出越来越多世界级企业。近几年，经济全球化遭遇逆流，经贸摩擦加剧。一些企业基于要素成本和贸易环境等方面的考虑，调整了产业布局和全球资源配置。中国是全球最有潜力的大市场，具有完备的产业配套条件。三是企业家立足祖国根基放眼世界扩展。企业家提高把握国际市场动向和需求特点的能力，提高把握国际规则能力，提高国际市场开拓能力和防范国际市场风险能力，带领企业以更加自信自强的面貌和更加积极的姿态“走出去”在广阔的国际市场经风雨、见世面，抓捕新信息、新机遇，在更高水平的对外开放中实现更好发展。企业家努力开拓国际市场，积极把握国内市场，研判市场需求特点，需要弘扬企业家拓展国际视野的开放精神。企业家带领企业在更高水平对外开放中实现更好发展，不断提高国际市场风险防范能力，适应国家规则，瞄准国际标准提高生产和服务水平，带领企业为促进我国产业迈向全球价值链中高端做出更大贡献。

（二）加强法治社会建设，切实保护企业家精神

企业家精神是一个社会宝贵的精神财富。一个国家经济和科技的强大，需要一大批企业家。社会各个方面都应当爱护企业家、尊敬企业家、保护企业家，大力弘扬优秀企业家精神。

1. 立法机关要弘扬企业家精神，保障企业家合法权益

市场经济是法治经济。保障企业家的合法权益，必须以健全完备的法律规范体系为基础，用透明的法治环境稳定预期，以确保企业在法治轨道上健康发展。一是明确企业家的法律地位。明确什么是职业经理人，什么是企业家，二者的联系和区别。保障企业家的合法权益，应当首先明确企业家的概念和范围，明确企业家的权利、义务和责任，为保护企业家合法权益提供法律依据。二是鼓励企业家“敢为天下先”的精神。企业家精神是指被企业家群体和社会普遍认同，由企业家践行的价值取向和精神特质。市场活力来自人，特别是来自企业家，来自企业家精神。法律法规应当充分尊重并发挥企业家在市场经济活动中的积极作用，大力弘扬企业家精神，如敬业精神，创新精神，契约精神，诚信精神，担当精神、责任精神、团队精神、奉献精神、民族精神等，为企业家进一步松绑，减少微观干预，更多激励企业家发挥作用，让企业家成为市场经济活动的参与者、决策者，成为推动经济与社会发展的重要力量。三是保护企业家财产权、人身权等。四是立法中应当积极听取企业家在完善法律制度方面的意见。法律是治国之重器，良法是善治之前提。完善的法律体系，不仅靠立法者或专家学者，还要依靠群众的智慧，集思广益，充分商讨，广泛吸取企业家的意见，才能提高立法质量和立法效率。完善企业家激励约束机制，既要规范企业法人治理结构，加强企业家内部激励和约束，也要发挥市场、法律作用，加强对企业家的外部激励和约束。

2. 司法机关要弘扬企业家精神，维护企业家合法权益

弘扬企业家精神，财产和人身安全是基本保障。一些民营企业在发展过程中，遇到了政策落实不到位等问题，在平等保护产权、平等参与市场竞争、平等使用生产要素等方面还有差距。深化司法体制综合配套改革，

完善审批制度，加强对司法活动监督，促进司法公正，维护企业家的合法权益。《法治社会建设实施纲要（2020—2025年）》明确规定，加强检察机关对民事、行政、刑事诉讼活动的法律监督，维护司法公正。检察机关在受理民事诉讼的时候，更要主动作为，运用宪法赋予的法律监督权，推动各项政策落地、落细、落实，让企业家从政策中增强获得感，切实维护企业家的合法权益。

3. 行政机关要弘扬企业家精神，保护企业家合法权益

行政执法是行政机关的基本职能。行政机关是实施法律法规的重要主体。近些年来，行政机关依法行政的状况有了很大改善，但仍需持续改善。正人先正己。因此，需持续深化行政执法体制改革，着力规范职责配置和执法行为，强化权力监督和责任追究，促进规范公正文明执法，严格规范涉企行政行为，依法保障企业经营自主权和企业家的合法权益。

第五章 新时代打造我国百年企业任重道远

当今世界正处于百年未有之大变局，我国正处在实现中华民族伟大复兴的关键时期。求和平、谋发展是不可阻挡的时代潮流，经济全球化是社会生产力发展的客观要求和科技进步的必然结果。但同时，全球经济复苏乏力，贸易保护主义和单边主义抬头，地缘政治风险加大等因素，又使经济全球化进程受到挑战。进入新发展阶段，我国经济已由高速增长阶段转向高质量发展阶段，产业结构由中低端迈向中高端，新经济、新业态、新模式方兴未艾，战略性新兴产业、新兴服务业等保持快速增长势头，经济发展充满活力。我国企业要不断适应国内外新形势，在危机中育新机，于变局中开新局，抓住发展新机遇，迎接新挑战，勇担新任务，实现新跨越，谱写新时代的新篇章。

第一节 新时代我国企业难得的新机遇

放眼全球，世界正经历百年未有之大变局，和平与发展仍然是时代主题，同时国际环境日趋复杂，不稳定不确定性明显增强。我国已进入高质量发展阶段，发展具有多方面优势和条件，同时发展不平衡、不充分的问题仍然突出。彩虹和风雨共生，机遇与挑战并存，这是亘古不变的辩证法则。企业机遇难逢，稍纵即逝，唯有抓住、用好，才能不负时代的馈赠、历史的青睐。每个企业都会有不同程度面临危机求机遇，化危机为机遇的问题。挑战和机遇可以在一定条件下相互转换，关键是要发挥主观能动性。面对新形势、新问题，变压力为动力，化危为机，是重要的战略思想。我国企业要顺时谋势，珍惜机遇，不负时代，把握历史性窗口，不畏浮云遮望眼，准确识变、科学应变、主动求变，捕捉新的机遇。企业要准确把握客观存在的战略机遇期，做好战略谋划，顺势而为，乘胜而上。

一、新竞争格局变化给我国企业带来的机遇

改革开放40多年来，我国已经成为生产大国、消费大国、创新大国、技术大国和工程大国。虽然我国的劳动力成本上升，但仍具有市场优势和产业优势。企业作为发展生产力、实现民族复兴的重要力量，肩负着深化改革、实现高质量发展等一系列时代新任务。机遇和成功总是垂青于有准备的奋斗者和拼搏者。企业抓住机遇，将凝聚的共识转化为埋头苦干、狠抓落实的行动，就能在大变局中保持定力，在新征程中瞄准航向，不断开创新的局面。

（一）全球经济贸易竞争新格局和地缘政治风险给中国企业带来的机遇

历史潮流滚滚向前。综观当今世界格局发展变化，全人类面临的共同挑战不断增多。气候变化直接威胁人类生存环境，贸易保护主义抬头损害各国人民福祉，疫病突袭危机全人类的健康与生命。这些挑战关系全人类的生存与发展。历史从不等待一切犹豫者、观望者、携带者、软弱者。只有与历史同步伐，与时代共命运的企业，才能赢得光明的未来。全球化的根本目标是全人类的共同发展，是各国共同分享人类进步的成果。合作共赢、携手应对挑战是新时代的唯一选择。我国加入WTO的20年来，经济总量从世界第六位上升到第二位，货物贸易从世界第六位上升到第一位，服务贸易从世界第十一位上升到第二位，利用外资稳居发展中国家首位。我国持续推进扩大改革开放，给我国企业带来了参与全球竞争新格局的新机遇。

1. 中美贸易摩擦与逆全球化阻碍国际贸易增长，促使我国企业逆势而上

贸易是推动全球经济增长的发动机。世界经济陷入深度衰退，经济全球化遭遇逆流，产业链、供应链受阻，大宗商品市场剧烈波动，国际贸易投资大幅萎缩，大国之间战略博弈加剧。世界百年变局和世纪疫情交织，单边主义、保护主义抬头，经济全球化遭遇逆流。有关资料反映，10年来“世

界开放指数”不断下滑，全球开放共识弱化。据估计，在过去 20 多年来，全球贸易总量每增长 2 个百分点，都能带来约 1 个百分点的全球经济产出增长。贸易摩擦的频发，严重阻碍了全球贸易的持续增长，这将对全球经济增长产生严重的不利影响。自特朗普执政以来，在美国与多国之间都发生了程度不一的贸易摩擦，其中，美国和中国之间的贸易摩擦最为突出。美国不断提高对我国输美商品的关税征收标准，给我国发展带来严重挑战。美国和中国的贸易摩擦已经持续几年时间，一波三折，给我国发展带来重大风险挑战。美国国内政治错综复杂。针对这种形势，我国有关部门支持企业多元化开拓国际市场，精准帮扶受影响企业，着力稳定市场预期，维护国内产业链完整性。贸易冲突是对全球经济前景的“主要威胁”。摩根大通强调，全球范围内的贸易冲突将减少贸易量、中断全球供应量，并打击企业和消费者信心；若美国将所有进口商品关税提高 10 个百分点，而其他国家不实施报复，全球 GDP 增速 1~2 年间将下滑约 0.2 个百分点；若美国对所有进口商品关税提高 10 个百分点，同时遭美国关税打击的国家也将美国商品关税提高 10 个百分点，未来 1~2 年全球 GDP 增长将下降约 0.4 个百分点；若全球各国均整体将关税提高 10 个百分点，全球贸易战将全面爆发，这将导致未来两年全球 GDP 增长至少下降 1.4 个百分点。美国报复性的加收关税措施，不仅没有起到打压中国的作用，反而对美国的消费者带来极大的伤害。近期，美国有关人士已表示，应取消报复性关税。对此，给我国企业带来新的机遇，促使我国企业开拓多元化国际市场，稳定国际市场份额，加快过境电商等新业态发展，提升国际货运能力，发展更高水平面向世界的大市场。

2. 中欧合作远大于竞争且共识远大于分歧，促使我国企业拓展市场空间

当今世界正面临多边与单边、开放与封闭、合作与对抗的重要选择。中欧双方务实合作不是可选项，而是必选项。尽管在一些具体事件上有分歧，但中欧双方务实合作的大局未受到根本冲击。中欧双方在坚持多变主义、促进开放、合作对话等方面有诸多共同语言，拥有广泛的共识。近些年来，虽然经济全球化遭遇干扰，但中国市场对外资企业依然具有很强的吸引力，各国分工合作、互利互惠是长期趋势。中国同欧盟交往密切、相

互尊重、求同存异、和而不同，合作领域大幅增加，涵盖政治、经济、金融、科学、教育和文化等方面，以应对种种全球性挑战。2020年9月14日，中欧正式签署《中华人民共和国政府与欧洲联盟地理标志保护与合作协定》（简称《中欧地理标志保护与合作协定》），确认加快中欧投资协定谈判，决定打造中欧绿色伙伴、数字合作伙伴关系，体现为中欧之间大规模互认对方地理标志。中欧双方各275个地理标志产品将获得对方高水平保护。这些重要共识的取得，体现了双方的政治互信在不断深化，中欧间务实合作在不断推进。2020年12月30日，中欧领导人共同宣布如期完成中欧投资协定谈判。这将有力稳固全球两大经济体的经贸投资合作。中欧双方的技术优势具有互补性，双方投资合作潜力巨大。根据该协定，欧盟企业将获准进入中国电动车、电信服务等市场，中方对汽车行业、金融服务、私立医院、广告、房地产等领域的合资要求也会降低。巴斯夫、宝马、大众、戴姆勒、标致、西门子等在中国有大量业务的欧盟企业都将从中受益。众多的欧洲公司，会持续扩大在华投资。中国充分尊重欧盟的发展道路，中欧没有根本利害冲突，相互了解程度日益加深，在和平解决全球冲突、缓解气候变化、可持续发展、粮食和能源安全等方面，双方都有明显的共同利益。中欧双方加强宏观经济政策协调，共同维护中欧和全球产业链供应链稳定。在新冠肺炎疫情防控过程中，中欧在防疫物资支援等方面给予了彼此很大支持。在推动经济复苏过程中，双方开通“快捷通道”，有效维护了国际产业链、供应链稳定。中欧班列开行以来，有力促进了中欧贸易畅通，为世界经济复苏提供了动力。中欧班列是共建“一带一路”的旗舰项目和明星品牌，是亚欧各国深化务实合作的重要载体。为推动中欧班列高质量发展，国家安排专项资金，支持区位条件优越、设施基础良好、运营规范有潜力的中欧班列枢纽节点城市，开展中欧班列集结中心示范工程建设，促进中欧班列开行由“点对点”向“枢纽对枢纽”转变，加快形成“干支结合、枢纽集散”的高效集疏运体系。中欧班列运输成本相比空运节省1/3，运输时间比海运节省一半以上。开拓更多业务模式对接中欧班列，开展跨境电商出口，不同企业、不同运输方式、不同物流渠道的零售出口业务对接，助力我国企业产品拓展欧盟市场。中国国家铁路集团针对中欧班列大幅增长带来的作业量上升的情况，协调口岸监管部门增加人员力量，创新交接作业方式，加强运输组织实时盯控，确保口岸站安全通畅。中欧关系稳步向前发展，有利于中国，有利于欧洲，也有利于整个世界。我国企业要为推动中欧关系向前发展贡献力量，并不断拓展市场空间。2021 年 9 月 14 日《中欧地理标志保护与合作协定》迎来一周年，为中欧人民追求美好生活提供了更多的选项。中欧发展的关系，符合双方的利益，从中感受到中欧企业强有力、真诚的关系，增添了更多的亮色。中欧合作远大于竞争且共识远大于分歧，为我国企业拓展欧洲市场带来广阔的空间。

3. 中非经贸合作硕果累累，促使我国企业向更高、更远、更广迈进

2021 年是中非合作论坛成立 21 年。21 年来，中非政治互信持续深化、务实合作硕果累累、人文交流空前活跃、相互支持越加坚定。经济结构优势互补，为中非经贸合作提供强大动力。中国处于工业化的中期，非洲大部分国家处于工业化初期。发展阶段相互衔接的特点和对发展目标的共同追求，使得中非经贸合作具有坚定的基础和广阔的发展空间。非洲国家在基础设施建设、公共卫生、数字经济等方面迫切希望发展。中非经贸合作带来更多新机遇。中国企业依托境外合作园区，与非洲开展产业链供应链合作，加快打造制造业、农业、医药卫生等产业集群，推动清洁能源、数字经济、5G 等新兴领域合作取得新进展。共建“一带一路”，为中非经贸合作开辟广阔的空间。中国已和 40 多个非洲国家，以及非洲联盟委员会签署了“一带一路”合作协议。蒙内铁路、苏伊士经贸合作区、非洲疾控中心总部项目等一批项目，对推动非洲国家经济社会发展发挥了重要作用。非盟已制定了《2063 年议程》，非洲自贸区建设已经启动。在此背景下，“一带一路”倡议与非盟、非洲国家的发展战略及非洲一体化进程有效对接，将充分释放非洲国家的发展潜能。中国作为最大的发展中国家，非洲作为发展中国家中最集中的大陆，双方有携手维护全球自由贸易和多边体制的历史责任。中非贸易合作必将前程似锦，这也为我国企业在中非经贸合作中向更高、更远、更广迈进，提供了良好的机遇。

4. 地缘政治风险持续恶化，促使我国企业危中求生

环顾世界，经济全球化遭遇逆流、单边主义、保护主义抬头，国际贸易和投资大幅萎缩，地缘政治风险上升。地缘政治风险呈现复杂多变，地缘政治动荡不定并与地缘经济之间相互交织、相互影响的程度在日益深化，

企业对地缘政治风险需尽早防范。大国的地缘竞争加剧，国家内部冲突的蔓延，以及由此而产生的叠加和放大效应，一方面增加了全球安全的不稳定因素，另一方面也显著影响了人们对世界经济复苏的信心，并将不可避免地阻碍经济全球化和地区融合的深入发展。近几年影响全球经济增长的主要地缘政治风险，可能来自南美的委内瑞拉和中东的伊朗。无论是委内瑞拉，还是伊朗，其背后都是美国与俄罗斯之间的较量。只是在具体表现形式上，委内瑞拉表现为反对派与现任政府之间的冲突，而伊朗则表现为特朗普对伊核协议的不满。美俄两国在委内瑞拉、伊朗的较量，也将给全球经济增长蒙上阴影。这些影响将主要表现在如下几个方面：一是影响石油供应，推高石油进口国用油成本。中国是高度依赖原油进口的全球最大石油进口国，石油价格的波动，显著影响我国石油石化产业链上企业的运营成本，进而提高我国生产资料与消费品价格，提高通胀水平，影响经济持续增长前景。二是影响国际贸易安全，阻碍全球国际贸易发展。一方面对出口加工型企业、原材料高度依赖进口型企业的发展产生不利影响，另一方面对进口国的消费需求实现产生不利影响。三是降低全球经济增长预期，影响投资者信心。基于对地缘政治风险及其风险扩散的深刻担忧，市场对全球经济增长前景的预期将随之降低，国际投资者将变得更为谨慎，跨国投资流量可能会有所下降，甚至国内投资活动也会受到影响。世界地缘政治风险持续恶化全球经济增长环境，致使国际油价波动、美元货币动荡等不确定因素，促使我国企业需把握自己的命运。同时，地缘政治风险持续恶化，影响全球经济增长环境，也为我国企业化解危机，加快发展提供机遇。

（二）现代产业体系与中国供应链深度融合给我国企业带来的机遇

现代产业体系是指各产业协调融合发展的产业形态及网络体系。其主要特征是，产业网络化融合发展，产业链分工和集聚是现代经济的基本特征。我国企业是全球产业链的重要一环。在发达国家推动制造业回流、贸易保护主义等一系列冲击下，全球供应链呈现区域化、多元化、本地化的趋势。我国企业产业链与全球供应产业链深度融合，体现出我国企业是全球生产网络的重要环节，是诸多制造业全球供应链的中心，是众多商品最大的全球消费市场。我国积极维护全球产业链安全和稳定，在全球产业链供应链的优势地位难以被替代，这给我国企业带来发展机遇。

1. 我国企业逐渐成为全球产业链供应链重要环节

企业强产业才能强。推动产业链供应链现代化，优质企业的作用至关重要。中国经济是一片大海，世界经济也是一片更大的海。世界大海大洋都是相通的，任何人企图人为阻碍世界大海大洋相通，只能是一种不自量力的幻想。在一个完整的产业链和供应链中，无论是中高端产业还是低端产业，都是不可或缺的链条环节，共同组成了一个有机整体。产业链作为多重供应链的复合体，供应链的有序连接是产业链稳定发展的重要前提和基础。据统计，我国制造业增加值占全球比重超过 28%，货物进出口占全球份额 11.8%，是 120 多个国家和地区的最大贸易伙伴。全球近 200 个经济体从中国进口商品。产业链分工和地理集聚带来生产成本的下降超过交易成本和物流成本的增加时，这种分工和集聚就会一直进行下去。我国企业的优势非常突出，经济利益是跨国公司和国内公司生产布局的首选地。我国企业成为众多商品最大的全球消费市场。中国巨大的消费市场是全球产业链的强大磁石。2020 年中国社会消费品零售总额为 39.19 万亿元，是全球第二大商品消费市场。14 亿人口的消费能力，是国内外企业都不能忽视的市场。我国大力支持具有产业链带动能力的龙头企业，搭建网络化协同平台，鼓励企业带动上下游企业加快数字化转型，促进产业链向更高层级升级，推动传统产业转型升级，积极培育数字经济的领军企业，发挥企业间的协同效应，培育数字经济新产业新业态，推动企业间订单、产能、渠道等实现资源共享协同。总之，面对全球贸易投资消费明显下降，供应链产业链遇梗阻，我国企业必须抓住机遇，主动作为，更好地发挥促进要素资源全球配置和支持产业科技创新的重要功能，进一步拓展作为全球制造网络的供应链优势。

2. 我国企业逐渐打造制造业全球供应链中心

供应链建立具有黏性。供应链的复杂性决定了在一个国家和地区建立供应链至少要 10 年以上。中国企业在全球经济中的重要性日益上升，这不仅与我国企业作为重要消费品制造商和出口国地位相关，也与我国企业已经成为海外制造企业中间投入品主要供应企业相关。目前，全球约 20% 的中间产品贸易来自中国，尤其是与精密仪器、机械、汽车和通用设备相关的供应链。我国企业在这些领域的供应出现任何中断，都将对世界其他地区生产商产生重大影响。据统计，在韩国、日本和美国的国外中间产品总投入中，来自中国的分别占16.9%、10.9%、10.5%。我国企业与世界经济深度融合。我国企业作为全球制造业供应链的中心环节，它的一举一动，通过"蝴蝶效应"，影响全球供应链。全球产业链长、细分环节多、全球化程度高的行业，如汽车、电子等行业，中国企业的影响力更大。近些年来，受多种因素叠加影响，我国制造业低成本优势逐渐弱化，我国在劳动生产率、供应链效率和营商环境等方面的优势日益凸显。劳动生产率和供应链效率提升，营商环境逐步优化等，都是企业降低经营成本的重要因素。我国企业高性价比优势将对全球供应链形成较强吸引力。我国企业必须抓住机遇，通过建立产业链、补充产业链、强化产业链，实现产业链上下游企业的纵向合作和相关产业链企业之间的横向互动，提升供应链协调能力和响应速度，顺应供应链创新发展趋势。

3. 我国企业规范治理提升全球供应链竞争优势

近些年来，受保护主义抬头、技术变革、要素成本变化等多重因素影响，全球贸易投资消费等明显下降，供应链、产业链遭遇梗阻，供应链格局正在加速调整。全球供应链、产业链本地化、区域化、分散化趋势加速演进，跨国公司更加重视供应链的部局多元化，降低对单一国家和供应商的依赖，全球供应链面临重构。企业在全球供应链中能否获得优势地位，从根本上取决于该国是否具备完整的产业体系、高效的生产能力、广阔的市场空间、优良的制度环境等条件。我国拥有全球规模最大、门类最全、配套最完整的制造业体系。这种由高度专业分工和大规模协作形成的供应链，具有较强的韧性，将促进全球企业与我国企业开展更深、更广的供应链合作。我国同发达国家相比，在全球供应链中的优势地位主要基于本土优势，优先保障产业龙头企业需求，促进上下游企业产供销、大中小企业整体配套、协同奋进，让世界工厂的机器顺利运转，确保产业链供应链顺畅运行。面对困境，我国企业必须积极主动作为，发挥促进要素资源全球配置、便利跨境投融资活动和支持产业科技创新的重要功能，建立产业链供应链上下游协同运行机制，准确判断，科学谋划，主动应对，进行产业链供应链延伸和产业功能扩展融合，不断夯实和提升竞争的优势地位。国际形势波谲云诡，供应链产业链遭遇梗阻，周边形势复杂敏感，全球动荡源和风险点增多。我国企业不能抱着鸵鸟心态，一味回避，明知风险即将发生也不去想对策，任由问题更趋复杂，更难处理。我国企业应当规范治理，提升全球供应链竞争优势，紧扣重要战略机遇期，善于化险为夷，转危为安，变压力为动力，在应对中趋利避害。既要防范抵御，也要主动化解，不能被风险牵着鼻子走，而是要提升我国企业在全球产业链供应链的竞争优势。

（三）实施扩大内需战略和供给侧结构性改革给我国企业带来的机遇

扩大内需和供给侧结构性改革是进一步激发经济活力、积蓄发展动能、对冲世界经济下行风险的重要举措。扩大内需和供给侧结构性改革是个系统性、综合性工程，涉及供给和需求两端、消费和投资两翼，以及一系列相互配合作用的政策措施。释放内需潜力，扩大内需和供给侧结构性改革，给我国企业带来重大机遇。中国是一个庞大的市场，内需是我国经济发展的基本动力。内需稳市场稳，市场稳经济稳。在外部需求逆转，内部经济下行压力加大的情况下，最重要的就是在扩大内需上下功夫，释放我国发展的潜力和动能。国家推出一系列惠民助企政策和一系列供给侧结构性改革和扩内需强市场的举措，加快构架完整的内需体系，大力推进科技创新及其他各方面创新，加快推进数字经济、智能制造、生命健康、新材料等战略性新兴产业，形成更多新的增长点、增长极，逐步形成以国内大循环为主、国内国际双循环相互促进的新发展格局。内需正逐渐成为经济稳健增长的压舱石。对我国企业来说，这是重大利好。通过供给侧结构性改革和发挥内需潜力，使国内市场和国际市场更好联通，更好利用国内国际两个市场、两种资源，实现更加强劲、更可持续发展，极大地激发了企业和企业家干事创业的信心和决心。供给侧结构性改革和扩大内需新形势，激发经济发展内生动力，给我国企业带来新的发展机遇。企业应当抓住机遇，办好自己的事，打造未来发展新优势。

1. 深化供给侧结构性改革给我国企业带来的发展机遇

供给侧结构性改革是推动我国国民经济实现高质量发展的必然要求，也是克服我国企业遇到的困难和挑战的重大举措。面对严峻复杂的世界经济形势，面对稳定国内经济运行的巨大压力和诸多矛盾问题，在坚持供给侧结构性改革这个主线的同时，必须把扩大内需作为重要抓手，牢牢把握扩大内需战略，加快释放国内市场需求潜力和应对经济下行压力，突出民生导向，提振消费与扩大投资有效结合起来。新形势下，我国经济潜力足、韧性强、回旋空间大、政策工具多，具有全球最完整、规模最大的工业体系、强大的生产能力、完善的配套能力，拥有超大规模内需市场。我国正处于新型工业化、信息化、城镇化、农业现代化快速发展阶段，投资需求潜力巨大。深化供给侧结构性改革，充分发挥我国超大规模市场优势和内需潜力，构建国内国际双循环相互促进的新发展格局。一方面，消费对经济发展具有基础性作用。我国拥有14亿人口的超大规模市场，拥有全球最大中等收入群体，蕴藏着巨大的市场空间与消费容量。另一方面，投资对我国经济发展具有关键性作用。我国投资需求潜力巨大，应当把满足国内需求作为发展的出发点和落脚点，加快构建完整的内需体系，深化供给侧结构性改革，加快推进数字经济、智能制造、生命健康、新材料等战略性新兴产业，形成更多新的增长点，多措并举推动生产、分配、流通、消费各个环节，把被抑制的消费释放出来，不断挖掘内需潜力，实现中国与世界市场资源的更好联通，推动中国与世界共同发展。深化供给侧结构性改革，多措并举，给我国企业带来新的发展机遇。

2. 加强新型基础建设给我国企业带来新的发展机遇

基础设施是经济社会发展的重要支撑。新型基础设施建设即新基建，是指以新发展理念为引领，以技术创新为驱动，以信息网络为基础，面向高质量发展需要，提供数字转型、智能升级、融合创新等服务的基础设施体系。新基建包括以下领域：5G基建、人工智能、大数据中心、工业互联网、城际高速铁路和城际轨道交通、特高压、新能源汽车充电桩等。新基建投资潜力巨大，能带动产业链上下游，为车联网、智慧城市、数字经济等新经济、新业态提供发展基础。新基建有助于稳增长和稳就业，促进消费升级，更好满足人民对美好生活的新期待，经济社会效益显著。加快新型基础设施建设，是促进我国经济增长、打牢长远发展基础的重要举措，为推动我国经济高质量发展，特别是为抢占全球科技创新和产业竞争制高点创造了有利条件。随着数字化智能化时代的到来，新基建紧紧围绕改造提升传统产业，培育壮大新兴产业，为广大企业带来重大机遇。一是新基建关乎具有前瞻性的基础设施。5G、特高压、人工智能和工业互联网行业等，都需在传统基础设施中进行信息化、数字化、智能化升级。加快推进数据中心、物联网、高速铁路等新型基础设施建设，积极推动交通枢纽经济。大力发展 5G + 互联网、扩大智能化应用，促进数字经济与实体经济深度融合，形成新的经济增长点。新兴产业加快发展。深化大数据、人工智能等研发应用，培育新一代信息技术、高端装备、生物医药、新能源汽车、新材料等新兴产业群，壮大数字经济。加大这些领域的投资既可以拉动经济增长，又可以实现“换道超车”。二是新基建投向支撑新技术发展的核心领域——智能制造。新基建与传统基建的一个重要差别，就是新基建投资前景和收益回报具有更大不稳定性，需要建立一种政府搭台、市场主体唱戏的机制。新基建要以智能制造为抓手，解决我国在关键核心技术、精密制造、精细化工等领域的“卡脖子”问题。三是新基建倾向与人民美好生活向往相关联的领域。新基建围绕实现全面建成小康社会目标和实施乡村振兴战略的需要，在交通基础设施、文化教育、医疗卫生、环保生态、宽带网络等方面，为农业农村发展创造良好环境，以新基建助推经济高质量发展。四是新基建突破单一企业或单一主体的能力界限。新基建规模范围大、涉及产业广、所需投资多、标准要求高，远远超出少数企业的能力界限，需要在体制机制、商业模式、投资融资、运营管理、社会应用、价值创造等方面形成制度体系，提供有力的保障，使得各相关方、参与方形成新型合作共同体，尊重市场经济规律，尊重企业市场主体地位，激活企业创造力，激发企业家精神，打造适应环境，不断推动新基建枝繁叶茂。围绕新基建关键技术研发、产业数字化转型等，促使我国企业在参与新基建的过程中，更好地对接市场需求，加快制造业数字化转型升级，推进企业数字化改造，带动产业链和中小企业数字化水平的提升。加强新型基础建设的一系列举措，为我国企业带来新的发展机遇

3. 以国内大循环为主体、国内国际双循环相互促进新发展格局给我国企业带来的机遇

企业是经济活动的基础。构建新发展格局、建设现代经济体系、推动高质量发展，不能没有一批充满活力的企业。以畅通国民经济循环为主构成新发展格局，既要在战略布好局，也要坚定不移扩大对外开放的决心。将我国市场规模和生产体系优势，转化为参与国际合作和竞争的新优势。

这就要求发挥超大规模市场需求潜力，加快构建完整的内需体系，发挥生产要素优势，深化要素市场优化配置改革，打通生产流通各个环节，提高国内大循环效率。发挥对外贸易大国优势，发展高水平开放型经济，促进内外市场和规则对接，创造你中有我、我中有你供应链生态，形成国内循环与国际循环相互促进。新发展格局有利于我国内需结构升级和供给能力提升，推动供需在更高层次、更高水平上实现动态平衡，增强高质量发展的内生动力。全球产业分工网络是以大企业为中心、跨国公司为主导的分工网络。长期以来，我国制造业企业以加工贸易为主，大多数企业经营规模、专业化协作与国际同行相比仍有差距，缺乏促进供应链上下游企业深度合作的“链主”企业。中小企业之间分工协作主要发生在产业集群，本国大企业对中小企业的带动力较弱。这导致我国供应链协同管理能力不强，产能过剩矛盾较为突出。因此，构建以国内大循环为主体、国内国际双循环相互促进新发展格局，需要畅通大中小企业和不同所有制企业之间的合作关系，引领中小企业加入国内供应链，为中小企业发展创造国内市场空间。坚持供给侧结构性改革战略方向，抓住扩大内需战略基点，使生产、分配、流通、消费更多依托国内市场，提升供给体系对国内需求的适配性，形成需求引领供给、供给创造需求的更高水平动态平衡。开放带来竞争，竞争带来压力，压力推动进步。这对我国各部门和各类企业提出更高的要求。以国内大循环为主体、国内国际双循环相互促进新发展格局，给我国企业带来新的发展机遇。

4. 纾困惠企政策激发市场主体活力给我国企业带来新的机遇

我国经济已经深度融入世界经济。世界经济下行必将通过进出口、金融市场、市场信心等对我国经济带来大的影响。特别是全国产业链供应链严重受阻，严重制约我国产业的循环畅通。企业生产经营面临紧迫、严峻的困难和挑战。有的甚至面临生存考验。企业是经济的力量主体，保市场就是保生产力。在当前经济复苏中，落实纾困惠企政策要精准有力，千方百计把企业保护好。纾困措施只有迅速、高效发挥作用，才能更好帮助企业渡过难关，稳住经济基本盘。面对企业外部环境的冲击和严峻挑战，我国近年来大力推进优化营商环境，激发市场活力和内生发展动力，为企业纾困配制良方。国家实施积极有为的财政政策、稳健灵活的货币政策，增强宏观政策的针对性和实效性。继续减税降费、减租降息等，帮助企业降成本、增效益，让企业切实减轻负担，确保各项纾困措施直接惠及市场主体。贷款利率成本是企业综合融资成本的一部分。为市场主体纾困、缓解企业融资难和融资贵的问题，是金融机构不可推卸的责任。金融机构应当强化对市场主体的支持，发展普惠金融，让企业能够便利获得融资，切实降低融资成本、提升融资便利，处理好恢复经济与防范风险的关系，有效缓解企业特别是中小微企业融资难、融资贵问题。国务院发布《优化营商环境条例》，从制度层面为优化营商环境提供了有力保障和支撑。国务院明确了一系列优化环境的政策措施，包括为企业减负松绑，减免部分税费，发放贴息贷款；强化为市场主体服务，加快推动工程建设项目全流程再线审批，工业产品生产许可证管理权限下放到省级；为就业提供便利，完善对新业态的包容审慎监管；优化外资外贸环境，授权地级以上城市开展外商投资企业注册登记等。通过优化营商环境，着力降低制度性交易成本，更大激发市场活力和社会创造力，增强内生动力，释放内需潜力，更好应对风险挑战，推动经济持续健康发展。2020 年 7 月，国务院办公厅印发了《关于进一步优化营商环境更好服务市场主体的实施意见》，要求进一步提高进出口通关效率，更加便利企业开办经营，放宽小微企业、个体工商户登记经营场所限制。国家精准有效的纾困惠企政策，给我国企业带来新的发展机遇。

二、新科技革命和产业变革给我国企业带来的机遇

新一轮科技革命和产业变革风起云涌，加快重组全球创新版图。我国得益于改革开放以来科技创新能力的大幅提升，一些领域实现“并跑”“领跑”，跻身国际科技发展前沿。科技创新引领助推企业不断前行。综观企业既往兴衰，把握和运用机遇的能力决定着机遇的价值。企业要主动作为，推开新机遇的大门。

（一）科技革命给我国企业带来的机遇

新一轮科技革命包括信息科技革命和产业技术科技革命。我国企业要进一步把握好数字化、网络化、智能化融合发展的契机，以信息化、智能化为杠杆培育新动能，发育和发展战略性新兴产业集群，推进互联网、大

数据、人工智能同实体经济深度融合，推动制造业产业模式和企业形态转变，形成促进高质量发展的新动能。

1. 科学技术加速演进给企业发展带来机遇

科技革命和产业变革日新月异，为各行业和企业带来了巨大的挑战与机遇。历次科技革命极大地加速了人类文明演化进程，新一轮科技革命又推动人类生产方式的变革。过去看上去或许没有什么价值的东西，正在成为推动社会发展的生产要素。例如，硅片成了半导体材料，数据经过加工处理成了社会发展的重要资源。万物互联人工智能、基因编辑、大数据、云计算等正在成为新时代的主题词。新产业、新领域强势颠覆着生产方式，科技创新的引领作用加速释放。随着互联网与云计算、大数据、人工智能、物联网、5G 等新一代信息技术不断融合发展，信息技术产业和数字经济发展日新月异。工业机器人、无人驾驶汽车、工业互联网等一系列新产品、新模式不断升级。有眼光、有胆识的企业已经转型升级，在数字化的浪潮中奋勇搏击。在新产业革命中壮大世界经济发展新动能，就是要坚定维护经济全球化。新产业革命是在经济全球化条件下产生的，正是全球化带来的贸易和投资自由化、生产和创新要素的流动便利化，打造了全球密不可分的产业链、创新链、价值链，推动了新产业革命以前所未有的速度、广度、深度向前发展，形成新技术、新产业多点突破、集群发展、爆发增长的态势。在这个过程中，各国经济不同程度融入其中，彼此相互依存、共生共荣。企业只有运用新技术、新模式改造提升传统制造业，发展新兴产业和服务业，用市场化、法治化手段淘汰落后产能，推动第一、二、三产业融合发展，实现中国制造、中国服务品质革命。例如，中国芯片产业与世界领先水平虽然存在差距，但在某些芯片领域实现了弯道超车，特别是广泛应用在国防等安全领域的芯片，已自主可控。科技创新是提高综合国力的重要支柱，是中国经济高质量发展的动能。科学技术加速演进，促使我国企业突破关键核心技术，为提升企业技术实力带来了机遇。

2. 数字经济快速发展给企业带来的机遇

数字经济是以数字资源为重要生产要素，以现代信息网络为主要经济载体，以信息通信技术融合应用、全要素数字化转型为主要推动力，促进公平与效率的新经济形式。数字经济具有技术创新、产业融合、绿色发展、信息共享等显著特征。发展数字经济是新一轮科技革命和产业变革的大趋势。数字经济是世界经济发展的方向。我国数字经济规模已达 41 万亿元，总量跃居世界第二。一是发展壮大数字经济与我国经济社会现阶段的发展规律相适应，成为推动企业高质量发展的重要抓手。迎接数字时代，充分发挥海量数据和丰富应用场景优势，促进数字技术与实体经济深度融合，赋能传统产业转型升级，促进新产业、新业态、新模式，壮大经济发展新引擎，激活数据要素潜能，推进网络强国建设，加快建设数字经济，数字社会，数字政府，以数字化转型整体驱动生产方式、生活方式和治理方式变革。二是通过大数据的识别、选择、过滤、存储、使用，引导资源快速优化配置与再生。放眼当今世界，以云计算、大数据、人工智能为代表的数字技术突飞猛进。中国数字经济蓬勃发展，产业数字化、数字产业化规模不断扩大，数字经济总量规模和增长速度均居世界前列。发展数字经济已经成为我国企业实现跨越式发展的时代机遇，成为拉动经济增长的重要引擎。数字经济包括产业数字化和数字产业化两大部分。大力发展数字经济既推动传统产业数字化转型，又着力打造数字经济相关产业和产业链。通过数字经济龙头企业、标杆企业的辐射带动，引导传统产业加速数字化改造，推动工业和服务业的数字化、智能化升级，促进数字经济和传统产业深度融合。数字经济是将数字化的知识和信息作为关键生产要素，以现代信息网络作为重要载体，以信息通信技术的有效使用作为效率提升和经济结构优化的重要推动力的一系列经济活动。数字经济蓬勃发展，数字技术加速向各领域渗透，正在全球范围内开启一次具有革命性的数字化转型，深刻改变着人类生产生活方式，对各国经济社会发展、全球治理体系、人类文明进程影响深远。数字经济的背后，凸显的不仅是技术创新的应用，更是发展理念、商业模式、消费模式的创新。我国在数字经济发展和信息技术应用方面已具备一定基础，拥有市场优势和发展潜力。三是产业创新发展紧紧抓住万物互联时代的新一代信息技术，积极发挥信息化对经济社会创新发展的融入和驱动作用。数字技术的发展依托互联网，使得降低成本、规模经济成为可能。数字经济开拓就业新空间。以“互联网 +”、平台经济为代表的数字经济新动能，促生新岗位、新职业，数字化技术催生企业发展的新业态、新模式。企业数字化转型势在必行。企业需主动适应潮流，提升数字化生产力，加快企业数字化发展步伐推动企业生产、管理和营销模式的数字化变革，重塑产业链、供应链、价值链，携手打造中国经济的数字化未来。四是数字经济引领带动实体经济振兴，加快新旧动能转换。推动实体经济和数字经济深度融合，大力促进数字产业化，产业数字化转型。数字时代最活跃要素是数据。经济数字化不仅向上拓展新业态，也向下改造传统产业。数据已成为贯穿整个经济系统最活跃的要素，并加快重构经济运行模式。用友网络科技股份有限公司（简称用友）董事长王文京说，对企业而言，数字化已经不只是发展机遇，更是企业生存与发展的必须。谈到用友的发展，王文京概括为：倾听客户，围绕用户需求创造价值；敬畏技术，用最新技术为社会创造价值；保持专注和执着，通过专业和持续创新，推动商业和社会进步。在加快数字化发展，推进数字产业化和产业数字化的机遇面前，企业必须顺应发展趋势，力争赢得主动，取得发展先机，针对数字产业链最薄弱的环节，加快产学研一体化研究和应用，推动原创技术、关键核心技术产业化进程，提升数字产业链关键环节的基础能力，构筑企业竞争新优势。

（二）新产业变革蓬勃兴起给企业带来的机遇

随着新一轮科技革命和产业变革潮涌，平台经济发展方兴未艾，对产业链供应链的影响日益深入。加快传统基础设施和5G、人工智能等新型基础设施建设，发展工业互联网，推进智能制造，培育新兴产业集群，给我国企业带来难得的机遇。

1. 工业互联网平台给企业发展带来的机遇

工业互联网平台是以智能技术为主要支撑，通过打通设计、生产、流通、消费与服务各环节，构建基于云平台的海量数据采集、汇聚、分析服务系统，支撑制造资源在连接、弹性供给和高效配置等方面，为制造业转型升级提供新的重要工具。工业互联网是新一代信息技术与工业系统全方位深度融合形成的产业和应用生态，是数字经济时代工业智能化发展的关键基础设施。工业互联网推动智能制造发展，推动制造业数字化转型，对未来工业发展将产生全方位、深层次、革命性影响。工业互联网通过跨设备、跨系统、跨厂区、跨地区的全面互联互通，实现全要素、全产业链、全价值链的全面连接，构建数据驱动的工业生产制造体系和服务体系，对制造体系带来重大变革。工业互联网发展呈现一些新特征，给我国企业发展带来新的机遇。一是工业互联网将全面嵌入工业体系中，实现对生产要素的高度灵活配置，有力推动传统制造业加快转型升级的步伐。工业互联网一端融合新一代信息技术，另一端结合制造业企业需求，实现新技术落地，推动新技术与工业企业融合发展。二是工业互联网平台的客户是企业，连接的对象是生产设备、零部件及最终产品。由于企业的需求各异，工业互联网平台需要为每个企业提供个性化、定制化服务。在云计算技术机构支撑下，企业之间正从技术、产品和供应链的竞争逐步演进成为平台化的生态体系竞争。三是工业互联网平台具有较强的用户黏性。以工业互联网为支撑，连着制造与服务消费，为新动能信息传播打造主渠道，助力企业迈向网络化、智能化的新阶段，构建数字化的工业生态和数字化的商业服务生态。四是新一轮的 IT 技术加速行业的深度融合。标识解析、区块链等技术与行业深度融合，将是这一时期工业互联网发展的关键要素。从全球范围看，媒体智能化进入快速发展阶段。随着 5G、大数据、云计算、物联网、人工智能等技术不断发展，移动媒体进入加速发展新阶段。世界各国坚持移动优先策略，建设好自己的移动传播平台，管好、用好商业化、社会化的互联网平台。工业互联网是自动控制与感知、核心软件、大数据中心、云计算和工业网络的综合集成和协同应用，为新基建中的 5G 、人工智能、大数据等技术群体应用潜能裂变、集成式创新突破提供了载体。五是工业互联网能更大范围、更高效率、更加精准地优化生产和服务资源配置。这将促进传统产业转型升级，促进新技术、新业态、新模式，为先进制造业发展提供技术基础。六是工业互联网引发生产范式变革，推动形成数据驱动制造模式。工业互联网催生共享工厂、双创，按需产业组织等新型生产管理和组织方式。工业互联网不断变革、创新方式，推动形成全新创新模式。工业互联网由平台、网络、安全三大体系构成。每一个体系都聚集了大量技术路径不同、商业模式迥异的利益相关方，通过将建设者、开发者、用户、产业链上下游企业、中小微企业、其他利益相关者连接在一起，形成一个超大规模的开放共享、创新协作、能力交易、价值共创的系统。这有效驱动了我国企业在技术研发、智能制造、组织管理、生产经营、市场营销等方面形成数据驱动制造模式，为社会化大协作生产、产业间融通发展奠定了坚实基础。工业互联网属于新兴事物，一方面很多相关技术尚不成熟，需要集中大量的人力、物力和财力进行研发投入；另一方面，信息技术具有巨大的规模经济潜力，在云计算、大数据等技术较为发达的情况下，要培育世界领先水平的工业互联网平台，形成相对集中的发展格局。工业互联网平台既有利于发挥我国工业规模大的优势，又有利于发挥专业平台的细分功能，更好满足企业的个性化需求，最大程度为各类企业提供服务，为我国企业创新发展创造良好的机遇。

2. 人工智能给企业发展带来的机遇

人工智能是科学技术发展的必然产物，带来生产效率的提升，成为新一轮科技革命和产业变革的重要驱动力量。加快人工智能发展，是产业优化升级、提升人类福祉的重要抓手。人工智能引发管理方式的变革，具有溢出的带动性很强的头雁效应。从 1956 年的美国达特茅斯会议算起，明确提出人工智能的概念并开始科学上的研究，已有 60 多年。在人工智能技术爆发中，我国企业与发达国家企业站在同一起跑线上。人工智能促使管理方式重构，从工业经济到数字经济。人工智能不仅是技术领域的变革，也是一场认知的革命，从而引发商业模式的革命。人工智能越显重要。从人工智能的产业链来看，涉及基础层、算法层、应用层。围绕人工智能的应用场景，企业须以技术集成创新、产业协同创新的思路，进行企业研发。从人工智能的系统工程来看，人工智能的广泛应用是一个开放的复杂系统。人工智能的应用存在着明显的自组织适应性、复杂性、巨量性等系统工程特征。人工智能的自组织适应性表现在通过对影响因素的预测，发现系统未来发展趋势，并根据环境变化和运行经验来改变自身行为参数。复杂性指人工智能应用场景环境复杂，存在着不确定性和动态性问题。巨量性是指人工智能应用依赖海量数据和庞大的计算力资源。自组织适应性表现在通过影响因素的预测，发现系统未来发展趋势。在科技驱动下，出现了多样化和云端化的工作模式，机器人、自由工作者成为新型职业形态，企业组织边界被打破，工作任务和企业组织分离，平台性和开放性日益成为组织的重要特征。数字新技术推动的数字经济，通过业务数据化和数据业务化，改变了业务的逻辑，也通过改变业务逻辑改变了管理逻辑。现代管理的发展史伴随着工业革命，基于实体产品，标准化、流水线、大型组织而形成了有效、激励的管理体系。我国具备了人工智能的站位优势，我国企业需要蓄足能力，精准发力，力争引领浪潮。以人工智能为代表的新一代信息技术正在深刻影响着经济社会的发展进程，给我国企业带来新的机遇。

3. 智能制造给企业发展带来的机遇

智能制造是信息技术与制造技术的深度融合，是生产组织方式与商业模式的创新变革。智能工厂、智能制造与智慧企业蓬勃兴起，为企业带来了发展机遇。智能工厂是一种完全集成和协作的制造系统，能够实时响应工厂、供应链和客户需求的不断变化。智能工厂是高度数字化的制造或生产设施，是系统相互连接并实时交换生产数据的地方。这种通信在不同系统之间无缝进行，整个生产流程自动进行，无须任何人工干预。智能工厂是一种智能生产系统。智能工厂利用人工智能、物联网、机器对机器通信等多种技术带来高水平的自动化和效率。智能工厂包括车间与其整个供应链之间，通过互联网 IT 环境的连接，以使物料分别顺利流入和流出企业。通过工业互联网连接制造与消费，在为企业自身赋能的同时，促进了优质制造迭代升级。以信息化、智能化研发体系为支撑，通过智能工厂提高效率，瞄准消费升级集合优质制造，推动产业、资金、人才和技术融合的方式，凝聚起制造业企业升级的新力量。智能制造是逐步把人类多年积累的方法和算法，如多年积累的设计知识、公益知识、生产制造知识、管理知识和销售服务知识等，在工程实践过程中编制成软件，由电脑帮助人完成，就是把人的智能转化为机器智能。智能制造的关键点在于将工业知识和经验形成算法，变成软件，用软件控制数据流动，解决复杂产品的不确定性问题。从制造走向智造，核心在于加快制造工业化、信息化深度融合，关键在智能制造技术的创新与应用，突破核心技术的创新是真正实现中国智造的着力点。智能制造成为世界各国抢占新一轮科技革命和产业变革的战略制高点，也为我国企业加快智能制造带来机遇。

三、新产业、新业态、新模式给我国企业带来的机遇

时代在前进，创新在迭代。我国进入新发展阶段，新一轮科技革命和产业变革大潮带来的新产业、新业态、新模式层出不穷。新产业、新业态、新模式是现代经济信息技术的深度融合应用，即以互联网、新能源、新材

料等技术的重大创新与融合为代表，带动了产业形态、生产形式、组织方式、商业模式等深刻变革，强化了产业链不同环节之间及不同产业链之间的互动关系，产生了一系列新产业、新业态、新模式。新产业、新业态、新模式不仅为促进发展提供了新动能，还便利了群众生活，并为扩大就业提供了支撑。机遇总是垂青于敢于革新、善于创新的企业。基于数字技术的新产业、新业态、新模式蓬勃发展，开启新一轮经济周期。

近些年来，我国新产业、新业态、新模式快速增长，已经成为国民经济中最有活力、最具增长潜力的重要部分。2020 年，我国尽管遭受新冠肺炎疫情的严重冲击，但以新产业、新业态、新商业模式为主要内容的经济发展新动能实现逆势快速增长，经济发展出现良好的韧性活力，成为推动经济高质量发展的强大支撑。企业抓住我国新产业、新业态、新模式快速增长的新机遇，将会促进企业更好、更快发展。

（一）新产业快速发展给企业带来的新机遇

产业是一国经济发展的根基和核心所在。新产业是指随着新的科研成果和新兴技术的发明应用，出现的新部门和新行业。新兴产业是重大前沿科技成果商业化的产物，也是富有发展活力和市场潜力、对生产生活影响很大的先导产业。新兴产业能够对经济社会发展产生全局带动和引领作用。新兴产业包括：节能环保、新兴信息产业、生物产业、新能源、新能源汽车、高端装备制造业和新材料七大产业。我国新产业正在乘上智能革命的列车，通过新硬件革命、新材料革命、大数据革命，形成工业革命和互联网革命的融合。

1. 新产业项目成为重点支持的投资领域

我国进入新发展阶段，产业发展应该抓什么、该向何处发力，关系着经济高质量发展的成效，也关系着我国经济国际竞争力的强弱。党的十九届五中全会通过的《中共中央关于制定国民经济和社会发展第十四个五年规划和二〇三五年远景目标的建议》提出，打造新兴产业链。扩大战略性新兴产业投资，新兴产业迎来新的发展机遇。新一代信息网络、生物、新材料、高端装备、新能源、节能环保、新能源汽车等产业，都蕴藏着巨大的市场需求。新兴产业在未来的几年将迎来一个新的发展期。新兴产业特别是战略性新兴产业以重大技术突破和发展需求为基础，有很大的成长潜力，能对经济社会长远发展起到牵引和带动作用。我国要建设成为社会主义现代化强国，需要积极参与诸多重要领域的全球竞争，特别是代表高科技能力的战略性新兴产业的竞争。近些年来，我国加快推进数字经济、智能制造、生命健康、新材料等战略性新兴产业。与传统产业相比，新兴产业投资周期短、拉动能力强，具有网络效应和乘数效应，对于经济稳增长、培育新动能作用显著。新兴产业具有良好的投资效益，对市场化投资具有较强吸引力。战略性新兴产业已成为我国经济发展的重要引擎，肩负着经济稳定增长的重大使命，也是我国参与国际竞争、抢占未来经济制高点的重点领域。对一些盈利前景较好的战略性新兴产业项目，社会资本的介入程度会更深入。激发社会资本活力，投入战略性新兴产业，需要采取有力措施保护投资者权益，尽可能明确项目投资回报率，以帮助社会资本权衡投资的成本收益。新兴产业成为投资热点，给企业带来机遇。

2. 新产业中的高新技术成为各方面关注的重点

历史经验证明，占领科技创新前沿，抢占产业发展制高点，是形成国家竞争优势的关键。目前，我国高新产业中的核心技术、基础材料仍为企业持续发展的关键短板。核心技术是企业在产品开发过程中通过长期、持续、高投入研发形成的具有关键性、独特性的技术体系，在某种程度上具有不可复制性，并控制着同行业的技术制高点。我国在光刻机、光刻胶、芯片、操作系统、短舱、触觉传感器、真空蒸镀机、手机射频器件、重型燃气轮机、适航标准、电容和电阻、核心工业软件、核心算法、高压柱塞泵、航空软件、透射式电镜、燃料电池、高端焊接电源、超精密抛光工艺、水下连接器等诸多领域，都存在依赖进口的关键核心技术。全球顶尖精密仪器前 25 强基本上被美、日、德垄断，其中美国 10 家、日本 6 家、德国 4 家、英国 2 家。激光显示的投影机核心成像器件被美国和日本所把持。工业机器人三大核心技术基本掌握在日本企业手中。激光投影机的 DMD 成像芯片，完全被美国德州仪器垄断。OLED 制造设备真空蒸镀机，被日、韩厂商所把控。高性能的柱塞泵，美、德、日的 4 家龙头企业占据中国市场 70% 以上份额，在技术方面却对中国严密封锁。在高端机床、火箭、大飞机、发动机等尖端领域，虽然部分零件实现了国产，但生产零件的设备却受制于技术，95% 依赖进口。据统计全球总共有约 130 种关键核心材料，其中32%我国完全空白，另有52%依赖进口。液晶面板的关键材料——间隔物微球及导电金球，全世界只有日本一两家公司可以提供；液晶分子材料多数来自德国企业；偏光片两大核心原材料PAC膜和TAC膜依赖日本进口；OLED制造材料也是靠进口。车用燃料电池有两大关键部件，膜电极组件与双极板，长期依赖国外。生产半导体芯片需要的19种必须材料中，日本企业在硅晶圆、合成半导体晶圆、光罩、光刻胶、药业、靶材料、保护涂膜、引线架、陶瓷板、塑料板、TAB、COF、焊线、封装材料14种重要材料上均占有50%及以上的份额。这导致我国企业只能赚取低廉的加工费。持续经营受制于国外材料供应方束缚，促使我国企业尽快改变处于不利的地位，也为企业抢占产业制高点带来机遇。

3. 新产业兴起与传统产业转型升级促进经济发展

培育壮大发展新动能，就是推动传统产业改造升级，促进新兴产业加快发展，开辟经济发展的新天地。产业要实现更加稳定、更有效益、更可持续的高质量发展，必须不断推进源头到终端的全产业链创新升级。为促进新兴产业发展，帮助传统产业高质量发展，形成新兴产业与传统产业竞相迸发的局面，必须加快传统产业改造提升。围绕推动制造业高质量发展，强化工业基础和技术创新能力，加快建设制造强国，促进先进制造业和现代服务业融合发展，互联网、大数据、人工智能与实体经济融合向深度发展，新一代信息技术、高端装备、生物制药、新能源汽车、新材料等新兴产业持续壮大，数字经济、网络经济、平台经济、共享经济、智能经济蓬勃兴起，传统产业加快升级。产业数字化就是以新一代数字技术为支撑，以数据赋能为主线，以数据为关键要素，对产业链上下游全要素实行数字化转型升级和价值再创造的过程。数字化趋势给企业带来巨大压力，产业数字化转型迫在眉睫。新产业的蓬勃兴起将给企业带来诸多发展机遇。

4. 新产业中的平台经济行稳致远

平台经济逐渐成为引领经济增长和推动社会发展的新引擎。宅家“云办公”、视频上网课、掌上点外卖、在线问诊、VR看房等，随着数字经济的快速发展，已经成为人们衣食住行等离不开的互联网平台。平台经济有利于提高全社会资源配置效率，推动技术革命和产业变革朝着信息化、数字化、智能化方向演进，有助于畅通国民经济循环，提高国家治理现代化水平。平台经济逐渐成为引领经济增长和推动社会发展的新引擎。我国平台经济发展处在关键时期，应当着眼长远、兼顾当前，补齐短板，强化弱项，营造创新环境，解决突出矛盾和问题，规范运作，健康发展，推动平台经济行稳致远。平台经济与市场化应用结合更加紧密，产业化周期缩短，为企业发展带来新的机遇。

（二）新业态快速发展给企业带来的新机遇

新业态是指顺应多元化、多样化、个性化的产品或服务需求，依托技术创新和应用，从现有产业和领域中衍生叠加出的新环节、新链条、新活动形态。随着数字经济的加速发展，一大批新业态涌现出来，在激发企业活力、保障人民生活、扩大就业、推动经济社会发展等方面发挥了重要作用。

1. 新业态为经济发展注入新活力

新业态是顺应在线经济发展，以互联网平台为核心，依托5G、大数据、云计算、人工智能等智能交互技术，通过线上资源整合带动线下生产、生活组织方式，重构的一种新经济模式，对传统经济形态具有颠覆性变革。新业态融合已成为现代产业发展的显著特征和重要趋势，也是推动制造业高质量发展的关键。数字经济呈现15种新业态。一是大力发展融合化在线教育。构建线上线下教育常态化融合发展机制，形成良性互动格局。二是积极发展互联网医疗。以互联网优化就医，打造健康消费新生态。三是鼓励发展便捷化在线办公。打造“随时随地”的在线办公环境，在部分行业领域形成对线下模式的常态化补充。四是不断提升数字化治理水平。促进形成政企多方参与、高效联动、信息共享的现代化治理体系和治理能力。五是培育产业平台化发展生态。着力发挥互联网平台对传统产业的赋能和效益倍增作用，打造形成数字经济新实体。六是加快传统企业数字化转型步伐。助力降低数字化转型难度，发展线上线下融合的业务发展模式，提升企业发展活力。七是打造跨越物理边界的“虚拟”产业园和产业集群。实现产业供需调配和精准对接，推进产业基础高级化和产业链现代化。八是发展基于新技术的“无人经济”。充分发挥智能应用的作用，促进生产、流通、服务降本增效。九是积极培育新个体，支持自主就业。降低个体经营者线上创业就业成本，提供多样化的就业机会。十是大力发展微经济，鼓励“副业创新”。着力激发各类主体的创新动力和创造活力，打造兼职就业、副业创业等多种形式蓬勃发展格局。十一是强化灵活就业劳动权益保障，探索多点执业。探索适应跨平台、多雇主间灵活就业的权益保障、社会保障等政策。十二是拓展共享生活新空间。推动形成高质量的生活服务要素供给新体系，鼓励共享出行、餐饮外卖、团购、在线购药、共享住宿、文化旅游等领域产品智能化升级和商业模式创新。十三是打造共享生产新动力。鼓励企业开放平台资源，共享实验验证环境、仿真模拟等技术平台，充分挖掘闲置存量资源的应用潜力。十四是探索生产资料共享新模式。健全完善“所有权与使用权分离”的生产资料管理新制度。十五是激发数据要素流通新活力。推动构建数据要素有序流通、高效利用的新机制。以新市场需求为依托，新兴技术实现多点革命性的突破并与制造业加速融合，不断打破制造业与服务业的边界，从而形成新的产业价值网络，引发产业体系重大变革，给企业发展带来机遇。

2. 新业态促进企业快速发展

过去几年，新一代信息技术改变着我国产业格局，新零售、新制造、新能源、新金融、新房地产等概念层出不穷，新业态层出不穷，并以更新的方式和更快的速度迭代演进。随着移动终端的多样化，智能终端的普及，在购物、娱乐游戏、社交、咨询、出行、订餐等领域诞生了多个独角兽企业，如滴滴、摩拜、大众点评、优信二手车等。共享经济市场规模呈现爆发式增长趋势。工业互联网企业以生产者为用户，以互联网、云计算和大数据为技术手段，改造生产、交易、融资、流通等全产业链条、全寿命周期中的各个环节，对原有产业链价值链、分工协作体系甚至社会生产组织方式进行革命性重塑，极大解决了行业痛点，提升了行业价值。例如，2012 年成立的找钢网，为解决行业中的交易难、融资难、物流贵等问题，变革钢铁流通贸易模式，打造一站式交易、仓储加工、第四方物流、互联网金融、国际电商等全产业链业务。新业态的发展，有力地提高了产品和服务的科技含量和质量水平，成为落实新发展理念的重要途径。我国互联网、大数据、人工智能、共享经济等蓬勃发展，极大提升了我国产业的质量档次，优化了产业结构，促进了消费需求的增长，成为支撑经济稳定的重要力量。我国加快推进跨境电商，市场采购贸易方式等试点，大力支持贸易新业态新模式发展，加快推动新设电子商务综合实验区落地，做好市场采购贸易方式扩围工作，培育外贸新动能。新业态往往是传统产业与科技融合的产物，行业跨界是新业态最显著的特征。文化、科技、知识、信息、创意、资本等资源的互动与调配，既是创新过程，也是试错过程。在坚守底线思维的前提下允许创新试错、市场自我纠偏。以包容审慎的态度对待新业态发展，以充分释放新业态活力为导向，重视新业态事中、事后监管和市场主体责任建设。新业态促进经济发展的同时，给企业带来许多新机遇。

3. 新业态极大提升发展质量并方便人们的日常生活

共享经济是互联网和信息技术时代的新经济形态，给人们的消费方式提供新的体验，产生了显著的经济和社会效益。随着互联网等新技术快速发展，基于新技术的“无人经济”，建设智能工厂，实现生产过程透明化、生产现场智能化、工厂运营管理现代化，以及实现生产效率提高和生产成本降低。网约车、共享单车、共享汽车、互联网物流等交通运输领域新业态蓬勃兴起，极大地方便了百姓出行，方便了生活。新业态呈现新发展趋势，已成为我国带动新增就业岗位、培育创新动能的重要力量。以网约车为代表的交通运输新业态是近年来伴随数字经济和互联网技术发展出现的新事物。本着鼓励创新的态度，我国出台了全球首个国家层面网约车管理办法等一系列规则规范，支持相关平台、企业创新发展，推动新业态向规范化、有序化方面升级。这需要政府、行业协会和平台企业共同努力，强化行业监管，优化发展环境，促进共享经济突破瓶颈，实现健康持续发展。新业态方便了人民生活，也为企业发展带来机遇。

（三）新模式快速发展给企业带来的新机遇

新模式是指为实现用户价值和企业持续盈利目的，对企业经营的各种内外要素进行整合和重组，形成高效并具有独特竞争力的商业运行模式。新模式以市场需求为中心，打破原先垂直分布的产业链及价值链，实现传统制造业要素重新高效组合。模式创新是对各类生产要素进行重组和生产关系进行重构的创新。从企业的角度看，包括生产模式创新、经营模式创新、服务模式创新等。模式创新不像科技创新那样直接作用于生产力，但同样可以通过生产关系的调整，形成发展新动力、增强发展新优势。

1. 新模式激发企业新发展势头

新模式实质上是对企业价值创造机制和利润实现机制的变革。在现代市场条件下，特别是互联网时代，模式创新已成为企业创新的制高点。苹果、沃尔玛等公司正是依靠商业模式创新赢得了成功。国内微信、阿里巴巴等火爆也与商业模式创新密不可分。察势者智，驭势者赢。新一代技术革命和产业变革加速演进，新应用、新业态、新场景大量涌现。商业模式创新是应对新变革、满足新需求的有效途径。互联网从一种通信方式转变为一种商业模式，其应用领域从电子邮件、新闻传播渠道扩大到门户网站及 B2B、B2C 电子商务等，产业网络化、平台化等新的商业模式出现。商业模式创新是推动产业升级、实现跨界发展的选择。推动商业模式创新，注重依托核心业务，聚焦新业态、抢占新领域，加强资本运作，积极迈向产业高端，打造差异化竞争优势。新商业模式从业人员参加社会保险，强化灵活就业劳动保障，支持企业开展共享用工。新时代、新阶段、新格局要求我国企业结合自身实际，顺应新一代信息技术革命，特别是数字化智能化的发展趋势，深入推进适应新时代要求的业务转型，增强采集数据、管理数据、挖掘数据能力，打破内部信息壁垒，全面提升数据资源应用水平；借助云平台、大数据、物联网、智能化、移动通信等新技术手段，生产新冠肺炎防疫设备物资，开展疫情防控监测预警，加快病毒检测和新药开发，提高防控的成效；推动智能服务、虚拟运营、内容创新、互动体验等业务，降低运营风险和成本，开拓收入新渠道，保障多元化市场需求；企业利用工业互联网平台开展生产协同和风险预警，对可能停产断供的关键环节提前组织柔性转产和产能共享。新模式重构和消费升级的拉动效应，给企业发展带来机遇。

2. 新模式渗透企业新发展领域

随着互联网技术的推广、社交网络生态的日益成熟，以及移动终端、物联网和云计算的发展，技术和商业模式共同演进，新的商用模式不断涌现。O2O（如美团、大众点评、百度糯米）、C2M（如爱优会、红领酷特智能）等商业模式，不断渗入和颠覆相关产业。分享经济、灵活用工、共享用工等商业模式，已经渗透到生产生活的各个领域。分享经济将生活服务、交通出行、知识技能、房屋住宿、医疗健康等领域都囊括其中，提供了更为多元化的就业渠道和就业机会。随着以内循环为主，带动两个循环的经济发展格局，灵活用工需求不断扩大，在市场、技术和政策的支持推动下，灵活就业人力资源服务市场空间持续扩大。运营模式各种各样，对增加财政收入、社会稳定、经济增长等发挥重要作用。苏宁控股从实体零售到线上线下融合的互联网零售，再到引领行业发展的智慧零售，持续通过模式创新、平台建设赋能行业，拓展合伙人模式与加盟店模式，让更多人成为创业者、就业者。中企云链构建供应链金融共享服务平台。云链金融创新推出“云信”产品，为企业间应收应付往来款清算提供新选择。通过“云信”实现核心企业信用流转和中小企业快速融资，让传统金融无法涉足的产业链末端企业也能享受到产业链中核心企业的优质信用，惠及产业链上下游的广大中小企业。新模式渗透到诸多领域，为企业发展带来机遇。

3. 新模式引发管理模式变革和法律制度的完善

模式创新是对各类生产要素进行重组和生产关系进行重构的创新。在宏观层面包括经济发展模式创新、社会管理模式创新等，在中观层面包括产业模式创新、投资模式创新、招商模式创新等，在微观层面包括生产模式创新、经营模式创新、服务模式创新等。模式创新通过生产关系的调整，形成发展新动力，增强发展新优势。人工智能、物联网、5G、大数据等一系列互联网核心新技术，通过即时通信、移动支付、远程办公等模式，为各行业效率提升和信息共享提供了技术支持，引发了商业模式的变革。智能化可能颠覆企业现在的人事制度，机器换人在很多岗位已经成为现实。新模式也有很多方面需要完善，如很多平台对消费者选择权、知情权并未给予应有的尊重。在一些 App 里，程序化广告推送均为默认打开，并未征得消费者同意。新模式应当向善，而不是踩在消费者容忍的底线和法律的模糊地带上。新模式在促进经济发展的同时，也催生了很多法律问题，如数据权属、数据安全、隐私保护等。我国应当尽快完善个人信息保护方面的法律法规和数据安全方面的法律法规，为公民个人信息撑开更有力的法律保护伞。数字经济的发展意味着各种业态和模式的不断创新。在这个过程中，依托产业数字化和数字产业化，供给与需求之间的信息渠道进一步打通，从而有助于实现需求端与供给端及时、高效的信息反馈与链接。企业应当顺应数字经济下新模式发展的机遇，进行相应企业管理模式的变革。

四、新型城镇化建设与特色小镇发展给我国企业带来的机遇

城镇化是伴随着工业化发展的、非农产业在城镇集聚、农村人口向城镇集中的自然历史过程，是人类社会发展的客观趋势，是国家现代化的重要标志。新型城镇化建设是我国现代化的必由之路和重要标志，是我国扩大内需潜力所在，是加快构建以国内大循环为主体、国内国际双循环相互促进的新发展格局的重要支撑。我国拥有超过14亿人口的庞大内需市场，正处于新兴工业化、信息化、城镇化、农业现代化同步发展阶段。据第七次全国人口普查的数据，我国的城镇化率为63.89%。城乡发展不平衡蕴藏着可观发展空间。绿色低碳的能源、产业、技术创新、消费、交通、服务等，构成了可持续发展的体系。随着国内外环境的深刻变化，新型城镇化建设进入以提升质量为主的转型发展新阶段，可扩大有效投资、带动提振消费、繁荣国内经济。以新发展理念引领新发展格局，以新型城镇化激发内需潜力，开辟我国新型城镇化建设的宽广道路，给企业带来难得的发展机遇。

（一）深入推进新型城镇化建设给企业带来的机遇

我国经济已从高速增长阶段转向高质量发展阶段。这对推动新型城镇化建设提出更高的要求。发挥新型城镇化对稳增长、调结构、促改革、惠民生的积极作用，培育产业，增加就业。推动新型城镇化建设，对实施扩大内需战略将起到重要的支撑作用

1. 新型城镇化建设为稳增长带来更多新动能

我国处在城镇化快速进程当中。城镇化以提升质量为导向。提升城镇发展质量和完善城镇功能将激发巨大的投资需求。推进以人为中心的新型城镇化，是我国内需最大的潜力所在。新型城镇化建设既要完善市政基础设施和公共服务设施，又要推进智慧城市建设和生态城市建设，让城市更宜居宜业。新型城镇化既是新型基础设施建设，交通、水利等重大工程建设的重要内容，也是扩大内需的重大潜力所在。通过新型城镇化建设，必将带动扩大有效投资，为稳增长带来更多新动能。城市发展也有许多短板弱项需要补齐补强。城镇更新改造蕴藏着巨大投资潜力，特别是城镇老旧小区量大面广，对此进行改造提升将进一步释放投资需求，自然会给相关

企业发展带来机遇。

2. 新型城镇化建设促进消费升级、居民就业和生活水平提高

新型城镇化建设要不断增强在城镇生活的群众的获得感、幸福感和安全感。新型城镇化建设不能不顾实际地贪大求快，一哄而上，盲目扩张。一是新型城镇化建设促进消费升级。以人为本推进城镇化，能够有效地拉动投资和消费。比如，建造农民需要的住房，连带的投资效应就很显著。推动农民变成新市民，改善城中村、棚户区、老旧小区等，由此带来城市交通、住房、医疗卫生等领域都需要升级改造。中国经济总量在连续跨越70万亿元、80万亿元、90万亿元大关后，2020年达到14.73亿美元，超过100万亿元；常住人口城镇化率超过60%；居民人均可支配收入超过3万元；脱贫攻坚取得决定性胜利；建成世界上规模最大、覆盖人口最多的社会保障体系。城市人口的扩大，提升了我国居民的整体消费能力。新型城镇化建设促进了商贸业和服务业的发展，丰富的产品和服务为城镇居民消费提供了更多的选择，促进了居民消费水平的进一步提高。农业剩余人口向城镇的转移，带来了劳动生产率的提升，从而提高了我国整体的经济增长率。人口从低生产率的部门向高生产率的部门转移，进一步提升了资源配置的效率。以人为中心的新型城镇化建设，带来水、电、气、交通等基础设施和医疗、教育、卫生等公共服务供给的增加，从而带动消费需求规模扩大和档次升级，促进了经济增长。二是新型城镇化建设促进城镇居民就业。就业是民生之本、财富之源。新型城镇化建设是落实就业优先战略，开动脑筋、开拓门路，千方百计保障贫困人口就业，做好重点群体就业工作的措施。通过新型城镇化建设，既注重在传统产业中挖掘潜力，也善于在新业态、新模式的推进发展中创造新就业岗位，千方百计稳定和扩大就业，解决了世界最难的就业问题。根据人社部《2020年度人力资源和社会保障事业发展统计公报》，2020年年底，全国就业人员约有7.5亿人，其中城镇就业人员约4.6亿人，全年城镇新增就业1186万人。岗位是就业的载体，企业是创造就业岗位的重要渠道。小微企业创造了80%以上的城镇就业岗位。就业稳，则收入稳；收入稳，则生活安。新型城镇化建设以产业为引领，加强创新创业项目对接，坚持平台经济、共享经济的创新模式，发展细分市场，拓展行业分工，以创新创业带动就业，促进新业态

发展和灵活就业，促进创造更多就业机会。三是新型城镇化建设促进城镇居民收入水平提高。新型城镇化建设有序推进，城市户籍制度改革实现突破，城市群和都市圈迈上新台阶，重塑新型城乡关系迈出关键步伐，城镇居民收入水平显著提高。新型城镇化建设促进消费升级、居民就业和生活水平提高的同时，也给相关企业发展带来机遇。

3. 新型城镇化建设促进培育产业发展

城镇化是现代化的必由之路和重要标志，是我国最大内需潜力之所在，是加快构建以国内大循环为主体、国内国际双循环相互促进的新发展格局的重要支撑。新型城镇化建设投资空间广阔。现在越来越多的农村居民到县城安家养老、就业就医、安排子女上学，但县城各方面设施和条件远远满足不了日益增加的需求，亟待加大投资力度，提升县城公共设施水平和服务能力。新型城镇化建设是我国最大的内需潜力和发展动能所在。但如果没有产业强力支撑，城镇化就可能产生空城。因此要解决好产城融合问题，支撑产业高质量发展带动城镇化质量提升。在新型城镇化的进程中，劳动力、资金、技术加速向城镇聚集，现代工业体系快速建立，服务业迅速发展，推动我国的产业结构不断优化。随着城镇化率的提高，城镇人口规模不断扩大，城镇居民对工业品需求进一步推动相关产业的发展。国家突出投资的就业导向和民生导向，在继续推进铁路、公路、机场、水利等重大项目建设的同时，加强新型城镇化建设，加强城镇老旧小区改造、现代农业设施建设、人居环境改善等，有利于带动就业特别是农村劳动力就业的投资项目建设。在新型城镇化建设过程中，基础设施水平与产业发展相适应，为各类生产要素的适度集中创造便利条件，使产业的集聚效应得到有效释放。新型城镇化建设聚集低碳产业，提升空间品质，做到产业、生态、文化并举，形成绿色产业生态圈，建起美丽的产城人融合空间，给相关企业带来发展机遇。

（二）推动特色小镇建设要在特色和品质上下功夫

特色小镇是新时代的创新探索和成功实践，是新型城镇化发展的重要途径和抓手。特色小镇一头连着城市，一头连着乡村。加快特色小镇建设与发展，是实现小城镇高质量发展的有效途径。特色小镇作为一种微型产业集聚区，对推动经济转型升级和新型城镇化建设具有重要意义。推动特色小镇高质量发展给企业发展带来了机遇。

建设特色小镇需要根据政府引导、企业主体、市场化运作。特色小镇作为一种微型产业集聚区，对推动经济转型升级和新型城镇化建设具有重要意义。推动特色小镇建设要把人从哪里来、钱从哪里来、地从哪里来的问题搞清楚、弄明白，量力而行，着力提升小城镇的基础设施品质、居住品质、基本公共服务品质、生态环境品质，在特色和品质上下功夫。

1. 建设特色小镇要以人为核心

建设特色小镇是推进以人为核心的新型城镇化建设的重要举措。特色小镇坚持以人为核心、城乡融合，非农产业在特色小镇集聚，农村人口在城镇集中。小城镇人口扩大，将有助于提升我国居民的整体消费能力。以人为核心的新型城镇化和特色小镇建设，需调整完善市政政策体系和公共设施网络，加强防疫、防汛、防灾体系和相关设施建设，需要增强城市的经济和人口承载能力，加快推进老旧小区改造，建设适应进城农民的住房刚性需求，满足群众改善生活品质的需求。推进以人为核心的特色小镇建设，强化历史文化保护、塑造小镇风貌，加强小镇改造和社区建设，增强小镇防洪排涝能力。有效增加保障性住房供给，完善土地出让收入分配机制，探索支持利用集体建设用地按照规定建设租赁住房，完善长租房政策，扩大保障性租赁住房供给。以人为核心的新型城镇化，是扩大内需的最大潜力所在，可以充分释放内需潜力，满足人民美好生活的需要，为构建以国内大循环为主体、国内国际双循环相互促进的新发展格局提供有力支撑。

2. 建设特色小镇需要以产业为支撑

建设特色小镇是践行高质量发展的新平台。建设特色小镇发展的根本动力在于产业。产业是乡村振兴的基石，是特色小镇的根基和支撑。特色小镇的建设、发展和提质升级离不开产业支持。把特色小镇打造好，使其宜业宜居，就必须把特色小镇的产业培育好、引导好、发展好。综观世界，特色小镇建设长盛不衰、搞得好的、具有特色的，都是立足产业的特而强，都有适合本城镇发展的产业，都树立了产业、生态、运营协调发展的理念。我国是制造大国，也是建造大国，高速工业化进程造就了大制造，高速城镇化进程促进大建造。

3. 建设特色小镇需要发挥企业的主力军作用

建设特色小镇是实施新型城镇化建设战略，推进经济转型升级的新抓手。党的十九大报告从促进区域协调发展的国家战略层面，进一步明确了实施新型城镇化建设战略，推进形成城镇发展新格局的重点任务。因地制宜发展特色鲜明、产城融合、充满魅力的小城镇，需要发挥企业的作用。企业是特色小城镇建设的主力军。吸引一家企业或多家企业联合对推特色小镇和特色小城镇投资建设运营。通过政府购买或用户付费获取收益。以企业为主力军建设特色小镇和特色小城镇，适合于资金及运营能力均强的企业。这样可以减轻政府财政压力，激发市场活跃度。国家发展改革委牵头六单位联合发布的《关于实施“千企千镇工程”推进美丽特色小（城）镇建设的通知》，是落实中央的重要战略部署，开启千企千镇工程建设的序幕。小城镇处在城乡之间，是城乡一体化和服务“三农”的桥头堡，应当因地制宜打造一批文化旅游、商贸物流、资源加工、交通枢纽、生态移民、边境口岸等特色小镇。特色小（城）镇要实现产业支撑和产城融合，必须依靠企业的力量。企业和小（城）镇对接融合发展过程中，各类企业是实施“千企千镇工程”的主体，是建设特色小镇和特色小城镇的主力军。“千企千镇工程”需要大量的投入，企业，尤其是大中型企业在新型城镇化建设中，利用自身的资金、技术、人才、品牌和市场等资源优势，借助产业布局，推动破解城乡二元结构难题，带动人口向小城镇集中，生产要素向重点区域集中，才能为小城镇发展注入长久动力，从而使特色小（城）镇建设得到更快更好发展。

4. 建设特色小镇需要政府引导与市场化运作

建设特色小镇是新型城镇化建设的新空间、传统文化传承保护的新载体，也是我国经济进入新常态背景下提出的一项重大战略部署。新型小城镇创建模式，搭建小城镇与企业主体有效对接平台，引导社会资本参与特色小城镇建设，促进镇企融合发展，共同成长。其中，企业应当发挥主力军的作用。2017 年 12 月 6 日，国家发改委等四部委印发的《关于规范推进特色小镇和特色小城镇建设的若干意见》强调，各地区要以企业为特色小镇和小城镇建设主力军，引导企业有效投资，激发企业家创造力。鼓励大中型企业独立或牵头打造特色小镇。企业是市场经济的主体。“千企千镇工程”实现产业支撑和产城融合，必须依靠企业的力量。企业和小城镇对接融合发展过程中，各类企业是实施“千企千镇工程”的主力军，只有广大企业的积极参与，才能更好地实现小城镇可持续健康发展。横店影视城特色小镇走的是政府规划设计，企业投资建设的横店发展模式。“千企千镇工程”就是搭建了一个企业与小城镇对接的平台，也是交流学习特色小城镇建设成功经验的平台。企业是生产商品和提供服务的主体，只有广大企业的积极参与，才能更好地实现城镇可持续发展。小城镇建设应当从产业入手，依据产业发展确定城镇规模，防止盲目造镇，防止特色小镇房地产化。培育特色小镇应充分发挥企业主力军作用，让企业全过程参与特色小镇的设计、规划、建设和管理过程，才能防止盲目建镇。企业与特色小镇结对子，产业是龙头，把企业转型升级与特色小镇建设有机结合起来，为企业参与探索新型城镇化建设的有效模式提供了机遇。

（三）鼓励引导企业参与新型城镇化建设及特色小镇建设

建设特色小镇是未来城镇化建设的一个重要方向。不同地域、不同风土人情、不同文化积淀，都是特色小镇建设的基本元素。鼓励打造产业特而强、功能聚而合、形态小而美、机制新而活的精品特色小镇。

1. 完善新型城镇化制度体系

积极推进户籍制度改革，降低城市生活和发展的成本，解决城镇发展空间不足等问题，建立健全城乡融合发展的体制机制和政策体系。实施乡村振兴战略是党的十九大做出的重要决策部署，是决胜全面建成小康社会、全面建设社会主义现代化国家的重大历史任务，是新时代“三农”工作的总抓手。2019 年 3 月 31 日，国家发展改革委印发了《2019 年新型城镇化建设重点任务》，提出支持特色小镇有序发展。建立典型引路机制，坚持特色兴镇、产业建镇，坚持政府引导、企业为主体、市场化运作，逐年挖掘精品特色小镇，总结推广典型经验，发挥示范引领作用；完善政银企对接服务平台，为特色产业发展及设施建设提供融资支持，为打造更多精品特色小镇提供制度土壤。完善新型城镇化制度体系，给企业参与特色小镇建设提供制度保障并提供了发展机遇。

2. 加强对特色小镇建设的动态监管

提升特色小镇管理服务水平，持续优化营商环境，帮助企业降低运营成本，降低制度性交易成本。增强特色小镇的吸引力，提高公共服务质量，增强城镇精细化治理水平，持续提升教育、医疗等公共服务水平。完善城镇基础设施，实施新型智慧城镇行动，加快更新改造。与此同时，必须加强对特色小镇建设的动态监管。2020 年 9 月，国务院办公厅转发国家发展改革委《关于促进特色小镇规范健康发展的意见》，要求严格节约集约利用土地、严格控制高耗能高污染高排放企业入驻、严防地方政府债务风险、严控房地产化倾向、严守安全生产底线。2021 年国家发展改革委等十部委印发了《全国特色小镇规范健康发展导则》，强调加强对特色小镇的动态监管，有效防范各类潜在风险，确保不突破各项红线底线。坚守红线底线才不会跑偏，规范发展才能行稳致远。加强对特色小镇建设的动态监管，减少了企业参与特色小镇建设的后顾之忧，增强企业信心并提供了发展机遇。

3. 建立特色小镇评价体系

近些年来，各地区各部门认真贯彻党中央国务院决策部署，积极稳妥推进特色小镇建设，取得了一些进展，积累了一些经验，涌现出一批产业特色鲜明、要素集聚、宜居宜业、富有活力的特色小镇。但在推进过程中，出现了照搬照抄、一哄而上、概念不清、定位不准、急于求成等问题。有些地区把特色小镇当成筐，什么都往里装，盲目把产业园区、旅游景区、体育基地等戴上特色小镇的帽子。为支持特色小镇有序发展，有必要制定适合我国国情的特色小镇发展水平评价标准，防止特色小镇建设迷失方向、误入歧途，引导和推动特色小镇高质量和可持续发展。城乡融合发展需要坚持绿色发展理念，把生态文明理念融入城镇化建设进程，加强环境治理和保护，坚持绿色低碳循环发展。建立特色小镇评价体系，为鼓励企业参与特色小镇建设提供了机遇。

第二节　新时代我国企业面临的新挑战

综观历史、横观世界，全球正经历深刻复杂之大变革、大调整，全球新一轮科技革命和产业变革持续发展。我国经济正处在转变发展方式、优化经济结构、转换增长动力的攻关时期，经济发展前景向好。但也成为新一轮国际竞争的竞技场。国内外市场复杂多变，面临着一系列结构性、体制性、周期性问题多重叠加的困难挑战。我国企业要深刻认识我国社会主要矛盾变化带来的新特征、新要求，深刻认识错综复杂国际环境带来的新矛盾、新挑战。

越是困难前所未有，越要坚定信心鼓起勇气；越是风险挑战增多，越能检验底色，越能突显优势和发展后劲。形势逼人、挑战逼人、使命逼人。新征程上，企业应当敢走前人没有走过的路，勇于攻坚克难、追求卓越，积极抢占科技竞争和未来发展制高点，努力实现关键核心技术自主可控，把创新主动权、发展主动权牢牢掌握在自己手中。

一、世界复杂多变形势与不确定因素增多的挑战

21 世纪是科技革命、产业变革、商业重塑的世纪。人类正在经历一场更大范围、更深层次的科技革命和产业变革。新技术、新业态、新产业层出不穷，让世界各国利益和命运更加紧密相连，更加深度融合。复杂多变的国际经贸形势，给我国企业带来诸多挑战。我国企业应当准确把握国际形势发展变化，善于在危机挑战中看到新的机遇，在波动中把握长期趋势。

（一）经济全球化遭遇逆流给我国企业带来的挑战

当今世界既是大发展的时代，也是大变革的时代。全球经济一体化、世界贸易自由化是不可阻挡的潮流。逆经济全球化是少数国家的倒行逆施。企业要想在竞争中立于不败之地，就要融入全球经济，就要应对逆经济全球化的挑战。

1. 贸易保护主义和逆全球化更加明显地给企业带来的挑战

长期以来，经济全球化创造了一个繁荣且蓬勃发展的国际市场，形成了错综复杂的生产网络与全球供应链。但是近些年来，贸易保护主义和逆全球化凸显，严重阻碍了经济全球化进程，严重冲击了全球产业链和各国经济的稳定。全球贸易需求萎缩，市场需求薄弱，严重衰退的世界经济、复杂多变的国际经贸形势，严重拖延了世界经济全球化进程。美国政府的本国优先政策在全球范围内蔓延，单边主义盛行，以所谓“国家安全”为由，肆意践踏国际规则，制裁贸易伙伴。民族主义抬头引发国际分工调整，以

及经济全球化趋势的逆转，给我国企业带来巨大冲击。美国肆意干涉中国内部事务，2021年美国国会出台了300多项反华议案。美方将900多个中国实体和个人列入各种单边制裁清单，严重破坏中美之间的正常交往。美国还在全球范围拼凑打压中国的各类小圈子，甚至对很多中小国家施加压力。这些做法不符合中美两国人民利益，不符合国际社会期待，不符合时代发展潮流。美国不支持欧盟一体化。中欧刚开始更高层面的合作，美国就不高兴了，考虑对来自法国、德国、西班牙出口货物加征关税。国际贸易投资大幅萎缩，大宗商品市场剧烈波动，产业链供应链循环受阻，大国之间战略博弈加剧。世界经济长期低迷的根源在于三大突出矛盾没有得到有效解决，即全球增长动能不足、全球经济治理滞后及全球发展失衡。一是全球经济增长动能一直不足。受新冠肺炎疫情制约，全球经济恢复到疫情前水平还需要很长时间。二是全球经济治理难见成效。面对经济全球化大趋势，个别国家坚持保护主义、单边主义、霸权主义，肆意挥舞制裁大棒，挑起经贸摩擦。个别国家置多数成员意见于不顾，固执己见，导致世贸组织改革陷入停摆的尴尬境地。三是国际政治格局不稳定性上升。以大数据、物联网、人工智能等为核心的新一轮科技革命和产业变革正在成为影响各国竞争和大国兴衰的重要力量，各国抢占制高点的竞争日趋激烈。新兴市场与发展中国家力量加快崛起，国际政治格局不稳定性上升，特别是美国单方面挑起贸易摩擦，试图对我国全面战略围堵，成为影响我国发展的重要外部因素。四是全球发展失衡越演越烈。新冠肺炎疫情破坏了全球在减贫和其他重要可持续发展目标方向取得的进展，全球经济社会发展鸿沟加深。当前世界经济陷入衰退，给我国外贸带来很多不确定性。历史已经证明，从世界体系中退场，掉入冷战陷阱，受损的是全球经济和各国的利益，没有国家能独善其身。挥舞制裁大棒可能会让美国一些利益团体得到实惠，短期内转移部分国内矛盾视线，但真正受伤害和为其埋单的是美国企业和美国民众。面对经济全球化遭遇逆风，我国将坚定不移扩大开放，深化与各国友好合作，加快与国际通行经贸规则对接，提高政策透明度和执行一致性，营造内外资一视同仁、公平竞争的法治化、国际化、便利化营商环境。发挥我国完整的工业体系、大规模市场优势和内需潜力，吸引世界先进技术、管理模式和价值链网络落地中国，使更多的中国企业融入全球产业链，进而增强企业“走出去”和在全球配置资源的内生动力和能力。

2. 中美关系进入两国建交以来最困难的时期且可能继续恶化给企业带来的挑战

中美双方在社会制度、价值观和国家利益等方面矛盾越来越突出。美国对华政策发生重大变化，将中国确定为主要战略对手，开始对中国进行全方位的长期竞争，继续抹黑我国国有企业，对我国全方位打压阻遏升级，对我国科技领先企业持续打压。美国为了阻断中国的经济发展与复兴，限制中国对世界经济增长的作用，维护本国经济霸权和领袖地位，全然不顾联合国宪章精神和国际关系基本准则，极力鼓动本国企业和其他发达国家企业退出中国，试图打造一条将中国排除在世界经济格局之外的新的全球产业链供应链。美国试图以扩大“七国集团”的方式，诱使一些新兴国家加入西方阵营，将中国孤立于美国主导的新的全球治理体系之外，我国外部的复杂性和严峻性在上升。近些年来，美国先是制裁中国中兴公司，接着全面围剿中国华为公司，同时对中国发动规模空前的关税战，接连不断地宣布制裁中国的公司和机构。由于美国政府的蓄意所为和刻意引导，中美关系目前正面临两国建交以来最紧张、最复杂的局面。受此影响，中国与西方国家乃至整个世界的关系，也因此变得更加严峻。在经济全球化时代，美国充当“现代海盗”角色，搞贸易霸凌，不仅无法获利，反而让国际社会认清美国出尔反尔、肆意欺压、大搞保护主义的真实面目，必将招致多国反制。我国企业必须丢掉幻想准备斗争，增强忧患意识和竞争意识，敢于斗争，善于斗争。

3. 全球产业链供应链体系出现梗阻不畅给企业带来的挑战

进入 21 世纪以来，全球经济增速放缓，我国经济下行压力加大，产业链供应链成为当今国际社会公认并竞相争夺的经济要素。产业链是指各产业之间依据一定的经济技术逻辑及特有的时空布局关系而连接起来形成的链式形态。全球产业链则是指全球范围商品设计、生产、储备、流通、分配、交易、消费及辅助服务的各个环节在价值创造的作用及相互关联形成的动态系统。供应链是指企业围绕业务开展、产品制造或服务提供，将供给方与需求方，或者上下游连接起来形成的链式形态。全球供应链则是指以全球客户需求为导向，以提高产品质量、效率和竞争力为目标，以整合资源为手段，实现产品设计、采购、生产、销售、物流、售后服务、信息等全过程协同的组织形态。在国际形势复杂多变，全球产业链供应链循环受阻的背景下，我国企业面临新挑战。一是产业链供应链稳定面临重大挑战。主要发达国家制造业产业链本土化意识强烈，新兴发达国家加速布局产业链的优势环节，使我国制造业产业链供应链的稳定受到挑战，原有的劳动力竞争优势逐渐减弱，新的产业链竞争力尚未形成。二是产业链供应链安全面临挑战。产业链供应链是跨国公司在全球采购原材料并经过复杂的流程将其组合成制作的过程。在世界各国进行生产和经营活动的跨国公司，需要有效管理遍布全球的产业链供应链，对整个供应链系统进行计划、协调、操作、控制和优化等，将顾客所需的产品在正确的时间，按照合适的数量、质量和状态，送至合适的地点并使总成本最优化。我国一些制造业产业链主要集中在下游的加工组装环节和中低端制造领域，一些关键核心技术产品高度依赖进口，如高端数控机床、芯片、光刻机、操作系统、医疗器械、发动机、高端传感器，以及在上游的关键材料、核心零部件、核心技术装备、主要软件等方面，依赖进口的局面没有发生根本性改变，核心技术层面多个领域存在“卡脖子”风险。关键核心技术是要不来、买不来、讨不来的。美国等西方国家的先进技术和产品不仅难以引进，而且以前能引进的现在也变得困难重重，甚至出现断供。三是企业的价值创造和价值实现面临的挑战。全球贸易摩擦使一些企业及相关产品的生产链受到破坏，产品市场流通范围受到限制，产品创造的价值不能够充分实现，由此导致企业的价值创造功能很难充分发挥，抑制了企业的价值创造能力和价值实现能力，损害了国际社会的总价值创造能力和价值实现能力，导致全球产业链供应链断裂、价值总量减少、产品价值贬值。四是我国产业很多处于中低端的挑战。我国用几十年的时间走完了西方发达国家几百年走过的工业化道路，形成了全球规模最大、门类最全、配套最完备的制造业体系，成为世界制造业第一大国。但也要看到，在全球产业链的很多方面，我国还处于中低端。我国制造业的技术水平与世界先进水平相比还有一定差距，我国经济体系中的短板和弱项很多，经济与社会发展的整体协调性尚且不足，许多行业的产业链供应链还不健全，尤其我国很多企业一些核心技术和关键技术，以及生产流程中的一些关键技术环节和关键零部件，存在瓶颈制约。对此，我国企业必须增强紧迫感，深刻分析世界经济和产业布局结构调整的动向，下决心解决好我国产业发展中存在的问题，下大力气提升我国企业的现代化生产能力和现代化技术水平。构建新发展格局就要高度重视产业链的稳定和安全，着力提升产业链质量和效率，巩固传统产业优势，强化优势产业领先地位，抓紧布局战略性新兴产业和未来产业。在一个完整的产业链和供应链中，无论是中高端产业还是低端产业，都是不可缺少的链条环节，共同组成了有机整体。我国企业在进一步加强产业链供应链建设，筑牢产业安全体系的进程中，需站在推动高质量发展的高度，应对各种挑战。国家有关部门应当鼓励、支持企业优先使用国产设备和国产零部件，推动我国全产业链和供应链协调、有序、健康发展，逐步形成区域之间、产业之间、企业之间产业互补、生产互补、供应互补的经济联系和生产分工，有效实现各自的比较效益。针对暴露出来的我国产业在全球产业链供应链上的多点“梗阻”，以及我国企业在产业链供应链存在的短板，我国企业需要围绕新业态部署创新链，围绕创新链布局产业链，加快形成创新集聚效应、产业辐射效益和区域品牌效应，为高质量发展创造更多有利条件。供应链自主是指我国能够在关键供应链上起到主导作用。可控是指对某些供应链，我国虽然不能主导，但却有较大的控制力和影响力。实现产业链供应链自主可控，就是为了保证国民经济顺畅运行，实现经济安全和产业安全。国有企业特别是中央企业应当发挥龙头带动作用，带动上下游各类企业共渡难关，加强国际合作，保护好产业链供应链。

（二）全球疫情呈现常态化对我国企业国际化交流合作带来的挑战

成之唯坚，生命至上。疾病防控是实现生命至上的最主要途径。突如其来的新冠肺炎疫情，对全球贸易和产业链供应链造成冲击，对我国经济社会和人民的基本生活带来极大冲击。世界疫情的常态化，对我国企业带来极大挑战。

1. 全球疫情持续蔓延对经济恢复构成较大压力并给企业带来挑战

2020 年以来，新冠肺炎疫情的突袭，成为全球经济最大的黑天鹅事件。这是中华人民共和国成立以来我国遭遇的传播速度最快、感染范围最广、防控难度最大的一次重大突发公共卫生事件，对我国经济社会发展的冲击前所未有。在党中央、国务院坚强领导下，我国采取果断举措阻断了疫情传播链，率先实现对疫情的有效控制，企业复工复产稳步推进。但在全球范围内，很多国家与地区的新冠肺炎疫情仍在继续，甚至有进一步蔓延的态势。世卫组织指出，新冠肺炎疫情导致了史上最严重的全球卫生紧急状态。新冠肺炎疫情对经济的不利冲击，是多方位的、深层次的。为切断疫情的传播蔓延，最有效的方式就是阻断潜在风险人员的流动，或是要求保持安全社交距离，这一措施的实施，必然会对企业生产运营产生直接冲击。越是疫情严重的地区，对经济活动的不利影响也就越大。在疫情的全面冲击下，消费显著萎缩。一方面，经济活动的减少，将在事实上削弱人们的消费能力；另一方面，居家防疫措施的实施，也无疑会直接减少居民消费，尤其是会减少服务消费。这会对国际经济活动产生重大影响。为阻断疫情的国际传播，国际贸易、商务活动与人员往来会减少。消费水平的下降，也会导致对进口产品需求的减少。也就是说，疫情不仅会给当地经济活动产生重大不利影响，还将通过国际贸易的传导，对国际产业链上下游经济体的生产运营产生明显影响。越是外向型经济，这种不利影响可能越大。富而德律师事务所发布的《2020年第二季度并购市场观点透视》显示，新冠肺炎疫情明显抑制了全球并购活动的活跃，2020年全球并购交易量急剧下降，创下了2003年以来的新低。全球跨境并购市场复苏将非常缓慢，恢复到疫情之前可能需要几年时间。这些国际机构的统计数据，对中国经济的疫后振兴复苏显然不是好消息。在2021年上半年走出V形反转的中国经济，持续增长的基础需要进一步巩固。国际疫情的持续蔓延，无论是从国际经济活动的关联影响角度来说，还是从疫情的国际传播与防控角度来说，都是中国经济恢复增长的重大不确定因素。国外疫情重灾区经济活动的萎缩，必然对中国外向型企业产生重大直接冲击，进而影响到中国企业在国内生产经营活动的顺利开展。疫情让许多发达国家的企业估值下降，为防止外国趁机收购国家关键资产和技术，美国、澳大利亚、西班牙、印度等国家及欧盟等地区密集出台投资规定，限制外国在本国内投资，这也将直接对中国企业进行国际化布局、获得国际资源产生不利影响，影响国内国际两大循环的畅通。疫情在全球大流行，对世界经济造成严重冲击，通过外贸、外资、产业链供应链等渠道，对我国经济和金融市场产生较大冲击。新冠肺炎疫情全球持续蔓延背景下，给我国企业带来很多不确定的挑战。

2. 世界疫情延续对我国制造企业产业链供应链带来挑战

产业链供应链安全稳定是构建新发展格局的基础。产业链供应链具有动态化、多样化、网络化、复杂性等特点。随着经济全球化的不断深入，全球已经形成比较稳定的产业链供应链。我国在一些产业链供应链环节具有明显优势，但也存在基础不牢、水平不高等问题。制造业产业链供应链体系是各类相互作用、相互依赖的制造业供应链交互融合形成的有机整体，是支撑制造业发展的关键因素。然而，新冠肺炎疫情加速全球产业链供应链结构调整。如何通过实施产业基础再造工程，增强基础零部件、工艺、关键材料的自主可控，保障产业链供应链安全稳定，是一个不容忽视的问题。我国很多中小企业供应链资金链中断，无法保持正常生产。为了帮助中小企业渡过难关，国家陆续出台了一系列抗疫和复工复产扶持政策。例如，汽车产业链是全球性行业，产业链长，产业链协同对全球汽车行业发展极为重要。中国汽车工业发展取得了一些成绩，但面临的挑战依然非常严峻。尤其是一些核心技术还需要持续突破。由此带来了一个结果就是中国本土汽车零部件企业竞争力依然不足，有些关键零部件仍然依赖进口。保产业链供应链稳定，关键在于对重要产业链梳理的缺失和盲点，要及时查漏补缺，培育自己的核心供应链，提高国产化率。以龙头企业需求为主导，各企业协作，在固链、补链、强链上下功夫，打造共生的产业链，强化关键环节、关键领域、关键产品保障能力。国内供应商加大研发力度，推进零部件深度本地化。产业链供应链的类型多样，不同的类型其特征各异。提升产业链供应链现代化水平，就要分行业摸清底数，区分结构类型、产业优势基础、驱动力量差异，抓住主要矛盾，找准发力点。针对世界疫情和国内外新形势对我国制造企业产业链供应链带来的挑战，需要重塑产业链供应链。一是需要提升创新链。制造企业创新链是由知识创新、技术创新、产品创新等一系列活动及其主体组成。构建自主可控创新链要发挥信息化手段作用，面向企业需求，加大基础研究和技术创新的投入，整合科技力量，加大核心技术攻关力度，为企业和产业提供先进科技成果和技术解决方案。二是需要稳定供应链。我国制造企业供应链协同管理能力不强，生产过剩矛盾较为突出，同时受疫情和贸易保护抬头的影响，我国中小企业发展面临着较大的压力。因此，需要借助5G、物联网、大数据畅通大中小企业之间的联系，引导中小企业加入国内供应链，为中小企业发展创造国内市场空间。三是需要补强产业链。针对制造企业产业链薄弱环节，统筹推进补齐短板和锻造长板，实施好关键和核心技术攻关工程，尽快解决一批“卡脖子”问题，在产业优势领域精耕细作，搞出更多独门绝技。例如，我国新能源汽车产业发展处于重要战略机遇期，但是机遇和挑战都有新的变化。如何优化产业布局、更好保持供应链舒畅，成为全行业必须解决的关键问题。加快推进新能源汽车产业高质量发展，以技术强、产业强、设施强引领全球汽车产业电动化进程，重点做好实施强链补链行动，加快核心技术攻关，加大推广应用力度，优化产业发展环境，深化高水平开放。加快发展科技型产业，以数字新基建为契机，导入国内产业配套体系，逐步形成以我国为主的产业基础，确保我国产业发展协调与产业链畅通，避免产业链中断对经济发展造成重大损失。

3. 世界疫情预测短期难以平复对我国服务企业正常营业带来挑战

当今世界已经进入服务经济时代，服务贸易是国际经贸合作的重要内容。面对新冠肺炎疫情影响，借助数字技术的崛起，远程医疗、在线教育、共享平台、协同办公、跨境电商等线上服务得以广泛应用，数字服务业和数字服务贸易的优势充分彰显，成为促进经济稳定、推动国际抗疫合作的重要动力源。疫情挑战最大的行业是服务企业。交通运输、旅游、餐饮住宿、娱乐文化、商贸会展、批发和零售等传统服务业受到较大冲击，服务贸易大幅萎缩。服务业的发展动力来源于公众的生活消费需求。那些能适应疫情时代公众生活需求变化的企业，将有更大机会发展壮大。反之，那些不能适应变化的企业，日子就要难过得多。对于服务企业来说，适应疫情的服务需求变化，既是挑战，也是机遇。疫情使得服务消费从线下转移到线上。例如，疫情期间人们发现在线会议的效果很好，不但有助于疫情防控，而且参会者免除了旅途辛苦，办会者也节约了办会成本。即便疫情防控形势已经稳定，越来越多的单位仍愿意选择在线会议而非线下会议的方式。这给各会务公司带来生存的挑战。疫情让很多从事传统服务业态的企业看到了数字化转型的必要性和紧迫性。在疫情发生之前，数字化转型仅是关系到企业发展速度快慢的问题，疫情发生后，数字化转型已经成为服务业企业生死存亡的关键。中国服务市场开放的大门将越来越大，为深化国际服务贸易投资合作、增强国际经济发展活力贡献出更多的中国智慧和力量。

4. 世界疫情复杂多变对我国中小微企业冲击带来严重的挑战

中小微企业在市场中总体上处于弱势地位，不仅抗风险能力弱，而且竞争能力也不强。一旦遭遇外部市场环境的重大变化，中小微企业很容易陷入经营困局，甚至最终走向破产倒闭。新冠肺炎疫情给中小微企业带来的冲击之大是前所未有的。疫情导致中小微企业普遍面临订单减少、开工延后、流动资金不足等问题。资金链紧张成为复工复产首先要解决的问题。中小微企业发展问题已经不只是中小微企业自身的问题，也是关联到大企业发展与产业链畅通的问题，必须将保中小微企业提升到新的战略高度。如果不共同想办法解决影响中小微企业发展的市场与资金问题，任由中小微企业经营状况恶化，甚至是引发中小微企业大面积的倒闭潮，这将会导致相关产业链循环出现中断，并影响产业链中大企业的正常运营。大力支持中小微企业发展，有利于补足产业链关键环节的短板，有利于增强产业链创新能力，有利于发挥中小微企业对提升产业链供应链现代化水平起到的重要支撑作用。

二、实体经济高质量发展与推动制造业转型升级的挑战

实体经济是指物质的、精神的产品和服务、生产、流通等经济活动，包括农业、工业、交通通信业、商业服务业、建筑业、文化产业等物质生产和服务部门。实体经济是一国经济的立身之本，是财富创造的根本源泉。拥有坚实发达的实体经济，是使我国具有长远发展竞争力的关键所在。变局潜藏危机，危机孕育转机。实体经济是经济的立身之本。经济社会长期稳定发展，离不开稳健发展的实体经济。企业知变局、辨变局的目的，就在于拨清迷雾、厘清脉络、找准机遇、因势而谋。放眼世界风云变幻，双重循环蕴含新机，把发展经济的着力点放在实体经济上，加快推进制造强国、质量强国建设，促进先进制造业和现代服务业深度融合，强化基础设施支撑引领作用，构建实体经济、科技创新、现代金融、人力资源协同发展的现代产业体系。

（一）实体经济实现高质量发展遇到的挑战

我国经济发展以实体经济立身。拥有坚实的实体经济，是使我国具有长远竞争力的关键所在，任何时候都不应该动摇。推动实体经济高质量发展，是遵循经济发展规律、保持经济持续健康发展的必然要求。如何发挥实体经济的优势，又实现创新发展，是新变局下我国企业必须面临的重要考验。越是在这个时候，越遇到前所未有的风险和挑战，越需要实体经济企业在变化中保持清醒头脑，增强战略定力。

1. 实体经济面临国际经济格局变化的挑战

实体经济是创造财富的根本源泉，是国家强盛的重要支柱。实体经济是立国之本、强国之基、富国之源。无论经济发展到什么时候，实体经济都是我国经济发展、在国际经济竞争中赢得主动的根基。要把实体经济特别是制造业做实、做强、做优，把提升全产业链水平作为主攻方向。各国围绕实体经济的竞争更加激烈。一些发达国家反思“脱实向虚”的发展模式，鼓动产业链本土化，给我国实体经济发展带来很多影响。我国经济是靠实体经济起家的，也要靠实体经济走向未来。我国要在国际经济格局变化的潮流中，在新冠肺炎疫情的冲击下站稳脚跟、战胜挑战，需要依靠振兴实体经济，筑牢经济行稳致远，在竞争中赢得主动的根基；需要把发展的着力点放在实体经济上，围绕产业基础高级化、产业链现代化，发挥协同联动的整体优势，塑造创新驱动发展新优势。国际经济格局变化给我国实体经济带来了挑战。

2. 实体经济面临由数量型向效益型转变的挑战

实体经济是我国经济的命脉所在。实体经济做强做大了，我国企业才能够扎扎实实、名副其实攀登世界高峰，实现中华民族伟大复兴。近几年，由于土地和劳动力成本上升，资源环境约束趋紧，外需不足、出口下降，低端过剩、高端不足等原因，我国实体经济回报率下降。我国实体经济企业遇到不少困难。越是这种情况，越需要更多地支持实体经济发展，全面提升政府服务效率和水平，把为实体经济服务作为出发点和落脚点，提高针对性和精准性，支持实体经济特别是制造业企业渡过难关，平稳发展。企业要坚定不移走高质量发展的道路，以智能制造为主攻方向，大力推动制造业智能化、数字化转型。稳步实现从代工到研发、从模仿到创新，从制造到智造的转变。我国企业应当抓住机遇，提升实体经济质量，夯实发展根基。实体经济面临由数量型向效益型转变，给我国企业带来新的挑战。

3. 实体经济面临由传统产业转型升级与新兴产业快速发展的挑战

实体经济是经济发展的根基所在。适应新形势，应当把建设现代经济体系的着力点放在实体经济上。壮大实体经济这个命脉，关键在于用创新提升实体经济发展水平，加快新产业兴起与传统产业转型升级，促进经济发展。新兴产业竞相迸发，传统产业改造提升加快。从消费互联网到产业互联网，新冠肺炎疫情就像催化剂，推动数字化和智能化向前迈了一大步。以实体经济为代表的传统产业面临一场数字化和智能化变革，如5G、“云”、AI 等新一代信息技术爆发，互联网已进入“全真互联网”阶段，每一个传统产业都需要转型。我国一些实体企业长期处于供应链下游，远离产业链核心，导致我国实体经济发展模式相对粗放。针对这种情况，我国企业必须自立自强，构建可靠可控的产业链，拉长长板、补齐短板，在关系国家安全的领域加快传统产业的转型升级。对落后产能要坚决去产能，加快“腾笼换鸟”。传统产业数字化转型已经是大势所趋。传统产业借助互联网广泛的数字连接能力，能够有效打破时空的局限，将产品和服务提供给更为广泛的用户以实现规模增长。传统产业借助新技术有力的转型，推进传统产业数字化、网络化、智能化升级改造，能够有效实现降本增效，让企业能够度量、分析和优化生产运营的各环节，降低成本，提高效益。传统产业借助数字化转型，能够提高生产运营的精度，提高企业产品和服务质量，帮助企业创造出新的产品和服务，获得新的市场。推动数字经济和实体经济深度融合，需要从需求端出发，整合消费信息。以信息为基础统合数据标准，构建数据结构，打通全社会数据流通交换，为产业融合发展奠定数据基础。瞄准高端前沿精准培育，突破性培育发展数字经济、人工智能、量子技术等高端产业，抢占未来产业发展制高点，实现以科技创新为依托，促进传统产业转型升级和新兴产业快速发展。实体经济面临由传统产业转型升级与新兴产业快速发展，给企业发展带来新的挑战。

（二）制造业实现高质量发展面临严峻挑战

制造业高质量发展是我国经济高质量发展的重中之重。构建新发展格局，必须把着力点放在发展实体经济上，尤其是放在发展制造业上。制造业是实体经济的重要支柱，是推动高质量发展的关键领域。制造业从根本上决定着国家综合实力和国际竞争力。只有实现了制造业高质量发展，才能把握整体经济高质量发展的方向，才能在日益错综复杂的国际竞争中掌握主动权。党的十九届五中全会通过的《中共中央关于制定国民经济和社会发展第十四个五年规划和二〇三五年远景目标的建议》指出，坚持把发展经济着力点放在实体经济上，坚定不移建设制造强国、质量强国、网络强国、数字中国，推进产业基础高级化、产业链现代化，提高经济质量效益和核心竞争力。

1. 制造业企业面临转型升级的挑战

制造业是产业链供应链体系的重要构成，是产业链供应链的核心载体。制造业在国民经济中占据重要地位。制造业是实体经济的基础，在国民经济中发挥着重要作用。制造业是立国之本、强国之基、富国之源。国家要强大，必须靠实体经济。关键基础材料、核心基础零部件（元器件）、先进基础工艺、产业基础技术等产业基础能力，是制造业赖以生存和发展的基石，也是制造业核心竞争力的重要体现。做强实体经济首先要做强制造业，加强产业基础能力建设。从现实看，制造业企业投资增长低迷、生产成本上升，产业链供应链受阻，亟待加快转型升级。持续推进制造强国建设，保持制造业在 GDP 中的稳定地位，巩固壮大实体经济根基，必须做强做优制造业，推动全产业链优化升级。智能制造 + 中国制造，探索中国制造的新途径，为制造强国贡献新智慧。进一步强化企业创新主体地位，健全制造业创新体系，着力解决好跨行业、跨领域的关键共性技术问题；深入推动新一代信息技术与制造业深度融合，先进制造业与现代服务业深度融合，加快提升产业链现代化水平；大力开展质量提升行动，加强品牌建设，持续提升制造供给体系质量效率；加快培养急需紧缺人才和技术技能人才，建设高素质制造业人才队伍；加强制造业国际交流和产能合作，深化开放，共享共赢，共同迈向制造业新时代。企业需以强烈的使命感和责任感落实制造强国战略。经济规模大、产业配套强是我国制造业企业的优势。针对我国制造业企业面临的挑战，必须强基础、增动能、促升级、亮优势、减负担。一是强基础，加快补齐产业链供应链短板弱项。鼓励企业聚焦制造业基础零部件、基础材料、基础工艺、基础软件。二是增动能，支持先进制造业瞄准未来产业变革方向，加快重大技术创新成果产业化步伐，培育新技术、新产品、新业态、新模式，增强全产业链核心竞争力。三是促升级。企业加快设备更新和技术改造投资，提升产品质量、加强品牌建设，加快向高端化、智能化、绿色化转型。四是亮优势。优势就是力量。有比较才有鉴别，有优势才有胜利的希望。充分发挥各地优势，引导区域差异化发展，根据各地区的条件，走合理分工、优化发展的路子，落实主体功能区战略，完善空间治理，形成优势互补、高质量发展的区域经济布局，打造世界级先进制造业集群，形成我国制造业参与国际竞争的拳头产业。五是减负担。综合施策缓解大宗商品价格上涨压力，加大制造业中长期贷款支持力度，增强中下游制造业企业投资动力。

2. 制造业企业面临提高人均增加值的挑战

制造业是振兴实体经济的主战场，是立国之本、强国之基，特别是推动高质量发展的关键领域，从根本上决定着国家的综合实力和国际竞争力。只有实现制造业高质量发展，才能牢牢把握整体经济高质量发展的方向，才能在日益错综复杂的国际竞争中掌握主动权。我国已涌现出一批具有全球影响力的制造业企业，但制造业劳动生产率与发达国家相比仍有一定差距，部分领域核心关键技术受制于人。这些问题对我国制造业企业提出挑战，并需要尽快解决。我国制造业总体规模已多年居于世界第一，但人均制造业增加值依然较低。2020 年，我国人均制造业增加值为 2749 美元，与高收入国家人均制造业增加值平均6000美元左右的水平相比仍有差距。其中，德国和日本的人均制造业增加值超过 8000 美元，美国和韩国的人均制造业增加值超过 7000 美元。我国制造业发展的质量和效益还有很大提升空间。发展先进制造业是我国补齐产业基础能力短板、抢占未来产业制高点的重要途径，也是参与国际竞争的先导力量。近些年来，世界发达国家纷纷将制造业高质量发展当成重点和方向，以求在新一轮技术革命和产业变革中抢占产业发展制高点。这更加倒逼我国加快补齐产业关键技术、核心部件和特殊材料等短板，向产业链高端迈进。制造业的投资在全社会固定资产投资中占重要地位。制造业作为工业发展的物质基础和技术条件，其投资对实体经济实力和竞争力的提升具有举足轻重的作用。我国制造业企业投资增长必须加快，特别是新一代信息技术、高端装备、智能网联等驱动的战略性新兴产业，通过投资推动先进技术、前沿技术的工程化转化和规模生产，推动传统产业数字化、网络化、智能化升级改造等，为经济持续健康发展注入强劲动力。

3. 制造业企业面临提升全球产业链地位的挑战

制造业是现代化的支撑力量。制造业是一个国家经济的骨架，代表着综合实力、核心竞争力和抗风险能力。我国作为世界第一制造大国，是全世界唯一拥有联合国产业分类中全部工业门类的国家，制造业规模居世界之首。但总体上看，我国制造业，如核心基础零部件、先进基础工艺、关键基础材料、产业技术基础等方面，对发达国家仍然具有一定的依赖度。我国制造企业仍处于全球产业链的中低端，远离产业链核心，缺乏全球供应链主导权，导致我国实体经济发展模式相对粗放且较为被动。在新冠肺炎疫情冲击国际供应链背景下，国际供应链循环不畅，加剧我国制造业风险进一步显现。我国全面建成小康社会，开启高水平建设社会主义现代化新征程，制造业至关重要，是战略基石和支撑力量。没有强大的高质量发展的制造业，现代化奋斗目标就难以实现。与世界制造强国相比，我国制造业供应链体系建设不足，在关键环节和核心零部件方面，仍然较为薄弱。在供应链主导权、安全性、有效性、智能化水平等方面仍存在差距。我国企业对制造业的高端环节缺乏控制力，许多关键设备仪器与核心技术受制于人。制造业企业运作成本较高，效率较低。企业运作模式大多缺乏战略性采购和与供应商合作的机制。商流、物流、资金流、信息流没有有机统一。供应链模式与数字化智能化技术融合程度不高，供应链体系中的信息孤岛、数据分割、数字化基础设施薄弱、上下游企业缺乏联动问题突出。制造业供应链横向集成、纵向集成、端到端集成程度较低，敏感化、柔性化及可视、可感、可控的能力较弱。针对这些问题，我们必须坚持自立自强，构建可靠可控的强大产业链。在继续保住产业链完整性的基础上，拉长长板、补齐短板，在关系国家安全的领域，构建自主可控、安全可靠的国内生产供应体系。围绕产业链部署创新链，围绕创新链布局产业链，筑牢实体经济根基。新形势下防范产业链供应链风险，维护我国产业链供应链安全，必须引导产业结构调整升级，掌握关键核心技术，实现重要领域的自主可控，推动我国产品由“以价取胜”到“以质取胜”，不断提升我国企业在全球价值链中的地位。发挥我国全球最完备产业装备体系和超大规模市场的独特优势，主动参与到全球产业链供应链调整进程中去，不断巩固我国在全球产业链中的地位，做全球产业链供应链的稳定器。当今世界已经进入经济一体化高度发展的阶段。未来我国制造业企业的发展，在全球分工中要有所为、有所不为，力争在重点领域实现突破。通过做优做强新兴产业和优势产业，发展战略性新兴产业，加强品牌建设，提高我国企业在全球分工中的位置，实现制造业产业链的整体提升，促进我国制造业企业不断向全球价值链中高端迈进。

4. 制造业企业面临提高产品品质的挑战

制造业是国家战略的基石，必须坚持制造业为本的导向。制造业迈向中高端，必须以质取胜，提升产品品质，弘扬工匠精神，发挥标准引领作用，加大知识产权保护力度，推动更多中国制造的品牌享誉世界。制造业投资是实体经济供给能力形成的基础和现行指标。加强制造业品牌建设，对推动建设制造强国、实现高质量发展具有重要意义。我国很大程度上处于模仿型排浪式消费阶段。模仿型就是没有创新，排浪式消费则是一段时间内有一种消费为主导。比如前些年家电消费为主导，一下子家电产品排浪式的都过来，市场基本饱和，接下来的是汽车、手机。排浪式消费阶段后，基本就是升级换代了。推动制造业高质量发展，就要发挥我国制造业大国和网络大国优势，尤其要以新基建为抓手。新基建作为数字经济、智能经济、生命经济等人类未来文明的技术支撑，不仅将带来投资需求，还将通过数字经济产业化、传统产业数字化、研发创新规模化，产生叠加效应、乘数效应，从而为制造业注入新活力。制造业是满足人民日益增长的美好生活需要的重要基础。经济发展的最终目的是提升人民福祉。人民对美好生活需要日益广泛，不仅要求解决温饱问题，而且要求物质和精神产品的供给质量不断提升。这对制造业的品质发展提出了更高要求。社会生活中衣食住行等各个方面，都需要制造业企业提供高品质的产品予以支持。

5. 服务型制造业企业面临创新发展的挑战

服务型制造是制造业与服务业深度融合的新产业形态，是制造业企业将制造与服务融合发展的新型制造模式。服务型制造包括工业设计服务、定制化服务、供应链管理、共享与协同制造、全生命周期管理、总集成总承包或系统解决方案提供服务、信息增值或智能服务、生产性金融服务、节能环保服务等新业务模式和新产业形态。随着新一代信息技术不断进步和应用拓展，传统的服务业和制造业之间的分工界限日益模糊，服务型制造的新模式、新业态正在不断创新发展。传统制造业主要采用硬件收入模式，即硬件收入 + 后服务收入，构成传统制造业企业主要的盈利模式。从收入结构看，硬件收入占有较高比重。工业互联网应用到制造业，将使数据创造价值，带来企业盈利模式的变化。除了可以获取传统制造业企业的硬件收入外，企业还可以获取软件升级和数据聚合创造的生态收入。硬件收入 + 生态收入构成工业互联网企业的盈利模式，在盈利结构中，生态收入的比重较高。物流是制造业生产的有力支撑。物流企业加强供应链衔接配套，解决重要物资的运输配送，保障公路网、水路网畅通。随着产业链的延伸，进而出现制造业服务化和服务业制造化的现象。一是制造业企业在产业链上下游进行战略拓展，提高自身竞争能力。例如，以装备制造起家的陕西鼓风机集团，逐步发展成为为用户提供分布式能源的系统解决方案商和系统服务商，工业服务已经成为陕西鼓风机集团的重要业务。二是大型贸易企业向上下游拓展。例如，中粮集团从大健康需求出发，践行从农田到餐桌的全产业链发展。国机集团从贸易向制造延伸，如今机械装备制造业早已超过服务贸易。三是互联网相关服务直面消费者，也赋能制造企业。依托于此，制造业和服务业企业更加有条件彼此延伸，相互融合助力，增强对消费终端的服务能力。服务业与制造业融合发展成为一种趋势。以某一行业特征来对企业进行研究，也将成为一种挑战。

（三）传统产业转型升级给企业带来的挑战

传统产业是指劳动力密集型的、以制造加工为主的行业。我国传统产业是支撑我国经济发展的基本力量，拥有很大规模，创造大量增加值、利税和就业机会。但传统产业也存在效率较低、资源消耗较大等特点，转型升级成为当务之急的挑战。

1. 传统产业面临发展观念上的挑战

传统产业需以新发展理念引领新突破。关于传统产业转型升级，很多企业缺乏危机感和紧迫感。一些传统产业的企业对数字化转型的必要性和重要性认识不足，观念陈旧，没有强烈的危机感。我国进入新发展阶段，产业赋能促进传统产业高质量发展遇到时间的挑战，需要努力把我国优势传统产业做大、做强、做优。传统产业向新产业、新业态的发展转化是必然趋势。这会带来产业结构、就业结构及社会结构等一系列重大变化。传统产业转型升级不是该不该做的选择题，而是必须做且要做好的必答题。传统产业必须跟上世界科技进步的脚步，运用新兴生产技术进行改造升级，调整优化生产结构和产品结构，适应社会进步、满足人们对现代化生活变化的发展需要。传统产业只有坚决转型、快速转型，才能在激烈的市场竞争中取胜。加快传统产业转型升级，组织实施产业基础再造工程，加大核心技术攻关力度，培育一批先进制造集群，增强传统产业抗风险能力。传统产业发展，需要科技创新、现代金融和人力资源能更好地服务于传统产业。传统产业高质量发展需以高水平的科技创新为支持。科技创新是传统产业升级的持续驱动力。

2. 传统产业面临资金支持和人才支撑的挑战

对于传统产业的转型升级，企业需要大量的投入。以产业转型升级重塑传统产业新优势遇到成本提升的问题。传统产业向新产业、新业态的转换是无穷无尽的。现代产业体系必须有能力加速且能平滑实现这个过程。传统产业转型升级面临资金、人才等难题，需要统筹考虑，抓住契机稳步推进。传统产业的发展需要科技创新、现代金融和人力资源更好地服务于传统产业。传统产业高质量发展离不开现代金融的保障。现代金融能为传统产业提供高效便捷、功能多样、成本合理的融资服务。人力资源对传统产业发展的支撑作用日益突出，有效提升劳动者技能、就业质量和收入水平，形成人力资本提升和产业转型升级的良性循环筑牢基础。传统产业中小企业自动化水平低，数字经济专业人才缺乏，数字化转型成本较高，应当从企业自身的资金实力、人才储备和业务发展需求及长期发展规划出发，逐步推进转型过程。

3. 传统产业面临缺乏技术装备和经验的挑战

我国在智能制造和工业互联网领域取得了丰硕成果，但不同地区、不同类型的企业在这一领域的发展水平有较大差距。大量的传统产业需要推进信息化、智能化、数字化改造。对此，需要推动数字经济与实体经济深度融合，推动传统产业高端化、智能化、绿色化发展，推进数字产业化和产业数字化。对于传统产业的转型升级，企业需要先进装备。在现实中，传统产业硬件方面缺乏智能化装备，软件方面缺乏本地化的技术支撑，应加速形成电子信息、装备制造、新能源材料、大健康等特色优势产业集群，推动先进制造业与现代服务业深度融合，形成高等级、高层次、深度化产业结构，促进产业链、价值链向中高端迈进。很多地方的产业发展证明，没有落后的产业属性，只有落后的技术、装备、产品、模式和理念。没有传统产业的涅槃重生，就没有经济的高质量发展。传统产业掌握了世界一流技术，传统企业也可以变为朝阳企业。

三、生态文明建设与推进绿色发展的挑战

生态文明是人类文明发展的历史趋势。生态文明建设是关系中华民族永续发展的千年大计，也是一项复杂庞大的系统工程。生态文明建设功在当代、利在千秋。绿色发展是在生态环境容量和资源承载能力的制约下，以资源节约、环境友好的方式获得经济增长，通过保护自然环境实现可持续发展和生态发展。建设社会主义现代化国家，必须坚持生态优先，推进绿色发展。

生态文明建设关系人民福祉，关系企业的未来。生态文明建设是一个只有起点、没有终点的伟大事业。为人类奉献蓝天白云，给未来留下更多资源，应当是企业的使命；发展绿色经济，促进清洁能源发展和环境保护，坚持可持续发展，应当是企业追求的目标。绿色是企业发展的底色，也是企业可持续发展的底线。推动生态文明建设迈上新台阶，企业必须走以生态优先、绿色发展为导向的高质量发展道路。

（一）生态文明建设大趋势给我国企业带来的挑战

生态文明建设关乎人类未来。加强生态文明建设，是推动经济社会高质量发展的必然要求，也是广大人民群众的需要和呼声。莫道春光难揽取，浮云过后艳阳天。生态是统一的自然系统，是相互依存、紧密联系的有机链条。生态文明建设具有很强的整体性、系统性。“十四五”规划提出，我国生态文明建设要实现新进步。国土空间开发保护格局得到优化，生产生活方式绿色转型成效显著，能源资源配置更加合理，利用效率大幅提高。世界环境保护要求生态文明建设以绿色发展为导向。建立绿色低碳环保发

展的经济体系是大势所趋，也是企业面临的挑战。

1. 构架人类生态文明建设共同体，要求企业实施绿色发展

人类是一个整体，地球是一个家园。在全球化的今天，每个民族、每个国家的前途和命运都紧紧联系在一起。拥抱世界，才能拥抱明天；携手共进，才能行稳致远。建设生态文明关系人民福祉，关乎民族未来。人类只有一个地球，人类也只有一个共同的未来。构建人类生命共同体是一个美好的目标，也是一个需要一代又一代人接力跑才能实现的目标。生态文明建设乃千年大计，关系中华民族和人类的永续发展。良好的生态环境是绿色财富，是民生福祉，是可持续发展的保障。建设绿色家园是人类的共同梦想。坚持绿色低碳、建设一个清洁美丽的世界，是构建人类共同体的重要方面。据有关资料显示，目前全球有超过 120 个国家和地区提出了碳中和目标，有 28 个国家和地区确立了在 21 世纪中叶前后达成碳中和目标。我国将全面落实联合国 2030 年可持续发展议程。我国加强生态文明建设，加快调整优化产业结构、能源结构，倡导绿色低碳的生产生活方式。第十三届全国人大四次会议通过的《“十四五”规划和 2035 年远景目标纲要》提出，积极应对气候变化，制定 2030 年前碳排放碳达峰行动方案，力争 2060 年前实现碳中和。积极应对气候变化、推动实现碳达峰、碳中和，不是别人要我们做，而是我们主动要做。从欧美国家来看，从碳达峰到碳中和一般有 50 年到 70 年的过渡期。而我国碳达峰的时间比较紧，距离实现碳中和只有 40 年时间。我国承诺实现从碳达峰到碳中和的时间远远短于发达国家所用的时间。完成碳达峰、碳中和的任务十分艰巨，需要付出艰苦努力。实现这一目标，我国需要付出极其艰巨的努力。我国企业更要付出极大的努力。我国企业要提升清洁能源比例，推动交通电气化，促进终端消费低碳化，加快金融绿色布局，构建新型电力系统智能化等。我国企业参与国际竞争必须坚持可持续发展战略，不断创新研发绿色产品，打好蓝天、碧水、净土保卫战，以能耗强度、主要污染物排放量下降等具体成效保护世界环境。在保护中发展，在发展中保护，实现发展与保护双赢。这样企业的产品会受到国家的支持和国际的欢迎，在人民面前树立好的公众形象。生态文明问题归根到底是经济发展方式问题。绿色发展是构建高质量现代经济体系的必然要求。企业以绿色发展为导向，为人类奉献蓝天

白云，给未来留下更多资源，是企业的使命。发展绿色经济，促进清洁能源发展和环境保护是企业追求的目标。

2. 大力推进生态文明建设，要求企业推进绿色发展

生态兴则文明兴，生态衰则文明衰。我国建设社会主义现代化的重要特征之一是我国现代化是人与自然和谐共生的现代化，注重同步推进物质文明建设和精神文明建设。这一重要战略彰显了我国坚定不移走绿色发展道路，为新形势下加强生态文明建设指明了方向。保护生态环境就是保护生产力，改善生态环境就是发展生产力。工业创造了巨大的物质财富，也带来了生物多样性丧失和环境破坏的危机。建设生态文明，企业需站在对人类文明负责的高度，尊重自然、顺应自然、保护自然，探索人与自然和谐共生之路，促进经济发展与生态保护协调统一，共建繁荣、清洁、美丽的世界。要有坚定不移的战略定力，有恒久不变的投入毅力，也要有变现生态效益的机制活力。环境保护、污染治理不可能一蹴而就。生态文明建设是一场持久战、攻坚战。针对我国以煤为主的能源资源禀赋，深入推进煤炭清洁高效利用，积极发展可再生能源，从源头减少污染物排放。推进交通企业、重化工企业节能减排改造，在生产环节降能耗、减污染。加强污水、垃圾处置设施建设，从末端减少污染。壮大节能环保产业，让专业化力量做专业化工作。生态文明建设处于压力叠加、负重前行的关键期。企业要履职尽责，当好生态卫士。提高生态环境治理成效，突出依法、科学、精准治污。深化重点地区大气污染治理攻坚。加快人口密集区危险化学品生产企业搬迁改造。壮大节能环保产业，实施重要生态系统保护和修复重点工程，促进生态文明建设。为了推动生态文明建设不断迈向新台阶，企业要以科学思维为支撑，提高战略思维、历史思维、辩证思维、创新思维、法治思维和底线思维能力，像保护眼睛一样保护生态环境，像对待生命一样对待生态环境，探索以生态优先、绿色发展为导向的高质量发展新路子。

3. 坚持生态文明发展理念，要求企业加快绿色发展

建设美丽中国，加强生态文明建设，是一场深刻的经济社会系统性变革。生态本身就是经济。生态环境保护和经济发展是辩证统一、相辅相成的。建设生态文明、推进绿色低碳循环发展，不仅可以满足人民日益增长的优美生态环境需要，而且可以推动实现更高质量、更有效率、更加公平、

更可持续、更为安全的发展，走出一条生产发展、生活富裕、生态良好的文明发展道路。进入新发展阶段，面对资源约束趋紧、环境污染严重、生态系统退化的严峻形势，必须树立尊重自然、顺应自然、保护自然的生态文明理念，把生态文明建设放在突出地位。面对新的发展环境，我国发展的各方面条件都产生了诸多变化。企业要想高质量的发展，就要摒弃损害甚至破坏生态环境的发展模式，摒弃以牺牲环境换取一时发展的短视做法。我们要建设的现代化不仅是经济、科技等领域的现代化，还应当是人与自然和谐共生的现代化。人不负青山，青山定不会负人。生态文明建设的成效最终要看人民生态福祉是否真正得到提升、人民生存环境是否真正得到改善。这是衡量生态文明建设成效的试金石，也是实现生态文明建设的重要保证。人民群众关心的问题不仅是政府要做的事情，也是企业要努力实现的事情。新时代加强生态文明建设，构建绿色发展格局，打造绿色低碳和可持续发展范例，要求企业加快绿色发展。新发展理念是新时代我国发展思路、发展方向、发展着力点的集中体现。新发展理念的创新、协调、绿色、开放、共享是一个有机整体。实现新发展理念，就是生产要素投入较少、资源配置效率较高、资源环境成本较低、经济效益和社会效益较好的发展。这五大发展理念相互贯通、相互促进，是具有内在联系的集合体。绿色发展理念是新阶段我国经济社会发展规律的重大理念，成为指引我国产业转型升级、实现高质量发展的目标导向。绿色发展是永续发展的必要条件和人民对美好生活追求的重要体现。坚持绿色发展理念，落实节约资源和保护环境的基本国策，也是企业追求清洁生产环境保护的奋斗目标。生态优先，绿色发展是解决污染问题的根本之策。坚持绿色发展理念，落实环保责任，不是要让企业不发展，而是要引导企业更好地生存和发展。

4. 加强生态文明制度建设，要求企业保证绿色发展

保护生态环境必须依靠制度。要把资源消耗、环境损害、生态效益纳入经济社会评价体系，建立体现生态文明要求的目标体系、考核办法、奖惩机制，增强民众的环境保护意识，培育社会治理的民间力量，提高公众的获得感。绿色发展是世界潮流，是未来产业经济的发展方向。近年来，国家加大对《环境保护法》《环境保护税法》《大气污染防治法》《水污染防治法》《土壤污染防治法》等法律的执法力度。40 多项涉及生态文明

的改革方案相继出台，尤其是中央生态环境保护督查制度的建立，社会生态优先、绿色发展的理念生根开花。例如，对塑料污染治理，市场监管等部门加大对违规生产销售超薄塑料袋、超薄农用地膜的执法检查，按期对一次性发泡塑料餐具、一次性塑料棉签等开展执法工作。工业和信息化等部门组织对涉及生产淘汰类塑料制品的企业进行产能摸排，引导企业及时做好调整。商务部门加强对商品零售场所、外卖服务等停止使用不可降解塑料袋的监督管理。这将推动相关一次性塑料制品生产方、销售方、使用方积极寻求替代方案，进行绿色转型，促使生态环境治理体系和治理能力现代化水平不断提升。这也将给我国企业带来严峻挑战。生态文明建设没有止境，解决环境问题更需久久为功。只有在绿色发展的路子上坚持走下去，矢志不渝地促进人与自然和谐共生，才能为子孙后代留下清洁、美丽、可持续发展的世界。我国生态文明建设面临诸多矛盾和挑战。生态环境的修复和改善是一个需要长期努力的过程，不可能一蹴而就。我国企业必须坚定绿色发展理念，依法增强保护和改善生态环境的自觉性，尊重自然、顺应自然、保护自然，把企业行为限制在自然资源和生态环境能够承受的限度内，以实际行动走上生态文明建设之路。

（二）推进绿色发展对我国企业肩负责任带来的挑战

绿色发展是永续发展的必要条件和人民对美好生活追求的重要体现。推进绿色发展是我国企业肩负的使命和追求的目标。企业应当紧紧把握绿色发展的时代机遇，自觉履行生态文明建设和绿色发展的责任，走以生态优先和绿色低碳发展为导向的高质量发展之路，让绿色发展成为经济社会可持续健康发展的支撑点，成为人民幸福生活的增长点。

1. 推进绿色发展应当成为企业肩负的历史使命

为人类奉献蓝天白云，给未来留下更多资源，是企业肩负的使命。绿色发展注重的是解决人与自然和谐共生问题。建立健全绿色低碳循环发展经济体系，促进经济社会发展全面绿色转型，是解决我国资源环境生态问题的基础之策。坚定不移贯彻新发展理念，全方位、全过程推行绿色规划、绿色设计、绿色投资、绿色建设、绿色流通、绿色生活、绿色消费，使发展建立在高效利用资源、严格保护生态环境、有效控制温室气体排放的基础上，统筹推进高质量发展和高水平保护，应当是企业担负的历史使命。

绿色发展和环境保护已成为全球共识。全球企业都在寻求可持续发展方式。我国企业作为建设生态文明的重要力量，应秉持绿色发展理念，不断加强节能减排体制机制和能力建设，加快调整和优化能源产业结构，推进生态保护和修复治理等工作，促进绿色发展不断取得新成效。一是科技成果为污染防治赋能。在生态文明建设的实践中，我国很多企业将科技成果应用在实际中，特别是节能减排、生态治理等领域的研究成果，直接转化到经济建设与生态保护工程中。二是清洁能源让发展可持续。我国企业以推进能源生产和消费革命，构建清洁低碳、安全高效的能源体系，大力推进绿色能源开发，加快推进产业调整升级，向清洁低碳转型发展。三是生态修复让祖国山河更美。我国石油企业大力实施植树造林和绿化美化工程，积极开展绿色油气田、绿色工厂创建活动，提升绿化科技含量。我国冶金企业把优化节能减排、资源充分利用和矿山生态恢复纳入总体发展战略和具体规划之中，努力建设绿色低碳矿山企业。昔日尘土飞扬的排岩场、尾矿库，如今变成了美丽的多功能生态园。

2. 推进绿色发展应当成为企业追求的奋斗目标

推动绿色发展、促进人与自然和谐共生是经济社会发展的重要目标。发展绿色经济，促进清洁能源发展和环境保护，是企业追求的目标。经济社会发展全面绿色转型的关键在于生产生活方式的绿色转型。生产方式涉及劳动者、劳动对象、劳动工具、劳动环境、劳动产品等诸多要素。所以，发展绿色经济，实现绿色转型，应当是企业追求的目标。我国企业顺应科技革命和产业变革大方向，抓住绿色转型带来的巨大发展机遇，以创新为驱动，大力推进经济、能源、产业结构转型升级，让良好的生态环境成为经济社会可持续发展的支撑。例如，近些年来，我国开展环保治理，整个环渤海地区的钢铁、石油化工、水泥企业都实现了超低排放，许多钢铁企业的环境治理工作比欧洲的工厂做得更好。不少国内钢铁企业在管理、品质、装备上已经超过了欧美同行。又如，我国企业的原材料需生态化利用，企业的生产设备、工具需节省资源，企业的生产环境需干净无害，企业生产的产品需绿色环保等。再如，能源企业已将促进清洁能源发展和环境保护的清洁化、低碳化发展确定为能源企业转型发展的方向。我国发电企业积极践行“绿水青山就是金山银山”的理念，大力发展风电产业，有序推进大江大河上游、中游等水电开发，开拓供热市场，实现电能对散烧煤的替代。电网企业建设全清洁能源特高压输电大通道。我国企业要以功成不必在我的胸怀，真正对历史负责、对民族负责，让绿色发展成为中国现代化的亮丽底色，让绿色发展造福中华民族，泽被子孙后代。

3. 推进绿色发展应当成为企业践行的社会责任

企业履行社会责任是实现人与社会、人与自然全面协调可持续发展的必然要求。社会责任要求企业大力推进清洁生产、绿色发展、循环经济，建设节约型、环境友好型企业，积极开发和运用绿色技术，致力于打造绿色产品生产链，将节能减排与产品结构调整相结合，大力培育新的经济增长点。实现高质量发展必须从源头降低能源和环境代价，把推进绿色发展作为重要抓手，聚力节能降耗，落实节能优先方针。针对个别地方出现的扩充煤电、钢铁、水泥、石化等高耗能的冲动，严格落实能耗目标责任，把源头上降低能耗作为重要考量，引导低能耗的数字产业、高新技术产业和现代服务业发展，抑制重化工等高耗能产业的扩张。企业在绿色转型过程中，面临着前期投入大、融资难、投资短期回报低、回报周期长、市场不明朗等实际困难。企业应当从履行社会责任的高度，坚定绿色发展的决心。越是爬坡过坎，越要紧紧咬住绿色发展目标不放松，扎实推进碳达峰、碳中和及各项工作，优化产业结构和能源结构，推动煤炭清洁高效利用，大力发展新能源，脚踏实地推进绿色发展。

（三）推进绿色发展对我国企业走向未来的挑战

“十四五”规划提出，坚持“绿水青山就是金山银山”的理念，坚持尊重自然、顺应自然、保护自然，坚持节约优先、保护优先、自然恢复为主，实施可持续发展战略，完善生态文明领域统筹协调机制，构建生态文明体系，推动经济社会发展全面绿色转型，建设美丽中国。绿色发展是创新发展，需要技术加强引领。绿色发展是发展方式的根本性转变，是发展质量和效益的突破性提升。绿色发展以资源节约、环境友好为导向，以绿色技术创新为驱动，以绿色低碳循环的产业体系为核心，统筹推动绿色低碳循环的产业发展、技术创新、产品供给、基础设施建设、市场培育与商业模式创新，在保持经济高质量发展，带来新的增长机遇和就业机会的同时，降低资源消耗、生态破坏、环境污染和气候变化代价，实现绿色低碳循环发展经济体系。

1. 绿色发展要求企业加快融入国际减排环境

地球是人类的共同家园。世界是人类同舟共济的命运共同体。自进入工业文明时代，人类一方面创造了巨大的物质财富，另一方面也加速了对自然资源的攫取，打破了地球生态系统平衡，气候变化加大，生物多样性丧失，荒漠化加剧，极端气候事件频发，给人类乃至整个地球家园的生存和发展带来了严峻挑战。我国坚持节约资源和保护环境的基本国策，加快建设资源节约型、环境友好型社会，重视和加强绿色环保创新，对绿色环保的重视程度越来越高。绿色产品在国际上越来越受到追捧。各个国家都意识到绿色、低碳、可持续发展的重要性。企业想要长久发展并要做强做大做优，必须走绿色低碳之路。企业要参与国际竞争，必须坚持可持续发展战略，不断创新研发绿色产品。企业坚持绿色发展，企业的产品会受到国际的欢迎和国家的支持。绿色发展刻不容缓，保护生态环境就是保护生产力。企业要做到的就是加快融入国际减排环境，摈弃牺牲环境换取发展的短视做法，顺应当代科技革命和产业变革大方向，抓住转型带来的发展机遇，让良好的生态环境成为企业可持续发展的支撑。

2. 绿色发展要求企业加大技术创新和管理创新力度

绿色发展是全球共同应对气候变化的需要，是我国经济转型升级的需要，也是企业具有战略意义的重大抉择。这是一项系统而全面的工程，涉及产业结构调整和经济发展方式的转变。我国很多企业已在多年前就开始践行，用实际行动推动绿色发展，促进人与自然和谐共生，为建设美丽中国做出了重大贡献。很多企业抓管理创新，促使企业管理创新增收、节支、提质、增效，强化成本费用管理，严格预算硬约束，严防跑冒滴漏，向管理要效益。很多企业抓技术创新，促使企业以技术创新为手段，培育企业市场竞争潜能，加大研发投入，降低减排，提升核心竞争力。很多企业坚持双轮驱动、两手抓。通过技术创新提升企业硬实力，通过管理创新提升企业软实力，为实现碳达峰、碳中和目标，为打造具有更强竞争力的世界一流企业迈出更大的步伐。一是绿色发展要求企业技术创新，需要企业坚持技术引领。绿色发展离不开技术创新。技术创新带来的高效率生产模式将有效弥补传统技术创新忽视资源保护和污染治理的缺陷，有效降低环保成本，带动产业体系的绿色化转型。绿色发展是发展方式的根本性转变，是发展质量和效益的突破性提升。二是绿色发展要求企业管理创新，需要企业加强各项管理。管理创新是企业降本增效、提高发展水平的重要手段。世界企业管理经历了经验管理、科学管理、系统管理和智能互联平台式管理。每一种管理模式的成功都促进了生产力的发展。绿色发展更要重视和加强企业绿色环保创新。绿色发展需要严格落实企业的各项管理制度，推动绿色发展，提升产品质量和管理水平。

3. 绿色发展要求企业切实做到减少碳排放

实现碳中和是我国贯彻新发展理念、推动高质量发展的必然要求。碳达峰是指在某一个时点，二氧化碳的排放不再增长，达到顶峰，之后逐步回落。碳中和是指企业团体和个人测算在一定时间内直接或间接产生的温室气体排放总量，通过植树造林、节能减排等形式，以抵消自身产生的二氧化碳排量，实现二氧化碳零排放。具体来说，就是二氧化碳的排放量与去除量相互抵消。就我国而言，向“双碳”目标迈进是新时代实现高质量发展的必由之路。为积极应对气候变化，我国提出明确的实现碳达峰、碳中和目标，任务十分艰巨，需要付出艰苦努力。我国富煤、贫油、少气的资源禀赋，决定了煤炭是主体能源。但煤是高碳能源，为此我国不断在结构优化和高效利用上做文章。煤炭在能源消费结构中的占比从过去很长时间的 70% 以上降至 2020 年的 56.8%。我国是发展中大国，现在仍处于工业化进程中，工业化、城镇化正深入推进，能源需求不可避免地会继续增长。在这种情况下，处理好发展和减排关系尤为重要。发展是解决问题的前提和基础。为此，需以保障安全为前提构建现代能源体系，在新能源尚未充当主力的情况下，继续优化煤炭能源产能布局和清洁能源高效利用。我国对全世界宣布的承诺需要企业落实。企业作为应对气候变化的主力军，落实碳达峰和碳中和目标，在生态领域转型升级中不能有丝毫犹豫，应积极落实“绿水青山就是金山银山”的理念，以实际行动为碳中和做出重要贡献，为全球应对气候变化做出应有贡献。

第三节　新时代我国企业肩负的新任务

紧跟时代步伐，奏响时代强音。企业面对新时代充满的机遇与挑战，必须激荡创新创造的活力，昂扬奋斗奋进的决心。一个时代铸造一个时代的企业。只有顺应时代的企业，没有游离时代的企业。成功的企业都是投身时代、为时代做出贡献的企业。同舟共济千帆起，乘风破浪万里行。进入新时代的我国企业应当立足新的起点，开启新的征程，展示新的眼界，适应新的格局，树立新的目标，表现新的胸怀，应对新的挑战，抓住新的机遇，承担更多的使命、任务和担当，为实现中华民族伟大复兴做出新的、更大的贡献。

一、努力打造具有全球竞争力的世界一流企业

世界一流企业在世界经济发展中发挥引领、支撑和融合作用。建设世界一流企业，是我国企业高质量发展的重大任务。我国企业打造具有全球竞争力的世界一流企业，是在新时代新的历史起点，在一些优势行业和领域，向价值链高端迈进，努力在国际市场竞争中占据有利地位，形成一批在全球产业发展中具有话语权和影响力的领军企业。

（一）培育具有全球竞争力的世界一流企业意义重大

展望未来，面对新蓝图、新目标，我国企业将登上新台阶、迈出新步伐。建设世界一流企业，紧紧地把我国企业发展与国家利益、民族利益和人民利益紧紧联系在一起。国家因企业做强而强大，民族因企业做强而自豪，人民因企业做强而骄傲。培育具有全球竞争力的世界一流企业，增强国家、民族和人民的凝聚力。

1. 国家因为培育具有全球竞争力的世界一流企业而走向强大

企业兴则国家兴，企业强则国家强。狂风骤雨可以轻易地掀翻小船，但不可能掀翻航母。世界一流企业就相当于航行在大海中的航母，是参与世界市场竞争的国家队。建设世界一流企业是我国企业深度参与国际分工、建成具有国际竞争力的世界一流企业，对整个国家经济的持续发展意义深远。华为是具有全球竞争力的世界一流企业，是唯一能够提供 5G 端到端

服务的厂商。华为已经申报了3147项5G专利，在全球5G公司中排名第一。美国举国家之力封杀华为，但美国的5G怎么绕都离不开华为。企业强大则国家强大。这时候全世界都会对你和颜悦色，或者不得不和颜悦色。拥有一批具有全球竞争力的世界一流企业，不仅是一个国家闪亮的名片，更是衡量一个国家经济实力的重要指标。建设世界一流企业，能够促使企业聚焦国家战略需求，加强原创性科技攻关，促进企业把握数字经济发展机遇，推动生产模式、管理模式、流程模式等方面的变革，激发创造力，实现科技自立自强。

2. 中华民族因为拥有具有全球竞争力的世界一流企业而充满自豪

民族自豪感是爱国主义的重要因素，是指对本民族的历史文化、传统精神、价值取向、现实状况、未来发展等表示高度认同、充满信心和乐观主义精神的情感。我国打造的世界一流企业不仅是基于现在、基于全球，更重要的是基于中华民族的繁荣和未来。世界一流企业不是与生俱来的。倘若自己不去争取、把握，永远都不会有机会。我国优质企业彰显打造世界一流企业的雄心壮志、能力本领和责任担当，努力成为推动高质量发展的生力军，加快建设世界一流企业，切实提升企业发展质量和效益，有效打通经济循环堵点，畅通生产、分配、流通、消费等各环节，构建以国内大循环为主体、国内国际双循环相互促进的新发展格局。中华民族历来具有强烈的民族自豪感。打造具有全球竞争力的世界一流企业增强了中华民族的自豪感。

3. 我国人民因为具有全球竞争力的世界一流企业而感到骄傲

中国人民的骄傲体现在历史上的指南针、火药、造纸术、印刷术、万里长城、故宫等灿烂文化，体现在新时代的杂交水稻、中国高铁、特高压、航天飞船、“两弹一星”、三峡水电建设、桥梁建设、无人机技术、5G等。世界一流企业在重要产业及领域发挥积极引领带动作用，搭建产供销合作机制，拉动投资、促进消费、扩大内需，带动产业链上下游中小企业发展，增加人民群众的幸福感、认同感、获得感。打造具有全球竞争力的世界一流企业，增强了中国人民的骄傲感。

（二）培育具有全球竞争力的世界一流企业的奋斗目标

打造世界一流企业是我国企业的奋斗目标。功崇唯志，业广唯勤。企业在发展中会遇到各种难题，只有通过奋斗才能破解；建设具有世界一流水平的企业目标，只有通过拼搏奋进才能实现。培育我国具有全球竞争力的世界一流企业，为推动世界发展做出新贡献，为国家的富强做出新贡献，为企业的兴盛做出新贡献。

1. 世界一流企业的特征

培育具有全球竞争力的世界一流企业，必须在技术、管理、品牌、市场等方面具有全球领先地位，能够凭借这些优势对全球发展施加深刻影响。一是世界一流企业要有新发展理念。建设具有全球竞争力的世界一流企业，必须转变增长方式，立足新发展阶段，贯彻新发展理念，融入新发展格局，做出发展理念和增长方式的重大调整。二是世界一流企业要有完善的治理结构。世界一流企业必须要有一流的战略、一流的决策、一流的管理。这在很大程度上取决于企业治理能力和水平。三是世界一流企业要有高远目标。世界一流企业追求的战略目标是要么第一，要么唯一。第二名是不能接受的。世界一流企业必须是全球市场的领导者，并且始终保持全球领先地位，各项经济指标都要领先。世界一流企业不仅体现在资产、营业收入等规模指标上，而且要体现在效益、潜力等发展质量方面的指标上。四是世界一流企业要有核心竞争力。世界一流企业区别于其他企业的鲜明特色，就是构建全球范围内的核心竞争力。五是世界一流企业要有世界知名品牌。工业革命以来的品牌大概分为三类：第一类是产品品牌，以产品溢价为主；第二类是平台品牌，以移动互联网的流量溢价为主；第三类是生态品牌，以体验溢价为主。企业应在品牌上具有驰名效应，打造具有全球知名度、影响力的品牌，为全球广大用户提供有质量的服务。六是世界一流企业要在技术创新和管理创新上领先。企业要在技术创新上持续突破，掌握自主核心技术；在管理上不断创新，管理效率达到高水平。企业创新要素投入快速增加，带动创新产出的量质齐升。

2. 世界一流企业的评价标志

世界一流企业是具有国际竞争力、处于行业领先、经得起时间考验的标志性企业。世界一流企业的标志应当是具备行业领先的规模经济、高度的全球化水平及国际影响力、卓越的产品影响力和品牌影响力，在创新研发能力、国际化经营能力、资源配置能力、可持续发展能力等方面达到一流水平。麦肯锡在《完善系统对标，推动管理转型，打造世界一流企业》的研究报告中指出，世界一流企业有三个特征：一是要大，在体量上要有足够规模，在行业甚至在全球范围内有显著影响；二是要强，在行业内通过不俗业绩来保持领先地位；三是要基业长青，企业要有在市场风云变幻中屹立不倒的长期性，并在发展中积累长盛不衰的国际声望。也就是说，世界一流企业都具有做大做强做久的共同特征。我国加快建成一批世界一流企业，将更加突出主业、实业和核心竞争力的标准，更好推动重组、整合、调整、优化。加快打造一批行业产业龙头企业、一批科技创新领军企业、一批“专精特新”冠军企业、一批基础保障骨干企业，使企业真正成为主责主业突出、功能作用显著、有力支撑经济社会发展的国家队。世界一流企业要不断打好基础、练好内功，通过持续在组织创新、技术创新、产品创新、管理创新、商业模式创新、人才培养等方面的不懈努力，形成领先的科技创新能力、成熟的体系协同能力与风险管控制度、高度的社会责任感，在不断变化的市场竞争中把握战略发展方向，持续推进企业高质量发展，形成可持续发展能力。

3. 与世界一流企业对标

大企业开展对标特别是与世界一流企业对标，是企业找出自身存在的差距、确定提升方向的重要而有效的举措。充分发挥我国大企业的作用，对标世界一流企业，是实现我国经济高质量发展的重要抓手。中国企业实现从追赶到并跑，再到弯道超车，形成全球同行业的主力军，必须全面深入地进行国际对标，对标规模，对标当年数据，要全方位深入对标。从业绩指标、运营指标、创新能力等方面，进行长期对标，以此做出客观的评价。任何企业要想引领行业发展，必须寻求规模效益、降本增效，不断推动产业优化升级，形成经济增长的新动能。我国企业要建立涵盖主业主导产品和服务的对标指标库，持续跟进对标。要从基因、制度、文化上对标，选树先进标杆，瞄准同行业一流企业，找差距、锻长板、补短板、强弱项，找出我国企业与世界一流企业的差距，找准发力点，全力推进一流产业、一流总部、一流队伍建设。围绕提升劳动、信息、知识、技术、管理、资本的效率和效益，与国际同行业一流企业对标，树标杆，找差距，定措施，设期限，狠抓管理重点环节，突破薄弱短板，使企业管理加快走向规范化、集约化，持续推进开源节流、降本增效，向管理要潜能、要效率、要效益。通过与行业内优秀企业乃至国际知名企业开展对标，向高水平企业看齐，全面提升企业产品和服务的质量水平，以高品质、高质量塑造企业竞争力。与世界一流企业对标，困难和差距是暂时的，信心和努力是永恒的。通过广泛开展对标活动，力争做到管理人才队伍不断优化、市场化程度和素质能力进一步提高，价值创造能力、市场竞争能力明显提升。

（三）培育具有全球竞争力的世界一流企业的主要任务

征程万里风正劲，重任千钧再扬鞭。世界一流企业在全球经济发展中发挥着引领、支撑和融合作用。拥有一批具有全球竞争力的世界一流企业，是衡量一个国家经济实力的重要指标。心之所向，虽远必达。企业要做强必须参与全球市场竞争。企业要做大必须以全球市场为定位，就像奥运会的冠军只能在奥运会上产生。企业围绕打造世界一流企业的奋斗目标，要用全球的眼光审视自己，用全球的理念提升自己，用全球的资源打造自己，用全球的目标激励自己，积极采取措施，形成一批在国际资源配置中占主导地位的领军企业。

1. 深入开展国际化经营

只有面向全球市场的企业才可能成为世界一流企业。企业开拓全球市场，可以扩大规模、分散风险、降低成本、促进增长。国际化经营是中国企业发展的必由之路。敢于先跨出这一步的企业遇到的困难风险很多，付出的代价很大。世界一流企业是国际化水平高、竞争能力强的企业。在经济全球化和逆全球化暗流涌动的背景下，各国走向开放、走向合作的大趋势没有改变。各国经济彼此依存，利益交融前所未有，以诚相待、普惠共享是根本大计。我国企业加强跨国经营管理，提升国际化经营能力和水平，是培育世界一流企业的必然要求。我国已经成为全球第二大对外投资国，国际化布局持续优化。2019 年中国共对全球 166 个国家和地区的 5791 家境外企业开展了非金融类直接投资，对外直接投资金额为 1106 亿美元。截至 2019 年年底，中国超 2.75 万家境内投资者在全球 188 个国家和地区设立对外直接投资企业 4.4 万家，全球 80% 以上国家和地区都有中国的投资，境外直接投资存量 2.2 万亿美元，境外企业资产总额为 7.2 万亿美元。对外直接投资结构持续优化，主要流向租赁和商务服务业、制造业、批发和零售业，房地产业、体育和娱乐业等非理性投资得到遏制。跨国并购重点行业正从传统制造业和资源型行业向高技术水平和高附加值的新兴产业转变。在开放合作的全球大趋势中，全球化虽然遭遇种种阻碍，但仍然是任何国家、任何势力、任何人不可逆转的历史潮流。一是加大国际合作力度。实施“走出去”战略，在“一带一路”建设中推动优势产业“走出去”，带动中国装备制造、技术、标准和服务走向世界。加强国际国内两个市场、两种资源的开发和高效整合的能力建设，着力培育一批具有国际影响力的产品品牌、项目品牌和企业品牌。勇于开拓国际市场，运用跨国并购、联合投资等方式“走出去”，适应国际贸易规则，切实保护知识产权，履行社会责任，增强企业自身抵御风险的能力和水平。二是坚持市场化原则。充分尊重市场规律，充分发挥我国低成本的生产优势和海外的市场优势。俗话说：“渔民打鱼，要到有鱼的地方去，要到鱼多的地方去。”企业“走出去”，也要到有市场的地方去，到有需求的地方去。企业要挖掘新市场，通过开辟新的国际市场做强做大企业。没有突出优势的企业很难在百舸争流的市场竞争中胜出。企业走向国际市场只抢赛道是不够的，必须以市场为导向，紧盯关键，通过独特的创新、独有的竞争能力，不断打造优势产品，避免在市场竞争中惨败。三是加强全球统筹布局。坚持全球视野，增强企业在全球产业链上的话语权，在全球范围统筹布局生产和营销力量，明确不同阶段国际化经营的主要目标和任务，全面规划、分步实施。通过强化开放合作，实施更多范围、更宽领域、更深层次的对外开放，紧密地同世界经济联系互动。四是建立适应国际化经营的组织架构、协调配合机制和支撑体系。加强与海外资本合作，探索海外当地融资及进入东道国当地资本市场的模式，用全球化的手段降低资金成本。五是依法合规经营。依照国际通行规则创新商业运作模式，融入国际产业链分工，增强产品的跨国研发能力和营销能力，通过上下游的分包协作形成供应链的整体优势；要构建全球学习和知识交流机制，培养能熟练使用各类语言并掌握多元文化融合的管理人才。六是要加强与当地企业合作。积极推进本土化经营，推动员工属地化、采购本地化、投资当地公益事业，力争在当地树立良好形象。

2. 实施突出主业的创新驱动发展战略

世界一流企业是创新能力强和引领能力强的企业。企业是创新主体，是科技进步的主要推动者，肩负科技自立自强的责任。世界一流企业一定是主业突出，在主业方面具有充分竞争力的企业。唯有专注，才能专业；唯有专业，才可能成为世界一流企业。世界一流企业的成长经历证明，一个主业不突出，没有核心技术的企业，是不可能实现可持续发展的。只有占领产业技术的制高点，在关键技术领域实现重点跨越，才能在竞争中取得先发优势。创新驱动发展战略实施以来，我国企业创新能力持续提升，在参与核心技术标准制定、拥有有效专利、新技术应用等方面取得显著成绩。但与世界一流企业相比，我国企业处于创新前沿的较少，科技创新的质量和效率有待提升，存在原始创造能力不足、部分行业核心技术受制于人、创新成果转化率不高等问题。企业要想实现高质量发展，必须坚持创新驱动，打造引领全球技术发展、具有行业话语权和影响力的领军企业。企业在投资方向上，重点应当集中于实体经济，加大创新投入力度，不断增强自主创新能力，推进产业升级，发展前瞻性和战略性产业。在前沿领域方面，主要是人工智能、量子信息、集成电路、生命健康、脑科学、生物育种、空天科技、深地深海深空八大领域。在战略新兴产业方面，主要是新一代信息技术、生物技术、新能源、新材料、高端装备、能源汽车、绿色环保、航空航天、海洋装备九大领域。企业应以市场为导向持续加大研发投入，强化自主创新，突破和掌握一批关键核心技术，培育一批具有高附加值的尖端产品。企业应当围绕做强做精主业，进一步明确企业发展战略目标和战略定位，加大技术创新投入，严控非主业投资，推动各要素向主业集中，不断提升核心竞争力和盈利能力。

3. 加快企业数字化转型

企业数字化转型是指深化应用新一代信息技术，激发数据要素创新驱动潜能，建设提升数字时代生存和发展的新型能力，加速业务优化、创新与重构，创造、传递并获取新价值，实现转型升级和创新发展的过程。数字经济的发展包含技术创新、产品创新和商业模式创新等，是实施创新驱动发展战略的重要载体，也是培育企业竞争新优势的重要抓手。加快企业向数字化转型，推动数字经济和实体经济深度融合，坚定不移建设数字企业，是打造世界一流企业必须具备的要求和条件。数字化时代是一个技术驱动的时代。企业所处的时代是数字化时代，必须抓住时代特征、扣准时代脉搏。具有国际竞争力的世界一流企业，需推进企业数字化转型。一是以思维模式转换开启数字经济的大门。现在是数据科技制胜的时代。数字化转型是一场深刻而系统的变革，不是数字化新技术运用，也不是简单地将原有组织与数字等新技术叠加，而是一种认知和思维方式的革命。数字化转型是在数据 + 算法定义的世界中，以智能数据服务的流动，化解复杂系统的不确定性，优化资源配置效率，构建企业新型竞争优势。其路径是企业汇聚和挖掘大数据资源开发和释放大数据蕴藏的巨大价值，关键是要将大数据转变为对企业有价值的知识，并赋能成为员工、机器、设备、系统的智慧能力，赋能企业的生产经营和管理。凡是在传统企业 + 组织再造 + 数字化转型方面做得好的企业，成长都很迅速，有的企业已经成为行业引领者。因此，企业要勇于否定一度被认为成功，而在数字化时代难以为继的经验，面向未来大胆尝试创新。二是以数字经济与产业深度融合发展。近年来，数字经济蓬勃发展，但产业融合发展的基础和应用能力依然不足。数据应用大多数停留在精准营销风险控制等有限场景，难以通过数据分析建模等技术展开生产决策层面的预测和控制。不同企业之间数字化发展差别较大，部分企业尤其是中小企业囿于较低的数据资产积累水平、数据资源应用水平，传统产业数字化转型较慢。因此，应当在继续发展消费互联网的同时，加快推进工业、服务业、农业领域的产业互联网发展，推进传统产业广泛应用数字化技术、新工艺、新装备和新商业模式，释放数字经济对传统产业的叠加倍增作用，打造具有国际竞争力的数字产业集群。三是以业务模式的创新激发数字化转型的潜力。埃森哲一份研究报告显示，80% 的中国企业都尝试进行数字化转型，却仅有 4% 的企业真正释放了其数字化的潜力。数字化所要解决的根本问题是企业的资源配置问题，核心是高效运用有限资源实现创新，盲目运用技术或者脱离业务的战略革新都将失败。当前，数字化转型已经切入了诸多产业的非核心业务，初步实现了企业内部的降本增效，但对于企业发展的助力有限。而企业发展的根本在于业务模式的创新及对市场的拓展，运用架构方式重新思考企业运行的目的和全过程，以数据为系统全面赋能，使数字化真正深入企业的关键业务流程和每一个单元，助力其核心能力重建，发挥全部的潜能。因此，无论是传统企业还是互联网企业，都应当关注组织架构、组织能力，用互联网化的组织去运行公司。四是以实践模式的调整驶入数据化转型轨道。随着数字技术和数字经济的迅猛发展，数据已经成为新的重要生产要素，成为基础性资源和战略性资源。数据挖掘、存储、管理、分析、交换和安全等各环节已形成了较为完整的产业体系，数据供应链和价值链已经形成。数据产业将发生一系列关键性变化，实现从量的积累到质的飞跃。数字经济时代与工业时代的最显著的区别就是增加了信息空间，而数据实现了人类空间、物理空间、信息空间的融会贯通。这是过去 200 多年工业化时代从未有过的。各行各业需要深入探索和实践数据应用，企业要联合上游供应商、服务商和下游用户开展数据合作创新，加快推进企业产品业务，以及供销、研发、经营管理等环节的数字化、智能化、场景化建设，逐步建成基于人、机、物三空间虚实融合的智慧企业，把握数字化转型过程快速迭代的特点，在目标和架构确立之后，借助大数据、云计算、人工智能等手段，通过实践不断试错，使流程参数最优化，快速接近最好结果。五是以管理模式变革形成数字化转型的支撑。注重管理与流程变化，全新的商业时代呼唤全新的企业形态，全新的企业形态离不开全新的组织机构。机器不断取代人工，创造力成为最稀缺的生产要素和组织中最大的竞争力，对组织模式提出了全新的要求。数字化转型不只是传统意义上的更新改造，而是更加强调系统设计、全员参与，企业要在部署应用数字经济的同时调整组织流程与管理机制，通过企业内部大规模网络协同和智慧决策中枢构建敏捷型组织和共同型管理，激活人的创造力。六是企业主要领导引领企业加快数字化转型。数字化时代需要开拓创新，不是因循守旧，采用数字化技术可以提高企业生产力，其生产关系、组织架构和企业文化也需要做好相应的调整。因此，数字化转型成功的企业都是将数字化当成企业一把手工程，而不是简单地下放给某个部门实施。企业实现数字转型时，传统的单体应用开发、运维模式将无法适应新的要求。在监管和合规要求下，结合技术和业务积极创新，懂业务、懂技术、懂创新、懂数据的复合型人才是企业数字化转型的核心。企业应抓住全球数字经济发展机遇，推进数字技术在生产经营管理中的应用，实现数字化改造升级，不断开发新技术、新产品，创新管理方式，持续改善企业全要素生产率、劳动生产率等效率指标。

4. 打造享有国际知名度的高端品牌

当今世界，品牌的力量不断彰显，品牌国际化已经成为我国企业面对全球化竞争、提升企业竞争力的重要战略。世界一流企业均有国际品牌，并以品牌建设提升影响力。一是通过创新创造打造知名品牌。增强创新意识，锻造成创新型企业，争取提供人无我有、人有我优、人优我特、人特我新的具有国际竞争力的产品，努力提高产品和服务的质量与综合竞争力，引领企业不断向产业链和价值链高端迈进，使更多中国品牌成为在国内外市场中值得信赖的选择。徐工集团 30 多年来一直保持在国内外工程机械制造领域的领先地位。中国工程机械行业竞争的关键在海外、在高端市场，只有赢得国际高端市场竞争，才真正称得上是世界一流品牌。二是通过文创实物提升品牌影响。中国核工业集团不断加强品牌建设，使核工业历史文化积淀及国资国企特质在更多文化载体中呈现。中国核工业集团围绕核工业元素，推出“华龙一号”等系列精品文创实物，让“大国重器”既有高度，又有温度，持续扩大文化创意延伸，从物质文化拓展到非物质文化，主动对接国家文物局等单位，将文物保护、开发与红色经典线路、研学科普基地建设相结合，使其成为品牌展示的重要载体。三是通过并购拥有国际品牌股权。10 年前，吉利集团以 18 亿元，从福特汽车手中收购了沃尔沃企业 100% 的股权。作为收购方，吉利集团依托中国市场规模优势和管理智慧，有力推动了沃尔沃企业的复兴，巩固了吉利集团拥有沃尔沃全球豪华品牌的地位。四是通过宣传推广引发品牌关注。国际传播能树立品牌形象。世界经济风云变幻，不确定因素不断增加，但打造世界一流企业必须有享誉国际的知名品牌这一规律不会变。中国石化按照“能源至净、生活至美”的品牌定位，推进实现品牌形象与国际经营同频共振、同步提升，加强对外宣传和国际传播能力建设，肩负起奋力打造“世界领先洁净能源化工公司”的使命。中国石油确保国际传播效果，努力将缅甸和哈萨克斯坦项目打造成中国石油国际传播的样板，并推广至其他国家，形成有重点、分层次、全覆盖的国际传播工作矩阵。中国海油集团与新华网联合策划，宣传产品逐步实现从文字为中心到以视频为中心的转变，海上平台员工以视频连线处境直播，展现抗冰保产故事，充分展现极端天气时海油人不惧困难、有力保障油气生产的感人画面。五是通过主动维权加大品牌保护。

构建诚实信用的市场环境，加大对注册商标的保护，综合运用行政、民事、刑事等多种手段，加大打击处罚力度，让创新者无后顾之忧，让侵权者不敢肆意妄为。企业对商标侵权事件，需依靠法律途径维护自身合法权益。

5. 培育胜任国际化经营的优秀人才

千秋基业，人才为本。打造世界一流企业需要更多的复合型、开放型人才。一是重视国际化经营的优秀人才。多措并举，营造良好环境，尊重人才成长规律，加快培养拥有国际水平的各类人才。二是重视从全球汇聚国际化经营人才。世界一流企业是人才集聚的企业。加强国际间交流合作，健全工作服务平台，对急需紧缺的特殊人才实现精准引进，注重产业导向，推动人才集聚和产业升级联动发展。三是重视对实用性技术人才与技能型人才的培养。第二次世界大战后德国经济为什么迅速恢复过来？人才储备和教育体制重建是重要保证。德国重新建立起以技术培养为主的职业教育和技术研发为主的综合教育，以需求为导向，进行人才选拔和人才培养。近些年来，我国的人才资源和研发人员总数已居世界首位，但人才结构尚需优化，高层次人才尤其是创新型人才不足。因此，企业实行国际化经营，必须不拘一格引进海外人才、海归人才，优化人才成长环境。全面提升教育水平，培育一批世界一流大学、一流科研机构，把创新贯穿于教育全过程。提高职业技术院校的教育质量，推动职业技术院校与企业紧密合作，培养高素质技能型人才。强化工程师与高技能工人的培训，鼓励和支持一流大学与企业合作共同培养高素质工程师，鼓励企业优秀的高级技术人员充实师资队伍，优化学科和专业设置，加强制造工艺工程学科的建设。

6. 增强企业文化软实力

国际化经营意味着企业面临多个国家的不同文化和价值观的碰撞，以及不同地区的风俗习惯、宗教信仰的影响。当代企业之间的竞争越来越表现为文化软实力的竞争。企业不仅需要资金、设备、技术等硬实力来保证，而且需要使命、精神、品牌、商誉等文化软实力来支撑。因此，我国大企业在国际化经营中，必须将跨文化管理作为其全球化布局的一个重要环节。加快建设世界一流企业，需要同步建设与之相匹配的文化软实力，推进文化铸魂、文化赋能、文化融入。一是通过企业文化建设引领打造世界一流企业。综观世界一流企业，之所以能够占据世界产业的领先地位，企业文化软实力发挥了重要的支撑作用，使企业在获得经济效益的同时，通过产业和服务实现了文化的对外传播和价值观的渗透，提升了企业影响力和品牌竞争力。国家电网推进文化铸魂，为建设世界一流企业定向引航；推进文化赋能，为建设世界一流企业蓄势增效；推进文化融入，为建设世界一流企业凝心聚力。通过建设世界一流企业文化软实力，引领国家电网打造世界一流企业。二是通过开放包容实现融合发展。世界一流企业都是在全球激烈竞争中通过优胜劣汰形成的。我国企业实施“走出去”战略，探索同各国企业的合作，融合发展的路径与模式，培育国际合作和竞争优势。在这个过程中，企业并购、跨国经营、产业合作都不是简单的资本、技术和市场的结合，而是各方面价值观念的交流与融合。企业是否具有开放的文化思维和包容的文化气度，很大程度上决定了企业融合发展的能力、广度和深度。企业坚持开放包容的企业文化，就是在合作中秉承共享机遇、共谋发展，坚守根本的原则，又尊重不同地域、企业和所有制的文化多样性，以世界眼光和战略思维兼收并蓄、博采众长，寻求利益与理念的契合点，推动建立行动共同体、利益共同体和命运共同体，实现和谐共处、合作共赢。中国兵器集团北方公司在国际化经营过程中，落实“共商、共建、共享、共赢”理念，推动文化融合和跨文化管理，实现了从“走出去”向融进去的转变。三是通过时尚手法推广中华文化。企业应当更好发挥文化在促进民心相通中的柔性作用，引导国际社会更好地认识中国企业，更好地了解、理解和认同中国企业。中国东方航空集团推出“中华云观光”、端午节“跟东方天厨学做水晶粽”、中秋节“中外诗人以诗会友”等线上专题，扩大渠道传播和企业文化的影响力。四是通过举办专业展馆增强企业知名度。很多企业让收藏在博物馆里的文物、陈列在广阔大地上的遗产、书写在古籍里的文字活起来，让丰富的历史文化滋养全社会。中国铁建集团建立铁道兵纪念馆，成为全国爱国主义教育示范基地、全国中小学生研学实践教育基地，开辟有专门的抗美援朝展厅，保留有美国空军投掷的炸弹等大量实物和资料，让社会各界更加真实地了解抗美援朝、关注中国铁建。

（四）向具有全球竞争力的世界一流示范企业稳步迈进

世界一流企业应当是引领全球行业技术发展，在国际资源配置中占主导地位，在全球产业发展中具有话语权和影响力的领军企业，应当是在效率、效益和产品服务品质等方面的领先企业，应当是在践行新发展理念、守法重信、履行社会责任等方面拥有全球知名品牌形象的典范企业。开展对标世界一流企业，是推动我国企业高质量发展、打造世界一流企业的必然要求，是积极顺应新发展形势、主动融入“双循环”新发展格局的重要抓手。

1.中国核工业集团有限公司打造世界一流核电企业

2021 年中国核工业集团有限公司（简称中核集团）在《财富》世界 500 强企业排名第 371 位，中国企业 500 强排名第 105 位。中核集团连续 18 年荣获中央企业负责人经营业绩考核 A 级。中核集团主要从事核电、核燃料循环、核技术应用、核环保工程等领域的科研开发、建设和生产经营，肩负着确保国家战略核力量建设，以及国家核能事业发展和国有资产保值、增值的重要历史使命和责任。一是掌握三代核电技术。2021 年 1 月 30 日，“华龙一号”首堆中核集团福建福清核电 5 号机组投入商业运行，标志着我国在三代核电技术领域跻身世界前列，成为继美国、法国、俄罗斯之后掌握自主三代核电技术的国家。我国核电技术水平和综合实力已跻身世界第一方阵。作为中国高端制造业走向世界的“国家名片”，“华龙一号”是当前核电市场上接受度最高的三代核电机型之一。二是强化集团战略管控。通过设计和实施价值创造管理，在价值创造中心、价值实现中心、价值管理中心和法人治理结构的基础上设置分级授权，完成了战略指导型集团管控体系的落地。通过优化管理思路，精简冗余环节，明确各环节的信息加工与处理任务，增加必要的协同职能参与，确定流程决策端点，推进监督考核精细化，缩短流程运行时间，提高决策执行力度。三是实施高质量细化工程项目管理模式。中核集团结合核工业特点，持续推动打造“六大控制七个零”高质量精细化工程项目管理模式，力促系列重大工程建设节点的实现，为中核集团新时代“三位一体”奋斗目标的实现提供重要支撑保障。四是推进企业文化建设。围绕社会主义核心价值观，中核集团深入宣贯中核文化理念，持续推进文化理念实践，强化对员工的关注和关爱，充分发挥员工的主观能动性，建设一支能力过硬的企业文化工作者队伍。

2. 中国广核集团有限公司全面建设世界一流清洁能源企业

2021 年中国广核集团有限公司（简称中广核）在中国 500 强企业排

名第200位。中广核是伴随着我国改革开放和核电事业发展逐步成长壮大起来的中央企业。中广核从大亚湾起步，走出广东，走向全国，走向世界，成为国内第一大核电企业、第二大清洁能源企业、全球第三大核电企业，打造出国家名片——“华龙一号”。一是以“专业化、标准化、集约化”为主要抓手，加强安全管理。高度重视安全文化建设，在实践中逐步确立“安全第一、质量第一、追求卓越”的基本原则。二是以市场化为导向全面深化改革，进一步增强企业发展动力和活力。统筹推进国有资本投资公司试点，落实董事会职权试点，创建世界一流示范企业和国企改革“双百行动”。三是以自主化为目标加强科技创新，全力以赴突破“卡脖子”等关键核心技术。始终将自主创新作为引领发展的第一动力，完善自主创新体系，牢牢把握全球核电产业竞争主动权，在科技创新方面取得丰硕成果，为世界贡献中国经验。

3. 中国航天科技集团有限公司打造世界一流航天企业

2021年中国航天科技集团有限公司（简称航天科技）在《财富》世界500强企业排名第307位，中国企业500强排名第86位。航天科技连续18年荣获中央企业负责人经营业绩考核A级。航天科技是拥有“神舟”“长征”等著名品牌和创新能力突出的国有特大型高科技企业，主要从事运载火箭、人造卫星、载人飞船和战略、战术导弹武器系统的研究、设计、生产和发射，专营国际商业卫星发射服务。航天精神、“两弹一星”精神和载人航天精神是我国航天事业的传家宝。航天报国是我国一代又一代航天人推动航天事业再创辉煌的初心和使命追求。一是在领导体制上，坚持党的领导，坚持系统观念，坚持对标一流。持续打造高质量精细化工程项目管理模式，力促重大工程高质量建设，为中核集团新时代“三位一体”奋斗目标的实现提供重要支撑。该模式以“六大控制七个零”工程管理理念为驱动，建立三维立体管理架构，建设四支人才保障队伍，其中“工程项目管理青年大比武”活动旨在培养工程管理后备军，“工程项目管理高级研修班”旨在培养工程管理领军人才。二是在战略发展上，抢占世界航天发展的战略制高点。创新性地提出了层次维、时间维、要素维的“三维”战略模型，明确了统领全局的发展战略和“两步走”的战略安排，构建了确保战略落地的战略规划体系，量化目标体系和战略闭环管理体系。三个维度有机衔接。以三维模型顶层设计企业战略，以三大体系确保战略实施，有效解决战略规划持续性、执行力等方面的问题。三是在管理创新上，面向产品、过程、组织，着力推动全流程的科研生产管理模式转型升级。实施基于专业产品集成的宇航系统研制管理，在型号研制中，单机及以下类别的宇航关键通用产品不再重新研发，而是实行采购制，从货架产品中选用集成，大幅简化型号研制流程，缩短研制周期。构建质量文化、质量管理组织、质量制度与标准、供应商管理、产品保证和风险管控、产品体系管理、质量信息化、质量验证与评价、质量监督等系统，推动质量管理提升。四是在技术创新上，着力打造创新组织队伍、大力协同的创新体系、顺畅衔接的创新链条和快速应用转化的平台渠道；推动边探索、边研究、边验证的融合创新模式，实现小步快跑，高质、高效达成并超越引领目标。自主创新是我国航天事业发展的撒手锏，是我们的看家本领，是我们拥有今天成就、处于今天重要地位的根本力量源泉。五是在深化企业改革上，明确母子公司体制为基础的管控模式调整，航天领域科研生产管理模式改革，以规章制度建设和综合管理信息化为支撑的顶层架构，重塑现代企业总部，引领集团管控模式调整。

4. 中国中车集团有限公司打造世界一流高铁装备企业

2021 年中国中车集团有限公司（简称中国中车）在《财富》世界 500 强企业排名第 349 位，中国企业 500 强排名第 98 位。中国中车始终把自主创新作为锻造大国重器的不竭动力，把科技自立自强作为企业发展的战略支撑，争当我国轨道交通装备行业原创技术策源地和现代产业链链长，矢志在服务交通强国和碳达峰、碳中和等国家战略中领先领跑。一是抓好关键核心技术攻关。中国中车为着力解决我国轨道交通领域基础性、前瞻性、关键性技术存在的“短板”和“卡脖子”问题，联合国内优势企业、高校、研究机构，组成产学研用联合项目团队，有序推进“72181”等重大专项，确保我国轨道交通装备产业链、供应链自主可控。目前重大专项进展顺利，预计到 2023 年，我国轨道交通装备行业能够完全实现自立自强。二是抓好科技创新体系建设。作为“十三五”国家科技体制改革试点单位，中国中车立足产业链、供应链安全稳定大局，有效理顺各研发机构管理关系和职能定位，形成总部—国家创新中心、中车研究院、信息公司—国家级研发机构—协同创新团队—子公司五级架构的科技创新体系。目前已建成2个国家创新中心、12个国家级研发机构、23家国家认定的技术中心、18家海外研发中心，组建7个中车协同创新团队，涵盖重大产品、关键系统、部件、关键材料创新产业链。三是抓好重大产品研发。中国中车围绕碳达峰、碳中和，持续加大科研投入强度，主动适应高速化、重载化、服务化、智能化、绿色化、轻量化发展趋势，统筹谋划重大技术和产品布局。2020年，中车研发投入占比达到6.1%；时速600千米的高速磁浮试验样车成功试跑，时速400千米的跨国互联互通高速动车组成功下线，京雄智能高速动车组上线运营，时速350千米的货运动车组成功下线，30吨轴重货运电力机车等完成样车研制，“复兴号”高原双动力集中动车组研制提速。四是抓好企业发展战略目标。中国中车在其“十四五”战略中明确提出了建设“世界一流中车”的“两步走”战略安排：第一步，到2025年建成以“一核两商”（以轨道交通装备为核心，具有全球竞争力的世界一流高端装备制造商和系统解决方案提供商）为标志的世界一流中车；第二步，到2035年建成以“受人尊敬”为标志的世界一流中车。创建世界一流企业已成为全体中车员工共同奋斗的目标。五是抓好企业精益管理。结合高铁装备制造企业的特点，中国中车在研发、制造、运营、服务价值链环节，按照精益生产、精益管理、精益企业的实施路径，历经数年，形成“和合至善、精益致远”的精益文化，建立了具有高端装备企业特色的精益管理体系标准，融合创新了以“工位制节拍化流水生产”为核心的精益制造模式。六是抓好企业创新产业链管理。中国中车作为高铁装备创新生态体系的核心主体，坚持“和合与共、产业报国”的理念，按照“整机带动零部件，制造业带动服务业，总承包带动产业链”的思路，通过价值链、企业链、供应链和空间链的优化配置和提升，打通上下游间各个环节，提高效率、降低成本，提升企业竞争力，推进产业链内外部协同发展，实现中国高铁装备产业链的共同繁荣。七是抓好企业数字化转型。中国中车以市场为导向，培育智慧物流、远程维护、共享出行等新业态，提升快速响应客户需求和增值服务能力，业务布局优化调整。中国中车构建了云智通车辆智能管理及大数据分析系统，为行业提供全价值链的新能源商用车联网化解决方案。

5. 中国宝武钢铁集团有限公司打造世界一流钢铁企业

2021 年中国宝武钢铁集团有限公司（简称中国宝武）在《财富》世界 500 强企业排名第 72 位，中国企业 500 强排名第 25 位。中国宝武勇担钢铁强国、钢铁报国的初心使命，以开放包容、海纳百川的胸怀，打造世界一流钢铁企业。一是主动对标。中国宝武在坚持和韩国浦项、日本制铁等世界一流钢铁企业对标的基础上，主动走出去与沙钢集团、方大特钢、华菱钢铁、三钢集团及万华化学等国内优秀企业开展对标交流，通过有针对性的学习，聚焦效率、活力、市场，转变观念、快速行动、扬长补短，运营质量显著增强，资金、资产、劳动效率明显提升，钢铁主业人均钢产量近三年累计提升 32.8%。“两金”周转效率、吨钢折旧率进一步优化，高炉利用系数、铁钢比等关键指标率创历史最优。管理能力明显夯实，坚持与深化“1+5”战略，创新深化多制造基地管理模式，成本变革、技术领先、服务先行、智慧制造、城市钢厂五大能力持续提升。二是整合融合。中国宝武发展史是一部联合重组、整合融合史。中国宝武积极探索具有自身特色的整合融合管理模式。中国宝武在完成与重组方的股权交易、实现管理权的整体转移之后，以“战略引领、快速有序、优势主导、方法创新”为工作思路，对集团范围内同类业务单元实行业务、资产、人员等的整合融合，实现一体化高效运作管理，助推中国宝武做强做优做大。三是制度创新。董事会在公司法人治理结构中处于十分重要的地位。宝钢集团作为董事会试点企业，坚持党的领导，发挥企业党组织政治核心作用。董事会对出资人负责，依法维护企业职工、债权人、用户和供应商等利益相关方的合法权益。实行外部董事制度，实现企业的决策权与执行权分开。

6. 国家电网有限公司建设具有中国特色国际领先的能源互联网世界一流企业

2021 年国家电网有限公司（简称国家电网）在《财富》世界 500 强企业排名第 2 位，中国 500 强企业排名第 1 位。国家电网连续 18 年荣获中央企业负责人经营业绩考核 A 级。国家电网努力在建设世界一流企业中走在前、做表率。一是确立“建设具有中国特色国际领先的能源互联网企业”战略目标。具有中国特色是根本，国际领先是追求，能源互联网是方向。这一战略目标彰显公司政治本色、行业特色和发展角色，体现集团的政治责任、经济责任和社会责任，构成了公司发展方向的航标。二是加快实现碳达峰、碳中和目标。发布碳达峰、碳中和行动方案，构建以新能源为主体的新型电力系统，努力当好能源清洁低碳转型的引领者、推动者和先行者。在储能、新能源交易、电动汽车等方面，利用大数据、区块链、人工智能等技术，依托新能源云、智慧车联网平台等开展多方面创新。三是大力推进数字化转型。国家电网应用新一代数字技术对传统电网进行数字化赋能，持续提高电网的资源配置、安全保障、灵活互动能力，促进源网荷储协调互动，让电网更智能，让能源更绿色，让用能更美好。开发建设“网上国网”，全面推行线上办电、线上缴费，让人民群众足不出户就能享受便捷电力服务。四是持之以恒推进企业创新。国家电网始终将管理创新作为企业保持活力、推动公司发展的重要根源，不断研究、持续推进、创新机制、夯实基础、激发活力，实现创新方向更加精准、路径选择更加科学、要素管理更加有效、资源配置更加合理、体制机制更加完善、环境氛围更加浓郁、创新能力显著增强，为服务“建设具有中国特色国际领先的能源互联网企业”的战略目标发挥重要作用。国家电网不断加强管理创新项目管理，强化项目立项、组织实施、提炼提升、总结验收、评选表彰全过程管控，形成了一批具有较强前瞻性、效益性、可推广性的管理创新成果。五是向发展数量和发展质量双向推进。全面开展以集团化运作为核心的集团化、专业化、标准化、数字化“四化”建设，推进劳动定员定岗，建立财务集约化体系，实施集中规模招标，强化“公转”、减少“自转”，不断加强关键环节管控，推动建立科学、高效的现代化企业管理体系，明确战略目标体系、“一体四翼”发展布局、“全要素发力”动力布局、国际领先指标体系，提升企业竞争力。

7. 国家能源投资集团有限责任公司打造世界一流清洁能源企业

2021年国家能源投资集团有限责任公司（简称国家能源集团）在《财富》世界500强企业排名第101位，中国企业500强排名第32位。2017年8月28日，中国国电集团公司与神华集团有限公司合并重组为国家能源集团。国家能源集团肩负着保障国家能源安全的重大责任。国家能源集团全力开展对标世界一流企业管理提升行动，高质量组织实施，推动对标提升取得实效，在集团内打造一批管理标杆企业、管理标杆项目、管理标杆范式，争当央企对标提升行动的“排头兵”。一是加快数字化转型。数字化转型升级是中国企业迈向世界一流企业的重要目标和发展内容。国家能源集团在推进数字化转型的过程中，积极探索“平台化发展”“生态化协作”的转型模式。国家能源集团依托旗下信息公司统筹开展信息化建设和数字化转型工作，针对关键技术采取广泛的外部合作，实现技术与能力的持续提升。二是将对标提升行动融入日常工作中。与落实国企改革三年行动方案、“十四五”规划编制等结合起来，抓住重点，统筹推进，处理好因企施策与全面提升、治标与治本、守正与创新的关系。三是确保对标提升行动取得实效。坚持全员行动，精心组织，形成深入推进对标提升行动的强大合力；坚持全程督导，将考核激励作为确保对标提升效果的长效机制；坚持履行政治责任、经济责任、社会责任，全力以赴做好能源保供工作，强化“煤电化运”一体化，集团各部门各单位按要求制定符合自身实际的工作方案和对标清单，在保证国家能源安全的前提下，确保纵向贯通和横向协同。

8. 中国长江三峡集团有限公司打造世界一流水电企业

中国长江三峡集团有限公司（简称三峡集团）通过与世界一流先进企业、行业对标，构建对标提升行动指标体系，分年度、分层级推进各项措施走深走实。一是深化改革。三峡集团聚焦创建具有全球竞争力的世界一流示范企业，以实施国企改革三年行动为契机，充分利用转型升级压力小、改革成本低的有利窗口期，全面激发企业活力和效率，牢牢抓住我国二氧化碳排放 2030 年前达到峰值、2060 年前实现碳中和的重大机遇，推动改革和发展深度融合、高效联动，乘势而上，加快建设世界一流示范企业。二是开拓创新。三峡集团大力实施科技创新，全面掌握了国外技术垄断的 GIL 检修核心技术，智能大坝建造、水电站专用检修机器人、大容量海上风电机组、智慧水务系统统筹等创新成果不断涌现。三是完善治理。为进一步健全现代企业制度，完善公司治理，三峡集团积极适应国有企业改革新形势、新要求，深入贯彻落实“两个一以贯之”，以子企业规范董事会建设为重点，不断健全公司法人治理结构。

9. 中国华润有限公司打造世界一流控股企业

2021 年中国华润有限公司（简称中国华润）在《财富》世界 500 强企业排名第 69 位，中国企业 500 强排名第 23 位。中国华润坚持“集团多元化、利润中心专业化”的发展理念，塑造了多个具有市场竞争力的龙头企业，在国有资本投资公司中独树一帜。中国华润加大创建世界一流企业的工作力度，集团层面进一步优化集团管控模式、总部职能、管控界面、业务管理架构等。一是全面对标提升。在集团层面，从战略、组织、运营、财务管理、科技创新、风险管控、人力资源、信息化八个领域开展对标提升，打造有利于价值创造的整体生态系统。在利润中心层面，确定华润置地、华润啤酒、华润电力、华润水泥、华润燃气、华润三九六家试点单位在各自领域创建世界一流企业；其他企业在现有卓越运营体系基础上开展对标提升，逐步向世界一流企业看齐。集团管理领域及所属子企业共八项对标范例上报国资委。二是优化组织管控模式。集团明确了“战略引领、客户导向、权责对等、协同高效、风险可控、动态优化”的组织设计原则，形成了组织管控优化方案，并逐步推动落实。三是持续优化 6S 战略管理体系。集团不断完善 6S 战略管理体系，加强集团各职能部室、创新委员会和其他专项组织在 6S 管理中的分工合作，充分发挥其功能和作用。6S 战略管理体系和 5C 财务管理分别被评为标杆模式和标杆项目，燃气、电力、三九三家企业被评为标杆企业。对“科技类”企业进行差异化管理，探索实施 OKR 考核方法和考核机制。

10. 中国中化集团有限公司打造世界一流化工企业

2021 年中国中化集团有限公司（简称中国中化）在《财富》世界 500 强企业排名第 151 位，中国企业 500 强排名第 49 位。中国中化持续完善战略发展和经营管理机制，将企业打造成为治理规范、运行高效，具有国际竞争力的跨国企业。一是加快数字化转型。中国中化以“线上中化”命名数字化转型战略。在内部管理方面，全集团使用统一的移动办公平台“化小易”、便捷的大数据平台“化视界”等，打通内部数据信息，为日常工作提供帮助。在业务发展方面，打造化工品线上交易平台“壹化网”，集成业务资源，实现获客、交易、配送等交易环节的全过程在线化、数字化运营。二是加速改革重组。中国中化集团有限公司与中国化工集团有限公司联合重组，业务范围涵盖生命科学、材料科学、城市运营、产业金融等多个领域，成为全球规模最大的综合性化工企业。三是加大企业文化建设。中国中化的价值理念是求真、求是、求变、求进。“求真”就是不忘初心、牢记使命，树立远大理想，坚定理想信念，以科学真理指导实践。“求是”就是实事求是、尊重客观，不唯上、不唯书、只唯实，以科学理念指引发展。“求变”就是突破传统、拥抱变革，通过改革创新推动转型升级，以科学理念指引发展。“求进”就是与时俱进、创造价值，用创新成果造福社会，以科学技术改变世界。

11. 中国五矿集团有限公司打造世界一流金属矿业企业

2021 年中国五矿集团有限公司（简称中国五矿）在《财富》世界 500 强企业排名第 65 位，中国企业 500 强排名第 19 位。中国五矿以资源保障主力军、冶金建设国家队、产业综合服务商为战略定位，已经形成了以金属矿产、冶金建设、贸易物流、金融地产为“四梁”，以矿业开发、金属材料、新能源材料、冶金工程、基本建设、贸易物流、金融服务、房地产开发为“八柱”的业务体系。一是授权经营体制改革持续深化。打造透明、高效价值创造型的国有资本投资公司总部，逐步理顺集团子企业产权与管理权之间的关系。二是现代企业制度持续完善。完善中国特色现代企业制度，坚持“两个一以贯之”，形成科学有效的治理机制。三是市场化机制改革持续创新。建立契约化管理机制，对业绩不突出的领导坚决调整，探索职业经理人制度，让混合所有制改革为企业带来效益。四是经营状况持续好转。中国五矿大力治理亏损企业，采用强化管理、重组组合、破产退出等方式，处置“僵尸企业”和特困企业。推进“三供一业”分离移交和剥离国有企业办社会职能改革，完成了瘦身健体的各项任务，提升了资产质量。五是服务好国家战略持续推进。聚焦金属矿业核心主业，打造核心竞争力，积极布局战略性新兴产业，为中国五矿建设世界一流的金属矿业企业集团打下坚实基础。

12. 中国石油化工集团有限公司打造世界一流石化企业

2021 年中国石油化工集团有限公司（简称中国石化）在《财富》世界 500 强企业排名第 5 位，中国企业 500 强排名第 3 位。中国石化是我国最大的成品油和石化产品供应商、第二大油气生产商，世界第一大炼油公司。中国石化通过改革创新，做强做优做大国有资本和国有企业，成为具有核心竞争力的市场主体和大国重器。一是对标世界一流企业。以管理提升为抓手，持续完善公司法人治理结构，大力推进管理体系和管理能力现代化，不断夯实公司制度体系建设，完善中国特色现代企业制度建设。二是聚焦主业有破有立。以投资入股方式，聚焦新能源、新材料、节能环保、高端智能制造、大数据和人工智能等领域，打造转型升级新引擎。针对非主业、非优势业务和无效资产、负效资产，明确标准、列出清单，到2022年将基本完成存量资产优化和调整，剥离国有企业办社会职能和解决历史遗留问题。三是市场机制不断健全。推行职业经理人制度，应聘者不限身份级别和单位，取消行政级别。实施全员绩效薪酬与业绩紧密挂钩考核，真正实现收入能升能降。

13. 中国第一汽车集团有限公司打造世界一流汽车企业

2021年中国第一汽车集团有限公司（简称中国一汽）在《财富》世界500强企业排名第66位，中国企业500强排名第20位。中国一汽是我国汽车工业的摇篮。中国一汽这个“老字号”正在驶入转型发展的“快车道”。一是科学谋划定战略。把握全球汽车产业深度调整和转型的重大历史机遇，加快变革、全力创新，着力振兴红旗品牌。塑造国际一流品牌形象，致力于把“红旗”打造成为中国第一、世界著名的“新高尚品牌”，满足消费者对新时代美好生活、美妙出行的追求。以客户为中心，实施品牌、产品、销售、服务、生活、文化的“六位一体”体验式营销，通过遍布全国的红旗体验中心，以及终身免费保修、免费救援等增值服务，为消费者提供全场景、全生命周期的贴心出行解决方案，使红旗品牌的销售满意度和服务满意度处于行业一流水平。二是坚定不移抓创新。中国一汽承载着“汽车强国梦”的重大责任，全力打造世界一流创新体系。在产品创新方面，确定新的产品规划，梳理现有产品线，构建产品平台。在技术创新方面，坚持“全球先发、崭新首创”的理念，形成世界领先的研发体系和研发试验流程。在管理创新方面，加快业务重构和能力提升，以聚焦用户、聚焦产品、聚焦员工为原则，构架一套逻辑清晰、内容创新、实时在线、管理先进的业务运营体系和管控监督体系。“解放”品牌致力于成为“中国第一、世界一流”的智慧交通运输解决方案提供者，实现中国商用车排名第一目标。“奔腾”品牌以创领物联网汽车为市场定位，努力实现跨越式增长，进入自主品牌主流乘用车第一阵营。总部直接运营“红旗”业务，对其他业务板块进行战略管控和财务管控。三是蹄疾步稳促改革。全面激发组织和员工活力。按照市场化和公平、公开、公正原则，坚持以价值创造者为本的理念，开展干部能上能下、薪酬能高能低、人员能进能出、机构能增能减的“四能”改革。加快处僵治困。一企一策制订扭亏方案，专项推动处僵治困和亏损企业治理。扎实推进瘦身健体。按期完成“三供一业”、国企办教育医疗分离移交、厂办大集体改革任务，加快推进退休人员社会化管理。推进混合所有制改革。加快集团整体混合所有制改革试点，推进子公司混合所有制经济改革。

14. 中国东方航空集团有限公司打造世界一流航空企业

2021 年中国东方航空集团有限公司（简称东方航空）在中国企业 500 强排名第 282 位。东方航空以数据为关键，用算法驱动企业运营，打通领域流通壁垒，实现了“数字化 1.0”阶段，为高质量发展提供了有力支撑，加速迈向智慧航企。一是构建“战略、机制、专题、实现”分层体系。东方航空在战略层面制定数据管理战略，在机制层面建立数据管理组织，在专题层面明确数据管理方法论。实现层面打造专业虚拟开源团队，对标互联网行业，完善 IT 技术路线图与资产库。二是构建数据管理组织体系。东方航空设立数据管理中心，构建数据管理组织体系、数据管理制度及流程，利用“盘、规、治、用”的流程机制强化数据管理，深化数据域治理，开展营销五域、IT 域、财务域七个域数据治理工作，实现全数据域覆盖。东方航空启用数据实验室，打造“公民数据科学家”，向业务部门输出技术支持、数据支持，开发了 11 门数据能力提升课程。三是打造共建共治共享生态。东方航空与政府、机场开展旅客健康数据共享。通过与各大银行、第三方机构建立积分合作，促使收益最大化。与飞机发动机制造商合作，强化飞行安全分析与管理、运行效率与成本控制。

15. 中国联合网络通信集团有限公司打造世界一流通信企业

2021 年中国联合网络通信集团有限公司（简称中国联通）在《财富》世界 500 强企业排名第 260 位，中国企业 500 强排名第 78 位。中国联通在推进 IT 支撑集中化、统一化方面做了大量卓有成效的工作，为提升企业管理奠定了坚实的基础。一是以战略管理为牵引。中国联通成立集团总部、省、市三级纵向独立运作的信息化事业部，以 IT 系统的改革作为切入点，推进全中国联通经营理念和管理体制的创新。二是以数字化思维为先导。

中国联通确立了“3G 领先和一体化创新”战略。对于重组后具有两套网络、两套 IT 支撑系统的中国联通而言，要实施企业战略必须统一 IT 系统。这是对中国联通的一大挑战，同时也为联通实施 IT 统一化、集中化带来机遇。三是以提升数字生产力为核心。中国联通以 3G 领域为突破口，秉承统一和集中的理念进行 IT 系统的建设与改革，建成了 3G 电子化销售服务管理系统（ESS），实现了全国一个平台受理、一个规则统一管理。取得初步成功后，中国联通积极探索，构建适应电子商务模式的信息共享和业务协同的支撑系统，从而实现基于互联网的全业务、全渠道、全客户的销售服务与资源的统一管理。四是以一体化运营为目标。中国联通建设统一集成的管理信息平台，推广大 ERP 业务管理模式。随着 IT 系统的推动，中国联通完成了财务、人力、采购、销售等管理的基本规范工作，每个领域的流程基本畅通、理顺，企业开始按统一流程运营。中国联通依托大 ERP 为核心的集中 IT 系统推动实施全成本管理与“一本账一套表”，畅通了从上到下的有效配置资源及从下到上信息透明收集的两条线，为企业管理者的准确决策提供信息保障，也为运营管理的专业化、扁平化提供了保障，推动中国联通“一体化运营”战略的稳步前进。

16. 国家开发投资集团有限公司打造世界一流国有资本投资公司

2021 年国家开发投资集团有限公司（简称国投集团）在中国企业 500 强排名第 152 位。国投集团是国有资本投资试点企业，连续 18 年荣获中央企业负责人经营业绩考核 A 级。国投集团通过产业布局的优化、国有资本的示范引领，带动社会资本共同投向重点行业和领域，实现高质量发展。一是以服务国家战略为使命。国投集团围绕服务国家战略，优化国有资本布局，提升产业竞争力，持续推动国有资本向关系国家安全、国民经济命脉和国计民生的重要行业和关键领域集中，特别是把发展战略性新兴产业作为战略选择，加快推进业务布局优化和结构调整。国投集团采取直接投资与基金投资双轮驱动，与重点科研院所合作，重点布局新材料、医药健康、先进制造、新基建、智能科技、生态保护等领域。二是引入市场竞争机制。近年来国投集团深化改革取得了不少成绩，但也存在许多障碍，如考核机制、激励机制作用没有有效发挥，活力不足限制了企业的竞争力。国投集团推行职业经理人制度，面向社会招聘人才。市场化选聘机制破除了论资排辈的引才壁垒；出台中长期激励管理办法，着力推行任期激励、股权激励等多种方式的激励措施，设立任期业绩目标，根据业绩考核结果兑现奖励，有效激发了员工的创造活力和内生动力。三是推行混合所有制改革。国投集团通过引入战略投资者、基金投资、股权投资等方式，积极发展混合所有制经济，撬动了大量社会资本进入国计民生、战略性新兴产业等领域。通过股权上的混改，充分调动各类资本主体的积极性，有效激发了企业发展的动力和活力，形成了“国民共进”的利益共同体。截至2020年年底，在国投集团合并报表范围内的444家企业中，混合所有制企业达到了316家，户数和资产占比均在70%以上。四是推行“5M”管理模式。“5M”管理模式是国投集团经过多年管理实践摸索出的一套适应国有资本投资公司特点的管控模式。“5M”是指“以价值创造为核心，以协同管理共创价值，以全面风险管理保护价值，以投资管理发现价值，以投后管理提升价值，以退出管理实现价值”的涵盖股权全生命周期的价值管理体系。“5M”管理模式以“集团化、专业化、差异化、市场化”为原则，以“总部、子公司、投资企业”三级管理架构为载体，以“要素管理、分类授权、流程把控”为依托，具有较强的示范作用，可为多元化产业集团的投资及管控提供借鉴。

二、加快推进企业改革发展创新

不断推进企业改革创新发展是新时代企业的重要任务。企业改革激发活力，企业创新决胜未来，企业发展关乎命运。提升国资国企改革成效，实施好国有企业改革行动计划；推进要素市场化配置改革，使资源更多配置到实体经济和生产效率高的领域和环节；推进民营企业改革，推动大中小企业协同创新，为推进经济高质量发展做出新贡献。

（一）进一步深化企业改革，激发企业市场主体活力

企业改革是推动企业发展的根本动力。改革开放40多年来，企业改革取得了举世瞩目的伟大成就。各类企业都应当争做推进改革的担当者。市场主体平等使用生产要素，是要素市场配置改革的关键环节。而深化国有企业改革、增强民营企业活力，是这个关键环节的重要抓手。目前，制约国有企业主体活力的主要原因在于人才激励不足，制约民营企业主体活

力的主要原因在于民营企业在科技资源、金融资源、社会资源、网络资源获取上的明显不足。改革永远在路上，改革之路无坦途。企业争做推进改革的担当者，就要推进企业改革。各类企业充分发挥改革的突破和先导作用，通过改革破除发展的瓶颈，激发发展的活力，释放发展的动能。“十四五”期间我国要加快完善国有企业法人治理结构和市场化经济机制，健全管理人员的契约化管理。要借助混合所有制改革等中长期激励机制，解决国有企业人才激励不足的难题。要持续完善产权制度和要素市场化改革，依法平等保护民营企业的产权，保障民营企业平等使用各类资源，破除地方保护主义，破除所有制歧视，全面激发民营企业主体活力。

1. 深化国有企业改革

国有企业是中国特色社会主义的重要物质基础和政治基础，是中国共产党执政兴国的重要支柱和依靠力量，是中国经济的中流砥柱。国有企业改革是新时代经济体制改革的突破口。开展国有企业改革三年行动（从2020年到2022年），重点任务稳步推进。一是国有企业形成了更加成熟的中国特色现代企业制度，并在以管资本为主的国资监管体制上取得明显成效，在推动国有经济布局优化和结构调整上取得明显成效，在提高国有企业活力和效率上取得明显成效，做强做优做大国有资本和国有企业，培育一批具有自主创新能力和国际竞争力的国有骨干企业，切实增强国有经济的竞争力、创新力、控制力、影响力、抗风险能力，更好地服务于国家战略目标。二是完善中国特色现代企业制度，推动党的领导融入公司治理制度化、规范化、程序化，推动董事会应建尽建、落实职权，保障经理层依法行权履职。三是推进国有经济布局优化和结构调整，聚焦主业实业、发展实体经济，促进国有资本有序进退；聚焦科技创新、提高自主创新能力，增强产业链、供应链的稳定性和竞争力。四是积极稳妥深化混合所有制改革，突出分层分类推进，深度转换经营机制，坚守防止国有资产流失底线。健全市场化经营机制，形成以管资本为主的国有资产监管体制，推动国有企业公平参与市场竞争。五是抓好国有企业专项工程，深化“双百行动”，突破“科技示范行动”，深度参与区域改革。推进三项制度改革，推行经理层任期制和契约化管理，全面推进用工市场化，灵活开展多种方式的中长期激励。六是推动市场化债转股增量、扩面、提质，金融资产投资公司参与推进传统产业市场化重组。商业类国有企业以增强国有经济活力、扩大国有资本功能、实现国有资产保值增值为主要目标，依法独立自主开展生产经营活动，实现优胜劣汰、有序进退。公益类国有企业以保障民生、服务社会、提供公共产品和服务为主要目标，引入市场机制，加强成本控制、产品服务质量、运营效率和保障能力考核。建立国有企业职业经理人制度，完善差异化薪酬制度和创新激励。七是加快推进国有企业退休人员社会化管理，完成剥离办社会职能和解决历史遗留问题。国有企业聚焦主责主业，健全市场化经营机制，提高核心竞争力，在提升产业链、供应链水平上发挥引领作用，在保障社会民生和应对重大挑战等方面发挥保障作用。国有企业在深化改革的基础上，把改革、创新、经营、发展等方面有机结合起来，快速推动高质量发展。国有企业改革的不断深化有力促进了国有企业质量和效益的提升。全国国资系统监管企业 2020 年年底资产总额达到 218.3 万亿元，营业收入为 59.5 万亿元，利润总额达到 3.5 万亿元。随着实力的增强，国有企业在服务国家战略、保障和改善民生等方面更好地发挥功能作用，充分展现了报国为民的担当。面向新发展阶段，国有企业三年行动正在抓重点、补短板、强弱项，以改革创新引领国资国企高质量发展，为我国经济社会发展做出更大贡献。

2. 增强民营企业活力

民营经济是我国经济制度的内在要素，是坚持和发展中国特色社会主义的重要经济基础。民营企业占全国企业总数的 90% 以上，是创业就业、技术创新的重要主体和国家税收的重要来源，是竞争性产品的主要供给者，是大多数最终产品的提供者。民营企业具有机制灵活、市场应变能力强等特点。让民营企业的创造活力充分迸发，是打通国际国内双循环中生产环节的重要着力点。但是，我国民营企业在自主创新能力、资源利用效率、信息化程度、内部治理结构、质量品牌效益等方面与国际先进企业相比还有明显差距。多而不强的问题突出。民营企业在有效把握国内市场环境的同时，要积极参与国际竞争和全球资源配置。为激发民营企业的活力和创造力，实现高质量发展，需从多方面加快改革。一是优化民营经济发展条件。民营企业大多数起步规模较小，商业模式灵活，能够迅速填补新经济领域的需求缺位，因此，应当破除制约民营企业参与市场竞争的各类障碍和隐性壁垒，切实消除在准入许可、经营运行、招投标等方面的不平等待遇。帮助民营企业特别是中小微企业解决融资难、融资贵的问题，简化审批流程，提供优质服务，促进民营企业安心创业发展，落实好交通、环保、农产品流通领域支持民营企业发展的具体举措。推动电力、电信、铁路、油气等领域放开竞争业务，吸引民间资本参与项目建设和运营。二是完善精准、有效的政策环境。我国民营企业是从市场摔打中成长起来的，韧性足、潜力大。聚焦民营企业发展中的痛点、难点、堵点，健全政策体系，完备政策执行方式，破解融资难、融资贵等突出问题。研究制定健全支持中小企业发展的政策，推动政策落地见效。完善涉企政策的制定和执行机制，抓紧抓细政策落实，强化示范引领，营造良好的社会氛围，推动民营企业创新源泉充分流通，创造活力充分迸发。三是健全平等保护法治环境。坚持执行各环节依法平等保护民营企业产权和民营企业家的人生、财产合法权益，保障民营企业平等获取生产要素和政策支持，清理、废除与企业性质挂钩的不合理规定。四是鼓励民营企业改革创新。增强民营企业创新能力是助推民营企业高质量发展的重要支撑。民营企业在创新方面具有天然的优势，体制灵活，贴近市场，对实际需求高度敏感，激励到位，敢于冒险。这些都是应对创新不确定性的重要条件。民营企业要加大研发投入和人才培养力度，瞄准世界科技前沿，积极投入新一代信息技术、生物产业、高端装备制造产业、新能源产业、新材料产业等领域。民营企业加强制度建设，进行结构性改革，提高管理水平和核心竞争力，激发改革创新动力。中国企业评价协会发布了“2020 年中国新经济企业 500 强榜单”。新经济企业 500 强以民营企业为主，上榜数量达到 426 家。新经济排名靠前的企业，很多都是平台类企业，它们之间存在一定竞争和互补关系。多平台竞争和市场主体分化，有助于使行业由竞争走向竞合。2021 年华为公司蝉联中国民营企业 500 强榜单第一名，中国企业 500 强研发投入第一名，中国企业 500 强发明专利数第一名。五是构建亲清新型政商关系。转变政府职能，提升政府的服务意识和能力，畅通民营企业与政府的沟通渠道，健全政企沟通机制，支持民营企业高质量发展。规范民营经济健康发展，筑牢守法经营底线，积极履行社会责任，大力弘扬优秀企业家精神。六是健全民营企业家参与涉企政策制定机制。拟出台的涉企政策，及时与民营企业家沟通，征求意见、建议，让广大民营企业家能够及时、全面获得最新的惠企政策。把民营企业反映比较集中的问题传递给相关部门，在政企良性互动中促使市场更好发展。限期完成清偿政府机构、国有企业拖欠民营和中小企业款项的任务，及时帮助民营企业解决遇到的困难和问题，构建亲清新型政商关系，主动帮助民营企业解决实际困难，提振民营企业家发展信心，促进民营企业健康发展。七是激励民营企业为高质量发展做出贡献。全国工商联发布的《2021 中国民营企业 500 强调查分析报告》显示，2020 年民营企业 500 强税后净利润达 1.9 万亿元。民营企业稳步复苏、持续向好发展。民营企业大多数位于产业链的中下游，在生产过程中消费大量原材料等中间产品，是上中游产品得以实现和产业链得以延伸的重要环节。我国以华为为代表的一批民营企业掌握了关键领域的核心技术，在提升企业发展质量和效益的同时，也为促进我国经济高质量发展做出了突出贡献。但总体上看，我国民营企业在自主创新能力、资源利用效率、信息化程度、内部治理结构、质量品牌效益等方面，与国际先进企业相比，还有明显差距。民营企业 500 强大而不强的问题突出。广大民营企业要以更高的站位增强爱国情怀，主动适应和把握经济发展新常态，加大创新力度，增强市场竞争力，推进企业高质量发展。

3. 稳妥发展混合所有制经济

混合所有制改革是社会主义市场经济体制下的企业制度创新，也是供给侧结构性改革的重要内容。发展混合所有制经济有利于激发国有企业的内生动力和活力，培育和壮大市场竞争主体，提高全要素生产率。混合所有制改革是国有企业改革的重要突破口，是国有经济与民营经济融合发展的具体实现形式。一是积极稳妥深化混合所有制改革，准确把握混合所有制改革的方向。因地施策、因业施策、因企施策，支持国有资本、集体资本、非公有资本等交叉持股、相互融合。推进公有制经济之间股权多元化改革。二是支持和鼓励各类企业参与国有企业改革，加强与各类企业进行股权融资、战略合作、资源整合，努力实现各类所有制企业取长补短、相互促进、协同发展。稳妥有序推动国有企业发展混合所有制改革，积极探索推进主业处于充分竞争行业和领域的商业类国有企业混合所有制改革，国有资本宜控则控、宜参则参。探索主业处于重要行业和关键领域的商业类国有企业混合所有制改革，保持国有资本控股地位。有序推进具备条件的公益类国有企业混合所有制改革。引入非国有资本参与国有企业改革，鼓励发展非公有资本控股的混合所有制企业。鼓励国有资本以多种方式入股非国有企业。充分发挥国有资本投资、运营公司市场化运作专业平台的作用，积极推进所属企业混合所有制改革。三是在坚持党的领导的前提下，完善股东会、董事会、监事会等法人治理结构。建立利益共享、风险共担的激励约束机制，激发企业内生活力，实现国有资本、集体资本、非公有资本等取长补短、相互促进、共同发展。无论是中央企业集团公司国有全资股权多元化改革，还是地方国有企业集团公司混合所有制改革，都在改进集团公司体制机制，提升集团整体治理水平和管理水平，进而提高集团的经营效率和效益。

（二）进一步加快企业创新，培育、壮大企业发展新动能

创新是新时代的主旋律和最强音。实体经济高质量发展必须依靠创新去推动。增强创新能力是企业打造核心竞争力的关键，对企业的生存发展至关重要，必须持续推进创新引领，依靠创新提升实体经济发展水平，促进企业高质量发展。

1. 持续推进企业技术创新

世界一流企业都是以技术创新为驱动力、效率效益卓越的企业。技术创新能力是衡量产业发展质量水平的重要标志，也是国家产业链和供应链自主、安全、可控的重要标志。各类企业都应当成为争夺勇于技术创新的领跑者。一是加快提升企业自主创新能力。2020 年，中央企业的研发投入强度达到 2.55%，承担了一批国家重大科技专项，取得具有世界领先水平的重大创新成果，有力带动了我国装备、服务、技术标准的提升。我国科技自立自强展现新作为，布局结构调整迈出新步伐，企业自主创新取得新成效。一些重要领域跻身世界先进行列，一些领域正由“跟跑者”向“并行者”“领跑者”转变，如高速铁路、5G 移动通信、超级计算、特高压输变电等，都处于世界领先水平，语音识别、智能互联汽车、第三代核电的领域已经进入世界前列。二是加快建立企业技术创新体系。建立以企业为主体、以市场为导向的产学研深度融合技术创新体系，加快集聚人才、技术、资本等高端要素，持续营造创新创业生态环境，打造创新驱动大平台，推动产业向高端化发展，更加重视新技术、新产业、新业态、新模式，发展数字经济、平台经济、智能经济、生物经济等新产业，提升竞争力，促进产业由劳动密集型、资本密集型向技术密集型、知识密集型转变，推动产业向价值链的更高位发展。三是加快关键核心技术攻关。构建面向全国行业国产化应用的基础支撑平台，健全鼓励支持基础研究、原始创新的体制机制，发展市场化的新型研发机构，鼓励企业等社会力量增加研发投入和人力资本投入。加快提升企业技术创新能力，完善成果转化和激励机制，研究将国有企业技术创新情况纳入考核机制。加快推进首台（套）重大技术装备示范应用，紧缺新材料研制和关键共性技术平台建设。完善支持创新产品应用的政府采购政策。四是加快技术创新持续推进。创新脚步永无止境。着眼开发新技术、新产品、新工艺并实现产业化应用，加强经济社会发展中的关键共性技术、前沿引领技术、现代工程技术、颠覆性技术突破和转化应用。我国企业须加大研发投入，着力打造一流的科研开发平台，着力构建开放型技术创新体系，持续提升创新效率。技术创新是不断迭代地更新。新技术的产生会逐步取代旧技术。企业为适应不断发展的经济社会环境，围绕产业链部署创新链，围绕创新链布局产业链，强化企业技术创新主体地位，完善成果转化和激励机制，提升企业自主创新能力。

2. 持续推进企业管理创新

企业是实施高质量发展的主力军。企业要实现高质量发展，管理创新是重要途径。企业通过持续的管理创新，才能不断提升企业发展的效率和效益，扎扎实实走高质量发展的道路。应用数字技术，实现技术创新与管理创新协同发展。企业要以互联网＋思维、生态化思维、开放共享思维和数字化思维，加快5G、数据中心、人工智能、云计算、物联网、工业互联网等数字化技术的应用，打破人、机、物和服务的边界，开展“云办公”“线上经营”“智能制造”“无接触生产”，积极探索数字经济时代的新管理模式，推进技术创新与管理创新协同、递进式互动发展。构建企业精益化管理体系。精益管理源于精益生产，是麻省理工学院的专家以日本丰田生产方式为原型提出的一种生产组织方式，即以“消除浪费、创造价值、持续改善”等理念为核心原则，以提高客户满意度和企业经济效益为根本目的来管理企业各项活动的一整套理念和方法。南方水泥有限公司为应对产能过剩、传统产业大规模重组面临的困难和挑战，推动企业高质量发展，提炼了“组织精健化、管理精细化、经营精益化”体系。通过建设精健化组织，提升组织竞争力；通过推行精细化管理，提升产品竞争力；通过实施精益化经营，提升持续盈利能力。

3. 持续推进企业制度创新

制度是企业运行的基础。进入新时代，企业制度不断创新。一是以促进企业深化改革为重点，建立健全相关制度。深化国有企业改革，要进一步推进制度创新，在微观企业制度方面，逐步探索形成中国特色现代企业制度，一以贯之地坚持党对国有企业的领导。全面依法落实董事会各项法定权利，全面建立董事会向经理层授权的管理制度。完善国有资本运营制度，充分发挥国有资本投资、运营公司在授权经营、结构调整、资本运营、激发所出资企业活力方面的功能和作用。在宏观监管方面，进一步推进政企分开、政资分开，公共管理部门不履行出资人职责，国有资产监管机构不行使公共管理职能，推进监管职能从以管企业为主向以管资本为主转变。国有资产监管机构要在防止国有资产流失、提高监管效率的前提下，保证国有企业作为独立的市场主体自主运营。二是以促进企业高质量发展为重点，建立健全相关制度。推进企业高质量发展，必须落实速度换挡、动力转换、创新体制等方面的制度举措。以促进数字经济创新发展为导向，建立健全相关技术进步制度。比如，积极研究制定数字资源确权、开放、流通、交易、安全等相关制度，确立并完善各环节相关标准，探索在各地区、各部门间形成共享共有的机制，弥补区域不平衡发展带来的差距。加快制定数据共享技术规范，提升数据共享标准化水平，助力数据增值开发和再使用，推动数据互联互通。

（三）加强企业风险防控，完善风险防范措施

企业是国民经济的基础单元。企业风险的叠加积累可能产生蝴蝶效应，进而演变成更大风险。打造百年企业，必须强化风险意识，加强风险防控。

1. 增强忧患意识

如履薄冰，如坐针毡。企业应当保持如履薄冰的谨慎、见叶知秋的敏感，高度警惕和防护自己所负责领域内的重大风险，密切关注全局性的重大风险，事事警惕各种风险。任何危机和困难都孕育着新的机会，机遇往往会留给视野最宽广、准备最充分、愿意相信未来、能够踏准节奏的人。危机和机遇总是同时并存。任何危机都是危与机并存。不抓机遇，抓不住机遇，剩下的就只有危。善于抓机遇，抓得住机遇，就能经受住考验，从逆境中获得更加强劲的成长力量。危中见机，事在人为。化危为机，需要企业抓时机，把可借之力，可乘之势，用足用好，集中精力，把决策部署、各项举措落实落细。企业要善于从遇到的危机、困难中捕捉和创造机遇。要有准确识变、科学应变、主动求变的辩证思维，变压力为动力，在化危为机中增强信心和勇气。在能源互联网新形态下，企业的控制管理系统与互联网深度融合，终端广泛接入，多元的技术体制、复杂的网络结构、开放的共享业务使互联网风险暴露面迅速扩大，维护的总体复杂性极大提高。以电网为例，近些年来，乌克兰、委内瑞拉大规模停电，伊朗国家铁路遭网络攻击引发混乱等。这些事件表明，网络战的演进趋势现实存在，且越演越烈。网络安全是整体的而不是割裂的，是动态的而不是静止的，是共同的而不是孤立的，必须运用全视野、系统思维重新审视攻防体系建设思路。这是确保企业安全、稳定运行的必然选择，也是提升能源企业创新发展的重要保障。

2. 保持谨慎之心

判断清醒，决策准确。企业须时时保持清醒头脑，防范各种风险。谨慎之心就是精心、细心，不是左顾右盼、畏首畏尾。“君子以慎言语，节饮食。”《周易》中的这番表述将说话谨慎、饮食有节视为重要准则。企业发展要立足当前，着眼长远。企业要用全面、辩证、长远的眼光看待企业发展，增强信心、坚定信心，高度重视、警惕和防范重大风险，密切关注全局性重大风险。底线思维就是谨慎之心，时时刻刻保持如履薄冰的谨慎、见叶知秋的敏锐，高度警觉，谨慎操作。企业风险防控工作是危机应对，必须增强谨慎之心，对风险因素有底线思维，对解决问题一抓到底，不能放松。关键时刻冲得上去，危难关头豁得出来。抓落实不厌其烦、不厌其细、不厌其详，落到实处，落到细处。面对复杂的经济形势，不能听之任之，不能不懂装懂，要一是一、二是二，实事求是，坚持底线思维，知道底线在哪里，做最坏打算，争取最好结果。慎终如始不松动，一丝“不要紧”从心头闪过，弄不好就会酿成大祸。企业须毫不犹豫，毫不懈怠，切实找出安全隐患，毫不放松地抓各项防控风险措施的落实，切实做到防患于未然。60多年前，一位青年拿出祖传秘方，调制出调味品，在集市上支摊销售。1984年，其在花甲之年开了一家调味品厂。其用了15年时间，把小生意做成大企业。1998年，该调味品集团有限公司成立。2003年，该企业家临终前留下遗言：不准公司多元化发展，也不上市，不玩资本运作，更不准家人做房地产生意。但该企业后来并没有坚守主业。他的后代没有保持谨慎之心，所以，在不熟悉的领域不断碰壁，让曾经领跑全行业调味品市场的企业逐渐没落。我国企业面对日趋激烈的市场竞争，需要加强风险管控意识，在决策中加大对风险的考量权重，审视企业的原材料市场和产品市场，重新考虑企业的全球布局，争取在国内和国际市场之间达到平衡，更好肩负新时代的责任使命。

3. 重视安全生产

居安思危，未雨绸缪。企业须处处意识到安全之责重于泰山。安全生产不仅在于知，更在于行。企业在生产经营过程中，处处应对企业安全风险。安全第一是企业熟悉的一句话。安全是社会生产活动的基本要求，也是企业一切工作的底线。没有了安全，什么也谈不上。社会现代化程度越高，对于安全的要求也越高。安全无小事，任何一个细小疏忽都可能造成安全事故。而任何一个安全事故又可能造成比以往更多的损失。安全不仅是一些高危行业的事情，也涉及每一家企业的方方面面。安全无处不在，而安全上的得失、损失就可能是“万无”。很多教训说明，安全问题最怕麻痹大意。安全事故都是因为疏忽大意造成的。对每一起安全事故都要举一反三，引以为戒。如果看到别的企业发生的事故，感觉坐卧难宁，才能更好地审视自己的工作，找出安全隐患，切实做到防患于未然。安全涉及企业生产经营的方方面面。很多事故表明，安全事故是责任不清、未能履行安全责任造成的。切实分清职责，明确职责，是防止安全事故的最有效举措。做好安全生产，最重要的是压实责任。除了重大自然灾害，大多数安全事故的发生在于人为因素，在于相关人员失责。所以必须加强制度建设，切实分清职责，压实责任，处处做到安全生产。

4. 制定防范风险措施

凡事预则立，不预则废。企业风险是未来不确定性对企业实现经营目标的影响。企业必须强化全面风险管理，保持迎难而上、锐意进取的精神。一是加强内控体系建设。深入推进全面风险管理提升，将风险管理评估评价结果计入子公司业绩考核。以搭体系建设、抓防范、盯重点、强管控、重落实、建队伍、提能力为工作重点，着力构建以风险为导向、内控为主线、审计监督为重要手段的监督体系。强化集团总部对审计风控工作的管控力度，规范子企业机构设置和人员配置，强化队伍建设，提升审计风控工作的核心能力。持续强化日常审计监督，持续推进存量风险化解。强化违规经营投资责任追究。建立健全风险预警、风险识别和风险处置机制，及时有效化解投资、债务、金融、产业链、供应链和境外经营当中的各类风险。二是完善风险防控合规制度建设。合规的意思是合乎规范。企业合规首先要有个规矩，制定规则，然后要按规则行事、合规管理有助于企业应对不确定性风险。合规涉及企业运营的各方面和业务流程的各个环节。合规管理包括产品质量、生产安全、环境标准、社会责任标准等。企业需要从合规角度梳理业务流程的每一个细节，考察相关规定是否健全。加强合规经营，必须完善各项防控风险的制度。三是推动法律顾问制度建设。企业法律顾问是指具有企业法律顾问执业资格，由企业聘任从事企业法律事务工作的企业内部专业人员。他们是企业领导人在法律方面的参谋和助手。企业法律顾问制度是随着市场经济的不断发展而产生、发展和完善起来的。从改革开放初期建立这项制度，已经历了 30 多年的时间，对加强企业法律保障能力、防范企业经营风险发挥了重要作用。

（四）进一步推进企业高质量发展，牢牢把握企业发展主题

高质量发展是我国经济社会发展的主题，关系我国社会主义现代化建设全局。企业是推动高质量发展的重要载体。我国经济已由高速增长阶段转向高质量发展阶段。高质量发展的基本要义之一就是要从粗放扩张向质量效益转型；就是要更加关注资源消耗、投入产出、成本控制，努力以最小的成本获取最优的效益；就是要精准推动建立符合企业发展实际的科学管理体系，以成本控制、提质增效为重点和目标，夯实管理基础，把质量效益和成本管理放在更加重要的地位来抓；就是要围绕提高资源配置效率和管理效率，提升企业竞争力。高质量发展不是一时一事的要求，而是必须长期坚持的要求。高质量发展的要义在于新旧动能的转换，在于对“时”

与“势”的把握。高质量发展的关键在于培育持续转型升级的能力。各类企业都应当成为争当高质量发展的实干者。

1. 大力提高企业产品和服务质量

企业的产品和服务质量是企业的生命。只有大力提升产品和服务的质量，才能推动经济循环畅通。在市场经济快速发展的今天，伴随着消费水平的提升、商业竞争日趋激烈、消费者对产品质量的追求日益明显。高质量发展的前提是以稳定的质量和产品去面向市场、面向客户。企业贯彻落实质量强国战略，必须坚持以质量求生存、以质量赢市场、以质量树品牌，强化企业质量管理，开展质量提升行动，提高产品美誉度，筑牢企业长远发展的根基。建立企业产品和服务标准的自我声明公开和监督制度，提高质量在线检测控制和产品全生命周期质量追溯能力。没有好的市场环境，就存在劣胜优汰、劣币驱良币的风险。没有高质量的产品和服务，再好的市场环境也是无源之水、无本之木。因此，要从供给端提升质量、调整结构，建立商品质量惩罚性赔偿制度，为消费者提供更多物美价廉的产品和服务。产品和服务质量的提升既要靠企业自身和市场机制调节，还要靠政府部门进一步制定和完善相关法律法规，加强对企业的引领和保障。深入实施质量提升行动，完善质量激励政策，建立政府质量奖获奖企业和个人先进质量管理经验宣传推广长效机制。完善强制性产品认证制度，建立科学、合理的认证目录动态调整机制。健全产品伤害监测与预防干预体系，完善缺陷产品召回制度、产品质量安全事故强制报告制度。

2. 切实降低企业生产成本

成本控制是企业必须面对的重要课题。有效的成本控制是企业提质增效的重要举措。成本管理创新主要是通过先进的技术装备，对企业的生产工艺、流程进行系统化改造，大力推进信息化、智能化，显著降低生产成本，创新管理、改进工艺、节能节材，减轻劳动强度，提高生产效率、产品质量和安全环保水平。成本控制是运用成本会计为主的各种方法，预定成本限额，按限额开支成本和费用，以实际成本和成本限额比较，衡量经营活动的业绩和效果，提高工作效率，实现预期的成本限额。中国中铁股份有限公司（简称中国中铁）提出“微观成本管理重要，宏观成本管理更重要”的理念。工程项目宏观成本管理主要是指在项目成本管理过程中，对不受或较少受到项目自身影响的成本管理行为，是相对于项目微观成本的企业综合成本管理，主要为公司层面的管理。工程项目微观成本管理主要是指项目在一定的资源配置条件下，对项目成本进行有效控制的管理行为，主要是项目部层面的管理。只有提高企业层面的宏观成本管理水平，才能带动项目层面的微观成本管理水平提升，实现项目成本管理的最优。为此，中国中铁创新成本管理方法，在深入分析成本数据的基础上，识别和确定影响工程项目成本的关键因素，确定各方面的成本管理责任，建立了全层级责任矩阵，优化全过程管理流程，加强了项目微观因素管控，切实降低了项目成本。企业在进行成本控制的同时，必须兼顾产品的不断创新，特别是保证和提高产品质量。不能片面降低成本而忽视产品的质量，更不能为了追求短期利益，采取粗制滥造等违规方式降低成本。

3. 持续加强企业品牌建设

品牌是企业重要的无形资产，具备较高商业价值。品牌是什么？对消费者而言是一种体验，或是一种可以信赖的承诺；对企业而言，是获利的工具。所以，做品牌从根本上讲是一种投资。有些投资可以立竿见影，有些投资可能短期看不到明显回报，需要等很长时间才能够看到成效。我国很多企业的产品质量并不比国外品牌差，甚至在很多领域还有明显优势。例如，世界上很多奢侈品都是中国代工的，无非是贴了个牌子，摇身一变就成了增值几十倍的产品。知名品牌代表了消费者对其产品质量和市场地位的认可。中国的企业应当加强商标品牌法律保护，打造一批有竞争力的知名品牌。加强农产品商标及地理标志商标的注册和保护。开展中国品牌日活动，健全集体商标、证明商标注册管理制度，打造特色鲜明、竞争力强、市场信誉好的区域品牌。开展促进品牌消费、品质消费“双品网购节”活动。推动中小企业优化商标品牌管理体系，依托国家电子商务示范基地和电子商务示范企业，打造电商新消费品牌 。开展广告助企行动，推广国家广告产业园区和从事广告业务的企事业单位对接中小企业，加强优质企业商品品牌推广。企业抓品牌建设，一定要加强质量基础建设，打造特色品牌，实现优质优价。提升企业经济效益，牢固树立价值导向，通过科技创新、加强管理，把产品做优，提升技术工艺，增强企业盈利能力。

4. 努力实现碳达峰、碳中和目标

我国宣布力争2030年前实现碳达峰，2060年实现碳中和。而实现碳达峰、碳中和目标的过程，将从根本上改变能源生产、消费结构和能源利用效率，对能源行业有着颠覆性影响。企业坚定绿色低碳发展的决心，坚定承担碳减排关键技术和创新的责任。聚焦核心技术的重点攻关，才能实现打赢“双碳目标”的攻坚战。我国是世界上最大的能源生产国和消费国。近些年来我国清洁能源在能源结构中的比重快速上升，但煤炭和石油等化石能源占比仍高达77%左右，未来一段时间仍将是主体能源。我国面临“富煤、贫油、少气”的实际问题，煤炭在一次能源消费中占比最高，在减碳背景下，煤炭行业的清洁化压力和空间更大。应对气候变化的核心是能源转型。一是电力企业加快实现“双碳目标”。过去100多年来，我国电力系统形成了以化石能源为主体的技术体系，随着新能源的快速发展，电力系统的结构形态发生变化，从高碳电力系统向以新能源为主体的新型电力系统转变。我国可再生能源开发利用的规模近年来快速扩大，水电、风电、光伏发电累计装机容量均居世界首位。从趋势上看，电气化已成为全球能源发展的方向。我国不断增加电能在终端能源消费中的比重。据有关资料显示，到“十四五”末，我国可再生能源发电机占电力装机的比重有望超过50%。但也要看到，风能、太阳能等新能源具有间歇性、波动性特点，大规模接入会给电力系统的稳定和能源安全带来挑战。在某种程度上，新能源仍要与传统能源匹配。电力企业在传统电力系统的基础上，增强灵活性和柔性，提高资源优化配置能力，实现多能互补、源网荷储高效协同。二是石化企业加快实现“双碳目标”。中石化提出打造世界领先清洁能源化工公司的愿景，把新能源作为战略新兴业务进行谋划，并提出打造世界第一氢能公司的目标。中石油上游业务占比较大，提出将在做强做优油气业务的同时，加快布局新能源、新材料、新业态，向油气热电氢综合性能源公司转型。在能源转型过程中，石油作为燃料来源的市场空间将被压缩，但作为工业原料的市场空间没有压缩，新材料将是未来发展重点。传统的原油、炼油、燃料、交通的路线可能弱化，原油、化工原料、化工产品、新材料的路线可能得到更大程度的拓展。三是金融业支持企业加快实现“双碳目标”。在碳达峰、碳中和目标下，我国加速调整产业结构、能源结构及消费结构，绿色能源、绿色制造、绿色建筑、绿色交通等新业态蓬勃发展，相关投融资需求大幅增加。这意味着实现经济社会发展绿色转型，走生态优先、绿色低碳的高质量发展道路，金融业应当发挥助推器作用。经济是肌体，金融是血脉，二者共生共荣。经济的绿色低碳转型，对金融业既是挑战，也是机遇。充分发挥资金融通、价格发现、风险管理功能，持续拓展绿色金融的服务场景，履行好绿色低碳转型重大职责使命。

三、积极参与“一带一路”建设

发展是时代的主题，更是世界各国人民的共同愿望。“一带一路”是沿线各方携手前进的阳光大道，为人类命运共同体注入强劲动力。中国的发展离不开世界，世界的繁荣也需要中国。改革开放以来，我国顺应经济全球化潮流，坚持对外开放的基本国策，实现了从封闭、半封闭到全方位开放的伟大历史转折，成为世界第二大经济体、制造业第一大国、货物贸易第一大国、商品消费第二大国、外资流入第二大国、外汇储备第一大国。我国提出“一带一路”倡议，是对全球经济的一个重要驱动力，是对现有国际贸易规则的补充与创新。我国坚持对内开放和对外开放相结合，培育开放型经济主体，营造开放型经济环境，逐步形成以国内大循环为主体，国内国际双循环相互促进的新发展格局。“一带一路”倡议所体现的共同发展、共同繁荣、合作共赢、增进理解信任、加强全方位交流、和平合作，以及开放包容、互学互鉴、互利互赢和共商、共建、共享等理念，推动共建“一带一路”沿着高质量发展方向不断前进。

面对滚滚向前的时代大潮，“一带一路”建设乘历史大势而上，造福各国人民。“一带一路”建设坚持共商、共建、共享，坚持以企业为主体，遵循市场化原则，健全多元化投资体系，强化法律服务保障，有序推动重大项目合作，推进基础设施互联互通。我国坚持新发展理念，致力于把“一带一路”建设成为和平发展之路、繁荣之路、开放之路、绿色之路、创新之路、文明之路，这将为我国企业创造更多增长机遇、转型机遇和创新机遇。

（一）抓住共建“一带一路”重大机遇，开展互惠互利合作

开放则兴，封闭则衰。“一带一路”倡议源于中国，但机遇和成果属于世界。在新征程上推动“一带一路”高质量发展，以中国的新发展为世

界提供新机遇。人类社会发展的实践告诉我们，开放带来进步，封闭难免落后。随着经济全球化持续发展，已经形成了你中有我、我中有你的国际产业分工格局，各国产业链、创新链、价值链紧密相连，经济发展相互依赖。“一带一路”建设旨在聚焦互联互通，深化务实合作，携手应对人类面临的各种挑战，实现互利共赢、共同发展。遵循共商、共建、共享原则，实现互利共赢。从第二届“一带一路”国际合作高峰论坛宣布的五项举措，即更广领域扩大外资市场准入、更大力度加强知识产权保护国际合作、更大规模增加商品和服务进口、更加有效实施国际宏观经济政策协调、更加重视对外开放政策贯彻落实；到第二届进博会宣布“五个继续”，即继续扩大市场开放、继续完善开放格局、继续优化营商环境、继续深化多双边合作、继续推进共建“一带一路”；再到2020年国际服务贸易交易会提出“三个共同”，即共同营造开放包容的合作环境、共同激活创新引领的合作动能、共同开创互利共赢的合作局面。我国始终保持继续扩大开放的定力，以务实的行动推进构建全面开放新局面。我国企业要抓住与国际社会互惠共享的新机遇，积极参与“一带一路”建设。

1.“一带一路”成为国际经贸重要推动力

经贸合作是“一带一路”建设的重要内容。迄今为止，同中方签署“一带一路”合作文件的伙伴国家不断增加，中国与“一带一路”合作伙伴贸易额累计超过9.2万亿美元。“一带一路”已成为当今世界范围最广、规模最大的国际合作平台。特别是面对突如其来的新冠肺炎疫情，“一带一路”合作不但没有暂停，反而逆风前行，展现出强大韧性和活力。世界银行研究分析表明，“一带一路”建设促进走廊沿线国家贸易快速增长。在当前国际经济形势严峻复杂的情况下，加强“一带一路”沿线国家的务实合作，促进相互贸易和投资，对于促进各国经济稳定发展、稳住外贸外资基本盘具有重要意义。共建“一带一路”引领效应持续释放，同相关国家的合作机制不断健全，经贸合作和人文交流加快推进。截至2021年11月，我国已经与140个国家、32个国际组织签署共建“一带一路”合作文件。我国与“一带一路”沿线57个国家非金融类直接投资增长24.8%。与沿线相关国家货物贸易额达1.35万亿美元，占我国总体外贸的比重达到29.1%。在全球抗疫的危急时刻，一列列中欧班列成为沿线国家和地区携手抗击疫情的生命通道和命运纽带。顺应国际贸易规则演变趋势，结合我国发展水平和治理能力，加快构建立足周边、辐射中远、面向全球的高标准自贸区网络。我国同相关国家守望相助、共克时艰，推动共建“一带一路”取得新进展、新成效。我国秉持共商、共建、共享原则，奉行开放包容理念，追求互联共赢目标。我国企业实现了共同参与、共同合作、共同受益。

2.“一带一路”搭建的国际合作平台获得感突出

“一带一路”合作各方一起发展才是真发展，可持续发展才是好发展。企业是“一带一路”建设的重要参与者、生力军。各国企业务实合作是“一带一路”美好愿景变为现实的关键所在。“一带一路”建设正由单一项目合作向一揽子项目合作延伸，由企业分散布局向园区集聚布局转变，由单一国家合作向跨国走廊建设迈进。“一带一路”沿线国家的产业链、供应链合作，充分利用线上线下等多种形式，加强供需信息交流，共同寻找商机。“一带一路”建设是对现有的国际经贸规则的补充与创新，遵循共商、共建、共享原则，促进产业链、供应链、价值链深度融合，畅通区域经济循环，实现互利共赢。为企业营造开放、公平、非歧视的营商环境，扩大相互投资发展。因为“一带一路”建设，世界最大的内陆国哈萨克斯坦拥有了出海口；偏远的巴基斯坦瓜达尔港变身为大城市；白罗斯第一次有了自己的轿车制造业；马尔代夫群岛实现拥有桥梁的梦想。

3.“一带一路”基础设施互联互通重要作用突出

基础设施互联互通是助推各国共同发展的重要物质基础，也是“一带一路”的重要任务。“一带一路”建设项目聚焦共同发展，既支持传统基础设施，也支持新型基础设施，拓宽了各方面发展繁荣的大道，成为构建人类命运共同体、促进各国经济发展的新动力。一批“一带一路”建设项目落地。这些项目主要是交通和能源基础设施建设项目，也有产能合作等方面的建设项目。一批产业园区已建成并开始运行。亚投行开业以来，已投资的项目涵盖能源、公共卫生、交通、金融、水资源等基建项目。在孟加拉国，配电系统升级改造项目惠及 1250 万农村人口；在印度尼西亚，水、电、路等基础设施升级让 970 万居民直接受益；在菲律宾，改善后的排水系统和抽水站让首都马尼拉 97 万市民免受洪水的威胁。据世界银行的研究，“一带一路”交通建设项目有助于 760 万人口摆脱极端贫困，可使3200万人摆脱中度贫困。

（二）发挥企业主体作用，为“一带一路”建设做出新贡献

企业作为市场主体，是我国经济活动的主要参与者、就业机会的主要提供者、技术进步的主要推动者。共建“一带一路”是我国改善全球经济治理体系、推动构建人类命运共同体的重要方案，必须发挥企业市场主体作用。“一带一路”建设使我国企业融入世界。开放带来竞争，竞争带来压力，压力推动进步。高质量共建“一带一路”，努力把“一带一路”打造成合作之路、健康之路、复苏之路和增长之路。

“一带一路”建设坚持共商、共建、共享，遵循市场原则和国际通行规则，发挥企业主体作用，开展互惠互利合作。“一带一路”倡议提出后，我国越来越多的企业走出国门，抓住推进“一带一路”建设的机遇，助力世界各国共赢发展。共建“一带一路”是时代发展的大势所趋和人心所向，必将源源不断地为人类发展贡献中国智慧，为世界经济注入强劲、持久的动力。

1. 构建以企业为主体的“一带一路”供应链布局

“一带一路”从理念变为实践，从蓝图变为现实，为世界各国带来机遇和红利。我国实施“一带一路”建设，坚持以企业为主体、市场为导向，遵循国际惯例，强化法律服务保障。企业在参与“一带一路”建设中，充分利用“两个市场”“两种资源”，增强国内产业和国外产业之间的供应链联系，提升我国企业在供应链中的地位，提升供应链全球布局对我国经济社会发展的支撑能力，建立符合供应链全球布局的架构，实现内外联动发展。我国企业应抓住新一轮科技革命和产业变革机遇，加强数字经济、电子商务、人工智能、智慧城市等领域合作。我国陕西一家企业通过“走出去”“走进去”，构建了开放新格局，将产业链延伸至“一带一路”沿线。其在沿线国家和地区建立了14个工厂，持续发挥辐射带动作用，在俄罗斯、哈萨克斯坦的市场份额持续保持领先地位。

2. 提升以企业为主体的基础设施联通

互惠互利合作加强基础设施硬联通。我国坚持新发展理念，致力于把“一带一路”建设成为和平发展之路、繁荣之路、开放之路、绿色之路、创新之路、文明之路，这将为我国企业创造更多增长机遇、转型机遇和创新机遇。危中寻机，化危为机，时不我待。建设一体化、专业化服务基础设施和云平台，打通研发设计、生产制造、运营管理、物料采购、仓储物流、产品服务等关键环节；打通供应链企业、协作企业、金融服务、市场用户、外部开发者等信息和资金堵点。通过高质量共建“一带一路”，推进互联互通，搭建人员和货物跨境流动便捷通道，有序推动重点项目、重点走廊、重点园区建设，形成以“一带一路”沿线国家为主的区域产业链、供应链、价值链。坚持以人为本，共同实施更多民生工程，使一批“一带一路”建设项目落地。这些项目主要是交通和能源基础设施建设项目，也有产能合作等方面的建设项目。

3. 加强以企业为主体的产能合作与装备合作

古丝绸之路绵亘万里，延续千年，积淀了以和平合作、开放包容、互学互鉴、互利共赢为核心的丝路精神。企业应加强市场规则标准等方面的软联通，强化合作机制建设，加强产能合作与装备合作。企业应根据东道国资源禀赋、产业配套能力、市场条件等合理布局产能合作与装备合作。推动高铁、核电、通信设备等一批具有技术优势的制造业企业通过海外并购、新设企业等方式，加快全球布局，推广中国技术、标准、品牌和服务。特别是以“一带一路”建设为重点，有序推动装备、机械、冶金、家电、汽车、造船、纺织、建材、食品加工等行业的企业“走出去”。制造业企业通过在境外设立加工组装、分销、售后服务和维修基地等，延伸价值链，加快供给侧结构改革，优化产品结构，提高产品质量和服务水平。

四、认真履行企业社会责任

企业社会责任是指企业通过透明和道德的行为，为其决策和活动对社会和环境的影响而承担的责任。履行社会责任是实现高质量发展的必然要求。企业社会责任要求企业在创造利润、对股东利益负责的同时，还要承担对员工、消费者、社区和环境的社会责任。企业不仅要创造社会财富，而且要对社会做出贡献。企业在致力于自身发展壮大的同时，要考虑社会、股东、员工、合作伙伴、政府等利益相关者的权益，并使之成为企业的自觉行动。

（一）新时代法治化的新形势，要求企业履行社会责任

企业是社会的组织成员，不是以独立的个体存在。因此，企业必须融入社会、服务社会，并对社会负责。进入21世纪以来，社会责任问题越来越受到世界各国的高度重视。企业积极履行社会责任，已经成为经济全球化的一个重要标志，成为新时代国家和社会对企业的要求。

1. 企业履行社会责任是党中央的要求

进入新时代以来，党中央高度重视企业履行社会责任并做出相关规定。2013年11月12日，党的十八届三中全会通过的《中共中央关于全面深化改革若干重大问题的决定》指出，国有企业必须适应市场化、国际化新形势，以规范经营决策、资产保值增值、公平参与竞争、提高企业效率、增强企业活力、承担社会责任为重点，进一步深化国有企业改革。党的十八届三中全会将承担社会责任作为进一步深化国有企业改革的重点工作之一，为国有企业更好履行社会责任指明方向，提出了更高的要求。2014年10月23日，党的十八届四中全会通过的《中共中央关于全面推进依法治国若干重大问题的决定》提出，加强企业社会责任立法。这标志着企业履行社会责任将走向法治化轨道，企业社会责任将有章可循、有法可依。2015年4月25日，中共中央、国务院印发《关于加快推进生态文明建设的意见》，强调生态文明建设是中国特色社会主义事业的重要内容。2015年9月，中共中央、国务院印发的《关于深化国有企业改革的指导意见》提出，社会主义市场经济条件下的国有企业，要成为自觉履行社会责任的表率。2017年10月18日，党的十九大报告提出，推进诚信建设和志愿服务制度化，强化社会责任意识、规则意识、奉献意识。这为鼓励企业承担社会责任、全面提升核心竞争力指明了方向。“十三五”规划要求，企业应当适应新时代、新形势、新发展的新要求，自觉贯彻新发展理念，自觉承担社会责任。“十四五”规划提出，推动民营企业守法合规经营，鼓励民营企业积极履行社会责任、参与社会公益和慈善事业。据此，我国企业必须进一步落实新发展理念，坚持可持续发展观，增强社会责任感，加强企业信息的披露及管理，做到提高发展质量、健全体制机制、加强信息交流，以负责任的投资方式、生产方式和消费方式，满足新时代可持续的绿色发展模式，以实际行动赢得更多的社会尊重，获得更多的社会资源，取得

更大的发展空间。

2. 企业履行社会责任是国家法律法规的要求

企业在新时代下持续健康发展，既要遵循市场经济规律，也要遵守法律法规，时刻牢记企业所承担的社会责任，切记不能违反道德、触犯法律。2005 年新修订的《公司法》第五条规定：“公司从事经营活动，必须遵守法律、行政法规，遵守社会公德、商业道德，诚实守信，接受政府和社会公众的监督，履行社会责任。”这是在法律上第一次对公司必须履行社会责任做出规定。企业在追求盈利，满足股东要求的同时，也要兼顾职工、消费者、社会公众的利益，保护环境，避免资源浪费，促进经济持续稳定增长。有关企业履行社会责任的法律法规有很多，如《公司法》《企业国有资产法》《合伙企业法》《个人独资企业法》《中外合资经营企业法》《证券法》《债券法》《合同法》《担保法》《环保法》《劳动法》《劳动合同法》《安全生产法》《社会保障法》《对外贸易法》《产品质量法》《消费者权益保护法》《反垄断法》《反不正当竞争法》等。企业通过遵守规范市场主体的法律法规，享有相应的权利和履行相应的义务责任；通过遵守生产管理的有关法律法规，保证产品质量和服务质量，努力提供优质、安全、健康的产品和服务，妥善处理消费者提出的投诉和建议，赢得消费者的信赖与认同；通过遵守规范企业间合作的法律法规，加强合规管理，最大程度符合法律和商业伦理规范的要求；通过遵守防范风险的法律法规，运用防范各种风险的风险识别、尽职调查、行为评价等手段，最大程度避免和克服企业运营活动中可能产生的不利影响；通过遵守对外开放的法律法规，促使企业遵守国际通行规则和所在国法律法规，尊重当地习俗和文化，坚持诚信经营，恪守商业信用，加快“走出去”的步伐；通过遵守有关环保的法律法规，增强环保意识，保护自然环境，坚持绿色发展，做到可持续发展；通过遵守职工权益保护的法律法规，维护员工权益，构建和谐劳动关系；通过遵守有关捐助的法律法规，支持社区发展，参与公益事业，为经济社会发展做出贡献，树立负责任的企业形象。

3. 企业履行社会责任是社会各界对企业的普遍期望和要求

新时代下企业创立并成长于社会，应当回馈于社会，把社会责任同企业经营紧密结合在一起，努力实现企业和国家、社会、员工、环境的协调和统一。随着公民意识和维权意识的提高，公众对企业社会责任的诉求已经常态化。企业履行社会责任是对社会要求和公众期望做出的积极主动响应，须根据自身运营范围和影响力，对利益相关方履行社会责任，在尊重相关方权益的基础上与他们实现互联共赢。企业做得越大，社会责任、道德责任就越大，公众对企业的要求也越高。企业履行社会责任既是落实新发展理念，服务和谐社会建设的必然要求，也是提升企业管理能力和水平、形成竞争优势、更好服务社会的具体行动。在我国经济快速发展壮大过程中，很多企业积极履行社会责任，涌现出了一批先进典型，他们用自己的行动赢得了社会和群众的尊重。但是，也要看到，社会责任并没有成为所有企业的自觉行动。有的企业不能自觉遵守法律法规、社会公德、商业道德和行业规则，偷税漏税，损害投资者和债权人权益；有的企业诚实守信意识淡薄，不能恪守商业信用，失信行为、商业欺诈、假冒伪劣等现象仍很突出，消费市场中存在的食品安全、商品质量等问题比较突出；有的企业生态文明意识淡薄，节能环保投入少，资源消耗多，污染物排放多，严重损害生态环境；有的企业安全生产意识淡薄，重特大安全事故屡禁不止；有的企业很少参与慈善、捐助等社会公益事业。这些问题严重影响了企业的形象，削弱了企业的竞争力。

（二）新时代动能转换和可持续发展的新趋势，促进企业履行社会责任

社会责任是企业工作的出发点和落脚点，是企业对国家、社会及他人所承担的一定使命、义务和责任。责任带有强制性的一面，但在履行社会责任方面，更多地体现为自觉自愿和自主自律的行为。企业履行社会责任，不仅会对社会产生很强的示范作用，也会对企业自身发展带来重要的影响；不仅是现代社会对企业的普遍期望和要求，而且是企业发展的内在需求和安身立命的基础。

1. 新旧动能转换促使企业履行社会责任

新旧动能转换是新时代我国企业发展的新趋势。新旧动能转换要求企业运用新动能提升旧动能，更多履行社会责任。新动能是指在新一代信息技术、新工业革命及制造业与服务业融合发展的背景下，以现代信息技术广泛嵌入和深化应用为基础，以技术创新、应用创新、模式创新为内核并

相互融合的新型经济形态。旧动能是指传统产业和传统经济模式。新旧动能转换就是以供给侧结构性改革为根本，以新技术、新产业、新业态、新模式“四新”经济为手段，推动传统产业改造升级，加快新兴产业培育发展，加强第一、二、三产业跨界融合，做大做强区域、企业、产品等品牌优势，实现产业智慧化、智慧产业化、跨界融合化和品牌高端化，实现经济高质量发展。随着科技进步的加快，新经济对经济增长的贡献和重要性日益提高，新的产业形态和模式成为促进经济社会发展的新动力。新动能促进企业通过发展新技术、新产业、新业态、新模式，提高经济效益，更多履行社会责任，为社会创造更多的财富。企业对旧动能实行产业升级，强化管理、优化结构、积蓄力量，努力开发节能降耗技术，大力增强保护环境能力，推进生态文明，促进节能减排、资源综合利用、清洁能源、清洁生产，大力发展循环经济，提高发展效率和质量，更多担负社会责任，提升可持续发展能力。

2. 提升企业声誉需要企业履行社会责任

企业声誉是社会公众对企业的评价。重视并提升企业声誉是新时代的新趋势。履行社会责任是企业应尽的义务，有助于提升企业的社会知名度，有助于企业在市场竞争中赢得客户信赖，建立长期友好的合作关系，打造企业的品牌优势和信誉优势。企业在经营活动中不但要提高产品和服务的影响力，而且要赢得消费者和客户的信任，才能在愈加激烈的市场竞争中赢得优势。企业作为依法自主经营、自负盈亏、自担风险、自我约束、自我发展的市场主体，必须积极、主动履行社会责任，以优质的产品和服务提升企业的声誉。企业承担的社会责任，要求它不能把利润作为唯一目标，而是要更多地关注消费者，对环境和社会做出贡献。在现实中有一种误区，以为挤垮了哪个企业领导人，超越了哪个企业，就是比那个企业强。其实，一个真正强大的企业家不是超过了多少家企业，而是要看他对社会做出多少贡献，承担了多少社会责任，帮助了多少人。企业既要追求利润最大化，又要兼顾人与人、人与社会、人与自然之间的协调关系；既要关注企业的经济效益，又要关注资源、环境、人文等社会效益。企业积极履行社会责任，注重协调与利益相关方的关系，注重提升企业的品牌形象，注重赢得客户信任，才能真正提高企业的社会声誉。

3. 可持续发展要求企业履行社会责任

可持续发展是新时代的新潮流、新趋势。企业履行社会责任的核心是可持续发展。大力发展绿色低碳经济是时代赋予企业的重要任务，向绿色经济转型是可持续发展的新动力。实现人与社会、人与自然协调共处，是保证企业可持续发展的基础。企业不仅是利用资源创造财富的主体，而且是节能降耗、保护环境、坚持可持续发展的主体。负责任的企业以推动企业发展、改善生态环境为驱动力，以可持续发展作为企业发展的战略基点，将企业节能减排、环境保护、循环经济纳入发展规划，分阶段、有步骤实施。减少碳排放是企业履行社会责任的重要内容。它可以创造就业岗位和提高收入的机会，提供技术技能，为社会经济发展和环境保护提供以市场为基础的解决方案。企业在享受社会环境赋予的发展机遇的同时，必须从应对气候变化的角度，义不容辞地承担对环境的责任，主动实施针对气候变化的节能减排措施，参与社会应对气候变化的行动，承担起推动社会可持续发展的责任。可持续发展需要把社会责任同企业经营紧密结合在一起，追求令人尊敬的发展方式，重视产品质量、安全生产、保护消费者利益，依法经营、诚信经营，提高企业经营的道德水准，努力打造绿色产品产业链，从清洁能源、清洁生产过程、清洁产品方面着手，抓好产品生命周期全过程和生产全过程控制，力求使产品对环境的影响降到最低限度，真正实现可持续发展。

（三）新时代勇于担当、敢于创新的氛围，助力企业履行社会责任

企业在创造社会财富的同时，占用了大量社会资源，需要不断回报社会，感恩社会。企业承担社会责任是回报社会，实现人与社会、人与自然协调可持续发展的必然要求，也是新时代对企业的普遍期望和实现高质量发展的客观需要。新时代是创新发展的时代。企业应当发扬敢为天下先、爱拼才会赢的精神，敢于担当、勇于创新，不仅要对盈利负责，为社会提供好的产品和服务，多创造税收，多提供工作岗位，而且要对环境负责，努力体现企业的价值。

1. 在人与自然和谐发展方面履行社会责任

保护环境、节能减排、实现绿色可持续发展是新时代人类社会面临的共同课题。建设生态文明是关系人民福祉，关乎民族未来的长远大计。在新时代人与自然和谐发展的过程中，企业发挥着主体作用。对于加强生态环境保护，合理开发和有效利用资源，努力建设生态文明的美好家园，企业负有着重要责任。履行社会责任要求企业在人与自然和谐发展中做出贡献。一是积极推进绿色发展。绿色是永续发展的必要条件和人民追求美好生活的重要体现。气候变化深刻影响人类的生存和发展。走绿色、低碳和可持续发展要求企业承担更大责任。企业要积极贯彻落实节约资源和保护环境的基本国策，坚持可持续发展，坚定走生产发展、生活富裕、生态良好的文明发展道路，坚定不移地走绿色、低碳、循环发展道路，践行“绿水青山就是金山银山”的理念，加快建设资源节约型、环境友好型社会，形成人与自然和谐发展现代化建设新格局，推进美丽中国建设，在全球生态安全等方面做出积极贡献。二是加强环境保护。牢固树立保护生态环境就是保护生产力、改善生态环境就是发展生产力的理念。企业应当强化企业环境保护意识、完善企业环境保护管理制度等，切实把保护环境纳入企业发展战略中；切实转变企业发展方式，提高发展质量和水平，向绿色转型，走绿色发展、循环发展、低碳发展道路，建设资源节约型、环境友好型企业，与生态文明建设相协调；解决面临的突出环境问题，更加重视资源节约，合力开发和利用自然资源。通过技术创新和技术改造，降低能耗、物耗，做到绿色生产、清洁生产。三是大力发展环保产业。推进绿色低碳发展是对传统发展方式的根本性变革。企业应当充分挖掘和发展绿色金融，促进节能环保、清洁生产、清洁能源等绿色产业发展及绿色低碳生活方式的新市场机遇的产生，打造企业新的增长点。中国建材集团积极践行绿色发展理念，坚持创新引领，发展绿色建材，引领行业转型升级。北京金隅集团建设国内首条利用水泥窑处置生活垃圾焚烧飞灰示范线，以绿色低碳发展模式设立了行业的新标杆。

2. 在参与社会公益事业方面履行社会责任

社会公益活动是指有关组织或个人向社会捐赠财物等活动。履行社会责任要求企业在社会公益事业中做出奉献。企业应当遵循源于社会、奉献社会的理念，践行对道德伦理的高尚追求，有善心、有善意、有善举，积极助力脱贫，热心参与社会公益事业。企业家捐赠涉及的领域较多，包括文化教育、弱势群体帮扶、环境保护及医疗卫生、公共服务等领域。第十七届（2020）中国慈善榜发布，共有10位慈善家荣获个人奖项，上榜慈善企业有605家。慈善捐赠集中的领域是教育、医疗等。鞍山钢铁集团公司原总经理张晓刚定期慰问困难职工，被誉为“当代雷锋”的郭明义就是他在一次慰问中发现的。郭明义已成为爱岗敬业、助人为乐、无私奉献的全国道德模范。扬子江船业集团董事长任元林坚持“我们要做世界最优秀船厂”的企业愿景，推动企业实现了自身的快速成长。任元林将自己在公司股份的分红捐献出来成立元林慈善基金。亨通集团董事局主席崔根良说，做慈善，你真正要为做慈善而做，所谓慈善，你真正要把钱用在真正社会应当能享受慈善的弱势群体方面。崔根良在带领亨通集团发展壮大的同时，不忘回馈社会，近些年用于爱心助学、扶贫济困、救灾赈灾、公益慈善等捐助已超过4.5亿元。企业通过自己的行动赢得了社会和群众的尊重。

3. 在参与国家重大事件方面履行社会责任

国家重大事件是指与国家利益有关的重大事情。履行社会责任要求企业在国家重大事件中勇于担当。企业是国民经济的基础，只有企业强，国家才能强；只有企业发展，经济才能发展。我国很多企业在抗震救灾、奥运安保、抗击雪灾等事件中发挥了重要作用，为保持国民经济平稳、健康发展做出了很大贡献。2008年在抗雪和抗震救灾中，很多企业全力投入抗灾、救灾和灾后重建工作，展现了对党、对国家、对人民高度负责的精神。中国航空工业集团始终秉承“航空报国，强军富民”和“敬业诚信，创新超越”的社会责任理念，为国防安全做出了突出贡献。中航工业沈阳飞机工业集团有限公司原董事长罗阳用自己的一生践行了航空报国的伟大宗旨。中国电科秉承“以精立业，以质取胜”的理念，切实履行央企的社会责任。中国电科研制推出的智慧气象系统，已经开始援疆、援藏服务，提供实时精准综合预警体系和精细智能化日常值班体系。中国黄金集团在建设西藏甲玛项目中，投入大量资金修路、饮水、引水、助学、帮扶困难群众，不仅维护了民族团结，也极大改善了经营环境。中国建筑集团、中国水电集团克服高寒缺氧、交通不便等困难，在玉树灾后重建中发挥了重要作用。国家电网坚持自主创新，在特高压、智能电网、新能源等领域实现中国引领和中国创造，推动构建全球能源互联网，开创了特大型企业全面履行社会责任的有效途径。

4. *在关爱员工方面履行社会责任*

关爱员工是企业在新时代用实际行动，使员工在心里、收入、工作环境等方面得到尊重、认可与满足。企业兴则经济兴，职工稳则社会稳。新时代构建和谐的劳动关系，要求企业善待员工，快发展、稳就业、保稳定，提高就业质量和职工收入水平。一是构建和谐的劳动关系，稳定职工队伍。和谐的劳动关系不仅直接关系到企业的发展和职工群众利益的实现，而且关系到社会的和谐稳定与发展进步。企业应当树立以人为本的观念，真正把员工视为企业发展的重要资源，千方百计稳定职工队伍，切实保证职工的合法权益，让员工体面劳动，让员工与企业共同成长。二是加快企业发展，增加就业岗位和收入。就业是民生之本，是人民改善生活的基本前提和基本途径。关爱企业职工，加快企业发展是前提。企业发展了，才能创造更多的就业机会，才能改善职工条件，才能增加职工收入。在经济下行、企业遇到经营困难时，企业应当承诺员工不裁员、不下岗；为降低生产成本，减薪要从企业领导减起，职工不减或少减。三是提供良好的工作环境，提供一份有意义的工作。让工作有意义，就是激励员工工作的最佳手段。原美国总统西奥多·罗斯福说过，人生最好的奖励就是让我们有机会为值得奋斗的事业而奋斗。改善职工待遇，让员工在追求共同事业的过程中进行自我管理，远比强迫他们遵守公司规定、实现他们不能理解或接受的企业目标更有效。四是创造良好的劳动条件，确保企业安全生产。企业产出产品和提供服务，必须要有安全的生产环境。企业应当时刻绷紧安全这根弦，进一步提高对安全重要性的认识，坚持安全第一、预防为主的工作方针，标本兼治，重在治本，着力构建安全管理长效机制；恪守红线意识，坚持党政同责、一岗双责、齐抓共管、失职追责，督促落实安全责任制，进一步健全安全管理责任制度体系，层层落实安全责任；强化综合治理，做到从源头上控制，坚持抓早、抓小、抓苗头、抓平时，做到安全责任、安全管理、安全投入、安全培训、安全应急救援到位，从源头上提升企业安全生产水平。

第六章　新时代为打造我国百年企业创造良好营商环境

营商环境是市场主体在准入、生产经营、退出等过程中涉及的政务环境、市场环境、法治环境、人文环境等有关因素和条件的总和，是一项涉及经济社会众多领域的系统工程。营商环境是企业生存发展的土壤。聚力以优化营商环境，打造新生态，创造良好的新营商环境，是激发各类市场主体活力和创造力，培育百年企业的重要要求。改革开放尤其是党的十八大以来，我国营商环境不断优化，重要领域和关键环节改革取得突破性进展，制度优势显著，治理效能提升，经济长期向好，物质基础雄厚，人力资源丰厚，市场空间广阔，发展韧性强劲，社会大局稳定。在推进经济体制改革方面，主要领域改革主体框架基本确立；简政放权、放管结合、优化服务等改革推动政府职能发生深刻变化，市场活力和社会创造力明显增强，促使我国企业快速成长，诞生了一大批掌握核心技术、引领商业模式创新的企业，其创造了举世瞩目的成就。持续打造市场化、法治化、国际化营商环境，是加快形成新发展格局的重要一环。营商环境是经济发展的晴雨表。良好的营商环境就是生产力、竞争力和发展力。良好的营商环境有助于国内进一步促进消费、扩大投资；有助于稳住外贸外资基本盘，推进更高水平对外开放；有助于为企业打造公平的竞争环境，给企业发展创造充足的市场空间。

营商环境是一国软实力和国际竞争力的集中表现。为了更好地优化营商环境，释放发展潜能，服务各类企业，实现高质量发展，党中央、国务院出台了一系列有针对性的优化营商环境的政策措施，公平对待各类市场主体，使营商环境更加市场化、法治化、国际化，为新时代打造我国百年企业创造良好的外部环境。据世界银行 2021 年的报告显示，中国营商环境在全球190个经济体中的排名由2012年的第91位提升到2020年的第31位，8年提升了60位。优化营商环境没有最好，只有更好；没有终点，只有进行时。我国蓬勃发展的市场主体对营商环境提出了更高的目标要求，对平等、公平、诚信、法治更加渴求。拥有一流的营商环境，已有企业才能留得住、发展得好，外来企业才会想进来创业、兴业，各方面的积极性和创造性才能得到充分激发。这意味着要对标国际一流营商标准、营造良好的营商环境，我国企业才会健步迈入新时代，才会以逢山开路、遇水架桥的精气神，激发创新活力，担当作为，蹄疾步稳，大胆探索未来发展之路，在新征程中创造新的更大的奇迹。

第一节 打造服务企业良性运营的政务环境

政务环境是指各级政府及其相关部门统一政务服务标准，增强服务意识，提升政务服务效能，按照减环节、减材料、减时限、优服务的原则，创新政务服务方式，推动应用新技术，实现政务服务规范化、标准化、协同化、便利化。打造服务企业良性运营的政务环境，是企业生存发展的支柱。企业的发展壮大离不开政府部门的服务与帮助。高效廉洁的政务环境是优化营商环境的首要。政务环境实现最大程度优化，放得开与管得住实现有机统一。推动有效市场和有为政府更好结合，加快完善社会主义市场经济体制，是高质量发展阶段提高国家治理体系和治理能力现代化水平的必然要求。打造服务企业良好营商的政务环境，必须靶向发力、精准施策，切实提高工作的实效性和针对性。加大“放管服”改革力度，减事项、优审批、压时限、减环节、降税费、抓放权，提高企业开办、产权登记、经营许可等效率，降低制度性交易成本，不断优化营商的政务环境，让市场主体不断增强获得感、安全感。

一、处理好政府和市场的关系

进入新时代，开启新征程，处理好政府和市场的关系是深化改革的核心问题。推动有效市场与有为政府更好结合，充分释放市场活力、制度活力和社会活力，是打造营商环境的首要问题。路是走出来的，事是干出来的。

迈向新征程需要不断研究新问题，总结新经验，让更加有效的市场与更加有为的政府形成合力，相得益彰。优化营商环境是解放生产力、提高综合竞争力的重要举措，是建设现代化经济体系、促进高质量发展的重要基础，也是政府提供公共服务的重要内容。

政府与市场的关系问题是经济体制改革的核心问题。优化营商环境中的政务环境，须处理好政府和市场的关系，更好地为企业服务，打造一流的政务服务环境。正确处理政府和市场的关系，就是要坚持和完善社会主义基本经济制度，充分发挥市场在资源配置中的决定性作用，更好发挥政府的作用。坚持社会主义市场经济改革方向，更加尊重市场经济规律，最大限度减少政府对市场资源的直接配置和对微观经济活动的直接干预，更好发挥政府作用，有效弥补市场失灵。坚持问题导向、目标导向，紧紧抓住市场与政府关系的关键环节，推动全面深化改革向纵深发展，把市场活力、制度活力和社会创造力充分发挥出来。坚持市场有效、政府有为，推动企业发挥更大作用，实现更大发展。

（一）充分发挥市场在资源配置中的决定性作用

从市场角度来说，与新阶段、新形势、新要求相比，我国市场体系还不健全、市场发育还不充分，还存在市场激励不足、要素流动不畅、资源配置效率不高、微观经济活力不强等问题，推动高质量发展还存在不少体制机制障碍。企业是市场经济的主体。让市场在资源配置中发挥决定性作用，是提升经济运行质量和效率，增强市场主体活力的重要措施。政府要为企业营造更加良好的营商环境，增强企业的竞争力，推动企业高质量发展。建立统一开放、竞争有序的市场体系，是使市场在资源配置中起决定性作用的基础和条件。市场体系是由商品及服务市场和土地、劳动力、资本、技术、数据等要素市场构成的有机整体，健全要素自由流动交换的市场体系，为企业打造更优的营商环境。

1. 建设高标准的市场体系

市场体系是市场机制发挥作用的必要条件。建立高标准市场体系是构建高水平社会主义市场经济体制的重要举措。充分发挥市场机制在资源配置中的作用，构建体系完整、机制健全、统一开放、竞争有序的高标准市场体系，是构建高水平社会主义市场经济体制的重要内容。建设高标准市场体系必须夯实制度，从健全市场体系基础制度抓起，提高制度供给水平和能力，保障市场体系有效运行，形成高效规范、公平竞争的国内统一市场。我国竞争政策的基础性地位逐步确立，市场竞争机制不断健全，但与高标准市场的要求相比还有明显差距。针对市场秩序还不够规范、生产要素市场发展还滞后、市场规则不统一、市场竞争不充分等问题，必须破除体制机制障碍，加快建设统一开放、竞争有序的市场体系，提高资源配置效率。市场准入负面清单制度，是厘清政府和市场边界的重要制度。实施全国统一的市场准入负面清单制度，是形成全国统一市场，发挥超大市场规模优势的前提条件。实施统一的市场准入负面清单制度，健全公平竞争制度，清除市场壁垒，维护清单的统一性和权威性，提高资源配置效率和公平性，保障资源优化配置。近几年，国际环境日趋复杂，我国主动化解危机，以自身市场制度建设的最大确定性来主动应对外部明显增加的不确定性。建设高标准的市场体系就要做到高效率、高质量、高水平。高效率就是要发挥市场的决定性作用，提高要素资源的配置效率。高质量就是要构建良好的营商环境，提升商品质量和服务质量，将优化营商环境纳入法治化轨道。高水平就是通过高水平的对外开放和市场监管，对高标准市场体系建设形成强有力的支撑和保障。建设高标准市场体系，构建新发展格局，必须依靠夯实市场体系基础制度和要素高效配置的保障体系，疏通阻碍国内大循环和国内国际双循环相互促进的堵点，加快形成高效规范、公平开放的国内统一大市场。

2. 完善要素价格的市场化形成机制

市场体系是市场配置资源的基础。价格机制是市场配置资源的核心。随着我国社会主义市场经济体制不断健全和完善，社会主义制度和市场经济实现了有机结合，商品市场发育比较充分，市场决定商品价格基本实现全覆盖。凡是能由市场形成价格的就要交给市场，政府不进行不当干预。通过市场竞争形成价格，进而调节供求关系，优化资源配置。市场价格本应由市场供需决定，但在市场机制失灵的情况下，政府及时伸出“有形之手”，做好重要民生商品的保供，是一个成熟市场的应有之义。让市场在资源配置中发挥决定性作用，同时更好发挥政府作用，这是建设高标准市场体系的核心所在。

3. 畅通要素流通渠道

市场交易是市场形成价格的前提。充分发挥市场配置资源的决定性作用，就要畅通要素流通渠道，保障不同市场主体平等获得生产要素，推动要素配置依据市场规则、市场价格、市场竞争，实现效益和效率最大化。促进土地等传统要素在城乡之间的统一融合、市场决定价格、自主有序流动和高效公平配置。健全要素市场交易平台，拓展公共资源交易平台功能，健全科技成果交易平台，培育大数据交易市场。完善要素交易规则和服务，制定土地、技术市场交易管理制度。提升要素交易监管水平，加强反垄断和反不正当竞争执法，完善失信行为认定，失信联合惩戒。

4. 推进要素市场化改革

深化要素市场改革，推进要素资源高效配置。我国各种要素的市场化程度差异较大，推进市场化改革须分类推进。在培育技术和数据要素市场方面，健全职务科技成果产权制度，开展赋予科研人员职务科技成果所有权或长期使用权，培育发展技术转移机构和技术经理人，以及根据数据性质完善产权性质，培育数字经济新产业、新业态和新模式。在培育土地、劳动力、资本等市场方面，扩大国有土地有偿使用范围，建立城镇教育、就业、创业、医疗卫生等基本公共服务与常在人口挂钩机制。增加服务小微企业和民营企业的金融服务供给，构建多层次、广覆盖、有差异、大中小合理分工的银行机构体系，提高土地、劳动力、资本等要素市场化配置范围，破除要素流动的体制机制障碍。

（二）更好发挥政府作用

从政府的角度来说，政府必须进一步准确地进行自身职能定位，解决政府干预过多和监管不到位等问题，在充分尊重市场经济规律的基础上，更好地实行宏观调控和弥补市场失灵。政府是市场规则的制定者，也是市场公平的维护者。让市场更有效，让政府更有为，就要进一步深化“放管服”改革，持续优化营商环境，充分发挥市场在资源配置中的决定性作用，更好地发挥政府作用，营造稳定、公平竞争、透明和可预期的营商环境。

1. 构建亲清新型政商关系

政商关系是营商环境的核心要素，是政治生态、社会风气的重要指标。构建亲清新型政商关系，既要做到“清”上加“亲”，也要致力于制度的创新与完善，建立政商双向沟通渠道、领导干部联系企业制度、服务企业平台，依法依规参与企业活动，保障企业的合法权益。也就是说，政府必须进一步准确地进行职能定位，解决政府干预过多和监管不到位等问题，在充分尊重市场经济规律的基础上，更好地实行宏观调控与弥补市场失灵，进一步完善政府经济调节、市场监管、社会管理、公共服务、生态环境保护等职能，通过创新和完善宏观调控机制，不断提高政府的宏观经济治理能力。健康、稳定的政商关系对提升市场主体的创新动力和竞争活力具有重要作用。建立制度化、常态化政企沟通渠道，提升政务服务质量。

2. 建立公平竞争、开放、透明的市场规则

公平竞争是市场经济的核心，是实现资源优化配置和企业优胜劣汰的保障。理顺政府与市场的关系，完善公平竞争审查制度。有效约束政府行为，明确政府权力边界，切实转变政府职能，大幅减少政府对资源的直接配置，维护市场主体在市场准入和退出、参与市场竞争、平等使用生产要素等方面的权利，保障市场配置资源的决定性作用得到充分发挥。涉企政策的制定要多听企业和企业家的意见、建议，更好支持企业家以恒心办恒业，扎根中国市场，深耕中国市场。完善涉企政策和信息公开机制。利用实体政务大厅、网上政务平台、移动客户端、自助终端、服务热线等线上线下载体，建立涉企政策信息集中公开制度和推送制度。加大政府信息数据开放力度。

3. 实行统一高效的市场监管

降低市场准入门槛。强化事中事后监管，凡是市场能自主调节的就让市场来调节，凡是企业能干的就让企业干，切实纠正政府不当干预造成的资源配置扭曲等问题。最大限度减少政府对市场资源的直接配置和对微观经济活动的直接干预，最大限度减少政府对价格形成的不当干预，最大限度减少不必要的行政执法事项，进一步转变政府职能，深化简政放权、放管结合、优化服务改革。近一段时间，市场垄断行为严重影响了经济发展质量。一些行业的企业在急功近利的态势中，产生了价格战、虚假宣传等方式。这不利于经济长期稳定运行。国家有关部门需明确不可为，才能引导企业在有可为的自我规范中成长。

4. 出台的政策措施与市场环境变化紧密衔接

优化营商环境无止境，应当持续探索政策体系的创新突破，完善公平

竞争的市场环境，消除各种壁垒。国家各项政策的出台都不能忽视和动摇竞争政策的基础地位。产业政策、竞争政策等政策都应当尽快转型为创新政策，为要素市场化配置提供创新引领和创新驱动导向。市场形势千变万化，尤其在近些年来的创业创新大潮中，新技术、新业态、新产品不断出现，有关营商环境政策需相应调整。随着人们生活水平的不断提高，消费者的新需求不断产生，企业的生产经营需适应新情况、新变化。在这种情况下，现有政策举措必须满足现实需求，及时了解新情况，获悉企业的需求，从而制定相应的政策和措施，鼓励企业创新，支持经济发展。政府及政府有关部门出台的政策措施，应当以企业满意度为标准，持续营造办事方便、法治良好、成本竞争力强、生态宜居的市场化、法制化、国际化营商环境。

5. 积极推进数字技术与政府服务深度融合

随着大数据、物联网、云计算等的应用，政府进行宏观调控和弥补市场失灵有了更多的创新空间，应善于借助新工具和新手段，更好地发挥政府作用。及时提供更有针对性的服务。目前，由于部分政府之间、企业之间、企业和政府之间采取的业务框架及系统不同，数据共享面临权责边界模糊、监管治理体系不完善等问题。在数据保护层面，因个人数据概念及界限模糊、数据安全监管体系尚未完全确立，存在用户信息数据可能被过度采集、使用和泄漏的隐患。因此，需要完善政府协同，优化管理服务模式，推动数据互联互通，创建高质量的政务数据生态和流通体系，充分发挥数据的价值，建立统一规范的数据管理制度，综合运用法律、行政、技术等手段，确保国家安全、企业商业秘密和个人隐私不受侵害。

6. 尊重、爱护、支持企业家

政府要善待企业家，大力弘扬企业家精神，着力打造一流营商环境，提供贴心、温暖、真诚的服务，树立尊重、爱护、支持企业家的鲜明导向，保护、宣传、表彰优秀企业家精神，让企业家在政治上有荣誉、社会上有地位、经济上有实惠。加大对企业家的帮扶力度，组织座谈走访，帮助解决企业实际困难，落实好纾困惠企政策，打通民营企业发展的“堵点”“痛点”。推动各类所有制企业携手合作，共同发展。敢于、善于和企业家打交道，做到心底无私天地宽，真正为企业排忧解难。坚持以正面宣传为主，宣传报道企业家创新创业、办好企业的先进事迹，树立企业家正面形象。

宣传中应当引导建立创新容错机制，鼓励企业家大胆试验、大胆创新、敢冒风险，为担当者担当，为负责者负责，为干事者撑腰，强化企业家精神激励，提升企业家的职业荣誉感，增强企业内在活力和创造力，推动企业更新、更好、更可持续地发展。

二、构建亲清新型政商关系

营商环境是一国软实力和国际竞争力的集中体现。企业选择市场的重要因素之一是良好的营商环境。营商环境的好坏关系到企业进入市场的积极性。提高政务公开水平，深化“放管服”改革，既要有效的市场，也要有为的政府，就是为企业提供优质的市场氛围，留住和吸引更多的企业。

（一）深化“放管服”等关键领域改革

营商环境是市场主体生存发展的土壤。市场主体是经济社会发展的重要力量。“放管服”改革适应了完善社会主义市场经济体制的需要，顺应了搞活市场主体和增加就业、方便创业的需要。深化“放管服”改革、优化营商环境，激发市场主体活力和发展内生动力，从源头上规范行政权力。用政府自身的减权、限权和监管改革，推动政府职能的有效转变和治理效能的显著提升，换来市场活力和社会创造力。转变政府职能、改善营商环境的标志之一，就是企业能否获得高效优质的公共服务。政府要了解市场变化和企业期盼，在“放”的效果、“管”的效能、“服”的质量上下功夫。“放”要做足文章，放出活力；“管”要精准到位，管出公平公正；“服”要想到企业关键点，服出简捷便利，从而最大限度地增强市场活力，激发企业动力和创造力。纵深推进“放管服”改革，直面难和险，精准分析痛点和难点，在放的效果、管的效能、服的质量上下功夫，打造市场化、法治化、国际化营商环境。为此，要继续深化营商环境改革，进一步为市场主体放权赋能，培育壮大市场主体，减少不当干预，加强公证监管，促进公平竞争，优化公共服务，让市场主体生存好、发展好，催生更多新市场主体，敢于创新发展，提升活跃度。

1.“放”要放出活力，放出创造力

“放”是各级政府应当优化营商环境，树立尊商、敬商、重商、爱商的鲜明导向，进一步深化简政放权，释放出市场活力。进一步推行公正监管，管理出公平正义；进一步提升服务效能，服务出便利实惠；进一步强化评价引导，激发改革动力；进一步深化关键领域改革，为企业提供优质服务、最佳环境，让企业放心发展、安心发展、顺心发展；进一步落实落细支持企业纾困发展的各项政策，促使企业发展质量逐步提高，发展后劲越来越强，发展活力越来越足，发展基础逐步稳固，切实优化政务服务环境。分类推进行政审批制度改革，编制公布中央层面设定的行政许可事项清单。各类重复审批要大幅精简，清理不必要的审批，持续减权限权，压减审批事项。进一步清理、精简涉及民间投资管理的行政审批事项和涉企收费，加快推进涉企行政事业性收费改革，降低企业成本。启动“一窗受理，集成服务”模式，推行“前台综合受理、后台分类审批、统一窗口出件”，实施“证照分离”改革，进一步优化流程，简化审批手续，缩短审批时间。着力推进涉企审批减环节、减材料、减时限、减费用，推动更多审批事项“网上办”“一次办”，做到标准规范、公开透明，用制度和技术的办法让企业办事不求人，防止“吃拿卡要”。进一步推动民营经济发展环境的优化，保障民营企业平等获得生产要素的政策支持，清理废除与企业性质挂钩的不合理规定，构建亲清新型政商关系。政府真正做到在情感上暖心，在行动上贴心，在措施上用心，在机制上顺心，在关系上无私心，促进企业健康发展。

2.“管”要管出公平，管出质量

“管”是各级政府应当精准有效实施宏观调控，进一步激发市场主体活力和创造力。市场经济必须有公平公正的监管，否则市场难以充分发挥作用，也容易滋生腐败。把有效监管作为简政放权的必要保障，对取消或下放的审批项目及时跟进监管，对食品药品、安全生产、金融等领域实行全覆盖的重点监管，对假冒伪劣、侵犯知识产权等违法行为严管重罚。监管执法必须严格规范、居公守正、文明有礼，不能任性执法，不能干扰市场主体正常生产经营，更不能徇私舞弊。完善“双随机、一公开”监管，即随机抽取检查对象，随机选派执法检查人员，抽查情况及查处结构及时向社会公开，加强信用监管、“互联网＋监管”、跨部门协同监管等有效做法，加快完善各领域监管标准体系。简化手续、热情周到。精简优化办事手续。加快梳理各种行政许可事项，对企业反映强烈且于法无据的事项进行全面清除。加大数据整合力度，打通政府部门内部之间的数据壁垒，实现数据信息互联互通、充分共享，最大程度做到“数据多跑路，群众少跑路”。积极推行网上办理，最大程度提高行政效率，降低制度性交易成本。注重以市场主体需求为导向，健全企业综合服务管理平台，及时回应、协调企业各方面各层次的利益诉求。政府与市场主体应达成共识，建立互信，提升营商环境建设的协同治理能力。随着“放管服”改革的深入推进，公司注册办理在我国越来越便捷，但企业“退出难”问题在一些地方日渐凸显。比如，有的创业者注册一家公司只需几天时间，但完成企业注销则要几个月或更长的时间。为了完善市场主体退出政策，国家出台了不少政策措施，如完善中小微企业简易注销制度等。这些措施让真正有退出需求、债务关系清晰的企业快捷、便利地退出市场，重新整合资源，享受到优化营商环境带来的改革红利。在这个过程中，应当严格落实企业主体责任，防范个别企业借注销恶意逃废债，并对失信主体实施部门联合惩戒，依法依规保护职工、债权人、投资者的权益。

3.“服”要服出便利，服出实惠

“服”是各级政府应当强化服务意识，主动上门、靠前服务，把心思和精力更多用在服务基层、服务企业、服务发展上，千方百计为企业排忧解难，帮助企业解决实际困难，用心用情服务企业，为企业发展创造健康环境。在更大范围实现“一网通办”，允许企业和群众自主选择线上或线下办理方式。各级政府部门要深化“最多跑一次”改革，把“三服务”落到企业心坎上，让惠企政策更快更准，让企业放心发展。充分发挥市场主体对就业的最大支撑作用，改革和完善劳动力市场、人才市场、灵活用工市场，创造更多公平就业机会。创新理念和体制机制，推动科技创新，顺应国际产业发展趋势，运用工业互联网等新技术推动传统产业特别是制造业优化升级。树立“放水养鱼”的理念，深入推进降成本、优环境行动。强化金融支撑，大力帮扶中小微企业，确保各项纾困措施直达基层，直接惠及市场主体。增强服务意识，推进政务公开，创新服务方式，提高办事效率，通过审批和监管体现服务理念。让企业办事少跑路，推进全程线上办理。凡可通过线上办理的审批、备案等事项，一律线上进行，减少企业派人到现场办理的次数。加快建设全国一体化在线政务服务平台，推动更多的服务事项"一网通办"，形成横向到边、纵向到底的政务服务网络。

（二）切实减轻企业负担，以更大力度为企业纾困解难

在市场经济条件下，企业是市场主体，拥有生产经营自主权。政府应当减少对企业的干预，搭建扶持平台，推进企业降本减负，营造为企业服务的良好营商环境。

1. 降低企业制度性交易成本

政府对于市场主体的管理与服务，应当坚持简政放权的思路，梳理事项清单，统一事项名称和办理程序，向全社会公开发布事项清单，向企业和社会充分放权，充分激发市场主体的发展激情和创新活力。开展涉及多部门事项联合办理，推进"互联网＋政务服务"等，站在用户体验的角度，实行综合受理，部门联动，集成服务，让数据多跑路，企业少跑路。全面开展工程建设项目审批制度改革，降低制度性交易成本及企业各类要素成本和财税社保负担。

2. 降低企业运营成本

用改革的办法降低企业生产经营成本。推进能源、交通、电信等基础性行业改革，提高服务效率，降低收费水平。落实好国家支持和服务民营经济发展的具体措施，财政、税务等部门应当逐项抓好贯彻落实。加强对基层和企业的指导服务，确保在地方权限内降到法定税率最低水平，为企业减负。认真落实国家社保政策，降低社保缴费名义费率，稳定缴费方式，确保不增加企业特别是小微企业负担。通过增值税减免、降低用电用气成本、减免社保费用、降低用能用网等措施，帮助企业降低运营成本，使企业的生产经营压力得到一定程度释放。深入推进物流降成本，依法规范港口、班轮、铁路、机场等经营服务性收费。建立物流基础设施用地保障机制，引导各地合理设置投资强度、税收贡献指标限制，鼓励通过长期租赁等方式保障物流用地。规范城市配送车辆通行管理，根据地方实际优化通行管理措施，鼓励发展夜间配送和共同配送、统一配送等集约化配送模式。

3. 降低企业过重负担

清理、取消不合时宜的管制措施和不合理的证明、收费规定等。落实和兑现政府对所在地投资企业在金融、用地、税费等方面的承诺，抓好用工、原材料、资金等要素保障，切实做到能优则优、能减则减、能停则停、能免则免，努力为企业营造公平竞争的市场环境、公正的法治环境、稳定的政策环境和高效的服务环境。近年来，我国减税降费力度加大，尤其在新冠肺炎疫情发生后，积极的财政政策果断发力、精准施策，让减税降费红利及时直达广大中小企业、个体工商户和困难行业企业，在激发市场创新活力、促进居民消费、扩大就业等方面发挥了重要作用。综合考虑财政承受能力和实施助企纾困政策的需要，大规模减税降费带来的是企业当下利好，更是企业长远效能。

第二节　营造鼓励企业公平竞争的市场环境

市场环境是指政府及政府有关部门按照国家规定实行统一的市场准入负面清单制度。在市场准入负面清单以外的领域，各类市场主体均可以依法平等进入。公平竞争的市场环境是企业成长的土壤，是打造企业成长发展的生态，更是企业发展的基础。公平竞争的市场环境是优化营商环境的基础。市场经济的核心是公平竞争。只有公平竞争，才能从根本上破除阻碍要素自由流动的体制机制障碍，才能保证不同市场主体平等获取生产要素，推动要素分配依据市场规则、市场价格、市场竞争，实现效益最大化和效率最优化。保护好作为市场主体的企业，必须优化企业赖以生存和发展的市场环境。

一、拓展公平竞争的市场空间

公平竞争是市场经济的基本原则，也是市场机制高效运行的重要基础。改革开放以来，随着经济体制改革不断深化，全国统一市场基本形成，公平竞争的环境逐步建立。但同时也要看到，地方保护、区域封锁、行业壁垒、企业垄断、违法损害市场主体利益等不符合建设全国统一市场和公平竞争的现象仍然存在。千方百计把市场主体保护好，让各类市场主体公平竞争，不断激发市场主体创造力，充分释放潜力和强大动能，我国经济就有无限希望和未来。

（一）维护公平竞争的市场环境

公平竞争是市场经济的灵魂。只有维护公平竞争的市场环境，才能使市场活而不乱，实现优胜劣汰。目前，我国市场体系还不够健全，市场竞争还不够充分，市场秩序还不够规范，要素市场发育还相对落后，影响市场对资源配置决定性作用的发挥，成为高标准市场体系建设的短板。补短板，就要建立完善、有效的市场，使公平有序、充满活力的竞争机制充分释放出来。

1. 激发各类市场主体的内在活力

经济发展的动力来自市场主体的活力。改革开放以来，我国建立并不断完善促进各类市场主体发展的政策体系。各类市场主体蓬勃发展，成为促进经济发展的重要力量、吸纳就业的主要渠道、创新创业的重要源泉。各类市场主体共同发展，提升国民经济整体效率和协调发展能力、增强国民经济的国际竞争力，是长期坚持和付诸努力的前进方向。优化市场环境，就是要增强企业的信心，增强企业的活力，使民营企业做到安心、省心、舒心，国有企业做到放心、开心。进一步优化市场竞争环境，提高电信、金融、电力、铁路等行业的开放水平和竞争性，在取消市场准入限制性门槛的基础上，强化对市场主体的事中事后监管，形成新的市场监管模式。进一步开放政府及相关部门数据，为大数据、5G、人工智能等发展拓展应用空间。进一步推进减税降费，降低中小微企业经营成本。进一步加大知识产权保护，激发创新者、创业者和创造者的积极性。

2. 增强各类市场主体的创造力

良好的市场秩序、营商环境和公平竞争是经济发展的原动力，是建设现代化经济体系的保障和前提。营造激励创新的市场竞争环境，就是要激发企业的创造力。清理妨碍创新的制度规定和行业标准，加快创新薄弱环节和领域制度建设，强化产业技术政策和标准的执行监管。支持基础前沿、社会公益和共性关键技术研究。落实企业研发费用政策，强化对创新产品的购置支持，激励企业增加研发投入。培育壮大市场主体，增强各类市场主体的创造力，对各类市场主体一视同仁，维护公平竞争，保护产权和知识产权，激发市场活力和创新活力。

3. 提高各类市场主体的竞争力

公平竞争是社会主义市场经济的重要基石，是实现高质量发展的根本保证。市场环境影响市场主体的兴衰、生产要素的聚散、发展动力的强弱。

良好的市场环境就是生产力，就是竞争力。巩固和完善大中小企业公平竞争的格局，促进各类市场主体公平竞争，共同发展，提升国民经济整体效率和协调发展能力，增强国民经济的国际竞争力。从过去40多年企业改革发展创新的实践看，国有经济主动开展战略性调整，为民营经济在一般竞争领域发展腾出了成长空间。国有企业“抓大放小”等举措，为各类企业发展壮大创造了条件。国有企业的滋生效应，为中小企业发展壮大创造了条件。激发和保护企业家精神，鼓励企业创新、创业、创造，离不开良好的营商环境。企业是推动产业高质量发展的中坚力量，是推进我国产业迈向全球价值链中高端的开路先锋。

（二）完善公平的市场竞争制度

公平竞争是市场经济的本质要求，也是优化配置资源和提高配置效率的前提。加快形成统一开放、竞争有序的市场体系，建立公平竞争的保障机制，打破地域分割和行业垄断，着力清除市场壁垒，促进商品和要素自由有序流动、平等交换。

1. 强化市场公平竞争的制度规范

反垄断反不正当竞争，构建公平竞争的经济秩序，防止资本无序扩张，是完善社会主义市场经济体制、推动高质量发展的内在要求。2008年8月1日，我国的《反垄断法》正式施行。我国反垄断制度以打破行政性垄断、防止市场垄断，作为维护市场竞争秩序的着力点，保障市场主体合法权益，激发市场主体平等参与经济活动，维护全国统一大市场。反垄断的实践说明，强化竞争政策的基础性地位，必须打破行业垄断和地方保护，清除市场壁垒，建立健全要素自由流动交换的市场体系，让各类市场主体公平竞争。国家支持平台企业创新发展，增强国际竞争力，支持公有制经济和非公有制经济共同发展，同时依法规范发展，健全数字规则和竞争规则。完善平台企业垄断认定、数据收集使用管理、消费者权益保护等方面的法律规范。随着数字经济的快速发展，以互联网企业为代表的平台经济快速壮大，解决了不少消费难题，但也出现了限制竞争、价格歧视等一系列垄断行为，如滥用市场支配地位、侵害消费者、损害市场主体的合法权益。《反垄断法》是保护竞争、鼓励创新的长效制度保障。因此，必须依据《反垄断法》，强化反垄断反不正当竞争相关制度的完善和施行。

2. 落实公平竞争的审查制度

维护公平竞争环境是优化营商环境的重要内容。建立健全第三方审查和评估机制，加强公平竞争审查的约束力度。营造市场化、法制化、国际化营商环境，需要将营造公平市场竞争环境放在突出位置。进一步强化竞争政策的基础性地位，落实公平竞争审查制度，促进竞争政策、创新政策、产业政策的兼容、协调与融合。持续优化市场环境，深入推进商事制度改革，深化市场准入制度改革，按照规范审批、实行告知承诺制，优化审批服务的思路，分类推进审批制度改革。实施反垄断反不正当竞争调查，规范和保护平台经济健康发展，是保护消费者权益、维护市场公平竞争的重要手段。鉴于平台经济是通过收集、运用数据资源形成竞争优势，为此应当健全法律法规，加强规制，严格规范数据收集行为，对数据权利的性质、边界、运行等一系列问题予以回应，有效保护数据，有针对性细化监管思路，增强执法针对性，提升监管科学性，提升监管能力，坚决反对垄断和不正当竞争行为，保护市场公平竞争和消费者权益。

3. 健全公平竞争的权益保护制度

公平竞争激发创新活力，而创新是引领发展的第一动力。只有公平竞争的市场环境才可能锻造出有竞争力的经营者；只有市场主体的权益得到保护，才能鼓励创新，提高竞争水平。完善市场秩序就是鼓励公平竞争，激励创新，保护市场主体的合法权益。因此，必须完善市场主体权益保护制度，禁止滥用市场支配地位限制竞争的行为。我国反垄断实行反垄断执法和司法并行，对预防和制止垄断和不正当竞争行为，塑造自由、公平的市场竞争秩序发挥了积极作用。执法、司法坚持法治化、规范化，依法行政、依法裁判，统一法律适用标准，充分发挥审批案例的指引性作用，引领市场主体合规经营。我国平台经济经过了以互联互通的中介功能、大数据适用为特征的商业功能和以多产业融合为目的的生态功能，急速向更广更深的领域发展。为此，维护公平竞争的市场秩序，保护市场主体的合法权益更显重要。

4. 维护公平竞争的市场秩序

市场经济是竞争经济。但是从现实情况看，损害竞争和消费者权益及妨碍创新和技术进步的垄断协议、滥用市场支配地位的行为时有发生，侵犯知识产权、制售假冒伪劣商品、价格欺诈、商业贿赂、商业诋毁等现象仍较严重。因此，必须强化市场行为监管，打破地区封锁和行业垄断，规范生产、经营和交易活动，平等保护各类企业的合法权益，维护公平竞争的市场秩序。实行适用于各类所有制企业的统一的市场准入制度，健全负面清单管理制度。凡是法律法规未明确进入的行业和领域，都应当鼓励民营企业进入。凡是我国政府已向外资开放或承诺开放的领域，都应当向国内民营企业开放。完善国有企业监督机制，探索建立审计、纪检、监事等国企监管多部门信息共享与审核"一账通"制度，以减轻企业负担。

二、完善各类市场并加强社会监督

历史的车轮滚滚向前，时代潮流浩浩荡荡。中华民族是历经磨难、不屈不挠的伟大民族，中国人民是勤劳勇敢、自强不息的伟大人民。顺应历史潮流，必须改善、提升、优化营商环境，以增强企业吸引力、创造力和竞争力。企业的信心和定力来自国家一系列政策的叠加释放，来自我国经济长期向好的发展态势，来自改革的巨大机遇，来自企业自身坚韧不拔的顽强奋斗，来自各类市场的完善，也来自社会中介机构的服务。

（一）完善资本市场

良好的营商环境是促进和保持市场繁荣不可或缺的因素。为促进企业健康发展，必须深化资本市场改革，完善资本市场基础制度，提升资本市场功能，打造规范、透明、开放、有活力、有韧性的资本市场，推进发行、上市、信息披露、交易、退出等基础性质制度改革，坚持创业板和其他板块错位发展，找准各自定位，办出各自特色，推动形成各有侧重、相互补充的适度竞争格局。

1. 健全以诚信为基础的资本市场

资本市场本质上是信用市场。契约是资本市场运行的核心，诚信守法是资本市场的基石。建设诚信守法的资本市场，是我国资本市场基础制度改革核心环节。广大投资者与资本市场共同发展、共担风险，为资本市场的建设做出卓越贡献。券商是资本市场核查验证、专业把关的首道防线，要保护好投资者的合法权益。稳步推进银行理财子公司和保险资产管理公司的设立，鼓励银行及银行理财子公司依法依规与符合条件的证券基金经营机构和创业投资基金、政府出资产业投资基金合作，研究完善保险机构投资私募理财产品、私募股权基金、创业投资基金、政府出资产业投资基金和债转股的相关政策。提高各类养老金、保险资金等长期资金的权益投资比例，开展长周期考核。

2. 发挥多层次资本市场作用

稳步推进注册制改革。注册制改革关键是处理好政府与市场的关系，坚持以信息披露为核心，真正还权于市场，减少不必要的行政干预。稳定健康发展的资本市场必须要有畅通入口和出口两道关。在稳步推进注册制、拓宽前端入口的同时，健全退市机制，加快畅通出口显得尤为迫切。加强债券市场建设。债券市场已成为我国金融市场体系中最为开放、最具活力的部分，在提升直接融资比重、提高市场资源配置效率、服务实体经济方面发挥了重要作用。进一步加快发展债券市场，稳步扩大债券市场规模，丰富债券市场品种，推进债券市场互联互通。统一公司信用类债券信息披露标准，完善债券违约处置机制。加强债券市场评级机构统一准入管理，规范信用评级行业发展。继续加大债券市场的改革力度，完善债券市场的制度建设，营造功能监管、统一执法的市场环境。强化投资者保护，促进债券市场健康有序发展。更好发挥多层次资本市场作用，拓展市场主体融资渠道。以沪深京交易所、新三板和区域股权市场为主体，推进多层次资本市场体系，提高内部联通效率，提高服务经济发展的综合能力。推广注册制等改革，进一步补齐多层次资本市场体系的短板，联动新三板、区域股权市场改革，开启多层次资本市场体系各司其职又高效联通的新局面。

3. 保护广大投资者的合法权益

投资者合法权益的有效保护直接关系到人民切身利益。资本市场各项工作都要以投资者合法权益是否得到有效保护来评判。券商作为资本市场的重要中介，必须成为诚信守法投资环境的守护者。企业发展除了靠政策和资金的支持，还要遵循技术和产业的发展规律，必需紧紧依靠强有力的人才团队和丰富的技术储备。企业发展具有很大不确定性，要防止一哄而起、盲目投资。谨防产业空心化倾向。在规划基本一致或雷同情况下，避免竞相给予土地、财税、环保等优惠。避免过度行政干预和无序竞争行为。企业发展要与当地资源禀赋、自身能力相适应，不能盲目追求“高大上”

或“短平快”项目。投资必须保护广大投资者的合法权益。企业发展应当与当地资源禀赋、自身能力相适应，不能盲目追求速度。经济社会发展关键是要保护广大投资者的合法权益。企业发展要设定风险底线，既要基于自身资源和能力进行科学决策，重视创新驱动，久久为功，也要注重投入产出效率，做到量力而行，防范风险。

（二）完善金融市场

改善营商环境，构建新型政商关系，降低制度性交易成本，减少负债投资冲动，坚持创新为本、扶持不替代的要求，充分发挥市场机制作用。金融是国民经济的血脉，同样也是企业生存的血脉。中小微企业融资难、融资贵是一个世界性难题。中小微企业的特殊性决定了银行不能按照针对大企业的做法。破解中小微企业融资难、融资贵的问题。

1. 加大金融产品创新供给

加强支付结算基础设施建设，优化非现金支付框架，拓展支付服务覆盖面，完善普惠金融基础设施服务，提供方便、高效的征信查询，开创自助终端、柜台、电话语音等一体化的自助服务，推进诚信服务全网覆盖。加快数据管理基础设施应用，利用大数据技术加强货币贷款分析统计，满足各类企业多样性金融服务需求。简化业务流程，减少人力成本。金融业通过加大产品供给与创新力度，服务好中小微企业，有效组织和调剂货币资金的运行，促进中小微企业发展。政府有关部门应当进一步向银行开放有关数据信息，以解决征信问题。充分利用大数据，破除信息不对称的难题。

2. 加大金融风险防范

面对复杂多变的内外部环境，金融监管部门在推动金融服务实体经济质效的同时，也必须牢牢把握不发生系统性金融风险的底线。我国防范化解金融风险工作做到了“慢撒气”“软着陆”。“慢撒气”是指化解金融风险政策措施和进程适度、有序。“软着陆”是指在拆解风险的同时兼顾整个金融体系的稳定发展。加强金融风险防范，就是通过长期制度建设巩固治理成效，瞄准监管不协调、监管真空等问题，为防范金融风险提供更加持久的保障。打造方便中小微企业贷款的环境。降低实体经济融资成本，健全市场化利率形成和传导机制，促进银行对贷款市场报价利率的运用，引导和督促金融机构合理定价，发挥好定向降准、再贷款、再贴现等货币政策工具的引导作用。积极稳妥发展普惠金融，推进金融产品和服务方式创新。开展信用融资，拓展贷款抵押质押物范围。

3. 加大纾困资金支持力度

各级政府应当安排中小企业纾困资金，对生产经营暂时面临困难但产品有市场、项目有前景、技术有竞争力的中小企业，以及劳动力密集、社会效益高的民生领域服务型中小企业给予专项资金支持，减轻房屋租金、水电费等负担，给予社保补贴等，帮助企业应对原材料价格上涨、物流及人力成本上升等压力。落实创业担保贷款贴息及奖补政策。用好小微企业融资担保降费奖补资金，支持扩大小微企业融资担保业务规模，降低融资担保成本。有条件的地方要充分发挥好贷款风险补偿机制。

（三）完善社会监督服务机制

社会监督是指社会依据宪法和法律赋予的权利，以法律和社会及职业道德规范为准绳，对政府及政府有关部门的行为进行监督，目的是推动社会公平公正。

1. 发挥行业协会商会的监督服务作用

行业协会商会秉持为企业服务的宗旨，是我国经济建设和社会发展的重要力量，承担着为政府提供咨询、服务企业发展等职责。各行业协会商会要严格规范自身管理，创造更加公平的市场环境。制定促进行业协会商会规范健康发展的实施意见，推动行业协会商会建立健全行业经营自律规范、自律公约，规范会员行为，鼓励行业协会商会制定发布产品和服务标准，参与制定国家标准、行业标准、团体标准及有关政策法规。公平的市场竞争秩序是企业健康发展的保障。公平、开放、透明的市场环境是保障企业发展的重要前提。目前，市场竞争不公平、竞争秩序不规范，导致不少企业不是通过加强管理、技术进步等方式提高竞争力，而是通过不正当手段谋求发展。因此，应当发挥行业协会商会的监督作用，促进形成公平、公正的市场竞争秩序。

2. 发挥市场专业化服务组织的监督服务作用

健全政府公共服务、市场化服务和社会化公益服务相结合的服务体系，是拓展公平竞争的市场空间的重要措施。公平竞争是市场经济的核心。只有竞争环境公平，才能实现资源有效配置和企业的优胜劣汰。加快培育第三方服务机构和市场中介组织，提升市场专业化服务能力。在全国范围内推行检验检测机构资质认定告知承诺制，深化检验检测机构和认证机构市场化改革，促进第三方检验检测机构和认证机构发展。发挥展会和平台对接作用。运用大数据、云计算等新一代信息技术，形成可推广的数字＋服务模式。建设全国中小企业服务一体化平台移动端，为中小企业提供一站式服务。借助中国进出口商品交易会、中国国际中小企业博览会、APEC中小企业技术交流暨展览会等展会活动，充分发挥中外中小企业合作区、境外经贸合作区、中小企业跨境撮合服务平台作用，帮助中小企业开拓国内外市场。发挥中小企业公共服务平台网络骨干作用，推进中小企业公共服务示范平台、制造业“双创”服务平台、小微型企业创业创新示范基地建设，发挥中小企业服务产业，形成政府公共服务、市场化服务和社会化公益服务相结合的服务体系，全面提升服务支撑力。

3. 发挥公众和舆论监督服务作用

加强政策宣传，发挥舆论监督作用，健全公众参与监督的激励机制，完善有奖举报制度，完善对恶意中伤生产经营者、扰乱正常市场秩序行为的认定细则和处罚制度。建立健全消费者投诉信息公示制度。健全对监管机构履行监管职责情况的监督，促进监管权力规范透明运行。对监管机构不作为、乱作为要依法严肃追责问责，推动监管部门健全工作人员廉洁从业相关制度，实现依法监管、公正监管、廉洁监管。

第三节 完善维护企业合法权益的法治环境

法治是最好的营商环境。完善维护企业合法权益的法治环境，是指落实国家监管规则和标准体系，对接国家在线监管系统，实行公平统一、公开透明的监管制度，构建规范化、标准化、智能化的监管体系。优化营商环境，法治是关键一环。营造良好的法治环境，加强法治是必然要求。法治是培育营商环境的重要根基，也是营商环境的核心要素。法治不仅可以成为企业发展的定心丸，还可以成为企业捍卫切身利益和财产安全的有力武器。发展社会主义市场经济离不开法治，推进经济高质量发展更离不开法治化的营商环境。

一、完善公平公正的市场经济法律体系

社会主义市场经济本质上是法治经济。公正、透明的法律政策环境是优化营商环境的保障。近些年来，国家发布了一系列进一步推动优化营商环境的政策法律措施。针对我国营商环境存在的一些短板和突出问题，从立法、执法、司法、守法中，引导市场主体增强法治意识，坚守道德底线，明确平等保护各类市场主体，保障各类市场主体依法平等使用各类生产要素和依法平等享受支持政策，以法治的力量引导人们向上向善。

要想促进经济社会健康发展，必须健全社会公平正义法治保障制度。公元前 1776 年，人类第一部成文法《汉穆拉比法典》铭刻在石柱上这样的文字：要让正义之光照耀大地，消灭一切罪与恶，使强者不能压迫弱者。3000 多年过去了，这部法典的条文已在历史的演进中失去效力，但其中投射出的一些法治精神至今仍受人敬仰。中国特色社会主义法治体系，承载着人们公平正义的美好追求，在法治强国之路上不断谱写新篇章。

（一）完善要素市场的相关法律制度

法律是国之重器。营商环境以服务企业的法律制度体系为保障。要素市场是现代化经济体系的核心环节，也是高标准市场体系的基础内核。加快完善要素市场的相关法律制度，应当突出完善要素市场的立法重点，抓紧制定完善营商环境方面的法律法规，提高立法的针对性、及时性、系统性和可操作性。通过立法的形式，平等保护各类所有制市场主体产权和自主经营权，完善公平竞争的法治环境，发挥市场在资源配置中的决定性作用，持续激发企业内生的发展动力。

1. 完善保护产权的法律制度

产权制度是市场经济的基础性制度，也是市场经济有序运行的重要前提。严格的产权保护是激发各类市场主体活力的基础动力。只有产权归属清晰并得到严格和公平保护，市场交易和市场体系才能有效运行。健全归属清晰、权责明确、保护严格、流转顺畅的现代产权制度，推进产权保护法治化，依法保护各种所有制经济权益。完善国有资产产权管理制度，健全自然资源资产产权制度，健全以公平为原则的产权保护制度，深化农村集体产权制度改革，完善知识产权制度。依法保护民营经济产权，依法严

肃查处各类侵害民营企业合法权益的行为，激发民营企业的投资热情。依法合规界定企业财产权归属，保障国有资本收益权和企业经营自主经营权，健全规则、过程、结果公开的国有资产产权交易制度。秉持法治化、市场化和国际化的原则，围绕建立和完善资本市场基础性制度，持续推动《证券法》相关内容的修订，加快完善资本市场的基础制度，着力构建权利义务边界清新，市场运行规范有序，市场主体诚信自律的制度生态。推进《期货法》等配套法律法规立法工作。根据土地制度改革需要，修订《土地管理法》，加快完善土地管理法实施条例。依法平等保护国有、民营、外资等各种所有制企业产权和自主经营权，全面实施市场准入负面清单制度，实施好外商投资法，放宽市场准入，推动贸易和投资便利化。提供优质公共服务，支持企业家以恒心办恒业，积极帮助个体工商户解决难题，提供更直接、更有效的法律支持。加强产权司法保护，依法甄别纠正历史形成的涉产权冤案、错案。依法平等保护私有财产和公有财产法律制度，坚持各类市场主体诉讼地位、法律适用、法律责任一律平等。强化依法治市原则，既不缺位，又不越位。对那些涉嫌欺骗、欺诈、内幕交易的行为，加强监督管制和惩治力度。保护企业家人身和财产安全，激发创新创业活力。

2. 完善保护知识产权的法律制度

加大对知识产权的保护力度，是营造良好营商环境的重要内容。进一步完善保护企业知识产权的法律法规，涵盖知识产权创造、运用、保护、管理和服务全链条。进一步修订《科技成果促进转化法》，为深化科技成果使用权、处置权和收益权改革等提供法律保障。进一步强化保护知识产权机制制度，集合调解、仲裁、公正、行业协会自治等多种非诉纠纷解决机制，完善行政执法程序，设立行政执法技术调查官制度，加大行政处罚力度，同时健全知识产权信用评价、诚信公示和失信惩戒机制，切实增大侵权违法成本。加强数字时代知识产权保护，如在线经济及依托在线经济发展起来的数字经济，都属于知识产权密集产业，容易存在侵权、剽窃、不正当竞争等问题。

3. 完善保护数据等要素的法律制度

加强数字化时代知识产权保护。数字经济推动了政府治理水平的提升，促进商业和产业协同一体化、居民公共服务一体化、生态环境治理一体化。

但总体上看，我国数据等要素市场化程度较低，与之相关的法律法规也不够完善，应当根据要素市场化配置改革的要求，探索建立统一规范的数据管理制度，尽快在一些关键领域补齐法律法规短板。加快数据市场相关法律法规的研究与制定。根据数据性质不同，研究提出数据资产制度、安全制度，健全数据资产的统计体系，将数据资产纳入国内生产总值核算当中。研究数字经济与实体经济深度融合的标准规范，在数字技术、应用框架、平台管理等方面，制定可推广的标准化规范。制定数据采集、聚合、共享、确权、流通、交易、安全等方面的相关制度。加快制定数据跨境开放的流动准则和监管规则，在安全可控的前提下，推动我国数据市场与全球数据市场的互联互通。在线经济及依托在线经济发展起来的数字经济，内容属于知识密集型产业，容易存在侵权、剽窃、不正当竞争等问题。对于知识产权保护具有较高的要求，需要构建起事前预防、事中控制、事后恢复与惩治的保护体系。

（二）完善鼓励企业公平竞争的法律制度

中国特色社会主义法治道路的本质是中国特色社会主义道路在法治领域的具体体现，是建设社会主义法治国家的唯一正确道路。推进全面依法治国，既要立足当前，运用法治思维和法治方式解决经济社会发展面临的深层次问题，又要着眼长远，筑法治之基、行法治之力、积法治之势，促进各方面制度更加成熟定型。法治是最好的营商环境。

1. 完善打破垄断的法律制度

公平竞争是市场经济的核心。只有在公平竞争环境中，资源才能实现有效配置，企业才能实现优胜劣汰。而垄断阻碍公平竞争、扭曲资源配置会损害市场主体和消费者的利益乃至抑制技术进步。因此，法律必须鼓励竞争，强化对数字经济平台竞争政策、法规的制定，打破各种垄断，更好推动市场化、法治化、数字化协同创新。一是打破行政性垄断。行政性垄断是指行政机关滥用行政权力，排除、限制市场竞争的行为。行政垄断体现为地方保护、地区封锁和部门垄断等行为。竞争是市场机制的灵魂，竞争政策是市场机制正常发挥作用的根本保障，也是更好发挥政府作用的一项基本政策。二是打破经济垄断。经济垄断是指经营者之间通过订立旨在排除竞争的协议，或滥用市场支配地位，或为获得独占地位而进行企业合并等造成的限制市场竞争行为。经济垄断主要体现因垄断协议、滥用市场支配地位和企业兼并造成的过度集中。三是打破行业垄断。放开石油、天然气、电力、铁路民航、电信等行业的准入限制，加大金融、教育医疗等服务领域的开放。在金融、保险、医疗、教育等方面，存在着严重的进入壁垒，现行的一些公共政策正在阻碍正常的价格竞争，所以造成了短缺。中国经济增长空间的重要方面是服务业，而解决增长的问题就要反对垄断，就要完善打破垄断的法律制度。

2. 惩治操纵价格的垄断行为的法律制度

在市场经济条件下，供求关系引发价格波动，这是正常的状况。企业凭借技术资源等优势形成支配地位，也是允许的。我国法律禁止的是滥用市场支配地位、操纵价格的垄断行为。随着市场经济的发展，我国企业线上线下交易都存在市场高度集中的现象，有的企业涉嫌利用自己的优势地位，实施排除竞争、妨碍竞争的垄断行为，侵害消费者权益。无论线上线下，无论是卖生产资料还是消费品，反垄断一视同仁，任何时候，任何企业，实施垄断行为都将被严惩。2020 年 12 月，欧盟委员会公布了《数字服务法案》和《数字市场法案》，对平台巨头进行更为严格的监管并规制其垄断行为。这些法案对不守法的垄断平台进行重罚。一是罚款，最高可占到该公司年营业额的 10%。二是惩罚性缴费，最高可占到该公司日均营业额的 5%。三是额外惩罚措施，包括剥离业务等严厉手段。我国有的企业因垄断行为受到行政处罚，释放出一个清晰的信号，即国家鼓励和促进平台经济发展，同时注重强化反垄断监管，有效预防和制止平台企业滥用数据、技术和资本等优势，以及损害竞争、创新和消费者利益等行为。

3. 强化平台经济反垄断法律制度

平台经济是指采用互联网信息技术手段搭建虚拟或真实的交易场所，促成双方或多方供需交易，并从中获取利润的新的经济模式。创新是数字经济高质量发展的重要动力。推动发展的创新会在不同程度打破既有的竞争秩序。近些年来，互联网技术迅速发展导致全球产业组织发生深刻变革，平台作为新的组织形式，逐渐被应用于商业领域。相对于传统经济而言，平台经济在降低交易成本、扩大市场规模、提高经济效益、深化社会分工、培育经济发展新动能等方面发挥积极作用。在数字经济时代，云计算、大数据、物联网、移动互联网等数字技术大大降低了数字产品的搜寻、生产、运输、跟踪和识别等交易成本，拓展了市场的边界，以传统企业的方式组织供给的必要性大幅降低，平台经济可以通过个体连接的方式组织市场交易从而出现新型经营模式，容易形成企业对市场的垄断。平台企业在形成垄断后能够长时间维持垄断。一是数据垄断。平台企业收集了大量用户数据，对用户的行为进行跟踪画像，再进行有针对性的促销。二是流量垄断。平台企业利用网络优势持续汇集用户所需信息，进而垄断用户流量，而流量优势又可以通过平台业务延伸、衍生的方式，进行多维度扩张，巩固其流量优势。三是算法垄断。在检索平台领域具有支配地位的经营者，在检索排序过程中对自身商品或服务使用优待性的算法或规则。我国数字经济平台出现的违规垄断行为主要是实施“二选一”及客户隐私保护不力等。“二选一”本应当是消费者的权利，但平台企业要求在网络平台上开设店铺的商家做出选择。这种利用平台优势限制商家的行为，侵害了消费者的利益。客户隐私保护不力带来的是电信诈骗、骚扰电话等事件屡禁不止。因此，对“二选一”的垄断行为必须予以制裁。从数字经济平台企业的发展来看，对其依法规制与支持发展相辅相成。完善反垄断法律制度，优化事前合规、事中审查、事后执法的反垄断规制，可以厘清数字经济市场竞争与垄断的边界，促进技术创新和竞争。在鼓励竞争与创新的同时，加强反垄断立法，进行有效的监管，可以更好地规范和引导数字经济平台的健康发展。

4. 完善统一规范的市场监管体系的法律制度

清除、废止妨碍全国统一市场和公平竞争的各种规定和做法，破除部门保护、地区封锁和行业垄断。深化商事制度改革，继续清理工商登记前置审批，加快工商登记后置审批改革。在放开前置审批的同时，加强事中事后监管，创新市场监管方式，做到放管结合、宽进与严管并重。完善市场监管体系，建立透明、规范、高效的投资项目纵横联动、协同监管机制，实行综合监管，推广随机抽查，探索智能监管。探索建立统一的市场竞争监管功能及其机构，综合协调与企业经营相关的环保监管、安全检查、质量监督等行为。

（三）完善社会信用法治制度

信用是市场经济的基石。社会信用建设归根到底需要依靠法治。社会信用法制化是优化营商环境、构建现代市场经济体系的重要基础。信用法治是诚信制度化的体现。

1. 推进社会信用法治化

信用法治是诚信制度化的体现。社会信用体系建设是推动治理体系和治理能力现代化的有效手段。一是在加快社会信用统一立法中提升社会信用法治化规范化水平。确立“依法依规、保护权益、审慎适度、清单管理”的法治要求，依法科学界定守信、失信标准，明确守信、失信内涵。现在有的地方和部门在制定信用规范性文件过程中，自觉不自觉地模糊信用和道德，以及违纪违法与职业道德等的边界，致使信用作为社会信用体系建设的关键作用被忽视。针对信用信息的纳入范围和程序、信用信息共享公开范围和程序、严重失信主体名单认定标准和程序、失信惩戒、信用修复、信息安全和隐私保护等问题，在制定相关法律法规中应做出规定。二是在加强社会信用法治建设中加强道德与法治结合。社会主义核心价值观融入法治建设。判断和细化守信、失信标准，应当依据法律上的诚信原则。三是在社会信用法治化建设中明确失信惩戒要求。运用法治手段治理突出的诚信缺失问题。既要让失信者受到惩处，也要让诚实守信者受到激励，促进诚信社会建设。对列入严重失信主体名单的行为应当是严重危害人民群众身体健康和生命安全等行为。对严重失信主体名单的设立权限进行严格规定。四是推动互联网信息服务领域信用制度化建设。持续开展网络诚信正面宣传，通过举办形式多样的线上线下品牌活动，大力传播诚信文化，倡导诚实守信的价值理念，鼓励支持互联网企业和平台完善内部诚信规范与机制，营造依法办网、诚信用网的良好氛围。

2. 加强企业信用信息的共享和公开

加强信用信息的共享和公开是社会信用法治化的连接点。社会信用体系建设需要信用信息互联互通、开放共享，构建和完善统一的信用信息服务平台，促进各部门、各地方之间信用信息的有序有效归集。发展信用服务机构和信用服务市场，由第三方信用服务机构、行业协会和社会组织等，运用政府开放的数据信息进行信用评价，发挥市场化、专业化社会力量参与社会信用体系建设。随着经济全球化、社会信息化、文化多样化深入发展，企业信用信息数据源和信息复杂性增长，迫切需要加大对国内企业诚信和信用能力的研究。按照全国“诚信兴商宣传月”活动安排，中国企业联合会从2015年起开展企业信用指数研究工作，每年发布一次企业信用指数研究分析报告，到2020年已连续发布6次。企业信用指数是基于统计综合评价和统计指数理论，运用大数据技术对企业信用信息采集、汇总、分析、加工综合处理，采用加权综合指数编制方法，反映样本企业信用状况、动态变化和发展趋势的综合指数。企业信用指数包含一级综合指数、二级分类指数、三级分项指标。编制包括综合指数、各企业指数和各行业指数。企业信用指数的发布，一是为政府有关部门加强行业信用建设和企业诚信建设领域的动态监管、决策规范、行业指导提供依据；二是为推动企业诚信建设提供参照和指引，促进企业增强诚信经营意识、完善诚信制度、提升综合竞争力，共创良好诚信营商环境创造条件。

3. 健全社会诚信监管体系

市场经济也是信用经济。完善社会信用法规体系，着力解决企业、个人信用缺失问题。加快整合分散在工商执法、金融机构、安全环保等领域的企业和企业家信息，健全资源共享的征信体系，严惩企业失信行为，弘扬企业诚信经营、合法经营精神。加快企业信用监管步伐，加强信用制度建设，建立健全失信约束惩罚机制，引导企业增强信用意识。建立健全全国统一的社会信用代码制度和信用信息共享交换平台，推进企业信用信息公示全国一张网建设，依法保护企业和企业家个人信息安全。

4. 健全守信褒奖和失信惩戒机制

诚信建设需积极倡导与有效治理并举。随着我国市场主体数量快速增长，市场活跃度不断提升，企业诚实守信成为越来越重要的问题。有的企业信用缺失，有的企业制假售假、商业欺诈、逃债骗贷等屡见不鲜。只有依法完善失信惩戒机制，才能让人不敢失信、不能失信、不想失信。加快企业诚信、个人诚信、政务诚信、商务诚信和司法公信建设，构建覆盖全社会道德征信体系，健全守信联合激励和失信联合惩戒机制，开展诚信缺失突出问题专项治理，让诚信的人得到社会褒奖，让失信的人付出代价。建立健全信用评价、涉企检查和行政处罚报备、企业法治服务等制度，成立营商环境观察员队伍，加强事前、事中、事后监管，打破“玻璃门”“弹簧门”“旋转门”等隐性壁垒，促进市场公平竞争，充分释放企业的创造力、竞争力。对失信的惩戒必须遵循合法的原则。按照失信行为发生的领域、情节轻重、影响程度等，严格依法分别实施不同类型、不同力度的惩戒措施。

二、健全司法和行政执法对市场经济运行的保障机制

严格执法是推进依法行政、建设法治政府的关键。为营造法治化、国际化、便利化的营商环境，提供有力的司法保障和服务，必须牢固树立政府“法无授权不可为，法定职责必须为”和市场主体“法无禁止皆可为”的理念，切实维护企业和企业家的合法权益。

（一）强化对企业和企业家的司法和行政执法保护

切实加强法治服务保障，营造安心、稳定的社会环境，让企业安心发展。如果说企业是山上的青翠林木，法治环境就是树木生长所依赖的土壤、水分、空气。良好的法治环境会极大地促进生产力和竞争力增长。

1. 依法保护企业和企业家的合法权益

保护企业家的人身和财产安全，对侵害企业家人身、财产安全的违法行为和违法案件实行挂牌督办制度。建立“零延迟”机制，对恶意阻工、强迫交易、寻衅滋事、暴力讨债、不良媒体敲诈勒索等违法行为，政法机关要及时到位处置。加大对涉民营企业案件的法律监督力度，开展清理执行积案专项行动，健全涉产权冤错案件有效防范和常态化纠正机制，维护企业和企业家的合法权益。“有恒产者有恒心，有恒心才能办恒事”。企业面临的市场风险、制度执行、义务履行、权利实现等，都需要发挥好法治固根本、稳预期、利长远的作用。司法部门应当以严格的举措落实法律法规、政策要求，推动营商环境持续改善，依法保护企业和企业家的合法权益，重点解决违法查封、扣押、冻结民营企业财产等产权保护中的突出问题，建立健全查封财产融资偿债和自行处置机制，尽最大可能保持企业财产运营价值，以法治力量实现企业和企业家恒心办恒业。

2. 依法完善产权和企业家权益司法保护机制

依法审慎对经济犯罪案件涉案企业家采取强制措施。涉企案件需要企业家协助调查的，应当注意方式方法，依法保障企业合法经营，维护企业家声誉。对一些民营企业历史上曾经有过的一些不规范行为，要以发展的眼光看问题，按照罪刑法定、疑罪从无的原则处理，让企业家卸下包袱，

轻装上阵。对近年涉企诉讼案件进行排查，重点发现、甄别涉及产权保护和企业家合法权益的案件，确属事实不清、证据不足、适用法律错误的冤案错案，依法予以纠正，该赔偿的按规定赔偿。对久拖不结、久办未果的涉企积案进行集中清理，依法加快案件办理进程。

3. 依法审理涉及产权行政案件

行政强制、行政处罚、行政征收是强制性最大、干涉性最强、对产权影响最为突出的几类行政行为。在这些领域公权力侵害私有产权的违法行为比较常见，导致行政争议的发生。因此，应当加大对行政处罚等行政强制行为和征收征用行为的司法审查，明确各种所有制主体产权受到违法行政行为侵害的救济途径。

4. 依法健全行政权力制约和监督机制

以创新的方式保护创新，以创新的裁判引领创新保护。实行政府权责清单制度，健全重大行政决策程序制度；加强对政府内部权力的制约，防止权力滥用；完善行政权力监督体制建设，实现对重点领域的有效监督。加大对政府失信责任追究和政务诚信监测，提升政府守信意识和公信力。

（二）强化对知识产权的司法和行政执法保护

加强知识产权保护是完善产权保护制度最重要的内容，也是提高我国企业竞争力最好的激励方式。知识产权有司法保障，企业的营商环境更舒心。

1. 充分发挥知识产权审判职能作用

司法裁判确立的规则成为引领企业知识产权保护的行为标杆，通过裁判激励科技创新，加大对知识产权犯罪行为的打击力度，有效发挥刑罚惩治和震慑知识犯罪的功能，为营造法治化、国际化、便利化的营商环境提供有力的司法保障和服务。提升了知识产权治理能力和治理水平，营造了良好的营商环境和创新环境。健全涉产权冤案、错案有效防范和常态化纠错机制，及时有效纠正涉产权冤案、错案。

2. 加快解决保护企业知识产权问题

我国企业应当以创新方式探索破解知识产权保护问题。推进知识产权审判体制机制改革创新，完善侵权损害责任认定规则，通过运用证据保全、行为保全等措施和调查令、证据出示令，减轻权利人的举证负担，提高侵权行为人的违法成本，解决权利人维权举证难、周期长、成本高、赔偿低的问题，让权利人得到及时、有效的保护。开展知识产权海关保护指导与服务，打击进出口侵犯违法活动，畅通维权渠道。推动商业秘密保护示范基地、示范企业建设，加强中小企业商业秘密保护。完善国际知识产权风险预警机制，开展海外展会知识产权法律服务。

3. 加强高新技术产业知识产权保护

我国已在专利、商标申请量等方面位居世界领先的位置，然而，国内企业的知识产权质量不高等问题一直是国内企业的知识产权之痛。我国企业越来越多遭遇到来自境外企业的知识产权诉讼，尤其明显地集中于高新技术产业，这也使更多的企业加大了对知识产权的投入。因此，我国的法律必须加强高新技术产业知识产权保护，鼓励企业掌握核心技术的自主创新。

附　国内外大企业名单

一、中国中央企业名单

1. 中国核工业集团有限公司
2. 中国航天科技集团有限公司
3. 中国航天科工集团有限公司
4. 中国航空工业集团有限公司
5. 中国船舶集团有限公司
6. 中国兵器工业集团有限公司
7. 中国兵器装备集团有限公司
8. 中国电子科技集团有限公司
9. 中国航空发动机集团有限公司
10. 中国融通资产管理集团有限公司
11. 中国石油天然气集团有限公司
12. 中国石油化工集团有限公司
13. 中国海洋石油集团有限公司
14. 国家石油天然气管网集团有限公司
15. 国家电网有限公司
16. 中国南方电网有限责任公司
17. 中国华能集团有限公司
18. 中国大唐集团有限公司
19. 中国华电集团有限公司
20. 国家电力投资集团有限公司
21. 中国长江三峡集团有限公司
22. 国家能源投资集团有限责任公司

23. 中国电信集团有限公司
24. 中国联合网络通信集团有限公司
25. 中国移动通信集团有限公司
26. 中国卫星网络集团有限公司
27. 中国电子信息产业集团有限公司
28. 中国第一汽车集团有限公司
29. 东风汽车集团有限公司
30. 中国一重集团有限公司
31. 中国机械工业集团有限公司
32. 哈尔滨电气集团有限公司
33. 中国东方电气集团有限公司
34. 鞍钢集团有限公司
35. 中国宝武钢铁集团有限公司
36. 中国铝业集团有限公司
37. 中国远洋海运集团有限公司
38. 中国航空集团有限公司
39. 中国东方航空集团有限公司
40. 中国南方航空集团有限公司
41. 中国中化控股有限责任公司
42. 中粮集团有限公司
43. 中国五矿集团有限公司
44. 中国通用技术（集团）控股有限责任公司
45. 中国建筑集团有限公司
46. 中国储备粮管理集团有限公司
47. 国家开发投资集团有限公司
48. 招商局集团有限公司
49. 华润（集团）有限公司
50. 中国旅游集团有限公司［香港中旅（集团）有限公司］
51. 中国商用飞机有限责任公司
52. 中国节能环保集团有限公司

53. 中国国际工程咨询有限公司
54. 中国诚通控股集团有限公司
55. 中国中煤能源集团有限公司
56. 中国煤炭科工集团有限公司
57. 机械科学研究总院集团有限公司
58. 中国中钢集团有限公司
59. 中国钢研科技集团有限公司
60. 中国化学工程集团有限公司
61. 中国盐业集团有限公司
62. 中国建材集团有限公司
63. 中国有色矿业集团有限公司
64. 中国稀土集团有限公司
65. 有研科技集团有限公司
66. 矿冶科技集团有限公司
67. 中国国际技术智力合作集团有限公司
68. 中国建筑科学研究院有限公司
69. 中国中车集团有限公司
70. 中国铁路通信信号集团有限公司
71. 中国铁路工程集团有限公司
72. 中国铁道建筑集团有限公司
73. 中国交通建设集团有限公司
74. 中国信息通信科技集团有限公司
75. 中国农业发展集团有限公司
76. 中国林业集团有限公司
77. 中国医药集团有限公司
78. 中国保利集团有限公司
79. 中国建设科技有限公司
80. 中国冶金地质总局
81. 中国煤炭地质总局
82. 新兴际华集团有限公司

83. 中国民航信息集团有限公司
84. 中国航空油料集团有限公司
85. 中国航空器材集团有限公司
86. 中国电力建设集团有限公司
87. 中国能源建设集团有限公司
88. 中国安能建设集团有限公司
89. 中国黄金集团有限公司
90. 中国广核集团有限公司
91. 中国华录集团有限公司
92. 华侨城集团有限公司
93. 南光（集团）有限公司（中国南光集团有限公司）
94. 中国电气装备集团有限公司
95. 中国物流集团有限公司
96. 中国国新控股有限责任公司
97. 中国检验认证（集团）有限公司

二、2021 中国企业 500 强名单

1. 国家电网有限公司
2. 中国石油天然气集团有限公司
3. 中国石油化工集团有限公司
4. 中国建筑股份有限公司
5. 中国平安保险（集团）股份有限公司
6. 中国工商银行股份有限公司
7. 中国建设银行股份有限公司
8. 中国农业银行股份有限公司
9. 中国人寿保险（集团）公司
10. 中国铁路工程集团有限公司
11. 中国银行股份有限公司
12. 中国铁道建筑集团有限公司

13. 华为投资控股有限公司
14. 中国移动通信集团有限公司
15. 京东集团股份有限公司
16. 上海汽车集团股份有限公司
17. 中国交通建设集团有限公司
18. 阿里巴巴集团控股有限公司
19. 中国五矿集团有限公司
20. 中国第一汽车集团有限公司
21. 恒力集团有限公司
22. 正威国际集团有限公司
23. 中国华润有限公司
24. 山东能源集团有限公司
25. 中国宝武钢铁集团有限公司
26. 中国邮政集团有限公司
27. 东风汽车集团有限公司
28. 中国人民保险集团股份有限公司
29. 苏宁控股集团
30. 中国南方电网有限责任公司
31. 中国海洋石油集团有限公司
32. 国家能源投资集团有限责任公司
33. 中国电力建设集团有限公司
34. 中国医药集团有限公司
35. 中粮集团有限公司
36. 中国中信集团有限公司
37. 恒大集团有限公司
38. 北京汽车集团有限公司
39. 中国电信集团有限公司
40. 中国兵器工业集团有限公司
41. 腾讯控股有限公司
42. 中国航空工业集团有限公司

43. 交通银行股份有限公司
44. 晋能控股集团有限公司
45. 碧桂园控股有限公司
46. 绿地控股集团股份有限公司
47. 厦门建发集团有限公司
48. 太平洋建设集团有限公司
49. 中国中化集团有限公司
50. 中国太平洋保险（集团）股份有限公司
51. 招商银行股份有限公司
52. 万科企业股份有限公司
53. 联想控股股份有限公司
54. 中国化工集团有限公司
55. 招商局集团有限公司
56. 厦门国贸控股集团有限公司
57. 中国保利集团公司
58. 广州汽车工业集团有限公司
59. 中国建材集团有限公司
60. 厦门象屿集团有限公司
61. 中国光大集团股份公司
62. 兴业银行股份有限公司
63. 中国铝业集团有限公司
64. 河钢集团有限公司
65. 上海浦东发展银行股份有限公司
66. 陕西煤业化工集团有限责任公司
67. 中国民生银行股份有限公司
68. 江西铜业集团有限公司
69. 中国远洋海运集团有限公司
70. 中南控股集团有限公司
71. 陕西延长石油（集团）有限责任公司
72. 浙江吉利控股集团有限公司

73. 中国船舶集团有限公司
74. 中国华能集团有限公司
75. 国美控股集团有限公司
76. 浙江荣盛控股集团有限公司
77. 潍柴控股集团有限公司
78. 中国联合网络通信集团有限公司
79. 海尔集团公司
80. 青山控股集团有限公司
81. 山东魏桥创业集团有限公司
82. 美的集团股份有限公司
83. 中国机械工业集团有限公司
84. 国家电力投资集团有限公司
85. 中国能源建设集团有限公司
86. 中国航天科技集团有限公司
87. 江苏沙钢集团有限公司
88. 浙江恒逸集团有限公司
89. 盛虹控股集团有限公司
90. 安徽海螺集团有限责任公司
91. 中国航天科工集团有限公司
92. 阳光龙净集团有限公司
93. 中国电子信息产业集团有限公司
94. 金川集团股份有限公司
95. 小米公司
96. 泰康保险集团股份有限公司
97. 中国太平保险集团有限责任公司
98. 中国中车集团有限公司
99. 中国兵器装备集团有限公司
100. 中国华电集团有限公司
101. 中国电子科技集团有限公司
102. 雪松控股集团有限公司

103. 上海建工集团股份有限公司
104. 融创中国控股有限公司
105. 中国核工业集团有限公司
106. 敬业集团有限公司
107. 重庆市金科投资控股（集团）有限责任公司
108. 山东钢铁集团有限公司
109. 新希望控股集团有限公司
110. 深圳市投资控股有限公司
111. 鞍钢集团有限公司
112. 山西焦煤集团有限责任公司
113. 铜陵有色金属集团控股有限公司
114. 首钢集团有限公司
115. 新华人寿保险股份有限公司
116. 中国林业集团有限公司
117. 海亮集团有限公司
118. 中国通用技术（集团）控股有限责任公司
119. 北京建龙重工集团有限公司
120. 浙江省交通投资集团有限公司
121. 中国大唐集团有限公司
122. 上海医药集团股份有限公司
123. 广西投资集团有限公司
124. 多弗国际控股集团有限公司
125. 新疆广汇实业投资（集团）有限责任公司
126. 中国中煤能源集团有限公司
127. 龙湖集团控股有限公司
128. 广州市建筑集团有限公司
129. 广州医药集团有限公司
130. 云南省投资控股集团有限公司
131. 万洲国际有限公司
132. 中国重型汽车集团有限公司

133. 华阳新材料科技集团有限公司
134. 紫金矿业集团股份有限公司
135. 珠海格力电器股份有限公司
136. 中国平煤神马能源化工集团有限责任公司
137. 中国再保险（集团）股份有限公司
138. 南通三建控股有限公司
139. 河南能源化工集团有限公司
140. 天能控股集团有限公司
141. 华夏银行股份有限公司
142. 东浩兰生（集团）有限公司
143. 潞安化工集团有限公司
144. 上海电气（集团）总公司
145. 南京钢铁集团有限公司
146. 北京首农食品集团有限责任公司
147. 比亚迪股份有限公司
148. 光明食品（集团）有限公司
149. 杭州钢铁集团有限公司
150. 顺丰控股股份有限公司
151. 北京电子控股有限责任公司
152. 国家开发投资集团有限公司
153. TCL
154. 杭州市实业投资集团有限公司
155. 湖南华菱钢铁集团有限责任公司
156. 中国航空油料集团有限公司
157. 云南省建设投资控股集团有限公司
158. 中升集团控股有限公司
159. 华侨城集团有限公司
160. 甘肃省公路航空旅游投资集团有限公司
161. 陕西有色金属控股集团有限责任公司
162. 四川长虹电子控股集团有限公司

163. 陕西建工控股集团有限公司
164. 河北新华联合冶金控股集团有限公司
165. 山东高速集团有限公司
166. 中天钢铁集团有限公司
167. 北大荒农垦集团有限公司
168. 冀南钢铁集团有限公司
169. 无锡产业发展集团有限公司
170. 复星国际有限公司
171. 海信集团控股股份有限公司
172. 中国有色矿业集团有限公司
173. 广东鼎龙实业集团有限公司
174. 北京金隅集团股份有限公司
175. 云南省能源投资集团有限公司
176. 河北津西钢铁集团股份有限公司
177. 浙江省兴合集团有限责任公司
178. 西安迈科金属国际集团有限公司
179. 超威电源集团有限公司
180. 万向集团公司
181. 北京银行股份有限公司
182. 三一集团有限公司
183. 北京城建集团有限责任公司
184. 四川省宜宾五粮液集团有限公司
185. 中国化学工程集团有限公司
186. 中天控股集团有限公司
187. 东岭集团股份有限公司
188. 物产中大金属集团有限公司
189. 中国国际技术智力合作集团有限公司
190. 上海均和集团有限公司
191. 广西柳州钢铁集团有限公司
192. 亨通集团有限公司

193. 上海德龙钢铁集团有限公司
194. 阳光保险集团股份有限公司
195. 美团公司
196. 酒泉钢铁（集团）有限责任公司
197. 南山集团有限公司
198. 洛阳栾川钼业集团股份有限公司
199. 传化集团有限公司
200. 中国广核集团有限公司
201. 九州通医药集团股份有限公司
202. 新疆中泰（集团）有限责任公司
203. 珠海华发集团有限公司
204. 中国黄金集团有限公司
205. 百度网络技术有限公司
206. 浙江省能源集团有限公司
207. 云南省交通投资建设集团有限公司
208. 北京建工集团有限责任公司
209. 海澜集团有限公司
210. 雅戈尔集团股份有限公司
211. 宁波金田投资控股有限公司
212. 长城汽车股份有限公司
213. 卓尔控股有限公司
214. 辽宁方大集团实业有限公司
215. 唯品会控股有限公司
216. 山东东明石化集团有限公司
217. 北京外企服务集团有限责任公司
218. 中兴通讯股份有限公司
219. 北京控股集团有限公司
220. 江苏永钢集团有限公司
221. 龙光交通集团有限公司
222. 协鑫集团有限公司

223. 湖南建工集团有限公司
224. 上海银行股份有限公司
225. 贵州茅台酒股份有限公司
226. 弘阳集团有限公司
227. 日照钢铁控股集团有限公司
228. 内蒙古伊利实业集团股份有限公司
229. 利华益集团股份有限公司
230. 江铃汽车集团有限公司
231. 中国国际海运集装箱（集团）股份有限公司
232. 前海人寿保险股份有限公司
233. 永辉超市股份有限公司
234. 中国南方航空集团有限公司
235. 万达控股集团有限公司
236. 陕西汽车控股集团有限公司
237. 通威集团有限公司
238. 江苏悦达集团有限公司
239. 立讯精密工业股份有限公司
240. 东方国际（集团）有限公司
241. 神州数码集团股份有限公司
242. 晨鸣控股有限公司
243. 广西北部湾国际港务集团有限公司
244. 正泰集团股份有限公司
245. 奥园集团有限公司
246. 福建大东海实业集团有限公司
247. 新奥天然气股份有限公司
248. 开滦（集团）有限责任公司
249. 重庆市迪马实业股份有限公司
250. 包头钢铁（集团）有限责任公司
251. 双胞胎（集团）股份有限公司
252. 天津泰达投资控股有限公司

253. 山东省国有资产投资控股有限公司
254. 中国宏桥集团有限公司
255. 江苏南通二建集团有限公司
256. 内蒙古电力（集团）有限责任公司
257. 天津荣程祥泰投资控股集团有限公司
258. 奇瑞控股集团有限公司
259. 山西建设投资集团有限公司
260. 中国铁塔股份有限公司
261. 振烨国际产业控股集团（深圳）有限公司
262. 重庆华宇集团有限公司
263. 荣盛控股股份有限公司
264. 上海永达控股（集团）有限公司
265. 新余钢铁集团有限公司
266. 浙江省建设投资集团有限公司
267. 广州工业投资控股集团有限公司
268. 河北普阳钢铁有限公司
269. 中基宁波集团股份有限公司
270. 杭州锦江集团有限公司
271. 永锋集团有限公司
272. 南通四建集团有限公司
273. 玖龙纸业（控股）有限公司
274. 山东黄金集团有限公司
275. 华泰集团有限公司
276. 武安市裕华钢铁有限公司
277. 陕西投资集团有限公司
278. 红豆集团有限公司
279. 温氏食品集团股份有限公司
280. 广东省广晟控股集团有限公司
281. 金鼎钢铁集团有限公司
282. 中国东方航空集团有限公司

283. 中国国际航空股份有限公司
284. 网易公司
285. 山东招金集团有限公司
286. 云天化集团有限责任公司
287. 万华化学集团股份有限公司
288. 成都兴城投资集团有限公司
289. 浙江省国际贸易集团有限公司
290. 中天科技集团有限公司
291. 旭辉控股（集团）有限公司
292. 广东省广新控股集团有限公司
293. 桐昆控股集团有限公司
294. 蓝润集团有限公司
295. 甘肃省建设投资（控股）集团有限公司
296. 奥克斯集团有限公司
297. 恒信汽车集团股份有限公司
298. 中国旅游集团有限公司
299. 广州越秀集团股份有限公司
300. 南京银行股份有限公司
301. 北京能源集团有限责任公司
302. 广东省建筑工程集团有限公司
303. 广厦控股集团有限公司
304. 兰州新区商贸物流投资集团有限公司
305. 唐山港陆钢铁有限公司
306. 四川华西集团有限公司
307. 上海城建（集团）公司
308. 青建集团股份公司
309. 渤海银行股份有限公司
310. 浙江前程投资股份有限公司
311. 上海中梁企业发展有限公司
312. 旭阳控股有限公司

313. 四川省川威集团有限公司
314. 中国铁路物资集团有限公司
315. 淮北矿业（集团）有限责任公司
316. 山东京博控股集团有限公司
317. 山东海科控股有限公司
318. 河北新金钢铁有限公司
319. 中联重科股份有限公司
320. 贵州磷化（集团）有限责任公司
321. 深圳市爱施德股份有限公司
322. 宁夏天元锰业集团有限公司
323. 江苏省苏中建设集团股份有限公司
324. 深圳海王集团股份有限公司
325. 三房巷集团有限公司
326. 德力西集团有限公司
327. 安徽建工集团控股有限公司
328. 百联集团有限公司
329. 晶科能源控股有限公司
330. 河北新武安钢铁集团文安钢铁有限公司
331. 本钢集团有限公司
332. 盘锦北方沥青燃料有限公司
333. 白银有色集团股份有限公司
334. 云南锡业集团（控股）有限责任公司
335. 河北省物流产业集团有限公司
336. 新疆特变电工集团有限公司
337. 泸州老窖集团有限责任公司
338. 重庆化医控股（集团）公司
339. 四川省能源投资集团有限责任公司
340. 广东海大集团股份有限公司
341. 牧原实业集团有限公司
342. 浙江富冶集团有限公司

343. 四川公路桥梁建设集团有限公司
344. 远大物产集团有限公司
345. 上海钢联电子商务股份有限公司
346. 江苏新长江实业集团有限公司
347. 广西盛隆冶金有限公司
348. 安徽江淮汽车集团控股有限公司
349. 绿城房地产集团有限公司
350. 天元建设集团有限公司
351. 歌尔股份有限公司
352. 厦门路桥工程物资有限公司
353. 建业控股有限公司
354. 山西鹏飞集团有限公司
355. 山东如意时尚投资控股有限公司
356. 恒申控股集团有限公司
357. 福建永荣控股集团有限公司
358. 新疆金风科技股份有限公司
359. 湖南博长控股集团有限公司
360. 物美科技集团有限公司
361. 重庆建工投资控股有限责任公司
362. 江苏国泰国际集团股份有限公司
363. 闻泰通讯股份有限公司
364. 红狮控股集团有限公司
365. 隆基绿能科技股份有限公司
366. 大汉控股集团有限公司
367. 南昌市政公用投资控股有限责任公司
368. 山东太阳控股集团有限公司
369. 中华联合保险集团股份有限公司
370. 广州智能装备产业集团有限公司
371. 福建省三钢（集团）有限责任公司
372. 广西北部湾投资集团有限公司

373. 杉杉控股有限公司
374. 辽宁嘉晨控股集团有限公司
375. 北京首都创业集团有限公司
376. 北京首都开发控股（集团）有限公司
377. 龙记泰信实业集团有限公司
378. 新凤祥控股集团有限责任公司
379. 老凤祥股份有限公司
380. 新凤鸣控股集团有限公司
381. 富通集团有限公司
382. 研祥高科技控股集团有限公司
383. 兴华财富集团有限公司
384. 河南豫光金铅集团有限责任公司
385. 广东省广物控股集团有限公司
386. 稻花香集团
387. 宁德时代新能源科技股份有限公司
388. 福佳集团有限公司
389. 安阳钢铁集团有限责任公司
390. 天瑞集团股份有限公司
391. 龙信建设集团有限公司
392. 重庆农村商业银行股份有限公司
393. 郑州中瑞实业集团有限公司
394. 威高集团有限公司
395. 山东泰山钢铁集团有限公司
396. 汇通达网络股份有限公司
397. 福建省港口集团有限责任公司
398. 江苏南通六建建设集团有限公司
399. 江西正邦科技股份有限公司
400. 山东九羊集团有限公司
401. 帝海投资控股集团有限公司
402. 广东省能源集团有限公司

403. 上海闽路润贸易有限公司
404. 融信（福建）投资集团有限公司
405. 南京新工投资集团有限责任公司
406. 天津友发钢管集团股份有限公司
407. 欧菲光集团股份有限公司
408. 三河汇福粮油集团有限公司
409. 江西省建工集团有限责任公司
410. 山东中矿集团有限公司
411. 宁波均胜电子股份有限公司
412. 天津渤海化工集团有限责任公司
413. 中国信息通信科技集团有限公司
414. 广西玉柴机器集团有限公司
415. 广西交通投资集团有限公司
416. 人民电器集团有限公司
417. 隆鑫控股有限公司
418. 通州建总集团有限公司
419. 河北文丰钢铁有限公司
420. 重庆机电控股（集团）公司
421. 河北建工集团有限责任公司
422. 明阳新能源投资控股集团有限公司
423. 重庆中昂投资集团有限公司
424. 江苏华西集团有限公司
425. 东营齐润化工有限公司
426. 江苏省华建建设股份有限公司
427. 祥生地产集团有限公司
428. 远景能源有限公司
429. 山东创新金属科技有限公司
430. 心里程控股集团有限公司
431. 东方润安集团有限公司
432. 浙江中成控股集团有限公司

433. 福建省电子信息（集团）有限责任公司
434. 水发集团有限公司
435. 重庆医药（集团）股份有限公司
436. 四川德胜集团钒钛有限公司
437. 四川省商业投资集团有限责任公司
438. 盛京银行股份有限公司
439. 通鼎集团有限公司
440. 恒丰银行股份有限公司
441. 申能（集团）有限公司
442. 中国节能环保集团有限公司
443. 齐成（山东）石化集团有限公司
444. 山东汇丰石化集团有限公司
445. 山东渤海实业股份有限公司
446. 中铁集装箱运输有限责任公司
447. 福建省能源集团有限责任公司
448. 远东控股集团有限公司
449. 山东金岭集团有限公司
450. 步步高投资集团股份有限公司
451. 宏旺投资集团有限公司
452. 沂州集团有限公司
453. 富海集团新能源控股有限公司
454. 中科电力装备集团有限公司
455. 西王集团有限公司
456. 上海华谊（集团）公司
457. 金澳科技（湖北）化工有限公司
458. 贵州盘江煤电集团有限责任公司
459. 重庆市能源投资集团有限公司
460. 宁波富邦控股集团有限公司
461. 山东金诚石化集团有限公司
462. 新疆生产建设兵团建设工程（集团）有限责任公司

463. 中融新大集团有限公司
464. 上海新增鼎资产管理有限公司
465. 淮河能源控股集团有限责任公司
466. 万基控股集团有限公司
467. 上海农村商业银行股份有限公司
468. 金浦投资控股集团有限公司
469. 云账户技术（天津）有限公司
470. 西部矿业集团有限公司
471. 河北省国和投资集团有限公司
472. 徐州矿务集团有限公司
473. 深圳金雅福控股集团有限公司
474. 法尔胜泓昇集团有限公司
475. 广东省交通集团有限公司
476. 广州农村商业银行股份有限公司
477. 重庆千信集团有限公司
478. 宜昌兴发集团有限责任公司
479. 森马集团有限公司
480. 四川科伦实业集团有限公司
481. 山东科达集团有限公司
482. 石药控股集团有限公司
483. 伊电控股集团有限公司
484. 深圳市中农网有限公司
485. 江苏扬子江船业集团
486. 澳洋集团有限公司
487. 河北建设集团股份有限公司
488. 创维集团有限公司
489. 双良集团有限公司
490. 河北安丰钢铁有限公司
491. 江苏华宏实业集团有限公司
492. 北京江南投资集团有限公司

493. 杭州市城市建设投资集团有限公司
494. 山东清源集团有限公司
495. 江苏阳光集团有限公司
496. 卧龙控股集团有限公司
497. 鲁丽集团有限公司
498. 石横特钢集团有限公司
499. 广州国资发展控股有限公司
500. 盛屯矿业集团股份有限公司

三、2021 年《财富》世界 500 强企业排行榜

1. 沃尔玛（WALMART）
2. 国家电网有限公司（STATE GRID）
3. 亚马逊（AMAZON.COM）
4. 中国石油天然气集团有限公司（CHINA NATIONAL PETROLEUM）
5. 中国石油化工集团有限公司（SINOPEC GROUP）
6. 苹果公司（APPLE）
7. CVS Health 公司（CVS HEALTH）
8. 联合健康集团（UNITEDHEALTH GROUP）
9. 丰田汽车公司（TOYOTA MOTOR）
10. 大众公司（VOLKSWAGEN）
11. 伯克希尔·哈撒韦公司（BERKSHIRE HATHAWAY）
12. 麦克森公司（MCKESSON）
13. 中国建筑集团有限公司（CHINA STATE CONSTRUCTION ENGINEERING）
14. 沙特阿美公司（SAUDI ARAMCO）
15. 三星电子（SAMSUNG ELECTRONICS）
16. 中国平安保险（集团）股份有限公司（PING AN INSURANCE）
17. 美源伯根公司（AMERISOURCEBERGEN）
18. 英国石油公司（BP）

19. 荷兰皇家壳牌石油公司（ROYAL DUTCH SHELL）
20. 中国工商银行股份有限公司（INDUSTRIAL & COMMERCIAL BANK OF CHINA）
21. Alphabet 公司（ALPHABET）
22. 鸿海精密工业股份有限公司（HON HAI PRECISION INDUSTRY）
23. 埃克森美孚（EXXON MOBIL）
24. 戴姆勒股份公司（DAIMLER）
25. 中国建设银行股份有限公司（CHINA CONSTRUCTION BANK）
26. 美国电话电报公司（AT&T）
27. 开市客（COSTCO WHOLESALE）
28. 信诺（CIGNA）
29. 中国农业银行股份有限公司（AGRICULTURAL BANK OF CHINA）
30. 嘉德诺（CARDINAL HEALTH）
31. 托克集团（TRAFIGURA GROUP）
32. 中国人寿保险（集团）公司（CHINA LIFE INSURANCE）
33. 微软（MICROSOFT）
34. 嘉能可（GLENCORE）
35. 中国铁路工程集团有限公司（CHINA RAILWAY ENGINEERING GROUP）
36. 沃博联（WALGREENS BOOTS ALLIANCE）
37. EXOR 集团（EXOR GROUP）
38. 安联保险集团（ALLIANZ）
39. 中国银行股份有限公司（BANK OF CHINA）
40. 克罗格（KROGER）
41. 家得宝（HOME DEPOT）
42. 中国铁道建筑集团有限公司（CHINA RAILWAY CONSTRUCTION）
43. 摩根大通公司（JPMORGAN CHASE）
44. 华为投资控股有限公司（HUAWEI INVESTMENT & HOLDING）
45. 威瑞森电信（VERIZON COMMUNICATIONS）
46. 安盛（AXA）

47. 福特汽车公司（FORD MOTOR）
48. 本田汽车（HONDA MOTOR）
49. 通用汽车公司（GENERAL MOTORS）
50. Anthem 公司（ANTHEM）
51. 三菱商事株式会社（MITSUBISHI）
52. 道达尔能源公司（TOTALENERGIES）
53. 德国电信（DEUTSCHE TELEKOM）
54. 宝马集团（BMW GROUP）
55. 日本电报电话公司（NIPPON TELEGRAPH AND TELEPHONE）
56. 中国移动通信集团有限公司(CHINA MOBILE COMMUNICATIONS)
57. Centene 公司（CENTENE）
58. 日本邮政控股公司（JAPAN POST HOLDINGS）
59. 京东集团股份有限公司（JD.COM）
60. 上海汽车集团股份有限公司（SAIC MOTOR）
61. 中国交通建设集团有限公司（CHINA COMMUNICATIONS CONSTRUCTION）
62. 房利美（FANNIE MAE）
63. 阿里巴巴集团控股有限公司（ALIBABA GROUP HOLDING）
64. 美国康卡斯特电信公司（COMCAST）
65. 中国五矿集团有限公司（CHINA MINMETALS）
66. 中国第一汽车集团有限公司（CHINA FAW GROUP）
67. 恒力集团有限公司（HENGLI GROUP）
68. 正威国际集团有限公司（AMER INTERNATIONAL GROUP）
69. 中国华润有限公司（CHINA RESOURCES）
70. 山东能源集团有限公司（SHANDONG ENERGY GROUP）
71. 日本伊藤忠商事株式会社（ITOCHU）
72. 中国宝武钢铁集团有限公司（CHINA BAOWU STEEL GROUP）
73. 意大利忠利保险公司（ASSICURAZIONI GENERALI）
74. 中国邮政集团有限公司（CHINA POST GROUP）
75. 雪佛龙（CHEVRON）

76. 戴尔科技公司（DELL TECHNOLOGIES）
77. 美国银行（BANK OF AMERICA）
78. 塔吉特公司（TARGET）
79. 雀巢公司（NESTLÉ）
80. 美国劳氏公司（LOWE'S）
81. 马拉松原油公司（MARATHON PETROLEUM）
82. 花旗集团（CITIGROUP）
83. 现代汽车（HYUNDAI MOTOR）
84. 俄罗斯天然气工业股份公司（GAZPROM）
85. 东风汽车公司集团有限公司（DONGFENG MOTOR）
86. Facebook 公司（FACEBOOK）
87. 皇家阿霍德德尔海兹集团（ROYAL AHOLD DELHAIZE）
88. 索尼（SONY）
89. 联合包裹速递服务公司（UNITED PARCEL SERVICE）
90. 中国人民保险集团股份有限公司（PEOPLE'S INSURANCE CO. OF CHINA）
91. 中国南方电网有限责任公司（CHINA SOUTHERN POWER GRID）
92. 中国海洋石油集团有限公司（CHINA NATIONAL OFFSHORE OIL）
93. 法国农业信贷银行（CRÉDIT AGRICOLE）
94. 强生（JOHNSON & JOHNSON）
95. 日立（HITACHI）
96. 家乐福（CARREFOUR）
97. 法国巴黎银行（BNP PARIBAS）
98. 博世集团（BOSCH GROUP）
99. 乐购（TESCO）
100. 日本永旺集团（AEON）
101. 国家能源投资集团有限责任公司（CHINA ENERGY INVESTMENT）
102. 汇丰银行控股公司（HSBC HOLDINGS）
103. 美国富国银行（WELLS FARGO）
104. 通用电气公司（GENERAL ELECTRIC）

105. 法国电力公司（ELECTRICITÉ DE FRANCE）
106. 州立农业保险公司（STATE FARM INSURANCE）
107. 中国电力建设集团有限公司（POWERCHINA）
108. 英特尔公司（INTEL）
109. 中国医药集团有限公司（SINOPHARM）
110. 哈门那公司（HUMANA）
111. 日本生命保险公司（NIPPON LIFE INSURANCE）
112. 中粮集团有限公司（COFCO）
113. 德国邮政敦豪集团（DEUTSCHE POST DHL GROUP）
114. 三井物产株式会社（MITSUI）
115. 中国中信集团有限公司（CITIC GROUP）
116. 日产汽车（NISSAN MOTOR）
117. 慕尼黑再保险集团（MUNICH RE GROUP）
118. 意大利国家电力公司（ENEL）
119. 第一生命控股有限公司（DAI-ICHI LIFE HOLDINGS）
120. 西班牙国家银行（BANCO SANTANDER）
121. 国际商业机器公司（INTERNATIONAL BUSINESS MACHINES）
122. 中国恒大集团（CHINA EVERGRANDE GROUP）
123. 美国邮政（U.S. POSTAL SERVICE）
124. 北京汽车集团有限公司（BEIJING AUTOMOTIVE GROUP）
125. 卢克石油公司（LUKOIL）
126. 中国电信集团有限公司（CHINA TELECOMMUNICATIONS）
127. 中国兵器工业集团有限公司（CHINA NORTH INDUSTRIES GROUP）
128. 宝洁公司（PROCTER & GAMBLE）
129. SK 集团（SK）
130. 意昂集团（E.ON）
131. 百事公司（PEPSICO）
132. 腾讯控股有限公司（TENCENT HOLDINGS）
133. 艾伯森公司（ALBERTSONS）

134. 巴斯夫公司（BASF）
135. 联邦快递（FEDEX）
136. 大都会人寿（METLIFE）
137. 交通银行股份有限公司（BANK OF COMMUNICATIONS）
138. 晋能控股集团有限公司（JINNENG HOLDING GROUP）
139. 碧桂园控股有限公司（COUNTRY GARDEN HOLDINGS）
140. 中国航空工业集团有限公司（AVIATION INDUSTRY CORP. OF CHINA）
141. 房地美（FREDDIE MAC）
142. 绿地控股集团股份有限公司（GREENLAND HOLDING GROUP）
143. Phillips 66 公司（PHILLIPS 66）
144. 洛克希德·马丁（LOCKHEED MARTIN）
145. 华特迪士尼公司（WALT DISNEY）
146. ADM 公司（ARCHER DANIELS MIDLAND）
147. 瑞士罗氏公司（ROCHE GROUP）
148. 厦门建发集团有限公司（XIAMEN C&D）
149. 太平洋建设集团有限公司（PACIFIC CONSTRUCTION GROUP）
150. 西门子（SIEMENS）
151. 中国中化集团有限公司（SINOCHEM）
152. Engie 集团（ENGIE）
153. 英国法通保险公司（LEGAL & GENERAL GROUP）
154. 松下（PANASONIC）
155. 信实工业公司（RELIANCE INDUSTRIES）
156. 布鲁克菲尔德资产管理公司（BROOKFIELD ASSET MANAGEMENT）
157. 英杰华集团（AVIVA）
158. 中国太平洋保险（集团）股份有限公司［CHINA PACIFIC INSURANCE （GROUP）］
159. 联想集团有限公司（LENOVO GROUP）
160. 万科企业股份有限公司（CHINA VANKE）

161. 中国化工集团有限公司（CHEMCHINA）
162. 招商银行股份有限公司（CHINA MERCHANTS BANK）
163. 招商局集团有限公司（CHINA MERCHANTS GROUP）
164. 瓦莱罗能源公司（VALERO ENERGY）
165. 丸红株式会社（MARUBENI）
166. 引能仕控股株式会社（ENEOS HOLDINGS）
167. 丰田通商公司（TOYOTA TSUSHO）
168. 苏黎世保险集团（ZURICH INSURANCE GROUP）
169. 宏利金融（MANULIFE FINANCIAL）
170. 物产中大集团股份有限公司（WUCHAN ZHONGDA GROUP）
171. 厦门国贸控股集团有限公司（XIAMEN ITG HOLDING GROUP）
172. 荷兰全球保险集团（AEGON）
173. 波音（BOEING）
174. 中国保利集团有限公司（CHINA POLY GROUP）
175. 联合利华（UNILEVER）
176. 广州汽车工业集团有限公司（GUANGZHOU AUTOMOBILE INDUSTRY GROUP）
177. 中国建材集团有限公司（CHINA NATIONAL BUILDING MATERIAL GROUP）
178. 保德信金融集团（PRUDENTIAL FINANCIAL）
179. 空中客车公司（AIRBUS）
180. 三菱日联金融集团（MITSUBISHI UFJ FINANCIAL GROUP）
181. 巴西国家石油公司（PETROBRAS）
182. 惠普公司（HP）
183. 雷神技术公司（RAYTHEON TECHNOLOGIES）
184. 软银集团（SOFTBANK GROUP）
185. 英国保诚集团（PRUDENTIAL）
186. 富腾公司（FORTUM）
187. 东京电力公司（TOKYO ELECTRIC POWER）
188. Seven&I 控股公司（SEVEN & I HOLDINGS）

189. 厦门象屿集团有限公司（XMXYG）
190. StoneX 集团（STONEX GROUP）
191. Alimentation Couche-Tard 公司（ALIMENTATION COUCHE-TARD）
192. LG 电子（LG ELECTRONICS）
193. 高盛（GOLDMAN SACHS GROUP）
194. 中国光大集团股份公司（CHINA EVERBRIGHT GROUP）
195. 俄罗斯石油公司（ROSNEFT OIL）
196. 兴业银行股份有限公司（INDUSTRIAL BANK）
197. 安赛乐米塔尔（ARCELORMITTAL）
198. 中国铝业集团有限公司（ALUMINUM CORP. OF CHINA）
199. 西斯科公司（SYSCO）
200. 河钢集团有限公司（HBIS GROUP）
201. 上海浦东发展银行股份有限公司（SHANGHAI PUDONG DEVELOPMENT BANK）
202. 巴西 JBS 公司（JBS）
203. 法国兴业银行（SOCIÉTÉ GÉNÉRALE）
204. 摩根士丹利（MORGAN STANLEY）
205. 印度国家银行（STATE BANK OF INDIA）
206. 泰国国家石油有限公司（PTT）
207. HCA 医疗保健公司（HCA HEALTHCARE）
208. 东京海上日动火灾保险公司（TOKIO MARINE HOLDINGS）
209. 沃达丰集团（VODAFONE GROUP）
210. 迪奥公司（CHRISTIAN DIOR）
211. 丰益国际（WILMAR INTERNATIONAL）
212. 印度石油公司（INDIAN OIL）
213. 友邦保险集团有限公司（AIA GROUP）
214. 万喜集团（VINCI）
215. 起亚公司（KIA）
216. 埃尼石油公司（ENI）
217. 日本 KDDI 电信公司（KDDI）

218. 诺华公司（NOVARTIS）
219. 雷诺（RENAULT）
220. 陕西煤业化工集团有限责任公司（SHAANXI COAL & CHEMICAL INDUSTRY）
221. 思科公司（CISCO SYSTEMS）
222. 韩国电力公司（KOREA ELECTRIC POWER）
223. 西班牙电话公司（TELEFÓNICA）
224. 中国民生银行股份有限公司（CHINA MINSHENG BANKING）
225. 江西铜业集团有限公司（JIANGXI COPPER）
226. 韩国浦项制铁公司（POSCO）
227. 拜耳集团（BAYER）
228. 加拿大鲍尔集团（POWER CORP.　OF CANADA）
229. Orange 公司（ORANGE）
230. 特许通讯公司（CHARTER COMMUNICATIONS）
231. 中国远洋海运集团有限公司（CHINA COSCO SHIPPING）
232. 默沙东（MERCK）
233. ELO 集团（ELO GROUP）
234. 陕西延长石油（集团）有限责任公司［SHAANXI YANCHANG PETROLEUM （GROUP）］
235. 和硕（PEGATRON）
236. 百威英博（ANHEUSER-BUSCH INBEV）
237. 美洲电信（AMÉRICA MÓVIL）
238. 百思买（BEST BUY）
239. 浙江吉利控股集团有限公司（ZHEJIANG GEELY HOLDING GROUP）
240. 中国船舶集团有限公司（CHINA STATE SHIPBUILDING）
241. Talanx 公司（TALANX）
242. 美国纽约人寿保险公司（NEW YORK LIFE INSURANCE）
243. 印度石油天然气公司（OIL & NATURAL GAS）
244. 电装公司（DENSO）

245. MS&AD 保险集团控股有限公司（MS&AD INSURANCE GROUP HOLDINGS）
246. Equinor 公司（EQUINOR）
247. 艾伯维（ABBVIE）
248. 中国华能集团有限公司（CHINA HUANENG GROUP）
249. 日本制铁集团公司（NIPPON STEEL CORPORATION）
250. 加拿大皇家银行（ROYAL BANK OF CANADA）
251. 台积公司（TAIWAN SEMICONDUCTOR MANUFACTURING）
252. 德国联邦铁路公司（DEUTSCHE BAHN）
253. 大众超级市场公司（PUBLIX SUPER MARKETS）
254. 好事达（ALLSTATE）
255. 浙江荣盛控股集团有限公司（ZHEJIANG RONGSHENG HOLDING GROUP）
256. 力拓集团（RIO TINTO GROUP）
257. 墨西哥石油公司（PEMEX）
258. 埃森哲（ACCENTURE）
259. 德国艾德卡公司（EDEKA ZENTRALE）
260. 中国联合网络通信股份有限公司（CHINA UNITED NETWORK COMMUNICATIONS）
261. 住友商事（SUMITOMO）
262. 美国利宝互助保险集团(LIBERTY MUTUAL INSURANCE GROUP）
263. 美国国际集团（AMERICAN INTERNATIONAL GROUP）
264. 英国葛兰素史克公司（GLAXOSMITHKLINE）
265. 法国 BPCE 银行集团（GROUPE BPCE）
266. 圣戈班集团（SAINT-GOBAIN）
267. 英国劳埃德银行集团（LLOYDS BANKING GROUP）
268. 瑞士再保险股份有限公司（SWISS RE）
269. 俄罗斯联邦储蓄银行（SBERBANK）
270. 泰森食品（TYSON FOODS）
271. 韩华集团（HANWHA）

272. 德国大陆集团（CONTINENTAL）
273. 必和必拓集团（BHP GROUP）
274. 伍尔沃斯集团（WOOLWORTHS GROUP）
275. 前进保险公司（PROGRESSIVE）
276. 赛诺菲（SANOFI）
277. 马来西亚国家石油公司（PETRONAS）
278. 百时美施贵宝公司（BRISTOL-MYERS SQUIBB）
279. 青山控股集团有限公司（TSINGSHAN HOLDING GROUP）
280. 美国全国保险公司（NATIONWIDE）
281. 辉瑞制药有限公司（PFIZER）
282. 山东魏桥创业集团有限公司（SHANDONG WEIQIAO PIONEERING GROUP）
283. 卡特彼勒（CATERPILLAR）
284. 中国机械工业集团有限公司（SINOMACH）
285. 美国教师退休基金会（TIAA）
286. 英格卡集团（INGKA GROUP）
287. 印尼国家石油公司（PERTAMINA）
288. 美的集团股份有限公司（MIDEA GROUP）
289. 邦吉公司（BUNGE）
290. 费森尤斯集团（FRESENIUS）
291. 意大利联合圣保罗银行（INTESA SANPAOLO）
292. 乔治威斯顿公司（GEORGE WESTON）
293. 国家电力投资集团有限公司（STATE POWER INVESTMENT）
294. 巴西淡水河谷公司（VALE）
295. 西班牙 ACS 集团（ACS）
296. 多伦多道明银行（TORONTO-DOMINION BANK）
297. 马士基集团（MAERSK GROUP）
298. 蒂森克虏伯（THYSSENKRUPP）
299. 法国布伊格集团（BOUYGUES）
300. 三菱电机股份有限公司（MITSUBISHI ELECTRIC）

301. 中国能源建设集团有限公司（CHINA ENERGY ENGINEERING GROUP）
302. 瑞银集团（UBS GROUP）
303. Finatis 公司（FINATIS）
304. 甲骨文公司（ORACLE）
305. Energy Transfer 公司（ENERGY TRANSFER）
306. 大和房建（DAIWA HOUSE INDUSTRY）
307. 中国航天科技集团有限公司（CHINA AEROSPACE SCIENCE & TECHNOLOGY）
308. 江苏沙钢集团有限公司（JIANGSU SHAGANG GROUP）
309. 浙江恒逸集团有限公司（ZHEJIANG HENGYI GROUP）
310. 陶氏公司（DOW）
311. 盛虹控股集团有限公司（SHENGHONG HOLDING GROUP）
312. 美国运通公司（AMERICAN EXPRESS）
313. 日本明治安田生命保险公司（MEIJI YASUDA LIFE INSURANCE）
314. 森宝利公司（J. SAINSBURY）
315. 安徽海螺集团有限责任公司（ANHUI CONCH GROUP）
316. 通用动力（GENERAL DYNAMICS）
317. 德意志银行（DEUTSCHE BANK）
318. 日本出光兴产株式会社（IDEMITSU KOSAN）
319. Iberdrola 公司（IBERDROLA）
320. 中国航天科工集团有限公司（CHINA AEROSPACE SCIENCE & INDUSTRY）
321. 耐克公司（NIKE）
322. 伊塔乌联合银行控股公司（ITAÚ UNIBANCO HOLDING）
323. 采埃孚（ZF FRIEDRICHSHAFEN）
324. 广达电脑公司（QUANTA COMPUTER）
325. 日本三井住友金融集团（SUMITOMO MITSUI FINANCIAL GROUP）
326. 美国诺斯洛普格拉曼公司（NORTHROP GRUMMAN）
327. 沃尔沃集团（VOLVO）

328. 苏宁易购集团股份有限公司（SUNING.COM GROUP）
329. 麦德龙（METRO）
330. 联合服务汽车协会（UNITED SERVICES AUTOMOBILE ASSN.）
331. 损保控股有限公司（SOMPO HOLDINGS）
332. 阳光龙净集团有限公司（YANGO LONGKING GROUP）
333. 安达保险公司（CHUBB）
334. 中国电子信息产业集团有限公司（CHINA ELECTRONICS）
335. 贺利氏控股集团（HERAEUS HOLDING）
336. 金川集团股份有限公司（JINCHUAN GROUP）
337. 西班牙对外银行（BANCO BILBAO VIZCAYA ARGENTARIA）
338. 小米集团（XIAOMI）
339. 仁宝电脑（COMPAL ELECTRONICS）
340. 迪尔公司（DEERE）
341. 法国邮政（LA POSTE）
342. 德国中央合作银行（DZ BANK）
343. 泰康保险集团股份有限公司（TAIKANG INSURANCE GROUP）
344. 中国太平保险集团有限责任公司（CHINA TAIPING INSURANCE GROUP）
345. 巴克莱（BARCLAYS）
346. 国泰金融控股股份有限公司（CATHAY FINANCIAL HOLDING）
347. 日本三菱重工业股份有限公司（MITSUBISHI HEAVY INDUSTRIES）
348. Rajesh Exports 公司（RAJESH EXPORTS）
349. 中国中车集团有限公司（CRRC GROUP）
350. 雅培公司（ABBOTT LABORATORIES）
351. 中国兵器装备集团有限公司（CHINA SOUTH INDUSTRIES GROUP）
352. 中国华电集团有限公司（CHINA HUADIAN）
353. 长江和记实业有限公司（CK HUTCHISON HOLDINGS）

354. 中国电子科技集团有限公司（CHINA ELECTRONICS TECHNOLOGY GROUP）
355. 意大利邮政集团（POSTE ITALIANE）
356. 法国国营铁路集团（SNCF GROUP）
357. 印度塔塔汽车公司（TATA MOTORS）
358. 富士通（FUJITSU）
359. 雪松控股集团有限公司（CEDAR HOLDINGS GROUP）
360. 西北互助人寿保险公司（NORTHWESTERN MUTUAL）
361. Dollar General 公司（DOLLAR GENERAL）
362. 路易达孚集团（LOUIS DREYFUS）
363. 上海建工集团股份有限公司（SHANGHAI CONSTRUCTION GROUP）
364. 融创中国控股有限公司（SUNAC CHINA HOLDINGS）
365. 爱信（AISIN）
366. KB 金融集团（KB FINANCIAL GROUP）
367. 住友生命保险公司（SUMITOMO LIFE INSURANCE）
368. 英美烟草集团（BRITISH AMERICAN TOBACCO）
369. Exelon 公司（EXELON）
370. 可口可乐公司（COCA-COLA）
371. 中国核工业集团有限公司（CHINA NATIONAL NUCLEAR）
372. 怡和集团（JARDINE MATHESON）
373. 麦格纳国际（MAGNA INTERNATIONAL）
374. 霍尼韦尔国际公司（HONEYWELL INTERNATIONAL）
375. 敬业集团有限公司（JINGYE GROUP）
376. 加拿大丰业银行（BANK OF NOVA SCOTIA）
377. 菲尼克斯医药公司（PHOENIX PHARMA）
378. 瑞士信贷（CREDIT SUISSE GROUP）
379. 加拿大永明金融集团（SUN LIFE FINANCIAL）
380. 赛默飞世尔科技公司（THERMO FISHER SCIENTIFIC）
381. 雷普索尔公司（REPSOL）

382. 3M 公司（3M）
383. TJX 公司（TJX）
384. 山东钢铁集团有限公司（SHANDONG IRON & STEEL GROUP）
385. Travelers 公司（TRAVELERS）
386. Migros 集团（MIGROS GROUP）
387. 欧莱雅（L’ORÉAL）
388. 富邦金融控股股份有限公司（FUBON FINANCIAL HOLDING）
389. 第一资本金融公司（CAPITAL ONE FINANCIAL）
390. 新希望控股集团有限公司（NEW HOPE HOLDING GROUP）
391. 荷兰国际集团（ING GROUP）
392. 特斯拉（TESLA）
393. 法国达飞海运集团（CMA CGM）
394. 巴拉特石油公司（BHARAT PETROLEUM）
395. SAP 公司（SAP）
396. 深圳市投资控股有限公司(SHENZHEN INVESTMENT HOLDINGS)
397. Coop 集团（COOP GROUP）
398. 现代摩比斯公司（HYUNDAI MOBIS）
399. 英美资源集团（ANGLO AMERICAN）
400. 鞍钢集团有限公司（ANSTEEL GROUP）
401. 三菱化学控股（MITSUBISHI CHEMICAL HOLDINGS）
402. 西门子能源（SIEMENS ENERGY）
403. 山西焦煤集团有限责任公司（SHANXI COKING COAL GROUP）
404. 日本钢铁工程控股公司（JFE HOLDINGS）
405. 海尔智家股份有限公司（HAIER SMART HOME）
406. 日本瑞穗金融集团（MIZUHO FINANCIAL GROUP）
407. 铜陵有色金属集团控股有限公司（TONGLING NONFERROUS METALS GROUP）
408. Medipal 控股公司（MEDIPAL HOLDINGS）
409. 武田药品公司（TAKEDA PHARMACEUTICAL）
410. 瑞士 ABB 集团（ABB）

411. 首钢集团有限公司（SHOUGANG GROUP）
412. 铃木汽车（SUZUKI MOTOR）
413. 法国威立雅环境集团（VEOLIA ENVIRONNEMENT）
414. 佳能（CANON）
415. 新华人寿保险股份有限公司（NEW CHINA LIFE INSURANCE）
416. 三星人寿保险（SAMSUNG LIFE INSURANCE）
417. 关西电力（KANSAI ELECTRIC POWER）
418. Enbridge 公司（ENBRIDGE）
419. 美敦力公司（MEDTRONIC）
420. 东芝（TOSHIBA）
421. 纬创集团（WISTRON）
422. 菲利普·莫里斯国际公司（PHILIP MORRIS INTERNATIONAL）
423. 艾睿电子（ARROW ELECTRONICS）
424. 施耐德电气（SCHNEIDER ELECTRIC）
425. 潍柴动力股份有限公司（WEICHAI POWER）
426. 巴西布拉德斯科银行（BANCO BRADESCO）
427. 菲尼克斯集团控股公司（PHOENIX GROUP HOLDINGS）
428. 海亮集团有限公司（HAILIANG GROUP）
429. CHS 公司（CHS）
430. 中国通用技术（集团）控股有限责任公司（CHINA GENERAL TECHNOLOGY）
431. 北京建龙重工集团有限公司（BEIJING JIANLONG HEAVY INDUSTRY GROUP）
432. 日本电气公司（NEC）
433. 浙江省交通投资集团有限公司（ZHEJIANG COMMUNICATIONS INVESTMENT GROUP）
434. 普利司通（BRIDGESTONE）
435. 中国大唐集团有限公司（CHINA DATANG）
436. 英国电信集团（BT GROUP）

437. 上海医药集团股份有限公司（SHANGHAI PHARMACEUTICALS HOLDING）
438. 利安德巴塞尔工业公司（LYONDELLBASELL INDUSTRIES）
439. 广西投资集团有限公司（GUANGXI INVESTMENT GROUP）
440. 日本中部电力（CHUBU ELECTRIC POWER）
441. CRH 公司（CRH）
442. 住友电工（SUMITOMO ELECTRIC INDUSTRIES）
443. Financi ère de l' Odet 公司（FINANCIÈRE DE L' ODET）
444. 新疆广汇实业投资（集团）有限责任公司（XINJIANG GUANGHUI INDUSTRY INVESTMENT）
445. X5 零售集团（X5 RETAIL GROUP）
446. 捷普公司（JABIL）
447. 林德集团（LINDE）
448. Enterprise Products Partners 公司（ENTERPRISE PRODUCTS PARTNERS）
449. 马自达汽车株式会社（MAZDA MOTOR）
450. CJ 集团（CJ CORP.）
451. 中国中煤能源集团有限公司（CHINA NATIONAL COAL GROUP）
452. SK 海力士公司（SK HYNIX）
453. 慧与公司（HEWLETT PACKARD ENTERPRISE）
454. 达能（DANONE）
455. Achmea 公司（ACHMEA）
456. 龙湖集团控股有限公司（LONGFOR GROUP HOLDINGS）
457. United Natural Foods 公司（UNITED NATURAL FOODS）
458. 英国森特理克集团（CENTRICA）
459. 斯巴鲁公司（SUBARU）
460. 广州市建筑集团有限公司（GUANGZHOU MUNICIPAL CONSTRUCTION GROUP）
461. LG 化学公司（LG CHEM）
462. 阿斯利康（ASTRAZENECA）

463. 亿滋国际（MONDELEZ INTERNATIONAL）
464. 德国勃林格殷格翰公司（BOEHRINGER INGELHEIM）
465. 维亚康姆 CBS 公司（VIACOMCBS）
466. 卡夫亨氏公司（KRAFT HEINZ）
467. KOC 集团（KOÇ HOLDING）
468. 广州医药集团有限公司（GUANGZHOU PHARMACEUTICAL HOLDINGS）
469. 新加坡奥兰国际有限公司（OLAM INTERNATIONAL）
470. 华润置地有限公司（CHINA RESOURCES LAND）
471. 云南省投资控股集团有限公司（YUNNAN PROVINCIAL INVESTMENT HOLDING GROUP）
472. 蒙特利尔银行（BANK OF MONTREAL）
473. 三星 C&T 公司（SAMSUNG C&T）
474. 万洲国际有限公司（WH GROUP）
475. Dollar Tree 公司（DOLLAR TREE）
476. 安进（AMGEN）
477. 康帕斯集团（COMPASS GROUP）
478. Coles 集团（COLES GROUP）
479. 美国合众银行（U.S. BANCORP）
480. 爱立信公司（ERICSSON）
481. 华阳新材料科技集团有限公司（HUAYANG NEW MATERIAL TECHNOLOGY GROUP）
482. 巴西银行（BANCO DO BRASIL）
483. Performance Food Group 公司（PERFORMANCE FOOD GROUP）
484. Netflix 公司（NETFLIX）
485. 诺基亚（NOKIA）
486. 紫金矿业集团股份有限公司（ZIJIN MINING GROUP）
487. BAE 系统公司（BAE SYSTEMS）
488. 珠海格力电器股份有限公司（GREE ELECTRIC APPLIANCES）
489. 吉利德科学公司（GILEAD SCIENCES）

490. Synnex 公司（SYNNEX）
491. 联合信贷集团（UNICREDIT GROUP）
492. 霍尔希姆公司（HOLCIM）
493. 曼福集团（MAPFRE GROUP）
494. 阿弗瑞萨控股公司（ALFRESA HOLDINGS）
495. 美国礼来公司（ELI LILLY）
496. Truist Financial 公司（TRUIST FINANCIAL）
497. 中国再保险（集团）股份有限公司［CHINA REINSURANCE（GROUP）］
498. 澳洲联邦银行（COMMONWEALTH BANK OF AUSTRALIA）
499. 伟创力公司（FLEX）
500. 来德爱（RITE AID）

后 记

岁月流逝，令人向往；凡是过往，皆为序章；岁月成碑，往事不可遗忘；企业赞歌，亦由后人谱唱；书不尽言，确实言不尽意。时间无声、无色、无味、无形，却是历史最好的见证者。时间属于奋进者，历史属于奋进者。综观历史发展进程，那些推动我国企业改革发展创新，对我国改革开放做出重大贡献的企业和企业家永远让人铭记在心，发自内心地由衷崇敬。站在新的历史起点，回望过往的奋斗路，眺望前方的奋进路，心潮澎湃、壮志在胸、豪情满怀。衷心祝愿我国的企业和企业家风雨无阻、奋勇前行，为全面建成社会主义现代化强国做出新的更大贡献。

忆往昔，峥嵘岁月稠。同窗多年的同学，相伴多年的同事，熟知多年的好友，紧邻多年的亲人逐渐离去。很多人会淡出记忆，但生我、养我的，慈祥、温柔的爸爸妈妈永远不会忘记，爱我、疼我的岳父岳母永远不会忘记，亲我、疼我、爱我并与我相濡以沫近 50 年的最爱的夫人永远不会忘记，美丽、聪明、可爱、淘气的外孙女小布丁和她的爸爸妈妈永远不会忘记。家是最小国，国是千万家。没有国家的繁荣发展，就没有家庭的幸福美满。没有千千万万家庭的幸福美满，就没有国家的繁荣发展。正是出于这种感恩之情，撰写了这本书，以此表达对亲人朋友们的怀念、崇敬、感恩和感谢！

作 者

2021 年 12 月